“十二五”普通高等教育本科国家级规划教材

辽宁省首批“十二五”普通高等教育本科省级规划教材

航海学

主编 郭 禹
张吉平
戴 冉
主审 杨守仁

大连海事大学出版社

图书在版编目(CIP)数据

航海学 / 郭禹,张吉平,戴冉主编 . — 大连 : 大连海事大学出版社, 2014. 8
(2023. 8 重印)
"十二五"普通高等教育本科国家级规划教材. 辽宁省首批"十二五"普通高等教育本科省级规划教材
ISBN 978-7-5632-3040-2

Ⅰ. ①航… Ⅱ. ①郭… ②张… ③戴… Ⅲ. ①航海学—高等学校—教材 Ⅳ. ①U675

中国版本图书馆 CIP 数据核字(2014)第 174608 号

大连海事大学出版社出版
地址:大连市黄浦路 523 号 邮编:116026 电话:0411-84729665(营销部) 84729480(总编室)
http://press. dlmu. edu. cn E-mail:dmupress@ dlmu. edu. cn
大连金华光彩色印刷有限公司印装 大连海事大学出版社发行
2014 年 8 月第 1 版 2023 年 8 月第 11 次印刷
幅面尺寸:184 mm×260 mm 印张:36. 75
字数:906 千 印数:16001 ~ 18000 册

出版人:刘明凯
责任编辑:张宏声 张 华 责任校对:何 乔 阮琳涵
封面设计:王 艳 版式设计:解瑶瑶
ISBN 978-7-5632-3040-2 审图号:GS(2020)3493 号 定价:75. 00 元(含附录)

内容简介

本书共分四篇:第一篇为基础知识,介绍了坐标、方向和距离以及海图等基本知识;第二篇为船舶定位,介绍了航迹推算,陆标定位,电子定位,天文定位和罗经差的测定等;第三篇为航路资料,介绍了潮汐与潮流,航标与《航标表》,航海图书资料,海图与航海图书资料的改正与管理;第四篇为航线与航行方法,介绍了大洋航行与最佳航线,沿岸航行,狭水道及运河航行,特殊条件下的航行,船舶交通管理与船舶报告系统,航行计划、航海日志和电子海图显示与信息系统。

本书编有附录,单独装订成册。

本书为高等学校教材,也可作为海船驾驶与管理人员及航海从业人员的技术参考书。

前　言

本书是根据航海技术专业本科指导性教学计划，按照新修订的“航海学”教学大纲编写的。“航海学”（navigation）是航海技术专业的一门主要的专业课程。它的基本任务是研究有关船舶在海上航行的航线选择与设计、船位的测定和各种条件下的航行方法等重要问题，为船舶安全、经济航行提供保障。

现代科学技术的发展成就使航海技术取得了长足的进步。信息科学、计算机技术、电子技术、通信技术及空间卫星技术在航海上的成功应用，使航海技术发生了极为深刻的变革，使“航海学”的内容得到了极大的充实与发展。21 世纪的航海是全新的现代航海。

航海技术的进步对航海人员的素质提出了更高的要求。现代航海要求航海人员必须具有较扎实的现代科学技术的基础知识，通过实践能不断积累与丰富航海经验，对各种复杂的航海环境具有独立分析、判断与处理的理论基础知识和实践技能，在不断更新的技术条件下有较好的自适应能力。

由本书编写人员编写的 1999 年 3 月出版的《航海学》，于 2002 年获全国优秀教材二等奖；2005 年 7 月修订出版的《航海学》，于 2007 年获辽宁省精品教材奖。本书在这次重新编写过程中，根据航海科学技术的新成就，增加了数字航海和电子航海的新知识，删除了部分不适合航海实际的内容，介绍了信息技术在航海上应用的新功能；在表述上注重理论与实践的结合，力求培养学生对不断发展的航海科学技术的适应能力；在内容编排上基本保持原《航海学》的体系。

本书所用的附表作为附录单独装订成册。

本书中所用的专业科技名词术语及其英文译名均以 1996 年全国自然科学名词审定委员会（现为全国科学技术名词审定委员会）公布的《航海科技名词》为准。

本书由郭禹、张吉平、戴冉主编。郭禹编写了第二篇第一、二章；东昉编写了第一篇第一章和第二章第一、二、三、四、五节，第二篇第三章；丁勇编写了第二篇第四章第二、三、五、六节和第五章；张吉平编写了第三篇，第四篇第一章和第六章第三节；戴冉编写了第二篇第四章第一、四、七节；刘德新编写了第一篇第二章第六、七节，第四篇第二、三、四章；王凤武编写了第四篇第五章，第六章第一、二节。

本书由杨守仁主审。

本书插图由丁勇、刘德新、王凤武、张吉平绘制。

欢迎使用本书的广大读者批评、指正。

编　者

2014 年 6 月

扫码学习《深入学习贯彻党的二十大精神　加快建设交通强国　当好中国式现代化开路先锋》

目　　录

第一篇　基础知识

第二篇　船舶定位

第三篇　航路资料

第四篇 航线与航行方法

第一篇 基础知识

第一章 坐标、方向和距离

第一节 地球形状、地理坐标与大地坐标系

船舶在一望无际的茫茫大海上航行,需要在了解地球形状的基础上建立坐标系,然后确定船舶位置,才能保证船舶安全经济地驶向目的港。

航海离不开对地球的认识。人类认识大地的形状,经历了漫长的岁月和艰难的历程。公元前 6 世纪,已经认识到大地是球形的;公元前 2 世纪,通过测量一段弧长所对应的圆心角,以求得该段弧的曲率半径的弧度测量方法,求得地球半径约为 400 000 埃及古尺(≈6 300 km);17 世纪,采用精密的三角测量的弧度测量法,发现低纬度处地球表面曲率半径略小、高纬度处地球表面曲率半径略大的规律,建立了地球椭球理论;18 世纪,将地球形状和重力场的研究结合起来,建立了物理大地测量学,使得大地测量建立在近代科学基础上,弧度测量越来越精确;20 世纪,随着人造地球卫星发射成功,空间远程技术的进步,建立了现代空间大地测量学,大地测量越来越精确,对地球的认识越来越深刻;21 世纪,大地测量向数字地球的方向发展。

下面从航海的角度来研究地球形状、地理坐标与大地坐标系。

一、地球形状

地球自然表面有高山峡谷、平原、江河湖泊和海洋,是一个高低不平、非常复杂的不规则的曲面。在这种自然表面上建立坐标来确定船舶与物标的相对位置、确定方向基准和距离单位是不可能的,必须由一个数学描述的表面来代替地球的自然表面才能够去研究航海问题。

地球半径约为 6 367 km,珠穆朗玛峰虽高,但也仅为地球半径的千分之一左右。可见,尽管地球自然表面高低不平,但这些局部起伏量与地球半径相比却是微不足道的。通过测量,发现约占地球表面 71% 的海水的平均海面高度具有长期不变的特性,因此,用地球表面平均海面的形状去描述地球形状(earth shape)是可行的。所谓地球形状,并不是指地球自然表面的

形状，而是指由大地水准面（geoid）所包围的几何体的形状。地球上任意一点的水准面是指通过该点且与该点的铅垂线垂直的平面。液体的静止表面就是水准面。设想一个与平均海面相吻合的水准面，并把它延伸到陆地上，在延伸中始终保持此面处处与当地的铅垂线正交，这样形成的一个连续不断的、光滑的闭合曲面叫作大地水准面。大地水准面是最重要的一个水准面。地球只有一个大地水准面。被大地水准面所围成的球体叫作大地球体。航海学所研究的地球形状就是指大地球体的形状。大地球体非常接近地球，并且又具有长期的稳定性，因此，采用大地球体代替地球是合理可行的。

由于地球内部物质分布不均匀及地球表面形状的影响，大地球体依然是不规则的几何体，大地水准面依然不是一个数学表面。经过长期的实践发现圆球体表面、椭圆体表面是两个与大地水准面非常接近的数学表面。一般在应用上，是以地球圆球体（terrestrial sphere）作为大地球体的第一近似体，而以地球椭圆体（earth ellipsoid）作为大地球体的第二近似体。

航海上为了计算上的简便，通常是将大地球体当作地球圆球体，地球圆球体的半径等于6 366 707 m。

在大地测量学、海图学和需要较为准确的航海计算中，将大地球体当作两极略扁的地球椭圆体，才能够得出具有足够精度的结果。

地球椭圆体即旋转椭圆体（如图 1-1-1 所示），它是由椭圆 P_NQP_SQ'绕其短轴 P_NP_S 旋转而成的几何体。椭圆短轴 P_NP_S 即地球的自转轴——地轴（earth axis），短轴的两个端点 P_N 和 P_S 是地极（earth poles），长轴绕短轴旋转而成的平面是赤道平面，长轴端点 Q 旋转而成的圆周是赤道 QQ'（equator）。表示地球椭圆体的参数有长半轴 a、短半轴 b、扁率 c 和偏心率 e。它们之间的相互关系是：

$$c = \frac{a-b}{a} \quad , \quad e = \frac{\sqrt{a^2 - b^2}}{a}$$

所以
$$e^2 = (1 - \frac{b}{a})(1 + \frac{b}{a}) = c(2 - c) \approx 2c$$

实际使用中常常只用长半轴 a 与扁率 c，或长半轴 a 与短半轴 b 表示地球椭圆体的形状与大小，其他参数都可由此计算出来。

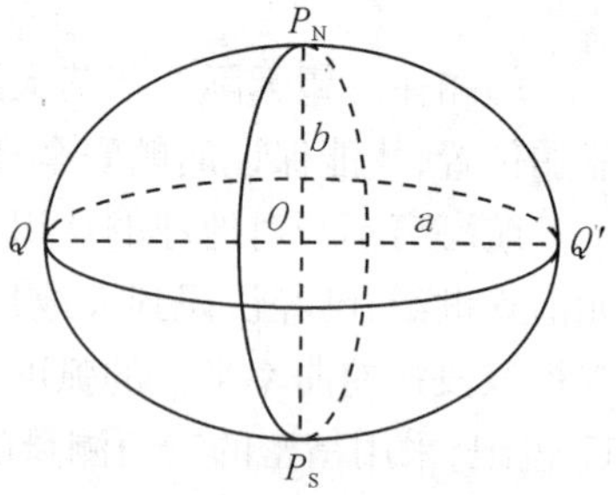

图 1-1-1　地球椭圆体

地球椭圆体参数是根据大地测量中的弧度测量的结果计算出来的。由于各国所处地区不同，所采用的测量数据、数据质量及计算方法不同，因此所得的地球椭圆体的参数也略有差异。

我国 1952 年用白塞尔地球椭圆体参数，1954 年改用克拉索夫斯基地球椭圆体参数，现在准备逐步采用 IUGG 1975 年推荐的地球椭圆体参数。

二、地理坐标

地理坐标（geographic coordinate）是建立在地球椭圆体表面上的。要建立地理坐标首先应在地球椭圆体表面上确定坐标的起算点和坐标线图网。如图 1-1-2 所示，O 为地球椭圆体中心，P_N 为北极，P_S 为南极；过短轴 P_NP_S 的任一平面是子午圈平面，它与地球椭圆体表面相交的截痕是一个椭圆，称为子午圈，其中由北极到南极的半个椭圆，叫作子午线（meridian）或经线；通过英国伦敦格林尼治（Greenwich）天文台子午仪的子午线叫作格林（尼治）子午线（Greenwich meridian）；与赤道平面平行的平面称为纬度圈平面，它与地球椭圆体表面相交的截痕是一个小圆,称为纬度圈(parallel of latitude)。

地球椭圆体表面任意一点的位置,可以用地理坐标,即地理纬度和地理经度来确定。航海上船舶的位置和物标的位置都是用地理坐标来表示的。

地理坐标的起算点是赤道与格林子午线的交点,经线与纬度圈构成坐标线图网。

地面上某点的地理纬度(geographic latitude)为地球椭圆体子午线上该点的法线与赤道面的夹角,用 φ 或 *Lat* 来表示。某点的地理纬度的计算方法是:从赤道起算,向北或向南,从 0° ~ 90°计量,算至该点所在的纬度圈,在赤道以北的叫作北纬,用 N 标示;在赤道以南的叫作南纬,用 S 标示。例如,北京的纬度是 39°54′.4N;好望角的纬度是 34°21′.0S。

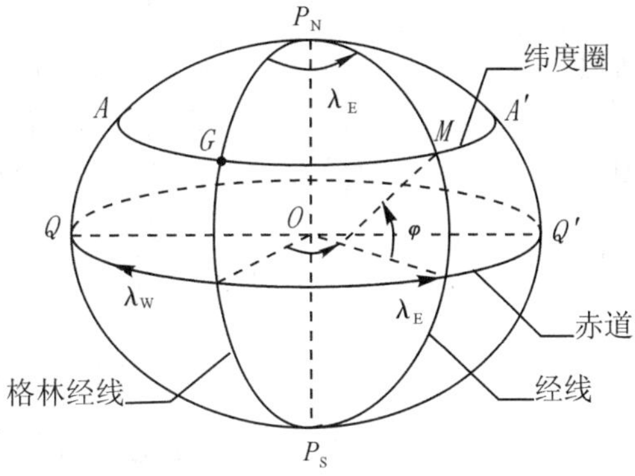

图 1-1-2　地理坐标

地面上某点的地理经度(geographic longitude)为地球椭圆体格林子午线与该点子午线在赤道上所夹的劣弧长,或该劣弧所对应的球心角或极角,用 λ 或 *Long* 来表示。某点的地理经度的计算方法是:从格林子午线起算,向东或向西,从 0° ~ 180°计量,算至该点所在的子午线,向东计算的叫作东经,用 E 标示;向西计算的叫作西经,用 W 标示。例如,北京的经度是 116°28′.2E;纽约的经度是 73°50′.0W。

同一纬度圈上任一点的纬度都是相等的,同一经线上任一点的经度也都是相等的,因此,经线与纬度圈构成的图网是坐标等值线图网,即坐标线图网。

除上述地理坐标外,在航海上个别场合还用地心坐标表示地面上某点的位置。地心坐标是由该点的地心纬度(geocentric latitude)和该点的地理经度组成的。某点的地心纬度 φ_e(如图 1-1-3 所示)是该点地球椭圆体的向径与赤道面的交角。地理纬度 φ 与地心纬度 φ_e 之间的关系如下:

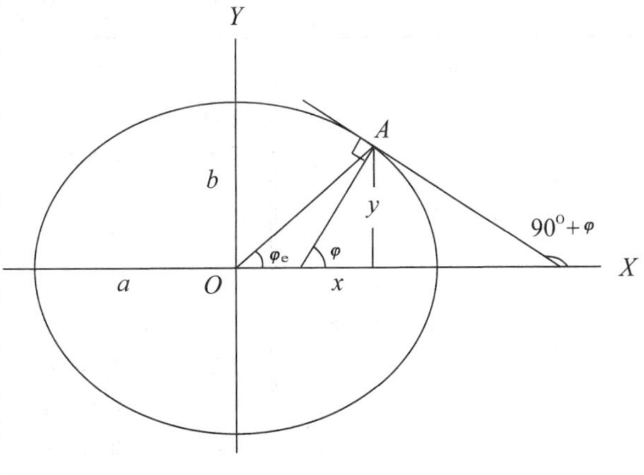

图 1-1-3　地心纬度

若地球椭圆子午圈方程式为:

$$\frac{x^2}{a^2} + \frac{y^2}{b^2} = 1$$

则

$$\frac{dy}{dx} = -\frac{b^2}{a^2} \cdot \frac{x}{y}$$

而该点的斜率为:

$$\frac{dy}{dx} = \tan(90° + \varphi) = -\cot\varphi$$

所以

$$\tan\varphi = \frac{a^2}{b^2} \cdot \frac{y}{x}$$

但

$$\tan\varphi_e = \frac{y}{x}$$

所以

$$\tan\varphi = \frac{a^2}{b^2} \cdot \tan\varphi_e$$

$$= \frac{1}{(1 - e^2)}\tan\varphi_e$$

$$\tan\varphi - \tan\varphi_e = e^2\tan\varphi$$

$$\sin(\varphi - \varphi_e) = e^2\sin\varphi\cos\varphi_e \approx c\sin2\varphi$$

所以

$$(\varphi - \varphi_e)'' = \frac{c\sin2\varphi}{\text{arc}1''}$$

取 $c = \frac{1}{298.3}$,则

$$(\varphi - \varphi_e)'' = 691''.5\sin2\varphi$$

地理纬度与地心纬度之差称为地心纬度改正量(correction of geocentric latitude),在赤道和两极均为零,而在 $\varphi = 45°$时,此差值可达 11′31″.5。地心纬度改正量($\varphi - \varphi_e$)如表 1-1-1 所示。

表 1-1-1 地心纬度改正量表

φ	$\varphi - \varphi_e$	φ	φ	$\varphi - \varphi_e$	φ	φ	$\varphi - \varphi_e$	φ
1°	0′24″.1	89°	16°	6′06″.4	74°	31°	10′10″.6	59°
2	0′48″.2	88	17	6′26″.7	73	32	10′21″.5	58
3	1′12″.2	87	18	6′46″.5	72	33	10′31″.7	57
4	1′36″.3	86	19	7′05″.7	71	34	10′41″.1	56
5	2′00″.1	85	20	7′24″.5	70	35	10′49″.8	55
6	2′23″.8	84	21	7′42″.7	69	36	10′57″.7	54
7	2′47″.3	83	22	8′00″.4	68	37	11′04″.7	53
8	3′10″.6	82	23	8′17″.4	67	38	11′11″.0	52
9	3′33″.7	81	24	8′33″.9	66	39	11′16″.4	51
10	3′56″.5	80	25	8′49″.7	65	40	11′21″.0	50
11	4′19″.0	79	26	9′04″.9	64	41	11′24″.8	49
12	4′41″.2	78	27	9′19″.4	63	42	11′27″.7	48
13	5′03″.1	77	28	9′33″.3	62	43	11′29″.8	47
14	5′24″.6	76	29	9′46″.4	61	44	11′31″.1	46
15	5′45″.8	75	30	9′58″.9	60	45	11′31″.5	45

两地纬度之代数差叫作纬差(difference of latitude),用 $D\varphi$ 表示。

两地经度之代数差叫作经差(difference of longitude),用 $D\lambda$ 表示。

纬差和经差都具有方向性,确定的原则是:根据到达点在起航点之南或之北,来确定纬差的方向是南或是北;同样,根据到达点在起航点之东或之西,来确定经差的方向是东或是西,其计算公式如下:

$$D\varphi = \varphi_2 - \varphi_1$$

$$D\lambda = \lambda_2 - \lambda_1$$

式中:φ_1,φ_2——起航点纬度和到达点纬度;

λ_1,λ_2——起航点经度和到达点经度。

计算中应注意:

①北纬、东经取正值(+),南纬、西经取负值(-)。

②纬差、经差也有符号,正值为北纬差、东经差,负值为南纬差、西经差。

③经差的绝对值应不大于 180°,如果大于 180°,应由 360°减去该绝对值,并改变正负符号。

例 1-1-1:某船由 25°39′N,150°42′E 航至 12°43′S,175°28′W,求两地经差和纬差。

	φ_2	12°43′S(-)
-)	φ_1	25°39′N(+)
	$D\varphi$	38°22′S(-)

	λ_2	175°28′W(-)
-)	λ_1	150°42′E(+)
	$D\lambda$	326°10′W(-)
		360° - 326°10′ = 033°50′E(+)

三、大地坐标系

对于地球椭圆体,仅仅知道它的参数是不够的,还必须确定它同大地球体的相互位置,确定坐标轴的方向,即必须把地球椭圆体定位和定向。建立大地坐标系(geoid coordinate system)就是对具有一定参数的椭圆体进行定位和定向。因此,建立大地坐标系包括三个方面的问题:

①确定椭圆体的参数;

②确定椭圆体中心的位置(定位);

③确定坐标轴的方向(定向)。

也就是说,建立起形状、大小、位置和轴向完全确定的椭圆体,使它既不能变形,也不能平移和旋转。前面所讲的地理坐标是在相应的大地坐标系下确定的椭圆体表面上建立的。因此,用地理经、纬度来表示船舶位置与物标位置也只能在相应的大地坐标系下成立,具有相对性。换言之,相同船舶的位置与相同物标的位置在不同的大地坐标系中,其地理经、纬度是不会相同的,这一点在航海上必须注意。

各国在建立大地坐标系时,主要考虑的是,使选定的地球椭圆体与其所在地区的大地水准面更为接近,因此,所采用的大地坐标系往往不同,即使采用相同的椭圆体参数,也会由于定位定向不同而采用不同的坐标系。

表 1-1-2 是部分国家采用的大地坐标系。

地球椭圆体在大地坐标系中的空间位置是确定的,其表面与大地水准面(大地球体)在高度上的差异也是确定的。现代的大地测量结果表明,大地水准面与地球椭圆体表面之间的高度差最大约为100 m,也就是说,用地球椭圆体表面去代替大地水准面,可以达到10^{-5}的精度。因此,用地球椭圆体作为大地球体的近似体是足够精确、合理的。

表 1-1-2 部分国家采用的大地坐标系

大地坐标系名称	使用国家	原点	椭圆体名称	椭圆体参数
北京1954年坐标系	中国	北京	克拉索夫斯基1940年	$a=6\ 378\ 245$ m $c=1:298.30$
西安1980年坐标系	中国	陕西泾阳永乐镇 简称西安原点	IUGG 1975年 推荐椭圆体	$a=6\ 378\ 140$ m $c=1:298.257$
1942年坐标系	俄罗斯及东欧国家	普尔科夫	克拉索夫斯基1940年	$a=6\ 378\ 245$ m $c=1:298.30$
1918年东京坐标系	日本	东京	白塞尔1941年	$a=6\ 377\ 397.155$ m $c=1:299.1528$
1927年北美坐标系	美国、加拿大、墨西哥	堪萨斯州	克拉克1866年	$a=6\ 378\ 206.4$ m $c=1:294.98$
1950年欧洲坐标系	英国、法国、德国、荷国、比利时、挪威、土耳其	波茨坦	海福特1910年	$a=6\ 378\ 388$ m $c=1:297.00$
印度卡兰普尔	印度、巴基斯坦、孟加拉国、缅甸	卡兰普尔	埃弗勒斯特1830年	$a=6\ 377\ 276.345$ m $c=1:300.8017$
NWL-8D	NNSS卫星导航系统(美国)	地心	NNSS	$a=6\ 378\ 145$ m $c=1:298.25$
WGS-72	美国军用卫导系统、罗兰C、奥米伽系统	地心	世界测地系-72	$a=6\ 378\ 135$ m $c=1:298.26$
WGS-84	GPS(美国)	地心	世界测地系-84	$a=6\ 378\ 137$ m $c=1:298.257\ 223\ 563$

大地坐标系分成两类:相对大地坐标系与绝对大地坐标系。

相对大地坐标系的原点在地球表面O点(φ_o,λ_o),其余物标的坐标(φ,λ)是通过相对的弧度测量来确定的,如图1-1-4所示。

坐标系原点O为(φ_o,λ_o),为求物标A点坐标(φ,λ),可通过弧度测量,求得东西向弧长l_λ与南北向弧长l_φ。根据φ_o,椭圆体参数可求得相应纬度圈半径r_1,则$\Delta\lambda(\mathrm{rad})=\frac{l_\lambda}{r_1}$。根据$\varphi_o$,椭圆体参数及$l_\varphi$,就可在椭圆子午线上求得$\Delta\varphi$。$A$点坐标为$\varphi=\varphi_o+\Delta\varphi,\lambda=\lambda_o+\Delta\lambda$。

NWL-8D,NGS-72 及 WGS-84 是绝对大地坐标系。以目前应用最广泛的 WGS-84 坐标系为例,该系统是利用测时与三维测距来导航的卫星系统,其坐标系原点在地心,空间各物标的坐标是通过三维坐标(X,Y,Z)测量来确定的,地球表面各物标的位置的经纬度是通过该物标的三维坐标与定点定向的椭圆体之间的坐标转换来求得的,如图 1-1-5 所示。

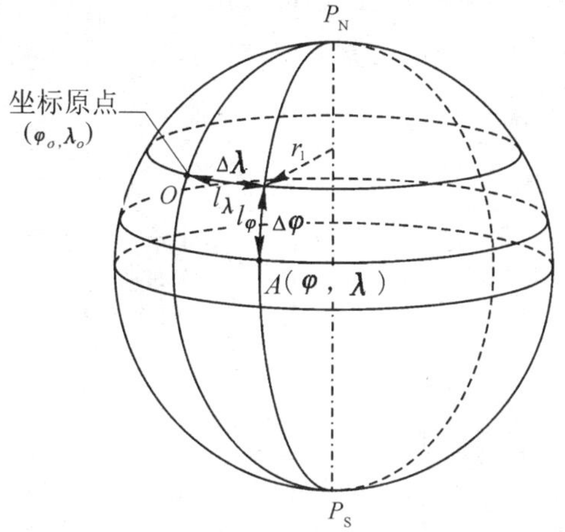

图 1-1-4　相对大地坐标系物标经纬度的确定示意图

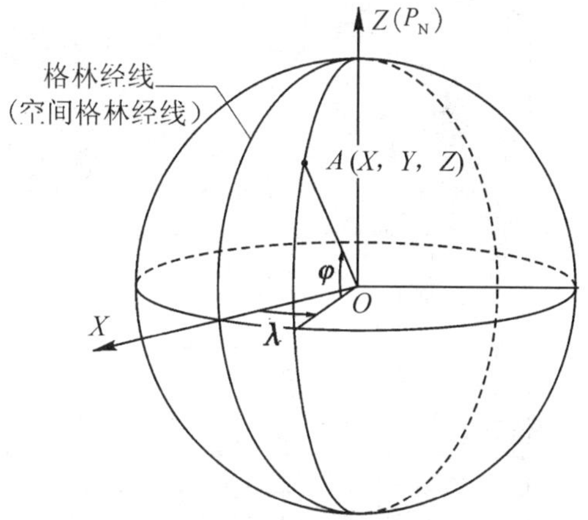

图 1-1-5　绝对大地坐标系物标经纬度的确定示意图

根据物标 A 的三维坐标(X,Y,Z),求得物标所处经线,就可以求得在赤道上与格林尼治零度经线的夹角 λ,在相应的椭圆经线求 A 点的纬度 φ。

由于绝对大地坐标系的三维坐标测量的精度高是构建数字地球的基础,因此绝对大地坐标系是大地坐标系发展的方向。

在 NWL－8D 大地坐标系中,大地水准面与地球椭圆体表面之间的高度差为 ＋79 ~ －99 m,具体见美国约翰·霍普金斯大学发布的《大地水准面等高线图》(如图 1-1-6 所示)。该高度差值在卫星导航定位中对计算接收机天线高度是一个不可忽略的因素。

由图 1-1-6 可知,在 30°N,155°E 处,大地水准面比地球椭圆体表面高 20 m(标注 20);在 30°N,180°E 处,大地水准面比地球椭圆体表面低 18 m(标注 －18)。

局部区域的地球自然表面、大地水准面和地球椭圆体表面的关系如图 1-1-7 所示。

在卫星导航系统中有时要求输入接收机天线离地球椭圆体表面的高度。对于船舶来说,可以近似地把船舶所处的海面当作平均海面,此时:

船舶接收机天线的高度 ＝ 船舶接收机天线距海面的高度 ＋
大地水准面与地球椭圆体表面的高度差

在 WGS-84 大地坐标系中,大地水准面与地球椭圆体表面的高度差与图 1-1-6 所示值相差不到 10 m。

四、不同大地坐标系间的坐标变换

在一些高精度的航海中,需要进行不同大地坐标系间的坐标变换。大地测量学中,具体的变换公式较多,这里仅介绍其中一种。

如果知道不同大地坐标系的原点移动量($\Delta X,\Delta Y,\Delta Z$)后,可以用下式计算坐标改正值:

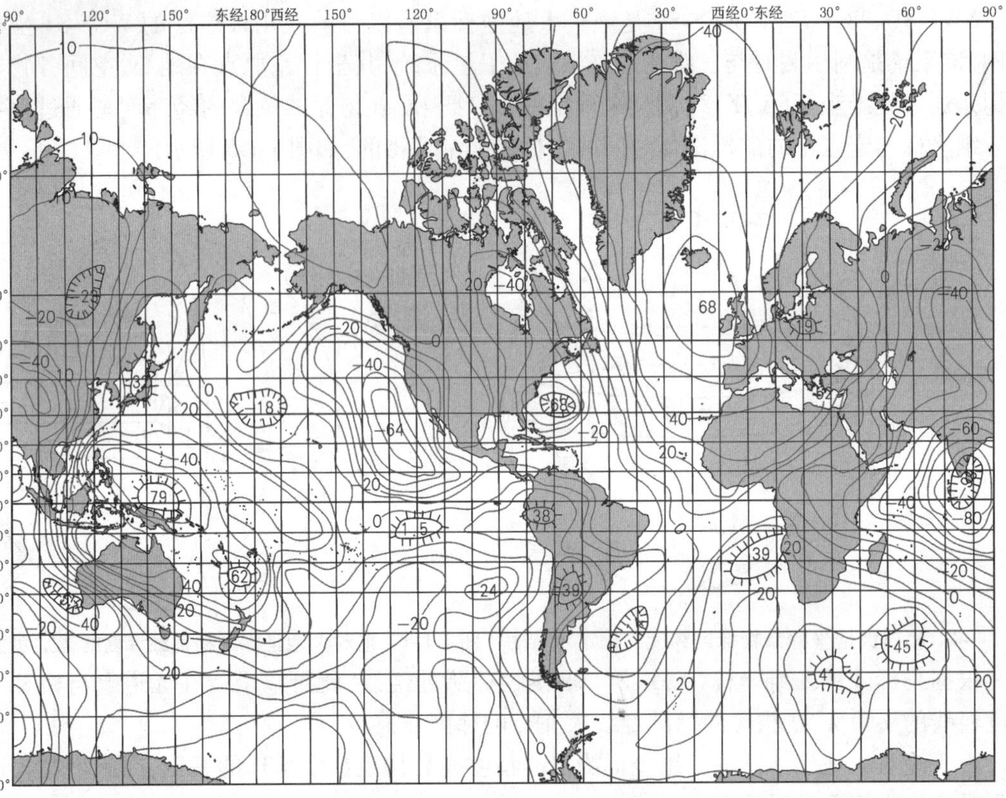

图 1-1-6　大地水准面等高线图

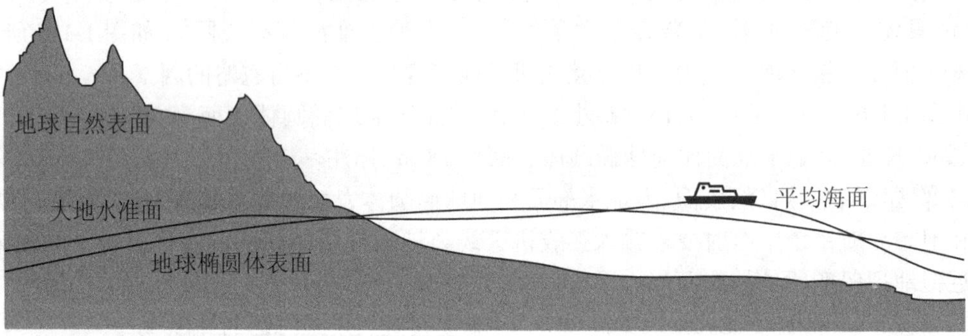

图 1-1-7　地球自然表面、大地水准面和地球椭圆体表面关系图

$$\begin{cases}\Delta\varphi'' = \dfrac{1}{M\sin1''}[(a\Delta e^2 + e^2\Delta a)\sin\varphi\cos\varphi + ae^2\Delta e^2\sin^3\varphi\cos\varphi - \\ \qquad \sin\varphi\cos\lambda\Delta X - \sin\varphi\sin\lambda\Delta Y + \cos\varphi\Delta Z] \\ \Delta\lambda'' = \dfrac{1}{N\cos\varphi\sin1''}(\cos\lambda\Delta Y - \sin\lambda\Delta X)\end{cases}$$

式中：φ,λ 为原坐标系的纬度和经度；

$M = \dfrac{a(1-e^2)}{(1-e^2\sin^2\varphi)^{3/2}}$为原坐标系子午圈的曲率半径；

$N = \frac{a}{(1 - e^2\sin^2\varphi)^{\frac{1}{2}}}$为原坐标系东西圈的曲率半径；

$\Delta a = a_{新} - a$，$a_{新}$ 为新坐标系椭圆长半轴，a 为原坐标系椭圆长半轴；

$\Delta e^2 = (2 - 2c)(c_{新} - c)$，$c_{新}$ 为新坐标系椭圆扁率，c 为原坐标系椭圆扁率；

e^2 为原坐标系椭圆偏心率平方；

$1/\sin 1'' = 206\ 264.806\ 2$；

$\Delta X, \Delta Y, \Delta Z$ 也称为转换参数。

按上式求得 $\Delta\varphi''$，$\Delta\lambda''$后，则新大地坐标系中的坐标值应为：

$$\varphi_{新} = \varphi + \Delta\varphi''$$

$$\lambda_{新} = \lambda + \Delta\lambda''$$

下面将部分大地坐标系与 WGS-84 和 WGS-72 大地坐标系之间的转换参数列于表1-1-3中，供参考。

表 1-1-3　坐标系转换参数

新坐标系 / 原坐标系	WGS-84			WGS-72		
	ΔX(m)	ΔY(m)	ΔZ(m)	ΔX(m)	ΔY(m)	ΔZ(m)
1918 年东京坐标系	-128	481	664	-140	516	673
1927 年北美坐标系	-8	160	176	-22	157	176
1950 年欧洲坐标系	-87	-98	-121	-84	-103	-127

从表 1-1-3 中还可以看到，WGS-84 与 WGS-72 两种大地坐标系是比较接近的。

第二节　航向与方位

一、方向的确定和划分

凡通过测者眼睛并与视点重力方向重合的直线叫作测者铅垂线。凡与测者铅垂线相垂直的平面是水准面，在航海上都叫作测者的地平平面(horizon)。地平平面有无数个，其中通过地心的地平平面叫作测者真地平平面(true horizon)或天文地平平面(celestial horizon)；通过测者眼睛的地平平面叫作测者地面真地平平面(sensible horizon)。

测者周围的方向是在测者地面真地平平面上确定的。如图 1-1-8 所示，设测者位于 A 点，眼高 AA'，过 A'点并垂直于测者铅垂线的平面就是测者地面真地平平面 A'NESW；测者 A 点的子午圈平面 P_NAQP_SQ'与其相交的直线 NA'S 是测者方向的基准线——南北线。它近北极 P_N 的一方是测者的正北方向；近南极 P_S 的一方是测者的正南方向。通过测者铅垂线 $A'AO$，并与测者子午圈平面相互垂直的平面叫作测者的卯酉圈(东西圈，prime vertical)平面。卯酉圈平面与测者地面真地平平面相交的直线 EA'W 叫作测者的东西线。当测者面北背南时，测者东西线的右方是正东方向，左方是正西方向。对于不同地点的测者来说，都各有其不同的铅垂线方向、不同的地面真地平平面与不同的方向基准。

仅在测者地面真地平平面上确定北东南西 4 个基点的方向是不够的,它还不能完全表示出测者地面真地平平面上的其他各个方向。航海上常用的进一步划分方向的方法有 3 种。

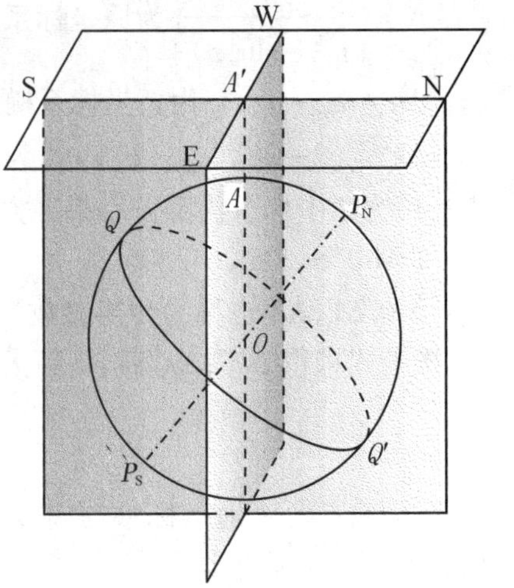

图 1-1-8 方向的确定

1. 圆周法

以正北为 000°,按顺时针方向计算至正东为 090°,正南为 180°,正西为 270°,再计算至正北为 360°。圆周法始终用三位数字来表示方向,它是航海上最常用的表示方向的方法。

2. 半圆法

以正北或正南为 0°,向东或向西,由 0° ~ 180°计算到正南或正北,其方向的表示方法是:除度数外,还必须标明起算点和计算方向,如 24°NE,135°NW,145°SE,175°SW 等。度数后缀的字母,前者表示该方向是由北点(N)还是由南点(S)起算的,而后者则表示该方向是向东(E)还是向西(W)计算的。在天文航海学中,常用半圆法来表示天体的方位。

3. 罗经点法

将等分北东南西 4 个方向基点之间地面真地平平面上的方向叫作隅点,即东北(NE)、东南(SE)、西南(SW)和西北(NW)4 个方向。又把等分基点和隅点之间地面真地平平面上的方向叫作三字点,其名称是由基点名称之后加上隅点名称来组成,即北北东(NNE)、东北东(ENE)、东南东(ESE)、南南东(SSE)、南南西(SSW)、西南西(WSW)、西北西(WNW)和北北西(NNW)8 个三字点。再把等分基点或隅点与三字点之间的地面真地平平面上的方向叫作偏点,其名称是在基点或隅点名称之后加上偏向的方向来组成的,如北偏东(N/E)、北东偏北(NE/N)、西南偏西(SW/W)等共 16 个偏点,如图 1-1-9 所示。

这样,4 个基点、4 个隅点、8 个三字点和16 个偏点共计 32 个方向点叫作 32 个罗经点。但罗经点也可以被认为是两个相邻的罗经点方向之间的角度,因此

$$1\text{ 点}=11°.25,\text{则 }4\text{ 点}=45°$$

罗经点在过去曾经被广泛地运用在航海上,但目前仅用它来表示风、流等的大概方向。

4. 三种方向划分系统之间的换算方法

(1)半圆法换算成圆周法的法则

在东北(NE)半圆,圆周度数等于半圆度数。

在东南(SE)半圆,圆周度数等于 180°减半圆度数。

在西南(SW)半圆,圆周度数等于 180°加半圆度数。

在西北(NW)半圆,圆周度数等于 360°减半圆度数。

例 1-1-2:将半圆法方向换算成圆周法方向。

解:半圆法方向	圆周法方向
085°NE	085°

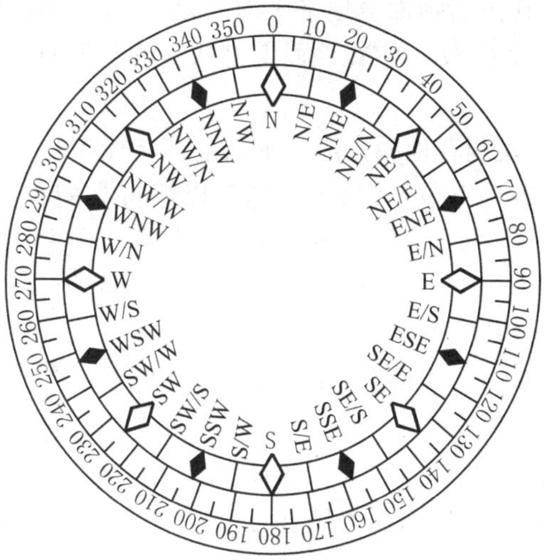

图 1-1-9 罗经点方向

45°SE	180° −45° =135°
75°SW	180° +75° =255°
80°NW	360° −80° =280°

(2)罗经点法换算成圆周法的法则

1 点 =11°.25。

例 1-1-3：将方向点 SW/W 换算成圆周法度数。

解：方向点 SW/W 在罗经点法中是第 21 个点，因此将它换算成圆周法时，则

SW/W =11°.25 ×21 =236°.25

或者在隅点 SW 基础上加 1 个罗经点来求得：

SW/W = SW +11°.25 =225° +11°.25 =236°.25

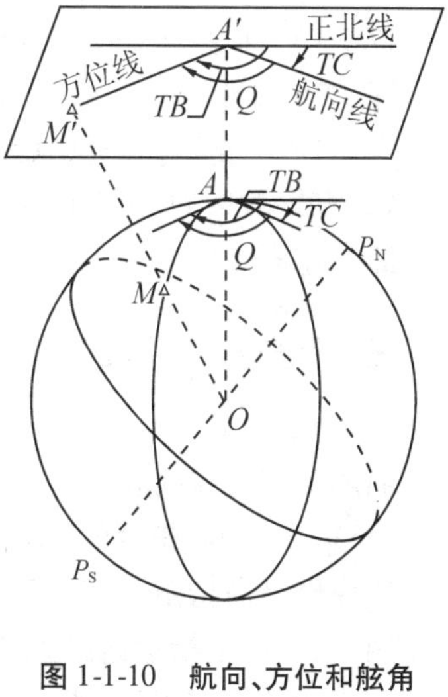

图 1-1-10 航向、方位和舷角

二、航向、方位和舷角

航海上经常遇到的两种方向是船舶航行方向(航向，course)和物标方向(方位，bearing)。现将与此有关的几个定义解释如下，如图 1-1-10 所示。

航向线(course line)：当船舶无横倾时，通过船舶铅垂线的纵剖面是船首尾面，它与测者地面真地平平面相交的直线叫作船首尾线(fore and aft line)。船首尾线向船首方向的延长线叫作航向线，代号 *CL*。

真航向(true course)：船舶航行时，在船上测者的地面真地平平面上，从真北方向(True North，N_T)，即测者正北方向，顺时针计算到航向线的角度叫作船舶的真航向，代号 *TC*。它在地面上是测者子午圈平面到船首尾面之间的一个两面角。

船首向(heading)：在任何情况下，船舶某一瞬间的船首方向，代号 *Hdg*。

方位线(bearing line)：在地球表面上连接测者与物标的大圆 *AM* 叫作物标的方位圈，而物标方位圈平面与测者地面真地平平面相交的直线 *A′M′* 叫作物标的方位线，代号 *BL*。

真方位(true bearing):在测者地面真地平平面上,从正北方向线顺时针计算到物标方位线的角度叫作物标的真方位,代号 TB。它在地面上是从测者子午圈平面到物标方位圈平面之间的两面角。

舷角(relative bearing):在测者地面真地平平面上,以航向线为基准,从航向线到方位线之间的夹角叫作物标舷角或相对方位,代号 Q。它是以船首方向为 0°,按顺时针方向由 0° ~ 360°计量的,计算到物标方位线,或以船首方向为 0°,向右或向左由 0° ~ 180°计量,计算到物标方位线,分别叫作物标的右舷角 $Q_{右}$ 或左舷角 $Q_{左}$。在地面上,舷角是船首尾面和地面相交的大圆与物标方位圈之间的球面角。

当舷角 $Q = 090°$或 $Q_{右} = 090°$时叫作物标的右正横;当 $Q = 270°$或 $Q_{左} = 090°$时叫作物标的左正横。

物标的真方位是以测者正北方向线为基准度量的,因此它与航向变化无关。也就是说,如果测者位置不变,虽然航向改变了,但是物标真方位是不变的,而物标舷角是以船首尾线为基准度量的,因此航向改变后,舷角也就随着改变。航向、方位与舷角之间的关系是:

$$TB = TC + Q$$

或

$$TB = TC + Q\begin{cases} Q_{右} \text{ 为}(+) \\ Q_{左} \text{ 为}(-) \end{cases}$$

例 1-1-4:某船真航向 235°,测得两物标舷角分别为 $Q_A 036°$和 $Q_B 315°$,求物标的真方位。

解:$TB_A = TC + Q_A = 235° + 036° = 271°$

$TB_B = TC + Q_B = 235° + 315° = 550°(550° - 360° = 190°)$

即 $TB_B = 190°$

例 1-1-5:某船真航向 070°,求物标左正横时的真方位。

解:$TB = TC + Q_{左} = 070° + (-090°) = -020°(360° - 020° = 340°)$

即 $TB_B = 340°$

三、罗经向位、罗经差和向位换算

1. *罗经向位*

船舶上测定航向和方位的仪器是罗经(compass)。目前船上配备的罗经有磁罗经(magnetic compass)和陀螺罗经(gyrocompass)两大类型。

磁罗经是由指南针演变发展而来的,它是根据水平面内自由旋转的磁针,在受到地磁磁力的作用后,有稳定指示地磁磁北方向的特性而制成的。陀螺罗经是根据高速旋转的陀螺仪,在受到适当的阻尼作用后,能迫使其旋转轴保持在子午圈平面内的原理而制成的。罗经均有与指向部分同步转动的刻度盘,可以通过刻度盘读取航向和观测物标方位。但是,由于指北原理、仪器构造及工作环境等原因,不论是磁罗经还是陀螺罗经,罗经刻度盘 0°所指的方向和真北(N_T)方向并不是一致的,因此在罗经刻度盘上读得的航向与方位也不是真航向与真方位。磁罗经刻度盘 0°所指的方向称为罗北(Compass North, N_C),陀螺罗经刻度盘 0°所指的方向称为陀罗北(Gyrocompass North, N_G),以罗北或陀罗北为基准测得的航向是罗航向(Compass Course, CC)或陀罗航向(Gyrocompass Course, GC),测得的方位是罗方位(Compass Bearing, CB)或陀罗方位(Gyrocompass Bearing, GB)。罗航向(CC)、陀罗航向(GC)、罗方位(CB)与陀罗方位(GB)统称为罗经向位。

2. 罗经差

罗经差分为陀螺罗经差（Gyrocompass Error，ΔG）与磁罗经差（Compass error，ΔC）。

①陀螺罗经差（ΔG）简称陀罗差，是陀罗北（N_G）偏离真北（N_T）的角度。当陀罗北偏在真北的东面时为正（+）；当陀罗北偏在真北的西面时为负（-），如图 1-1-11 所示。

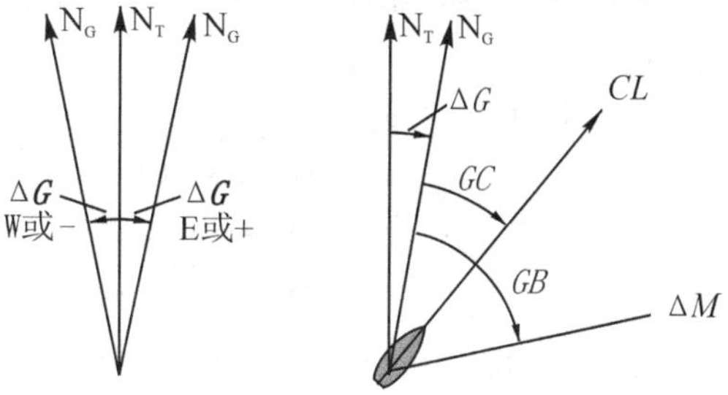

图 1-1-11 陀螺罗经差

陀罗差 ΔG 与航向无关，在陀螺罗经工作正常时，ΔG 是一个固定值，但在地理纬度变化与航速改变时，ΔG 会发生改变，当航向正在改变时，ΔG 会发生暂时的改变。这种变化本可以用仪器自身的特殊校正器来进行消除，但校正器不够完善、各个机械中存在摩擦力的影响等因素都会使陀罗差发生变化，特别是在陀螺罗经重新启动后或在进行了清洁和维修保养工作后，陀罗差往往会有新的改变。因此，当每次启动陀螺罗经并在它稳定后，必须仔细核对主罗经与各分罗经之间的读数，并应尽快测定陀罗差，以校验它是否有改变。

②磁罗经差（ΔC）可简称为罗经差，是罗北（N_C）偏离真北（N_T）的角度。当罗北偏在真北的东面时为正（+）；当罗北偏在真北的西面时为负（-），如图 1-1-12 所示。罗经差 ΔC 是磁差（Variation，*Var*）与自差（Deviation，*Dev*）的代数和：

$$\Delta C = Var + Dev$$

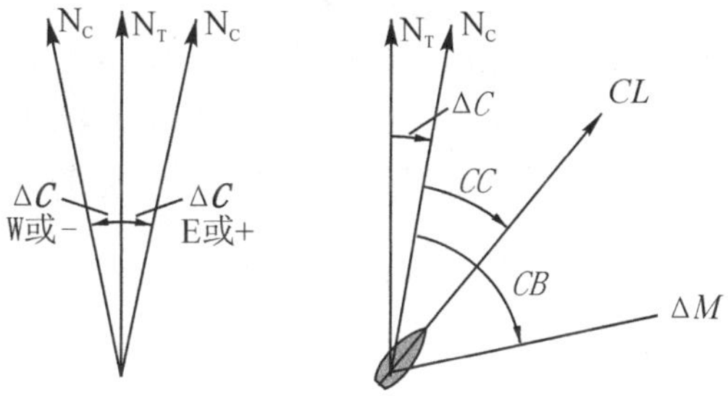

图 1-1-12 磁罗经差

磁差与自差的定义、产生原因、变化因素及查取或测定方法在后面将做单独介绍。

3. 向位换算

航海上用磁罗经或陀螺罗经测定的航向和方位是罗航向、罗方位或陀罗航向、陀罗方位。如果要将它们绘制到海图上，则必须先将其换算成以真北为基准的真航向和真方位；相反，如果在海图上设计好了以真北为基准的真航向和真方位，而要用磁罗经或陀螺罗经去执行，则又必须先将真航向和真方位换算成以罗北或陀罗北为基准的罗航向、罗方位或陀罗航向、陀罗方位。这种不同基准之间的航向和方位的换算叫作向位换算。换算时，必须修正两个基准方向线间的夹角，即罗经差。

向位换算的公式如下：

$$TC = GC + \Delta G = CC + \Delta C = CC + Var + Dev$$

$$TB = GB + \Delta G = CB + \Delta C = CB + Var + Dev$$

从向位换算公式可知，罗经差等于真向位与罗经向位之差。

例 1-1-6：已知罗航向 $CC=043°$，罗方位 $CB=095°$，罗经差 $\Delta C=3°.0\text{W}$，求真航向和真方位。

解：如图 1-1-13 所示。

$$\Delta C = 3°.0\text{W} = -3°.0$$
$$TC = CC + \Delta C = 043° + (-3°.0) = 040°$$
$$TB = CB + \Delta C = 095° - 3°.0 = 092°$$

例 1-1-7：已知真航向 $TC=040°$，真方位 $TB=094°$，陀罗差 $\Delta G=0°.4\text{W}$，求陀罗航向与陀罗方位。

解：如图 1-1-14 所示。

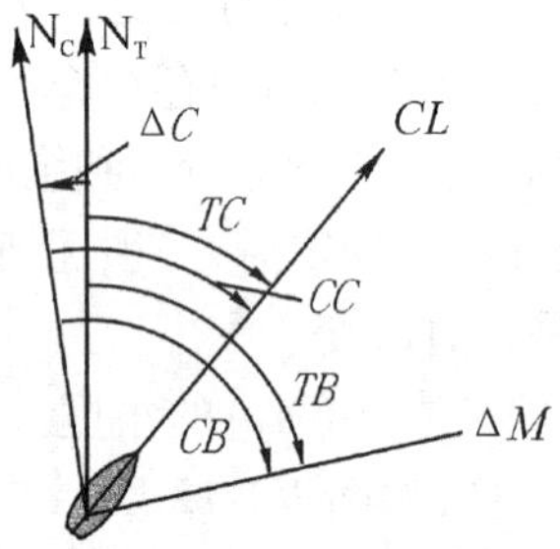

图 1-1-13　罗向位与真向位换算

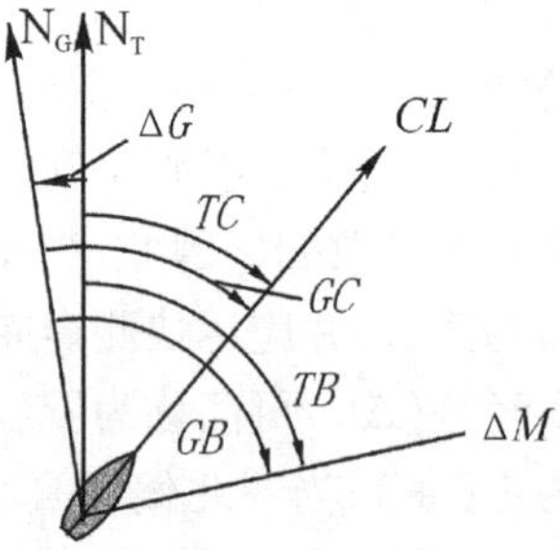

图 1-1-14　真向位与陀罗向位换算

$$\Delta G = 0°.4\text{W} = -0°.4$$
$$GC = TC - \Delta G = 040° + 0°.4 = 040°.4$$
$$GB = TB - \Delta G = 094° + 0°.4 = 094°.4$$

须强调的是，在向位换算中，除了正确运用公式进行代数运算外，还应会作图求解，以帮助理解与记忆。

四、磁罗经的磁差与自差

船上磁罗经的罗经差 ΔC 是在地磁和船磁合力的作用下产生的。磁差、自差是与地磁、船磁变化规律密切相关的。

1. 地磁与磁差

(1)磁差的产生

地球是一个磁体，地磁是包绕在地球周围的天然磁场。地磁磁场有两个极，近地理北极的称为地磁北极，近地理南极的称为地磁南极。地磁磁极在地面上的位置是不固定的。据测量，1970 年地磁北极在 76°12′N，101°00′W；1971 年地磁南极在 60°30′S，139°30′E；1984 年地磁北极在 77°17′N, 102°18′W。据推测，地磁磁极约 650 年绕地极变化一周。

将磁罗经放置在地球上某一点，当它仅受到地磁磁场作用时，磁针的 N—S 线将与该点的地磁磁力线的切线相重合，其 N 极所指的方向即磁罗经刻度盘上 0°方向在地面真地平平面上的投影称为磁北(magnetic north，N_M)。因为地理北极与地磁北极不在同一地点，同时地磁磁场本身又很不规则，所以某一点的磁北线与真北线往往不重合。磁差(*Var*)是磁北(N_M)偏离真北(N_T)的角度。当磁北偏在真北的东面时为正(+)；当磁北偏在真北的西面时为负(-)。磁差以 0°～180°计算，如图 1-1-15 所示。

以磁北(N_M)为基准的航向称为磁航向(Magnetic Course, *MC*);以磁北(N_M)为基准的物标方位称为磁方位(Magnetic Bearing, *MB*)。它们与真向位之间的关系如下:

$$MC = TC - Var$$

$$MB = TB - Var$$

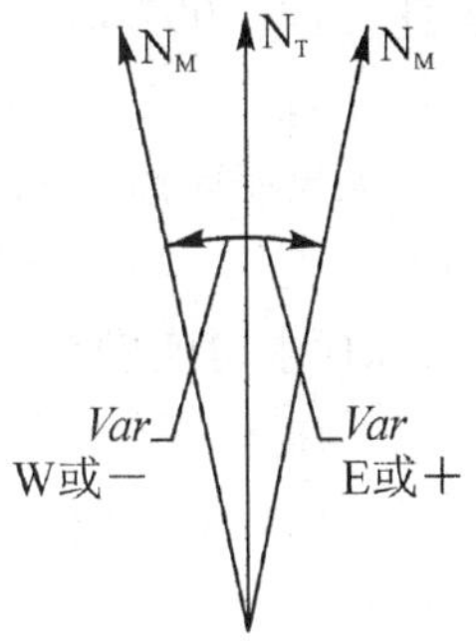

图 1-1-15　磁差

(2)磁差的变化

根据地磁磁场的变化规律,磁差变化有以下特点:

①磁差随地点变化。因为地磁磁场的不规则性使得地面上的磁力线的分布与走向相当复杂,所以磁差的大小和方向因地而异。在低纬度地区,磁差比较小,最小可为0°,靠近磁极地区,磁差变化显著,最大可达到180°,因此,在极区航行的船舶,磁罗经是无法应用的。

②磁差随时间变化。由于地磁磁极的位置按椭圆轨迹绕地极做缓慢的移动,因此同一地点的磁差也随时间发生变化,每年可能有 0° ~ 0°.2 的变化,叫作地磁的年变化(annual change)或年差。年差的表示方法有两种:

a. 用磁差绝对值的增加(increasing)(+)或减少(decreasing)(-)来表明年差的变化。

b. 用东(E)或西(W)来表明年差向东(E)或向西(W)变化,新版海图用此法的较多。

海图上所给出的年差是该地区在出版该海图时几年内磁差的年平均值,因此,当使用陈旧海图上的磁差资料时,可能会产生较大的误差。

③地磁异常与磁暴。在沿海个别地区,可能由于地下埋藏着磁性矿物的影响,该地区的磁差与附近的磁差有着明显的差异称为地磁异常(abnormal magnetic variation)。在山东威海附近的鸡鸣岛和台湾基隆北口的花瓶屿就有磁差异常区。在航用海图上和有关的航路指南中,都载有各地磁差异常区的资料。当船舶航行到这些地区时,必须特别注意磁罗经的工作状况。在资料中如给出磁差异常地区的磁差改正值时,除按正常磁差计算外,还必须进行磁差异常值的改正。

磁差的偶然和罕见的波动称为磁暴。研究发现,它主要与太阳黑子的暴发有关。磁暴虽然时间短暂,但是一昼夜可使磁差变化几度至几十度。因此,在使用磁罗经时,若发现磁向位突然有较大变动,则必须格外谨慎。

(3)磁差的查取方法

驾驶员在使用磁罗经时,必须根据时间与航行地区的改变,经常利用航用海图或磁差图中的磁差资料求取航行地区当时的磁差值。在航用海图上给出磁差资料的方法有以下三种:

①在某些航行图和港泊图的向位圈(罗经花 compass rose)上,一般都给出该向位圈所在地点的磁差值、测量年份与年差数据,如:

*Var*3°30′W(1986) increasing about 2′ annually

它表示在该向位圈中心附近,1986 年的磁差值是 3°30′W,近几年磁差绝对值每年约增加 2′,因此,该点 1997 年的磁差值应该是:

$$Var = 3°30'W + (1997 - 1986) \times 2' = 3°52'W \approx 3°.9W$$

在新版海图上常用东(E)或西(W)来表明年差的变化,如:

3°05′W1991(6′E)

它表示在该向位圈中心附近,1991 年的磁差值是 3°05′W,近几年磁差每年变化值是向东 6′,

因此,该点 1997 年的磁差值应该是:

$$Var = 3°05'W - (1997 - 1991) \times 6' = 2°29'W \approx 2°.5W$$

如果船舶航行海区是在海图上的两个向位圈之间时,则应该先分别求出两个向位圈地点的磁差值后,再进行目视内插,即按船与两向位圈之间的距离与磁差的差值进行比例内插概算,以便求得船舶航行地点的较正确磁差值。

②在远洋航行图和总图上,由于海图比例尺较小,范围很大,磁差在图区内的变化较大,因此只能用等磁差曲线形式给出磁差资料。在每条等磁差曲线上都注有该曲线所在地区的磁差与年差数据。所给磁差的年份在海图标题栏内加以说明。

在求取航行地区的磁差时,应该首先分别求出航行地区的两条等磁差曲线上的当年磁差后,再进行目视内插,从而求出航行地点的当年磁差值。

在大洋航行中,用远洋航行图或空白定位图进行海图作业时,如果图上磁差资料缺乏或已陈旧,则应该查阅近期出版的地磁图,用上述同样方法来求取航行地点的当年磁差值。

③在一些大比例尺港泊图上,由于所示地区范围较小,整个图区范围内的磁差可以认为是相等的,因此其磁差资料有时仅在海图标题栏内给出。

需要指出的是,磁差除了以上所讲的三种查取方法外,在现代化电子定位设备,例如 GPS 接收机中,还可以根据实时船位直接读取当地、当时的磁差数据。

2. *船磁与自差*

安装在钢铁制成的船上的磁罗经,它除了受地磁的作用外,还将受到船上钢铁在地磁磁场中磁化后形成的磁场——船磁以及磁罗经附近的电气设备形成的电磁场的影响,它们使磁罗经的磁针从磁北(N_M)偏开,指向上述各种磁场的合力方向上,这时磁罗经刻度盘上 0°所指示的北是罗北。罗北(N_C)偏开磁北(N_M)的角度,是因为船舶自身的磁场所引起的,所以称为磁罗经自差(deviation),用缩写 *Dev* 或符号 δ 来表示。自差(*Dev* 或 δ)是罗北(N_C)偏开磁北(N_M)的角度,当罗北偏在磁北之东时,是东自差,用 E 或(+)标示;当罗北偏在磁北之西时,是西自差,用 W 或(-)标示。

自差的符号和大小与船舶钢铁磁化的性质和程度有关,而船磁又与船首向和地磁磁力线方向的相对位置有关,即船磁的大小和方向是随着航向的不同而改变的,因此磁罗经自差是随着航向的改变而变化的。除此之外,自差还可能由于船舶装载钢铁和磁性矿物、磁罗经附近铁器与电器位置的变动、船舶倾斜和船舶所在磁纬变化很大而有所变动。

当磁罗经自差很大时,使用罗经很不方便,例如,在船舶转向时,转向角就可能与罗经读数的变化数值相差较大,这样,在使用罗经时容易产生错觉,甚至发生海上事故,因此,必须对磁罗经进行自差消除。但消除自差不可能把各个航向上的自差都消除干净,还会剩下0° ~ ±3°的自差叫作剩余自差。在消除自差后,应将 8 个主要罗经点方向上的剩余自差值测定出来,然后用曲线法或公式计算法制成磁罗经自差曲线(如图 1-1-16 所示)或磁罗经自差表(如表 1-1-4 所示),供船舶在航行中进行向位换算用。

磁罗经自差表或自差曲线都是以罗航向为引数来查取的,因此,如果仅知道真航向,而不知道罗航向时,应该采用罗航向的近似值,即用磁航向代替罗航向作为查表引数来查取自差。在剩余自差不太大的情况下,用磁航向来代替罗航向作为引数查自差表,所求自差的误差不大,可以满足航海上的精度要求,但是,不能够直接用真航向代替罗航向来查取自差表,否则,特别是在磁差值较大时,所求得的自差会有较大的误差。

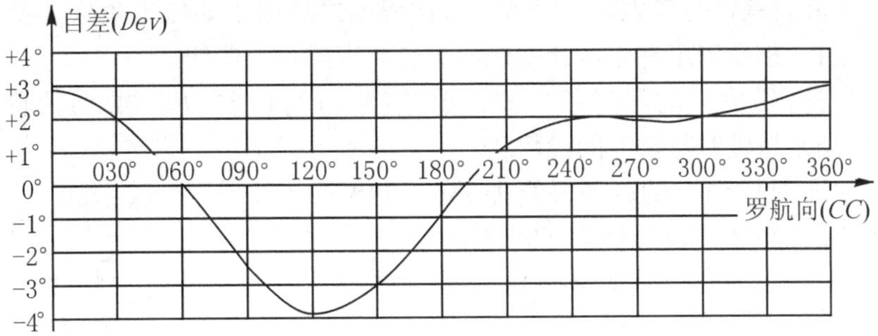

图 1-1-16 磁罗经自差曲线

表 1-1-4 某船标准磁罗经自差表

2004 年 10 月 25 日 观测地点:吴淞口

自 差	罗 经 航 向		自 差
+2°.9	360°	000°	+2°.7
+2°.7	345°	015°	+2°.5
+2°.4	330°	030°	+2°.1
+2°.1	315°	045°	+1°.3
+1°.0	300°	060°	0°.2
+1°.9	285°	075°	-1°.1
+1°.8	270°	090°	-2°.4
+2°.0	255°	105°	-3°.4
+1°.9	240°	120°	-3°.6
+1°.7	225°	135°	-3°.4
+1°.3	210°	150°	-3°.0
+1°.3	195°	165°	-2°.4
-0°.9	180°	180°	-0°.9

通过下面例题,说明用磁罗经自差表查取自差的方法。

例 1-1-8:$CC = 053°$,利用表 1-1-4 求磁罗经自差。

解:$Dev = +1°.3 + \frac{(0°.2) - (+1°.3)}{15} \times 8 \approx +1°.3 - 0°.6 = 0°.7E$。

注:所求磁差和自差值的精度要求达到 0°.1。

例 1-1-9:$TC = 147°$,$Var = 12°E$,利用表 1-1-4 求磁罗经自差。

解:先求磁航向 $MC = TC - Var = 147° - 12°E = 135°$,然后用磁航向代替罗航向作为查表引数,查表 1-1-4 得:$Dev = -3°.4 = 3°.4W$。

特定的磁罗经自差值也可以从船上的磁罗经自差记录簿和航海日志的记录中获得。只要找到近期的、相同航行条件下的、相同航向的自差记录,即可作为要求的自差值。

不论磁罗经自差校正得怎样好,不论剩余自差表测定得如何准确,由于船磁在不断地变化着,因此为了获得航行中船舶航向上的准确自差值,或为了验证所采用的自差的可靠性,必须经常利用一切可以测定罗经差的机会,测定航行中的实际自差值,并将测定的结果记入航海日志和磁罗经自差记录簿中,以便今后在相同的航行条件下参考使用。当发现自差曲线或自差表与所测得的实际自差值有较大出入时或在每次修船之后由于船磁发生较大变化时，都必须重新进行自差校正，重新测定并编制新的磁罗经自差表或自差曲线。

根据以上所述，磁罗经的罗经差（ΔC）、磁差（Var）与自差（Dev 或 δ）之间的关系如图 1-1-17 所示，罗经差是磁差与自差的代数和。

例 1-1-10：A 船某航向上的磁罗经自差 $Dev = 2°W$，而当地的磁差 $Var = 15°E$，求该航向上的罗经差。

解：$\Delta C = Var + Dev = 15°E + 2°W = 15° + (-2°) = 13°$ 或 13°E

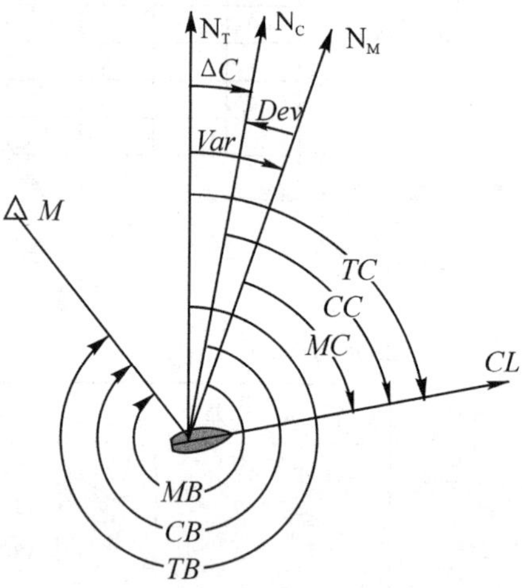

图 1-1-17　磁差、自差、罗经差关系

对磁罗经来说，如图 1-1-17 所示，其向位换算还可以写成：

$$TC = CC + \Delta C = (CC + Dev) + Var = MC + Var$$

$$TB = CB + \Delta C = (CB + Dev) + Var = MB + Var$$

$$MC = CC + Dev = TC - Var$$

$$MB = CB + Dev = TB - Var$$

陀螺罗经是船舶精密的指向仪器，而磁罗经具有构造简单、不依赖电源、不易损坏、价格低廉等优点，它至今仍然是船舶必备的指向仪器。因此，如果认为有了先进的陀螺罗经，就可以不要或忽视磁罗经的作用，那是十分有害的。在实际中，不但可以利用磁罗经对陀螺罗经是否正常工作进行核查，而且当陀螺罗经因故不能正常工作时，只能利用磁罗经进行指向。因此，磁罗经是《国际海上人命安全公约》（SOLAS 公约）中规定的必备航海仪器。

磁罗经罗向位的精度，在很大程度上取决于磁罗经自差的测定精度。因此，船上除了应定期地对磁罗经进行校正并绘制新的磁罗经自差表或自差曲线外，还应该在航行中利用每一个测定罗经差的机会来测定自差，用以检查磁罗经自差的变化和校验磁罗经剩余自差表的准确性。

有关罗经差的测定在第二篇第五章论述。

第三节　能见地平距离和物标能见距离

一、航海上的距离单位

航海上度量距离的长度单位最常用的是海里（nautical mile，n mile），它等于地球椭圆子午线上纬度 1′所对应的弧长，其长度可由下面的推导得出。

从图 1-1-3 中知道，椭圆子午线上任意一点的直角坐标值，可以按下面的方法求得：

因为
$$\tan\varphi = \frac{a^2}{b^2} \cdot \frac{y}{x}$$

所以
$$y = \frac{b^2}{a^2} \cdot x\tan\varphi$$

以此代入椭圆子午圈方程式，则可得：

$$\frac{x^2}{a^2}+\frac{1}{b^2}\left(\frac{b^2}{a^2}x\tan\varphi\right)^2=1$$

所以

$$x^2\left(1+\frac{b^2}{a^2}\cdot\tan^2\varphi\right)=a^2$$

因为

$$\frac{b^2}{a^2}=1-e^2$$

所以

$$x^2\left[1+(1-e^2)\frac{\sin^2\varphi}{\cos^2\varphi}\right]=a^2$$

$$x^2[\cos^2\varphi+(1-e^2)\sin^2\varphi]=a^2\cos^2\varphi$$

$$x^2(1-e^2\sin^2\varphi)=a^2\cos^2\varphi$$

$$x^2=\frac{a^2\cos^2\varphi}{1-e^2\sin^2\varphi}$$

所以

$$x=r=\frac{a\cos\varphi}{\sqrt{1-e^2\sin^2\varphi}}$$

式中：r——纬度圈半径。

若令

$$w=\sqrt{1-e^2\sin^2\varphi}$$

则

$$x=\frac{a\cos\varphi}{w}$$

$$y=(1-e^2)\frac{a\cos\varphi}{w}\tan\varphi=\frac{a(1-e^2)\sin\varphi}{w}$$

为了求地球椭圆子午线上任意一点的弧长微小变量 ds，则从图 1-1-18 中可得：

$$\mathrm{d}s=M\mathrm{d}\varphi=\frac{-\mathrm{d}x}{\sin\varphi}$$

式中：M——椭圆子午线上任意一点的曲率半径，因此

$$M=-\frac{1}{\sin\varphi}\cdot\frac{\mathrm{d}x}{\mathrm{d}\varphi}$$

而

$$\frac{\mathrm{d}x}{\mathrm{d}\varphi}=\left(-aw\sin\varphi+\frac{1}{w}\cdot ae^2\sin\varphi\cos^2\varphi\right)\cdot\frac{1}{w^2}$$

$$=-\frac{a\sin\varphi}{w^3}(w^2-e^2\cos^2\varphi)$$

$$=-\frac{a(1-e^2)\sin\varphi}{w^3}$$

所以

$$M=\frac{a(1-e^2)}{w^3}$$

所以，地球椭圆子午线上纬度 1′所对应的弧长，即 1 n mile 为：

$$1\ \text{n mile}=M\cdot\text{arc}1'$$

$$=a(1-e^2)\cdot(1-e^2\sin^2\varphi)^{-\frac{3}{2}}\cdot\text{arc}1'$$

$$\approx a\left[1-e^2+\frac{3}{4}e^2(1-\cos2\varphi)\right]\cdot \text{arc}1'$$

$$=a\left(1-\frac{1}{4}e^2-\frac{3}{4}\cos2\varphi\right)\cdot \text{arc}1'$$

以克拉索夫斯基的地球椭圆体参数代入上式，则

$$1\ \text{n mile}=1\ 852.25-9.31\cos2\varphi\ (\text{m})$$

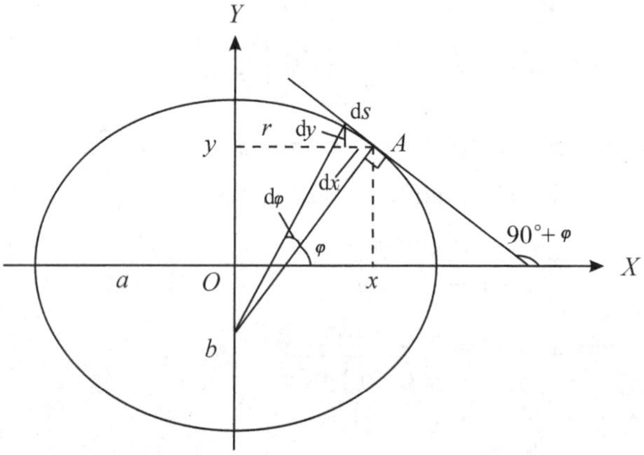

图 1-1-18　地球椭圆子午线曲率半径

从公式可知，椭圆子午线上 1′纬度弧长，即 1 n mile 的长度不是固定的，它随着纬度的不同而略有差异：当纬度 $\varphi=0°$时最短，为 1 842.94 m；当 $\varphi=45°$时，为 1 852.25 m；当 $\varphi=90°$时最长，为 1 861.56 m，约在纬度 44°14′处 1 n mile 的长度才等于 1 852 m。

1 n mile 的长度还因各个国家所采用的地球椭圆体参数不同而略有不同，但影响较小。

为了航海实际应用的需要，必须用一个固定值作为 1 n mile 的统一长度。目前，我国和世界上大多数国家均采用 1929 年国际水文地理学会会议推荐的 1 n mile = 1 852 m 作为统一的海里标准长度。航海上用于测量航速与航程的仪器是用此标准长度进行标定的。

将 1 852 m 作为 1 n mile 的固定值后，在航海实践中产生的误差并不大，可以忽略不计。例如：某船沿着赤道向正东航行，航速为 25 n mile/h，航行 1 天后船舶航行距离为 25 × 24 = 600 n mile，但这是按 1 n mile = 1 852 m 计算的。如果根据赤道上 1 n mile = 1 842.94 m实际长度计算，则船舶 1 天航行的距离应该是：

$$\frac{1\ 852\times600}{1\ 842.94}\approx603\ \text{n mile}\ (\text{当}\ \varphi=0°\text{时})$$

由此可以看出，在这种情况下将 1 n mile 长度固定为 1 852 m 后，所产生的误差只有航行距离的 0.5%；若在中纬度航行，则所产生的误差将更小。

海里的定义为海图作业时把纬度图尺作为距离标尺打下了基础。航海上，海里习惯上可用"′"表示，例如，1 n mile 可记为 1′。

在航海工作中，还可能会用到以下一些长度单位：

链（cable，cab）——1 链等于 0.1 n mile，约为 185 m。

米（meter，m）——国际通用长度单位，航海上常用它作为高程和水深的单位。

在英版航海图书资料中，目前仍可能会遇到以下英国曾用过的长度单位：

英尺（foot，ft）——1 ft = 0.304 8 m。

码(yard,yd)——1 yd = 3 ft 或 0.914 4 m。

拓(fathom,fm)——1 fm = 6 ft 或 1.828 8 m。

二、测者能见地平距离

在海上,眼高为 e 的测者,向周围大海远望,所能看到的最远处,水天似相交成一圆圈 BB',这个圆圈所在的地平平面或测者至 BB'这一小块球面叫作测者能见地平平面或视地平平面(visible horizon),而圆圈 BB'就是测者能见地平或视地平(俗称水天线),如图 1-1-19 所示。

在研究测者能见地平距离与物标能见距离时,通常把地球看成圆球体。

测者能见地平距离(distance to the horizon from height of eye, D_e) $D_e = \overset{\frown}{AB}$,它可以通过下面的推导求得。

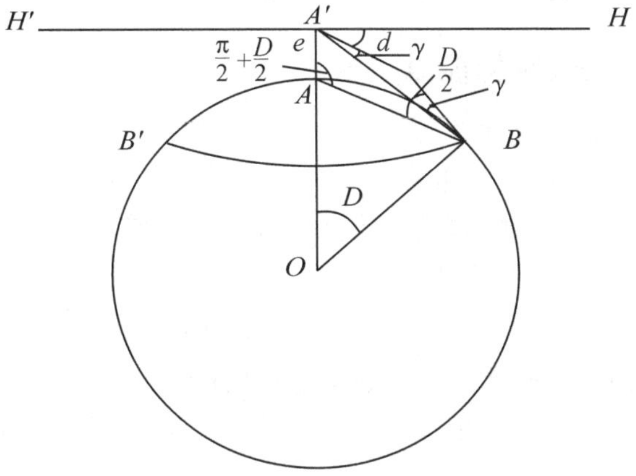

图 1-1-19　测者能见地平距离

从图 1-1-19 中的△ABA'可得:

$$\frac{A'B}{\sin\left(\frac{\pi}{2}+\frac{D}{2}\right)} = \frac{e}{\sin\left(\frac{D}{2}-\gamma\right)}$$

式中:$A'B$——可以认为是测者能见地平距离 $\overset{\frown}{AB}$,$A'B = D_e$;

e——测者眼高;

D——测者能见地平距离 D_e 所对之球心角,因此 $D_e = \overset{\frown}{AB} = RD$;

γ——地面蒙气差系数,在地面大气正常情况下,$\gamma = \frac{D}{13} = \frac{D_e}{13R}$;

R——地球半径,根据 1′ = 1 852 m 的规定,可推算出:

$$R = \frac{360 \times 60'}{2\pi} = 3\ 437'.746\ 8 = 6\ 366\ 707\ \text{m}$$

因此可得:

$$D_e = A'B = \frac{e\cos\frac{D}{2}}{\sin\left(\frac{D}{2}-\gamma\right)}$$

因为$\frac{D}{2}$和$\frac{D}{2}-\gamma$都是小角度,所以可以认为 $\cos\frac{D}{2}\approx 1$, $\sin\left(\frac{D}{2}-\gamma\right)\approx\frac{D}{2}-\gamma$。因此,

$$D_e = \frac{e}{\frac{D}{2}-\gamma} = \frac{e}{\frac{D_e}{2R}-\frac{D_e}{13R}} = \frac{26R\cdot e}{11D_e}$$

所以　$$D_e(\text{n mile}) = \sqrt{\frac{26\times 3\ 437.746\ 8}{11\times 1\ 852}}\sqrt{e(\text{m})} = 2.09\sqrt{e(\text{m})}$$

而海地平俯角 d 也可以从图 1-1-19 中求得:

$$d = \frac{\pi}{2}-\gamma-\angle OA'B = \frac{\pi}{2}-\gamma-\left[\pi-\left(\frac{\pi}{2}+\frac{D}{2}\right)-\left(\frac{D}{2}-\gamma\right)\right]$$

$$=\frac{\pi}{2}-\gamma-\frac{\pi}{2}+D-\gamma=D-2\gamma=\frac{D_e}{R}-\frac{2D_e}{13R}=\frac{11D_e}{13R}$$

若海地平俯角 d 的单位用角分来表示，则

$$d'=\frac{11D_e}{13\times 3\ 437.746\ 8}\times\frac{1}{\text{arc}1'}=\frac{11}{13}D_e=1.77\sqrt{e(\text{m})}$$

在我国《航海表》中，根据上述测者能见地平距离公式编制的表Ⅲ－8 视距表和根据海地平俯角公式编制的表Ⅱ－16 海地平俯角表，它们可以用测者眼高 e(m)为引数，直接查出测者能见地平距离 D_e(n mile)和海地平俯角 d'。

三、物标能见距离

假如将眼睛放在物标的顶端，则此时眼睛所看到的能见地平距离叫作物标能见地平距离(distance to the horizon from object，D_h)。它也就等于当测者眼高为零时，在能见度良好的情况下，理论上测者能够看到物标的最大距离。因此，物标能见地平距离 D_h 可以与测者能见地平距离一样，按下式求得：

$$D_h(\text{n mile})=2.09\sqrt{H(\text{m})}$$

式中：H——物标顶点离海平面的高度(m)。

物标能见地平距离 D_h 同样可以用物标高度代替测者眼高为引数，查航海表Ⅲ－8 视距表求得。

实际上，测者总是有一定的眼高的，因此，测者理论上能够看到物标的最大距离要比物标能见地平距离大。当能见度良好时，仅由于地面曲率和地面蒙气差的影响，测者理论上能够看到物标的最大距离叫作物标地理能见距离(geographical range of an object，D_o)。从图 1-1-20 中看到，物标地理能见距离 D_o 可以由下面公式求得：

$$D_o=D_h+D_e=2.09\sqrt{H}+2.09\sqrt{e}$$

式中：D_o——物标地理能见距离(n mile)；

H——物标高度(m)；

e——测者眼高(m)。

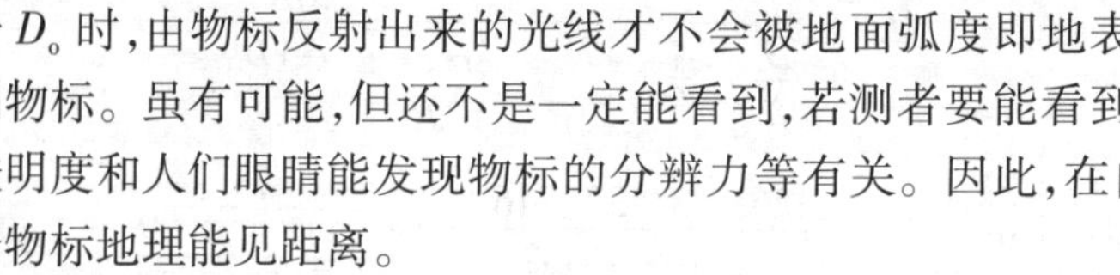

图 1-1-20　物标地理能见距离

当物标与测者之间的距离大于 D_o 时，测者根本不可能用肉眼看到物标，只有当两者之间的距离等于或小于 D_o 时，由物标反射出来的光线才不会被地面弧度即地表面阻挡，因此测者此时才有可能看到物标。虽有可能，但还不是一定能看到，若测者要能看到物标，还与当时的能见度即大气的透明度和人们眼睛能发现物标的分辨力等有关。因此，在白天发现物标的最远距离往往要小于物标地理能见距离。

四、灯标射程与可见距离

为了引导船舶航行，在航道附近的岛屿、海岸上设有灯标，每个灯标都标有灯标的灯光射

程，简称灯标射程（light range）。

中版海图和《航标表》中关于灯标射程的定义是：晴天黑夜，当测者眼高为 5 m 时，能够看到灯标灯光的最大距离。在这样的定义下，就有一个强光灯标与弱光灯标的区分问题。

晴天黑夜灯光所能照射的最大距离叫作光力能见距离，它取决于灯光强度。若光力能见距离大于或等于测者眼高 5 m 时的灯标地理能见距离，则该灯标为强光灯标，灯标射程等于测者眼高 5 m 时的灯标地理能见距离；若光力能见距离小于测者眼高 5 m 时的灯标地理能见距离，则该灯标为弱光灯标，灯标射程等于该灯标的光力能见距离。必须指出的是，把灯光的强弱与灯高、眼高联系起来是欠合理的。

英版海图和《灯标表》中灯标射程分光力射程（luminous range）和额定光力射程（nominal range）两种。光力射程是指在某一气象能见度条件下灯光光力的最大能见距离。额定光力射程是指在气象能见度为 10 n mile 条件下灯光光力的最大能见距离。这两种射程都仅与灯光强度和气象能见度有关，而与眼高、灯高、地面曲率及地面蒙气差等无关。世界上大多数国家采用额定光力射程作为灯标射程。采用额定光力射程的国家和地区在《灯标表》的“特殊说明”（special remarks）中注明。采用光力射程作为灯标射程时的标注往往并不统一，有时附注灯光强度，所注的射程并不标明相应的气象能见度，可以理解为某盛行气象能见度下的光力最大能见距离。

不同能见度下灯标灯光的可见距离可以用额定光力射程或灯光强度作为引数，在《灯标表》中的光力射程图（luminous range diagram）上查得。具体使用方法将在第三篇第二章中做详细介绍。

英版资料中灯标的灯光最大可见距离是这样确定的：当射程大于或等于该灯标的地理能见距离 D_o 时，灯光最大可见距离等于 D_o；当射程小于 D_o 时，灯光最大可见距离等于射程。

实际上，测者能够看到灯标灯光的最大距离还与很多因素有关，如与灯光强度、气象能见度、地面蒙气差、灯高、眼高、肉眼能够发现最弱灯光的能力以及灯标和测者附近背景的亮度等，因此，灯标灯光最大可见距离只能作为灯标何时有可能被看到的参考数据。

灯塔是一种重要的灯标，其灯光强度较大。夜间，测者观测灯塔灯光，如果灯塔的灯光强度能够照射的距离大于灯塔的地理能见距离 D_o，则测者在离灯塔的距离稍大于 D_o，即灯塔灯芯还没有露出水天线时，就已经能够见到它的光辉。当灯塔灯芯初露测者水天线的那一瞬间，称为灯光初显；相反，当船舶驶离灯塔时，灯塔灯芯初没于水天线的那一瞬间称为灯光初隐。初显、初隐距离就是灯塔的地理能见距离 D_o。

对于中版航海资料来说，强光灯塔可能有初显、初隐，弱光灯塔一般不会有初显、初隐。

对于英版航海资料来说，灯塔灯光的最大可见距离等于灯塔的地理能见距离 D_o 时，可能有初显、初隐；反之亦然。

航行中，可以用初显与初隐来概略估计船舶到灯塔的距离，尤其是当船舶从大洋驶向海岸时，灯塔的初显有助于判断船位的正确性。

第四节　航速与航程

航程是船舶航行经过的距离。船舶的航行速度是单位时间内的航程。

航海上，船速(ship speed)一般是指船舶在无风流情况下的航行速度。新建造或坞修后的船舶都需在船速校验线上进行船速的实际测定，这样测出的船速是船舶在无风流情况下的航行速度。但是，这种船速在航行中只能作为参考，航行中船舶是用相对计程仪测定航速的，它所指示的速度是已包含了风影响的航行速度，因此，航速也可认为是船舶相对于水的速度。船舶在风流影响下相对海底的航行速度，叫作实际航速(speed over ground)，航速的单位为节(knot，kn)，即 1 kn = 1 n mile/h。同时，习惯把航迹推算中预配或考虑风流影响后的航行速度叫作推算航速(speed made good)或计划航速(speed of advance)。

航海上一般采用海里作为航程的单位。在有水流影响的海域航行时，航程也有对水的航程与对海底的航程之分。例如某船船速为 15 kn，流速为 3 kn，当船舶顺流航行时，船舶对海底的实际航速应该是 18 n mile/h；而在顶流航行时，船舶对海底的实际航速应该是 12 n mile/h。但是，不论是顺流航行还是顶流航行，船舶相对水的航速都是 15 n mile/h。因此，船舶对海底的实际航程应该是船舶对水的航程与流程的向量和，即

$$\overrightarrow{\text{实际航程}} = \overrightarrow{\text{对水航程}} + \overrightarrow{\text{流程}}$$

用速度来表示，则为：

$$\overrightarrow{\text{实际航速}} = \overrightarrow{\text{对水航速}} + \overrightarrow{\text{流速}}$$

下面介绍一下航海上测定航速和航程的方法。

一、用主机转速测定船速

船舶是由主机带动螺旋桨转动，利用螺旋桨推水的反作用力使船前进的，因此主机每分钟转数与船速有直接的关系。理论上，螺旋桨在固体中每旋转一周所推进的距离叫作螺距，螺距的单位为 m/r。但船舶螺旋桨是在液体——水中工作的，再加上船舶存在很大的阻力，因此船舶实际被推进的距离小于螺距。螺旋桨螺距与实际推进的距离之差叫作螺旋桨的滑失(slip)。滑失比是用滑失与螺旋桨螺距比的百分比来表示的，在实际中，通常用下式计算：

$$\text{滑失比} = \frac{\text{主机理论航程} - \text{船舶对水航程}}{\text{主机理论航程}} \times 100\%$$

所以

$$\begin{aligned}\text{船舶对水航程} &= \text{主机理论航程} \times (1 - \text{滑失比}) \\ &= \text{螺距(m/r)} \times \text{推进器转速(r/min)} \times 60\text{(min)} \times \\ &\quad\ \text{航行时间(h)} \times (1 - \text{滑失比}) \div 1\,852 \quad \text{(n mile)}\end{aligned}$$

滑失是一个变量，它与船舶的航行条件有关，例如风浪对船舶的影响、吃水和吃水差的不同以及船壳滋生附生物的多少等，都会使滑失发生变化。故船速与主机每分钟转数(r/min)之间的关系，一般只能通过船舶在船速校验线上航行进行实际测定来求得。

船速校验线一般设立在一些重要港口附近的测速场上，有专供船舶试航时用来测定船速和计程仪改正率用的横向叠标组，如图 1-1-21 所示。它一般由三对横向叠标或加一对导航叠

标构成。良好的船速校验线应具备以下条件：

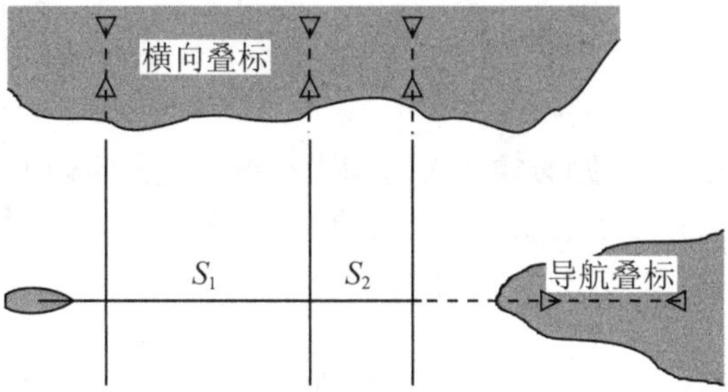

图 1-1-21 测速场

①船速校验线的长度应适当，如果过短或过长都会影响测定的精度。一般用于 18 kn以下的船舶，其长度应为 1～2 n mile；而用于 18 kn 以上的船舶，其长度应为 2～3 n mile。

②船速校验线上的水深应满足：

$$h \geqslant 1.5\frac{v^2}{g} + d$$

式中：h——水深(m)；

v——船速(m/s)；

g——重力加速度(m/s²)；

d——船舶吃水(m)。

否则会产生浅水航行的附加阻力，影响船速测定的精度。当船速为 18 kn、船舶吃水为 d(m)时，船速校验线上的水深应满足：

$$h \geqslant 1.5\frac{v^2}{g} + d = \frac{(18 \times 1\,852)^2}{(3\,600)^2 \times 9.8} + d = 8.8\ \text{m} + d$$

$$h \geqslant 8.8\ \text{m} + d(\text{m})$$

即，船速为 18 kn 时，船速校验线上的富余水深应大于等于 8.8 m。

③在船速校验线的两端，应该有宽广的旋回余地，以便船舶在到达第一对横向叠标之前的一定距离上，就能够尽早地驶上船速校验线。

④船速校验线应该设立在能避风浪和没有水流影响的地方。如果有水流存在，应使船速校验线尽可能地与流向平行。

⑤船速校验线附近应该完全没有航海危险。船速校验线上的所有标志都应该是容易识别的。

在船速校验线上测定船速时，可按下面公式计算船速：

$$v_E = \frac{3\,600 \times s}{t}$$

式中：v_E——船速(kn)；

s——船速校验线上的某一段距离(n mile)；

t——在船速校验线上航行 s 距离所需的时间(s)。

这是在船速校验线上没有水流影响时的计算方法。如果有水流影响，则必须在短时间内往返重复测定多次，然后按下面公式计算求得船速。

①在恒流影响下，只要往返重复测定两次，分别求出每次测定的船速 v_1 和 v_2，然后按求算术平均值的计算方法得到船速，即

$$v_E = \frac{1}{2}(v_1 + v_2)$$

②在等加速度水流影响下，则必须在短时间内往返重复测定船速三次，分别计算出每次测定的船速 v_1，v_2 和 v_3，然后按下面公式计算求得船速，即

$$v_E = \frac{1}{4}(v_1 + 2v_2 + v_3)$$

③在变加速度水流影响下，应该在短时间内在船速校验线上往返重复测定船速四次，然后分别计算出每次测定的船速 v_1，v_2，v_3 和 v_4，最后按下面公式计算求得船速，即

$$v_E = \frac{1}{8}(v_1 + 3v_2 + 3v_3 + v_4)$$

在船速校验线上往返重复测定三次来测定船速的标准差为：

$$\sigma_v = \pm 0.612\,\frac{v_E}{t}\sigma_t$$

式中：v_E——船速(kn)；

t——航行在船速校验线上测速标之间的时间间隔(s)；

σ_t——测定时间 t 的标准差。

如果用秒表来测量时间 t，一般其标准差 σ_t 不会大于 1 s。因此，船速为 15 kn 的船，在 1 n mile 的船速校验线上往返重复三次，其测得的船速的标准差 $\sigma_v = \pm 71$ m 或 0.04 n mile，这样的精度完全能够满足目前航海上的要求。

船舶在试航时，进行了上述船速的测定后，应该列出该船的主机转速与船速对照表，如表 1-1-5 所示。该表应该放在海图室和驾驶台，供驾驶员和引航员根据航程和航行时间来确定主机转速以及用它来估计船舶航行时的速度。

表 1-1-5　某船主机转速与船速对照表

全速		半速		慢速	
船速(kn)	转速(r/min)	船速(kn)	转速(r/min)	船速(kn)	转速(r/min)
17	115	13	87	9	59
16	108	12	80	8	52
15	102	11	73	7	45
14	95	10	65	6	37

因为船舶吃水的不同，主机转速与船速之间的关系也不一样，所以在测定船速时，应分别在满载和压载情况下进行测定。表 1-1-5 是某船在满载时的主机转速与船速对照表。

由于滑失是一个变数，因此上述主机转速与船速对照表，只能说明船舶在测定船速时的情况。在条件不同的情况下，该表也就只能作为航行中的参考，故船舶航行中的航速和航程还必须利用计程仪进行测定。

二、用计程仪测定航程

船用计程仪(log)的种类很多，它是船舶测定航速和航程的主要仪器。目前，根据计程仪

能够提供航速和航程的性质，可以将它分为相对计程仪（relative log）和绝对计程仪（absolute log）两大类。相对计程仪只能显示船舶相对于水的航程和航速，它只记录风影响后的航速和航程，不能显示水流影响后的航速和航程，因此，人们称它是“计风不计流”的计程仪。绝对计程仪可以测量船舶相对于海底的即船舶受风流影响后的实际航程和实际航速。

计程仪主要类型有：回转式计程仪、水压式计程仪、电磁式计程仪、多普勒计程仪与声相关计程仪，后面三种计程仪目前在船上应用较多。电磁式计程仪是相对计程仪。商船使用的多普勒计程仪与声相关计程仪从船底向海底发射的超声波，其有效作用距离为几米至十几米；只有当此超声波能作用到海底即水深不太深时，多普勒计程仪与声相关计程仪才可作为绝对计程仪。因此，一般情况下，多普勒计程仪与声相关计程仪也是相对计程仪。

目前使用的相对计程仪基本上都是提供船舶在真航向上的航速和航程，有时并不是提供风影响后的航速和航程，但是在横风分量不太大时，两者的误差是很小的，同时，考虑到实际使用中的要求，仍然可以认为相对计程仪是“计风不计流”的计程仪。

相对计程仪应该能准确地显示船舶相对于水的航程和航速，但是它与任何其他仪器一样，都会存在着一定的误差，因而从计程仪上读到的仅仅是计程仪航程读数和航速读数，还必须对它进行误差改正后，才能得到准确的相对于水的航程和航速。在航海上，计程仪误差是直接采用计程仪改正率（percentage of log correction）ΔL 来表示的，即

$$\Delta L = \frac{s_L - (L_2 - L_1)}{(L_2 - L_1)} \times 100\%$$

式中：ΔL——计程仪改正率，用百分率表示；

s_L——准确的船舶相对于水的航程，又称为计程仪航程（distance by log），在没有水流影响的地区，它就是船舶相对于海底的实际航程 s；

L_1, L_2——航行于航程 s_L 的始末的两次计程仪的读数（log reading）。

计程仪改正率 ΔL 为正（+）时，表示计程仪慢了或航程少计了；当 ΔL 为负（-）时，表示计程仪快了或航程多计了。因此，船舶准确的计程仪航程，即船舶相对水的准确航程，必须对计程仪读数差进行计程仪误差改正后才能得到，即

$$s_L = (L_2 - L_1)(1 + \Delta L)$$

我国航海表Ⅲ-6“计程仪改正率表”就是根据上式列出，供驾驶员根据某段时间内的计程仪读数差（$L_2 - L_1$）求计程仪航程用。要预计某一时刻或船舶到达某一地点的计程仪读数时，应按下面公式来进行计算：

$$L_2 = L_1 + \frac{s_L}{1 + \Delta L}$$

式中：s_L——准确的计程仪航程，即船舶相对于水的航程，而不是船舶相对于海底的实际航程，因此，它一般等于航速乘以航行时间。

计程仪改正率 ΔL 的测定，也应该在船速校验线上进行，并按计程仪改正率 ΔL 的公式计算求出。同样，为了消除水流对测定的影响，也要在短时间内在船速校验线上往返重复测定多次，并按下面公式计算求得计程仪改正率 ΔL。

①在恒流影响下，

$$\Delta L = \frac{\Delta L_1 + \Delta L_2}{2}$$

②在等加速度水流影响下，

$$\Delta L = \frac{\Delta L_1 + 2\Delta L_2 + \Delta L_3}{4}$$

③在变加速度水流影响下，

$$\Delta L = \frac{\Delta L_1 + 3\Delta L_2 + 3\Delta L_3 + \Delta L_4}{8}$$

式中：ΔL_1，ΔL_2，ΔL_3，ΔL_4——在船速校验线上，各次测定的计程仪改正率。

在船速校验线上往返三次测定计程仪改正率 ΔL 的标准差为：

$$\sigma_{\Delta L} = \pm \frac{0.87\sigma_L}{s} \times 100\%$$

式中：σ_L——各次读取计程仪读数的标准差；

s——船速校验线上所测两横向测速叠标之间的距离。

实践证明，即使在最有利的条件下，测定计程仪改正率的误差仍可能达到 ±0.5%。计程仪改正率并不是固定不变的，它受许多因素影响而发生变化，因此平时必须抓住有准确测定船位的机会，对它进行校验或测定，并将测定结果记载在计程仪误差记录簿中，作为今后在相似航行条件下的参考。

多普勒计程仪与声相关计程仪在所航行水域水深不太深时，才有可能作为绝对计程仪，此时，计程仪改正率可以使用近期的相对计程仪改正率。

目前，可以利用高精度的连续定位仪测定船舶的实际航速，也可以利用 ARPA（Automatic Radar Plotting Aid）（自动雷达标绘仪）中的导航功能测定船舶的实际航速。

第二章 海 图

海图(chart)是以海洋及其毗邻的陆地为描述对象的地图,是为航海需要而专门绘制的一种地图。海图上详细地绘画了航海所需要的资料,如岸形、岛屿、礁石、浅滩、沉船、水深、底质和水流资料等。海图是航海的重要工具之一。在航行前拟定计划航线、制订航行计划,航行中进行航迹推算和定位,以及航行后总结航行经验、发生海事后判定事故责任等,都离不开海图。因此,正确地了解海图的特点,熟悉海图上表示各种航海资料的方法,以及正确地使用和管理海图,就成为船舶驾驶员的重要任务之一。

早在公元13世纪初,我国航海已经运用海图了,当时已经有我国最早的南海诸岛海图。但留传至今的最早海图是公元1430年明朝郑和的航海图。中华人民共和国成立后,随着海运事业的发展,我国水道测量和海图出版工作都有了很大的发展。目前,我国除出版本国沿海海图外,为适应远洋航海事业的发展需要,已经出版了西北太平洋、东南亚和世界各大海洋等的海图。虽然目前在我国远洋船队中仍然需要购买大部分的外版海图,但是已开始部分地用中版海图替代外版海图了。

世界上许多国家都出版本国沿海海图,有些国家还出版全球范围的航用海图。目前远洋船队使用最多的海图依然是英版海图,故介绍英版海图的知识是必要的。

本章重点介绍航用海图的投影、海图坐标系、海图图式以及海图的分类和使用保管等知识。

第一节 地图投影

一、地图投影和比例尺

地图是地球表面情况在平面上的描绘。地球无论作为圆球体还是旋转椭圆体,它的表面都是一种不可展开的曲面,即不可能无裂隙或无皱褶地将它们平展开来。为了得到地球表面的平面图像,必须借助于某种数学法则。按照一定的数学法则把地球表面描述到平面上的方法称为地图投影。

因为地面上任意一点都可以用地理坐标来确定,所以地图投影主要就是将地面上的经纬线按一定的数学法则绘制到平面上去,建立地图的经纬线图网。

要把不可展开的曲面投影制成平面而避免裂隙和皱褶,就必须拉伸或压缩经纬线,这就不可避免地产生投影变形,即产生长度变形、角度变形和面积变形。因此,应根据不同的需要,选用不同的投影方法控制地图的变形。

设 A 为地面上任意一点，在它的某一方向上有线段 AB，如果将它投影到地图上去，变成图上线段 ab，则该地图在 A 点的这个方向上的比例尺（C）为：

$$C = \lim_{AB \to 0} \frac{ab}{AB}$$

这种比例尺称为局部比例尺（local scale）。由于存在投影变形，在同一张地图上各点的局部比例尺可能都不相同，有时在同一地点上的各个不同方向上的局部比例尺也各不相同。局部比例尺在投影中的变化可以反映出地图投影的变形特点。例如，如果在图上某一点的各个方向上的局部比例尺都相等，则该地图在这一点上就能够保持与地面形状相似，并且在这一点上能够保持角度不变，这在地图投影中叫作正形或等角；相反，如果在图上某点的各个方向上的局部比例尺不相等，则地图在这一点上就不能保持正形或等角。

一般在地图上注明的比例尺称为普通比例尺（nature scale）或基准比例尺。它大约是图上各个局部比例尺的平均值，或者是等于图上某点或某条线上的局部比例尺。有时为了便于几张海图联合起来使用，上述的基准点或线也可以不在某张图的图区范围内。

表示海图比例尺的方法有两种：数字比例尺和直线比例尺。前者用 1 比若干的数字来表示，例如 1∶300 000 或 1/300 000，它表示在图上基准点处，一个单位长度等于地面上 30 万个相同单位的长度，即在图上基准点处的 1 cm 代表在该处地面上的 300 000 cm，或 3 000 m 即 3 km。后者是将比例图尺绘画在海图标题栏内或图边适当的地方，如图 1-2-1 所示。

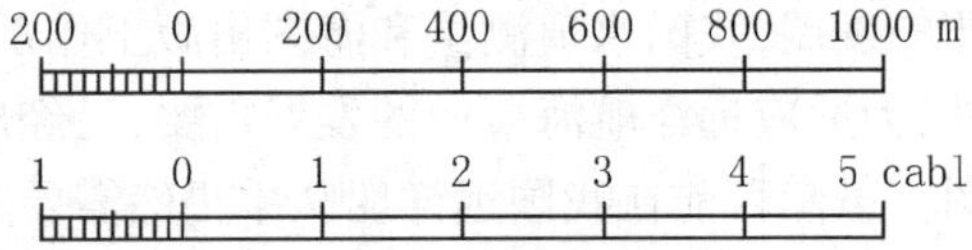

图 1-2-1 直线比例尺

海图比例尺决定着海图的精度。正常人的眼睛只能清楚地分辨出图上大于 0.1 mm 的两点间的距离。在海图制图工作中，线画的绘制误差一般也不超过 0.1 mm，因此，实地水平长度按比例尺缩绘到图上时，不可避免地有0.1 mm 的误差。这种相当于海图上 0.1 mm 的实地水平长度叫作比例尺的精度，或叫作海图的极限精度（limit accuracy）。因此，每一种海图按比例尺的不同都有各自的极限精度，如表1-2-1所示。

表 1-2-1 各种比例尺海图的极限精度

海图比例尺	极限精度（m）
< 1∶3 000 000	>300
1∶1 000 000 ~ 1∶2 990 000	100 ~ 299
1∶200 000 ~ 1∶990 000	20 ~ 99
1∶100 000 ~ 1∶190 000	10 ~ 19
1∶20 000 ~ 1∶90 000	2 ~ 9
> 1∶20 000	<2

海图作业的最高精度也是与海图比例尺有关的。如果用削尖的铅笔在图上画一小点，其直径最小也有 0.2 mm，这就是海图作业时能够分辨和量出的最小距离。因此，在数值上，海图作业的最高精度等于海图极限精度的 2 倍。

海图比例尺还决定绘制图上资料的详细程度。在比例尺小于 1∶1 000 000 的总图和远洋航行图上，只绘有供大洋航行用的重要灯塔和距岸有一定距离的航海危险物；在 1∶100 000 ~ 1∶500 000 的近海或沿岸航行图上，则绘有近海航行所需的航标和外海的全部危险物；在比例尺更大的港湾图上，则提供更加详尽的所有航海所需的资料。

在进行海图作业时，应根据航区的特点，尽可能地应用较大比例尺的海图，以便能够获得更多的航海资料和提高海图作业的精度。

二、地图投影的分类

1. 按投影的变形性质分类

(1)等角投影(equiangle projection)

等角投影又称为正形投影。在这种投影图上无限小的局部图像与地面上相对应的地形保持相似。在等角投影中，地面上一个微分圆投影到地图上仍能保持是一个圆，或者说，地面上某地的一个角度投影到地图上后仍能保持其角度的大小不变，但在等角投影中，不能保持其对应的面积成恒定的比例。因此，在等角投影中，从局部来看能够保持其形状相似，但从整体来说地图形状仍然有变化，例如，在地面上不同地点有两个同样大小的微分圆，但在等角投影的地图上可能被绘制成为不同大小的两个圆。从局部比例尺来说，在等角投影中，图上任意点的各个方向上的局部比例尺都应该相等，但是不同地点的局部比例尺是随着经纬度的变动而变化的。

(2)等积投影(equalarea projection)

它是保持地面上与图上相对应处的面积成恒定比例的一种投影方法。同样，等积投影就不能够同时保持等角，等角与等积在同一投影中是不可能同时被满足的。

(3)任意投影

它是既不等角也不等积的投影方法，是根据某种特殊需要或为了解决某种特定问题而制作地图的投影方法。

2. 按构成地图图网的方法分类

(1)平面投影(plane projection)

它是将地面上的经线和纬线直接投射到与地球面相切或相割的平面上去的投影方法。因为各种平面投影有一个共同特性，即从投影中心到任何一点的方位角均保持与实地相等，所以又称为方位投影(azimuthal projection)。方位投影属透视投影，即以某一点为视点，将球面上的事物直接投射到投影面上去的投影方法。常用的方位投影的视点位于垂直于投影面的直径或其延长线上，根据视点位置的不同，平面投影又可分为：

①外射投影(orthographic projection)。

视点在球外，如图 1-2-2(a)所示。

②极射投影(stereographic projection)。

视点在球面上，如图 1-2-2(b)所示，航海上常用它来绘制半球星图。

③心射投影(gnomonic projection)。

视点在球心，如图 1-2-2(c)所示。

航海上常用的心射投影的投影平面是与地球面相切的平面，因此，在航海上心射投影又称为日晷投影。因为这种投影图上任意直线都是大圆弧，所以航海上常用它来设计大圆航线。大圆海图就是采用心射投影原理绘制的。某些大比例尺港湾图及极区海图也可采用心射投

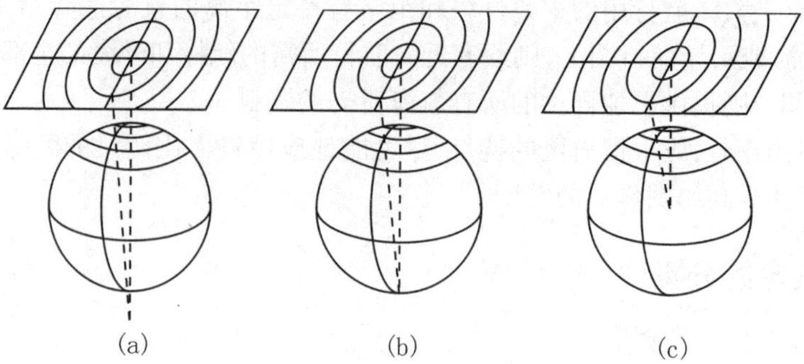

图 1-2-2　平面投影

影。关于心射投影图网的特点将在本章第四节中介绍。

平面投影是利用平面作为投影辅助面的投影方法。在地图投影中还常常利用可以展开的曲面(圆锥面、圆柱面)作为投影辅助面,这就是下面要讲的圆锥投影与圆柱投影。

(2)圆锥投影(conical projection)

圆锥投影是利用可以展开的圆锥面作为辅助面的投影方法。它通过某种数学法则将地面上的经纬线投影到圆锥面上去,然后沿圆锥母线切开展平,即得圆锥投影经纬线图网。按圆锥轴与地球自转轴重合、垂直、斜交三种位置关系,可分别叫作正圆锥投影、横圆锥投影、斜圆锥投影,如图 1-2-3 所示。经纬线图网的基本形状由辅助面是圆锥面及圆锥轴与地轴的相互位置关系确定,同时,按投影的变形性质又可分为等角、等积、任意投影。

实际使用的投影是一定图网形状与一定的变形性质相结合的,例如等积正圆锥投影、等角正圆锥投影。

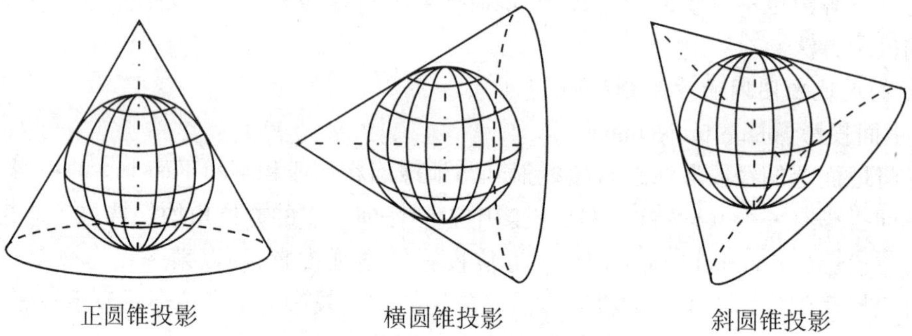

图 1-2-3　圆锥投影

(3)圆柱投影(cylindrical projection)

圆柱投影是利用可以展开的圆柱面作为辅助面的投影方法,它通过某种数学法则将地面上的经纬线投影到圆柱面上去,然后沿圆柱母线切开展平,即得圆柱投影经纬线图网。按圆柱轴与地轴重合、垂直、斜交三种位置关系,可分别叫作正圆柱投影、横圆柱投影、斜圆柱投影,如图 1-2-4 所示。正圆柱投影的经纬线图网的特点是:所有经线成为与赤道垂直、间距相等的平行线,纬线成为与赤道平行、与经线垂直的直线,如图 1-2-5 所示。同时,按投影的变形性质又可分为等角、等积、任意投影,其中等角正圆柱投影又叫墨卡托投影(Mercator projection)。它是绘制航用海图的主要方法,而等角横圆柱投影是大比例尺海图与极区海图的常用投影方法。

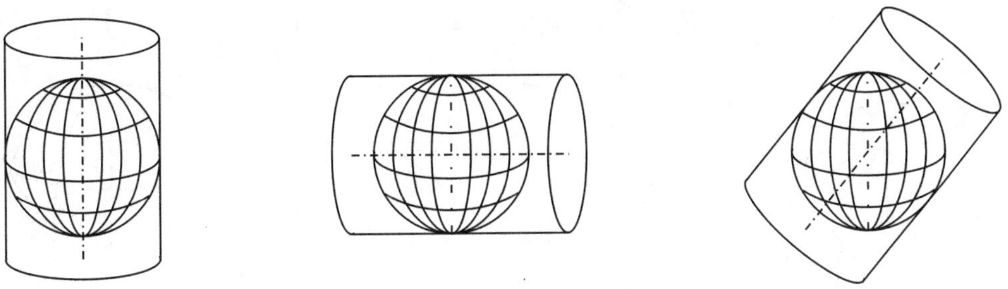

正圆柱投影　　　　横圆柱投影　　　　斜圆柱投影

图 1-2-4　圆柱投影

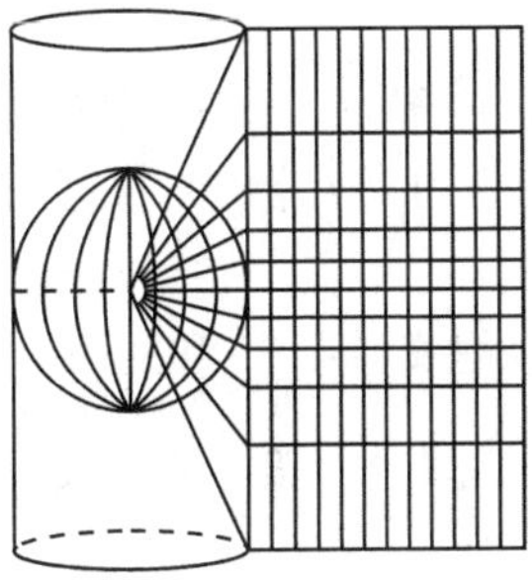

图 1-2-5　正圆柱投影

(4)条件投影

条件投影不属于上述三种利用辅助面进行投影,而是按其他的一些条件投影的方法。

需要指出的是,根据构成地图图网的方法来分的各种投影方法的图网形状都有其固有的特点。由于篇幅有限,本节只介绍与航用海图密切相关的正圆柱投影的图网特点。在本章第四节还对等角横圆柱投影(高斯投影)与构成大圆海图的心射投影的图网特点做介绍。

第二节　恒向线

如果船舶始终按恒定的航向航行时,船舶航行的理想轨迹在地球表面上是一条曲线叫作恒向线或等角航线(rhumb line)。研究恒向线的目的是为了寻找便于航行使用的海图的投影方法。在地球表面上,恒向线一般表现为一条与所有子午线相交成恒定角度的、具有双重曲率的球面螺旋线,它趋向地极,但不能到达地极,如图 1-2-6 所示。

将地球作为圆球体时,地面上两点之间的最短连线并不是通过这两点的恒向线,而是连接这两点的大圆弧。但是一般大圆弧与所有子午线相交成不相等的角度,也就是说,如果驾驶船舶沿着大圆弧航行,则必须不断地改变航向。为了驾驶船舶的方便起见,实际上在航程不太长和纬度不太高的海区航行时,一般都采用沿着两点之间的恒向线航行的方法。除非在横跨数千海里的大洋航行中,才有必要来考虑是否采用大圆航线航行。在大圆航线航行中,大部分还是采用分段恒向线航行的。关于大圆航线将在第四篇第一章中论述。

将地球作为半径等于 R 的正圆球体时,从图 1-2-7 中可以看出:任意纬度 φ 的等纬圈半径 $MO' = r$ 与赤道半径 R 之间的关系是:

$$r = R\cos\varphi \tag{1-2-1}$$

从图 1-2-8 中还可以看出恒向线 M_0N 与所有子午线的交角都等于航向 C。在 M_0N 恒向线上取彼此非常接近的两点 M_1 和 M_2,并通过 M_1 和 M_2 作子午线 P_NM_1E 和 P_NM_2F 以及作纬度圈 AM_2B 与子午线 P_NM_1E 相交于 D,如果 M_1 和 M_2 足够的近,则可以将球面微量小三角形 M_1M_2D 当作平面直角三角形,因此可得:

$$DM_2 = M_1D\tan C，即\ \Delta W = R\Delta\varphi\tan C \tag{1-2-2}$$

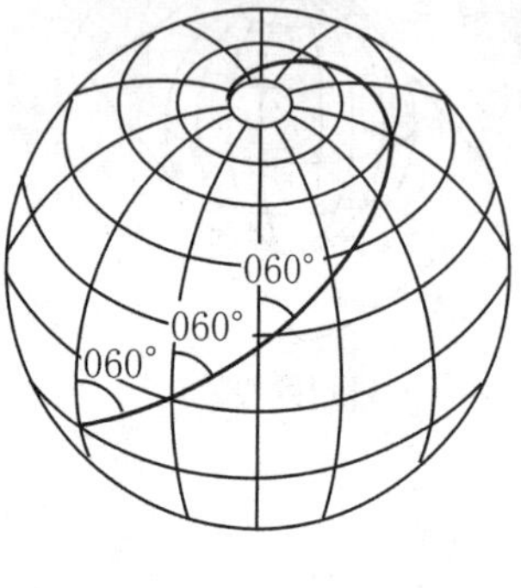

图 1-2-6　球面恒向线

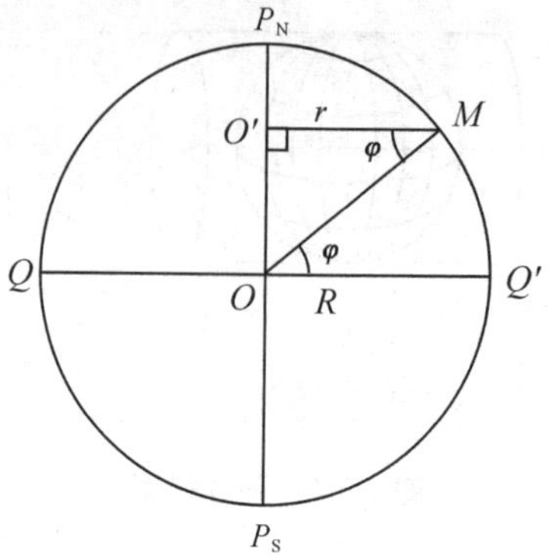

图 1-2-7　地球圆球体等纬圈半径

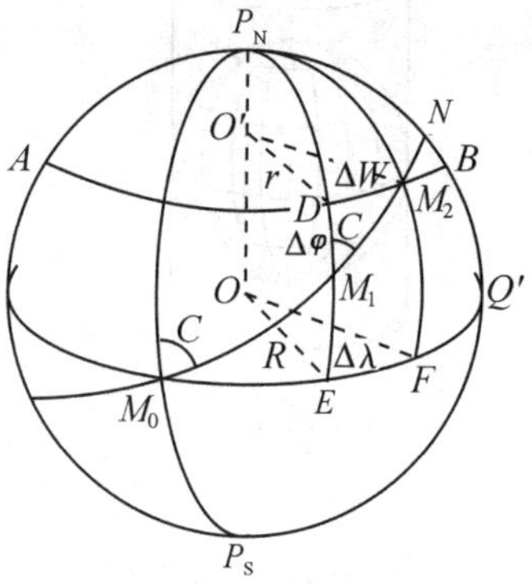

图 1-2-8　恒向线

在等纬圈中，根据式(1-2-1)又可得：

$$\Delta W = r \cdot \Delta\lambda = R\cos\varphi \cdot \Delta\lambda \tag{1-2-3}$$

根据式(1-2-2)和式(1-2-3)可得：

$$\Delta\lambda = \tan C \times \frac{\Delta\varphi}{\cos\varphi} \tag{1-2-4}$$

在式(1-2-3)中，φ 是 M_2 点的纬度。因为 M_1 与 M_2 非常接近，即 $\Delta\varphi$ 值为无限小，所以可以用 φ 作为 M_1 点处的纬度。式(1-2-4)也可以通过微分改写为：

$$d\lambda = \tan C \times \frac{d\varphi}{\cos\varphi} \tag{1-2-5}$$

在式(1-2-5)中，$\tan C$ 是常数。如果对它积分求从 $M(\varphi_1,\lambda_1)$ 到 $N(\varphi_2,\lambda_2)$ 的恒向线方程式，则得：

$$\int_{\lambda_1}^{\lambda_2} d\lambda = \tan C \int_{\varphi_1}^{\varphi_2} \frac{d\varphi}{\cos\varphi} = \tan C \cdot \left[\tan\left(\frac{\pi}{4} + \frac{\varphi}{2}\right)\right]_{\varphi_1}^{\varphi_2}$$

所以

$$\lambda_2 - \lambda_1 = \tan C\left[\ln\tan\left(\frac{\pi}{4} + \frac{\varphi_2}{2}\right) - \ln\tan\left(\frac{\pi}{4} + \frac{\varphi_1}{2}\right)\right] \tag{1-2-6}$$

从球面恒向线方程式(1-2-6)中可以看出，当航向 C 为 000°或 180°时，$\lambda_2 - \lambda_1 = 0$，说明在这种情况下船舶沿着恒向线航行，经度没有变化，即这时的恒向线与子午线重合，此时恒向线成为从地极到地极的子午线大圆弧。

当航向 C 为 090°或 270°时，$\tan C = \infty$，但 $\lambda_2 - \lambda_1$ 是一个有限值，因此，必须满足：

$$\ln\tan\left(\frac{\pi}{4} + \frac{\varphi_2}{2}\right) - \ln\tan\left(\frac{\pi}{4} + \frac{\varphi_1}{2}\right) = 0$$

即 $\varphi_2 = \varphi_1$。这时船舶沿着恒向线航行，纬度没有变化，即此时恒向线与等纬圈重合，这时恒向线是赤道，或者是与赤道相平行的小圆——纬度圈。

如果取恒向线与赤道的交点 $M_0(0,\lambda_0)$ 作为恒向线的起始点，则恒向线方程式(1-2-6)可以改写为：

$$\lambda_2 = \lambda_0 + \tan C\ \ln\tan\left(\frac{\pi}{4} + \frac{\varphi_2}{2}\right) \tag{1-2-7}$$

从式(1-2-7)中可以断定，对应于 φ_2 的每一个值，λ_2 只有一个解，它说明任意一条恒向线只与

每条等纬圈相交一次。如果将式(1-2-7)改写为:

$$\tan\left(\frac{\pi}{4}+\frac{\varphi_2}{2}\right)=e^{(\lambda_2-\lambda_0)\cot C} \tag{1-2-8}$$

式中:e 是自然对数的底。从式(1-2-8)中可以看出,如果 λ_2 以 $\lambda_2,\lambda_2+2\pi,\lambda_2+4\pi,\cdots$代入,则 φ_2 将有无数个解。它表明此时恒向线与每一条经线相交多次,当恒向线每绕地球一周时,则它都必然与该子午线相交一次,并且交点的纬度将越来越高,最后接近地极,但不能到达地极。

同理可以证明,若将地球作为旋转椭圆体时,恒向线方程则应为:

$$\lambda_2-\lambda_1=\tan C\left\{\ln\left[\tan\left(\frac{\pi}{4}+\frac{\varphi_2}{2}\right)\left(\frac{1-e\sin\varphi_2}{1+e\sin\varphi_2}\right)^{e/2}\right]-\ln\left[\tan\left(\frac{\pi}{4}+\frac{\varphi_1}{2}\right)\left(\frac{1-e\sin\varphi_1}{1+e\sin\varphi_1}\right)^{e/2}\right]\right\} \tag{1-2-9}$$

从此恒向线方程可以看出,如果将地球作为旋转椭圆体时,以上所分析的恒向线的特点是不变的。

第三节 墨卡托投影海图

为了便于在航用海图上绘画恒向线航线和方位线,航用海图必须具备以下两个条件:①图上的恒向线是直线;②投影性质是等角的。这样,驾驶员可以根据测得的航向和方位,在航用海图上直接用直尺画出恒向线航线和方位线。

1569 年荷兰制图学者格拉德·克列密尔创造了能够满足航用海图这两点要求的墨卡托投影方法。墨卡托(Mercator)是他的拉丁名字。墨卡托投影是等角正圆柱投影,用这种投影方法绘制的海图叫作墨卡托海图(Mercator chart),它占目前航用海图的 95% 以上。

墨卡托投影是等角正圆柱投影,其经纬线图网具有正圆柱投影图网的特点。作为正圆柱投影,它的子午线应被画成间距相等、相互平行的直线;赤道和纬度圈也应被画成相互平行的直线,并且子午线与纬度圈相互垂直。在这样的图网中,虽然航向为 000°、090°、180°、270°时的恒向线是直线,子午线与纬度圈也相互垂直,但是若投影的变形性质不是等角的话,与子午线斜交(非重合、非垂直)的直线在图上像似恒向线,而其对应在地面上却不是恒向线,同时,仅仅是子午线与纬度圈相互垂直也并不说明投影的变形性质是等角的。总之,正圆柱投影图网并不能保证航用海图的必备的两个条件。为了满足航用海图这两个必备的条件,投影必须在正圆柱投影图网的基础上,采取某种数学法则使得投影变形具有等角性质。这就是等角正圆柱投影,即墨卡托投影。那么,墨卡托投影是通过何种数学法则,使得投影变形具有等角性质的呢?

从地球旋转椭圆体上取出由子午线和纬度圈相交构成的微量椭圆体面梯形 *ABCD*(如图 1-2-9 所示),如果将它投影到墨卡托海图上去,则变成矩形 *abcd*(如图 1-2-10 所示)。由于它是等角投影,因此地图上任意一点的各个方向上的局部比例尺都必须相等。数学上可以证明,只要任意点的经线和纬线两个相互垂直的主方向上的局部比例尺相等,则该点上的各个方向上的局部比例尺也就一定相等。

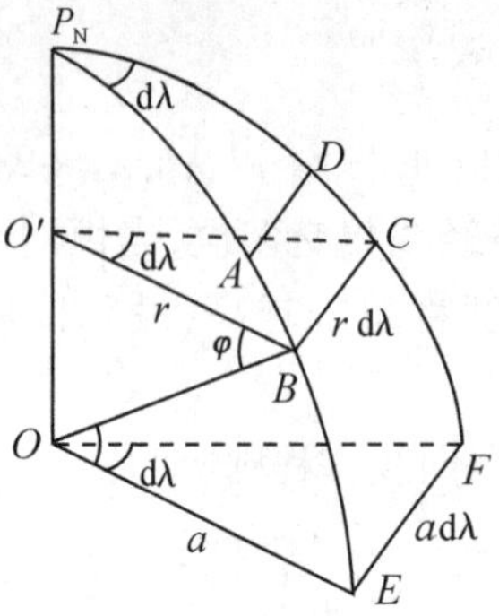

图 1-2-9　地球旋转椭圆体

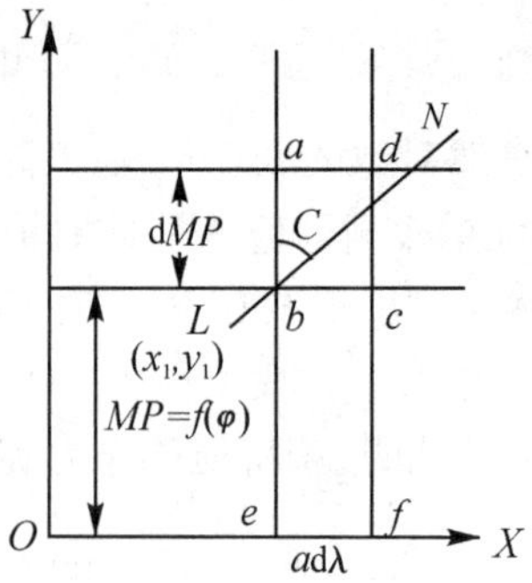

图 1-2-10　墨卡托海图上的微量椭圆体面梯形

、由上面分析，要使投影具有等角性质，投影应满足：

$$\lim_{AB\to 0}\frac{ab}{AB}=\lim_{BC\to 0}\frac{bc}{BC}$$

即

$$\frac{\mathrm{d}MP}{\mathrm{d}s}=\frac{a\mathrm{d}\lambda}{r\mathrm{d}\lambda}=\frac{a}{r}$$

所以

$$\mathrm{d}MP=\frac{a}{r}\mathrm{d}s$$

式中：$\mathrm{d}MP$——纬度线到赤道距离的微小增量；

a——赤道半径；

r——等纬圈半径；

$\mathrm{d}\lambda$——经度的微小增量；

$\mathrm{d}s$——椭圆子午线段 AB 弧长。

由本篇第一章第三节可知：

$$r=\frac{a\cos\varphi}{\sqrt{1-e^2\sin^2\varphi}}$$

$$\mathrm{d}s=M\mathrm{d}\varphi=\frac{a(1-e^2)}{(1-e^2\sin^2\varphi)^{3/2}}\mathrm{d}\varphi$$

所以

$$\begin{aligned}\mathrm{d}MP&=\frac{a(1-e^2)}{1-e^2\sin^2\varphi}\cdot\frac{\mathrm{d}\varphi}{\cos\varphi}\\&=a\cdot\frac{(1-e^2)(\sin^2\varphi+\cos^2\varphi)}{1-e^2\sin^2\varphi}\cdot\frac{\mathrm{d}\varphi}{\cos\varphi}\\&=a\cdot\frac{1-e^2\sin^2\varphi-e^2\cos^2\varphi}{1-e^2\sin^2\varphi}\cdot\frac{\mathrm{d}\varphi}{\cos\varphi}\\&=a\cdot\frac{\mathrm{d}\varphi}{\cos\varphi}-a\cdot\frac{e^2\cos\varphi\mathrm{d}\varphi}{1-e^2\sin^2\varphi}\end{aligned}\tag{1-2-10}$$

为了求出在墨卡托海图上，从赤道到任一纬度（φ）的纬线之间的距离（MP），将式(1-2-10)进行积分。因为 $\varphi=0$ 时，$MP=0$，而 $\varphi=\varphi$ 时，$MP=MP$，所以可得：

$$\int_0^{MP} \mathrm{d}MP = MP = a\int_0^{\varphi}\frac{\mathrm{d}\varphi}{\cos\varphi} - ae\int_0^{\varphi}\frac{e\cos\varphi\mathrm{d}\varphi}{1-e^2\sin^2\varphi} \tag{1-2-11}$$

令 $e\sin\varphi = \sin\theta$,则

$$1 - e^2\sin^2\varphi = 1 - \sin^2\theta = \cos^2\theta$$

$$e\cos\varphi\mathrm{d}\varphi = \cos\theta\mathrm{d}\theta$$

因为 $\varphi = 0$ 时,$\theta = 0$,所以当 $\varphi = \varphi$ 时,$\theta = \theta$。将上式代入式(1-2-11)得:

$$MP = a\int_0^{\varphi}\frac{\mathrm{d}\varphi}{\cos\varphi} - ae\int_0^{\theta}\frac{\cos\theta\mathrm{d}\theta}{\cos^2\theta}$$

$$= a\ln\tan\left(\frac{\pi}{4}+\frac{\varphi}{2}\right) - ae\ln\tan\left(\frac{\pi}{4}+\frac{\theta}{2}\right)$$

又因为

$$\tan\frac{a}{2} = \sqrt{\frac{1-\cos\alpha}{1+\cos\alpha}},$$

所以

$$\tan\left(\frac{\pi}{4}+\frac{\theta}{2}\right) = \sqrt{\frac{1+\sin\theta}{1-\sin\theta}} = \sqrt{\frac{1+e\sin\varphi}{1-e\sin\varphi}},$$

以此代入上式,则最后得:

$$MP = a\ln\tan\left(\frac{\pi}{4}+\frac{\varphi}{2}\right) - ae\ln\left(\sqrt{\frac{1+e\sin\varphi}{1-e\sin\varphi}}\right)$$

$$= a\ln\tan\left(\frac{\pi}{4}+\frac{\varphi}{2}\right) + a\ln\left(\frac{1-e\sin\varphi}{1+e\sin\varphi}\right)^{e/2}$$

$$= a\ln\left[\tan\left(\frac{\pi}{4}+\frac{\varphi}{2}\right)\left(\frac{1-e\sin\varphi}{1+e\sin\varphi}\right)^{e/2}\right] \tag{1-2-12}$$

式(1-2-12)表明 MP 与地球椭圆体长半轴 a(赤道半径)同单位。为了制图方便,引进赤道里(equatorial mile)的单位。赤道里是赤道上经度 1′的弧长,其长度根据各国所采用的地球椭圆体参数不同而略有不同,约为 1 855. 36 m,而在这里,因为

$$1\ \text{赤道里} = a \cdot \mathrm{arc}1'$$

所以

$$a = \frac{1\ \text{赤道里}}{\mathrm{arc}1'} = 3\,437.\,746\,771\ \text{赤道里}$$

将上式代入式(1-2-12),任一纬度线到赤道的距离 MP 就可以赤道里为单位进行计算了。从海图上来看,MP 就表示图上任一纬度线到赤道的距离与图上 1 赤道里,即与图上经度 1′长度的比值,故 MP 被称为纬度渐长率(meridian parts)。把公式中的自然对数化为常用对数,可得墨卡托海图的纬度渐长率公式为:

$$MP = \frac{3\,437.\,746\,771}{0.\,434\,294\,481\,8}\lg\left[\tan\left(\frac{\pi}{4}+\frac{\varphi}{2}\right)\left(\frac{1-e\sin\varphi}{1+e\sin\varphi}\right)^{\frac{e}{2}}\right]$$

$$= 7\,915.\,704\,47\lg\left[\tan\left(\frac{\pi}{4}+\frac{\varphi}{2}\right)\left(\frac{1-e\sin\varphi}{1+e\sin\varphi}\right)^{\frac{e}{2}}\right](\text{赤道里}) \tag{1-2-13}$$

我国《航海表》Ⅲ－3 纬度渐长率表,就是根据式(1-2-13)计算列出的。它表示在墨卡托海图上,任一纬线到赤道的以图上经度 1′的长度(图上 1 赤道里的长度)为单位的距离。在绘制墨卡托海图图网时,距离单位是图上经度 1′的长度,经线之间的距离等于两条经线之间的经差的分数,纬线之间的距离等于这两条纬线的纬度渐长率之差(Difference of Meridian Parts, *DMP*);反之,在绘制海图图网时,只要满足上述条件,则该图就满足等角投影的要求,就是墨卡托海图图网。

例如，我国海图 12000 成山角至长江口的图幅为 984.2 × 678.4，单位是 mm。图幅纬度是从 30°49′N 至 37°29′N，图幅经度是从 119°09′E 至 124°41′E。根据图幅宽度和图幅经度，可以计算出图上经度 1′的长度，其值为：

$$\frac{\text{图幅宽度}}{\text{图幅经差}} = \frac{678.4}{124°41'\text{E} - 119°09'\text{E}} = \frac{678.4}{332} = 2.0434\ (\text{mm})$$

根据图幅纬度查纬度渐长率表，可以求出图幅内任意两条南北纬线之间的纬度渐长率差（*DMP*），再乘以图上经度 1′的长度，就得到这两条南北纬线在图中的距离。下面以该图廓南北纬线的距离，即图幅长度的计算为例予以说明。

图廓南北纬线之间的 *DMP* 为：

37°29′N		MP_N	2 415.044 7
30°49′N	−)	MP_S	1 933.396 9
		DMP	481.647 8

图廓南北纬线的距离 = *DMP* × 图上经度 1′的长度

= 481.647 8 × 2.043 4

= 984.2 mm

计算出的图幅长度与图注图幅是一致的。图中其他纬线间的距离，用类似的方法也可以求出；图中经线之间的距离，则以"经差（分）× 图上经度 1′的长度"为间隔画出，这样，一张墨卡托海图的图网就绘制出来了。

由此可以看出，在墨卡托海图上每经度 1′的长度是相等的、不变的，而图上的每纬度1′的长度是不相等的，它们是随着纬度的升高而逐渐变长的。有人称墨卡托海图是渐长海图，因此，在墨卡托海图上量距离时，应该在所量地区的平均纬度的纬度图尺上去度量。纬度 1′长度等于 1 n mile，是多少分纬度长度就是多少海里。如果采用的纬度图尺过高或过低，由于图上各纬度 1′长度并不相等，则对所度量的距离就会产生一定的误差。如果将地球当作圆球体时，用类似的方法推导出纬度渐长率的公式为：

$$MP = 7\,915.704\,47 \lg \tan\left(\frac{\pi}{4} + \frac{\varphi}{2}\right) \tag{1-2-14}$$

在按上述方法绘制的墨卡托海图上的直线是不是恒向线呢？从图 1-2-10 中可以看出，图上过 $b(x_1, y_1)$ 点的任意直线 *LN* 与子午线交角为 *C*，则直线 *LN* 的方程式应为：

$$\frac{y - y_1}{x - x_1} = \cot C \tag{1-2-15}$$

所以

$$x = a\lambda$$

$$y = MP = a\ln\left[\tan\left(\frac{\pi}{4} + \frac{\varphi}{2}\right)\left(\frac{1 - e\sin\varphi}{1 + e\sin\varphi}\right)^{\frac{e}{2}}\right]$$

将此代入式（1-2-15）得：

$$\lambda - \lambda_1 = \tan C\left\{\ln\left[\tan\left(\frac{\pi}{4} + \frac{\varphi}{2}\right)\left(\frac{1 - e\sin\varphi}{1 + e\sin\varphi}\right)^{\frac{e}{2}}\right] - \ln\left[\tan\left(\frac{\pi}{4} + \frac{\varphi_1}{2}\right)\left(\frac{1 - e\sin\varphi}{1 + e\sin\varphi}\right)^{\frac{e}{2}}\right]\right\}$$

所得的公式就是前面所证明的恒向线方程，可见，墨卡托海图上的直线就是恒向线。因此，墨卡托海图完全符合航用海图投影必备的两个条件。

下面再来分析在正圆柱投影图网的基础上，恒向线是直线时，其投影性质是否也是等角的呢？仍用图 1-2-10，并令 b 点在赤道上，则有：

$$x - x_1 = y \cdot \tan C$$

因为在正圆柱投影图网上 $x - x_1 = a(\lambda - \lambda_1)$，由恒向线方程式(1-2-9)可得：

$$y = a\ln\left[\tan\left(\frac{\pi}{4} + \frac{\varphi}{2}\right)\left(\frac{1 - e\sin\varphi}{1 + e\sin\varphi}\right)^{\frac{e}{2}}\right]$$

式中：y 就是从赤道到任一纬度 φ 的距离 MP。对比正圆柱等角投影的纬度渐长率公式，两式完全一样，因此，在正圆柱投影图网的基础上，恒向线是直线时，其投影性质也一定是等角的。

通过以上分析，证明了在正圆柱投影图网的基础上，投影性质是等角的与图上恒向线是直线互为充要条件。

在同一张墨卡托海图上，同一纬度的局部比例尺是相等的，不同纬度的局部比例尺是不相等的。墨卡托海图的基准比例尺是指基准纬度上的局部比例尺，高于基准纬度处的局部比例尺大于基准比例尺，低于基准纬度处的局部比例尺小于基准比例尺。

如果为了某种特殊需要，例如在船上缺少一张空白定位图时或在需要绘制一张航行事故分析图时，则可以根据墨卡托投影原理，自己绘制一张墨卡托海图图网。绘制图网的步骤是：

①根据图纸大小和图幅经差，首先计算出图上经度 1′的长度。

②根据“经差(分)×图上经度 1′的长度”，画出图幅内整度或每隔 2°,5°的整度经线，并相互平行。

③根据图幅纬度查纬度渐长率表，得到图幅上、下纬线各自到赤道的纬度渐长率，然后求出图幅上、下纬线间的纬度渐长率差，并乘以图上经度 1′长度，即可得到图幅上、下纬线间应有的距离，按此画出图幅上、下纬线，相互平行，并且与经线垂直。

④图上其他纬线的画法，也是先查出该纬度的纬度渐长率，求出它与图幅中上或下纬线间的纬度渐长率差，乘以图上经度 1′长度，即可求得该纬线与图幅中上或下纬线间的应有的距离间隔，按此画出该纬度线；

⑤图上经度图尺可按图上 1′经度长度等份画出，但纬度图尺最好仍以每 10′纬差按纬度渐长率差计算画出，以提高图网的精度。

例 1-2-1：以图上 1°经度等于 6 cm 的比例尺，绘制一张 120°E ~ 124°E，32°N ~ 36°N 范围的墨卡托图网。

解：①图上经度 1′长度 $=\frac{6}{60}$ cm = 0.1 cm；

②图幅经度范围是：124°E − 120°E = 4°，因此图幅宽度为 6 cm × 4 = 24 cm，而相邻整度经线 120°E，121°E，122°E，123°E，124°E 之间的间隔均为 6 cm，按此画出各整度经线，并且互相平行；

③纬线间间隔，按纬度查纬度渐长率表并计算如下(如表 1-2-2 所示)：

按上述计算结果，画出各整度纬线，并相互平行，且垂直于经线，如图 1-2-11 所示。

在实际工作中，如果绘制墨卡托图网的精度要求不高时，简易墨卡托图网的制图方法常常被采用。它是将地球作为圆球体，利用 $\Delta\lambda = \Delta W\sec\varphi$ 的关系，即说明在墨卡托海图上等纬圈弧长 ΔW 是被放大了 $\sec\varphi$ 倍后，才等于与它相对应的赤道弧长 $\Delta\lambda$ 而被画在图上的，故图上的经线都被画成相互平行的直线。根据墨卡托投影原理，图上任意一点的经线局部比例尺应与其纬线局部比例尺相一致。因此,在墨卡托图网中经线局部比例尺也要随纬度的升高而放大 secφ 倍。但是,在两条纬线间的经线上各点的纬度并不相同,当然各点的放大倍数(secφ)也并不一致。为了制图方便起见,简易墨卡托图网是采用两条纬线之间的平均纬度处的放大倍数(secφ_m)作为两相邻纬线之间经线上的平均放大倍数。如果两纬线之间的纬差不是很大,纬度也不是很高,则由它而引起的误差是不大的。简易墨卡托图网的绘制方法,如下面例题所述。

表 1-2-2　相邻纬线间间隔计算表

纬度 φ	纬度渐长率 MP	纬度渐长率差 DMP	相邻纬线间在图上的间隔 $DMP\times 1'$经度长度(cm)
36°N	2 304.5	73.4	7.34
35°N	2 223.1	72.5	7.25
34°N	2 158.6	71.6	7.16
33°N	2 087.0	70.8	7.08
32°N	2 016.2		
			$\sum$ 28.83

例 1-2-2:按例 1-2-1 所述条件,绘制一简易墨卡托图网。

解:①按例 1-2-1 所述,在图纸上分别画出 120°E,121°E,122°E,123°E,124°E 等各条整度经线,它们相互平行,间距为 6 cm。

②在图的下端画一垂直于经线的纬线,作为 32°N 的纬线。

③在 A 点(32°N,120°E)处,以 32°N 纬线为边作一角度等 32°.5,与 121°E 经线相交于 B 点,则 $AB=(121°E-120°E)\sec32°.5=1°\sec32°.5$,即 AB 等于图上经度 1°或 60 赤道里的 secφ_m 倍,所以按 AB 的长度在 120°E 经线上量 $AC=AB$,过 C 点即可画出 33°N 的纬度线。

④用类似的方法,可以画出其他纬度线,如图 1-2-12 所示。

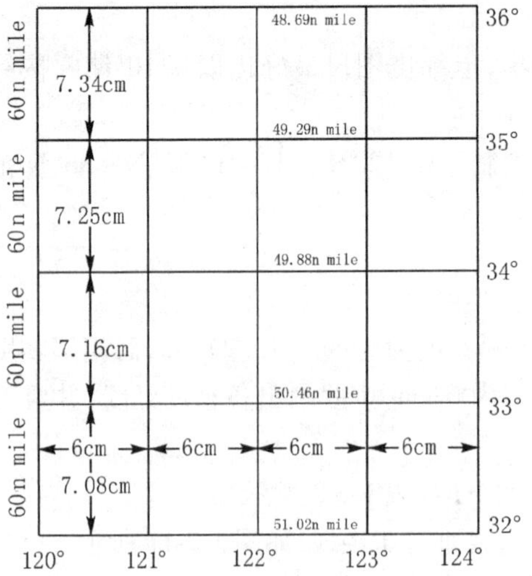

图 1-2-11　墨卡托图网

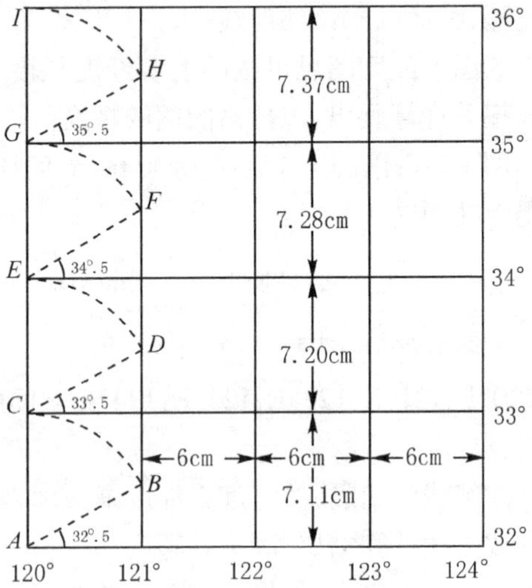

图 1-2-12　简易墨卡托图网

第四节 港泊图与大圆海图的投影方法

一、港泊图的投影方法

大比例尺港泊图(harbour chart)可采用以下投影方法绘制:

1. 高斯投影(Gauss projection)

我国出版的一部分大比例尺港泊图是采用高斯投影。高斯投影又称高斯—克吕格投影(Gauss-Krüger projection),它是等角横圆柱投影。将地球作为圆球体,圆柱轴不与地轴重合,而是位于赤道平面上,且与地轴相垂直;投影圆柱面不是与赤道相切,而是与某一个子午圈相切,相切的子午线叫作轴子午线。

在高斯投影中,轴子午线 P_NAP_S(如图 1-2-13 所示)与圆柱相切,它与墨卡托投影中的赤道一样,是一条直线,沿轴子午线的局部比例尺是固定的。所有垂直于轴子午线的大圆,在图上都像墨卡托图网中的子午线一样,被等间距地绘画成与轴子午线相互垂直的直线。平行于轴子午线的小圆,也都像墨卡托图网中的纬线一样,被画成与轴子午线相互平行的直线。但它与轴子午线之间的间距与纬度渐长率一样,即随着离开轴子午线的距离越远,则其放大和变形也就越大,这种垂直正交的网格称为公里线图网。如果图上的经纬线也被绘画出来的话,则除了轴子午线和赤道为直线外,其他经线和纬线均被投影成曲线,而且随着距离轴子午线和赤道越远,则弯曲变形也就越厉害(如图 1-2-14 所示)。

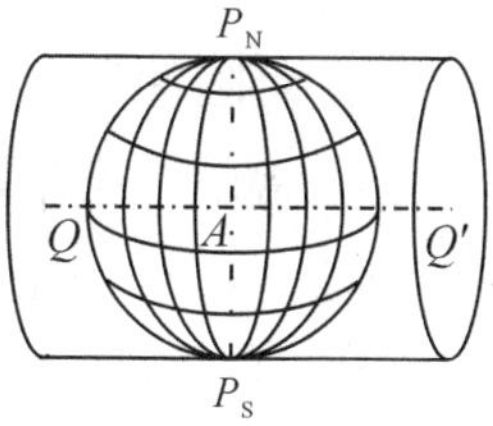

图 1-2-13 高斯投影

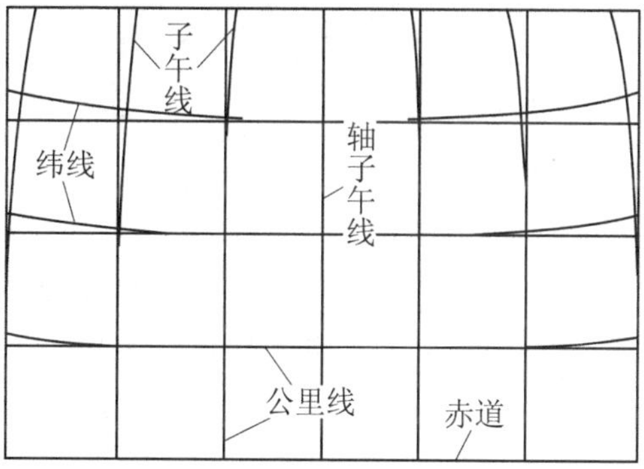

图 1-2-14 高斯投影图网

可见,高斯投影图仅适宜用来描绘轴子午线附近的狭长地带,因此,高斯投影图按经度每隔 6°作为一个投影带,全球共分为 60 个投影带,每个投影带中,轴子午线是没有长度变形的,距轴子午线越远则长度变形也就越大,最大变形为1/750,在中纬度变形较小。高斯投影图的特点是:

①具有等角正形投影的性质。

②轴子午线附近长度变形很小,因此它适宜用来描绘经差小而纬差大的狭长地带。

③图上极区的变形也较小,因此它也适宜用来描绘高纬度地区的地图。

④图上有两种图网,即经纬线图网和公里线图网,后者主要是用在测量上和军事上。

我国海图中采用高斯图法的,仅仅是国内海区 1:20 000 及更大比例尺港泊图。在这种图上仍只绘制经纬线图网,而没有公里线图网。因为港泊图比例尺大,图区范围小,所以在中纬度以下,经纬线的弯曲甚微,甚至小于测量和制图误差,所以可以忽略不计,而将它们都仍然看作是直线,可以把这种海图当作墨卡托海图一样来使用。采用高斯投影的目的,主要是为了适应军事上的需要，它与陆上地图图法一致，以便于统一使用。

2. 平面图(plane chart)

平面图是将地面小范围作为平面进行测量和绘制成图的。由于图区范围小，图网投影变形小于制图的误差，因此平面图的特点是图区范围内各点的局部比例尺都相等，可以认为整个地图没有变形存在。

3. 心射投影

在心射投影中，因为切点及其附近没有或很少有变形存在，所以在大比例尺港泊图中，也有采用心射投影绘制的。其特点是在切点处没有变形，随着与切点距离的增加，变形将越来越大。因此，用心射投影来绘制切点附近小范围的大比例尺地图，可以认为是不存在投影变形的。

需要强调的是，因为以上三种投影方法绘制的大比例尺港泊图基本上没有变形，所以是满足航用海图的两个条件的，可作为航用海图使用。

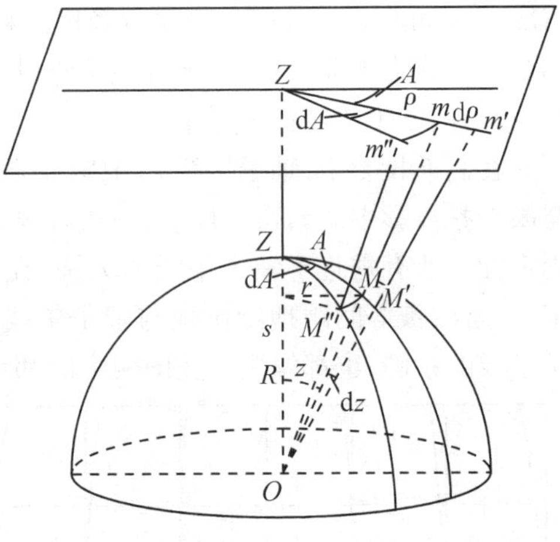

图 1-2-15　心射投影

二、大圆海图

如本章第一节所述，大圆海图(gnomonic chart)是根据心射投影原理绘制的，具有所有大圆弧在图上均绘成直线的特点，供设计大圆航线时求航线分点的经、纬度使用。

心射投影是将地球表面的点，以几何投影的方法，用从地心引出的射线投影到与地面相切的平面上的投影方法。

如图 1-2-15 所示，视点在地心，连接投影平面切点 Z 和点 m(m 为地面上任意点 M 在图面上的投影)的向径为 ρ，$\angle ZOM$ 为 z。在图中，将投影平面移至与地球表面相切，投影平面切点 Z 与地球表面切点 Z 重合，即心射投影，则有：

$$\rho = R \cdot \tan z$$

在向径 ρ 及其垂直方向上的局部比例尺(k 和 n)为：

$$k = \frac{d\rho}{R dz} = \frac{1}{R} \cdot \frac{d\rho}{dz} = \sec^2 z$$

$$n = \frac{\rho dA}{r dA} = \frac{\rho dA}{R \sin z dA} = \frac{\rho}{R \sin z} = \sec z$$

式中：A——向径 ρ 在 z 点的方位角；

dA——方位角 A 的增量。

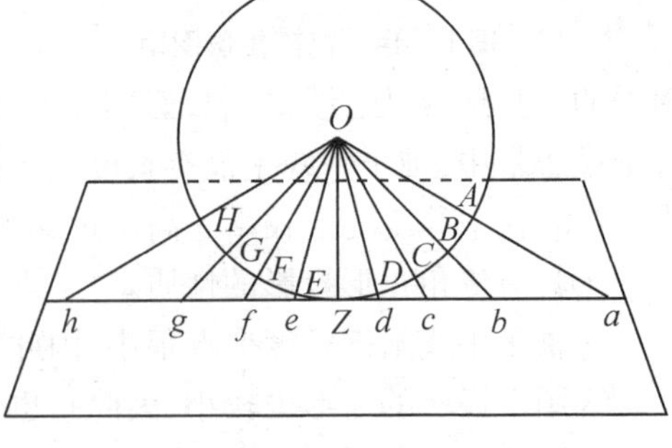

图 1-2-16　大圆弧心射投影

可见，除在 z 点($z=0$)各方向上的比例尺均相等外，图上其余各点的 k 比 n 有更剧烈的变化。图形离投影中心点越远，则变形越大，因此在图区边缘处有更大程度的变形。但是，心射投影的特点是所有球面大圆弧均用直线表示，因为任何大圆平面都通过地心，即通过视点，投影该大圆的所有射线都与图面截成直线，如图 1-2-16 所示。

心射投影不是等角的。为了便于画大圆方位，在有些心射投影海图上，绘制有变形向位圈，与投影中的方向变形一致。设大圆方位为 A，在图上相当于 A'。根据心射投影的性质有：

$$\tan A' = \frac{n}{k} \cdot \tan A = \cos z \cdot \tan A$$

然而，在心射投影的大圆海图上，是否可以直接量取航向或航程，对航海人员来说并不是重要的。大圆海图的主要特点，在于可以用直尺直接画出表示大圆弧的直线。在这条直线上定出分点，很容易地根据直接读取的分点坐标将各分点画到航用海图上去。

第五节　海图的绘制与出版

一、海图的测量

1. 测量技术发展概况

随着航海事业的发展和海上测量仪器、设备的改善，海图测量的精度和其完整性有了逐步提高。然而，即使是近期出版的海图，往往很大部分是根据早期的测量资料而绘制的，航海人员有必要对测量技术的发展有所了解。

在 1850 年以前的测量，很多是用来勘探和发现新地区的，因此，其重点一般都放在岸形测定方面，而忽视了系统的水深测量，并且该时期的很多海图是采用了粗糙的草图稿，其测量精度和完整性都可能存在较大的问题。

1864 年前后，机动船代替了帆船，水深测量工作才开始采用正规的测深线方式。近岸的测量直至 1900 年，机动船代替了使用桨、帆的测深船之后才开始，从而使港口及沿岸地区的水深测量逐步改善。1935 年以后，回声测深仪代替了测深水锤。虽然回声测深仪的自动记录可避免漏掉沿测深线上的任何不规则的浅点，但是其测深点的宽度也仅是所发出的超声波波束覆盖所及的那一个小范围，仍不能解决两条测深线之间的测深空白带。至 1973 年，测量船上普遍装备了旁扫声呐，才可测到处于两条测深线间的水下沉船和浅点，从而使水深测量的精度和完整性得到了进一步改善。但是，我们必须注意到目前使用的多数海图基本上还都是基于以前测量的资料。

海图测量除了水深测量外，位置的测量也是十分重要的。通过大地测量，建立大地基准点网，海图上物标、碍航物和水深点等的坐标位置是通过对大地基准点的相对测量来确定的。因此，海图上各种位置信息的精度除了取决于相对测量的精度外，在很大程度上还取决于大地基准点网的精度，即取决于大地测量的精度。20 世纪初，大地测量主要是通过天文观测与弧度测量来实现的。1957 年，人造地球卫星发射成功，促使传统大地测量发生了划时代的变革。利用高精度双频 GPS 接收机进行大地测量就是一个成功的应用。

2. 测量原图的比例尺

测量时所用的比例尺大小取决于该地区的性质和重要性。一般来说，原图比例尺基本上和出版图的最大比例尺相同。海图比例尺的大小决定了该地区测量精度的要求。港口测量的比例尺一般大于 1∶20 000，其测量精度就应高于 2 m；沿岸地区比例尺一般为 1∶100 000 ~

1∶190 000,其测量精度就应高于 10 ~ 19 m。测量精度要求高,相应测量工作时间就长。

测量原图比例尺的大小还决定了测深线间距的大小。因为即使主观上想尽量使间距缩小,但毕竟要考虑到在原图上绘制工作是否能够进行,所以一般来说,图上测深线间距在 5 ~10 mm 之间。

3. 水深测量

在水道测量工作中,一般采用由一艘测深船顺着一系列的测深线进行测深的方式。在测量过程中,当发觉有不规则的水深迹象时,一般采用比原测量更大些的比例尺来进行复验。但是,如果没有出现可疑的水深点,那么一个浅点、暗礁或者一艘沉船,其位置如果正好处在两条测深线的中间时,是可能被漏掉的。例如,如果原图比例尺为 1∶75 000,测深线间距在图上为 5 mm,则实际间距就有 300 m 之多,如果正好在两条测深线间有一个方圆 1 链大小的浅点或沉船,就很可能测不出来。即使是比例尺更大些,也不可能完全避免漏掉一些浅点或礁石,特别是有些水下礁石非常尖峭,测深水锤或回声测深仪可能未达到它的顶点;同样的原因,沉船上的水深也可能不是最浅水深,因此,沉船上的水深测量常用钢索扫海的方式,这样才比较可靠。

外海水域的测量精度一般要比近岸港湾地区差一些,因为外海的定位、测深和潮高修正等方面都比较困难。外海的水深都是按港内验潮站潮高读数经过内插的方法来订正到海图基准面的,自然包含着潮高的误差。

测量工作完善的程度还受到测量年代的船舶最大吃水的影响。例如,在 19 世纪,当时最大的船舶吃水几乎极少大于 10 m,而到了 1958 年,15 m 吃水的船舶被认为是最大的了。因此,测量工作是考虑当时船舶航行的需要来决定对该地区测量的精度和完整性的。与此类似的原因,在海图上确定沉船上方航行有无危险,也依当时船舶最大吃水而变迁。在 1960 年以前的英版海图中,凡沉船上水深小于 8 拓(约 15 m)者为危险沉船,这个指标到 1960 年改为 10 拓(约 18 m),1963 年改为 11 拓(约 20 m),1968 年改为 15 拓(约 28 m)。

二、海图的绘制

在绘制海图时,首先应根据该图所采用的基准纬度决定出海图的基准比例尺,然后根据经纬度定出海图图区所包括的范围,并计算出整个海图图幅的尺寸,或者根据通常的海图图幅再确定海图所包括的地区范围。一般为了制成沿岸或某一海峡的套图,往往采用同一基准纬度比例尺。当基准比例尺和海图所包括的范围确定后,即应着手收集有关编制海图的资料。主要的资料有下述几个方面:

①有关大地基准点及水准测量的各种记录;

②各种比例尺的海图原稿;

③测量原图及有关的各种测量资料;

④最新的磁差资料;

⑤与本图有关的各种航海图书和其他参考资料。

在收集资料的基础上,应对这些资料进行分析与处理,确定该海图所采用的坐标系——海图坐标系。对测量原图上所记载的详尽的水深和地形等应根据海图比例尺加以修改和整理,使所绘制成的海图保持清晰,同时亦应保证在该海域航行所必需的资料都被绘制出来。可见,海图上资料绘制的详尽程度取决于海图比例尺的大小。较小比例尺的海图往往是根据较大比例尺海图绘制而成的,海图中的内容,随着比例尺的缩小逐渐加以概括或省略。

在比例尺与测量原图比例尺相同的海图上,其水深测量资料原则上都应绘制到海图上去,除非为了避免掩盖其他资料才予以省略。如果海图比例尺比测量原图比例尺小,应遵循下列原则,对原水深测量资料进行稀疏工作:

①在海图上仍应保持明显的测深线方向;

②在海图上应保证绘出所有与航行有关的危险浅滩以及有特殊变化的水深;

③在海图上所有未经测量的位置均应以空白点表示。

在处理深度点的过程中,应详细标出浅处水深,而对深处水深可部分省略,当海底深度有剧烈变化时,应能将这种变化标示出来。

在整理底质时,对岩石、圆砾等不良底质处,不能省略底质符号;但对泥沙等良好底质,在符号过密处可以部分省略。在礁区及锚地,则必须详尽地注明底质状况。

在整理陆地资料时,亦应以航海需要为原则进行概括和省略,即与航海定位、导航有关的应清晰准确地绘出,例如,显著的地貌、岩礁、岛屿、山头、物标(高大的烟囱、水塔、独立的建筑物)等。显著山岭的等高线也应详细地绘出,以供在海上辨认山形之用。与航海无关的资料可以略去。当海图原图图样绘制完毕后,即可着手进行制版和印刷。

三、海图坐标系

每一张海图的绘制都应基于相应的大地坐标系,例如,2000 年 11 月版 BA3636 海图的标题栏(chart legend)中有以下一段话:Position are Referred to European Datum(1950)。这说明该海图坐标系采用 1950 年欧洲坐标系。本篇第一章第一节已对大地坐标系做了介绍。世界部分国家采用的大地坐标系情况如表 1-1-2 所示。

世界各国海图采用的坐标系种类很多,很不一致,其主要原因是:

①各国在建立大地坐标系时,都是使所采用的地球椭圆体与其所在地区的大地水准面更为接近,因此,所采用的地球椭圆体参数往往不同,椭圆体的定位定向也往往不同,即采用不同的大地坐标系。

②某些国家由于测量技术的限制,未建立起统一的国家坐标系,从而造成其出版的海图坐标系不一致。

③跨国与全球性的海图是用许多来源不同的资料编制而成的。这些资料不仅有测量资料,而且也有不同年代出版的陆图和海图,因而改版时采用一致的坐标系还取决于这些资料的质量。

④即使建立了新的先进的坐标系,海图的改版还要一步一步进行,是难以一蹴而就的。同一地区海图只有全部经历了一个改版周期之后,坐标系才能取得一致。这个周期有时需要若干年。

海图坐标系不一致对海图使用的影响是十分突出的。航海人员在航行中更换海图时要进行定位作业,若前后使用的两张海图采用的坐标系不同,就会使前后在两张海图上的定位点出现差异,即在两张海图上船位相对于物标、航行障碍物等的相互位置不一致,这就会给海图作业带来困难,甚至会危及航行安全。

针对相邻两张海图坐标系不同的情况应进行坐标系转换,当两坐标系的位移量大于海图极限精度时,必须进行坐标换算。因此,对于大比例尺海图来说,这一问题突出,而对于小比例尺海图的坐标系换算问题一般可以忽略。

例如,BA3636 海图相邻的海图为 BA89,在 BA3636 的 NOTE 栏中有这样一段话:

POSITIONS

To agree with adjoining chart 89 which is referred to Lisboa Datum, positions read from chart 3636 should be moved 0.17 minutes SOUTHWARD and 0.01 minutes WESTWARD.

这段话的意思是 BA89 海图坐标系是采用里斯本测量坐标系,与 BA3636 的海图坐标系不同,因此,从 BA3636 海图上获得的船位必须进行如下坐标换算:纬度南移 0′.17,经度西移 0′.01,然后才可以转移定位到 BA89 海图上。

航海人员应尽可能选用质量好的同一个国家出版的海图。当遇到海图坐标换算量未知时,应慎重处理,有条件时应用陆标定位检查核实。

与相邻两张海图坐标系不一致相类似的另一个问题是导航定位仪器所采用的坐标系与所使用海图的坐标系不同。例如,自动罗兰 C 接收机给出的船位是 WGS-72 世界测地坐标系下的船位,GPS 接收机给出的船位是 WGS-84 世界测地坐标系下的船位,而实际使用的海图往往采用与它们不同的坐标系,这样也有一个因坐标系不同而产生误差的问题,同样需要坐标换算。尤其对先进的 GPS 来说,此问题解决不好,就会导致虽然使用高精度 GPS 接收机却得不到精确的船位,有时会误导航海人员产生盲目的安全感。

当导航系统的坐标系与海图坐标系不同并且其坐标系误差大于海图极限精度时,必须进行坐标换算,最好在海图上能给出这一坐标系的修正量。一些国家的新版海图已经这样做了,例如,BA3636 海图 NOTE 栏内有以下说明:

SATELLITE-DERIVED POSITIONS

Positions obtained from satellite navigation systems, such as the Global Positioning System (GPS), are normally referred to the World Geodetic System 1984 Datum. Such positions must be adjusted by 0.08 minutes NORTHWARD and 0.08 minutes EASTWARD before plotting on this chart.

这是说,在 WGS-84 坐标系下的船位进行如下坐标换算:纬度北移 0′.08,经度东移0′.08,然后才可以在该海图上定位。

经过这样的坐标换算后的定位精度是很高的。但是,在实际使用中,有条件时,也应用陆标定位予以查核。这个问题将在以后 GPS 定位中进一步介绍。

四、海图出版与新版

在测量与编绘的基础上出版新图。英版海图的出版大致有以下几种形式。

1. 新图(new chart)

新图是指第一次制版或全部重新制版的海图,包括下列几种:

(1)新图(new chart)

新图是指原先未制作过的某一地区的海图,或者它的比例尺及包括的海区范围与图号均以全新的面貌出现的海图。

(2)新米制海图(new metric chart)

新米制海图是新图的一种,其陆地高程和水深均以米为单位。

(3)代替同图号的新图(new chart superseding chart of the same number)

对其原版进行重制，但图号保持不变。

(4)英国复制的澳大利亚和新西兰海图(UK reproduction of AUS and NZ government chart)

1963 年以后，英国取得澳、新两国政府同意，有权复制两国政府的海图以逐步替代该地区的原英版海图。

2. 新版图(new edition chart)

此种海图是对旧版图重新调制后出版的，大部分采用了新的测量资料。新版图图号、比例尺及所包括的地区与旧版图一样，其新版日期印在海图原版日期的右侧。

海图的出版、新版及作废消息均发布于《航海通告》之中。

第六节 识 图

在航海图上除绘制经纬线图网外，还需将重要的航行物标和主要地貌、地物以及海区内航行障碍物、助航标志、港湾设施以及潮流、海流要素等航海资料按其各自的地理坐标用一定的符号和缩写绘制到图网上去，再经过制版和印刷而成为海图。这种绘制海图的符号和缩写，叫作海图图式。我国出版的海图是根据国家质量技术监督局 1998 年 12 月发布的 GB 12319 - 1998“中国海图图式”绘制的。英版纸质海图是根据英版海图 5011 英版纸质海图符号与缩写(Symbols and Abbreviations used on Admiralty Paper Charts, Chart NP 5011)绘制的。了解和熟悉各种海图图式的含义以及图上的各种图注和说明，对正确和熟练地利用海图上的航海资料，最大限度地发挥海图的导航作用具有十分重要的意义。下面介绍中版和英版海图图式中常用的重要图式。

一、海图标题栏与图廓注记

1. 海图标题栏(chart legend)

海图标题栏一般刊印在海图内陆处或航行不到的水面上，特殊情况也可能印在图廓外适当的地方。这是该图的说明栏，一般制图和用图的重要说明均印在此栏内。标题栏的内容包括出版者机关的徽志、图幅的地理位置、图名、比例尺及基准纬线、投影名称、坐标系说明、深度和高程计量单位及其基准面说明、等高距、图式说明及注意事项等。

中版海图总图不配置地理位置说明。航行图的地理位置说明一般取海域名称及著名的岛屿、群岛、半岛和海湾等名称，名称前加注所属国国名，如“中国 黄海 辽东半岛”。港湾图一般取海湾、半岛、群岛、岛屿、江河等名称作为地理位置说明，名称前加注所属国国名，如“中国 东海 舟山群岛”。

图名(chart title)用于表明图幅的范围或包括的主要航线。总图以海洋区域命名，如“渤海及黄海北部”。航行图一般用图内较重要的地名作为起讫点来命名，如“烟台港至石岛港”。当航行图包括的地理单元相对完整时，也可以区域命名，如“长江口附近”。港湾图一般以其包括的港湾、锚地、岛屿、水道等命名，如“秦皇岛港”、“石城列岛”等。当港湾图为一狭长区域时，也采用两个地名作为起讫点来命名，如“吴淞口至高桥港”。

中版海图比例尺(scale of chart)大于 1∶500 000 的图上注有深度和高程的基准名称和计

量单位;1∶500 000 及更小比例尺的图上,只注深度和高程的计量单位,不注基准名称和与其有关的说明。

图名下是有关编图的一些说明。海图标题栏通常还印有图区内禁航区、雷区、禁止抛锚区、航标、分道通航制、地磁资料等与航行安全有关的说明和重要注意事项或警告。有些海图标题栏还附有图区内重要物标的对景图、潮汐表(tide tables)、潮流表(tidal stream table)、换算表等资料。使用海图时,应首先仔细阅读海图标题栏内有关重要说明,特别是其中用红色印刷的重要图注。

2. 图廓注记(marginal notes)

在海图图廓四周注记有许多与出版和使用海图有关的资料。

(1)海图图号(chart number)

中版海图图号印在海图图廓的4个角上,不论该图怎样放置,图号均可保持从该图的右下角读出。世界海洋总图与大洋总图采用两位数字编号,按地理顺序编排;海区总图用三位数字编号,首位数字代表海图所在的大区号,后两位数字为出版序号或地理序号;航行图、港湾图采用五位数字编号,前两位数字代表海区区号,后三位数字为序号。英版海图图号与地区无关,是按出版海图的时间先后编号的,刊印在海图图廓外右下角和左上角。若有必要,图号前缀有“BA”,以区别英版系列海图与其他海图。印有台卡、罗兰C等位置线图网的海图,在图号前有前缀“L(XX)”。有些海图图号前还印有该图的国际系列图号。

(2)发行和出版情况(publication note)

发行和出版情况印在图廓外下边中间,给出出版者名称、版权说明、发行者及其地址、版次与出版日期等。2000年5月前出版的海图,在图廓外右下角还给出该图的新版日期。

(3)航海通告/小改正说明(notices to mariners/small correction)

航海通告(中版海图:小改正)刊印在海图图廓外左下角,给出海图出版期间所包含的最新的航海通告年份和通告号码,也用以登记自该图出版以来改正过的所有航海通告年份和通告号码,以备查考该图是否已及时改正至最新。2000年5月前出版的英版海图,该项也使用图例“small correction(小改正)”标注。

(4)图幅尺寸(dimensions)

图幅尺寸印在图廓外右下角,在括号内给出海图内廓线以内的部分尺寸,用以检查海图图纸是否有伸缩变形。中版海图以毫米为单位,英版米制海图以毫米为单位,拓制海图以英寸为单位。

(5)对数图尺(logarithmic scale)

在某些大比例尺的港湾图和航行图的外廓图框上,通常印有对数图尺,印在该图右下方或左上方,以便用来速算航程(s)、航速(v)和航行时间(t)之间的关系,因为

$$\frac{60}{v(\mathrm{kn})}=\frac{t(\mathrm{min})}{s(\mathrm{n\ mile})}$$

或

$$\frac{60}{t(\mathrm{min})}=\frac{v(\mathrm{kn})}{s(\mathrm{n\ mile})}$$

所以

$$\log 60-\log v=\log t-\log s$$

或

$$\log 60-\log t=\log v-\log s$$

如果用两脚规在对数图尺上量出 $\log 60-\log v$ 的差值,保持两脚规的跨度不变,在已知航

行时间 t(min)时,可在对数图尺上读取航程 s(n mile)或在已知航程 s(n mile)时,可读取所需航行时间 t(min)。如果用两脚规在对数图尺上量出 $\log t-\log s$ 的差值,则可以用此差值的两脚规跨度,在对数图尺上读取航速 v($t=60$ min)。

(6)参阅邻接海图(adjoining chart)

邻接海图图号信息印在图廓外或图廓内适当地方,表示相同或相近比例尺的邻接海图图号。

二、海图基准面

海图的高程基准面和深度基准面总称为海图基准面。

1. 高程基准面(Height Datum,HD/Vertical Datum,VD)

海图上所标山头、岛屿、明礁等高程的起算面称为高程基准面。我国沿海地区一般采用"1985 国家高程基准"作为高程基准,特殊情况下亦采用当地平均海面作为高程基准,港、澳、台地区及外国地区采用原资料的高程基准。英版海图一般采用平均大潮高潮面(以半日潮为主的海区)、平均高高潮面(以日潮为主的海区)或当地平均海面(在无潮海区)为高程基准面。

2. 深度基准面(Chart Datum,CD/Sounding Datum,SD)

海图上所注水深的深度起算面称为海图深度基准面,也是干出高度的起算面。如果海图基准面定得过高,可能产生负潮高现象,实际水深小于海图水深,对航行安全十分不利;海图基准面定得过低,自然可提高航海安全性,但也会给人以水深过浅的印象,不利于港口水深资源的充分利用。我国沿海地区一般采用理论最低潮面(旧称理论深度基准面)作为深度基准,远海及外国海区采用原资料的深度基准,不受潮汐影响的江河采用设计水位。英版海图水深通常采用天文最低低潮面(Lowest Astronomical Tide,LAT)作为起算面。

三、重要海图图式

1. 高程、水深和底质

(1) 高程(height)

海图陆上所标数字以及部分水上带括号的数字都表示该数字附近物标的高程。物标高程为自高程基准面至物标顶端的海拔高度,它们的起算面和单位,一般在海图标题栏内加以说明。中版海图高程单位为米,高程不足 10 m 的,注记精确到 0.1 m;大于 10 m 的,舍去小数,注记整米数。英版米制海图高程单位为米,拓制海图单位为英尺。

灯高(elevation of light)一般是自平均大潮高潮面至光源中心的高度。我国沿海地区中版海图灯高不足 10 m 的,注至 0.1 m;大于 10 m 的,注至整米,舍去小数。干出高度是深度基准面以上的高度。比高(relative elevation)是自地物、地貌基部地面至其顶端的高度,即物标本身的高度。

桥梁净空高度(vertical clearance)是自平均大潮高潮面或江河高水位(设计最高通航水位)到桥下净空宽度中下梁最低点的垂直距离。架空管道(overhead pipe)、架空电缆(overhead cable)等净空高度是自平均大潮高潮面或江河高水位至管线下垂最低点的垂直距离,净空高度注至整米,小数舍去。英版海图净空高度一般自最高天文潮面(HAT)起算,考虑了绝缘富余量后的架空电缆净空高度用洋红色数字注记。

建筑物(如塔形建筑物)符号旁标注的数字为建筑物高程,是指高程基准面至建筑物基部地面的高程;建筑物旁所注带括号的数字表示建筑物顶高,即自高程基准面至建筑物顶端的高度;建筑物旁括号内所注上有“⌒”的数字表示建筑物比高,上有“—”的高程表示树梢概略高度,从高程基准面起算。

山高除高程点一般用黑色圆点表示并在附近标有高程外,其他各点高程用等高线描绘。等高线(contour lines)是地面上高程相等的各点的连线,按基本等高距测绘的等高线称首曲线(基本等高线)。从高程起算面起算,每隔四条首曲线加粗一条等高线称计曲线(加粗等高线),等高线上数字表示该等高线的高程。用虚线描绘的等高线是草绘等高线(草绘曲线)(approximate contour lines),表示地貌测绘或编绘的精度不符合规范要求。无高程的等高线是山形线(form lines),它仅仅表示山体的形态,在同一条曲线上高程不一定相等,描绘时可能不闭合。

(2)水深(sounding)

水深是海图深度基准面至海底的深度,凡海图水面上的数字均表示水深。中版海图水深注记遵循“舍深取浅”的原则,以保证航行安全;同时也保留适当数量的水深注记,以显示航道通航能力及海底地貌特征,便于船舶确定航线和选择锚地。浅于 31 m 的水深保留一位小数,第二位小数舍去;深于 31 m 的水深,注至整米,小数舍去。英版米制海图水深单位为米;拓制海图,如水深小于 11 拓,用拓和英尺标示,否则用拓标示。若水深资料足够准确,则 11 ~ 15 拓之间的水深也可能用拓和英尺标示。旧版拓制海图,浅水区水深可能用拓的分数表示,而部分大比例尺海图所有水深均用英尺标示。

水深注记一般以斜体数字表示。在比例尺大于 1∶500 000 的图上,按旧资料(测量时间早于资料采用说明或资料采用略图中所标明的该区域测量时间的资料)补充的水深,以及原始资料比例尺小于成图比例尺 2/3(含)时,用直体数字表示。1∶500 000 及更小比例尺的图上水深全部用斜体表示。

“疑存”(Existence Doubtful,ED)表示对礁石、浅滩等的存在有疑问。“疑深”(Sounding of Doubtful Depth,SD)表示实际深度可能小于已标明的水深注记。“据报”(Reported,Rep)表示未经测量据悉的航行障碍物。“$\frac{\cdot}{198}$”表示未测到底的水深注记。

水深注记(整数)的中心即为水深的实测点位。实测水深一般用斜体注记;礁石上的水深以及用等深线显示的最浅水深,可将其水深注记用括号或细直线移至附近标示;狭水道内最浅水深在实测位置注记有困难时,在附近陆上用带括号的数字标示。

等深线(depth contours)是图上水深相等的各点的连线,用细实线描绘。不精确等深线(approximate depth contours)是根据稀少水深描绘的等深线,其位置不准确,采用虚线描绘。

常见的高程、水深海图图式如表 1-2-3 所示。

(3)底质(nature of the seabed)

各种比例尺海图上,通常还以一定的间距标明海底底质,如沙(sand,S)、泥(mud,M)、黏土(clay,Cy)、淤泥(silt,Si)、石(stones,St)、岩(rock,R)、珊(coral and coralline algae,Co)、贝(shells,Sh)等,底质注记顺序为先形容词后底质种类。形容沙的形容词有细(fine,f)、中(medium,m)和粗(coarse,c),其他常用形容词有碎(broken,bk)、黏(sticky,sy)、软(soft,so)、硬(stiff,sf)、坚(hard,h)等,如“软泥(soM)”、“粗沙(cS)”。已知下层底质不同于上层底质的地方,先注上层后注下层,如“沙/泥(S/M)”,即上层为沙,下层为泥。两种混合的底质,先注成分多的,后注成分少的,如“细沙泥贝(fS. M. Sh)”,表示细沙多于泥和贝的混合底质。

表 1-2-3 常见的高程、水深海图图式

类别	中版图式	说明	英版图式
等高线及高程点	345.3 250	实线表示精测等高线,虚线或无高程的等高线为山形线(草绘曲线)	259 200 100　360 300 200 100
建筑物高程	15.3	高程基准面至建筑物基部地面的高度	
建筑物顶高	(35.3)	高程基准面至建筑物顶端的高度	(30)
建筑物比高	(20)	建筑物基部地面至顶端的高度	(30)
树梢概略高度	85	高程基准面至树梢顶端的高度	52
存在有疑问	疑存	表示对礁石、浅滩等的存在有疑问	ED　(ED)
深度可疑	疑深	表示深度可能小于已标明的水深注记	40 SD
据报	据报(1988)	表示未经测量,据报的航行障碍物(据报年份)	Rep (1973)　Repd (1973)
实际位置的水深	15_8　6_4	实测水深,注记(整数)中心即为水深实测点	12　9_2
移位水深	(13)　123	表示附近礁石或用等深线显示地形的最浅水深	3349
狭水道最浅水深	(8_4)	表示狭水道内的最浅水深	(14_7)
未测到底的水深	198	表示测到一定深度尚未着底的深度	330
直体注记水深	15_8　6_4	表示深度不准或采自小比例尺图的水深	12　9_1
干出高度	1_4　2	表示深度基准面以上的高度	4_9　2

2. 礁石、沉船和障碍物

(1)礁石(rocks)

礁石是海中突出、孤立的岩石。它又可区分为明礁(rock uncovered)、干出礁(drying rock)、适淹礁(rock awash)和暗礁(reef, submerged rock)。明礁是指平均大潮高潮时露出的孤立岩石,与小岛同样标示。同一礁石,由于中、英版海图所采用的高程基准面不一定相同,其所注记的高程也不一定相同。干出礁是指位于平均大潮高潮面以下、深度基准面以上的孤立礁石,高潮时淹没,低潮时露出,数字注记是干出高度(深度基准面以上)。适淹礁是指深度基准面适淹的礁石,深度基准面以下的孤立礁石称为暗礁,水下珊瑚礁(coral reef which covers)是指位于深度基准面以下的珊瑚礁。浪花(breakers, Br)用于表示海浪冲击波涛汹涌,船只不能靠近的多礁地区。

(2)沉船(wrecks)

沉船区分为船体露出水面的沉船(wreck, hull always dry)、干出沉船(wreck, covers and uncovers)、已知深度的水下沉船(submerged wreck, depth known)、深度不明的水下沉船(submerged wreck, depth unknown)、部分船体露出的沉船(wreck showing any portion of hull at the level of chart datum)、仅桅杆露出的沉船(wreck showing mast or masts above chart datum only)、经扫海的沉船(wreck, swept by wire drag or diver)、危险沉船(dangerous wreck)、非危险沉船

(non-dangerous wreck)、未精测的沉船(wreck, inadequately surveyed)等。沉船图式又可区分为船体形状依比例尺标示和不依比例尺标示的两种。危险沉船是指其上水深不明但可能有碍水面航行的沉船(中版海图主要是指深度小于或等于 20 m 的沉船);非危险沉船是指深度大于 20 m(英版海图大于 200 m)的沉船,或深度不明但不妨碍水面航行的沉船。未精测沉船是指未进行精确的测量、沉船最浅深度不明但标示的深度是采用其他方法估计的安全深度。

半个多世纪以来,英版海图区分危险沉船与非危险沉船的水深标准随着船舶吃水的日益增加而不断改变。1960 年以前出版的英版海图,危险沉船仅仅是指那些水深小于或等于 14.6 m(8 fathoms)的沉船;1960 年至 1963 年间出版的英版海海图,危险沉船是指水深小于或等于 18.3 m(10 fathoms)的沉船;1963 年至 1968 年间出版的英版海图,危险沉船是指水深小于或等于 20.1 m(11 fathoms)的沉船;1968 年至 2008 年间出版的英版海图,危险沉船是指水深小于或等于 28.0 m(15 fathoms)的沉船。自 2008 年以来出版的英版海图,凡其上水深不明,有碍水面航行安全的沉船均被标注为危险沉船;水深超过 200 m,或者水深不明,但不妨碍水面航行的沉船被标注为非危险沉船。

(3)障碍物(obstructions)

捕鱼设备、水下桩(柱)、渔礁等障碍物一般以符号标示,有时也用文字注记说明,如"附近多渔栅"。

渔礁(fish haven)是保护渔业资源的一种设施。在浅海地区,用乱石、废轮胎、废汽车、空心水泥块等,抛在海底堆成一定高度,犹如礁石,供鱼群在这里栖息、繁殖,有碍航行。

扫海测量简称扫测,是在一定海区内进行面的探测,以查明该区域内或该区域所规定的深度上是否存在航行障碍物的一种测量。用软式扫海具进行扫测的方法分为定测扫测和拖底扫测两种。定测扫测是使扫海具的底索在深度基准面以下保持一定深度的扫海测量,主要用于确定船舶安全航行的深度和确定航行障碍物的最浅深度。拖底扫测是扫海具底索着底,发现和探测航行障碍物的扫海测量。

凡危险物外加点线圈者,均为对水面航行有碍的危险物,提醒航海人员予以特别注意。危险物位置未经精确测量的,需加注"概位"(position approximate, PA);对危险物位置有疑问时,则加注"疑位"(position doubtful, PD);对危险物的存在有疑问时,也加注"疑存"(ED);未经测量、据报的航行障碍物,同样也加注"据报"(Rep)。

常见礁石、沉船和障碍物的海图图式和含义如表 1-2-4 所示。

3. 助航标志(navigational aids)

助航标志简称航标,它包括灯标(lights)、立标(beacons)、浮标(buoys)、无线电信标(radio beacons)、雷达标(radar beacons)、雾号(fog signals)等,其中,灯标又区分为灯塔(lighthouse)、灯桩(light-beacon)、灯船(light-vessel)和灯浮(light-float)。航标以特定的标志、灯光、声响或无线电信号等供船舶确定船位和安全航向、避离危险以及其他特殊需要,其图式和含义如表 1-2-5 所示。

表 1-2-4　常见的礁石、沉船和障碍物海图图式

危险物	中版图式	说　　明	英版图式
明礁（屿）	(2.6)　(1.3)　(1.2)	平均大潮高潮面时露出的孤立岩石	4.1 0　(3.1) 0　(1.7) 0
干出礁	(2_1)　(1_8)　(1_9)	平均大潮高潮面下,深度基准面上的礁石	(1_5)　(1_4)　(3_7)　Dr 1.6m
适淹礁		在深度基准面适淹的礁石	
暗礁		在深度基准面下,深度不明的危险暗礁	
	(4_1)　(4_9)	在深度基准面下,已知深度的危险暗礁	(4_6)　(11_2)　4_5 R
	23 岩	非危险暗礁（中版水深大于 20 m）	30 R
水下珊瑚礁	珊	位于深度基准面以下的珊瑚礁	Co　Co
浪　花	5_2 浪花	多礁区,海浪冲击波涛汹涌,船只不能靠近的区域	5_8 Br
船体露出水面沉船	船	船体露出大潮高潮面,按比例画出	Mast (1.2) Wk
干出沉船	船	大潮高潮面下,深度基准面上,按比例画出	Mast (1_2) Wk
已知深度水下沉船	2_6 船	深度基准面下已知深度沉船,按比例画出	5_2 Wk　5_2 Wk
深度不明水下沉船	船	深度基准面下深度不明沉船,按比例画出	Wk　Wk
部分船体露出沉船		部分船体露出深度基准面,不按比例画出	
仅桅杆露出的沉船	桅	仅桅杆露出深度基准面以上的沉船	Mast (1.2) Mast (1_2) Funnel　Masts
已知最浅深度沉船	4_2 船　27 船	经测深已知最浅深度的沉船	4_6 Wk　25 Wk
经扫海探测的沉船	4_2 船　27 船	经扫海（或潜水员探测）的最浅深度沉船	4_6 Wk　25 Wk
危险沉船		深度不明但可能有碍水面航行的沉船（中版不大于 20 m）	
非危险沉船		深度大于20 m（英版大于200 m）沉船，或深度不明，但不妨碍水面航行的船舶	
未精测沉船	27 船	未经精确测量,最浅水深不明的沉船	20 Wk
沉船残骸及其他碍锚地	碍锚地　#	沉船残骸及其他有碍抛锚和拖网地区	Foul　#　Foul
深度不明的障碍物	碍　碍	深度不明的障碍物	Obstn　Obstn
已知最浅深度的障碍物	2 碍　17 碍	已知最浅深度的障碍物	4_6 Obstn　17_3 Obstn
经扫海的障碍物	6 碍　17 碍	经扫海或潜水探测的最浅深度障碍物	4_6 Obstn　16 obstn
渔　栅		捕鱼用木栅、竹栅或系网捕鱼的桩等	
渔　礁	(2_6)	深度不明或已知深度的渔礁	(2_6)
贝类养殖场	贝	养殖贝类的场地	Shellfish Beds

表 1-2-5 常见的航标海图图式

名称	中版图式	说明	英版图式
灯塔、灯桩		左图为灯塔,右图为灯桩	Lt　Lt Ho
设灯的平台		装有灯标的海上平台	
塔形灯桩	黑黄　塔形	塔形灯桩用此符号表示	BY　Bn Tr　Bn Tower　Bn Tr
灯　船		中版海图上,区分有人（左）和无人（右）看守	Lt V
蓝　比(大型航标)		表示大型助航浮标（LANBY）	
导　灯	269°17′	两个或两个以上前后重叠，构成导航线的灯	Occ.4s12M　Oc.R 4s10M　Lights in line 269°
海岸雷达站	雷达	根据船舶要求,能提供其方位和距离的海岸雷达站	Ra
雷达指向标	雷信	表示能连续发射信号的雷达信标	Ramark
雷达应答标	雷康(K)	具有莫氏信号（K）,在 3 cm 频带内应答	Racon (K)
雷达应答标	雷康(K) (10cm)	具有莫氏信号（K）,在 10 cm 频带内应答	Racon (K) (10cm)
雷达应答标	雷康(K) (3&10cm)	具有莫氏信号（K）,在 3 cm 和 10 cm 频带内应答	Racon (K) (3&10cm)
雷达反射器		用于装有雷达反射器的航标所用标志	Ra.Refl.
雷达显著物标		用于雷达影像显著的物标所用标志	Ra conspic
无线电信标	环向	全向无线电信标	Name RC
无线电信标	定向269°.5	定向无线电信标	RD 270°　RD
无线电信标	旋向	旋转辐射无线电信标	RW
无线电测向台	测向	提供无线电定位业务的岸基无线电测向台	RG　Ro.D.F.
无线电答询台	答询	海岸无线电答询指向台	R　Ro
航空信标	空指向	供航空用的无线电信标	Aero RC　Aero RC

水上航标是以其形状(shape)、颜色(color)、顶标(top mark)、灯质(light characters)、编号(number)相互区别的。各国浮标制度至今仍不完全统一,多数航运国家都采用国际航标协会(IALA)推荐的海上浮标系统。具体情况应查阅有关航路指南、港章和海图标题栏的相关说明。"中国海区水上助航标志制度(GB 4696)"是采用 IALA 海上浮标系统(A 区域)的原则并结合我国具体情况制定的。

灯质是指灯光的性质,它是以灯光亮灭的规律(节奏,rhythm)和灯光颜色来相互区别的。灯质的种类很多,基本灯质有定光(fixed,F)、明暗光(occulting,Oc)、闪光(flashing,Fl)、互光(alternating,Al)四种。定光是工作时间内颜色和亮度不变的长明不断的灯光。明暗光是颜色不变,在一个周期中明的时间长于暗的时间的灯光。闪光是灯光颜色不变,在一个周期中只显示单次闪光,明的时间比暗的时间短的灯光。两种不同颜色的灯光连续交替发光,灯不熄灭的为互光。闪光又可区分为单闪光(single-flashing)、长闪光(long-flashing,LFl)、快闪光(quick-flashing,Q)、甚快闪光(very quick-flashing,VQ)、特别快闪光(ultra quick-flashing,UQ)五种。颜色不变,明暗交替且时间相等的灯光为等明暗光(isophase,Iso)。以上各种灯光联合或组合起来,可以形成各种不同类型的灯质,如联闪光(group-flashing)、混合联闪光(composite group-flashing)、间断快闪光(interrupted quick-flashing,IQ)、互闪光(alternating and flashing)、互联闪光(alternating and group flashing)、定闪光(fixed and flashing,FFl)等。

常用的几种灯质及其说明如表 1-2-6 所示。

表 1-2-6　常见的几种灯质海图图式

灯　质	中版图式	说　　明	英版图式
定　光	定	工作时间内颜色和亮度不变的长明不断的灯光	F
明 暗 光	明暗	颜色不变,在一个周期内明的时间长于暗的时间的灯光	Oc
联明暗光	明暗(2)	在一个周期内连续熄灭两次或两次以上,明长于暗的灯光	Oc(2)
混合联明暗光	明暗(2+3)	在一个周期内相继出现几个不同熄灭次数的联明暗光	Oc(2+3)
等明暗光	等明暗	颜色不变,明暗交替且时间相等的灯光	Iso
单 闪 光	闪	灯色不变,在一个周期内只显单次闪光,明比暗短的灯光	Fl
联 闪 光	闪(3)	在一个周期内以两次或两次以上的闪光组成一个组的灯光	Fl(3)
混合联闪光	闪(3+1)	在一个周期内相继出现几个不同闪光次数的闪光组的联闪光	Fl(3+1)
长 闪 光	长闪	持续时间不少于 2 s 的闪光,我国规定持续时间为 2 s	LFl
连续快闪光	快	颜色不变,50~80 次/min 闪光,我国为 60 次/min	Q
联快闪光	快(3)	在一个周期内以两次或两次以上的快闪光组成一组	Q(3)
间断快闪光	断快	有间断的快闪光	IQ
连续甚快闪光	甚快	颜色不变,明暗次数 80~160 次/min,我国为 120 次	VQ
联甚快闪光	甚快(3)	每一周期内以两次或两次以上的甚快闪光组成一组	VQ(3)
间断甚快闪光	断甚快	有间断的甚快闪光	IVQ
连续超快闪光	超快	颜色不变,发闪光 160 次/min 以上,一般 240~300 次	UQ
间断超快闪光	断超快	有间断的超快闪光	IUQ
莫尔斯灯光	莫(A)	颜色不变,按莫尔斯码显示有节奏的灯光	Mo(A)
定闪光	定闪	颜色不变,每隔一定时间加发一次更亮闪光的定光灯	FFl
互　光	互白红	有节奏地交替显示不同颜色的灯光	Al. WR
互闪光	互闪	两种不同颜色的闪光,每隔一定时间交替发光一次	AlFl
互联闪光	互闪(3)	每隔一定时间连续发两次或两次以上颜色不同的闪光	AlFl(3)
互明暗光	互明暗	两种不同颜色的灯光交替,每隔一定时间熄灭一次,明比暗长	AlOc

灯标的注记，除注有灯质(节奏和颜色)外，还注有周期、灯高、射程和雾号及光弧等的说明。它们的含义如下。

周期(period)：有节奏的灯光，自开始到以同样的节奏重复时所经过的时间间隔(s)。

灯高(elevation)：中版海图是指平均大潮高潮面至灯光中心的高度(m)。英版海图是指平均大潮高潮面或平均高高潮面，无潮汐海区是指平均海面至灯光中心的高度，米制海图单位为米，拓制海图单位为英尺。

灯光射程(range)：中版海图规定射程是在晴天黑夜条件下，航海者的眼高在海面上 5 m 处所能看到航标灯光的距离(n mile)。英版海图上射程为光力射程(luminous range)或额定光力射程(nominal range)。

雾号(fog signals)：是指引导船舶在能见度不良时安全航行，由航标发出的警告性或指向性声响信号，如爆响雾号(explosive)、低音雾号(diaphone)、雾笛(siren)、雾角(horn)、雾钟(bell)、雾哨(whistle)和雾锣(gong)。

光弧(sector)：用于表示扇形光灯的扇形区域，不同光色扇形应分别注明，所注方位为观测者由海上观测灯标的真方位，顺时针方向计算。

关于灯标的标注，如白天和夜间的灯光性质不同时，应将白天的灯光性质括注在夜间灯光性质的下方并在其后加注“昼(by day)”；有雾时灯光性质发生改变，或仅在雾天显示的雾灯，应括注“雾(in fog)”；无人看守的灯可在其灯光性质之后括注“无(U)”；注记“临(temp)”表示临时性的灯；“熄(extingd)”表示灯光已熄灭的灯；在灯光性质后括注“航空(Aero)”的灯标表示为航空导航而设置的航空灯标。

4. 符号的位置与其他图式

(1) 符号的位置(symbolized positions)

面状符号(symbols in plan)，如“⊕、✱”，位置在符号中心；形象符号(symbols in profile)，如“Ｐ、⛯”，位置在符号底线中心；有点符号(point symbols)，如“⊙、△”，符号中的点即为中心位置。如位置未精确测量，则加注概位符号“概位(PA)”。

(2)其他重要图式

除前面介绍的各种图式外，航海人员还应了解和掌握如表 1-2-7 所示的重要海图图式，其

表 1-2-7　常见的其他重要海图图式

名　称	中版图式	说　　明	英版图式
生产平台及其他平台、井架	青龙	生产平台及其他平台、井架，并加注名称或编号	Z-44
已知最大吃水航道	6.5m	已知最大吃水深度的航道	7.3m
已知最大吃水推荐航道	6.5m	已知最大吃水深度的推荐航道	7.3m
深水航道	深水 26m	已知最浅水深供深吃水或限于吃水船的航道	DW20m
无线电报告点	3	又称船舶动态报告点，数字表示编号	3
限制区界限		用以表示因某种原因，航行受限制的区域界限	
引航站		表示引航巡逻船或引航船会船(登船)位置	Name　Note　H

中,无线电报告点(radio calling-in point)又称船舶动态报告点(reporting point),设在繁忙的水道上或港区附近,有助于航道畅通,确保航行安全。船只经过这些点时,必须用甚高频无线电话向船舶安全航行控制中心报告。符号尖端表示船舶只在航行方向与其指示方向一致时需要报告,数字表示编号。

第七节　海图的分类和使用注意事项

一、海图分类

根据作用不同,海图可以分为航海图和参考图两大类。航海图用于拟定航线、进行航迹推算和定位等海图作业,按用途可以分为总图、航行图和港湾图三种。

1. 总图(general charts)

其比例尺一般为1∶3 000 000或更小,包括世界海洋总图、大洋总图和海区总图。总图图区包括范围甚广,图上只印有在远离海岸航行时能够看到的重要物标和灯塔,以及与海岸有一定距离的航海危险物。沿岸航海危险物仅做概略的描述。总图主要供研究海洋形势、拟定航行计划等使用。

2. 航行图(sailing charts)

航行图比例尺一般为1∶100 000～1∶2 990 000,包括远洋航行图、近海航行图和沿岸航行图。航行图主要供航行使用,其中:

(1)远洋航行图(ocean sailing charts)

其比例尺为1∶1 000 000～1∶2 990 000。图上详细标有海上平台、井架等近海设施,一般还标有图区内主要的山头及岛顶高程、主要雷达及无线电导航设备和特别重要的灯塔、灯桩、灯船及浮标等。远洋航行图一般可用于远洋航行或作为航行参考图用。

(2)近海航行图(offshore sailing charts)

其比例尺一般为1∶200 000～1∶990 000。图上详细标有雷达站及无线电导航设备、灯塔和射程较远的灯桩、主要灯船、雾号、有雷达反射器和雷达应答标的航标、进港的1号浮及指示航行障碍物的浮标等。图上一般还标有沿海较主要的航道、码头、防波堤、港外较大的锚地和港口沿岸较显著的建筑物。近海航行图主要供船舶在近海航行时海图作业用。

(3)沿岸航行图(coastal sailing charts)

其比例尺一般为1∶100 000～1∶190 000。图上一般都详细标有除供港湾内用的助航标志以外的其他各种助航标志,还详细标有港口附近的主要航道及其疏浚深度或扫海深度、港外锚地和较大港湾内的码头、防波堤、海上平台等近海设施和沿海陆地地貌、烟囱、灯塔、教堂、无线电杆等具有航行方位意义的各种建筑物等。沿岸航行图可供船舶沿岸和狭水道航行用。

3. 港湾图(harbour charts)

其比例尺一般大于1∶100 000,包括港口图、港区图、港池图、航道图、狭水道图等。图上详细标有灯塔、灯标、浮标、立标、雷达站、无线电导航设备、雾号等各种助航标志。当图幅范围内有更大比例尺的港湾图时,港内助航标志会做较多的取舍。图上还详细标有各种航道及其疏浚深度或扫海深度、锚地和锚位，以及码头、防波堤、船坞、系船浮筒、系船灯桩等港口资料。港湾图主要供船舶进出港口、锚地，通过狭窄水道及进行港口管理等使用。

参考图一般不可以用作航迹推算和定位。它是为了某种航海的特殊需要而专门绘制的海图，如供无线电定位系统用的位置线图网（latticed charts），为设计大洋航线用的航路设计图（routeing charts）、大圆海图（gnomonic charts）、气候图（climatic charts）、世界载重线区域图（zones, areas and seasonal periods for commercial vessels）、等磁差曲线图（magnetic variation charts）等。

按绘制图网的方法，即地图投影方法的不同，海图又可分为墨卡托海图、高斯投影海图、大圆海图、平面图等。

中版海图一般采用墨卡托投影。同比例尺成套航行图以覆盖区域的中央纬线为基准纬线，其余图以本图中央纬线为基准纬线。1∶20 000 及更大比例尺海图亦采用平面图或高斯—克吕格投影，通常又称为港泊图。当制图区域达 60% 以上的地区纬度高于 75°时，采用日晷投影。

英版海图按水深和高程单位可分为米制图和拓制图。米制海图水深和高程单位均为米，拓制海图水深单位为拓或英尺，高程单位为英尺。自 1968 年以来，英版拓制海图正逐渐向米制海图过渡，自 1988 年以来，已有一半以上的拓制海图被米制海图所替代。

二、海图资料的可信赖程度

尽管人们为了确保海图资料的准确性做出了不懈的努力，然而由于测量不充分或测量后地貌、海底等的变迁，任何海图所提供的资料都可能是不完善的或不是最新的。为改正海图而发布的航海警告和航海通告也可能因情况紧急而未在发布前加以核实。因此，海图可信赖程度的最后评价者将是海图的使用者本身。通常，航海人员可根据当时的实际情况，从以下几个方面来判定海图的可信赖程度。

1. 测图比例尺和测量时间

海图所标注水深资料的测图比例尺、测量时间和测量单位（测量局）等资料来源信息一般在海图标题栏内以资料采用略图（Source Diagram）的形式给出，信息不充分时，用文字摘要加以说明。

（1）测图比例尺（scale of survey）

测图比例尺指测绘人员提供给英国海军水道测量局的测量原图的比例尺（the scale of the survey fair sheet），只有那些无缝隙系统测量的测图比例尺才能真实反映测量资料的可信赖程度。

几乎所有 1865 年以前的测量员和 1905 年前的近海测量员都没有对整个测量区域进行系统的测量，其测图比例尺没有太大的意义。1905 年至 2000 年间，测图比例尺明显反映出测深线之间的间隔。

测量原图上的测深值通常是以 5 mm 的间隔绘制的，对应于 1∶12 500 的测量原图来说，测深线之间的实际间隔是 62.5 m。测量比例尺一般是根据所测区域海底地貌特征确定的，相对平坦的海底来说，尖礁区域需要选择更大的测量比例尺，以便尽可能发现测量区域内所有的孤立危险物。

值得注意的是，侧扫声呐投入航海测量前（1973 年以前）的测量资料，两条测深线之间可能会存在孤立的航海危险物。例如，在 1∶12 500 的测量原图上，如果一个大型油船大小的沉船等危险物刚好位于间隔 62.5 m 的两条测深线之间，使用单波束回声测试仪进行测量通常是无法探测到的。

多波束回声测试仪（Swathe echo sounder/Multibeam echo sounder）进行“面”的测量，基本上可以百分之百探测到相邻两条测深线之间的全部水深资料，自多波束回声测试仪投入航海测量后（2000 年以后），测图比例尺也就失去了原有的航海意义，海图标题栏的资料采用略图内也将用“海底全覆盖（full sea floor coverage）”来标示。

（2）测量时间

早期航海测量，由于测量与定位仪器和技术都比较落后，测量精度和完整性较差，可靠性较低。1935 年以前，水深测量使用测深绳进行，当时测量船位置也只能通过测量陆标水平角来确定，水深测量精度和水深点位置精度都很差，水深点稀少；自 1935 年起，单波束回声测试仪逐渐用于航海测量，不仅水深测量精度明显提高，也更利于获取密集的水深测量资料；1950 年电子定位系统的出现，大幅度提高了水深点的位置精度，而且可以实现更远距离的近海测量；1973 年侧扫声呐普通应用到航海测量中，测量者可以发现位于相邻两条测深线之间的航海危险物，首次实现了对整个测量区域海底的全面测量；1985 年，全球卫星定位系统开始运用到航海定位中，测量员从此可以在同一个基准面上获取本船在任何地点到高精度位置信息，彻底改善了水深的测量精度及水深点的位置精度；2000 年，多波束回声测试仪运用到航海测量中，测量员不仅可以探测到相邻两条测深线之间的所有碍航物，还可以获取其上面的水深资料，至此，极大地提高了海图上水深资料的可信赖程度。

值得注意的是，有些海区海底不稳定，如珊瑚礁能以每年 5 cm 的速度增长，经过 100 年后，其上水深变化将会达到 5 m；经常变迁的浅滩和沙滩等，水深也可能出现较大的变化。船舶航行在这些海区，应特别注意海图资料的测量时间，以便对当时实际水深做出准确的评价。

测量年代船舶的最大吃水也影响着对水下碍航危险物上水深的测量与标注。例如，1958 年以前，船舶吃水很少超过 6 m，15 m 在当时被预测为可能出现的最大船舶吃水，而目前，超大型油船最大吃水达到 30 m。因此，在根据旧的测深资料所绘制的海图上，由于一些航海危险物或浅滩等，在当时被认为对船舶航行无影响，因而其上水深的标注精度可能不能满足现代船舶的要求。船舶在这些区域使用这种海图航行时，必须谨慎小心。

2. 海图出版、新版或改版日期

所使用海图的出版、新版或改版日期应是最近期的，所标注的日期应与最新的《航海图书总目录》中载明的现行版日期一致。每张海图使用前必须按航海通告改正至最新一期。英版“最新航海通告累积表（the latest cumulative list of admiralty notices to mariners）”，每半年出版一期，刊载有英版海图现行版本的出版日期和近两年来的永久性通告号码。根据其后出版的各期周版航海通告核查海图小改正栏所登记的已改通告号码，可确定每张海图是否已改正至最新。

3. 海图比例尺

海图比例尺越大，其可信赖程度就越高。海图比例尺越大，资料记载越详细，物标、水深点、航标等的位置越准确，海图作业精度也越高。此外，当图幅内资料发生变动需要改正时，往往首先改正大比例尺海图。大量的资料变动，可能需要数个月后海图才能得到彻底的改正。

4. 测深的详尽程度

图上测深线的间距、水深点的密集程度、水深变化情况等也能用来判断海图资料的可信赖程度，如图上水面部分无空白，所标水深点密集且排列有规则，水深变化明显可辨，等深线为实线且层次分明、连续不中断，则该图水深资料的可靠性程度就较高。海图空白处，表示未经测量，应视为航海危险区而避开。不精确等深线是根据稀少水深描绘的，采用虚线描绘，可信赖程度较低。在大比例尺海图上，实测水深一般用斜体字表示，而直体注记的水深表示深度不准或采用旧的测深资料，可靠性较低。此外，凡水深旁标注有“疑深”(SD)或“据报”(Rep)的，其可靠性也较低。

5. 地貌精度与航标位置

海图资料的可信赖程度，还可根据岸形、陆地地貌的标注方式加以判断：在大比例尺海图上，虚线描绘岸线和等高线是草绘岸线和草绘等高线，表示地貌测绘的精度不符合规范的要求；山形线仅仅是表示山体形状的曲线，同一条曲线上高程不一定相等，描绘时可能不闭合，它们的可信赖程度较低。显著山峰、灯塔、孤立的岛屿、烟囱等显著建筑物的位置一般比较准确，但无人看守的灯船、灯浮、浮标等的位置，可能由于大风浪、强流、被碰撞等原因移位、灯光熄灭甚至漂失，而又不能及时发布航海通告，对它们的位置不能过分信赖，使用前，应首先加以核实。

三、使用海图注意事项

①要尽可能选择现行版大比例尺海图，并要善于鉴别海图的可信赖程度。

②海图使用前，应根据航海通告和有关的无线电航行警告及时加以改正。海图改正应按规定的图式和缩写进行，改正内容的位置准确，不要覆盖图上原有重要资料。每则通告改正完后要按规定做好小改正登记，并查核是否有遗漏。各地海图代销店一般只对永久性通告加以改正，对临时性的、预告性的通告和航行警告不做改正。因此，一张新购置的海图上的资料也不一定是最新的。

③海图空白处，表示未经测量，应视为航海危险区避开。未经扫海区域，相邻测深线之间可能存在测深时未被发现的孤立陡峭的危险物。即使现代化的测量，也往往难以发现海区内的每一危险物。船舶使用资料陈旧、水深点稀少的海图，在船舶活动较少的海区航行，应尽可能将航线设计在水深点上。

④海图上也可能存在不够准确的地方，特别是资料陈旧的旧版海图，对它不能盲目信赖。使用中，应经常利用各种有效手段加以核实，并注意掌握最新资料。

⑤使用不同大地坐标系参数的海图时，对船位要进行经纬度修正。该项修正值在海图标题栏中会有说明。GPS 一类导航仪自动显示的经纬度数值是基于 WGS-84 坐标系得来的，画在不同坐标系海图上时，也要自动或手动进行该项修正。

⑥海图作业应采用软质铅笔和松质橡皮，按有关规则要求进行。严禁在海图上乱画、乱写，注意保护海图，避免损坏。某航次海图使用前后都应顺序排放，其上海图作业应保留至航次结束。发生海事时，应保留至海事处理结束为止。

⑦海图平时应平放在干燥的地方，防止海图受潮霉烂或变形。雨雪天进行海图作业时，要注意勿弄湿海图。一旦海图受潮，应平放阴干，切不可曝晒或用火烤干，以避免海图变形。图幅较大的海图临时折叠，最好浮折，不要折死，以避免损坏海图和影响图上重要航海资料的清晰程度。

第二篇 船舶定位

为了保证船舶安全、经济地沿计划航线航行，航海人员应尽一切可能随时确定本船的船位，这样才可能结合海图、航海通告和航行警告等，了解船舶周围的航行条件，及时采取适当、有效的航行方法和必要的航行措施。

船舶在海上确定船位的方法一般分两类，即航迹推算（dead reckoning）和定位，其中定位包括陆标定位、电子定位和天文定位三种类型。

本篇将分别介绍航迹推算、陆标定位、电子定位、天文定位的方法和罗经差的测定方法。

第一章 航迹推算

航迹推算是根据船上最基本的航海仪器（罗经和计程仪）所指示的航向和航程，结合海区内的风流要素，不借助外界物标或航标，从某一已知船位起，推算出具有一定精度的航迹和某一时刻船位的方法。航迹推算是航海上求取船位的最基本的方法，也是陆标定位、电子定位和天文定位的基础。

航迹推算应在船舶驶离引航水域或港界，定速航行并测得准确的船位后立即开始。在整个航行过程中，应连续进行航迹推算，不得无故中断，直至驶入目的港引航水域或接近港界有物标可供定位时方可终止。如船舶驶经狭水道或渔区，可暂时中止航迹推算，并在驶出该狭水道或渔区后立即恢复航迹推算工作。航迹推算的起始点、终止点以及中止点和复始点应标示在海图上，并记入航海日志。

船舶在沿岸水流影响显著的海区航行，应该每小时确定一次推算船位；其他海区，一般每 2 ~4 h 确定一次推算船位。

航迹推算包括航迹绘算（track plotting）和航迹计算（track calculating）两种方法。

第一节 航迹绘算

航迹绘算法即海图作业法（chart work）。其方法简单、直观，用于解决以下两类问题：根据船舶航行的真航向、计程仪航程和风流要素，在海图上绘画出推算航迹和推算船位等。根据计划航线、计程仪航速、风流要素、预配风流压差，作图求船舶应采用的真航向和推算船位等。

航海上，习惯将事先在海图上拟定的航线称为计划航迹线（简称计划航线），即船舶将要航行的计划航迹。计划航线的前进方向叫作计划航迹向，简称计划航向(Course of Advance，*CA*)，由真北线起按顺时针方向度量到计划航线，用 *CA* 表示。通过航迹推算所确定的航迹线称为推算航迹线。推算航迹线的前进方向称为推算航迹向(Course Made Good，*CG*)，由真北线起按顺时针方向度量到推算航迹线，用 *CG* 表示。船舶在风流等影响下实际的航行轨迹称为实际航迹线，简称航迹线(track)。通过航迹推算所确定的船位称为推算船位(Estimated Position)，用 *EP* 表示。无风流情况下，根据计程仪航程在计划航线或真航向线上所截取的船位称为积算船位(Dead Reckoning Position)，用 *DR* 表示。

一、风流对船舶航行的影响

1. 风与风压差

空气相对于地面或海底的水平运动称为风(真风)。风是矢量，既有大小，又有方向。风向是指风的来向，习惯用罗经点法或圆周法表示；风的大小一般用风级或风速来表示。船舶在航行时所产生的一种风向与船舶运动方向相反、风速与船速相等的风称为船风，它是由于船舶自身运动所产生的。船舶在风中航行时所测得的风是真风和船风的合成风——视风。图 2-1-1 为风速矢量三角形，体现了真风、船风和视风三者之间的关系。

风对航行的影响与风舷角密切相关，风舷角是风向与船首尾线的交角。如图 2-1-2 所示，航海上习惯将风舷角小于 10°的风称为顶风，风舷角大于 170°的风称为顺风，风舷角在 80°~100°之间的风称为横风，风舷角在 10°~80°之间的风称为偏逆风，风舷角在 100°~170°之间的风称为偏顺风。

如图 2-1-3 所示，船舶在风中航行，除了以船速沿真航向航行外，风还会使船舶向下风漂移。但由于船舶在水中运动时所受水的阻力很大，因此这种漂移的速度要远远小于风速，且漂移的方向也不一定正好与风向平行。实际上，船舶是在船速矢量 v_E 和漂移矢量 R 的共同作用下，沿着它们的合成矢量方向航行的。船舶在有风无流中的航行轨迹线称为风中航迹线。风中航迹线的前进方向叫作风中航迹向，用 CG_α 表示。风中航迹线与真航向线之间的夹角叫作风压差角，简称风压差(leeway angle)，用 α 表示。船舶左舷受风，α 为正(+)；右舷受风，α 为负(-)。

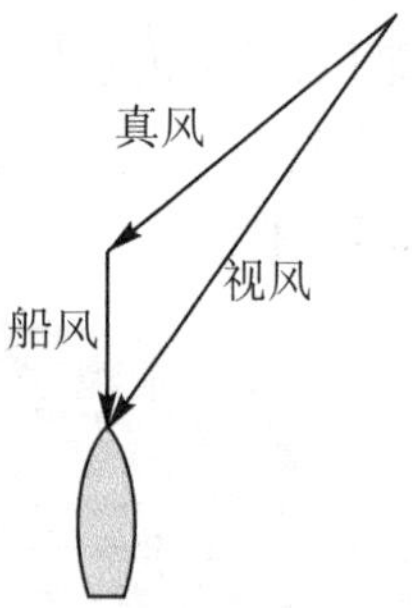

图 2-1-1 风速矢量三角形

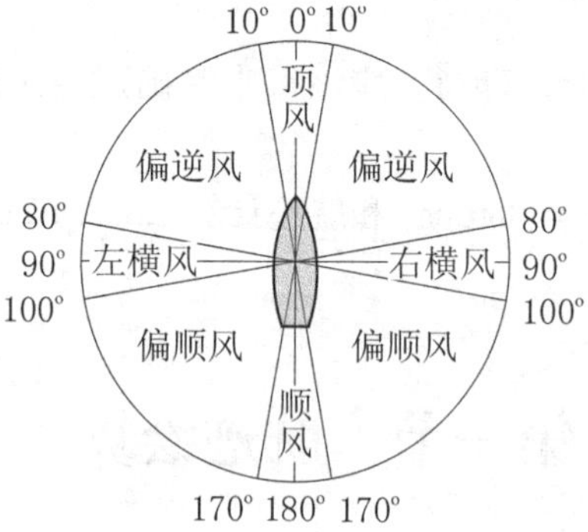

图 2-1-2 风与风舷角

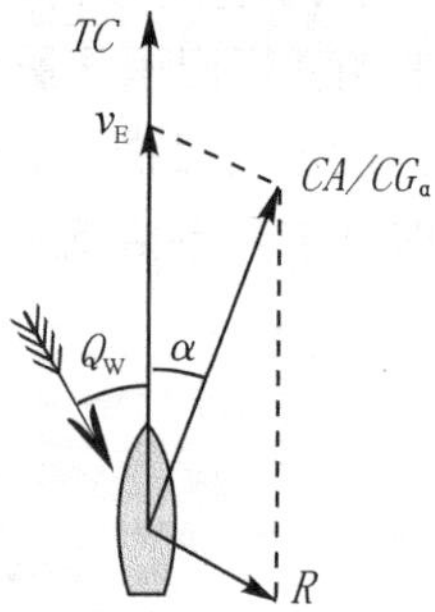

图 2-1-3 风压差

风压差的大小，与下列因素有关。

①风舷角：风舷角接近 90°，α 最大。

②风速：风速越大，α 越大。

③船速:船速越大,α 越小。

④吃水和水下船型:吃水越大,α 越小,平底船要比尖底船的大。

⑤船舶受风面积和船型:同一艘船受风面积越大,α 越大。

影响风压差 α 大小的因素多而且复杂,船舶受风影响的漂移矢量又不易掌握,因此,风压差一般不是通过绘画矢量三角形求解,而往往是采用直接观测法求取的。具体方法将在本章第二节加以介绍。

经过实测并用统计学方法可以得到如下求风压差的经验公式:

$$\alpha = K(\frac{v_W}{v_L})^2\sin Q_W \tag{2-1-1}$$

式中:v_W,v_L——风速和船速(m/s);

Q_W——风舷角;

K——风压差系数,以度计。

式(2-1-1)仅适用于风压差值不超过10°~15°的情况。根据进一步研究,人们又提出了以下的风压差经验公式:

$$\alpha = K(\frac{v_W}{v_L})^{1.4}(\sin Q_W + 0.15\sin 2Q_W) \tag{2-1-2}$$

关于风压差系数 K(leeway coefficient),各船必须在各种风力和吃水情况下,进行实测25~30次风压差值,然后根据上述风压差系数公式,反推出风压差系数 K 的平均值来。有了风压差系数后,就可以不必再实测各种情况下的风压差值了,而可按风压差经验公式,将那些还没有机会进行测定的风压差值计算出来,以便填满风压差表。当然,这样的风压差表仍需要通过实践来反复验证和充实,以便更好地掌握本船的风压差。根据风压差系数 K(°)计算求得的风压差值的误差为 ±0°.5 ~ ±1°.0。

表2-1-1是某船的风压差表。

表2-1-1 某船(船速12 kn)的风压差表(°)

风舷角(°) \ 吃水 \ 风力	4级		5级		6级		7级		8级	
	满	空	满	空	满	空	满	空	满	空
0	0	0	0	0	0	0	0	0	0	0
20	0.8	2.2	1.3	3.4	1.9	5.0	2.7	6.9	3.6	9.2
40	1.6	3.9	2.5	6.2	3.5	8.9	4.9	12.5	6.5	16.6
60	1.9	4.9	3.1	7.9	4.5	11.5	6.1	16.0	8.3	21.3
80	2.0	5.1	3.2	8.1	4.6	11.7	6.4	16.4	8.5	21.8
100	1.8	4.6	2.9	7.3	4.1	10.5	5.8	14.7	7.7	19.6
120	1.4	3.5	2.2	5.6	3.2	8.1	4.3	11.3	5.9	15.1
140	0.9	2.4	1.5	3.9	2.2	5.6	3.1	7.8	4.1	10.4
160	0.5	1.2	0.8	1.9	1.1	2.8	1.5	3.9	2.0	5.2
180	0	0	0	0	0	0	0	0	0	0

2.流与流压差

航海上经常遇到的水流有海流、潮流、风生流三种。

海流(current)又称洋流(ocean current):它是由于相邻海区间海水长期存在温度、密度或气压的不同或长期受定向风的作用，使海水产生水平方向的流动。一般在一定的时间里流向、流速基本不变，故亦称恒流。海图上用 $\xrightarrow{0.5\ \text{kn}}$ 表示，箭头方向为流向，上面注记平均流速。

潮流（tidal stream）：是由于潮汐形成海水周期性的涨落而引起的海水水平方向的运动。潮流分为往复流和回转流两种。潮流的流向、流速是随时间的变化而变化的。详细的潮流推算方法见第三篇第一章。

海流流向、流速恒定，海流中航迹绘算比较简单。关于潮流中的航迹绘算，由于潮流的流向、流速是不断变化的，因此绘算也就比较复杂。首先必须正确地估计航行海区潮流的平均流向和流速或估计航行时间内累计潮流的流向和流程，然后根据求得的水流要素与恒流一样进行航迹绘算。根据航行条件，具体有以下两种做法：

①在沿岸水流影响显著的海区航行时，因为离岸和危险物较近，应该尽可能每小时求得比较准确的推算船位，所以在求得每小时的平均流向、流速后，应该像在恒流中一样进行航迹绘算，画出每小时的推算船位来。

②当航行在比较开阔的大海上时，一般情况下只要求每 2 h 或每 4 h 绘算一次推算船位，这时可以运用潮流的累计流向和流程来进行航迹绘算，例如，每一班（4 h）画一次推算船位，则可以根据每小时平均流向、流速，先用矢量求和的方法，在海图上求出 4 h 时总的累计潮流的流向和流程，然后用 4 h 的累计潮流进行 4 h 的航迹绘算，以求得 4 h 后的推算船位。

求累计潮流的方法，一般可以在海图向位圈（罗经花）处作矢量多边形求得，如图 2-1-4 所示。

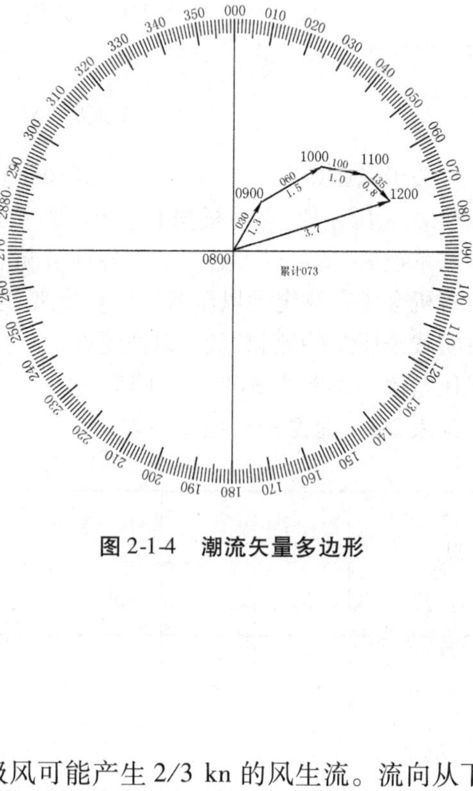

图 2-1-4　潮流矢量多边形

风生流（wind-drift current）：是本海区或相邻海区受较长时间定向风的作用，使表层海水产生水平方向的流动。求风生流流速公式为：

$$v_C = \frac{0.0127}{\sqrt{\sin\varphi}} \cdot v_W \qquad (2\text{-}1\text{-}3)$$

式中：v_C——风生流流速（m/s）；

v_W——风速（m/s）；

φ——纬度。

按式（2-1-3）计算，五级风可能产生 1/3 kn、八级风可能产生 2/3 kn 的风生流。流向从下风向偏开约 45°，在北半球向右偏开，在南半球向左偏开。但风生流还与地形、海底地貌等有关，比较复杂，因此风生流对船舶航行影响的定量分析只是近似的。

流压差：如图 2-1-5 所示，船舶在有水流影响的水域航行时，除了以船速沿真航向航行外，还会在水流的作用下顺水漂移，漂移的方向与流向相同，漂移速度等于当时的流速。实际上，船舶是在船速矢量 v_E 和漂移矢量 v_C 的共同作用下，沿着它们的合成矢量方向航行的。

船舶在有流无风中的航行轨迹线称为流中航迹线。流中航迹线的前进方向叫作流中航迹向，用 CG_β 表示。流中航迹线与真航向线之间的夹角叫作流压差角，简称流压差（drift angle），用 β 表示。船舶左舷受流，β 为正（+）；右舷受流，β 为负（-）。

流压差的大小，一般通过作图法或直接观测法求取。

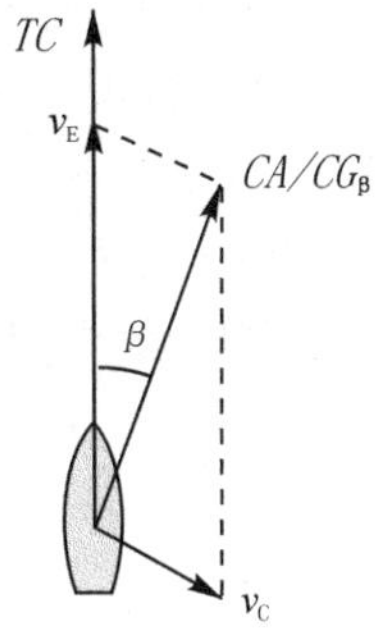

图 2-1-5 流压差

3. 风流压差

船舶在既有风又有流影响的情况下航行，除了以船速沿真航向航行外，还会在风的作用下向下风漂移，同时在流的作用下产生顺流漂移运动。真航向与风流影响下的航迹向 CG_γ 之间的交角称为风流压差角，简称风流压差(leeway and drift angle)，用 γ 表示。船舶偏在航向线右面时，γ 为正(+)；偏在航向线左面时，γ 为负(−)。

风流压差 γ 等于风压差 α 和流压差 β 的代数和，即

$$\gamma = \alpha + \beta$$

二、航迹绘算

1. 无风流航迹绘算

所谓无风流影响，是指风流很小，对航向的影响小于 ±1°，可以忽略不计。此时，航迹绘算方法最简单。无风流情况下，计划航向 CA 即为船舶要行驶的真航向 TC；反之，船舶航行时的真航向，即为推算航迹向 CG。计程仪航程 s_L 即为推算航程 s_G（船舶相对于海底的实际航程），即

$$\left.\begin{matrix}\text{计划航迹向 } CA \\ \text{推算航迹向 } CG\end{matrix}\right\} = TC = \begin{cases} GC + \Delta G \\ CC + \Delta C \end{cases} \tag{2-1-4}$$

$$s_G = s_L = (L_2 - L_1) \cdot (1 + \Delta L) \tag{2-1-5}$$

如图 2-1-6 所示，从推算起始点(departure point)绘画计划航迹线或推算航迹线（真航向线），并在其上按计程仪航程 s_L 截取一点为推算终点(Arrival Point)，该点即为无风流情况下的推算船位(Estimated Position，EP)（积算船位 Dead Reckoning Position，DR）。

海图作业时，应该过截点绘画一段垂直于计划航线或推算航迹线的小线段，用以表示该时刻的推算船位。此外，在推算起始点和积算船位附近，用分数形式标明船位对应的推算时间和计程仪读数；在计划航线（或推算航迹线）上标明计划航向（或推算航迹向）、陀罗航向或罗航向、陀罗差或罗经差。所标内容应是未经改正的原始数据和相应的仪器误差，且不能覆盖海图上原有的重要资料，必要时，可用线条拉出来标在附近空白处，但标注内容应尽可能与纬线平行。

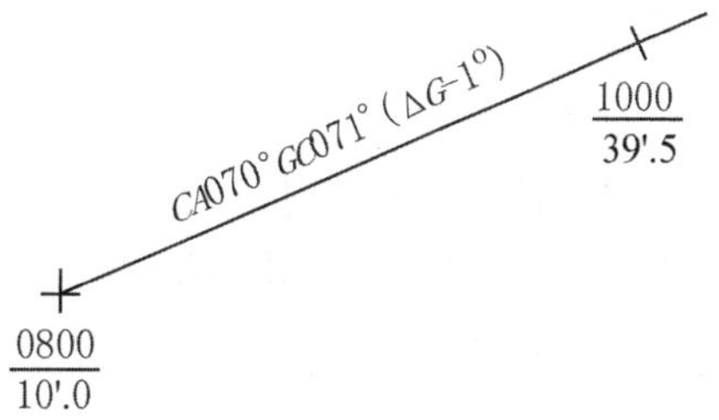

图 2-1-6 无风流航迹绘算

航迹推算的精度主要取决于航迹推算中的航向误差和航程误差。在无风流情况下，航迹推算中的航向误差又与从罗经上读取航向的误差、罗经改正量的误差、操舵不稳产生的航向误差、绘画航线的误差有关。航程误差与读取计程仪读数的误差、计程仪改正率的误差、在海图上量取航程的误差有关。

在一般顺利条件下航行，综合考虑各项因素后，推算航迹向的标准差 $m_C = \pm 0°.86$，一般认为 $m_C = \pm 1°$，由此而引起推算船位偏离航线的距离为 $\pm 1.745\% s_L$；推算航程的标准差 m_s 主要取决于计程仪改正率标准差和计程仪航程的大小，一般认为 $m_s = \pm 1\% s_L$。如图 2-1-7 所

示,综合推算航迹向和推算航程的标准差,可以得到无风流情况下推算船位误差圆半径 M 为推算航程的 2%,即 $M = 2\% s_L$。

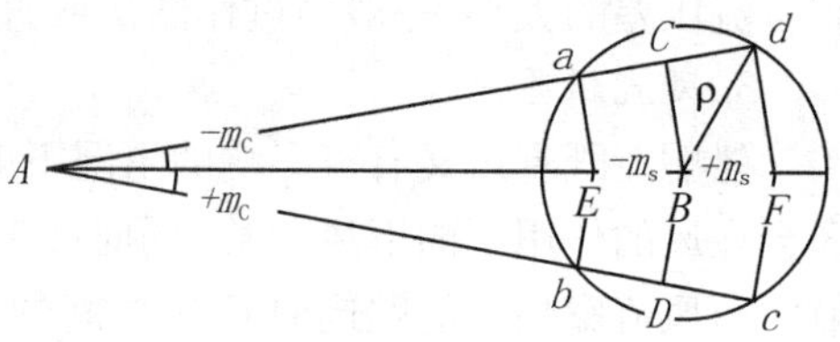

图 2-1-7　无风流航迹推算误差

2. 有风流航迹绘算

有风流情况下,计划航向 CA 或推算航迹向 CG_γ、真航向 TC 和风流合压差 γ 之间关系如下:

$$\left.\begin{array}{l}\text{计划航迹向 } CA\\ \text{推算航迹向 } CG_\gamma\end{array}\right\} = TC + \gamma \left\{\begin{array}{l}\text{船舶偏在航向线右面为正}(+)\\ \text{船舶偏在航向线左面为负}(-)\end{array}\right.$$

有风流情况下的航迹绘算是分别对风和流进行海图作业来实现的。根据不同的已知条件,有两种不同的海图作业方法必须认真分清。

第一种:已知真航向、计程仪航程、风流要素求推算航迹向和推算船位时,应采用“先风后流”的作图方法,即先考虑风的影响,求取风中航迹线,再在风中航迹线上作水流三角形,求取推算航迹向和推算船位。具体步骤如下(如图 2-1-8 所示)。

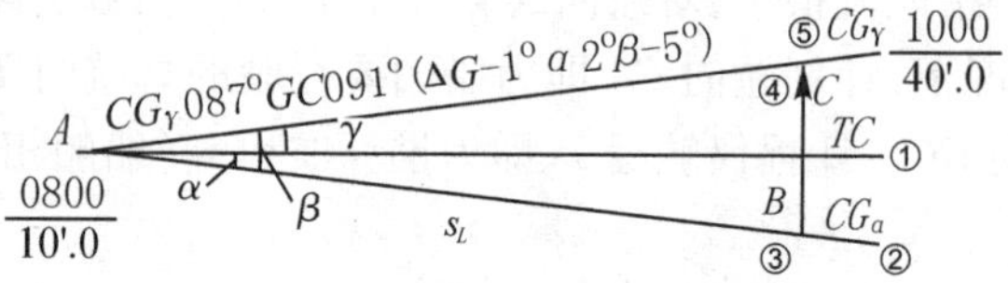

图 2-1-8　有风流航迹绘算(已知真航向)

①自起始点 A 绘画真航向线。

②自 A 点按风中航迹向(真航向加风压差)绘画风中航迹线。

③在风中航迹线上截取一点 B,使 $AB = s_L[s_L = (L_2 - L_1) \cdot (1 + \Delta L)] = v_L t$。

④自 B 点画水流矢量 BC,BC 长等于流程 s_C,端点 C 即为推算船位。

⑤连接推算起点和推算船位,连线 AC 为推算航迹线,其长度为推算航程;量取其方向即为推算航迹向;推算航迹向与风中航迹向之间的夹角为流压差。

⑥如图 2-1-8 所示,进行正确的海图标注。

第二种:已知计划航向、计程仪航速和风流要素,求船舶应采用的真航向和推算船位时,应采用“先流后风”的作图方法,即先考虑流的影响,绘画水流三角形,求取风中航迹向和推算船位,再顶风预配风压差,求取真航向等。具体步骤如下(如图 2-1-9 所示):

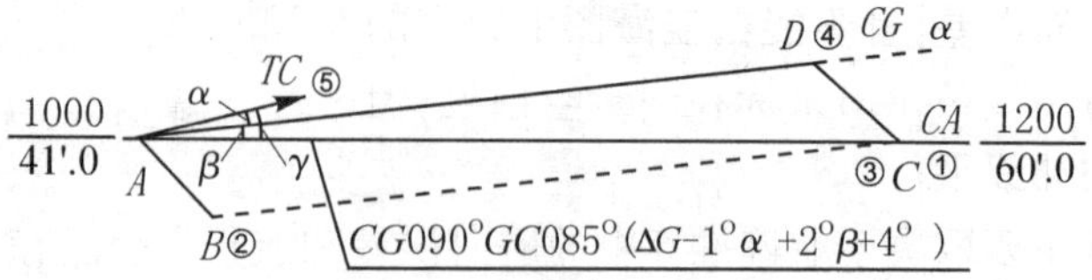

图 2-1-9　有风流航迹绘算(已知计划航向)

①自起始点 A 绘画计划航线。

②自 A 点画水流矢量 AB,$AB = s_C$。

③以水流矢量终点 B 为圆心,s_L 为半径画圆弧,与计划航线的交点 C 即为推算船位,连线 BC 的方向即为推算航迹向。

④绘画水流三角形,水流矢量箭头指向推算船位。

⑤自 A 点迎风 α 绘画一小段 2 ~4 cm 长的真航向线。

⑥如图 2-1-9 所示,进行正确的海图标注。

3. 航迹绘算精度

有风流情况下航迹推算的精度,除了与航迹推算中的航向误差和航程误差有关外,主要还决定于估算风压差和水流要素的误差。

综合各项因素的标准差,可以得到有风流情况下推算船位误差圆半径 M 为推算航程的 5% ~8%,即 $M=5\%s_L \sim 8\%s_L$。

第二节　风流压差的测算方法

准确掌握风流压差对提高航迹推算精度至关重要。航海上经常通过实测航迹向等方法来确定风流压差。目前,海上的推算也是基于实测的方法进行的。

一、风流压差的实测方法

船舶通常都是在有风流影响的情况下航行,如果航行中测得船舶的实际航迹向 CG,则它与真航向 TC 之差,就是当时的风流压差 γ。如船舶航行在有风无流的水域,则该差值就是风压差 α;而当船舶在有流无风的水域航行时,该差值就是流压差 β。航海上常用的测定方法有以下几种。

1. 连续观测定位法

如图 2-1-10 所示,在一定时间内,测得 3 ~5 个观测船位,用平差方法(各船位到该直线的距离平方和为最小值)以直线连接各观测船位,该直线即为航迹线,量取该线的前进方向,即为实测航迹向 CG,则

$$\gamma = CG - TC$$

2. 叠标导航法

选择一对适当的人工或自然叠标,操纵船舶沿着该叠标线航行,此时叠标方位线的方向就是实测航迹向,它与船舶真航向之差,即为风流压差,如图 2-1-11 所示。

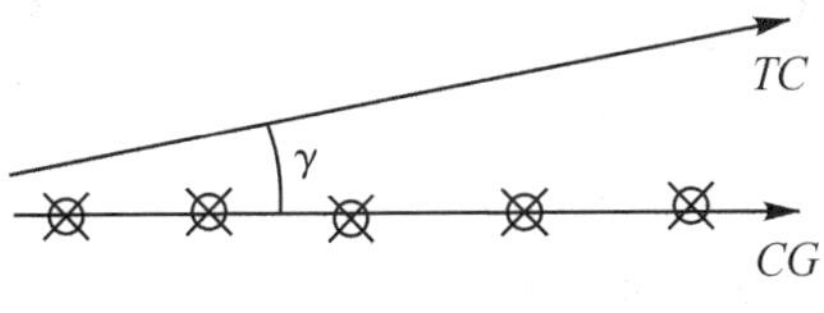

图 2-1-10　连续观测定位法

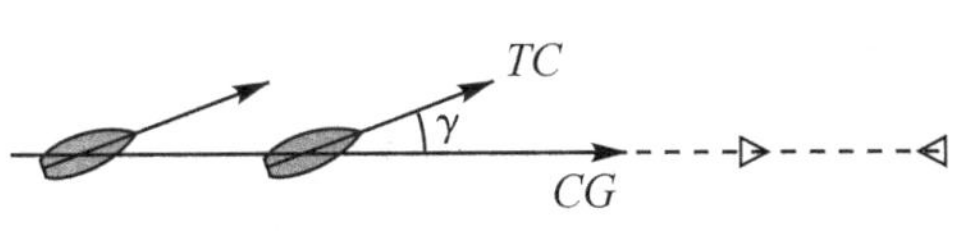

图 2-1-11　叠标导航法

3. 雷达观测法

采用船首线向上相对运动显示方式,观测某固定物标的回波 a,如图 2-1-12 所示,设该物标回波分别为 a_1,a_2,a_3…调整雷达电子方位线或方位标尺,使它们平行于物标的回波 a_1,a_2,a_3…则电子方位线或方位标尺与船首线之间的夹角即为风流压差。

4. 物标最小距离方位与正横方位法

有风流情况下航行，物标正横和距离最小并不在同一时刻出现，因此，物标正横方位 $TB_{\perp}$ 和最小距离方位 $TB_{D_{\min}}$ 也各不相同，如图 2-1-13 所示，因为

$$TB_{D_{\min}} = CG \pm 90° \begin{cases} \text{右舷物标为正}(+) \\ \text{左舷物标为负}(-) \end{cases}$$

$$TB_{\perp} = TC \pm 90° \begin{cases} \text{右正横为正}(+) \\ \text{左正横为负}(-) \end{cases}$$

所以
$$\gamma = CG - TC = TB_{D_{\min}} - TB_{\perp}$$

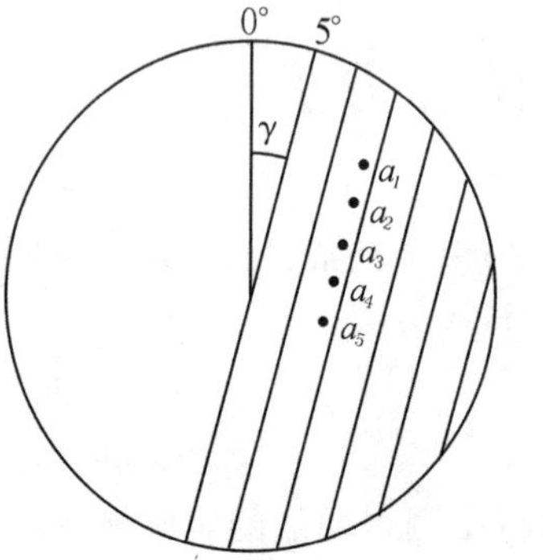

图 2-1-12　雷达观测法

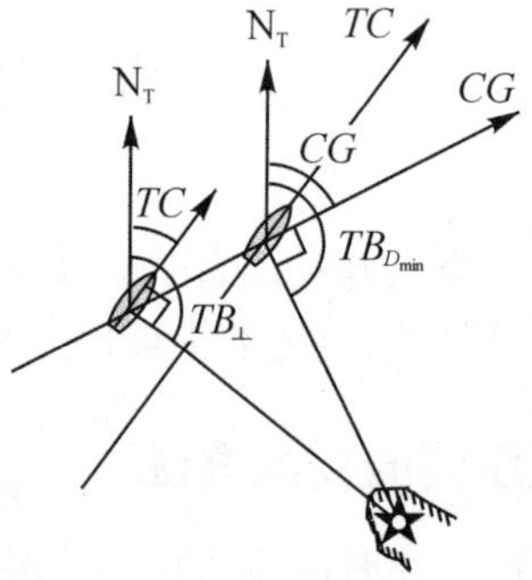

图 2-1-13　物标最小距离方位和正横方位法

实际工作中，必须在物标正横前连续观测物标的方位和距离，并在物标正横时测定其方位。这样，再根据这一系列的物标方位、距离观测数据，推断出物标的最小距离方位，就可由上式求得风流压差，进而求取实测航迹向了。

例 2-1-1：某船 $TC = 265°$，用雷达连续测得某物标真方位与距离如下，求风流压差与航迹向。

TB	350°	355°	000°	003°	005°	008°	012°	015°	018°
D	6′.5	6′.3	6′.1	6′.0	5′.9	5′.8	5′.7	5′.8	5′.9

解：从观测结果可知，$TB_{D_{\min}} = 012°$，而 $TB_{\perp} = 265° + 90° = 355°$，因为 $\gamma = 012° - 355° = 17°$，所以 $CA = 012° - 90° = 282°$，$CA = TB_{D_{\min}} \pm 90° \begin{cases} \text{左舷物标为} + \\ \text{右舷物标为} - \end{cases}$ 或 $CA = TC + \gamma = 265° + 17° = 282°$。

5. 单物标三方位求航迹向法

船舶定向定速航行，如果风流影响不变，并在不同时刻测得某物标的三个方位值，即可求得实测航迹向和风流压差。

设某船在 T_1, T_2, T_3 三个不同时刻测得某固定物标 M 的三条方位线 P_1, P_2, P_3，相邻两次观测之间的时间间隔分别为 t_1 和 t_2。如图 2-1-14 所示，假设直线 abc 为观测方位期间船舶的航行轨迹，则

$$\frac{ab}{bc} = \frac{v \cdot t_1}{v \cdot t_2} = \frac{t_1}{t_2}$$

任作一条平行于航行轨迹 abc 的直线，分别与三条方位线相交于 a'，b'，c'点，可得：

$$\frac{a'b'}{ab}=\frac{Mb'}{Mb} \text{和} \frac{b'c'}{bc}=\frac{Mb'}{Mb}$$

所以

$$\frac{a'b'}{ab}=\frac{b'c'}{bc}$$

即

$$\frac{a'b'}{b'c'}=\frac{ab}{bc}=\frac{t_1}{t_2}$$

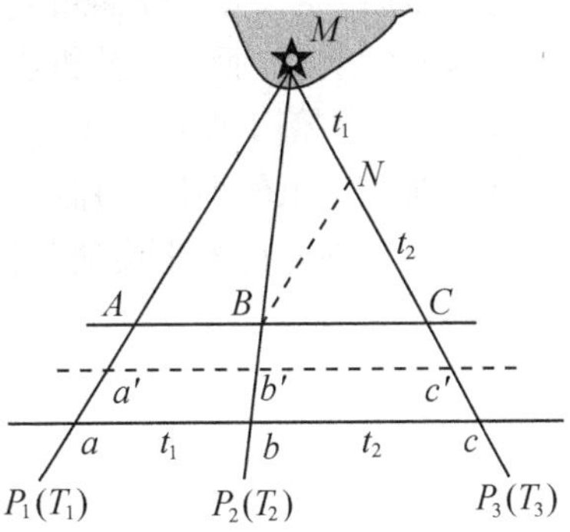

图 2-1-14 单物标三方位求航迹向法

可以证明，只要作任意一直线 ABC，并满足 $AB:BC=t_1:t_2$，则直线 ABC 就一定与船舶航行轨迹 abc 相平行。量取直线 ABC 的前进方向，即可得实测航迹向与船舶真航向之差，即为当时的风流压差。常用的作图方法如下：

①在第三条方位线 P_3 上任取一点 N，并满足 $MN:NC=t_1:t_2$，得 C 点。

②过 N 点作第一条方位线 P_1 的平行线，交 P_2 于 B 点。

③用直线连接 CB，交第一条方位线 P_1 于 A 点。

④量取 ABC 的方向，即为实测航迹向。

当相邻两次观测的时间间隔相等时，可在第二条方位线上任取一点，再自该点分别作第三条和第一条方位线的平行线，假设分别与第一条和第三条方位线相交于 A，C 两点，连接 A，C 交第二条方位线于 B 点，则直线 ABC 的方向就是所求的实测航迹向。

当相邻两方位线间的交角相等时，可在第一条方位线上任取一点 A，再在第三条方位线上取一点 C，使 $MA:MC=t_1:t_2$，再连接 AC，交第二条方位线于 B 点，则直线 ABC 的方向即为实测航迹向。

风流压差的采用或改变由船长决定或由驾驶员根据船长的指示进行。航行中，驾驶员应不断地对所采用的风流压差值进行测校，发现变化较大时，应及时报告船长。

二、基于实际测定的航行与推算

目前，航海上推算即基于实测进行，通过各种方法测定风流压差后，便可以通过计划航向和实测风流压差得出船舶应该行驶的真航向，按照得出真航向航行，船舶便可以基本行驶在计划航线上，也即使得船舶的航迹线基本与计划航迹线重合。实测过程中也可以用连续定位、雷达测定相对于固定物标运动变化等方法测出船舶的航速，这样便可以利用类似于无风流的推算方法在计划航线上利用实测速度得出推算船位。

利用这种方法推算船位的精度取决于实际测定的精度和后续航行的风流条件是否有变化。实际航迹推算中一定要特别注意，不然会造成错误的结果而导致船舶事故。20 世纪的两个实例在一定程度上反映了这个问题。

实例一：20 世纪 60 年代，我国某船航行中由于风流压差掌握不准，致使推算船位超前于实际船位，误认为船舶到达转向点而转向，造成转向不久触礁沉没。

实例二：20 世纪 70 年代，某油船空载经南海驶往新加坡。当时，阵风八级、强流，陆标定位发现船位偏离计划航线。于是，驾驶员报告船长，船长决定修正计划航线。此后定位又发现观测船位偏离计划航线，再次修正计划航线后不久船舶搁浅于新加坡海峡入口处的霍斯堡灯塔附近。事后，船长分析原因得出，修正计划航线后没有预配风流压差，而是采用了真航向等于计划航向的航行，而事后分析当时的风流压差有20°左右。

以上两个实例不仅反映了考虑了风流压差的重要性，而且也反映了连续航迹推算的必要性。现代航行中虽然导航仪器和设备都很先进，可以时刻测定船位、风流压差和航速。但如果航行中不能仔细分析测定值的条件和精度，也将会造成严重的后果。

第三节　航迹计算

航迹计算是根据计算起点船位经纬度、航向和航程，利用数学计算公式求到达点，推算船位经纬度的方法。由于计算机技术的普及与发展，航迹计算得到了广泛的应用。

一、应用时机

航迹计算法主要适用于下列几个方面：

①使用小比例尺海图时，航迹绘算作图误差较大，辅以航迹计算，可提高航迹推算的精度。

②在渔区或雾中等频繁变向、变速的情况下航行，海图作业困难，采用航迹计算法，可方便地求取推算船位。

③航用海图不敷应用，起航点与到达点不在同一海图时，可用航迹计算法来帮助海图作业。

④随着船舶驾驶自动化的发展，在设计综合导航仪时，需采用航迹计算的数学模型进行航迹推算。

航迹计算法，并不能完全替代海图作业，其计算结果需标绘到海图上，方可指导船舶航行。

二、计算公式

设起始点地理坐标为(φ_1, λ_1)，如果能求得起始点和到达点之间的纬差$(D\varphi)$和经差$(D\lambda)$，就可由下式求取到达点的地理坐标(φ_2, λ_2)：

$$\varphi_2 = \varphi_1 + D\varphi$$

$$\lambda_2 = \lambda_1 + D\lambda$$

因此，航迹计算的核心问题，是如何根据已知的航向、航程去计算纬差和经差。

如图2-1-15所示，船舶由起始点$A(\varphi_1, \lambda_1)$，沿恒向线航行至到达点$B(\varphi_2, \lambda_2)$，恒向线航向为C，航程等于s。将恒向线航程s分成n个部分，可得n个球面三角形，如果n值足够大，这n个很小的球面三角形可以认为是全等平面直角三角形，其各自的斜边$\mathrm{d}s$和锐角C都相等，用$\mathrm{d}\varphi$表示恒向线航程$\mathrm{d}s$的南北分量，$\mathrm{d}W$表示$\mathrm{d}s$的东西分量，可以得到：

$$\mathrm{d}\varphi = \mathrm{d}s \cdot \cos C$$

$$\mathrm{d}W = \mathrm{d}s \cdot \sin C$$

对其积分：

$$\int_{\varphi_1}^{\varphi_2} \mathrm{d}\varphi = \int_0^s \cos C \cdot \mathrm{d}s$$

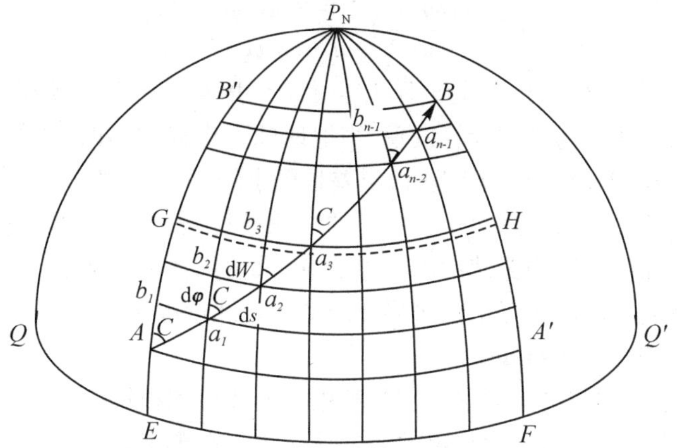

图 2-1-15　中分纬度算法

$$\int_0^W \mathrm{d}W = \int_0^s \sin C \cdot \mathrm{d}s$$

则得：

$$\text{纬差 } D\varphi = s \cdot \cos C \quad (\text{n mile}) \tag{2-1-6}$$

$$\text{东西距 } W = Dep = s \cdot \sin C \quad (\text{n mile}) \tag{2-1-7}$$

式中，W——恒向线航程 s 的东西分量，叫作东西距（departure，Dep，W）。

两点间纬差等于航程乘以航向的余弦，但是航程乘以航向的正弦等于东西距，并不是所要求的经差，因此，航迹计算法的一个主要问题是如何由东西距去求出经差。下面介绍三种求经差的方法：中分纬度算法、墨卡托算法及约定纬度算法。

1. *中分纬度算法*（mid-latitude sailing）

从图 2-1-15 中可以看出，当起始点和到达点位于同一半球时，东西距必然比起航点 A 和到达点 B 子午线之间纬度圈弧长 AA' 小，而比纬度圈弧长 BB' 大。因此，一定存在一条纬度圈 GH，它在 A、B 子午线之间的等纬圈弧长正好等于恒向线 AB 的东西距。该纬度圈 GH 所在的纬度，叫作中分纬度（middle latitude，φ_n）。如果将地球视为半径 R 的圆球体，应有：

$$GH = EF\cos\varphi_n$$

考虑到地球作为圆球体时，赤道上 1′经度的弧长（1 个赤道里）等于 1 n mile，故有：

$$D\lambda = Dep \cdot \sec\varphi_n = s \cdot \sin C \sec\varphi_n \quad (') \tag{2-1-8}$$

在低纬海区和在中纬海区且航程不长时，中分纬度 φ_n 与起始点和到达点的平均纬度（mean latitude，φ_m）相差不大，可以用平均纬度 $\varphi_m = \dfrac{\varphi_1 + \varphi_2}{2}$ 代替中分纬度 φ_n 来求经差，即

$$D\lambda = Dep \cdot \sec\varphi_m = Dep \cdot \sec\frac{\varphi_1 + \varphi_2}{2} \quad (') \tag{2-1-9}$$

这就是中分纬度算法的经差计算公式，因此，中分纬度算法实质是平均纬度算法。

当把地球当作椭圆体时，存在一个中分纬度 φ_n，相应有：

$$\frac{a \cdot \cos\varphi_n}{\sqrt{1 - e^2\sin^2\varphi_n}} \cdot \text{arc}1' \cdot D\lambda(') = Dep$$

$$D\lambda = \frac{Dep \cdot \sqrt{1 - e^2 \sin^2 \varphi_n}}{\text{arc}1' \cdot a \cdot \cos\varphi_n} \quad (') \tag{2-1-10}$$

利用式(2-1-10)去求经差十分繁杂,不符合中分纬度算法是简化计算的出发点,因此不采用此公式。但是,通过研究与模拟计算发现,当把地球当作椭圆体时,在低纬海区和中纬海区且航程不太长时,用式(2-1-9)去求经差时,误差是很小的,可以使用。

必须指出,中分纬度算法仅适用于在赤道的一侧航行,若是跨赤道航行,应采用墨卡托算法。同时,采用平均纬度代替中分纬度求经差的算法,使用条件有限,并不是严格的中分纬度算法;正确的中分纬度算法应该是下面将要介绍的约定纬度算法。

2. 墨卡托算法(Mercator sailing)

墨卡托算法是精确的航迹计算法。它是利用墨卡托海图投影具有等角及恒向线为直线的特点而得出的经差计算法。在墨卡托海图上,如图 2-1-16 所示,可得:

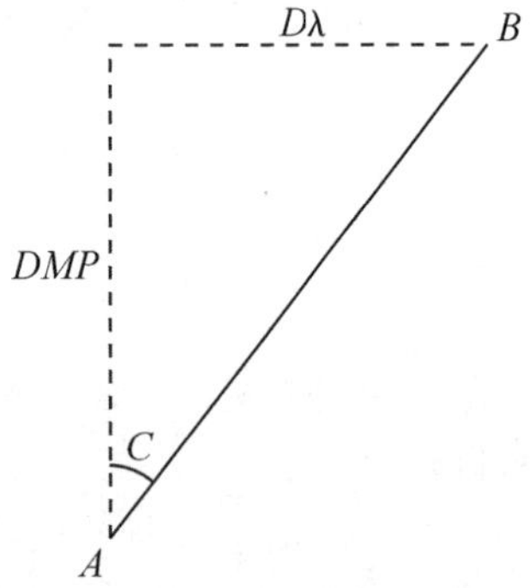

图 2-1-16　墨卡托算法

$$\tan C = \frac{D\lambda}{DMP}$$

$$D\lambda = DMP \cdot \tan C \quad (')$$

式中:DMP——起始点 A 与到达点 B 之间的纬度渐长率差。

DMP 的求法如下:

利用公式 $D\varphi = s \cdot \cos C$ 求出纬差后,再求得到达点 B 的纬度 φ_2,则

$$DMP = MP(\varphi_2) - MP(\varphi_1) \tag{2-1-11}$$

利用纬度渐长率公式去求 DMP 可以得到精确的结果。但如果是采用查表法求 DMP 时,必须注意在高纬海区 MP 的值应进行非线性内插,否则将会产生较大的误差。

航向为 090°或 270°的航迹计算,虽然不能使用墨卡托算法,但是经差的计算比较简单。

3. 约定纬度算法

约定纬度算法是利用墨卡托算法,求出正确基于地球椭圆体的中分纬度,再利用中分纬度求经差的算法。该算法没有采用平均纬度代替中分纬度求经差算法的方法。为了区别上面的中分纬度表示方法,约定纬度采用 φ_s 表示。

定义符合下式的纬度 φ_s 为约定纬度:

$$\varphi_s = \text{arc}(\sec \frac{DMP}{D\varphi}) \tag{2-1-12}$$

由上式可以得到:

$$\sec\varphi_s = \frac{DMP}{D\varphi}$$

$$D\varphi \cdot \sec\varphi_s = DMP$$

两边乘以 $\tan C$,并考虑到 $D\varphi = s\cos C$,$Dep = s\sin C$,则

$$D\lambda = Dep \cdot \sec\varphi_s = s \cdot \sin C \cdot \sec\varphi_s \tag{2-1-13}$$

显然,用上述的约定纬度算法求经差与墨卡托算法一致。但是,直接用以上公式计算比墨卡托算法更复杂,这显然不是引进约定纬度算法的目的。为计算方便,引入一个约定纬度改正量 $\Delta\varphi_s$:

$$\Delta\varphi_s = \varphi_s - \varphi_m$$

通过模拟计算,可以求出约定纬度改正量,并列于表 2-1-2 中。

表 2-1-2 约定纬度改正量 $\Delta\varphi_s$(′)

纬差 $D\varphi$ / 平均纬度 φ_m	2°	4°	6°	8°	10°	12°	14°	16°	18°	20°
10°	-143.3	-139.1	-132.2	-122.7	-110.7	-96.5	-80.1	-61.9	-41.9	-20.3
20°	-56.9	-54.9	-51.7	-47.2	-41.5	-34.4	-26.2	-16.7	-6.1	5.7
30°	-29.8	-28.3	-25.7	-22.0	-17.4	-11.7	-5.0	2.7	11.5	21.2
40°	-15.7	-14.2	-11.7	-8.1	-3.5	2.1	8.7	16.4	25.0	34.7
50°	-7.5	-5.7	-2.9	1.0	6.2	12.5	19.9	28.5	38.3	49.3
60°	-2.6	-0.5	3.0	8.0	14.5	22.4	31.8	42.7	55.2	69.4
70°	0.0	3.1	8.3	15.6	25.0	36.8	50.9	67.5	86.7	108.9
80°	1.9	8.0	18.4	33.5	54.0	80.9	116.1	163.5	233.6	-

利用表 2-1-2,以平均纬度 φ_m 与纬差 $D\varphi$ 用内插法查取约定纬度改正量 $\Delta\varphi_s$,然后用下式就可以求出经差:

$$D\lambda = s\sin C \cdot \sec(\varphi_m + \Delta\varphi_s) \quad (') \tag{2-1-14}$$

利用式(2-1-14)求取经差的精度取决于求取约定纬度改正量 $\Delta\varphi_s$ 的精度,因此在查取约定纬度改正量 $\Delta\varphi_s$ 时,应正确地内插,特别是在航程长和高纬度时更应注意。

同中分纬度算法一样,约定纬度算法也仅适用于在赤道一侧的航行。

综合上述的分析,可以得出以下结论:

①墨卡托算法是精确的航迹计算法,除在等纬圈上航行外,其他任何场合都可以使用。

②在赤道一侧的低纬海区和在中纬海区且航程不太长时,可以使用中分纬度算法简化计算。

③在赤道一侧的且不能使用中分纬度算法的场合,可以使用约定纬度算法简化计算。

需要指出的是,以上计算公式虽然是为航迹推算而推导得出的,但是也适用于已知两点的经纬度反求恒向线航向与航程的计算。

三、航迹计算精度

与航迹绘算法一样,利用航迹计算来进行航迹推算时,罗经改正量的误差、风流压差的误差等也影响航迹推算的精度。航迹计算法虽然可以消除部分绘图误差,但同时也增加了计算误差,现分别讨论如下:

①通过模拟计算可知,在低纬海区或中纬海区且航程小于 600 n mile 时,经差的误差小于航程的 0.7%。

②约定纬度算法中,由于约定纬度改正量 $\Delta\varphi_s$ 的误差 $\sigma_{\Delta\varphi_s}$ 引起的经差的误差 $\sigma_{D\lambda}$ 为:

$$\sigma_{D\lambda} = s \cdot \sin C \cdot \tan\varphi_s \cdot \sec\varphi_s \cdot \sigma_{\Delta\varphi_s}$$

可见,经差误差将随航程的增加和纬度的升高而增大,而求取约定纬度的误差又主要取决于求取约定纬度改正量的误差。因此,在计算中,应注意查取 $\Delta\varphi_s$ 的准确性,特别是在航程长和高纬度时,更应注意进行正确的内插。

③在高纬海区应用墨卡托算法求经差时,若纬度渐长率是查表求取的话,会因内插不正确而产生较大的误差。航向接近东或西时,由于 $\tan C$ 变化急剧,计算中应注意处理,否则会产生

较大误差。

四、航迹计算举例

1. 单航向计算法

例 2-1-2:某船 1200 船位在 $\varphi_1 = 44°45'N$,$\lambda_1 = 178°48'W$,航向 210°,航速 15 kn,若无风流影响,次日中午将到达何位置?

解:$s = 15 \times 24 = 360$ n mile

$D\varphi = s\cos C = 360 \times \cos 210° = -311'.8 = -5°11'.8 = 5°11'.8S$

$\varphi_2 = \varphi_1 + D\varphi = 44°45'N + 5°11'.8S = 39°33'.2N$

①采用墨卡托算法求经差:

39°33'.2N		MP_2	2 573.152 7
44°45'.0N	−)	MP_1	2 992.554 5
		DMP	−419.401 8

所以 $D\lambda = DMP \cdot \tan C = -419.4018 \times \tan 210° = -242'.1 = 4°02'.1W$

$\lambda_2 = \lambda_1 + D\lambda = 178°48'W + 4°02'.1W = 182°50'.1W = 177°09'.9E$

②采用中分纬度算法求经差:

$$\varphi_m = \frac{\varphi_1 + \varphi_2}{2} = \frac{44°45'N + 39°33'.2N}{2} = 42°09'.1N$$

所以 $D\lambda = Dep \cdot \sec\varphi_m = s \cdot \sin C \cdot \sec\varphi_m$

$= 360 \times \sin 210° \times \sec 42°09'.1 = -242'.8 = 4°02'.8W$

$\lambda_2 = \lambda_1 + D\lambda = 178°48'W + 4°02'.8W = 182°50'.8W = 177°09'.2E$

③采用约定纬度算法求经差:

由$\varphi_m = 42°09'.1N$ 及 $D\varphi = 5°11'.8S$,查表 2-1-2,得 $\Delta\varphi_s = -11'.0$,所以

$D\lambda = s \cdot \sin C \cdot \sec(\varphi_m + \Delta\varphi_s) = 360 \times \sin 210° \times \sec 41°58'.1$

$= -242'.1 = 4°02'.1W$

$\lambda_2 = \lambda_1 + D\lambda = 178°48'W + 4°02'.1W = 182°50'.1W = 177°09'.9E$

分析三种算法可知,约定纬度算法比中分纬度算法精确,而中分纬度算法经差的误差仅为航程的 0.2%,计算精度也是可以的。

答:次日 1200 船位:$\varphi_2 = 39°33'.2N$,$\lambda_2 = 177°09'.9E$。

例 2-1-3:某船拟由 40°N,140°E 处驶往 42°N,160°E 处,试问恒向线航向和航程各为多少?

解:①采用中分纬度算法求恒向线航向和航程:

因为 $D\varphi = s \cdot \cos C$,$Dep = s \cdot \sin C$　$D\lambda = Dep \cdot \sec\varphi_m$,所以

$$\tan C = \frac{D\lambda}{D\varphi}\cos\varphi_m$$

而$D\varphi = 42°N - 40°N = 2°N = 120'N$

$D\lambda = 160°E - 140°E = 20°E = 1\,200'E$

$$\varphi_m = \frac{\varphi_1 + \varphi_2}{2} = \frac{40°N + 42°N}{2} = 41°N$$

所以 $\tan C=\dfrac{1\ 200'}{120'}\cos 41^\circ=7.547\ 1$

$C=82^\circ.45\text{NE}\approx 082^\circ.5$

$s=D\varphi\cdot\sec C=120'\times\sec 82^\circ.5=919.4\ \text{n mile}$

②采用墨卡托算法求恒向线航向和航程：

42° N	MP_2	2 766.299 7
40° N	−) MP_1	2 607.885 8
	DMP	158.413 9

$D\lambda=1\ 200'\ \text{E}$

$\tan C=\dfrac{D\lambda}{DMP}=\dfrac{1\ 200}{158.413\ 9}=7.575\ 1$

所以 $C=82^\circ.48\text{NE}\approx 082^\circ.5$

$s=D\varphi\cdot\sec C=919.4\ \text{n mile}$

③采用约定纬度算法求恒向线航向和航程：

由 $\varphi_m=41^\circ\text{N}$ 及 $D\varphi=2^\circ\text{N}$ 查表 2-1-2，得 $\Delta\varphi_s=-14'.88$ 所以，

$\tan C=\dfrac{D\lambda}{D\varphi}\cos(\varphi_m+\Delta\varphi_s)=\dfrac{1\ 200'}{120'}\cos 40^\circ 45'.12=7.575\ 1$

$C=82^\circ.48\text{NE}\approx 082^\circ.5$

$s=D\varphi\cdot\sec C=919.4\ \text{n mile}$

三种计算结果与上面分析一样。

答：恒向线航向为 082°.5，恒向线航程为 919.4 n mile。

2. 多航向计算法

船舶采用两个或两个以上的航向航行时叫作多航向航行。对于这种航行，如果不需要计算中间各点的船位，只需要求取多次转向航行后的最终船位和初始船位与最终船位之间的航向和航程关系，可以使用以下方法进行航迹计算：

①分别计算每个航向上的纬差 $D\varphi$ 和东西距 Dep；

②计算出所有航向的总纬差 $\sum D\varphi$ 和总东西距 $\sum Dep$；

③由推算起始点纬度 φ_1 加上总纬差 $\sum D\varphi$，得多航向航行到达点的纬度 φ_k（$\varphi_k=\varphi_1+\sum D\varphi$）；

④由总东西距和起始点与到达点的平均纬度，计算出总经差 $\sum D\lambda$（$\sum D\lambda=\sum Dep\cdot\sec\varphi_m$）；

⑤由推算起始点经度 λ_1 加上总经差得，多航向航行到达点的经度 λ_k（$\lambda_k=\lambda_1+\sum D\lambda$）。

根据总经差和总纬差可以计算出起始点与到达点间的航向和航程，称之为"直航向"和"直航程"。

需要指出的是，这种计算方法采用的平均纬度是总的平均纬度，与每段分别求取经纬度最后相加的方法相比必然不同，会存在一定误差，所以这种方法只适合于在中低纬地区小范围的多次变向航行的航迹计算。

在进行有水流影响的航迹计算时，由于水流影响的平均纬度和航行的平均纬度一致，用这种方法将水流影响作为一个航向进行计算是适合的，而且也是首选的方法。但是，如果航行中船舶改向或流向发生变化，船舶改向点和流向改变点应作为航迹计算的到达点求出船位后再进行下一步的推算。

在计算中，如果有风压差的存在，参加计算的航向应取风中航迹向。

例 2-1-4：某船推算起点 $\varphi_1 = 42°N$，$\lambda_1 = 142°E$，然后按表 2-1-3 数据航行，求 1200 到达点的 φ_2，λ_2 和直航向 C 及直航程 s。

表 2-1-3

时间	罗航向 CC	罗经差 ΔC	真航向 TC	航程 s	纬差 $D\varphi$		东西距 Dep	
					N	S	E	W
0800～1000	240°	−5°	235°	38′		21.8		31.13
1000～1100 风压差 α −3°	307°	−4°	300° (CG_α)	20′	10.00			17.32
1100～1200	028°	+4°	032°	18′	15.26		9.54	
0800～1200 水流			120°	12′		6.00	10.39	
					25.26	27.80	19.93	48.45
					$\sum D\varphi 2'.54S$		$\sum Dep 28'.52W$	

解：①$\varphi_2 = \varphi_1 + \sum D\varphi = 42°N + 2'.54S = 41°57'.46N$

②$\tan C = \dfrac{\sum Dep}{\sum D\varphi} = \dfrac{28.52}{2.54} = 11.23$

③$\varphi_m = 41°58'.73N$

④ $\sum D\lambda = \sum Dep \cdot \sec\varphi_m = 38'.36W$

⑤$\lambda_2 = \lambda_1 + \sum D\lambda = 142°E + 38'.36W = 141°21'.64E$

⑥$C = 084°.9SW = 264°.9$

⑦$s = \sum D\varphi \cdot \sec C = 2.54\sec 264°.9 = 28.6$ n mile

第二章 陆标定位

航海上，虽然可以用航迹推算的方法求得推算船位，但是由于不可能准确掌握罗经改正量、计程仪改正率、风流压差以及操纵要素等，因此求得的推算船位往往与实际船位存在差异。为确保船舶安全、经济地航行，航海人员必须时刻重视测定本船准确的船位，使船舶沿着既定的计划航线航行。

观测定位（简称定位 fixing position）的方法很多，包括陆标定位、天文定位、电子定位等，所得船位为观测船位（Observed Position，OP）。本章重点讨论陆标定位。

陆标（landmark；terrestrial object）是指海图上标有准确位置可供目视或雷达观测，用以导航或定位的山头、岛屿、岬角、灯塔、立标及其他显著的固定物标的统称。观测陆标与本船的方位、距离和方位差等相对位置关系进行定位的方法和过程称为陆标定位（fixing by landmark）。沿岸航行时，陆标定位是一种简单、可靠的基本定位方法。根据所测船位线的性质不同，陆标定位可分为方位定位、距离定位、方位距离定位、移线定位等。

第一节 位置线与船位线

观测值函数为常数的几何轨迹，在数学上称为等值线。本书前面所讲的等磁差曲线、等深线、等高线就是这样的等值线。

在航海定位中，测者对物标进行观测时，其观测值为常数的点的几何轨迹称为观测者的位置线（Line of position，LOP）。观测者的位置线在时间上表明仅在观测的时刻，符合该观测值的船位必定在该位置线上，而不在该位置线上的任何船位上的观测值均不是该观测值。因此，观测者的位置线具有时间性与绝对性两大特点。目前，航海上常用的位置线有方位位置线、距离位置线、方位差位置线、距离差位置线等。由于位置线形状复杂，在实际应用中，经常取推算船位附近的一小段曲线或其切线去代替位置线，这样的一段曲线或切线称为船位线。

地球上测者附近的小范围内的地面可视作平面，此时，这四种位置线的形状与性质如下所述。

1. 方位位置线（position line by bearing）

根据测者所在位置不同，又可分为船测岸方位位置线与岸测船方位位置线。

①船上测者对岸上某一已知坐标的固定物标 M 进行方位测量（船测岸）时，由物标 M 画出的与 M 点的子午线相交成 $TB \pm 180°$ 的方位线 MP，就是相应的船测岸方位位置线，如图 2-2-1（a）所示。在 MP 上任一点的测者测物标 M 的真方位均为 TB，而在该线外任何一点观测

物标 M 的真方位均不等于 TB。

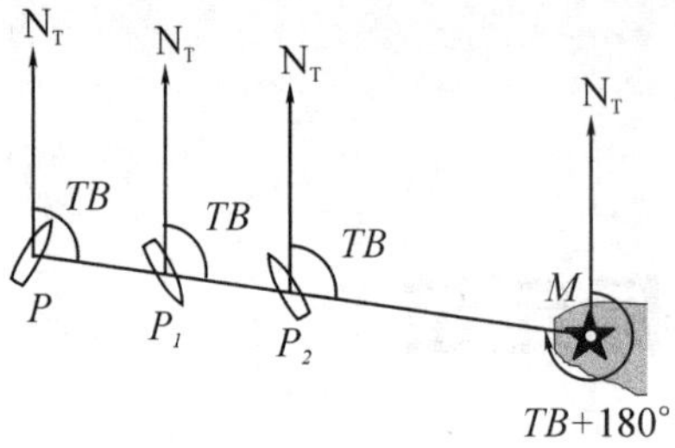

(a)船测岸方位位置线

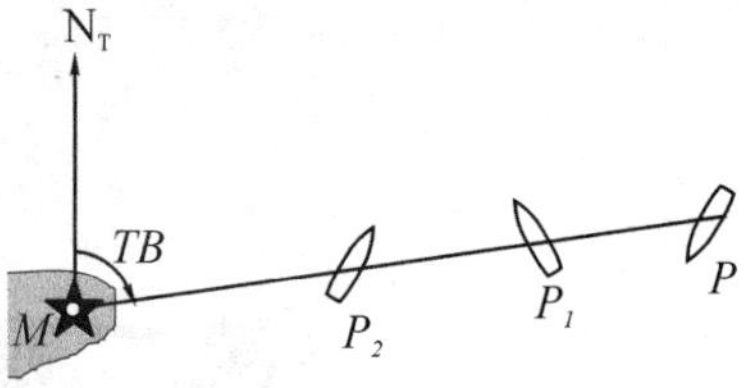

(b)岸测船方位位置线

图 2-2-1　方位位置线

②从岸上某一已知坐标的固定物标 M 对船舶进行方位测量(岸测船)时,相应的岸测船方位位置线就是由物标 M 画出的与 M 点的子午线相交成 TB 的方位线 MP,如图 2-2-1(b)所示。测者在 M 点测量位于 MP 上任一点的船舶的真方位均为 TB,而测量在该线外任何一点的船舶的真方位均不等于 TB。

总之,在平面上船测岸与岸测船的方位位置线都是船舶和物标两点之间的直线。

2. 距离位置线(position line by distance)

船上测者对已知坐标的固定物标 M 进行距离测量时,所测得的船与物标 M 间的距离位置线是以物标 M 为圆心、所测距离 D 为半径的圆,如图 2-2-2 所示。可见,在该圆上任一点到物标 M(圆心)的距离均等于 D,而在该圆以外的任何一点到物标 M 的距离均不等于 D。

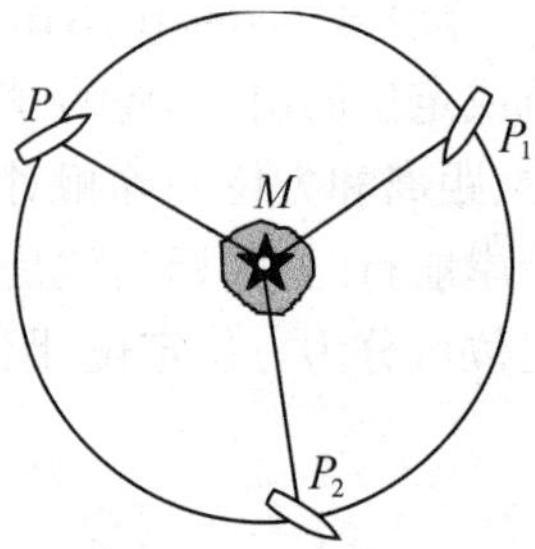

图 2-2-2　距离位置线

3. 方位差位置线(position line by horizontal angle)

方位差位置线又称水平夹角位置线。船上测者测量岸上两个已知坐标的固定物标之间的水平角时,即测量它们的方位差时,方位差位置线是船与两物标所连的三角形的外接圆圆弧的一部分,如图 2-2-3 所示。在该段圆弧上的任一点,对两物标所张的水平角,均等于该圆周角 α,而在该圆弧以外的任何一点,对两物标所张的水平角均不等于该圆周角 α。

4. 距离差位置线(position line by distance difference)

船上测者若对岸上已知坐标的两个物标(例如台站)进行距离差的测量时,则距离差位置线是以两物标(台站)为焦点的双曲线(如图 2-2-4 所示),在该双曲线上任一点至两焦点的距离差值均为观测所得的常数。

如果不在测者附近的小范围内研究位置线,则不应把地面视作平面,而应将地球当作圆球体更为精确。此时,这四种位置线在球面上和在海图上的形状就比较复杂。它们的形状和性质如下所述。

1. 球面方位位置线

同样,根据测者所在位置不同,又可分为:

(1)岸测船——大圆弧

在球面上,位于已知坐标的固定物标点 M 上的测者,观测运动着的船舶 P 的方位时,其方位位置线是由测者 M 画出,且与测者子午线(QMP_NQ')相交成所测方位角为 α 的大圆弧

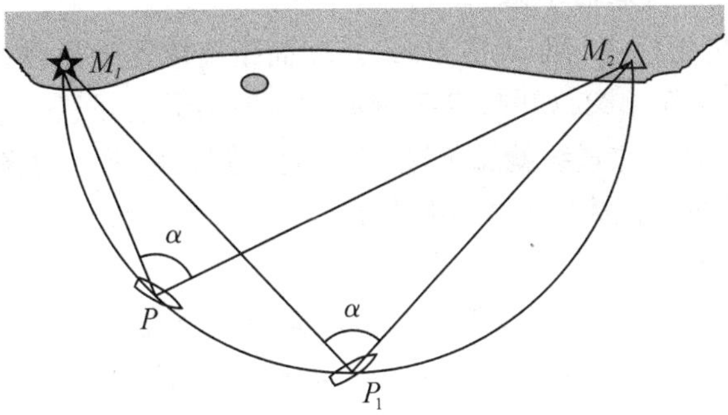

图 2-2-3　方位差位置线

MPP_1P_2，如图 2-2-5 所示，因为无线电波和光波都是沿球面上两点间最短距离——大圆弧传播的。

(2)船测岸——恒位线

在球面上，运动着的未知坐标的船上的测者 P，观测岸上某一已知坐标的固定物标 M 的方位时，其方位位置线是通过近极点 P_N、船位 P、物标 M 所连接的恒位线(line of equal bearing, azimuth gleiche)。在恒位线上的每一点，对同一物标 M 都有相同的大圆方位 α，如图2-2-6所示。

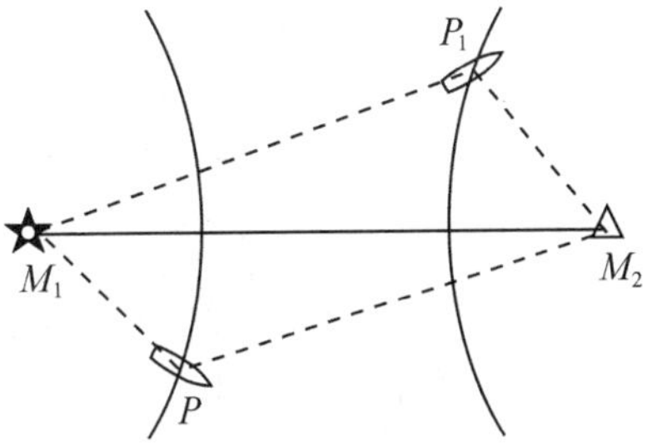

图 2-2-4　距离差位置线

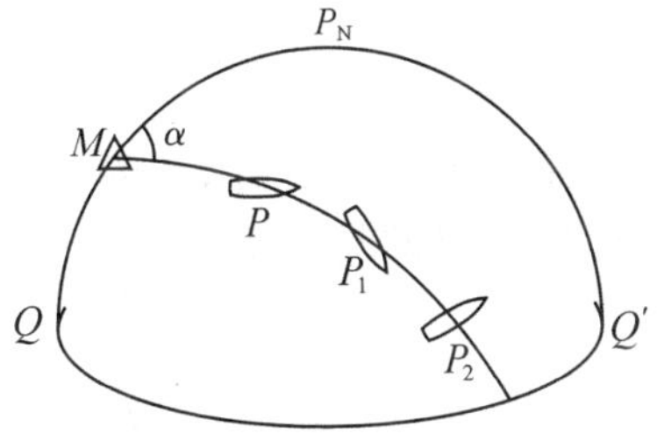

图 2-2-5　球面岸测船方位位置线

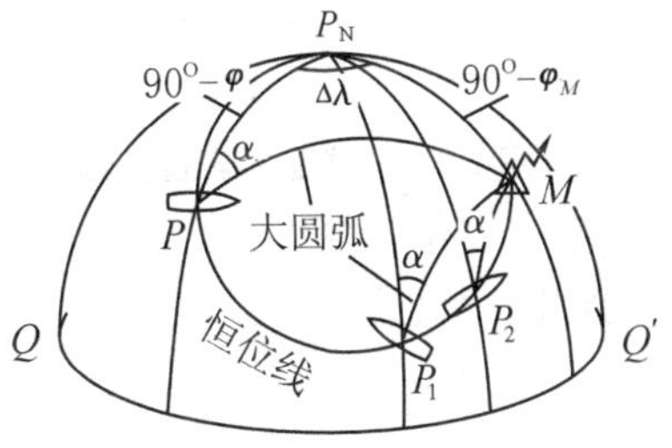

图 2-2-6　球面船测岸方位位置线

恒位线方程：

如图 2-2-6 所示，在球面三角形 P_NPM 中，根据球面余切定理可得：

$$\cot\alpha \cdot \sin\Delta\lambda = \cot(90° - \varphi_M)\sin(90° - \varphi) - \cos(90° - \varphi)\cos\Delta\lambda$$

经整理后得恒位线方程为：

$$\cot\alpha = \tan\varphi_M\cos\varphi\csc\Delta\lambda - \cot\Delta\lambda\sin\varphi \tag{2-2-1}$$

式中：α——由船位 P 测无线电信标 M 的大圆方位；

$\Delta\lambda$——船位 P 和无线电信标 M 之间的经差；

φ——观测时船舶的纬度；

φ_M——无线电信标 M 的纬度。

当船与岸的距离足够近时，球面方位位置线就可以简化为平面方位位置线，此时的大圆弧与恒位线合并成船与岸之间的直线。

2. 球面距离位置线——球面小圆

在球面上，对远距离物标进行距离测量时，其球面距离位置线是以物标 M 为极点，以所测球面距离 MP 为极距的球面小圆，如图2-2-7所示。在该小圆上任意一点到小圆的极点物标 M 的球面距离都等于 MP，天文位置线就属于这一种，而小圆在墨卡托海图上的投影是一条复杂的周变曲线。天文位置线将在第四篇中详细讨论。

球面距离位置线的方程：

如图2-2-8所示，在球面三角形 P_NPM 中，由球面余弦公式可有：

$$\cos z = \cos(90° - \varphi) \cdot \cos(90° - \varphi_M) + \cos\Delta\lambda \cdot \sin(90° - \varphi) \cdot \sin(90° - \varphi_M)$$

整理后可得球面距离位置线方程为：

$$\cos z = \sin\varphi \cdot \sin\varphi_M + \cos\varphi \cdot \cos\varphi_M \cdot \cos\Delta\lambda \tag{2-2-2}$$

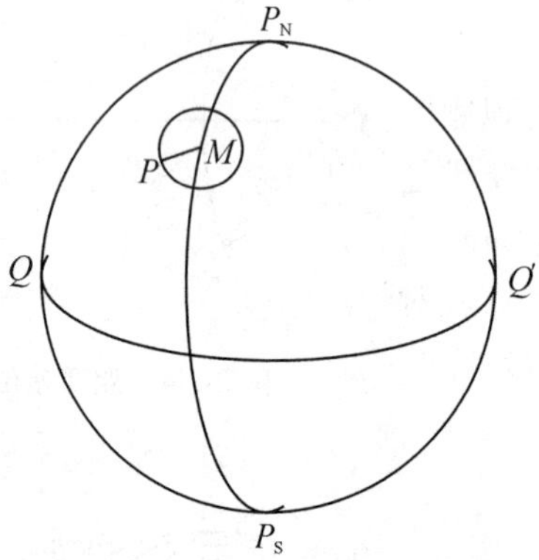

图2-2-7 球面距离位置线(1)

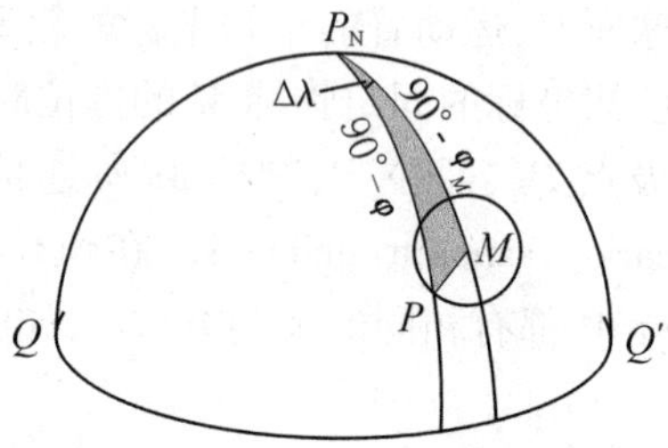

图2-2-8 球面距离位置线(2)

在远程电子定位计算中，为了精确定位，还把地球视为旋转椭圆体，理论证明，计算旋转椭圆体表面两点间距离公式为：

$$\begin{aligned} s &= az + \frac{a \cdot c}{4}\left[\frac{(3\sin z - z)(\sin\varphi_1 + \sin\varphi_2)^2}{1 + \cos z} - \frac{(3\sin z + z)(\sin\varphi_1 - \sin\varphi_2)^2}{1 - \cos z}\right] \\ &= az + \delta \end{aligned} \tag{2-2-3}$$

式中：s——大地距离(m)；

δ——大地距离改正量(m)；

a——地球长半轴(m)；

c——地球扁率；

z——以弧度为单位的按式(2-2-2)计算的球面距离；

φ_1, φ_2——始末两点的纬度。

上式为 Lambert-Andoyer 大地距离公式，为目前导航计算应用数学模型中普遍采用的大地距离公式，其误差小于1/200 000。

卫星导航定位中，解算空间两点间的直线距离，空间距离等值线方程为：

$$D = \sqrt{(X_2 - X_1)^2 + (Y_2 - Y_1)^2 + (Z_2 - Z_1)^2} \tag{2-2-4}$$

式中：D——空间两点间的直线距离；

$(X_1, Y_1, Z_1), (X_2, Y_2, Z_2)$——两点在三维直角坐标系上的坐标值。

3. 球面方位差位置线

船上测者测量岸上两个固定物标之间的球面夹角，即球面角为常数的点的轨迹为近似球面方位差位置线。球面方位差等于两物标大圆方位之差，即

$$\alpha = | \alpha_2 - \alpha_1 | \tag{2-2-5}$$

式中 α_1，α_2 可由式(2-2-1)求得。

目前，这种位置线在航海上还没有应用。

4. 球面距离差位置线

在空间与两个定点的距离差为常数的点的轨迹，是一个以两个定点（主台与副台）为焦点的双曲面。该双曲面与地球面的交痕为近似球面双曲线。

设主台 M、副台 S、船位 P 构成球面三角形 $\triangle MSP$，主副台间基线长度为 l，基线大圆方位为 β，MP 间大圆方位为 θ，船距主台 M 的球面距离为 z，船距副台 S 的球面距离为 $z+\alpha$，则 α 即为船位 P 点到主副台 M 和 S 间的球面距离差。如图 2-2-9 所示，在球面三角形 $\triangle MSP$ 中，参考式(2-2-2)可有：

$$\cos(z+\alpha) = \cos l \cdot \cos z + \sin l \cdot \sin z \cdot \cos(\theta - \beta)$$

展开得：

$$\cos z \cdot \cos\alpha - \sin z \cdot \sin\alpha = \cos l \cdot \cos z + \sin l \cdot \sin z \cdot \cos(\theta - \beta)$$

整理

$$\cos z(\cos\alpha - \cos l) = \sin z[\sin l \cdot \cos(\theta - \beta) + \sin\alpha]$$

故

$$\tan z = \frac{\cos\alpha - \cos l}{\sin l \cdot \cos(\theta - \beta) + \sin\alpha} \tag{2-2-6}$$

式(2-2-6)即为球面距离差位置线——球面双曲线方程。

球面距离差位置线方程可简单表达为：

$$\alpha = z_2 - z_1 \tag{2-2-7}$$

式中：z_1，z_2——船到两物标的球面距离；

α——船到两物标的球面距离差。

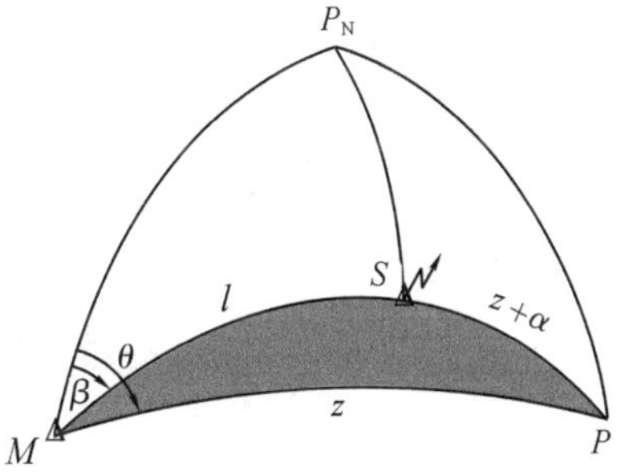

图 2-2-9 球面距离差位置线

综上所述，球面上的位置线的一般形式都比较复杂，要把它们全部绘画在海图上有较大难度，有时也无必要。在许多场合常可用简化的船位线代替位置线定位与导航。在需要某些大范围的位置线图网时，可由海图出版社出版专用海图（例如罗兰海图、台卡海图）去解决这类的定位与导航问题，而现代导航接收机较普遍采用计算机技术自动解算位置线方程并给出船位坐标。

第二节 陆标的识别与方位、距离的测定

陆标的识别与方位、距离的测定是陆标定位的基础。只有正确识别陆标并测定其方位、距离，才可能获得准确的观测船位。

一、陆标的识别

陆标定位时,准确无误地辨认物标至关重要。从观测到绘画船位线的整个过程中都应始终重视对物标的反复辨认,并与海图中的标示仔细核对。由于粗心大意错认物标、绘画错误船位线造成重大海难事故的教训是极其沉痛的。例如,某船在能见度不良情况下接近大连港,由于将老虎滩误认为黄白嘴,定出错误船位,以此船位确定错误航向,导致该船在老虎滩附近触礁,酿成严重事故。航海上常用的识别陆标的方法有以下几种。

1. 孤立、显著物标的识别

孤立的小岛、显著的山峰和岬角等陆标,灯塔、灯桩等航标可直接根据它们的形状、颜色、相对位置关系和顶标、灯质等特点加以识别,因此,这些物标往往是陆标定位中的首选物标。

2. 利用对景图识别

航用海图上或航路指南中,往往附有一些重要山头和岛屿等的照片或有立体感的对景图。同一物标,在不同的方位和距离上观看,其形状也各不相同,因此每幅对景图都注有相应的从海上观看的方位和距离。将观看位置附近实际观察到的景象与相应的对景图相比对,便可准确地辨认出对景图中所标明的一些重要物标,如图 2-2-10 所示。

(12.75.1) Laotie Shan from SE—seen from approximate position 38°31′.7N, 121°15′.4E.
(Original dated prior to 1976)

(12.75.2) Laotie Shan from W—seen from approximate position 38°40′.5N, 120°50′.4E.
(Original dated prior to 1976)

图 2-2-10 对景图

3. 利用等高线识别

航用海图上,地貌特征通常是以等高线来描绘的,有时也用草绘等高线(草绘曲线)或山形线来表示。等高线的疏密程度和形状可以表示山形、地貌及坡度,等高线越密,表示山形越陡峭;反之,等高线较疏时,表示山形较平坦。因此,可以根据等高线的疏密和形状来判断出地貌的立体形状来,如图 2-2-11 所示。

4. 利用船位识别

如图 2-2-12 所示,在航海实践中,往往可以在先利用易于识别的两个显著物标(M_1 和 M_2)测定船位的同时,观测下一个待识别物标 M 的方位,然后在海图上先根据已识别的物标 M_1 和 M_2 定出船位 A,再从该船位绘画出测得的待识别物标的方位线 TB_1,如此反复进行多次，那么这些方位线（TB_1，TB_2，TB_3…）的交点处的物标，就是所需辨认的物标。

同理，我们可以用上述方法，将某些并没有标绘在海图上，但具有显著的特征和一定的航海意义的物标，诸如新设置的钻井平台、沿岸和港口附近新建的高大建筑物和烟囱等，逐一标绘在海图上，为船舶以后在该海区航行提供更多、更好的可利用的定位和导航物标。

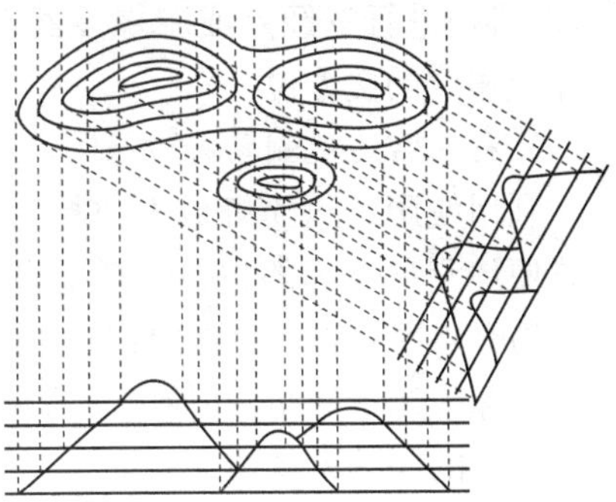

图 2-2-11 利用等高线识别物标

5. 雷达回波识别

孤立的小岛、岩石、岬角、突堤等物标应根据雷达荧光屏上回波的形状特征和物标在海图上图像的特征来加以辨认。装有雷达应答器（雷康）的标志，可根据它们的莫尔斯识别码来辨认。

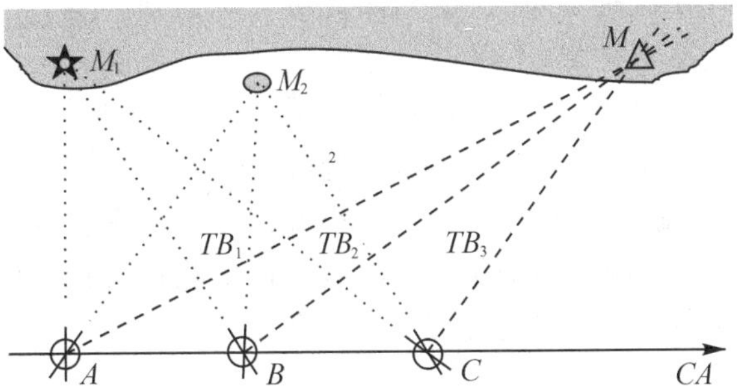

图 2-2-12 利用船位识别物标

在水中孤立小岛、钻井平台和航标等较多的情况下，可根据物标间的相对位置关系来进行物标的识别。

根据未知物标和已知物标间的相对位置关系识别物标，也是一种比较常用且有效的物标辨认方法。使用该方法时，应首先在海图上量取未知物标相对于某个已知物标的方位和距离，然后调整雷达活动电子方位线的扫描中心至已知物标的回波中心，再调整该扫描线的方位和其上活动距标，使它们分别等于在海图上量取的方位和距离值，此时，雷达荧光屏上该电子方位线和活动距标圈交点处的回波即为未知物标的回波。

二、方位的测定

1. 利用罗经观测物标方位

航海上通常利用方位仪配合罗经观测物标的方位。如图 2-2-13 所示，方位仪有两套互相垂直的观测方位的装置，其中一套装置由目视照准架和物标照准架组成。在物标照准架的中间有一竖直线，下面装有天体反射镜、棱镜和水平仪，目视照准架中间有一细缝，当测者通过细缝观测到物标与照准架上的竖直线重合时，从棱镜上所读取的度数，就是物标的观测方位，既可用于测定陆标的方位，又可观测天体的方位。另一套装置由可转动的凹面镜和允许细缝光线通过的反光棱镜组成，主要用来观测太阳的方位。将凹面镜朝向太阳，使太阳光线经棱镜的细缝投射到罗盘上，此时光线所照亮的罗盘刻度即为太阳的罗方位。

利用磁罗经或陀螺罗经所观测到的物标方位分别为物标的罗方位和陀罗方位，在海图作业前,必须进行罗经差或陀螺罗经差的修正,将它们换算成相应的真方位。

2. 利用雷达观测物标方位

利用航用雷达的机械方位标尺或电子方位线可以方便地测量物标的方位。孤立的灯塔、灯桩、明礁和小岛等点状物标,应测量回波中心的方位。范围较大的物标应测量岸角,并使电子方位线或机械方位标尺与回波的同侧外缘相切。

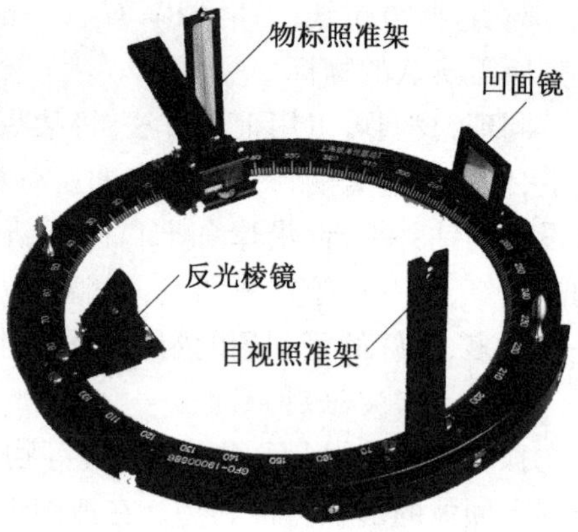

图 2-2-13　方位圈

采用北向上相对运动显示方式,陆标回波在雷达荧光屏上的分布情况与它们在海图上的图像一致,有利于目标的辨认。此外,在这种显示方式下,荧光屏固定方位刻度圈的0°代表陀罗北,不仅可以在该方位仪上直接读得物标的陀罗方位,而且当本船转向或船首偏荡时,物标回波在荧光屏上不动,图像清晰,观测方便、准确,可以避免船首偏荡引起的方位测量误差。

应避免在船舶倾斜时测量物标的方位,以减小方位测量误差。不可避免时,可选择在横摇时测量正横方向的物标方位,纵摇时测量船首尾线方向的物标方位。使用机械方位标尺测量物标方位时,应确保扫描中心与雷达荧光屏中心重合。

三、距离的测定

1. 测量物标的垂直角求距离

(1)测距原理

由图 2-2-14 可知,用六分仪测得视界内某已知高度 H 的物标 M 的垂直角 α,不考虑地面蒙气差和地面曲率的影响,则船舶到该物标的距离 D 为:

$$D = \frac{H}{\tan\alpha}$$

由于 α 角通常很小(5°以内),α 角的正切函数值近似等于其弧度值,如 α 以分为单位,距离 D 以海里为单位,物标高度 H 以米为单位,则

$$D = H \cdot \cot\alpha = H \cdot \frac{1}{\tan\alpha} = \frac{H(\mathrm{m})}{1\,852} \cdot \frac{1}{\alpha \cdot \mathrm{arc}1'} = 1.856 \cdot \frac{H(\mathrm{m})}{\alpha} \quad (\mathrm{n\ mile})$$

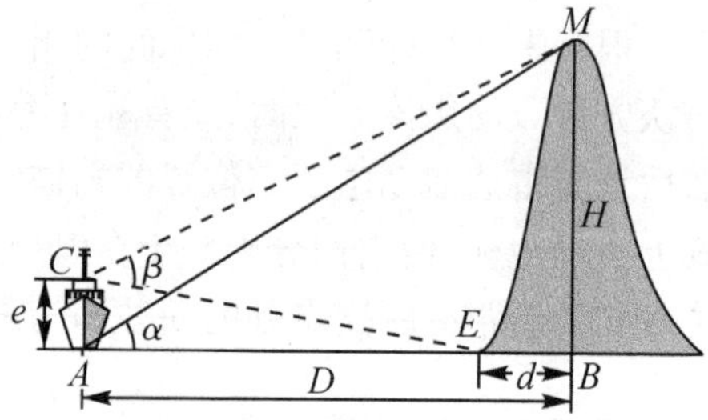

图 2-2-14　垂直角求距离

(2)注意事项

①式中物标高度 H 是指测量当时该物标的实际高度,即海图上所标的高程经潮高改正后,自测量当时的水面到物标顶端的实际垂直距离。为了减小物标高度误差和测角误差对所测距离的影响,要求选择距离近、垂直角大的物标。

②由于测者都具有一定的眼高 e,物标垂足 B 也不可能在岸水线 E 点,因此,由图 2-2-14

可知,实际所测得的是β角($\angle MCE$),而不是α角($\angle MAB$)。为了尽可能减小眼高e、岸距BE对所测距离的影响,应选择岸距小、高度大(陡直的物标)和距离近的物标。

综上所述,为了提高距离的测量精度,应选择比较高、陡,垂足在测者能见地平之内的物标。也就是说,船舶与所选物标M之间的距离D应远远大于物标的高度H,而H又大于测者眼高e,并且物标高度H要大于物标垂足B到岸水线E点的岸距d,即$D \gg H > e, H > d$。在潮差较大的海区,应该对物标的高度进行必要的潮高改正,以求取测量当时物标的实际高度。这样,按上述公式计算所得的距离D的误差ΔD将小于3倍的测者眼高。

2. 利用雷达观测物标的距离

雷达是航海上最常用的测量物标距离的仪器。雷达定位时,应选择回波图像稳定、亮而清晰、回波位置能与海图位置精确对应的物标,如孤立的小岛、岬角和突堤等。应避免使用回波形状可能严重变形或难以在海图上确定其准确位置的物标,如平坦的海岸线、斜缓的山坡、位置未经核实的浮标等。

测量物标距离时,应尽量选择包含被测物标的最小量程,被测物标的回波最好位于距离荧光屏中心2/3屏半径附近。对于孤立的灯塔、灯桩、明礁和小岛等点状物标,应测量回波中心的距离。雷达应答标又称雷康(Racon),由于其编码脉冲信号显示在荧光屏上该台架回波之后,因此应观测编码脉冲信号前沿(靠近荧光屏中心一端)的距离。如果岸线等物标在雷达地平之内,应使活动距标圈的前沿与回波的内沿(靠近荧光屏中心一侧边缘)相切,量物标前沿的距离定位;如果岸线等物标在雷达地平线之下,则应使活动距标圈的外沿与回波的外沿(远离荧光屏中心一侧边缘)相切,测量山峰的距离定位。

第三节　方位定位

利用罗经同时观测两个或两个以上陆标的方位来确定船位的方法和过程称为方位定位(fixing by cross bearings)。方位定位具有观测与作图简单、迅速、直观等优点,是最基本和最常用的定位方法之一。

理论上讲,船上测者P观测某已知坐标的固定物标M的方位时,这种“船测岸”方位位置线是通过测者P、物标M和近极点$P_N(P_S)$的恒位线,在恒位线上任何一点,对所测物标M都具有相同的大圆方位。当测者和物标同位于北半球或南半球时,恒位线在墨卡托海图上表现为一条凸向赤道的曲线。但由于所测物标都位于测者视界之内,两者之间的距离一般小于30 n mile,因此除了在极区航行外,我们可以用图上两点间的直线(恒向线)来代替恒位线进行方位定位。

同时观测两个或两个以上的陆标方位,可以获得同一时刻的两个或两个以上的方位位置线,其交点即是观测时刻的观测船位。海图作业时,在交点上绘画一小圆圈⊙作为陆标定位的船位符号。下面分别论述方位定位的方法、精度和注意事项。

一、两方位定位

1. 定位步骤

①在推算船位附近选择两个适当的物标 M_1 和 M_2，并注意辨认；

②用磁罗经或陀螺罗经复示器观测物标的方位分别为 CB_1，CB_2 或 GB_1，GB_2；

③按下式求取两个物标的真方位：

$$TB_1 = CB_1 + \Delta C = GB_1 + \Delta G$$

$$TB_2 = CB_2 + \Delta C = GB_2 + \Delta G$$

④如图 2-2-15 所示，在海图上分别自 M_1 和 M_2 反方向（$TB_1 \pm 180°$，$TB_2 \pm 180°$的方向）绘画方位位置线，其交点 P 即为观测船位。

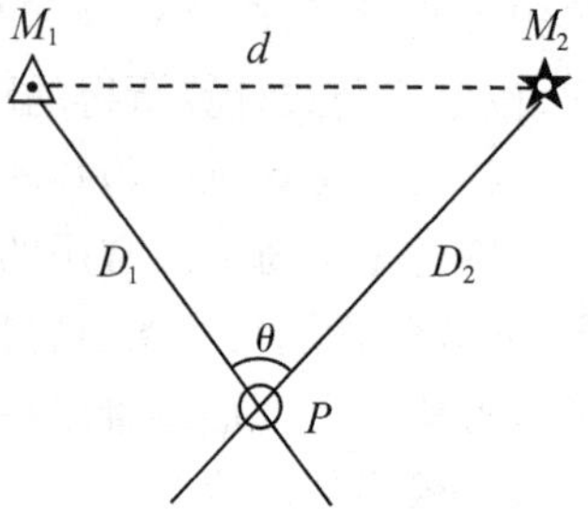

图 2-2-15 两方位定位

由于观测和作图过程中不可避免地存在一定的误差，加上事实上并不能真正做到同时观测，因此上述观测船位并非观测时刻的真实船位所在，只能认为是当时的最概率船位。

2. 观测船位精度

由位置线与船位理论可知，方位位置线误差 E 为：

$$E = \frac{\varepsilon_B}{57°.3} \cdot D$$

或

$$E = \frac{\sigma_B}{57°.3} \cdot D$$

式中：ε_B，σ_B——方位位置线的观测方位系统误差和观测方位随机误差标准差；

D——船位到物标之间的距离。

系统误差 ε_B 主要表现为罗经差中存在的误差。若两方位观测精度相等，即 $\varepsilon_1 = \varepsilon_2 = \varepsilon_B$，则由于系统误差影响所引起的船位系统误差 δ 为：

$$\delta = \frac{\varepsilon_B}{\sin\theta}\sqrt{D_1^2 + D_2^2 - 2D_1D_2\cos\theta} = \frac{\varepsilon_B d}{57°.3\sin\theta} \tag{2-2-8}$$

随机误差主要包括观测误差（罗方位 CB 或陀罗方位 GB 的读数误差）和海图作业误差。当 $\sigma_1 = \sigma_2 = \sigma_B$ 时，随机误差影响下的船位误差圆半径 M 为：

$$M = \frac{\sigma_B}{57°.3\sin\theta}\sqrt{D_1^2 + D_2^2} \tag{2-2-9}$$

式中：D_1，D_2——船位到物标 A 和 B 的距离；

d——两个物标之间的距离；

θ——两条方位位置线的交角。

3. 提高两方位定位观测船位精度的方法

（1）物标的选择

综合分析式（2-2-8）和式（2-2-9）可知，为了提高两方位定位观测船位的精度，即减小观测船位系统误差 δ 和船位误差圆半径 M，除了要尽可能减小观测方位的系统误差 ε_B 和随机误差 σ_B 之外，还应注意选择适当的定位物标：

①尽量选择孤立、显著、海图位置准确的近物标，要求 D_1，D_2 尽可能小些；

②由式(2-2-9)可知,如不考虑系统误差的影响,两方位位置线交角 θ 接近 90°,M 最小。

综合考虑系统误差和随机误差的影响,最好选择 $\theta = 60° \sim 90°$的物标,一般应满足 $30° < \theta < 150°$,否则船位误差将成倍增加。

(2)观测顺序

实际工作中,一个驾驶员往往是不可能同时用罗经观测两个物标的方位的,而是在短时间内先后观测所选物标方位,并以观测第二个物标的时间作为定位时间,这就必将因船舶的航行而产生船位误差。除了尽量缩短观测两物标方位的时间间隔外,还应掌握正确的观测顺序,以减小上述误差。

如图 2-2-16 所示,在船首尾线附近和正横附近各有一物标 M_1 和 M_2,而 A,B 为 T_1,T_2 前后两个观测时刻的实际船位。假设先观测正横附近物标 M_2,得 T_1 时刻的方位位置线 P_1,再测船首尾线附近物标 M_1,得 T_2 时刻的方位位置线 P_2,两条位置线的交点 F_1 即为 T_2 时刻的观测船位,F_1B 即为这种观测顺序所产生的误差。若改换观测顺序,先观测 M_1,再观测 M_2,则相应的观测船位和误差分别为 F_2 和 F_2B。显然,误差 F_2B 比误差 F_1B 小得多。可以证明,为了减小由于不同时观测所产生的观测船位误差,白天应先观测首尾线附近的、方位变化慢的物标,后观测正横附近的、方位变化快的物标。

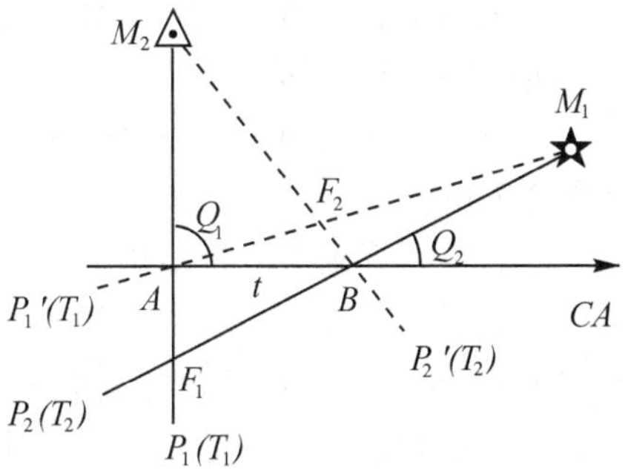

图 2-2-16 两方位定位观测顺序

如果以第一次观测的时刻 T_1 作为定位时间,则观测顺序刚好相反,即应先观测正横附近的方位变化快的物标,后观测船首尾线附近的方位变化慢的物标。

夜间观测灯标时,应本着先难后易的原则,尽量缩短前后两次观测的时间间隔,即先测闪光灯,后测定光灯;先测灯光周期长的灯标,后测灯光周期短的灯标;先测灯光弱的,后测灯光强的灯标。

二、三方位定位

两方位陆标定位简单、直观,但一般情况下两条方位位置线总会相交于一点,难以判断观测船位的准确性。如条件允许,应使用三方位定位法,即同时观测三个物标的方位来测定船位。三方位定位时,三条方位位置线通常并不相交于一点,而形成一个三角形,在大比例尺海图上尤为明显。如果有差错,会形成较大的三角形以提醒观测者。另外,通过对误差三角形的正确处理,还可以减小船位误差。

1. 船位误差三角形

三方位定位中,由合理的、不可避免的误差所引起的三角形称为船位误差三角形。船位误差三角形主要由下列因素所致:

①并不能真正做到同时观测三物标方位;

②观测方位中,存在观测误差;

③罗经差 $\Delta C/\Delta G$ 本身存在误差;

④作图误差;

⑤所测物标的海图位置不准所引起的误差。

2. 船位误差三角形的处理

(1)小误差三角形的处理

在大比例尺海图(比例尺大于1:200 000)上,如果船位误差三角形各边长小于5 mm,一般可以认为是由于合理的随机误差所引起的。处理方法如下:

①近似直角三角形,其最概率船位位于靠近直角处一点,如图2-2-17(a)所示。

②近似等边三角形,其最概率船位位于三角形中心,如图2-2-17(b)所示。

③近似等腰三角形,其最概率船位位于近短边中心,如图2-2-17(c)所示。

④狭长等腰三角形,其最概率船位位于短边中心,如图2-2-17(d)所示。

⑤若三角形附近有危险物存在,应将船位取在最接近危险物或对以后航行安全最不利的一点上,如图2-2-17(e)所示。如果船舶继续向前航行,应将船位取在 a 点;如果定位后改驶 CA',则应将船位取在图中 b 点,以确保船舶航行安全。

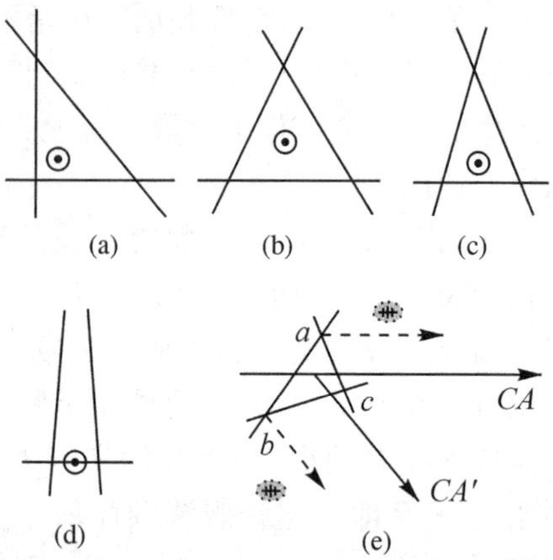

图2-2-17 小误差三角形

(2)大误差三角形的处理

当三方位定位出现较大的三角形时,应在短时间内进行重复观测,再根据不同情况做出相应的处理:

①三角形基本消除或明显缩小。如果重复观测后,原有的三角形基本消除或变成了合理的小误差三角形,可以认为初次观测所得的大三角形是由于测错、认错物标等粗差所造成的,新的小三角形是消除粗差后,由于合理的随机误差所引起的误差三角形,其处理方法与(1)中所述相同。

②三角形的大小和方向无显著变化。如果三角形的大小和方向无显著变化,可认为观测方位中存在较大的系统误差,可以采用差值法或改变罗经差法进行处理。

a. 差值法。差值法是根据两物标观测值之差等于两物标真值之差的原理来消除三方位定位中的系统误差的。

设观测三个物标所得的罗方位分别为 CB_1,CB_2,CB_3,则相邻两个物标间的水平夹角(方位差),即消除系统误差后的真方位差角 α,β 分别为:

$$\alpha = CB_2 - CB_1$$
$$\beta = CB_3 - CB_2$$

用三杆定位仪或透明纸按所求得的 α 和 β 设定夹角,即可在海图上标绘出消除系统误差后的观测船位。

b. 改变罗经差法。依据等方位差角是在物标的外接圆弧上的原理可知,消除系统误差后的船位应位于三个物标每两个彼此形成的三个外接圆圆弧交点处,如图2-2-18所示。

若观测方位中系统误差为 ε_1,则得到误差三角形 abc;若系统误差为 ε_2,则得到的误差三角形为 $a'b'c'$。圆弧 aa',bb',cc'的交点即为消除系统误差 ε_1 和 ε_2 后的观测船位。由于误差三角形均处于实际船位附近,可视这三小段圆弧为直线,以直线连接误差三角形对应顶点,必

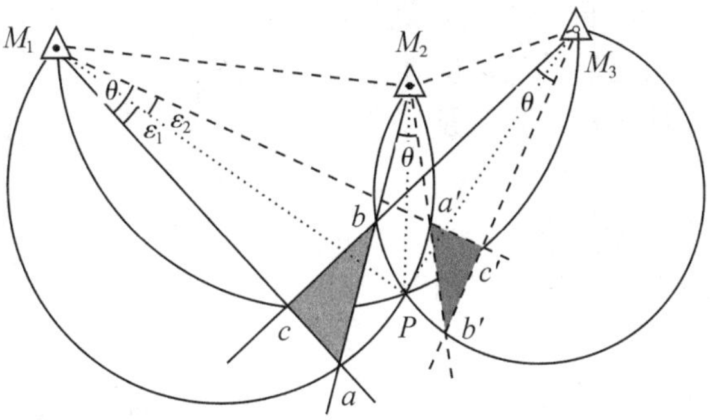

图 2-2-18　改变罗经差法原理图

要时适当延长,其交点即为观测船位。

基于上述原理,实际工作中,可将三条方位线等值变动 ±3° ~ ±5°,从而得到一个新的误差三角形,用直线连接两个三角形相应的顶点,三条连线的交点即为消除了系统误差后的观测船位。如果上述三条连线相交成一个小三角形,则该三角形是消除了系统误差后,由于合理的随机误差所引起的,可采用(1)所述方法确定观测船位。

与原误差三角形相比较,新的误差三角形会有以下四种情况:

新误差三角形变大,说明变动方位位置线的方向是在增加方位的系统误差;

新误差三角形缩小,说明变动方位位置线的方向是在缩小方位的系统误差;

新误差三角形消失,说明变动的方向和大小刚好消除了方位的系统误差;

新误差三角形倒置,说明变动方位位置线的方向是在消除方位的系统误差,但在数量上过了头,产生了相反的方位系统误差。

根据以上分析,我们可以用下列方法求取观测时刻的实际罗经差及方位系统误差的大小和方向。

先求取消除了系统误差后的观测船位点 P,再在海图上分别用直线连接 P 点和物标 M_1, M_2, M_3,方位线 M_1P, M_2P, M_3P 的方向即为观测时刻三物标的真方位,它们与观测所得的各罗方位之差的算术平均值就是当时条件下的实际罗经差,将它与原来选用的罗经差相比较,即可以求得观测时刻方位系统误差的大小和方向。

如果观测三方位的系统误差相等,即 $\varepsilon_1 = \varepsilon_2 = \varepsilon_3 = \varepsilon_B$,则三条方位位置线的系统误差分别为:

$$E_1 = \frac{\varepsilon_B}{57^\circ.3} \cdot D_1$$

$$E_2 = \frac{\varepsilon_B}{57^\circ.3} \cdot D_2$$

$$E_3 = \frac{\varepsilon_B}{57^\circ.3} \cdot D_3$$

式中:D_1, D_2, D_3——测者距三个物标的距离。

如果三个物标的分布范围大于 180°,如图 2-2-19(a)所示,消除系统误差后的船位应在误差三角形之内的 P 点,而且 P 点到三条位置线的距离应满足:

$$E_1 : E_2 : E_3 = D_1 : D_2 : D_3$$

若三个物标的分布范围小于 180°，如图 2-2-19(b)所示，消除系统误差后的船位应在误差三角形之外的 P 点，而且 P 点到三条位置线的距离也应满足：

$$E_1 : E_2 : E_3 = D_1 : D_2 : D_3$$

当三条方位位置线的系统误差均相等时，消除了系统误差后的观测船位位于误差三角形的内心（三物标的分布范围大于 180°）或旁心（三物标的分布范围小于 180°）。

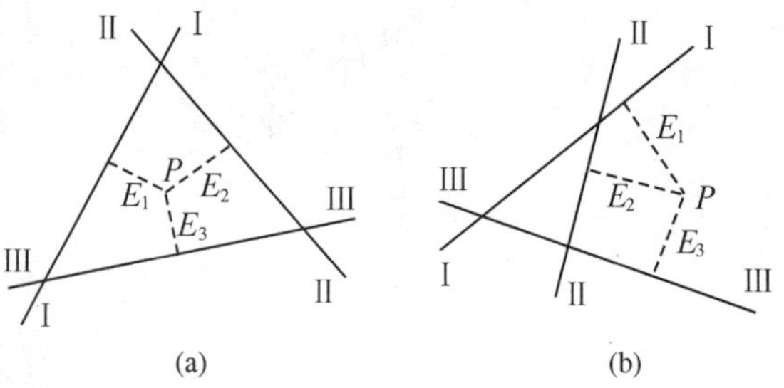

图 2-2-19　系统误差三角形

③三角形的大小、方向变化无显著规律。

重新观测后，新的三角形的大小和方向变化无规律，说明该三角形是由较大的随机误差所引起的误差三角形。这时，最好采用其他有效的定位方法加以核对，判定观测船位所在，或者如图 2-2-17(e)所示，认为实际船位位于误差三角形中最接近危险物或对以后航行安全最不利的一点上，以确保船舶航行安全。

如三条方位位置线的均方误差相等，则消除了随机误差影响后的观测船位位于船位误差三角形的反中线交点上。

3. 提高三方位定位精度的方法

要提高三方位定位的精度，同样应尽可能减小观测方位的系统误差 ε_B 和随机误差 σ_B，并注意选择适当的定位物标和遵循一定的观测顺序。

(1)物标的选择

由三方位船位误差圆半径(M)公式：

$$M = \frac{m_B}{57°.3}\sqrt{\frac{D_1^2D_2^2 + D_2^2D_3^2 + D_1^2D_3^2}{D_1^2\sin^2\theta_{2,3} + D_2^2\sin^2\theta_{1,3} + D_3^2\sin^2\theta_{1,2}}}$$

可知，三方位定位时，为了提高三方位定位的精度，除了要尽量提高观测方位的精度之外，还应注意选择孤立、显著、海图位置准确的近标，并且相邻两方位位置线交角 θ 应尽可能接近 60°或 120°，一般应满足 $30° < \theta < 150°$。

(2)观测顺序

三方位定位时，同样应遵循“先慢后快”、“先难后易”的观测顺序，即白天应先观测船首尾线方向的、方位变化慢的物标，后观测正横附近的、方位变化快的物标；夜间应本着“先闪后定”、“先长后短”和“先弱后强”原则，先观测灯光较弱的、闪光周期长的难以观测的物标，再观测灯光强的、闪光周期短的容易观测的物标，尽量减小异时观测所产生的船位误差。

三、船位差

同一时刻的推算船位与观测船位之间的位置差称为船位差(position difference)，用同一时刻的推算船位到观测船位的方向和距离来标示，符号“ΔP”，如 ΔP030° - 2. 5 n mile 表示从推算船位到观测船位的方向为 030°，距离 2. 5 n mile。

当船位差不大时，可以仍按推算船位继续进行航迹推算，仅仅从观测船位绘画一小箭矢，指向同一时刻的推算船位点，来表示它们之间的关系。当船位差较大，并且经系统地观测定位分析,确定观测船位比较可靠时,应报经船长同意后,将观测船位作为新的航迹推算起始点,继续进行航迹推算。海图作业时,应用一曲线连接相应的推算船位点和观测船位点,如图 2-2-20 所示,并将船位差记入航海日志中。

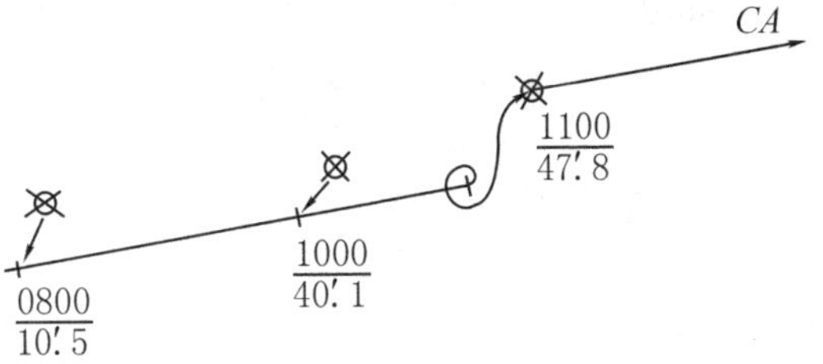

图 2-2-20　船位差

进行长时间的航迹推算后,当船舶接近海岸测得第一个观测船位时,必须对船位差进行认真的分析,做好记录,供以后参考。

第四节　距离定位

船舶在沿岸、狭水道等水域航行,如果能同时测得船舶与附近两个物标之间的距离,则可以分别以被测物标为圆心,以相应的距离为半径绘画距离位置线,其中靠近推算船位的一个交点即为观测时刻的船位,这种方法和过程称为距离定位(fixing by distances)。

一、定位方法

如图 2-2-21 所示,用雷达或六分仪同时测得本船到物标 M_1 和 M_2 的距离 D_1 和 D_2 后,在海图上分别以 M_1 和 M_2 为圆心,所测距离 D_1 和 D_2 为半径绘画圆弧,两距离位置线通常有两个交点,其中靠近推算船位的一点即为当时的观测船位 P,如图 2-2-21 所示。判定方法:

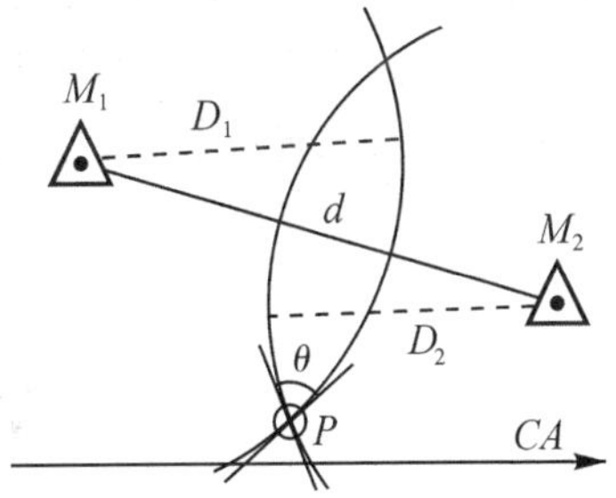

图 2-2-21　两距离定位

①取靠近推算船位的一个交点;

②根据所测物标与船舶间的相对位置关系来确定哪个是观测船位;

③连续多次定位,根据船舶的航迹分布情况来确定观测船位。

二、距离定位船位误差

因为距离位置线梯度模 $g_D = 1$,距离位置线误差为:

$$E_1 = \varepsilon_D \times D$$

$$E_2 = \sigma_D \times D$$

式中:E_1, E_2——距离位置线的系统误差和随机误差;

ε_D, σ_D——观测物标距离的系统误差和随机误差,以观测距离的百分数表示。

如果观测距离的系统误差和随机误差相等，即 $\varepsilon_1=\varepsilon_2=\varepsilon_D$，$\sigma_1=\sigma_2=\sigma_D$，则两距离定位的观测船位的系统误差 δ 和船位标准差 M 分别为：

$$\delta=\frac{\varepsilon_D}{\sin\theta}\sqrt{D_1^2+D_2^2-2D_1D_2\cos\theta}=\frac{\varepsilon_D\cdot d}{\sin\theta} \tag{2-2-10}$$

$$M=\frac{\sigma_D}{\sin\theta}\sqrt{D_1^2+D_2^2} \tag{2-2-11}$$

式中：D_1，D_2——观测两物标的距离；

d——两物标之间的距离；

θ——两距离位置线的交角。

三、提高两距离定位精度的方法

为了提高两距离定位观测船位的精度，即减小观测船位系统误差 δ 和船位误差圆半径 M，应尽可能相应减小观测距离的系统误差 ε_D 和随机误差 σ_D，并注意选择适当的定位物标和遵循一定的观测顺序。

1. 物标的选择

由式(2-2-10)和式(2-2-11)可知，选择下列物标，有利于提高两距离观测船位的精度：

①孤立、显著、海图位置准确且离船较近的物标；

②两物标距离位置线交角 θ 应尽可能接近 90°，至少满足 $30°<\theta<150°$。

2. 观测顺序

为了减小异时观测所造成的船位误差，在观测顺序上，应遵循“先慢后快”的原则，先观测正横附近的、距离变化慢的物标；后观测船首尾线附近的、距离变化快的物标。

雷达三距离定位时，海图上三条距离位置线往往也相交成一个较小的误差三角形，观测船位的确定方法与目视三方位定位类似。

第五节　方位距离定位

利用视界内唯一可供观测的物标，同时测定其方位和距离，可得到该物标同一时刻的两条方位和距离位置线，它们的交点即为观测时刻的船位，这种定位方法和过程称为方位距离定位(fixing by bearing and distance)。

单标方位距离定位是航海上经常使用的一种定位方法。只要能同时测得某物标的方位和距离，就可以确定观测时刻的船位。同时用雷达观测物标的方位和距离、观测灯塔初显(初隐)距离和方位，以及同时用六分仪、罗经测定物标的垂直角、方位等，都可用来进行方位距离定位。

观测单一物标的方位和距离定位，既可解决某些物标由于距离较远、方位变化较慢造成的移线定位困难，又可避免推算误差和风流等对移线定位的影响。此外，单标方位距离定位，两位置线的交角始终等于 90°，因此船位误差相对比较小。

单标方位距离定位船位误差主要取决于观测方位和观测距离的精度，其系统误差和随机误差分别为：

$$\delta = D\sqrt{\left(\frac{\varepsilon_B}{57°.3}\right)^2 + \varepsilon_D^2}$$

$$M = D\sqrt{\left(\frac{\sigma_B}{57°.3}\right)^2 + \sigma_D^2}$$

式中：δ, M——船位的系统误差和随机误差(n mile)；

ε_B, σ_B——观测方位的系统误差和随机标准差(°)；

ε_D, σ_D——观测距离的系统误差和随机标准差，均以观测距离 D 的百分数来表示；

D——船至物标之间的观测距离(n mile)。

由上述公式可知，为了提高单物标方位距离定位的精度，除了要尽可能消除观测和绘画方位距离时的系统误差 $\varepsilon_B, \varepsilon_D$，缩小观测和绘画方位距离时的随机误差 σ_B, σ_D 外，还应尽量选择离船较近的物标。

利用灯塔初显(初隐)时的方位和初显(初隐)距离定位时，要注意掌握准确的初显(初隐)方位和距离的观测方法。观测灯光初显方位和距离时，测者应先站立在驾驶台最高的地方(标准罗经甲板)进行观测，初次发现灯光后，观测者立即沿着扶梯往下走，在灯塔灯芯初没测者水天线的瞬间，记下当时的时间和测者眼高，并迅速测定该灯塔的方位。最后根据测者眼高和灯塔的实际高度，计算出灯塔的地理能见距离，该距离就是该灯塔的初显距离。

观测灯光初隐方位和距离时，测者应先在驾驶台最低处观测，发现灯光消失时，立即上标准罗经甲板观测该灯塔的方位，然后沿扶梯往下走，在灯塔灯芯初没测者水天线的瞬间，记下当时的时间和测者眼高。该灯塔的初隐距离就等于灯塔灯光初隐时灯塔的地理能见距离。

观测灯光初显方位和距离时，如果测者初次发现灯光后立即沿扶梯往下走，但该灯光一直清晰可见，表明该灯塔灯光的最大能见距离小于其地理能见距离，即该灯塔不存在初显；同理，观测灯光初隐方位和距离时，如果测者发现灯光消失时立即沿扶梯往上走，但再也无法看到该灯塔的灯光，同样也表明该灯塔灯光的最大能见距离小于其地理能见距离，即该灯塔无初隐。

虽然两方位、两距离和单标方位距离定位简单、直观，但一般情况下两条位置线总会相交于一点，难以判断观测船位的可靠性。三方位或三距离定位时，三条方位或距离位置线往往交成一个三角形，如在定位时出现测错或认错物标等差错，就会形成较大的三角形，提醒测者警觉。

雷达定位时，观测船位的精度主要取决于位置线的交角、物标海图位置的准确性、观测物标距离和(或)方位的精度以及海图作业的精度等因素。由于雷达观测物标距离的精度要高于雷达观测物标方位的精度，常见的几种雷达定位方法所测定的船位精度由高至低顺序为：雷达三距离定位、雷达两距离定位、单标方位距离定位、雷达三方位定位和雷达两方位定位。综合考虑观测船位的精度和可靠性，雷达定位时，应尽量避免采用方位定位(雷达两方位定位或雷达三方位定位)方式，尽可能观测本船至附近三个物标间的距离来确定船位。采用雷达两距离定位方式时，如果对物标的辨认没有足够的把握，应同时观测其中某个物标的方位来判断观测船位的可靠性。只有对物标的辨认和定位精度都有足够的把握时，方可采用雷达单标方位、距离定位方式。

第六节　移线定位

船舶在航行中，当视界内仅有一个可供观测的物标，且同一时刻只能测得一条位置线而无法直接确定船位时，应用转移位置线原理，将不同时刻观测所得的两条位置线转移到同一时刻进而确定船位的方法和过程叫作移线定位(running fixing)，所获得的船位称为移线船位(running fix，RF)。移线定位的关键是如何将不同时刻的位置线转移到同一时刻，即如何转移位置线。

一、转移位置线

位置线的转移，是指根据前后两个时刻之间的推算航迹向和推算航程，将某一时刻观测所得的位置线转移到另一时刻上去的方法和过程。转移后的位置线叫作转移位置线(position line transferred)，在海图上通常在其两端加双箭矢予以表示，并注明前后两个转移时刻。不同位置线的转移方法也不尽相同，常见的位置线转移方法如下。

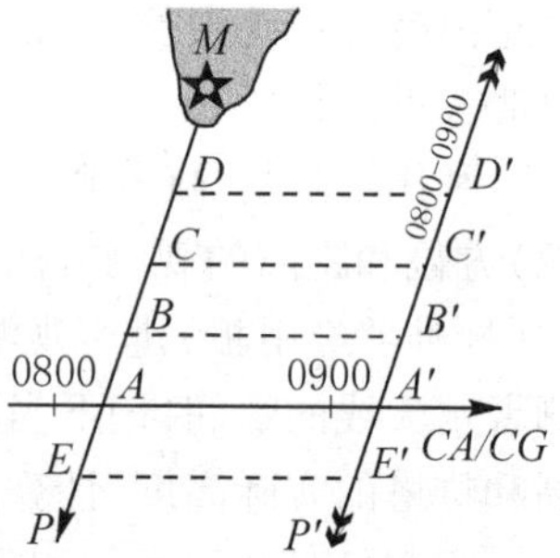

图 2-2-22　直线位置线转移

1. 直线位置线的转移

方位位置线和天文船位线等直线位置线的转移方法是：在位置线上任取一点作为推算起点，然后沿推算航迹向 CG 截取与推算时间相应的推算航程 s，过截点作原位置线的平行线，即得转移位置线。

如图 2-2-22 所示，0800 测灯塔 M 的方位，得方位位置线 P，由位置线的性质可知，0800 的观测船位一定位于 P 的某一点上。假设 0800 的观测船位位于方位位置线和计划航线(或推算航迹线)的交点 A，则 0900 该观测船位必定在计划航线(或推算航迹线)的前进方向上的一点 A'，而且两点间的距离等于 0800～0900 间的推算航程 s。同理，假设 0800 观测船位位于方位位置线的 B，C，D，E 各点，则 0900 时刻，它们各自沿计划航向 CA(或计划航迹向 CG)转移到相距 s 的 B'，C'，D'，E'点，显然，B'，C'，D'，E'各点和 A'点位于同一直线上，而且它们的连线 P' 平行于方位位置线 P，直线 P'即为转移位置线。

直线位置线可按如下方法转移(如图 2-2-22 所示)：

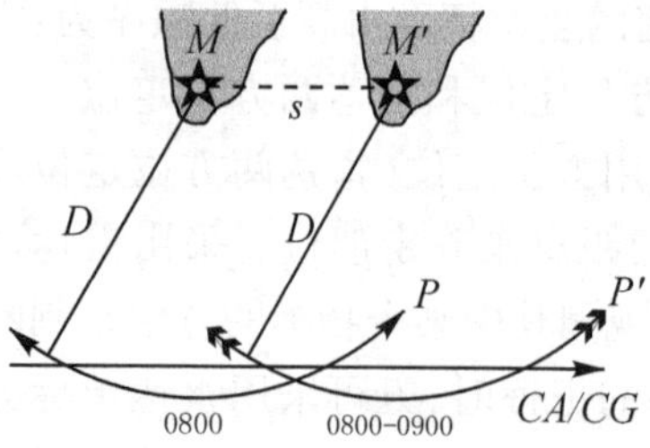

图 2-2-23　圆弧位置线转移

①在位置线 P 上任取一点 A(通常可取 P 与计划航线或推算航迹线的交点)；

②自点 A 作计划航线或推算航迹线的平行线，并在其上沿 CA 或 CG 方向截取一点 A'，且使 $AA'=s$(推算航程)；

③过 A'点作位置线 P 的平行线 P'，则直线 P'即为转移位置线。

2. 圆弧位置线的转移

距离位置线为圆弧位置线，应以被测物标 M 为推算起点，从该点绘画推算航迹线的平行线，在其上截取推算航程

s,得截点 M',然后以 M' 为圆心,以推算起点时刻所测物标 M 的距离 D 为半径画弧,即可得转移位置线。圆弧位置线的转移,其核心问题是正确转移圆弧位置线的圆心,具体步骤如下(如图 2-2-23 所示):

①自物标 M 起,绘画推算航迹线的平行线,在其上截取一点 M',并使 $MM'=s$(推算航程);

②以 M' 为圆心,距离 D 为半径画圆弧,该圆弧即为转移位置线。

3. 多航向情况下位置线的转移

在多航向航行的情况下,连接转移前后两个时刻的推算船位的直线,称为直航线;两推算船位间的直线距离,称为直航程。多航向情况下直线位置线的转移,可根据转移前后两个时刻间的直航线和直航程,按下列方法进行(如图 2-2-24 所示):

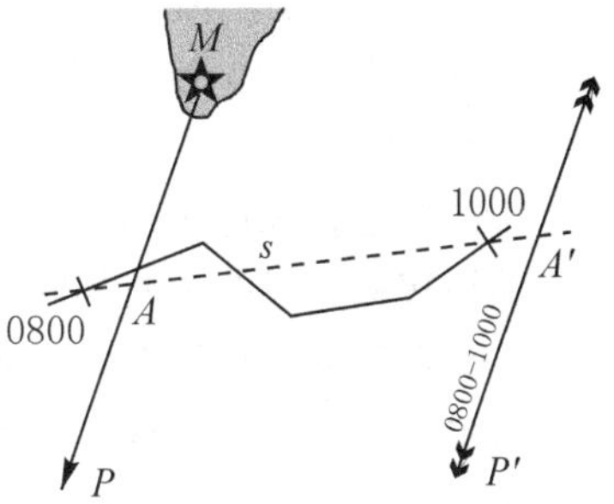

图 2-2-24 多航向位置线转移

①用通常的航迹推算方法,推算转移前后两个时刻的推算船位;

②用直线连接上述转移前后的两个推算船位,与转移前位置线 P 相交于 A 点;

③由 A 点在直航线上沿其前进方向截取一点 A',并使两点间的距离 AA' 等于直航程;

④过 A' 点作位置线 P 的平行线 P',则直线 P' 就是相应的转移位置线。

4. 转移位置线的精度

转移位置线的精度 E' 主要取决于转移前位置线的精度和转移时间内航迹推算的精度,即

$$E' = \pm\sqrt{E^2 + M^2}$$

式中:E'——转移位置线的精度;

E——转移前位置线标准差;

M——转移时间内航迹推算中推算船位的标准差。

一般来说,转移位置线的精度低于观测时刻的位置线精度,而且随着转移时间间隔的增大,精度也随着降低。

二、单物标方位移线定位

1. 移线定位方法

在不同时刻观测某已知物标 M 的两个方位,可得到同一物标不同时刻的两条方位位置线。根据两次观测期间的推算航迹向和推算航程,按照直线位置线的转移方法,将它们转移到同一时刻,其交点即为移线船位。

如图 2-2-25 所示,实际工作中习惯将前一时刻的一条位置线 P_1 转移到后一时刻,该转移位置线和后一时刻观测位置线 P_2 的交点,即为第二次观测物标时的移线船位 RF。

2. 提高单物标方位移线定位精度的方法

单物标两方位移线定位中,移线船位的误差取决于两条方位位置线本身的误差 E_1 和 E_2,两方位位置线的交角 θ 和推算船位的标准误差 ρ。如果两次观测方位存在的标准差相等($\sigma_1=\sigma_2=\sigma_B$),则相应的移线船位标准差 M 为:

$$M = \frac{1}{\sin\theta}\sqrt{E_1^2 + \rho^2 + E_2^2} = \frac{1}{\sin\theta}\sqrt{\sigma_B^2(D_1^2 + D_2^2) + s^2(\sigma_{CA}^2 + \sigma_s^2)}$$

式中：D_1, D_2——观测方位时，本船至两物标的距离（n mile）；

s——两次观测物标方位间的推算航程（n mile）；

σ_{CA}——航迹推算中航向的标准差（rad）；

σ_s——航迹推算中航程的标准差（%）。

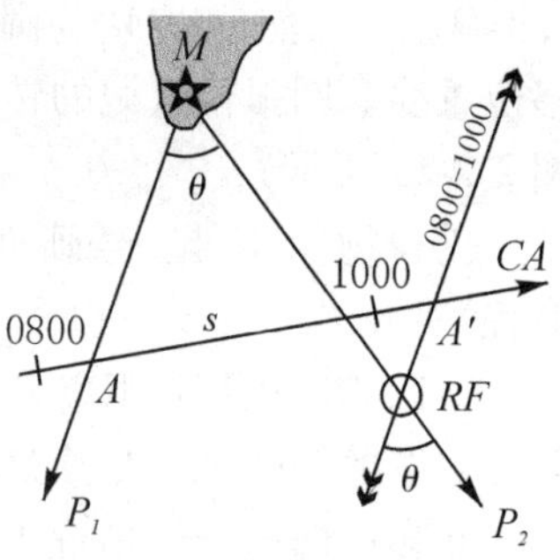

图 2-2-25　单物标方位移线定位

可见，为了提高单物标两方位移线定位的精度，除了尽可能地减小观测方位的标准差、航迹推算中航向的标准差和航程的标准差外，还应该：

①注意选择离船较近的物标（尽量减小 D_1, D_2），并且应尽可能缩短转移位置线的时间间隔，以便减小推算航程 s 对移线船位精度的影响；

②尽量使两条位置线的交角 θ 接近 90°，一般不应小于 30°。

对单物标两方位移线定位而言，上述两点要求是相互制约的。要缩短转移位置线的时间间隔，则物标的方位变化角就小，即位置线的交角 θ 随之减小；反之，若要求位置线交角 θ 接近 90°，就要延长转移位置线的时间间隔，推算航程 s 也相应增大。因此，单物标两方位移线定位时应选择在物标正横附近、物标距离较近的时候进行，当物标方位变化超过 30°，即位置线交角 θ 大于 30°时即可确定移线船位。选择在物标正横附近进行移线定位，可满足物标离船较近的要求，同时，正横附近且离船较近的物标，其方位变化较快，有利于缩短转移位置线的时间间隔；选择在位置线交角大于 30°时进行移线定位，可同时兼顾上述两点要求。

三、特殊方位移线定位

特殊方位移线定位一般是在无风流影响，船舶定向、定速航行情况下，将单物标两方位移线定位转化为单物标方位距离定位，从而简化移线定位中的海图作业工作。

航海上常用的特殊移线定位方法有如下三种：

1. 倍角法

如图 2-2-26 所示，设 Q_1 是第一次观测物标方位时该物标的舷角，Q_2 是第二次观测物标方位时该物标的舷角，且 $Q_2 = 2Q_1$，前后两次观测间的计程仪航程等于 s_L，则

$$MB = AB = s_L$$

且

$$D_{\perp} = MB \cdot \sin Q_2 = s_L \cdot \sin Q_2$$

因此，自物标 M 绘画第二次观测所得的方位线和该物标的正横方位线，并在其上分别截取 s_L 和 $D_{\perp}$，截点 B，C 即为第二次观测时刻和物标正横时刻的船位点。

2. 四点方位法

四点方位法（four point bearing）是倍角法的特例。四点是指四个罗经点，一个罗经点为 11°.25，四点等于 45°。如图 2-2-27 所示，如果在 A 点测得物标 M 的舷角 $Q_1 = 45°$，航行到 B 点时测得舷角 $Q_2 = 90°$，则物标正横距离 $D_{\perp}$ 就等于两次观测间的计程仪航程即 s_L。

实际工作中，如果测者位于驾驶台某固定位置 A，在舷角 45°和 90°（正横）处各有一固定的参照物 B 和 C（如羊角、稳索等），航行中，只要测者分别记下物标通过 AB、AC 串视线的时间和计程仪读数，就能推算出物标的正横距离，并由此确定物标正横时的船位。可见，四点方位法的应用，并不一定要借助罗经来观测物标的方位。

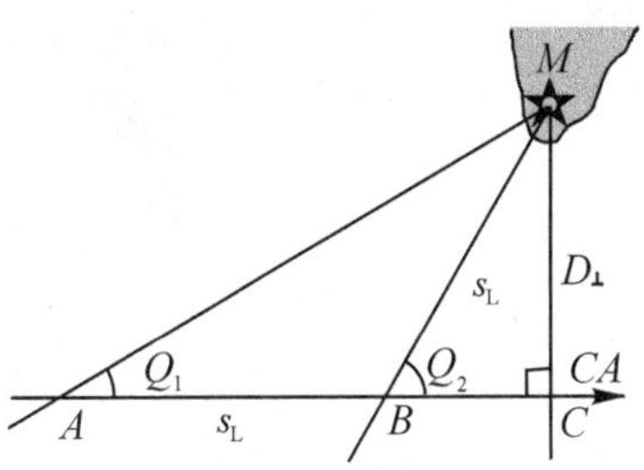

图 2-2-26 倍角法

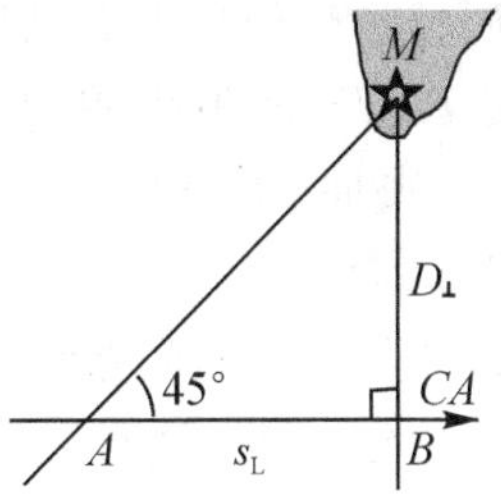

图 2-2-27 四点方位法

3. 特殊角法

特殊角法是根据 26°.5 和 45°的正切值分别等于 1/2 和 1,即

$$\tan 26°.5 = \frac{1}{2}, \tan 45° = 1$$

的特性而选定的一种特殊的移线定位方法。在图 2-2-28 中,因为

$$\tan\angle MAC = \frac{MC}{AC} = \tan 26°.5 = \frac{1}{2}$$

$$\tan\angle MBC = \frac{MC}{BC} = \tan 45° = 1$$

所以 $AC = 2 \cdot MC, MC = BC$

$$AB = BC = MC = s_L$$

即 $D_{\perp} = BC = AB = s_L$

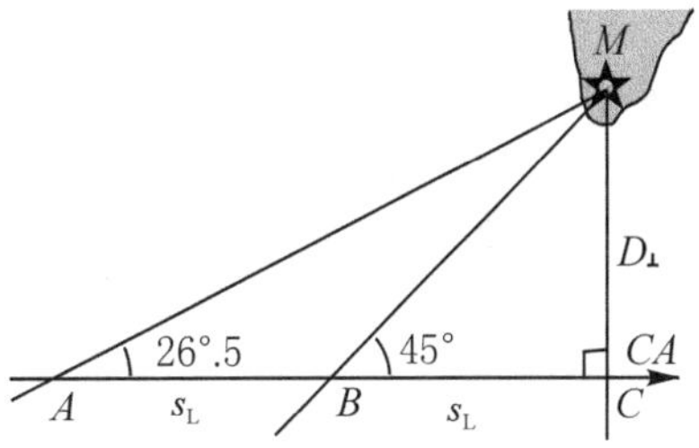

图 2-2-28 特殊角法

可见,当 $Q_1 = 26°.5$,$Q_2 = 45°$,即第一次观测物标方位时的舷角为 26°.5,而第二次观测物标方位时的舷角为 45°时,物标正横距离 $D_{\perp}$ 就等于两次观测期间的计程仪航程 s_L,而第二次观测物标方位到物标正横之间的航程,等于物标的正横距离,也等于两次观测期间的计程仪航程 s_L。利用这对特殊的舷角,不仅可以在物标正横以前预知物标的正横距离,而且还可预测第二次观测物标方位到物标正横之间的航程,同时也提供了两次测定物标正横距离的时机。

四、有准确船位后单物标两方位移线定位

如果在进行单物标两方位移线定位以前,已测得了一个准确船位 F,且船舶在 F 点以后是定向、定速航行的,则可以根据单物标三方位求航迹向的方法,求出受水流影响后的比较可靠的移线船位和航迹线,还可进一步求取海区内的平均流向和流速。

1. 移线定位方法

如图 2-2-29 所示,设 F 为 T_0 时刻的观测船位,P_1,P_2 分别为 T_1,T_2 时刻观测物标 M 所得的方位位置线,相邻的时间间隔分别为 t_1 和 t_2。若用直线连接 MF,即可按单物标三方位求航迹向的方法求取船舶的实际航迹向 CG。过观测船位点 F 沿航迹向 CG 所绘画的直线,即为实际的航迹线,它与 P_1,P_2 的交点就是 T_1,T_2 时刻所对应的移线船位。最简单的作图方法是:

①自观测船位点 F 任画一直线(为了方便一般可取真航向线),与 P_1 相交于 A 点。

②在该直线上截取一点 B,并满足 FA: $AB = t_1 : t_2$。

③过 B 点作 P_1 的平行线,与 P_2 相交于 F_2 点,F_2 即为 T_2 时刻的移线船位。

④连接 FF_2，与 P_1 相交于 F_1 点，F_1 即为 T_1 时刻的移线船位，直线 FF_1F_2 即为船舶的实际航迹线，其前进方向，就是实际航迹向 CG（$FF_1:F_1F_2=FA:AB=t_1:t_2$）。

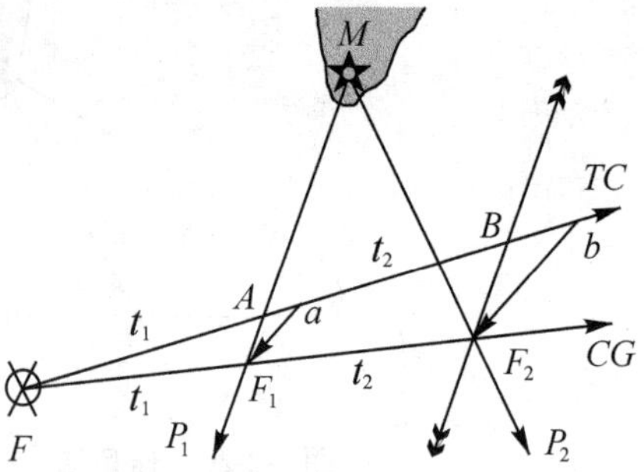

图 2-2-29　有准确船位单物标两方位移线定位

2. 求取平均流向、流速

在图 2-2-29 中，假设 a，b 两点分别为 T_1，T_2 时刻推算船位（不考虑水流影响），用直线分别连接 aF_1 和 bF_2，则 aF_1 和 bF_2 就是 $T_0\sim T_1$ 和 $T_0\sim T_2$ 间的水流矢量，其方向即为平均流向，流速等于流程与相应的时间间隔之比。

第三章 电子定位

第一节 电子定位导航系统的发展

电子定位导航系统是随着电子技术、无线电信息技术的发展而发展的，其发展经历了从单一、低精度到综合、高精度，从近距离、非连续性到全球、全天候连续定位的过程。本节对航海领域应用的电子定位导航系统的产生与发展做一综述。

1. 无线电测向定位

无线电测向定位系统是应用最早的电子定位导航系统，发明于第一次世界大战后期，第一个无线电信标于 1921 年建立。无线电测向定位系统是基于环状天线可以测出电波来向的特性，测定无线电信标的方位，其定位方式属于方位定位。从航海实用角度考虑，船用无线电测向仪的有效作用距离约为 100 n mile，95% 的方位误差小于 3°。

无线电测向不仅可以用于定位和导航，而且更重要的是可以用于搜救，即测出遇难船发出的无线电求救信号的方位来搜寻遇难船舶。正是由于这样的功能，1974 年 SOLAS 公约规定 1 600 总吨及以上船舶必须安装无线电测向仪（Radio Direction Finder，DF）。

目前，随着 GMDSS 的应用，遇难船舶的搜救已提升到一个遇难船位测定技术更精确、范围更广阔、基于卫星技术的全球协调的高度，再加上更先进的导航技术的应用，无线电测向系统便失去了其原有的价值，因此，在新的 SOLAS 公约修正案中，测向仪成为符合某些条件的船舶可以免装的设备。

2. 雷达定位

世界上第一部雷达于 1934 年 12 月诞生于美国海军航空器无线电实验室。1945 年，随着第二次世界大战的结束，雷达开始进入商用。

雷达的发射机是通过定向旋转天线按一定的方向发射脉冲电波，当遇到物标时，脉冲电波的一部分能量就被从原方向反射回来，接收机就可将周围目标的回波显示在荧光屏上，通过测量电波往返时间，显示目标的距离，测量回波影像即可测出其方位。这样，雷达不仅可以用于定位（距离、方位）、导航，而且可以协助船舶的避让操纵。另外，它的出现也改变了船舶在能见度不良情况下航行困难的历史。

目前，雷达已从原来的模拟信号的接收显示发展为模拟信号、数字信号的综合运用。通过模拟信号解算得出的数字信号，不仅可以再现周围船舶、助航设施、危险物等信息，而且可以结合数据处理设备组成自动雷达标绘仪（ARPA），实现对目标的自动捕捉与跟踪，有助于船舶航行与避碰。另外，雷达的数据信息接入电子海图显示与信息系统，为船舶的自动导航提供了有力的信息支持。雷达不仅可以用于船舶，而且可以用于岸基船舶交通管理系统，是保障海上交通安全的不可缺少的设备。

3. 双曲线导航系统

最早出现的双曲线导航系统为英国的"基(Gee)"系统，1937 年开始研制，1942 年早期投入使用。商船上使用的第一代双曲线导航系统为罗兰(Loran—Long Range Navigation System, LORAN)系统。第一代罗兰系统为罗兰 A，1940 年由美国研制，1943 年第一个完整台组投入使用，后发展改进为 1957 年开始使用的罗兰 C 系统。作用距离较近的高精度双曲线导航系统为台卡(Decca)系统，1944 年投入使用。全球、全天候、精度较低的双曲线导航系统为奥米伽(Omega)系统，1966 年开始使用。

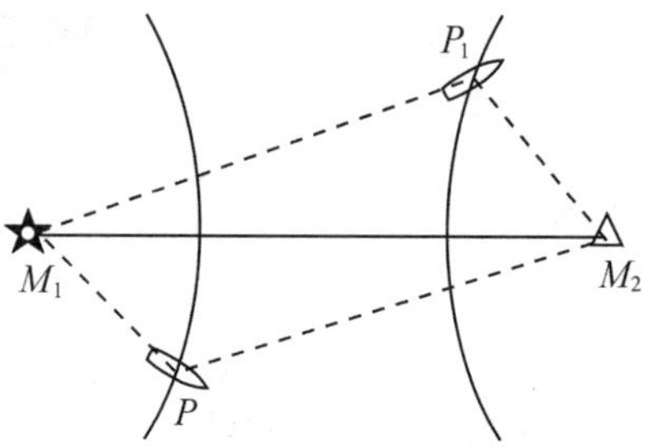

图 2-3-1　双曲线位置线

双曲线导航系统的原理是利用无线电波测定观测点距两个发射台的距离差，得出双曲线位置线，如图 2-3-1 所示，测出 2 对以上的发射台的距离差得出 2 条以上的位置线定位，其中罗兰系统采用测定时间差求距离差，台卡系统和奥米伽系统采用测定相位差求距离差的方式。目前，随着卫星导航系统的应用与发展，仅有以数字编码和相关接收的罗兰 C 系统还在使用，其他几种双曲线导航系统都已经淘汰或基本淘汰。几种系统的相关情况如表 2-3-1 所示。

表 2-3-1　几种系统的相关情况

系统	测距差方法	工作频率	作用距离(n mile)	精度(n mile)	现在状况
罗兰 A	时差	1 750 ~ 1 950 kHz	白天:700 夜间:1400	白天:0.5 ~ 1.0 夜间:1.0 ~ 2.0	基本淘汰
罗兰 C	时差	100 kHz	白天:1000 夜间:2400	白天:0.1 ~ 1.0 夜间:0.5 ~ 2.0	使用中
台卡	相位差	70 ~ 130 kHz	240	0.015 ~ 0.4	基本淘汰
奥米伽	相位差	10 ~ 14 kHz	全球	1 ~ 2	淘汰

需要强调的是，由于卫星导航技术的迅速发展，某些国家已不再把经费用在罗兰 C 台链的维护和发展上，同时，也有许多国家和地区在发展区域性导航系统时，考虑到罗兰 C 系统投资较少，精度较高，还是在新建或改建罗兰 C 台链，因此目前罗兰 C 台链变化甚多。例如，我国新建的南中国海台链 6780、东中国海台链 8390 及北中国海台链 7430。自动罗兰 C 接收机要能使用某台链的信号，必须有此台链发射台的坐标与发射编码延时数据，否则是不能工作的。接收机说明书中都有该机所能使用的罗兰 C 台链的识别号与布局图，使用者应注意查看。

4. 卫星导航系统

(1)第一代卫星导航系统

第一代卫星导航系统为美国海军研制的多普勒卫星导航系统——"子午仪"系统，又称海军卫星导航系统(NNSS)，1958 年开始研制，1960 年 4 月 13 日第 1 颗卫星成功发射，1964 年

7 月完成 5 颗卫星组网，1964 年开始用于美国海军，1967 年开放民用。该系统由三部分组成：导航卫星、地面观测数据注入站以及导航信号接收设备。定位原理为多普勒频移测距求距离差，双通道精度为 32 m，单通道精度为 100 m。由于不能连续定位，只能提供二维位置等缺陷。该系统于 20 世纪 90 年代中期停止使用，被导航星全球定位系统（GPS）取代。

（2）导航星全球定位系统（Navigation Satellite Timing and Ranging/Global Positioning System，GPS）

GPS 于 20 世纪 60 年代末开始研制，第 1 颗卫星于 1978 年 10 月 6 日发射，1993 年 12 月完成 24 颗卫星组网并投入使用，1995 年 4 月 27 日达到完全运行能力。系统采用测距原理，即根据高速运动的卫星瞬间位置作为已知的起算数据，通过测量 3 个以上的距离，求取距离位置线，解得交点位置即为船舶的三维坐标位置。GPS 由 3 个独立的部分组成：空间部分（21 颗工作卫星，3 颗备用卫星）、地面支持系统（1 个主控站，3 个注入站，5 个监测站）和用户设备部分（接收 GPS 卫星发射信号，以获得必要的导航和定位信息，经数据处理，完成导航和定位工作）。该系统单机定位精度优于 10 m，采用差分定位，精度可达米级甚至厘米级和毫米级。该系统是目前应用最广的卫星导航系统，本章第三节将详细介绍 GPS。

（3）全球卫星导航和定位系统（Global Navigation Satellite System，GLONASS）

GLONASS 为俄罗斯开发的军用卫星定位系统，其原理和作用与 GPS 基本相同，只是卫星的空间星座、载波频率和信号编码方式不一样。该系统设计空间系统由 24 颗卫星组成，第 1 颗卫星于 1982 年 10 月 12 日发射，1995 年 12 月 14 日完成组网。系统的定位精度是在 95% 的概率条件下，水平向为 100 m，垂直向为 150 m。随着进一步研究和升级，目前系统定位精度提高到 50 m 以内。由于早期所用的卫星寿命问题，虽然至今已发射多达 80 颗以上的卫星，但系统正常工作的卫星只有 13 颗。

为了解决系统存在的诸如卫星寿命短、占用频带多等问题，俄罗斯正在改进系统。目前正在改进的系统称之为 GLONASS-M，内容有：改进一些地面测控站设施；延长卫星的在轨寿命到 8 年；实现系统较高的定位精度（位置精度提高到 10 ~ 15 m，定时精度提高到 20 ~ 30 ns，速度精度达到 0.01 m/s）。

GLONASS-M 也被指定为一种过渡性的解决方案，以便在实现更先进的 GLONASS-K 之前使系统保持运行。全新设计的 GLONASS-K 将结合新的数字技术，使卫星质量减少一半，而且运行将更为可靠，能保持 10 ~ 15 年无损伤，为民用用户提供的位置圆误差将进一步减小。

（4）全球导航卫星系统（Global Navigation Satellite Systems，GNSS）

该系统是在 GPS 和 GLONASS 集成应用的基础上，结合地球同步卫星和网络形成的覆盖系统（Satellite Based Augmentation Systems，SBAS）而形成的增强型系统。覆盖系统（SBAS）不影响 GPS 与 GLONASS 的信号接收，但能全面提高可靠性、精度、集成性、可用性和连续性。该系统 1996 年由美国、俄罗斯、欧洲和日本联合提出并采用。增强系统包括美国的宽区域增强型系统（The American Wide Area Augmentation System，WAAS），欧洲的同步卫星导航覆盖业务（The European Geostationary Navigation Service，EGNOS），日本的基于多功能传输卫星的卫星增强业务（The Japanese Multifunction Transport Satellite Based Satellite Augmentation Service，MSAS）。

美国的宽区域增强型系统由美国联邦航空局于 2003 年 7 月 10 日授权执行，测试表明该系统播发的信文可以将 GPS 的精度提高到 3 m 以内，并且系统还在研究开发中，最终使精度能够提高到 1 m 以内。

欧洲的同步卫星导航覆盖系统由位于 3 个地球同步卫星上的无线电转发应答器和地面站网络组成，提供覆盖欧洲区域的 GPS 和 GLONASS 区域性增强业务，在增加连续性的同时，可使该区域定位精度提高到 5 m 以内。

日本的基于多功能传输卫星的卫星增强业务，2005 年完全投入运用，可使亚洲、太平洋区域的定位精度提高到 5 m 以内。

需要使用专门的接收机才能利用增强型系统。

(5)“北斗”卫星导航系统

“北斗”卫星导航系统是我国自主研发的全天候卫星导航系统。系统初始构想于 20 世纪 80 年代初，1994 年国家批准建设第一代卫星导航定位系统。2000 年发射 2 颗工作卫星，2003 年发射第 3 颗卫星作为备用星，建成了提供卫星导航定位信息的区域导航系统。定位基于三球交会原理，即以 2 颗卫星的已知坐标为圆心，各以测定的本星至用户机距离为半径，形成一个球面，用户机必然位于这一个球面交线的圆弧上。中心站电子高程地图库提供的是一个以地心为球心、以球心至地球表面高度为半径的非均匀球面。求解圆弧线与地球表面交点，并已知目标在赤道平面北侧，即可获得用户的二维位置。

“北斗”卫星导航系统由空间部分的导航通信卫星、地面控制中心和客户端三部分组成。空间部分 2 颗地球静止卫星(GEO)对用户双向测距，1 个配有电子高程图库的地面中心站进行位置解算，定位由用户终端向中心站发出请求，中心站对其进行位置解算后将定位信息发送给该用户。

“北斗”卫星导航定位系统具有快速定位、简短通信和精密授时三大主要功能。

①快速定位：为服务区域内用户提供全天候、高精度、快速实时定位服务，从用户发出定位申请到收到结果，只需 1 s，而在这 1 s 内，整个系统要完成发送申请信号、上传卫星、经地面控制中心计算出位置，再从卫星将定位信息送返申请用户等流程，而其中快速捕捉信号只用了几毫秒。系统水平定位精度为 100 m，差分定位精度小于 20 m。定位响应时间为一类用户 5 s，二类用户 2 s，三类用户 1 s。最短定位更新时间小于 1 s，一次定位成功率为 95%。

②简短通信：“北斗”卫星导航定位系统具有用户与用户、用户与地面控制中心之间双向数字简讯通信能力。运作流程为地面控制中心接收到用户发送来的响应信号中的通信内容，进行解读后再传送给收件人客户端。一般用户一次可传输 36 个汉字，经核准的用户利用连续传送方式最多可传送 120 个汉字。这种简讯通信服务，GPS 无法提供。

③精密授时：“北斗”卫星导航系统具有单向和双向两种授时功能。根据不同的精度要求，利用授时终端，完成与“北斗”卫星导航系统之间的时间和频率同步，可提供数十纳秒级的时间同步精度。

“北斗”卫星导航定位系统的工作步骤如下：

①地面控制中心向 2 颗卫星发送询问信号。

②卫星接收到询问信号，经卫星转发器向服务区用户播送询问信号。

③用户响应其中 1 颗卫星的询问信号，并同时向 2 颗卫星发送回应信号。

④卫星收到用户响应信号，经卫星转发器发送回地面控制中心。

⑤地面控制中心收到用户响应信号，解读出用户申请的服务内容。

⑥地面控制中心利用数值地图计算出用户的三维坐标位置，再将相关信息或通信内容发

送到卫星。

⑦卫星在收到控制中心发来的坐标资料或通信内容后，经卫星转发器传送给用户或收件人。

目前，“北斗”系统用户接收机有以下几种可供选择：

①基本型：适合于一般车辆/船舶及便携物等用户的导航定位应用，可接收和发送定位及通信信息，与中心站及其他用户终端双向通信。

②通信型：适合于野外作业、水文测报、环境监测等各类数据采集和数据传输用户，可接收和发送短信息、报文，与中心站和其他用户终端进行双向或单向通信。

③授时型：适合于授时、校时、时间同步等用户，可提供数十纳秒级的时间同步精度。

④指挥型：适合于小型指挥中心指挥调度、监控管理等应用，具有鉴别、指挥下属其他“北斗”用户机的功能。可与下属“北斗”用户机及中心站进行通信，接收下属用户的报文，并向下属用户发播指令。

⑤多模型：既能接收“北斗”卫星定位和通信信息，又可利用 GPS 或 GPS 增强系统导航定位，适合于对位置信息要求比较高的用户。

第一代“北斗”卫星系统只是覆盖我国本土及其周边 70°E ~ 140°E，5°N ~ 55°N 范围的区域性导航系统，从而限制了其在商船上的广泛应用。

目前已开始建设第二代“北斗”卫星导航系统（国际上以 COMPASS 命名），2007 年 4 月发射了第一颗卫星，迄今为止共发射卫星 16 颗，2013 年进入了大范围运用，该系统建成后不仅可以达到全球覆盖，还可避免电磁干扰攻击，实现无源定位，并达到厘米级精度。

现在中国的“北斗”导航系统和美国的 GPS、俄罗斯的 GLONASS、欧盟的 GALILEO 系统已被联合国确认为全球四大卫星导航系统。

（6）伽利略系统（GALILEO）

伽利略系统为欧洲提出的正在建设中的第一代民用卫星导航系统，原理与 GPS 和 GLONASS 相同，2002 年 3 月启动，2005 年完成设计、发射卫星并发送导航信号。系统由空间部分的 30 颗卫星、遍布全球的地面控制与监测站和接收机组成。该系统提供五种服务。

①开放服务（Open Service，OS）：适用于用户基本应用和一般性航海。服务范围为全球，双频道水平精度 4 m，垂直精度 8 m；单频道水平精度 15 m，垂直精度 35 m。

②商业服务（Commercial Service，CS）：为有限制性的访问等级，提供给需要增值服务的高性能要求的商业和专业用户使用。服务范围分为两种，一种为双频道全球性服务，精度为 1 m；另一种为区域性增值信号服务，精度为高于 10 m 以内。

③公共管理服务（Public Regulated Service，PRS）：为有限制性的政府应用服务，具有高连续性。服务范围分为两种，一种为全球性服务，水平精度为 6.5 m，垂直精度为 12 m；另一种为区域性增值信号服务，精度为 1 m。

④人命安全服务（Safety of Life Service）：旅客生命安全所要求的高等级服务，为全球性双频道服务，精度为 4 ~ 6 m。

⑤具有人道主义的搜救服务：在全球范围内精确确定遇险信息发出的位置。

目前，伽利略系统还在研发阶段。我国政府也参加了伽利略系统的合作开发。

第二节 GPS 定位

GPS 是 Navigation Satellite Timing and Ranging/Global Positioning System 的字头缩写词 NAVSTAR/GPS 的简称，译作导航星/全球定位系统。它的含义是，利用导航卫星进行测时和测距，以构成全球定位系统。现在，国际上已经公认，将这一全球定位系统简称为 GPS。

从某种意义上来讲，GPS 是一种以空间卫星为基础的电子定位系统。

GPS 可在全球范围内全天候地为海上、陆上、空中和空间的用户提供连续的、高精度的三维定位、速度和时间信息。GPS 的建立使海上、陆上、空中和空间的运载工具的定位与导航发生了极为深刻的、划时代的变革。GPS 是重要的信息资源。

GPS 是通过卫星发射两种伪随机码来进行测时、测距定位的。这两种伪随机码是 P 码与 C/A 码。P 码是精测码，是专为军用的、极度保密的，精度达 3 m(2 drms)。C/A 码是粗测码，是公开民用的，规定的精度为平面位置精度 100 m(2 drms)，垂直高度精度为 157 m (2 drms)。对于民用用户来说，采用差分 GPS 技术可把定位精度提高到 0.3 m 或几米。

目前，GPS 已经是航海上的主要的导航系统。GPS 接收机已普遍地装备于船舶，DGPS 接收机也已经在部分船舶上装备，因此，介绍 GPS 的组成、工作原理、定位误差、DGPS 及其应用等对航海人员是必要的。

一、GPS 的组成

GPS 由空间部分、地面监控部分和用户接收机三部分组成。

1. 空间部分

如图 2-3-2 所示，GPS 由 21 颗工作卫星和多颗在轨备用卫星组成。分布在 6 个轨道面上，轨道倾角 55°，两个相邻轨道面之间在经度上相隔 60°，每个轨道面上 3 颗卫星均匀分布，其余 3 颗工作卫星及 3 颗在轨备用卫星插入每个轨道面中 2 颗卫星之间，从一个轨道面的卫星到下一个轨道面的卫星间相位相差 40°。轨道高约 20 200 km，近圆形轨道(偏心率 0.01)，卫星运行周期约 12 h。这样的 GPS 星座保证了在全球任意位置的用户在任何时候至少能同时观测到仰角大于 5°的 4 颗卫星。

GPS 采用 Block Ⅱ型卫星，如图 2-3-3 所示，重 774 kg，采用铝蜂巢结构，主体呈柱形，直径 1.5 m。星体两侧装有 2 块双叶对日定向太阳能电池帆板，全长 5.33 m，接受日光面积 7.2 m^2。对日定向系统控制两翼帆板旋转，使板面始终对准太阳，为卫星提供电力。在星体底部装有多波速定向天线，能发射 L_1(1 575.42 MHz)和 L_2(1 227.6 MHz)波段的信号，其波束方向图能覆盖地面面积的 38%。在星体两端面上装有全向遥测遥控天线，用于与地面监控网在 S 波段(1 783.74 MHz)上进行通信。卫星上还装有姿态控制系统和轨道控制系统，使卫星工作姿态与轨道保持符合设定的要求。卫星设计寿命为 7 年。

卫星上装备铯原子钟、导航电文存储器、伪随机码发生器、信号调制器、接收机和发射机等。

铯原子钟提供定时基准，其误差约 1 s/300 万年。接收机接收地面监控网通过 S 波段发

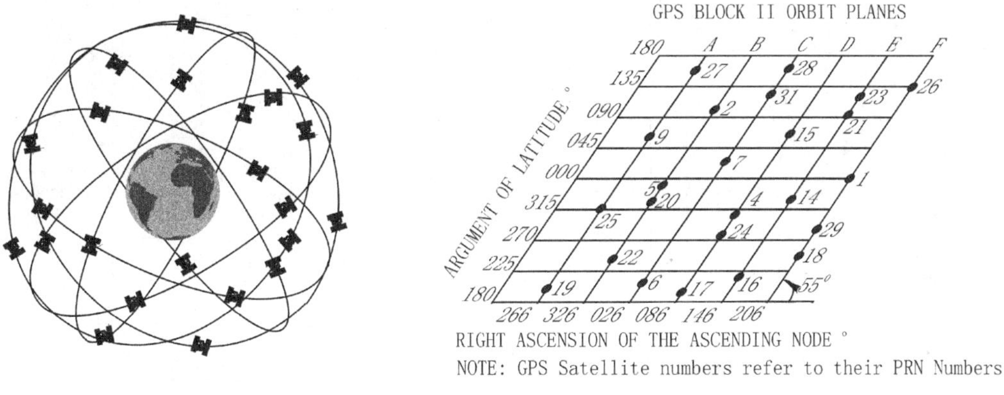

图 2-3-2　GPS 卫星空间分布

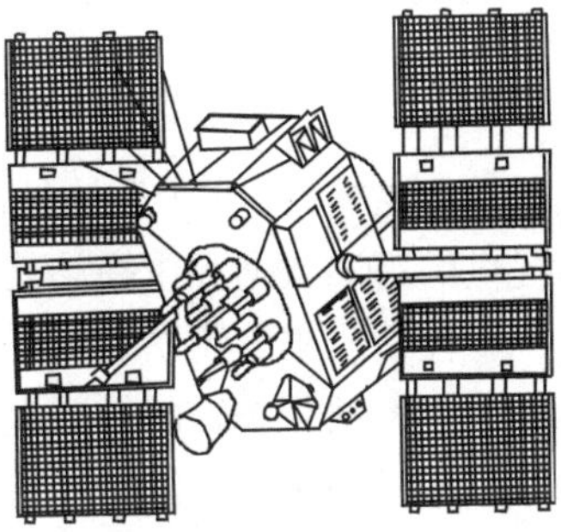

图 2-3-3　GPS 卫星

来的导航信息，它包括卫星星历、卫星时钟校正参数等。导航电文存储器存储这些信息，接收机还接收地面监控网通过 S 波段发来的各种控制指令，卫星把导航数据与测距用的伪随机码分别调制在 L_1 波段与 L_2 波段上，并向地面发射。

2. 地面监控部分

地面监控部分包括 1 个主控站、3 个注入站和 5 个监测站，如图 2-3-4 所示。主控站位于科罗拉多州斯普林斯(Colorado Spings)的联合空间执行中心，3 个注入站分别设在 3 个美国军事基地——大西洋的阿松森(Ascension)岛、印度洋的迪戈加西亚(Diego Garcia)和太平洋的卡瓦加兰(Kwajalein)上，5 个监测站设在主控站和 3 个注入站以及夏威夷岛。

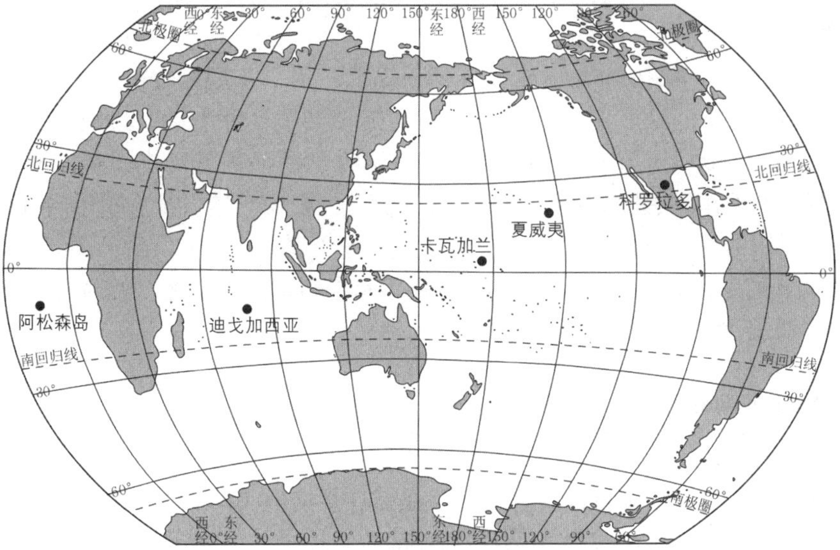

图 2-3-4　GPS 地面监控部分

地面监控部分的工作如图 2-3-5 所示。

5 个监测站是一种无人值守的数据采集中心，受主控站控制，定时将它对每颗卫星的观测

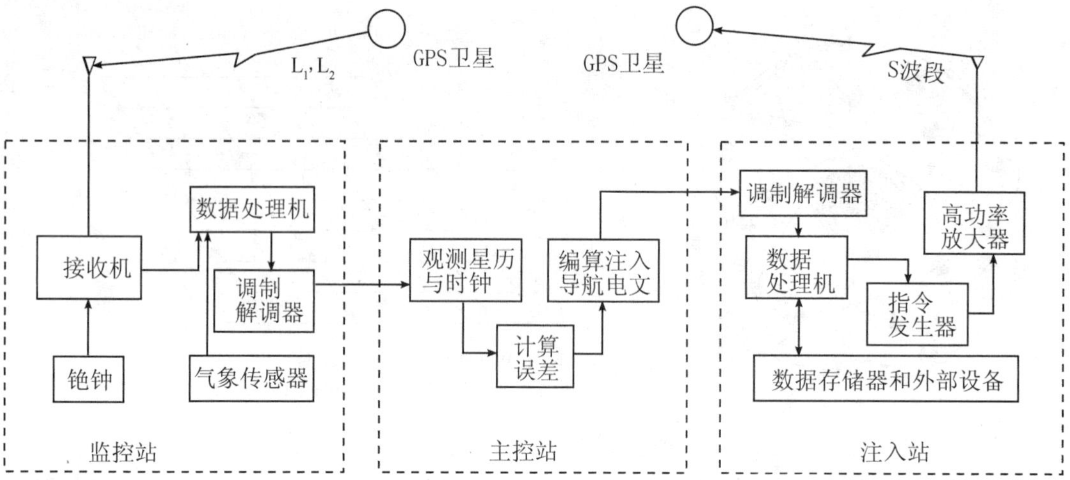

图 2-3-5　地面监控部分工作示意图

数据送往主控站。5 个监测站的全球分布,保证了 GPS 卫星定轨的精度要求。由这 5 个监测站提供的观测数据经主控站处理就形成了卫星星历。

主控站收集监测站送来的数据并进行处理分析,然后编辑成导航电文,发出对卫星的控制指令。主控站将编辑的导航电文与要求卫星执行的控制指令送到位于三大洋的 3 个注入站,注入站定时地用 S 波段把这些信息送至 GPS 卫星。

3. 用户接收机

GPS 的空间部分与地面监控部分是由美国国防部投资建立、维护和运行的。GPS 卫星将昼夜不停地发送导航定位信息,这是一种可供无数用户共享的、重要的信息资源。因此,世界各国的企业、科研单位等相继研制出各种类型的接收机。凡有 GPS 接收机的用户都能使用 GPS。

GPS 接收机种类很多,按性能分 X 型、Y 型和 Z 型三种。X 型接收机是一种高动态运载工具使用的接收机,适用于飞机、导弹和飞船。Y 型接收机是一种中动态运载工具使用的接收机,适用于速度低于 400 km/h 的民用飞机。Z 型接收机是一种低动态运载工具使用的接收机,适用于船舶、地面车辆、徒步或定点的定位。按用途分,GPS 接收机有军用的、民用的、大地测量用的和测时用的等。

要理解 GPS 的工作原理,必须了解如何利用卫星进行测时与测距。测时与测距是 GPS 中的两项关键技术,下面对此作原理性的介绍。

二、GPS 的时间系统与测距信号

1. GPS 的时间系统

GPS 测时的基础是高稳定度的时钟信号。GPS 日常采用的铯原子钟的精度为 10^{-15},完全满足系统对基准时钟稳定度的要求,也为高精度的测距提供了可能。但是,GPS 的时间系统的精度还必须通过相对论进行校正。

根据光速,GPS 信号传播时间 3.33 ns 的测量误差对应着 1 m 的距离测量误差,因此,只有将 GPS 卫星的时钟误差控制在 20 ~ 30 ns 以内,GPS 才有可能成为具有实际应用价值的精确定位系统。精密的 GPS 卫星原子钟以及 GPS 地面监控部分对卫星原子钟的进一步监视、校正，使得校正后的卫星原子钟误差可控制在几个纳秒之内。

GPS 卫星在离地心大约26 560 km 的高空轨道上运行，运行速度约为4 000 m/s，运行周期约为 11 小时 58 分。因此，GPS 卫星相对于地面上的观测者在做高速运动，由此产生的相对论效应对 GPS 来说是不可忽略的。狭义相对论指出，高速运动的 GPS 卫星原子钟在地面上看起来呈时间膨胀现象，也就是说，GPS 卫星原子钟比地面上一模一样的原子钟运行要慢（动钟缓慢）。根据狭义相对论，可以计算，预测出 GPS 卫星原子钟每天要变慢约 7 μs。

另一方面，GPS 卫星在高空运行，而离地球越远，则由地球质量引起的时空弯曲度越小。广义相对论预测，对比在时空弯曲度较大的地面上的原子钟，运行于时空弯曲度较小的卫星原子钟在地面上看起来会变快。通过计算表明，GPS 卫星原子钟比地面上一模一样的原子钟每天要快约 45 μs。

综合以上狭义相对论和广义相对论的共同作用，在高空中变速运行的卫星原子钟比它们在地面上时每天大约要快 38 μs。这就是说，GPS 卫星原子钟每天要变快 38 000 ns，每秒变快 0.44 ns，而在两分钟之内卫星的时间误差就可以超过 50 ns。因此，在地面上设计 GPS 卫星原子钟必须通过相对论进行校正，否则，卫星原子钟的运行就会失控，卫星就可能会报废。

卫星原子钟提供的基本频率 f_0 为 10.23 MHz。为了补偿相对论效应，在地面上设计卫星时钟时，必须特意减小它的实际运行的基本频率 f_0 至 10.229 999 995 50 MHz，即频率调整量 Δf_0 为 -0.004 50 Hz。这样，一旦 GPS 卫星被发射升空后，它的时钟频率在地面上看正好等于 10.23 MHz 这个设计值。同时，因为卫星运行轨道是椭圆而不是圆，运行速度在变，离地心的距离也在变，所以地面上的 GPS 用户接收机还必须根据卫星的当前位置再对相对论效应做适当较正。

2. 对 GPS 测距信号的要求

以往的无线电导航系统是通过测相位或测脉冲来测量距离差的。不论是测相位还是测脉冲，这样的信号都存在一个提高测量精度与扩大作用距离两者之间的明显的矛盾。对测相位系统来说，要提高测距精度，在相位测试精度一定时，需要提高电波的频率，即减小电波的波长，这样的结果就会使系统的作用距离降低。台卡系统精度高而作用距离小，奥米伽系统作用距离远而精度低，也就是这个道理。对脉冲测距系统来说，要提高测距精度，应缩小脉冲的宽度，而脉冲宽度的减少，信号的能量就要减弱，作用距离就要降低。因而，与相位测距系统一样，这个矛盾是信号本身所固有的。要解决好这一矛盾，就必须采用新的信号形式。在自动罗兰 C 系统中，采用多脉冲相位编码的信号，用相关接收、相关积累的方法，可以把信噪比为 -7 dB、淹没在噪声中的罗兰 C 信号检测出来，从而提高了罗兰 C 的作用距离。这是脉冲测距系统信号的有益的改进。

NNSS 也是采用测定距离差来定船位的。距离差是通过测卫星发射的载波信号的多普勒频移的积算值得到的，因此，NNSS 不能连续定位，不适用于高速的运载工具，只能二维定位，而且精度也不够高。同时，美国把此系统对民用开放的一个重要原因是，该系统原设计的用双频接收来达到军用保密是十分不可靠的。

总之，原有导航系统的信号形式均不能达到 GPS 这样高的要求。GPS 测距信号应满足以下两项主要要求：

①为了便于用户接收，GPS 测距信号是由卫星在约 20 200 km 的高空向地面发射的，卫星

发射的信号能量远不如陆基导航系统发射台发射的信号那样强。同时,根据国际无线电咨询委员会和国际电信联盟的规定,所有空间上的卫星信号在到达地面时产生的信号强度不得超过 -154 dBW,以适应空中卫星能源依靠太阳能的制约及减少对地面接收的相互干扰。这样的卫星信号是很微弱的,环境信噪比低于 -20 dB,所有的卫星信号均淹没在噪声之中。为了获取此微弱信号,所有通信、遥感、气象、电视、军事等卫星工作站均采用大型抛物面天线,接收其卫星信号并使其聚焦,以提高其信号强度,使它大大超过环境噪声电平,然后按通常方法进行放大、变频和处理。GPS 信号到达地面时的强度为 -155 ~ -158 dBW,而且不可能要求成千上万的 GPS 用户都装配大型抛物面接收天线,因此必须采用一种新形式的 GPS 测距信号及相应的接收技术来解决这一问题。

②GPS 是美国国防部为军事目的建立的,主要供美国军用,因此,要求 GPS 信号具有极强的保密性,而对民用开放仅是低精度的部分功能。

经过长期研究与实践,人们找到了一种理想的测距与保密通信的信号形式——伪随机码。用伪随机码进行测距可以达到很高的精度,同时,用伪随机码进行通信可以达到极高的保密性。美国在阿波罗登月中就采用伪随机码进行火箭位置的跟踪测量,测距精度优于 10^{-6},然后在此基础上进行无码的相位测量,测距精度达到 10^{-8}。GPS 测距信号就是采用伪随机码,与其相应的接收技术就是相关接收。

3. 伪随机码

伪随机码又称为伪随机噪声码(Pseudo Random Noise,PRN)是一种既可以预先确定并可重复产生,又具有白噪声所具有的良好的自相关特性的二进制码元序列。

在数字编码理论中,对伪随机码理论及产生方法有详细介绍。伪随机码是数字通信与数字测距的基础与重要工具。*m* 序列是一种应用广泛的伪随机码,又是一种由线性反馈移位寄存器产生的最长序列。数学上可以证明,线性移位寄存器产生的最长序列一定具有类似于白噪声的双值自相关特性,是一种理想的测距信号。该测距信号不但具有极高的分辨率,而且信号能量强。采用相关接收技术的测距方法,不但能成功地解决测量精度与作用距离的矛盾,而且利用简单的天线就可以把"淹没"在噪声中的 GPS 信号检测出来。同时,该测距信号采用软件编码保密技术,具有极高保密性与抗干扰能力。GPS 测距信号就是采用 *m* 序列。

GPS 测距信号采用 C/A 码和 P 码两种伪随机码。C/A 码(Coarse and Acquisition Code)是用粗测与捕获信号的伪随机码,P 码(Precise Code)是精确码。

C/A 码码长 1 023,码率为 1.023 MHz,周期 1 ms。C/A 码的码元宽度为 0.98 μs,相当于 293 m,假设两个 C/A 码的码元对齐误差为码宽的 1/10 ~ 1/100,则此时相应的测距误差为 29.3 ~ 2.93 m。民用 C/A 码接收机测距精度一般为 5 ~ 10 m。

P 码码长 235 469 592 765 000,码率 10.23 MHz,周期约 266.4 天。由于 P 码的码元宽度为 C/A 码的码元宽度的 1/10,相当于 29.3 m,假设两个 P 码的码元对齐误差也为码宽的 1/10 ~ 1/100,则些时相应的测距误差为 2.93 ~ 0.293 m。实际使用的 P 码是其中某段周期为 7 天的码。由于采用多种加密编码方法,因此,P 码具有极高保密性。

4. GPS 卫星信号

GPS 卫星信号包含三种信号分量:载波、测距码和数据码。时钟频率选用 10.23 MHz,利用频率综合器产生所需要的频率。GPS 信号的产生如图 2-3-6 所示。

在 L_1 波段上,C/A 码与 P 码以正交方式,数据码以同相的方式调制。在 L_2 波段上,P 码

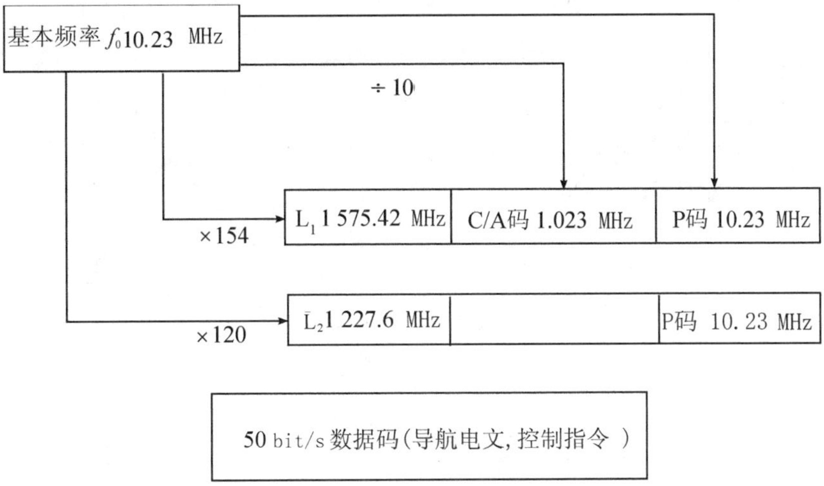

图 2-3-6 GPS 卫星信号的产生

与数据码以同相的方式调制。

L_1 波段中,一个 C/A 码码元中共有 1 540 个载波周期,一个 P 码码元中共有 154 个载波周期;L_2 波段中,一个 P 码码元中共有 120 个载波周期。因此,可以通过多普勒计数和载波相位测量来大大提高 GPS 接收机的定位精度,其精度可达到厘米级乃至毫米级。

接收机只有在捕获 C/A 码后,才能解出数据码,获得导航电文与控制指令。卫星的导航电文中主要有以下内容:卫星识别码、星座星历、卫星时钟偏差、电离层校正参数、卫星工作状态、UTC 时间与 GPS 时间的差值。

三、伪随机码测距定位原理

GPS 卫星发射两种伪随机码,即 C/A 码和 P 码,因此,用户接收机可以接收到两种伪随机码测距信号。由于 P 码仅供美国军事部门及特许的民间部门使用,因此在此不做讨论。下面讨论 C/A 码伪距测量。

伪距测量是利用相关技术获得的。在相关接收中,卫星上发射的 C/A 码伪随机信号是由卫星钟控制的,用户接收机的 C/A 码伪随机信号是由本机时钟控制的。在相关接收时,将这两个伪随机信号码位对齐,即完成跟踪与延时锁定,这一时刻相对于初始时刻的延时量,即表征了用户点到卫星间距离的函数,称为伪距(pseudo range),用 $\tilde{R}$ 表示。

如图 2-3-7 所示,伪距 $\tilde{R}_i$ 由下式确定:

$$\tilde{R}_i = R_i + c \cdot \Delta t_{Ai} + c \cdot (\Delta t_u - \Delta t_{Si})$$

式中:$\tilde{R}_i$——用户到第 i 号卫星的伪距;

R_i——用户到第 i 号卫星的真实距离;

Δt_{Si}——第 i 号卫星钟对 GPS 时间标准的偏差;

Δt_u——用户钟对 GPS 时间标准的偏差;

Δt_{Ai}——传播延迟及其他误差;

c——光速。

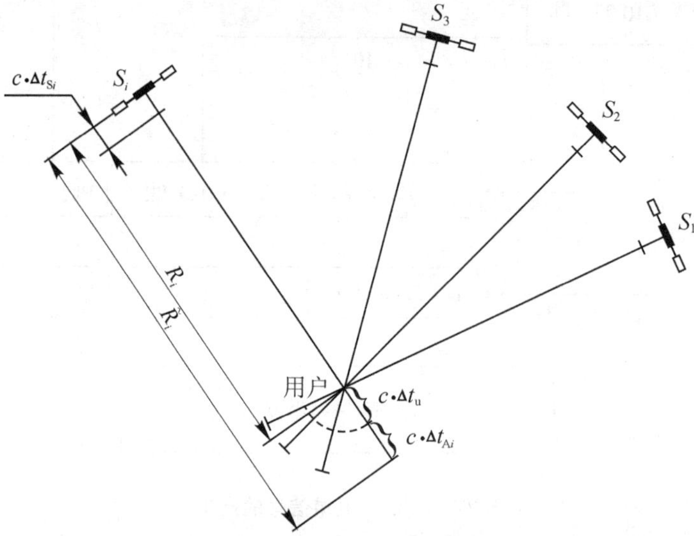

图 2-3-7　伪随机码测距原理图

定位采用直角坐标系进行计算，坐标原点设在地球球心，x 轴指向格林尼治子午线，z 轴指向北极，y 轴与 x 轴、z 轴组成右手直角坐标系。设卫星 S_i 在该坐标系统中的位置为(x_{Si}，y_{Si}，z_{Si})，用户位于(x，y，z)，则

$$R_i = \sqrt{(x_{Si}-x)^2+(y_{Si}-y)^2+(z_{Si}-z)^2}$$

因此，伪距又可表达为：

$$\tilde{R}_i = \sqrt{(x_{Si}-x)^2+(y_{Si}-y)^2+(z_{Si}-z)^2} + c \cdot \Delta t_{Ai} + c \cdot (\Delta t_u - \Delta t_{Si})$$

式中：卫星位置(x_{Si}，y_{Si}，z_{Si})和卫星钟偏差 Δt_{Si} 从卫星的导航电文中获得；

传播延迟误差 Δt_{Ai} 中的电离层延迟误差可利用导航电文中电离层校正参数，用传播延迟模型估算得到。若用户接收机测得第 i 号卫星的伪距延时量为 Δt_{Pi}，则

$$\tilde{R}_i = c \cdot \Delta t_{Pi}$$

所以，可以得到下列方程：

$$\Delta t_{Pi} = \frac{1}{c}\sqrt{(x_{Si}-x)^2+(y_{Si}-y)^2+(z_{Si}-z)^2} + \Delta t_u - \Delta t_{Si}, i = 1,2,3,4$$

这个方程中，共有用户三维位置(x，y，z)及用户钟的偏差 Δt_u 这 4 个未知数。当用户接收机接收 4 颗卫星的信号，也就可以得到 4 个方程，解这个联立方程组，就可以得到用户的三维位置与用户钟偏差。当用户配备了精密的用户时钟，则只要接收 3 颗卫星的信号，就可以解出用户三维位置。当用户高度数据已知时，只需求解二维水平位置，也只需接收 3 颗卫星的信号就足够了。当接收机能接收多于 4 颗卫星的信号时，接收机采用最小二乘法来自动求得最概率三维位置。

四、船用 GPS 接收机与定位精度

1. 船用 GPS 接收机框图

船用 GPS 接收机(GPS receiver)是利用 C/A 码测距定位的,如图 2-3-8 所示。

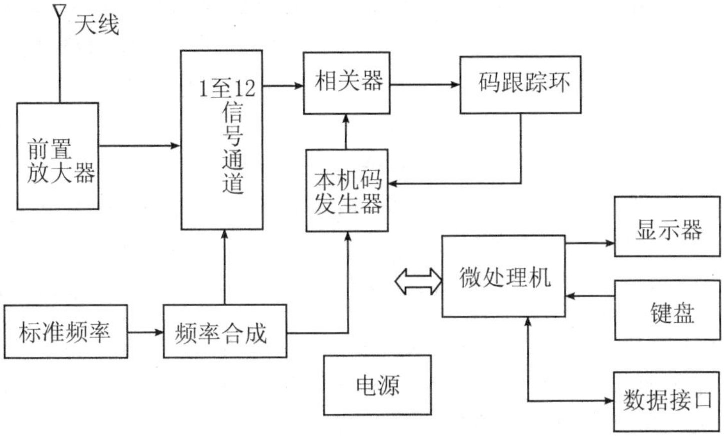

图 2-3-8 船用 GPS 接收机框图

按接收机通道方式分类,船用 GPS 接收机分为:

(1)时序接收机

这是一种最简单的接收机。一般采用单通道或双通道,按时间分割法以此实现对各个卫星电文的提取与伪距离测量。

(2)多路复用接收机

这是一种单通道多路复用接收机。它能同时接收多颗卫星的信号,而共用同一通道,以此来抵消通道间的时延差别。它能准同步观测多颗卫星。

(3)多通道接收机

又称为并行通道接收机。它能同时接收几颗卫星的信号,且通道间时延偏差很小。这是当前船用 GPS 接收机的发展方向。

天线及前置放大器为一个密封部件,以保证在气象与海况环境恶劣条件下工作。采用全方位方向图、上半球增益几乎不变的小型圆极化天线。前置放大器对天线接收到的信号进行滤波放大后输入接收机。

信号通道单元能跟踪锁定卫星信号。卫星发射的伪随机码与本机发生器产生的伪随机码在相关器内进行相关处理,若相关积累得不到峰值,则通过码跟踪环控制本机码发生器延时,直至相关器达到峰值,并自动锁定跟踪此伪随机码。将伪距延时量输入微处理机进行伪距测量计算。锁定跟踪卫星伪随机码后,就可以解调出导航电文,以便定位计算。

2. 定位精度

GPS 定位精度取决于伪距测量误差及定位时所选用的卫星的几何布置。C/A 码伪距测量精度可以用某船用 GPS 接收机的伪距测量误差表来说明,如表 2-3-2 所示。

伪距测量主要有以下误差：

(1)卫星时钟误差与星历误差

GPS 卫星的导航电文中，卫星时钟校正系数、星历数据与 GPS 时间基准及卫星真实位置间的误差就是卫星时钟误差与星历误差，这一误差属系统误差，在同一时刻对各个用户的影响是一样的。

(2)大气层传播延迟

大气层传播延迟，包括电离层传播延迟和对流层传播延迟两部分。

表 2-3-2　伪距测量误差法

误差分类	误差源	估算误差(m)
卫星设备	卫星时钟误差	3.1
	星历误差	2.7
信号传播路径	电离层延迟误差	6.4
	对流层延迟误差	0.4
	多路径效应误差	3.1
用户设备	接收机噪声与量化误差	2.44
	接收机通道间偏差	0.6
等效测距误差 σ		8.5

电离层传播延迟是由于电波在高度为 46 ~ 460 km 的电离层中传播时，传播速度变化及传播路径曲折的结果。电离层传播延迟模型比较复杂，与电波频率、太阳黑子的活动情况等因素有关。采用双频测量，可以对电离层传播延迟进行较精确的校正。采用单频测量的用户可采用模型校正法进行修正。民用 GPS 接收机采用 8 个系数的模型校正法大约可使电离层传播延迟误差减小一半。

对流层传播延迟是由于电波在近地 15 km 的对流层中传播速度不同于真空中的光速而引起的，与大气温度、压力及卫星仰角等因素有关。卫星仰角小于 10°时，这项误差迅速增大。在实际使用中，采取不选用仰角低于 5°的卫星和对仰角不小于 5°的卫星用模型校正法修正的措施。

从以上分析可知，电离层传播延迟误差与对流层传播延迟误差对范围不大地区内的用户来说是相近的。

(3)其他误差

多路径误差是指用户设备接收到一个以上传播路径的信号，将这些信号合成后，信号特性发生了变化，产生测量误差。这种多路径误差与用户天线位置及反射面自然特性等有关。

接收机噪声和量化误差：用接收机硬件和软件处理信号所引起的噪声，会对伪距测量产生误差。量化误差是数字信号处理所固有的。

接收机利用多通道对多颗卫星进行测量时，由于各通道硬件路径不同，会产生通道间偏差，给伪距测量带来误差。

C/A 码伪距测量标准差 σ 值在接收机的说明书中往往是给出的。知道伪距测量标准差 σ 后，如何来计算定位误差呢？回忆一下陆标定位中的两距离定位，其定位误差与两物标的夹角 θ 有关，也就是说与两物标和测者之间的几何位置有关。显然，GPS 接收机的定位误差也与用户及卫星间的几何位置有关。用户与卫星间的几何位置对定位精度的影响可用精度几何因子 GDOP(Geometric Dilution of Precision)来表征。总的定位标准差，可用 GDOP 与用户等效测距误差的乘积来确定。若用户等效测距标准差为 σ，则定位总标准差 $\sigma_{总}$ 为：

$$\sigma_{总} = \sigma \cdot \mathrm{GDOP}$$

实际使用中还采用以下几种精度系数：

①三维位置精度因子 PDOP (Position DOP)；

②用户时钟精度因子 TDOP (Time DOP)；

③水平位置精度因子 HDOP(Horizontal DOP)；

④垂向高度精度因子 VDOP（Vertical DOP）。

它们与 GDOP 之间的关系满足下面两公式：

$$GDOP = \sqrt{(PDOP)^2 + (TDOP)^2}$$

$$PDOP = \sqrt{(HDOP)^2 + (VDOP)^2}$$

知道了各精度因子，就可以根据以下公式求得各种定位标准差：

$$\sigma_{三维} = \sigma \cdot PDOP$$

$$\sigma_{水平位置} = \sigma \cdot HDOP$$

$$\sigma_{垂直高度} = \sigma \cdot VDOP$$

$$\sigma_{用户时钟} = \sigma \cdot TDOP$$

在航海上用得最多的是水平位置标准差 $\sigma_{水平位置}$，习惯上用 drms（dual root mean square）来表示。例如，$\sigma = 8.5$ m，HDOP = 1.5，则 1 drms = 12.8 m，2 drms = 25.6 m，即水平位置精度为 25.6 m(95%)。

四星三维定位中，几何精度因子总是大于 1 的，最小的 GDOP 为 1.581；多于四星的三维定位中，是采用最小二乘法来求得最概率船位的，此时的几何精度因子可能会小于 1。

必须强调指出，船用 GPS 接收机的定位精度还取决于以下两个方面：

①由于美国采用有选择可用性（Selective Availability，SA）政策，定位精度要降低至水平位置定位精度为 100 m。虽然，目前美国已表示不使用 SA 政策，但是 GPS 定位精度依然存在美国政策变化带来的风险。

②由于船用 GPS 接收机给出的船位是 WGS-84 坐标系（World Geodetic System 1984）下的船位，要把它画到海图上去，必须有一个坐标变换或坐标系修正量的问题。

3. 坐标系修正量

因坐标不同而引起位置的误差对 GPS 接收机来讲是一个绝不可忽略的问题，航海人员必须清醒地认识到这一点。使用坐标系修正量的条件在第一篇第二章第五节已做过论述。

目前已有不少船用 GPS 接收机具有世界上几个主要大地坐标系与 WGS-84 坐标系的自动变换功能，航海人员在使用时，可以根据海图坐标系选择机内相同的坐标系。在实际使用中，有条件时还应用陆标定位去核对。

现在许多国家出版的新版海图中都已经给出海图坐标系与 WGS-84 坐标系之间的坐标系修正量。在某些大比例尺海图上可能按区域给出多个这样的修正量，航海人员应正确使用。

利用海图中给出的海图坐标系与 WGS-84 坐标系之间的坐标系修正量，把 GPS 接收机给出的 WGS-84 坐标系下的 GPS 船位校正定位到海图上的方法是常用的、可靠的方法。

需要强调的是，采用坐标系修正量，在接收机上做自动修正时，或采用接收机其他大地坐标系来定位时，航海人员必须采取可靠有效的记录与明确的表示方法，以免出错。

下面是海图标注坐标系修正量的例子：

例 2-3-1：图号 BA66

图名 GULE OF THAILAND MALAYSIA AND THAILAND TUMPAT TO LAEM CHONG PHRA

该海图标题栏中有以下说明：

SATELLITE-DERIVED POSITIONS

Positions obtained from Global Navigation Satellite Systems, such as GPS, are normally referred to WGS84 Datum. Such positions must be adjusted by 0.12 minutes SOUTHWARD and 0.19 minutes EASTWARD before plotting on this chart.

Example:

WGS84 Position	10°00′.00N	100°00′.00E
lat/long adjustments	0′.12S	0′.19E
Adjusted Position	9°59′.88N	100°00′.19E

该说明表示从 GPS 接收机获得的 WGS-84 大地坐标系下的船位，应向南修正 0′.12，向东修正 0′.19 后，才能在该海图上标定船位。

同时，该海图标题栏中还有以下说明：

CHARTS 3542, 3967 & 3985: POSITIONS positions on chart 66 differ from those on charts 3542, 3967 and 3985 by varying amounts; positions should be transferred by bearing and distance from common charted objects, not by latitude and longitude.

该说明表示该海图（BA66）中船舶的位置不能用物标在该海图上的经纬度去标定到相邻海图 BA3542，BA3967 及 BA3985 上，而应利用船舶对相同海图物标的方法与距离去标定。

例 2-3-2：图号 1353

图名 MALACCA STRAIT TANJUNG JAMBOAYE TO PERMATANG SEDEPA (ONE FATHOM BANK)

该海图标题栏中有以下说明：

CAUTION: SATELLITE-DERIVED POSITIONS

Positions obtained from Global Navigation Satellite Systems, such as GPS, are normally referred to WGS84 Datum. The differences between satellite-derived positions and positions on this chart in Indonesian waters cannot be determined. Mariners are warned that these differences MAY BE SIGNIFICANT TO NAVIGATION and are therefore advised to use alternative methods of obtaining positional information and to exercise particular caution when navigating close to the shore or in the vicinity of dangers.

Positions in Malaysian waters must be adjusted by 0.10 minutes EASTW ARD before plotting on this chart.

Example:

WGS84 Position	04°10′.00N	99°55′.50E
lat/long adjustments	0′.00N	0′.10E
Adjusted Position	04°10′.00N	99°55′.60E

该说明表示航海表必须注意从 GPS 接收机获得的 WGS-84 大地坐标系下的船位在印度尼西亚水域因存在较大的误差而不能使用；航海表应采用其他的定位方法来确定船位，尤其在靠近岸边或处于危险物附近时更应谨慎小心。但是在马来西亚水域，GPS 船位应向东修正 0′.10后，才能在该海图上标定船位。

目前，某些新版的英版海图及大部分新版中版海图都已经采用 WGS-84 大地坐标系，因此，在这样的海图上 GPS 船位可以直接标定。

五、美国的 SA 政策和 DGPS 定位原理

1. 美国的 SA 政策

美国政府在 GPS 设计中，计划 C/A 码定位精度 100 m，P 码定位精度 10 m。在 GPS 试验

卫星应用阶段，实际定位精度远高于此值，C/A 码定位精度 14 m，P 码定位精度 3 m。美国政府为了自身的利益，采取了 SA 政策，人为地将误差加入卫星时钟与星历数据中，故意降低民用 GPS 接收机的定位精度，以防止未经许可的用户把 GPS 用于军事目的。SA 政策称为选择可用性政策，其目的是使水平定位精度降至 100 m，垂直高度精度降至 157 m。美国国防部常年对 SA 政策进行监测，并根据形势和要求可暂时对部分或全部卫星取消 SA 政策。

除了对民用用户的上述政策外，SA 政策中为防止对 P 码的电子干扰，将 P 码与高度机密的 W 码进行模 2 相加形成 Y 码，利用 Y 码进行伪距测量与通信具有更高的保密性。此项技术仅在美国国家紧急状态下启用。

美国政府实施 SA 政策，使得民用 GPS 接收机的定位精度严重下降，从而极大地限制了 GPS 的应用范围。许多潜在的民间用户迫切要求美国政府放弃 SA 政策，但是实际上这是不可能的。这样，在实施 SA 政策下提高 GPS 定位精度的任务，就落在厂商和各国用户的身上，DGPS 定位技术（Differential GPS，DGPS）便应运而生，并且得到飞速的发展。正因为 DGPS 的普遍应用，而且其精度受岸基台控制，所以 2000 年 5 月美国公布取消 SA 政策。

为了满足沿岸航行、狭水道航行、进出港口以及海上交通管理等场合船舶高精度定位的需要和满足海洋渔业、海洋测绘、海上石油开发、海上工程定位等高精度定位用户的需要，目前，已有许多国家在本国沿海建立了 DGPS 台链，DGPS 可以覆盖距沿岸 DGPS 基准台 150 n mile 的海域和部分陆域。

2. DGPS 定位原理

DGPS 全名为差分全球定位系统，是在 GPS 的基础上利用差分技术使用户能够从 GPS 中获得更高的精度。

通过基准台的测量，以获得误差的公共项，然后作为其他测量的修正值去消除此误差的公共项，以提高测量精度的方法就是差分技术。DGPS 的基础是，在同一地区内，GPS 缓慢变化的系统误差，包括选择可用性（SA）误差，对基准台及其邻近用户的影响是相同或相近的。DGPS 把一台或多台高精度 GPS 接收机放在位置已精确测定的点上组成基准台，基准台接收机通过接收测量 GPS 卫星信号，并根据已知测点的精确位置，计算出误差的公共项，再将这一修正值以标准数据格式通过播发台向周围空间播发，附近的 DGPS 用户接收到来自基准台的修正值（误差修正信息），以此来修正自身的 GPS 测量值，从而大大提高其定位精度。DGPS 可以有效地削弱 SA 的影响，基本消除星历误差与卫星时钟误差，大部分消除电离层延迟误差及部分消除对流层传播延时误差，达到米级定位精度。

民用 DGPS 大都是采用伪距差分技术，国际海事无线电技术委员会（RTCM）设立的为全球推广 DGPS 的 SC－104 专门委员会也推荐采用这种技术。

3. 伪距差分原理

伪距差分是目前应用最广的一种技术。它是通过校正伪距测量中的公共项来提高定位精度的。

安装在已知精确位置上的基准台高精度 GPS 接收机测量出全部可见卫星的伪距 $\tilde{R}_i^f$（i 表示第 i 颗卫星，下同）和收集全部卫星的星历文件。基准台根据星历文件计算出各个卫星的空间坐标。这样，利用每一时刻卫星的空间坐标和基准台的已知坐标，就可以反求出每一时刻基准台到卫星的真距 R_i^t。

基准台 GPS 接收机测量的伪距包括各种误差，与真距不同，因此，可以求出各个卫星的伪

距修正值 $\Delta\rho_i$：

$$\Delta\rho_i = R_i^t - \tilde{R}_i^f$$

同时，还可求出相应的伪距修正值的变化率$\Delta\dot{\rho}_i$：

$$\Delta\dot{\rho}_i = \frac{\Delta\rho_i}{\Delta t}$$

知道 t_0 时刻的伪距修正值 $\Delta\rho_i$ 与相应的变化率 $\Delta\dot{\rho}_i$，就可以求某一时刻 t 的伪距修正值$\tilde{R}_i(t)$：

$$\tilde{R}_i(t) = \Delta\rho_i + \Delta\dot{\rho}_i(t - t_0)$$

基准台将 $\Delta\rho_i$ 和$\Delta\dot{\rho}_i$ 传送给附近的 DGPS 用户，用户测量出伪距 $\tilde{R}_i$，再加上修正值 $\Delta\tilde{R}_i(t)$，便求得经过修正后的伪距 $\tilde{R}_i^c(t)$：

$$\tilde{R}_i^c(t) = \tilde{R}_i + \Delta\tilde{R}_i(t) = \tilde{R}_i + \Delta\rho_i + \Delta\dot{\rho}_i(t - t_0)$$

然后，用户再利用修正后的伪距 $\tilde{R}_i^c(t)$ 去进行定位解算。

伪距 DGPS 原理如图 2-3-9 所示。

由于在同一时刻星历误差与卫星时钟误差对基准台及其邻近用户的影响是相同的；电离层延迟误差在一个不大范围内变化很小，对基准台及其邻近用户的影响是很相近的；在同一地区内，对流层延迟误差由于近地空气温度与压力变化较大，对基准台及其邻近用户的影响只能较相近，因此，DGPS 可以基本消除、大部分消除与部分消除这些误差的影响，提高定位精度。

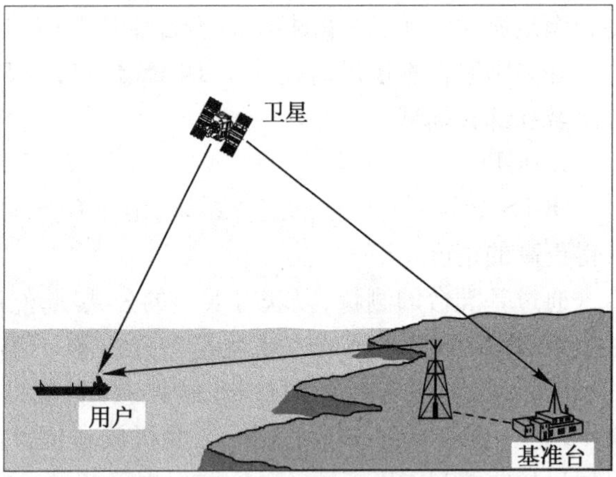

图 2-3-9 伪距差 GPS 示意图

伪距差分还具有以下优点：

①由于计算的伪距修正值是直接在 WGS-84 坐标系上进行的，不用先变换为当地坐标，因此能达到很高的精度。但是许多国家的 DGPS 都是给出 WGS-84 坐标系中用户的位置，因此，必须指出的一点是，用户在使用时坐标系修正量是必须要考虑的。

②提供 $\Delta\rho_i$ 和$\Delta\dot{\rho}_i$ 作为伪距修正值，从而可使用户进行连续的精确定位。

③基准台能提供所有卫星的伪距修正值，而用户可允许接收任意 4 颗卫星进行修正，不必担心两者完全相同，因此，用户可以采用具有差分功能的简易接收机。

伪距差分能将基准台与用户的公共误差消除，但随着用户离基准台距离的增加又出现了系统误差，这种误差用任何差分法都是不能消除的。用户距基准台越近，此系统误差越小，定位精度越好。用户和基准台之间的距离对精度有决定性影响。

根据星历与时钟所计算的卫星位置是无法与卫星的实际位置相一致的，这就是产生以上系统误差的主要原因。设卫星的计算位置为 A 点，卫星的实际位置为 B 点，它们之间的斜距为 d_i，可得图 2-3-10，图中 $BF = \delta R_i^f$，$BE = \delta R_i$，$\angle BAF = \alpha$，$\angle EAF = \varepsilon$。

基准台校出的修正值为 δR_i^f，并将此值传送给用户，用户用 δR_i^f 校正其伪距测量值。但由于用户与基准台相距 D，因此 δR_i^f 并不与用户的伪距修正值 δR_i 相等，此时，存在一个剩余误差

e_i：

$$|e_i| = |\delta R_i^f - \delta R_i|$$

因为 $\delta R_i^f \approx d_i \sin\alpha, \delta R_i \approx d_i \sin(\alpha - \varepsilon)$

所以 $|e_i| = d_i \cdot |\sin\alpha - \sin\alpha\cos\varepsilon + \cos\alpha\sin\varepsilon|$

又因为卫星的高度 $R \gg D$，所以 ε 很小，则

$$\cos\varepsilon = 1, \sin\varepsilon \approx \varepsilon \approx \frac{D}{R}$$

故 $$|e_i| = \frac{D}{R} \cdot d_i \cos\alpha$$

由上式可知，用户离基准台的距离越远，DGPS 的定位精度越低。

若卫星位置误差 $d_i\cos\alpha = 100$ m，用户离基准台距离 $D = 100$ km，卫星高度 $R = 20\ 000$ km，则

$$e_i \leqslant \frac{100 \text{ km}}{20\ 000 \text{ km}} \times 100 \text{ m} = 0.5 \text{ m}$$

此式还可以理解为，用户离基准台距离每增加 100 km，剩余误差 e_i 将至多增加 0.5 m。

实际上，各颗卫星的位置误差是各不相同的，其对伪距测量的影响也都不相同，因此，用户离基准台距离与剩余误差的关系远比以上公式复杂。用户离基准台距离与 DGPS 定位精度的关系目前还没有公认的计算公式。

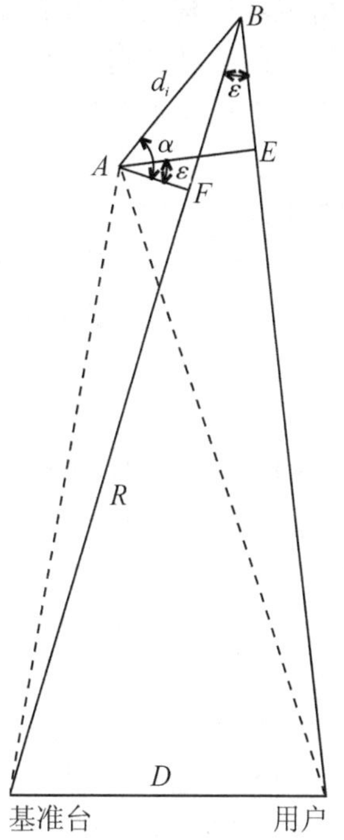

图 2-3-10 伪距差分误差分析

DGPS 是近程导航系统，其基准台大部分采用中频信号发射差分信息，作用距离为 150 n mile左右。在实际建 DGPS 台链时，不少基准台是利用原有的沿海无线电信标（RBN）设施改建的。国际组织为了保证各 DGPS 之间不产生相互干扰，也为了保证 DGPS 用户接收机的通用性，并可以使用所有建成的或即将建成的民用 DGPS，规定基准台必须按 RTCM SC—104 标准格式播发差分数据；规定了各国基准台的识别码范围。配备 DGPS 接收机的用户不再需附加的设备就可以使用所有的民用 DGPS。DGPS 接收机是一种功能更强的 GPS 接收机，在 DGPS 覆盖区域，它是一台 DGPS 接收机；在 DGPS 未覆盖区域，它又是一台普通的 GPS 接收机。DGPS 接收机是一种能够接收与处理按 RTCM SC—104 格式编制的差分信息的 GPS 接收机。在硬件上，它比普通 GPS 接收机多一套中频接收天线与设备；在软件上，它应增加接收与处理差分信息的功能。

为了在一个更广阔的地区内提供高精度的 DGPS 服务，可以在 DGPS 基准台链基础上建立监控站与监控中心站，并使它们与基准台链组网。各监控站监测 GPS 卫星信号与各基准台播发的差分信号，监控中心站根据各监控站监测的数据采用空间相关等技术进行处理，以形成在扩展区域内的有效差分信息，这就是扩展伪距 DGPS。它不仅加大了 DGPS 的有效工作范围（可达 300 n mile 以上），而且保证了在该区域 DGPS 的定位精度。

DGPS 已在世界上许多国家得到成功的应用。美国、英国、比利时、荷兰、德国、丹麦、波兰、日本、中国等国家都建立了 DGPS。

六、GPS 在航海上的应用

GPS 在军事和民用方面的应用非常广泛，在航海、航空、陆地交通运输、大地测量与空间技

术等领域都有重要的用途。GPS 所提供的高精度的时间标准、精密的抗干扰能力极强的数字编码测距信息已成为重要的信息资源，该信息资源的重要性已为越来越多的用户所了解，许多潜在用户正在不断开拓 GPS 更为广阔的应用前景。

在航海上，GPS、DGPS 所提供的连续的高精度船位已达到海图极限精度要求的数字船位，这是船舶定位技术上一次重大突破，是导航技术一次质的飞跃。

GPS 在导航定位上的重要作用是不言而喻的，更重要的是 GPS 已经并且正在不断促进与带动各种助航仪器设备的发展，使航海仪器设备朝着数字化、信息化、智能化的方向发展。

例如：GPS 所提供的时间标准信号，可以作为船舶时间基准信号，船用子母钟可以利用 GPS 时间标准进行校正；

GPS 提供的 WGS-84 坐标系的数字船位是 AIS 设备成功应用于航海的基础；

输入本船的 GPS 数字船位，雷达/ARPA 就可以实现真运动显示，可以给出目标船的经纬度位置，实现在雷达上船舶之间的“互见”；

自动舵（autopilot）采用 GPS 数字船位，输入航路信息就可以实现航迹舵（navpilot）功能，船舶可以在电子海图上实现自动驾驶；

GPS 信息、AIS 信息、雷达信息可与电子海图信息组成综合导航信息系统；

GPS 罗经；

GPS 船舶姿态测试仪；

DGPS 信息、AIS 信息可与电子港口海图组成引航信息系统；

智能化的新的电子浮标信息系统；

智能化 VTS……

总之，GPS 所提供的重要的信息资源，是电子航海（electronic navigation）的基础，必将极大地促进航海科学与技术的发展。

需要强调的是，以上仅是以目前船上应用最广的 GPS（导航星全球定位系统）在航海上的应用为例，对航海科学技术的发展的影响作了介绍，而目前已投入运行的俄罗斯的 GLONASS（全球卫星导航和定位系统）、我国的“北斗”卫星导航系统、即将投入运行的欧洲的 Galileo（伽利略系统）都具有 GPS 同样的功能，也都是重要的信息资源，因此，GPS 并不是唯一的。随着现代科学技术的不断发展，一定会有更多、更好的全球卫星导航系统投入运行，航海科学技术的信息时代正在到来。

第四章　天文定位

天文定位是一门利用天体在海上进行定位的技术。19 世纪中叶，由法国航海家圣·希勒尔（St. Hilaire）提出的高度差法（截距法）为现代天文航海奠定了理论基础，并在航海实践中得到了广泛的应用。

天文定位的优点：设备简单、可靠，观测的目标是自然天体而不受人控制，不发射任何声、光和电波而具有隐蔽性等。

天文定位的缺点：天文航海受自然条件限制，不能全天候导航，必须人工观测，计算烦琐，如图 2-4-1 所示，A 为测者，天体 B 与地心 O 的连线交地面于点 P_G（Geographical Position），称为天体地理位置。测者用六分仪（测角仪器）观测天体 B 的高度，经几项高度改正之后可求得天体地心真高度又称天体真高度 h_t。测者 A 到天体地理位置 P_G 的球面距离 AP_G 弧可用其所对的球心角 $90° - h_t$ 表示（地球半径一定），称为真顶距 Z。这样，以 P_G 为圆心，球面距离即真顶距 $Z = 90° - h_t$ 为半径，在球面上可作一小圆（图 2-4-1 中，过 A、A'的小圆），测者 A 一定在该圆上，这个圆称为天文船位圆，即

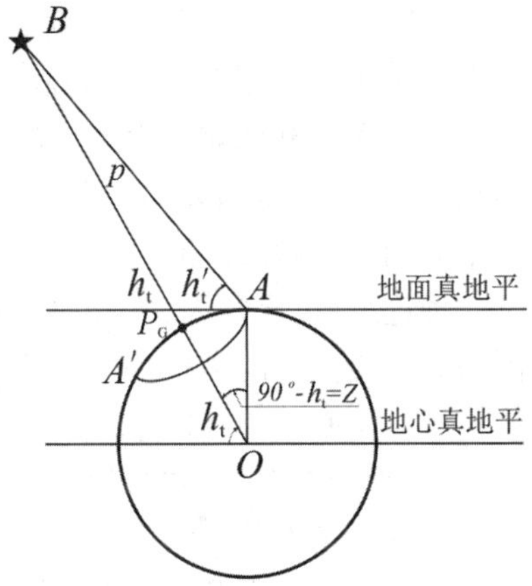

图 2-4-1　天文船位圆

$$\text{天文船位圆}\begin{cases}\text{圆心：天体地理位置 } P_G \\ \text{半径：天体真顶距 } Z = 90° - h_t\end{cases}$$

每观测一个天体均对应一个天文船位圆，反之，在该圆上的测者，在同一时刻，观测同一天体 B 的高度均相等，所以天文船位圆又称等高度圈。圆心可以根据观测天体高度的时间从《航海天文历》中查取，而半径可根据天体的观测高度经计算得到。

如果测者同时观测两个天体的高度，则可得到两个天文船位圆，两个天文船位圆会有两个交点，靠近推算船位 c 的一点，即观测船位，如图 2-4-2 所示。

从上可见，天文定位重要的是先求出天文船位圆，即圆心和半径。

如前所述，天文船位圆的圆心就是天体的地理位置，是天体在天空中的位置在地面上的投影点，要准确描述天体在天空中的位置，必须建立坐标系，称其为天球坐标系，这就是本章第一节要解决的问题。

由于地球的自转和公转以及天体的自行，使得地球上的人们看到天体在天空中的相对位置在不断地变化，天体这种相对运动现象称为天体视运动，了解天体视运动可以解释许多天文现象，这就是本章第二节要解决的问题。

由于天体视运动，使得天体位置随时间在不断地变化，要想说明天体的准确位置，必须说明

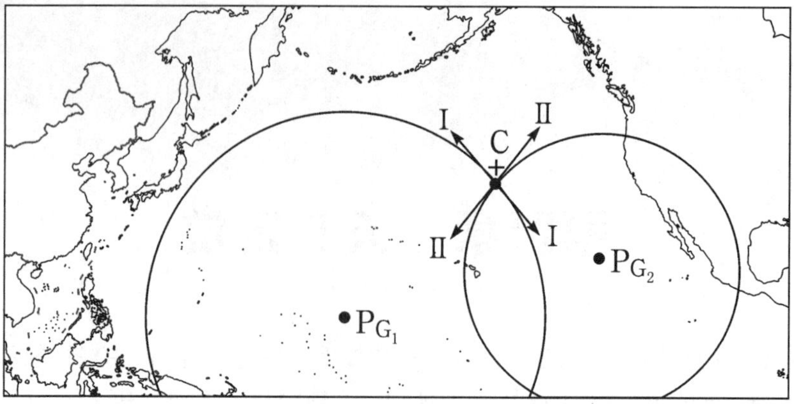

图 2-4-2　天文定位示意图

当时准确的时间，也就是说没有准确时间的天体位置在天文定位中是没有意义的。根据观测时间（世界时）查阅《航海天文历》（由航海保证部门编制，其中列出未来一年任意时刻由天球坐标表示的航用天体的准确位置）就可以求出观测时天体的准确位置，将其投影到地面上就得到天体地理位置，即天文船位圆的圆心。这就是本章第三节要解决的问题。

航海人员利用航海六分仪（专用测角仪器）观测天体的高度（同时记下观测时间），经过几项高度改正后，得到天体的真高度 h_t，$90° - h_t$ 称为天体真顶距，即天文船位圆的半径。这就是本章第四节要解决的问题。

理论上讲，已知天文船位圆的圆心和半径就可以画出天文船位圆，但实际上是行不通的，因为天文船位圆的半径一般非常大，如果得到天体的真高度为 40°，则天文船位圆的半径等于 $90° - 40° = 50° = 3\ 000'$（$1'$为 1 n mile），即 3 000 n mile。因此，航海人员将天文船位圆线性化，即将画天文船位圆的问题转化成画天文船位线的问题，其方法称为高度差法（或截距法）。这就是本章第五节要解决的问题。

同时观测两个及两个以上航用天体，就可以得到两条及两条以上天文船位线，两条及两条以上天文船位线相交即可得到观测船位，何时观测天体定位，如何确定观测船位以及如何判断观测船位的可信赖程度，这就是本章第六节要解决的问题。

针对 STCW 公约对天文航海的新要求，本章第七节介绍了 STCW 公约对现代天文航海的具体要求，并介绍了天文航海软件化和大连海事大学研发的天文航海计算软件的基本功能。

第一节　天球坐标

天球坐标是用于确定天体在天空中位置的坐标系统。天体位置确定之后，测者与天体之间才能借助数学方法（通过球面三角公式）相互联系起来，从而可以解决诸多天文航海中的实际问题。

一、天球坐标系

与地球上用纬度和经度来确定某点位置相类似，确定天体在天球上位置的球面坐标系称天球坐标系。由于采用的原点和基准大圆不同，则有不同的天球坐标系，在天文航海上常用的是赤道坐标系和地平坐标系。

1. 天球（celestial sphere）

每当我们仰首望天，总感觉天空像是一个倒扣过来的半球形。太阳、月亮、行星和恒星，无论离我们远或近，都好像镶嵌在这个球面上，而地球恰好位于这个半球的球心。因此，为了研究问题方便，我们定义以地心为球心、以无限长为半径所做的球面称天球。所有天体（无论远近）都分布在天球面上，它们在球面上的位置称为天体位置，即延长地心与天体连线交于天球球面上的一点。

2. 天球上的基本点、线、圈

要在天球上建立天球坐标系，首先必须确定一些基本点、线、圈。由于可以把天球看作是由地球圆球体表面无限扩展而形成的，因此天球上的点、线、圈都可以看作是地球上的点、线、圈在天球上的投影，两者有着一一对应关系，只是名称不同而已。它们之间的对应关系如表2-4-1所示。

表 2-4-1　天球上的点、线、圈与地球上的点、线、圈对应表

地球	地轴	北极	南极	赤道	纬度圈	经度圈	格林经线	测者所在经线
天球	天轴	天北极	天南极	天赤道	赤纬圈	时圈	格林午圈	测者午圈

（1）天轴和天极

地球自转轴 $p_n p_s$ 向两端无限延伸得到天轴（celestial axis）。天轴和天球相交于两点，对应于地北极的一点 P_N 称为天北极，对应于地南极的一点 P_S 称为天南极，统称天极（celestial poles），如图 2-4-3 所示。

（2）天赤道（celestial equator）

地球赤道平面无限向四周扩展与天球球面相截所得的大圆，称天赤道，如图 2-4-3 中垂直于天轴的大圆 QQ'。天赤道上任意一点距两天极的球面距离都为 90°。天赤道将天球分为北天半球和南天半球。

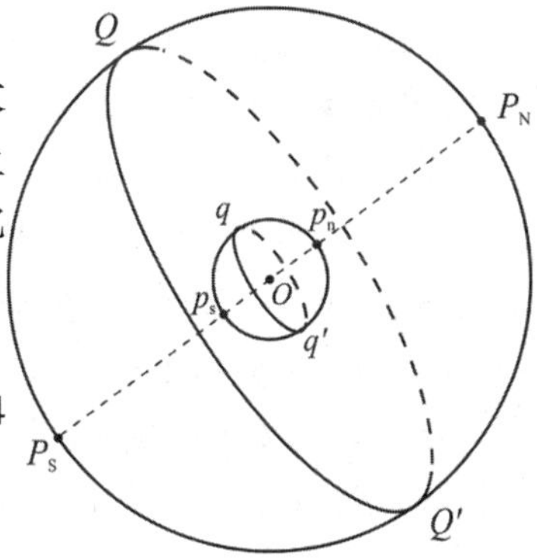

图 2-4-3　测者子午面天球图（1）

（3）天体时圈（hour circle）

过两天极和天体的半个大圆 P_NBP_S 称天体时圈，如图 2-4-4 所示。

（4）天体赤纬圈（parallel of declination）

过天体 B 且平行于天赤道的小圆 DBD' 称为天体赤纬圈，又称周日平行圈，它与地球上纬度圈 dbd' 相对应，如图 2-4-4 所示。

（5）天顶和天底

视地球为均匀圆球体，地面上的某一点 A 与地心 O 的连线即是该点的铅垂线，如图2-4-5所示。

①测者天顶 Z：无限延长测者铅垂线，向上（背离地心的方向）与天球的交点 Z 称测者天顶（zenith）；而向下延长与天球的交点 Z' 称测者天底（nadir）。

②格林天顶 Z_G：无限延长格林尼治天文台的铅垂线，向上与天球的交点 Z_G 称格林天顶；

而向下延长与天球的交点 Z_G' 称格林天底。

(6)子午圈

①测者子午圈:过测者天顶、天底和两天极的大圆 P_NZP_SZ' 称为测者子午圈(observer's meridian),如图 2-4-5 所示。

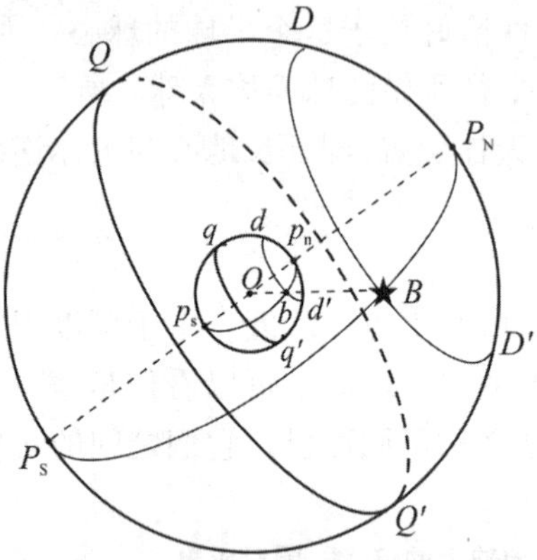

图 2-4-4　测者子午面天球图(2)

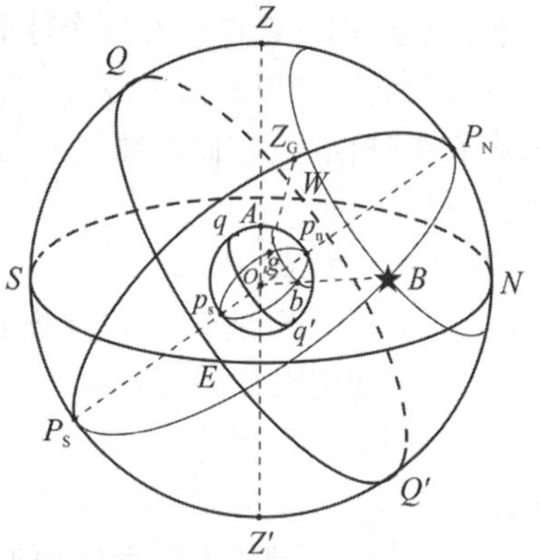

图 2-4-5　测者子午面天球图(3)

a. 测者午圈:两天极之间包含测者天顶的半个大圆 P_NZP_S,它与测者所在经线相对应。

b. 测者子圈:两天极之间包含测者天底的半个大圆 $P_NZ'P_S$。

测者子午圈将天球分为东天半球和西天半球。

②格林子午圈:过格林天顶、天底和两天极 $P_NZ_GP_SZ_G'$ 的大圆称格林子午圈(Greenwich meridian),如图 2-4-5 所示。

a. 格林午圈:两天极之间包含格林天顶的半个大圆 $P_NZ_GP_S$,它与格林经线(零度经线)相对应。

b. 格林子圈:两天极之间包含格林天底的半个大圆 $P_NZ_G'P_S$,它与 180°经线相对应。

(7)测者真地平圈(celestial horizon)

通过地心且垂直于测者铅垂线的平面与天球截得的大圆 *NESW* 称测者真地平圈或地心真地平圈,真地平圈上任意一点距天顶或天底的球面距离均为 90°。真地平圈将天球分为上天半球和下天半球,如图 2-4-5 所示。

(8)方位基点(cardinal points)

方位基点又称四方点。测者子午圈与真地平圈交于两点,靠近天北极的一点称北点 *N*,与其相对的点称南点 *S*。天赤道和真地平圈交于两点,测者面向北,右侧为东点 *E*,左侧为西点 *W*。四方点 *N*、*E*、*S*、*W* 将真地平分成 *NE*、*NW*、*SE*、*SW* 四个象限,每个象限为 90°,如图 2-4-6 所示。

(9)仰极(elevated pole)与俯极(depressed pole)

真地平以上的天极称仰极(与测者纬度同名的天极),真地平以下的天极称俯极。图2-4-6 中,测者为北纬,则仰极为 P_N。

(10)垂直圈(vertical circle)

如图 2-4-6 所示,过天顶 *Z*、天体 *B* 和天底 *Z'* 的半个大圆 *ZBZ'* 弧称天体垂直圈,由于它们都垂直于真地平圈,故称垂直圈。过东、西点的垂直圈 *ZWZ'E* 称卯酉圈,又称东西圈,它与测者子午圈垂直。卯酉圈(东西圈)被天顶 *Z* 和天底 *Z'* 分成两半,包括东 *E* 点的半个大圆称为卯圈(东圈),包括西 W 点的半个大圆称为酉圈(西圈)。

(11)春分点和秋分点

地球绕太阳公转的轨道平面与天球相交的大圆称黄道。黄道和天赤道相交两点分别称春分点♈(vernal equinox)和秋分点♎(autumnal equinox)。春分点♈是天球坐标系的一个原点,它位于天赤道上。

(12)春分点时圈(hour circle of vernal equinox)

过两天极和春分点♈的半个大圆 P_N ♈ P_S 称春分点时圈,如图 2-4-6 所示。

(13)高度平行圈(parallel of altitude)

如图 2-4-6 所示,过天体 B 且平行于真地平圈的小圆 aBa'。

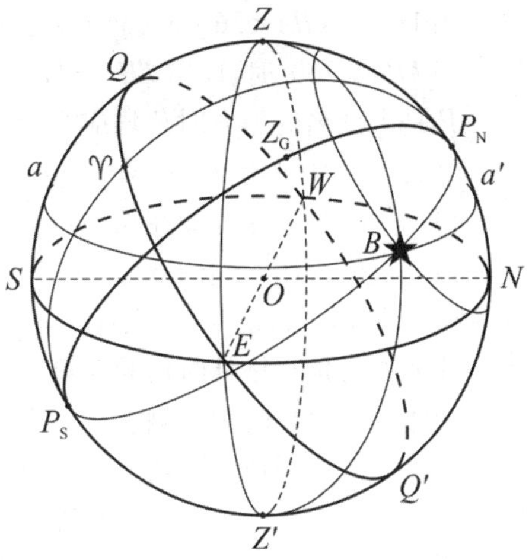

图 2-4-6 测者子午面天球图(4)

3. 第一赤道坐标系

在第一赤道坐标系中,采用天赤道 QQ' 为基准圆,如图 2-4-7 所示,以格林(或测者)午圈和天赤道的交点 Q_G(或 Q)为原点,几何极为天北极。坐标是时角和赤纬,故又称时角坐标系。

(1)天体赤纬(declination, Dec)

从天赤道起,沿天体时圈度量到天体中心的弧距称赤纬,由 0°~90°计算。向天北极度量为北(N),向天南极度量为南(S)。该坐标的另一种表示方法称极距 p:从仰极起沿天体时圈度量至天体中心的弧距,由 0°~180°计算。$p = 90° \pm Dec$(赤纬与纬度异名取加,同名取减)。如图 2-4-7 所示,MB 弧和 P_NB 弧分别为天体 B 的赤纬和极距。

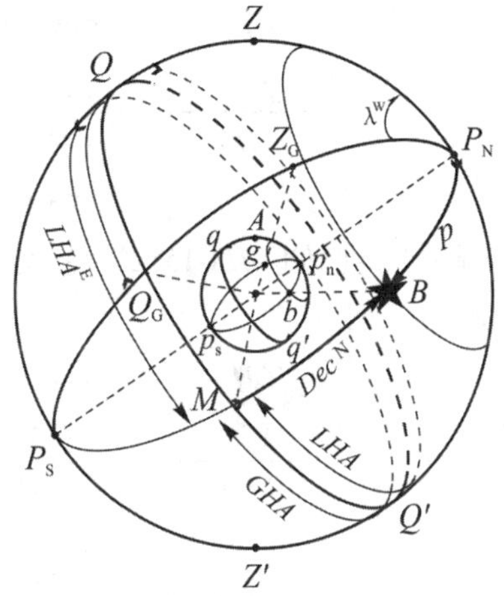

图 2-4-7 第一赤道坐标系

(2)时角(hour angle)

测者午圈或格林午圈与天体时圈在天赤道上所夹的弧距称为时角,由于起算点的不同,时角又分为地方时角和格林时角。

①天体地方时角(local hour angle, LHA)

测者午圈与天体时圈在天赤道上所夹的弧距称天体地方时角。其度量法分为圆周法和半圆周法。

a. 圆周法:由测者午圈开始沿天赤道向西量至天体时圈,由 0°~360°计算,无须命名。如图 2-4-7 所示,天体 B 的圆周地方时角 $LHA = QQ'M$ 弧。

b. 半圆周法:由测者午圈开始沿天赤道向东或向西量至天体时圈,由 0°~180°计算。半圆周法必须命名,即标注 E 或 W。如图 2-4-7 所示,天体 B 的半圆地方时角 $LHA^E = QQ_GM$ 弧。天体半圆地方时角也可以定义为测者午圈与天体时圈在仰极处所夹的小于 180°的球面角,如图 2-4-7 中的球面角 ZP_NB。

c. 两种算法的关系

设 LHA 为圆周时角，则有：

当 $LHA<180°$时，圆周时角＝半圆时角(W)；

当 $180°<LHA<360°$时，$360°$－圆周时角＝半圆时角(E)；

当 $LHA>360°$时，应取 $LHA=LHA-360°$仍为西向地方时角。

凡是未命名的地方时角均应视为西向时角。

②天体格林时角(Greenwich hour angle，GHA)

格林午圈与天体时圈在天赤道上所夹的弧距称格林时角，也可定义为在仰极处从格林午圈向西度量到天体时圈的球面角。度量方法为从格林午圈起沿天赤道向西量到天体时圈，由 $0°\sim360°$计算。如图 2-4-7，天体 B 的格林时角 $GHA=Q_GQQ'M$ 弧。

③地方时角与格林时角的换算

天体圆周地方时角由测者午圈起算，而其格林时角由格林午圈起算，两者相差测者的经度。所以天体圆周地方时角与格林时角算法关系为：

$$\text{地方时角 } LHA = \text{格林时角 } GHA \pm \lambda_{W}^{E} \tag{2-4-1}$$

例 2-4-1：已知 GHA 298°30′.0，测者经度 λ126°20′.0E，求 LHA。

解：

GHA	298－30.0	
λ^E	126－20.0	
LHA	424－50.0	(超过 360°，应减 360°)
	64－50.0	(仍为西时角)

例 2-4-2：已知 GHA 15°20.′8，测者经度 λ81°35.′0W，求 LHA。

解：

GHA	15－20.8	(不够减，加 360°)
λ^W	81－35.0	
LHA	293－45.8	(仍为西时角)
	66－14.2E	(半圆周法为 E 时角)

例 2-4-3：已知测者经度 λ120°25.′0E，LHA 60°10.′0，求 GHA。

解：

LHA	60－10.0	(不够减，加 360°)
λ^E	120－25.0	
GHA	299－45.0	

(3)天体地理位置 P_G(geographical position)

如图 2-4-7 所示，天体在天球上的位置 B 和地心 O 的连线，与地球表面的交点 $b(P_G)$称为天体地理位置。天体地理位置的纬度和经度，可以用天体的赤纬和格林时角来确定：

$$\text{纬度 } \varphi_{S}^{N} = \text{天体赤纬 } Dec_{S}^{N}$$

$$\text{经度 } \lambda_{W}^{E} = \begin{cases} 360° - GHA & (GHA > 180°) \\ GHA & (GHA < 180°) \end{cases} \tag{2-4-2}$$

例 2-4-4：已知测者经度 λ15°25′.2E，LHA 299°14′.3，Dec 14°36′.0S，求天体地理位置。

解：天体地理位置纬度 $\varphi=Dec=14°36′.0S$，而

LHA	299 －14.3
λ^{E}	15 －25.2
GHA	283 －49.1

所以天体地理位置经度 $\lambda = 360° - 283°49'.1 = 76°10'.9E$。

由于赤纬平行圈平行于天赤道，所以赤纬不受地球自转的影响，而时角是由测者（格林）午圈起算的，其随着地球自转而转动，所以时角随着地球的自转时刻在变化。因此，用第一赤道坐标系确定的天体位置是瞬间位置。为使天球坐标与地球自转无关，引进了第二赤道坐标系。

4. 第二赤道坐标系

第二赤道坐标系是以天赤道为基准圆、以春分点♈为原点、几何极为天北极的天球坐标系。坐标是赤纬和赤经。第二赤道坐标系也叫春分点赤道坐标系。

(1) 赤纬

定义同第一赤道坐标系。

(2)天体赤经(right ascension, RA)

从春分点♈起，沿天赤道向东量至天体时圈的弧距，由0°～360°计算，如图2-4-8所示，天体 B 的赤经 RA = ♈M 弧。

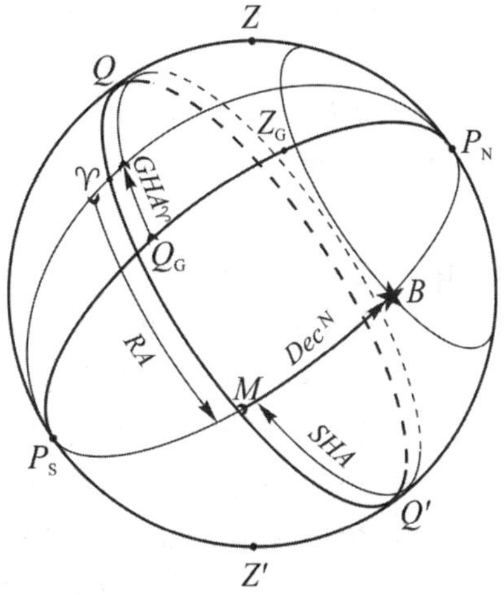

图 2-4-8 第二赤道坐标系

该坐标的另外一种表示方法为天体共轭赤经（Sidereal Hour Angle, SHA）。从春分点♈起，沿天赤道向西量至天体时圈的弧距，由0°～360°计算，如图2-4-8所示，天体 B 的共轭赤经 SHA = ♈$QQ'M$弧。对于同一天体，显然有：$RA + SHA = 360°$。

因为春分点在天球上的位置基本不变（变化非常缓慢），可以视为天赤道上的一颗恒星，它与各恒星间相互位置基本固定，所以各恒星的赤纬和赤经（或共轭赤经）也基本保持不变，因此用第二赤道坐标系的坐标表示天体的位置与地球的自转无关。

(3)第一、第二赤道坐标系的坐标换算

第一、第二赤道坐标系的赤纬相同。而天体的格林时角和共轭赤经度量的终点均为天体时圈，相差的只是起点格林午圈与春分点时圈在天赤道上所夹的一段弧距，该弧距称为：

春分点格林时角（Greenwich hour angle of Aries, GHA♈）：从格林午圈起，沿天赤道向西度量到春分点时圈的弧距 Q_G♈，由0°～360°计算。

以图2-4-8中的天体 B 为例，天体 B 的格林时角可通过关系式求出：

$$GHA = GHA♈ + SHA \tag{2-4-3}$$

因为

$$LHA = GHA \pm \lambda^{E}_{W}$$

所以

$$LHA = GHA♈ + SHA \pm \lambda^{E}_{W} = LHA♈ + SHA$$

即 天体地方时角 LHA = 春分点格林时角 GHA♈ + 共轭赤经 SHA ± 测者经度 λ^{E}_{W}

= 春分点地方时角 LHA♈ + 共轭赤经 SHA (2-4-4)

5. 地平坐标系

取真地平圈为基准圈、北点 N（或南点 S）为原点、几何极为天顶的天球坐标系称为地平坐标系。坐标为高度和方位。

(1)天体高度(altitude,h)

如图 2-4-9 所示,天体高度是从真地平圈起沿天体垂直圈量至天体中心的弧距,由 0°～90°计算,从真地平向上(天顶 Z 的方向)为正(+),向下为负(－)。

该坐标的另一种表示方法称天体顶距(zenith distance,Z),它是从天顶起沿天体垂直圈量至天体中心的弧距,由 0°～180°计算。显然,对于在地平上的同一天体,有:

$$h + Z = 90°$$

在图 2-4-9 中,天体 B 的高度 $h = KB$弧,顶距 $Z = ZB$弧 $= 90° - h$。从图 2-4-9 中还可以看出,NP_N弧为仰极(P_N)高度 h_{P_N},QZ弧等于测者纬度 φ,则有:

$$h_{P_N} = \varphi$$

即仰极高度等于测者纬度。

(2)天体方位(azimuth,A)

测者子午圈和天体垂直圈在真地平上所夹一段弧距NK(如图 2-4-9 所示),称天体方位,也等于该弧距所对的球面角$\angle NZK$。

天体方位有两种算法:

①圆周法:无论北纬或南纬测者,均从北点 N 起算,按顺时针方向沿真地平量至天体垂直圈,由 0°～360°计算。如图 2-4-10 所示,圆周方位 $A = NSK$ 弧。

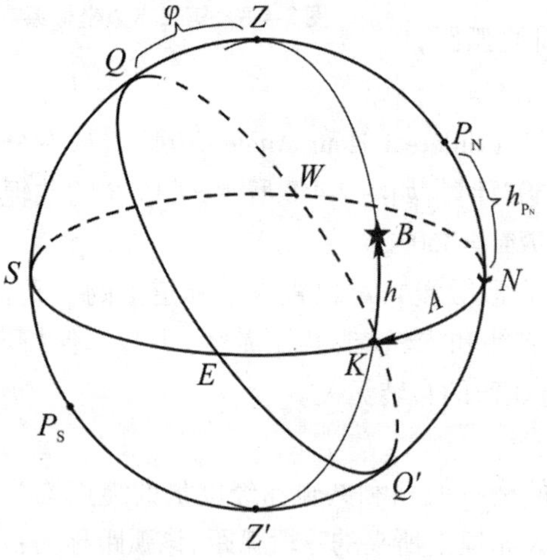

图 2-4-9　地平坐标系

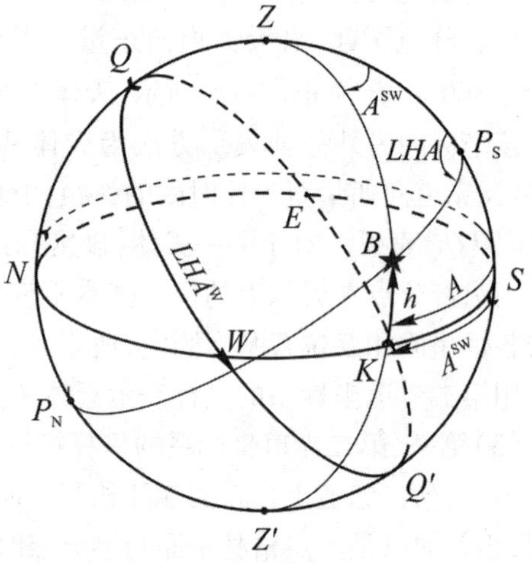

图 2-4-10　天体方位的度量

②半圆周法:北纬测者,从北点 N 起算,沿真地平向东或向西量至天体垂直圈,由 0°～180°计算。

南纬测者,从南点 S 起算,沿真地平向东或向西量至天体垂直圈,由 0°～180°计算。

半圆方位后面应附有两个名称,第一名称与测者纬度同名,第二名称表示方位度量的方向即与半圆地方时角同名,如图 2-4-10 所示,半圆方位 $A^{SW} = SK$ 弧。

③圆周方位和半圆方位的换算

对于北纬测者:

半圆方位 A^{NE} = 圆周方位 A

360° − 半圆方位 A^{NW} = 圆周方位 A

对于南纬测者:

$180° -$ 半圆方位 $A^{SE} =$ 圆周方位 A

$180° +$ 半圆方位 $A^{SW} =$ 圆周方位 A

利用地平坐标系确定天体位置比较直观，由于地球自转，任一天体的高度和方位是时刻在改变的，而对不同地点的测者，同一天体的地平坐标也是不一样的。在图 2-4-11 中，天体 B 分别用第一赤道坐标系和地平坐标系的坐标来表示。

二、坐标变换

一个天体在天球上的位置可以用任何一种天球坐标系的一对坐标表示，而不同坐标系里的几对坐标之间通过天文三角形可以相互变换。

1. 天文三角形(astronomical triangle)

如图 2-4-12 所示，由测者午圈、天体时圈和天体垂直圈构成的球面三角形 ZBP_S 称天文三角形。

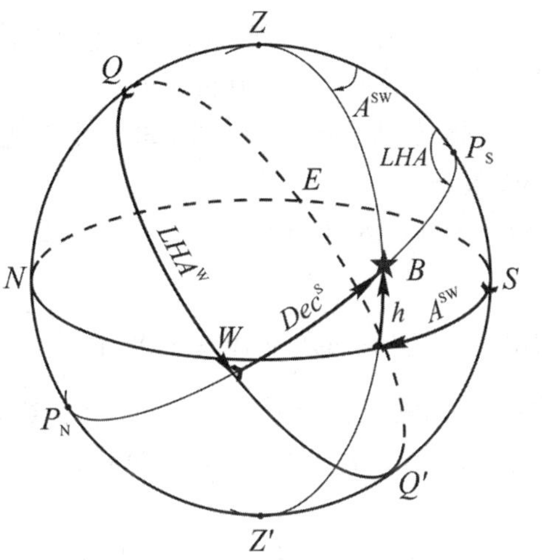

图 2-4-11　天体位置

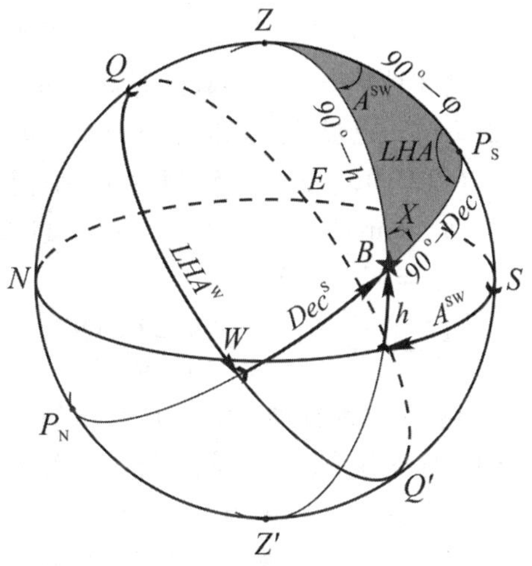

图 2-4-12　天文三角形

天文三角形的三个顶点是：天顶、仰极和天体。

三条边 $\begin{cases} \text{余纬} = 90° - \varphi \\ \text{极距} = 90° - Dec \\ \text{顶距} = 90° - h \end{cases}$

三个角 $\begin{cases} \text{半圆方位 } A \\ \text{半圆时角 } LHA \\ \text{位置角 } X \end{cases}$

天文三角形的三条边和三个角统称为天文三角形六要素，任意一要素的取值范围在 0° ~ 180°。已知天文三角形的三个要素，便可解算出其余的要素。

2. 解算天文三角形

(1)求天体计算高度 h_c 和计算方位 A_c 的计算公式

在天文航海中，通常已知测者纬度 φ、天体赤纬 Dec 和天体地方时角 LHA，即已知天文三角形的两边$(90° - \varphi)$、$(90° - Dec)$及其夹角 LHA，由球面三角形边的余弦公式和四联公式，可得到天体高度和方位的计算公式如下：

$$\sin h_c = \sin\varphi\sin Dec + \cos\varphi\cos Dec\cos LHA \tag{2-4-5}$$

$$\cot A_c = \cos\varphi\tan Dec\csc LHA - \sin\varphi\cot LHA \tag{2-4-6}$$

$$\cos A_c = \frac{\sin Dec - \sin\varphi\sin h_c}{\cos\varphi\cos h_c} = \frac{\sin Dec}{\cos\varphi\cos h_c} - \tan\varphi\tan h_c \tag{2-4-7}$$

使用上述公式时应注意：

①纬度 φ 恒为正值（无论北纬还是南纬）；

②赤纬 Dec 与纬度 φ 同名时，赤纬取正值，异名时取负值；

③时角 LHA 为半圆时角，取正值（无论东时角还是西时角）；

④方位 A_c 为半圆方位，第一名称与纬度同名，第二名称与半圆地方时角同名。

因为天体高度和方位是由上述公式计算出来的，所以又称其为计算高度 h_c 和计算方位 A_c。

（2）利用三角函数计算器求天体计算高度 h_c 和计算方位 A_c

根据式（2-4-5）和式（2-4-6）或式（2-4-7），利用三角函数计算器可以很方便地求出天体的计算高度和计算方位。函数计算器的种类很多，使用注意事项参见其说明书。

例 2-4-5：已知测者纬度 $\varphi = 43°18'.6N$，天体赤纬 $Dec = 11°29'.3S$，天体地方时角 $LHA = 26°13'.0$，求天体计算高度 h_c 和计算方位 A_c。

解：$h_c = \arcsin[\sin 43°18'.6\sin(-11°29'.3) + \cos 43°18'.6\cos(-11°29'.3)\cos 26°13'.0]$
$= 30°12'.3$

$$A_c = \arccos\left[\frac{\sin(-11°29'.3)}{\cos 43°18'.6\cos h_c} - \tan 43°18'.6\tan h_c\right] = 149°.9NW = 210°.1$$。

（3）利用导航仪器"求两点间大圆航向和航程"功能求天体的计算高度 h_c 和计算方位 A_c

GPS 导航仪有求两点间大圆航向和大圆航程的计算功能，利用此功能可求得天体的计算高度和计算方位。方法如下：

①转向点 1 输入观测天体时的推算船位（φ_c, λ_c），转向点 2 输入天体的地理位置：

$$纬度\ \varphi_S^N = 天体赤纬\ Dec_S^N$$

$$经度\ \lambda_W^E = \begin{cases} 360° - GHA & (GHA > 180°) \\ GHA & (GHA < 180°) \end{cases} \tag{2-4-8}$$

②导航仪显示转向点 1 到转向点 2 的大圆航向即是天体的计算方位 A_c，两点间的大圆航程除以 60 即是天体的计算顶距 $Z_c(°)$，天体的计算高度 $h_c = 90° - Z_c$。

例 2-4-6：已知推算船位 $\varphi_c = 35°00'.0S, \lambda_c = 132°58'.0W$，天体赤纬 $Dec = 07°24'.4N$，天体格林时角 $GHA = 146°58'.0$，求天体计算方位 A_c 和计算高度 h_c。

解：①导航仪转向点 1 为推算船位 $\varphi_c = 35°00'.0S, \lambda_c = 132°58'.0W$；

导航仪转向点 2 为天体地理位置 $\varphi = 07°24'.4N, \lambda = 146°58'.0W$。

②导航仪显示大圆航程 $GR = 2\,665'.1$，则天体计算高度 $h_c = 90° - \frac{2\,665.1}{60} = 45°.582 = 45°34'.9$；导航仪显示大圆航向 $GB339°.9$ 为天体计算方位 A_c。

（4）利用《天体高度方位表》求天体的计算高度 h_c 和计算方位 A_c

还可以利用专用的表册——《天体高度方位表》求天体的计算高度和计算方位。目前，各主要航海国家均出版各自的《天体高度方位表》，中版的编号为 B105，英版的编号为 NP401，美国出版的有 HO229 等，这些表册查算较烦琐。现代航海中计算器已普及，而且计算机已应用到航海领域中，利用计算器或计算机求天体的计算高度和计算方位已逐步取代查算《天体高度方位表》。因此，本书仅介绍使用计算器求天体的计算高度和计算方位，而《天体高度方位表》的查算方法不再介绍，有关这方面的内容，在过去出版的任何一种有关天文航海的书籍中均有详尽的描述。

3. 天球作图

绘制天球图也可以进行天球坐标的换算，但是本书介绍天球作图的目的是：通过绘制天球图加深对天球坐标的理解，同时为后续的天文导航原理的学习打下基础，因为许多天文导航的原理和方法都是通过天球图来介绍的。

天文航海中通常采用三种天球图，它们是：测者子午面天球图、天赤道面平面图和测者真地平面平面图。下面通过例题介绍其中两种天球图的绘制方法。

例 2-4-7：已知测者纬度 $\varphi=40°$N，天体赤纬 $Dec=50°$N，天体地方时角 $LHA=80°$W，(1) 绘出测者子午面天球图，并标出天体的高度和方位以及天文三角形。(2) 绘出天赤道平面图，并标出天体位置。

解：(1) 绘制测者子午面天球图

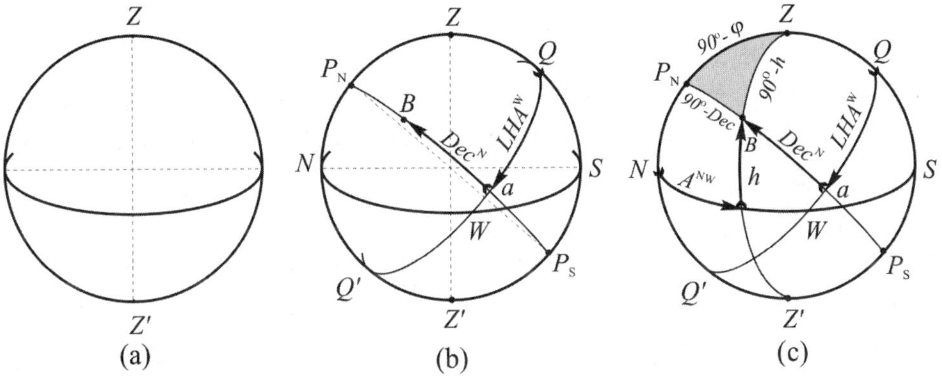

图 2-4-13　测者子午面天球图的绘制步骤

①如图 2-4-13(a) 所示，以适当半径画圆为测者子午圈，过圆心作相互垂直的两条直线（熟练后该两线不必绘出），上标 Z 为天顶，下标 Z' 为天底，并绘出真地平圈。

②如图 2-4-13(b) 所示，因为 LHA 为 W 时角，则天球近点为 W，远点为 E，则图的左边为 N，右边为 S。测者纬度为 N，则仰极为天北极。由于测者纬度等于仰极的高度，靠近 N 点标出仰极 P_N，其高度为弧 $NP_N=40°$，因此，可标出 P_S 和天赤道 QQ' 弧。在天赤道上以 Q 为起点向西量弧 $Qa=LHA=80°W$，过点 P_N，a，P_S 画天体时圈。在天体时圈上从 a 点起向 P_N 量取弧 $aB=Dec=50°$N，确定天体 B 的位置。

③如图 2-4-13(c) 所示，过天顶 Z、天体 B、天底 Z' 作天体垂直圈，从真地平圈起沿天体垂直圈量至天体 B 的弧长为天体高度 h，天体半圆方位为 A^{NW}。图中阴影部分为天文三角形。

(2) 绘制天赤道面平面图

①如图 2-4-14(a) 所示，以适当半径画圆为天赤道，圆心为仰极 P_N，逆时针旋转的方向为 E。所有过两极的大圆在该图上均为直线，过 P_N 向下画一直线 P_NQ 为测者午圈，向上画一虚线 P_NQ' 为测者子圈，在测者午圈上的线段 $QZ=\varphi=40°$ 标出天顶 Z。

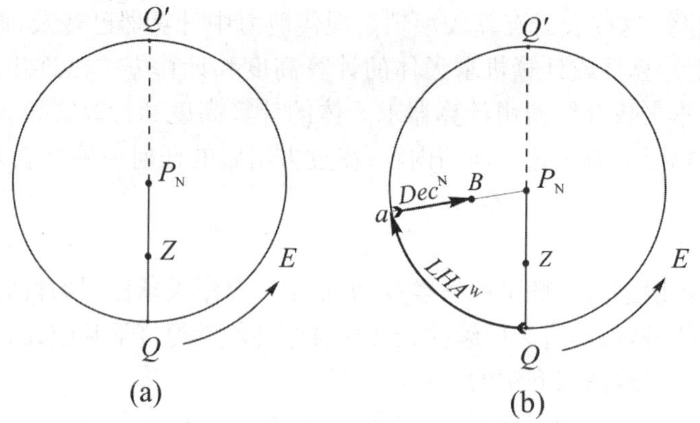

图 2-4-14　天赤道平面图的绘制步骤

②如图 2-4-14(b)所示,在天赤道上,以 Q 为起点向西量取弧 $Qa = LHA = 80°W$ 得 a 点,过 a 点作直线 aP_N 得天体时圈,在该圈上从 a 点起向 P_N 量取天体赤纬 $Dec = aB = 50°N$ 得天体位置 B。

三、航用天体

1. 天体简介

天体(celestial body)是宇宙间各种星体的通称,而能用于海上天文定位的天体,只不过是日、月、金星、火星、木星和土星,以及 159 颗恒星(英版天文历列 173 颗),它们统称为航用天体,都属于自然天体。

(1)太阳系(solar system)

太阳系是由太阳及受其引力作用而环绕其运行的天体所构成的庞大天体系统。

①太阳(the sun)

太阳是离地球最近的一颗恒星,直径达 139 万千米,离地球 1.5 亿千米,是太阳系中心天体。它给地球带来光和热,是地球上人类及动植物的生命源泉。

②行星(planets)

沿椭圆轨道绕太阳(或恒星)运行的天体叫行星。八大行星距离太阳由近及远依次为:水星、金星、地球、火星、木星、土星、天王星和海王星。2006 年第 26 届国际天文联合会第 5 号决议,将冥王星从九大行星中除名,划为矮行星,并命名为小行星。行星本身不发光,表面反射太阳光而发光。水星总是在太阳左右,被强烈日光所淹没,很难见到。天王星和海王星离我们很远,肉眼见不到。能用于测天定位的行星只有金星、火星、木星和土星。

③卫星(satellites)

围绕行星运动的天体叫做卫星。月球是地球的卫星,也是唯一一颗用于天文定位的天然卫星。

(2)恒星(star)

恒星是非常炽热而巨大的发光天体。古人认为星与星之间相互位置永恒不动,故叫它们恒星。现代观测已证实,点点繁星都是遥远的"太阳",有着各种各样的运动,只是距地球太远了,凭肉眼数百年里看不出它们位置变动,至今虽然仍称"恒星",但却有着全新的理解。

最近的恒星(除太阳以外)是半人马座比邻星,距离地球 4.28 光年;最远的恒星距离地球要在100亿光年以上。直径最大的恒星放在太阳位置上，能容下土星轨道；直径最小的恒星（除中子星）和月亮半径差不多。

在无月亮的晴夜里，眼力好的人可以看到3 000多颗恒星，全天肉眼可见恒星6 000多颗。星图、星球仪、索星卡所标的星都是恒星。

2. 航用恒星的识别

测星定位时必须知道所测星体的名称，才能从《航海天文历》中求取其视位置，来解算天文观测船位，因此，认识航用恒星是利用星体定位和求罗经差的先决条件。

（1）星座和星名

为了认星方便，人们很早就把星空分为若干区域，称为星座。1922年国际天文学大会规定将全天分为88个星座，并采用1875年的春分点和天赤道为基准的赤经线和赤纬线作为星座界线，于1930年由英国剑桥大学以出版物的形式公布。我国历史悠久，是人类文明的发源地之一，有着独特的星象文化传统，在对天空区域划分的发展过程中，逐渐归纳为三垣、廿八宿系统。

古时，仅有少数亮星起有专名，其余大部分用星座的部位来称呼。目前，每个星座内的恒星，基本上是根据星的亮度等级按照希腊字母的顺序命名的，即从α开始，依次为β，γ，δ…较亮的恒星另有专名，如星名为天琴座α星，其专名叫做织女一。我国《航海天文历》中列有恒星的中文名称和英文名称。

（2）星等

星等是表示天体亮暗的等级单位。肉眼所能看到的星为6等星，亮度是它的2.512倍的星为5等星，亮度是5等星的2.512倍的星为4等星，以此类推。1等星的亮度是6等星的100倍，亮度是1等星的2.512倍为0等星，亮度是0等星的2.512倍为-1等星，所以星等的负值越大，天体越亮，星等的正值越大，天体越暗。航海上，对星等的划分并不很严格，习惯上将星等值小于1.5的恒星统称为1等星，而星等从1.6~2.5的星称为2等星。恒星和行星的星等都可以在《航海天文历》中查得。

（3）航用恒星识别

识别恒星基本上可以分为两种方法，一种是目视认星，另一种是利用索星卡等专用工具来认星（该内容见本章第六节）。本节主要介绍目视认星的基本方法。所谓目视认星，就是根据亮星分布的几何形状来识别主要的航用恒星。在满天的繁星中，可供航海观测用的只是1等星和少量2等星，如表2-4-2所示（该表中的恒星在航海上统称为1等星）。

北极星（小熊座α星）在天文航海上一直起着极其重要的作用，在北半球低纬海区观测北极星的高度，可以方便地求出测者的纬度，在低纬度还可以观测它的方位求罗经差（见第二篇第五章）。寻找北极星的方法很多，经常利用大熊座、仙后座和飞马座来寻找北极星，如图2-4-15所示。大熊座（俗称北斗七星或勺子星）α和β星之间的距离向北延长约5倍，可发现北极星。仙后座（俗称W星座）如星图图示箭头方向直指北极星。飞马座α和β星的连线向北延伸也可找到北极星。

在星图（图2-4-15）中列出全天主要星座，为方便目视认星，人们将全天按赤经分成4部分，称为四季星空。由于测者的纬度不同、观测时间不同所见星空是不一样的，四季星空是指测者在固定地点晚上22点前后所见的星空。靠近天南极附近的亮星，在我国是看不到的。另外，如果在众座中出现一颗不属于该星座的明显亮星，肯定就是行星了。

春季晚上,从大熊座 α 和 β 星向南延伸,可找到狮子座 α 星(轩辕十四)和 β 星(五帝座一)。沿大熊座斗柄弯曲方向延长,可见牧夫座 α 星(大角),继续延伸可见室女座 α 星(角宿一)。大角、角宿一和五帝座一形成一个等边三角形。由船帆形的乌鸦座向南,可见十字形亮星叫南十字座。

表 2-4-2　星名表(2014 年)

星名与专名	星等	星名与专名	星等
大犬座 α　天狼　Sirius	-1.5	半人马座 β　马腹一　Hadar	0.6
船底座 α　老人　Canopus	-0.7	天鹰座 α　河鼓二　Altair	0.8
半人马座 α　南门二　Rigil Kent	0.1	金牛座 α　毕宿五　Aldebaran	0.9
牧夫座 α　大角　Arcturus	-0.3	南十字座 α　十字架二　Acrux	1.3
天琴座 α　织女一　Vega	0.0	天蝎座 α　心宿二　Antares	1.0
猎户座 α　参宿四　Betelgeuse	0.1~1.2	室女座 α　角宿一　Spica	1.0
猎户座 β　参宿七　Rigel	0.1	双子座 β　北河三　Pollux	1.1
御夫座 α　五车二　Capella	0.1	南鱼座 α　北落师门　Fomalhaut	1.2
小犬座 α　南河三　Procyon	0.4	天鹅座 α　天津四　Deneb	1.3
波江座 α　水委一　Achernar	0.5	狮子座　轩辕十四　Regulus	1.4

夏季晚上,在银河中有一巨大的“+”字形星座,北端一颗亮星叫天鹅座 α 星(天津四)。由此可看到银河东面的天鹰座 α 星(河鼓二即牛郎星)及西面的天琴座 α 星(织女一)。牛郎、织女和天津四组成一个直角三角形,直角在织女处。顺着天鹅飞去的方向,在南部天空,横躺着的 S 形星座,即天蝎座,中间略带红色的亮星是天蝎座 α 星(心宿二)俗称“大火”。

秋季晚上,巨大的正方形是飞马座。飞马座 α 和 β 星向北指北极星,向南 3.5 倍距离可见一亮星南鱼座 α 星(北落师门)。沿仙女座 α 星和飞马座 γ 星向南可见鲸鱼座 β 星(土司空),继续延伸为波江座 α 星(水委一)。

冬季晚上,灿烂的猎户座出现在天空中,四边形的左上方是猎户座 α 星(参宿四),右下方是猎户座 β 星(参宿七),沿猎户腰带 3 颗小星,向上指金牛座 α 星(毕宿五),它的旁边有一星群叫昴星团,俗称七姐妹星,向下指向全天最亮的恒星大犬座 α 星(天狼),继续向南可达全天第二亮星船底座 α 星(老人)。从天狼星向北画弧线相继可见小犬座 α 星(南河三)、双子座 β 星(北河三)、双子座 α 星(北河二)、御夫座 β 星(五车三)、御夫座 α 星(五车二)。

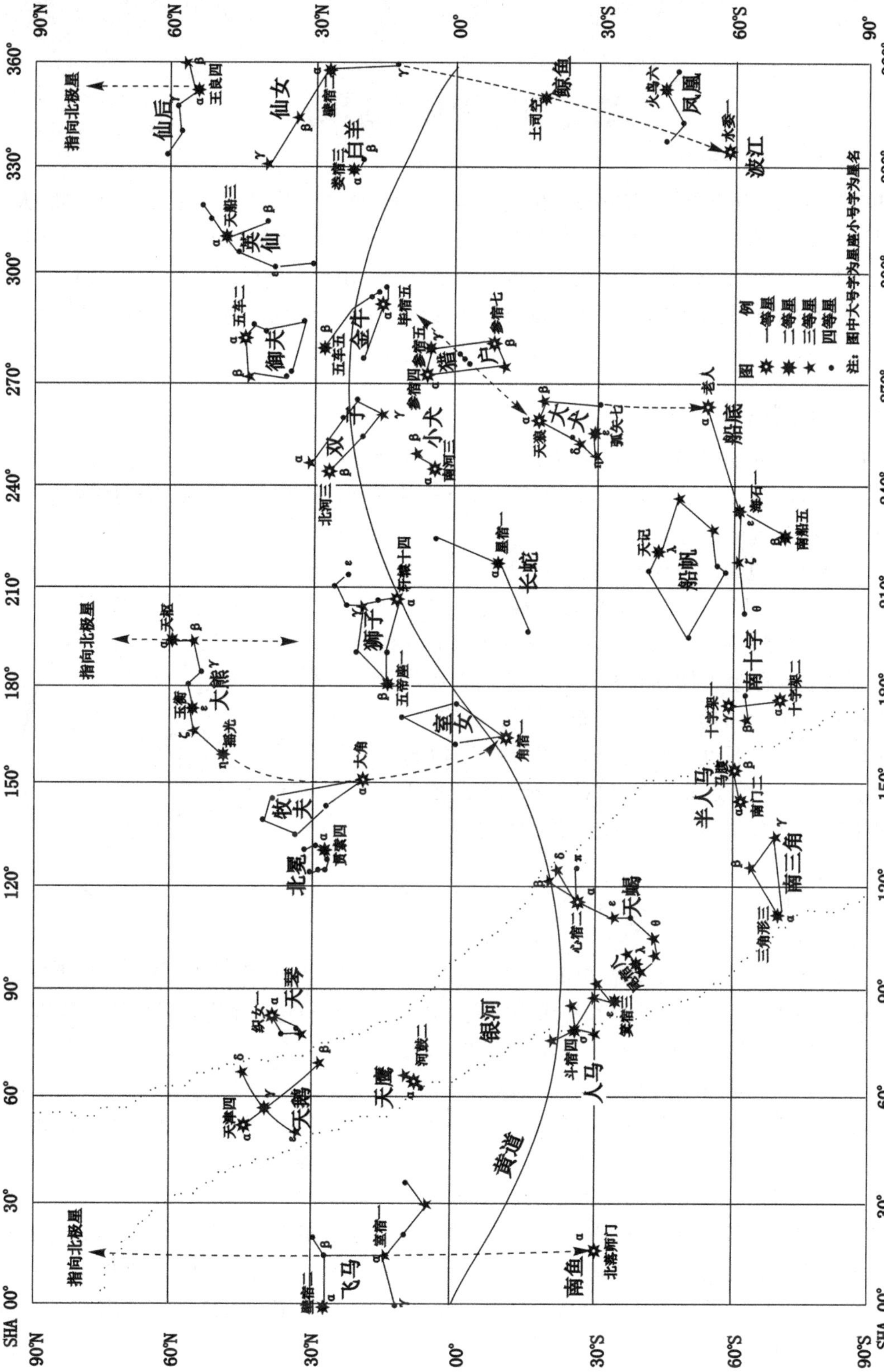
图例
一等星
二等星
三等星
四等星
注：图中大号字为星座小号字为星名
仙后
仙女
白羊
鲸鱼
凤凰
波江
英仙
御夫
金牛
猎户
大犬
小犬
双子
船底
船帆
长蛇
狮子
大熊
室女
南十字
半人马
牧夫
北冕
南三角
天蝎
人马
天琴
天鹅
天鹰
飞马
南鱼
银河
黄道
指向北极星
图 2-4-15 星图

第二节　天体视运动

由于地球的自转和绕太阳的公转，以及天体的自行，使得天体随时间在不停地运动，人们在地球上看到天体这种相对运动的现象称为天体视运动（apparent motion of celestial body）。在海上观测天体定位，必须知道被测天体的准确视位置。由于天体的视运动，使其坐标值不断地变化，因此要想得到观测时刻天体的准确位置，必须了解和研究天体的运动规律，即天体视运动。

一、天体周日视运动

天体每日东升西没，以一昼夜为周期运动的现象称之为天体的周日视运动（diurnal apparent motion of celestial body）。它实质上是由于站在地球上的人们感觉不到地球的自转，而看到天体相对运动的现象。

1. 天体周日视运动的成因及运动规律

地球每日绕地轴自西向东自转一周，如图 2-4-16 所示，引起天球带着所有天体每日相对于地球自东向西运动一周的现象称为天体周日视运动。分析天体周日视运动的现象时，人们假定地球不转（即与测者有关的天球上的点、线、圈不动），而是天球带着所有天体（包括春分点、夏至点、秋分点和冬至点）按地球自转的反方向（自东向西）绕地球作周日视运动，其周期与地球自转的周期相同。

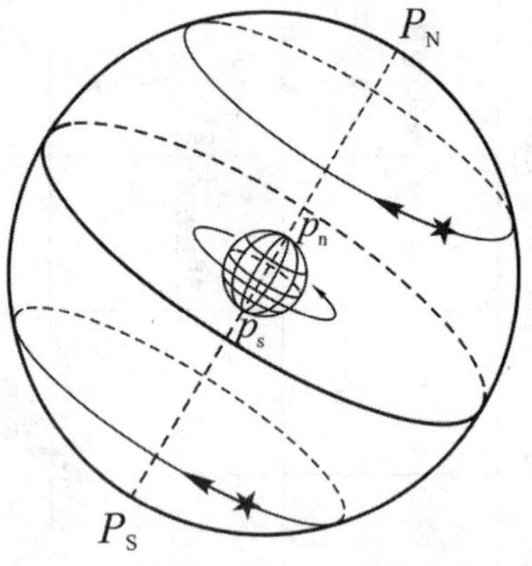

图 2-4-16　地球自转与天体周日视运动

因为恒星的赤纬基本不变，所以恒星在天球上的周日视运动轨迹是平行于天赤道的小圆即赤纬平行圈，又称周日平行圈，而太阳、月亮和行星的赤纬在不断地变化，但是在一天中变化不大，所以在一天中它们的周日视运动轨迹基本上也可以认为是其各自的赤纬平行圈，严格来说，应该是一条连续的球面螺旋线。

2. 天体周日视运动的现象

天体周日视运动使天体产生出没、中天、高度和方位变化等诸现象，它们均取决于测者的纬度 φ 和天体的赤纬 Dec，即当 φ 与 Dec 一定时天体周日视运动的现象也就确定了。

（1）天体的出没（rise and set of celestial body）

在周日视运动中，当天体中心通过测者地心真地平（celestial horizon）时称天体的真出没。当天体中心位于东方真地平时称为真出（true rise），位于西方真地平时称为真没（true set）。有出没的天体其周日平行圈必然与真地平圈相交，如图 2-4-17 中的天体 B 等。因此，当测者的纬度一定时，有出没天体的赤纬 Dec 应满足：

$$Dec < 90° - \varphi \tag{2-4-9}$$

如果天体没有出没现象，其赤纬 Dec 应满足：

$$Dec \geqslant 90° - \varphi \qquad (2\text{-}4\text{-}10)$$

当 Dec 与 φ 同名时，天体不没，如天体 D；当 Dec 与 φ 异名时，天体不出，如天体 J；当 $Dec = 90° - \varphi$ 时，且 Dec 与 φ 同名，恰好不没，如天体 G；当 Dec 与 φ 异名，恰好不出。

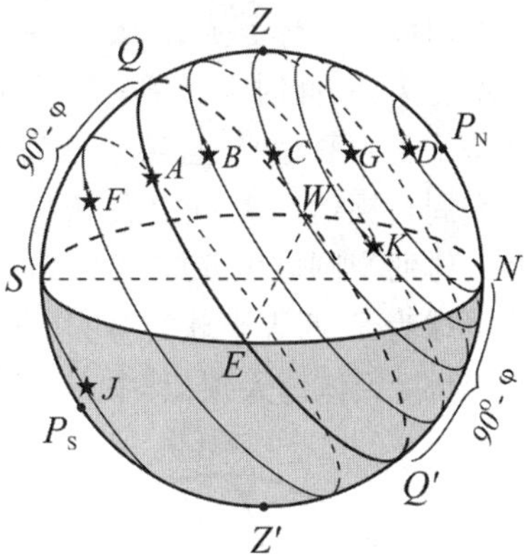

图 2-4-17　天体周日视运动

(2)天体的中天(meridian passage)

在周日视运动中，当天体中心经过测者子午圈时，称天体中天。

天体中心经过测者午圈时称天体上中天(upper meridian passage)，此时天体地方时角 $LHA = 0°$，当天体的赤纬 Dec 与测者纬度 φ 异名或 $Dec < \varphi$，且同名时，天体半圆方位角 $A = 180°$，位置角 $X = 0°$(图 2-4-17 中的天体 F, A, B)；当 $Dec > \varphi$，且同名时，$A = 0°$，$X = 180°$(图 2-4-17 中的天体 K, G, D)。如果测者纬度 φ 和天体赤纬 Dec 不变，这时天体的高度最高，称天体的中天高度 H，计算公式如下：

$$H = (90° - \varphi) \pm Dec \qquad (2\text{-}4\text{-}11)$$

式中：Dec 与 φ 同名取“+”，Dec 与 φ 异名取“-”；当$[(90° - \varphi) \pm Dec] > 90°$时，$H = 180° - [(90° - \varphi) \pm Dec]$，或

$$H = 90° - |\varphi - Dec| \qquad (2\text{-}4\text{-}12)$$

式中：Dec 与 φ 同名取“+”，Dec 与 φ 异名取“-”。

天体中心经过测者子圈时称天体下中天(lower meridian passage)，此时天体的地方时角 $LHA = 180°$。在后续的章节和航海实际工作中，没有特别说明提到天体中天时，均系上中天。

(3)测者纬度一定时天体在上天半球运行现象

现以北纬测者($0° < \varphi < 45°$N)为例，分析当纬度为一定值时，赤纬 Dec 不同的天体在上天半球运行的现象，如表 2-4-3 所示。

表 2-4-3　天体在上天半球的运动现象

天体赤纬	图 2-4-17 中的天体	现　　象
$Dec < 90° - \varphi$	K, C, B, A, F	天体有出没。当 Dec 与 φ 同名时，在地平上的时间大于地平下的时间；当 Dec 与 φ 异名时，在地平上的时间小于地平下的时间
$Dec \geqslant 90° - \varphi$	D, G, J	天体没有出没。当 Dec 与 φ 同名时，不没；当 Dec 与 φ 异名时，不出；当 $Dec = 90° - \varphi$ 时，恰好不出或不没
$Dec = 0°$	A	天体过东西点，其周日平行圈为天赤道，在地平上下的时间相等
$Dec < \varphi$，且同名	B	天体过东西圈
$Dec = \varphi$，且同名	C	天体过天顶，其中天高度为 90°

(4)不同纬度上天体周日视运动现象

①测者位于赤道上($\varphi = 0°$)

有出没的天体其赤纬 $Dec < 90° - \varphi$，当 $\varphi = 0°$，$Dec < 90°$时，所有天体均有出没，测者能见全天所有天体，此时天极 P_N、P_S 分别与 N、S 点重合，东西圈与天赤道重合，所有天体的周日平行圈均垂直于真地平，且被平分为两半，故天体在地平上、下的运行时间相等，如图 2-4-18 所示。在周日视运动中，北赤纬天体经过 NE、NW 两个象限，南赤纬天体经过 SE、SW 两个象限，此时天体的半圆方位 A，其第一名称与赤纬同名，第二名称与半圆地方时角同名（或天体位于东天半球为 E，西天半球为 W）。天体上中天时，其顶距 $Z = Dec$，故中天高度 $H = 90° - Dec$。当 $Dec = 0°$时，天体过天顶，其中天高度 $H = 90°$。

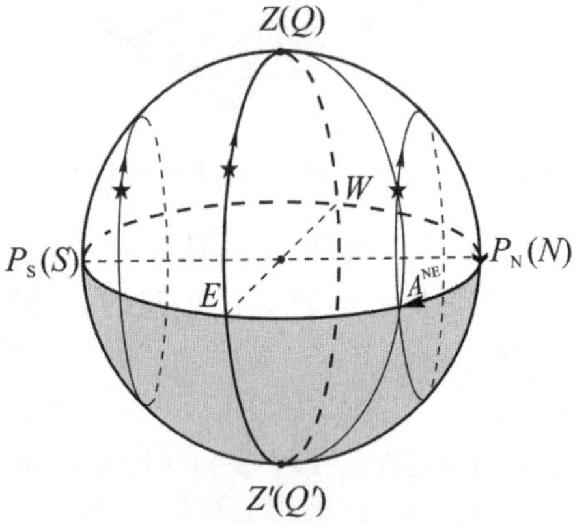

图 2-4-18　测者位于赤道天体视运动示意图

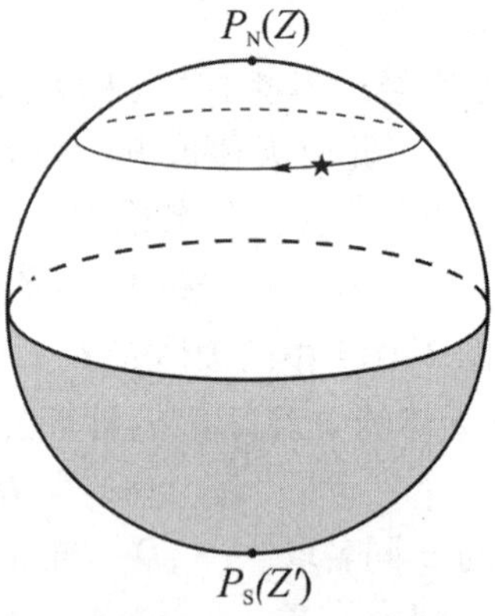

图 2-4-19　测者位于两极天体视运动示意图

②测者位于两极（$\varphi = 90°$N 或 S）

如图 2-4-19 所示，这时天极 P_N，P_S 分别与 Z，Z'重合，定不出 4 个方位基点。由于赤纬平行圈与真地平圈平行，故所有天体均无出没现象，Dec 与 φ 同名的天体不没，Dec 与 φ 异名的天体不出，这时测者能见半个天球上的天体，而且所有天体的高度均等于其赤纬。

每年 3 月 21 日到 9 月 23 日，太阳赤纬 $Dec^{\odot}$ 为 N($0° \leqslant Dec^{\odot} \leqslant 23°27'$N)，北极该半年为白昼，称极昼；南极则为黑夜，称极夜，下个半年正相反。所谓极昼、极夜现象，实际上是指测者能见太阳不没或不出的现象。太阳不出没的条件是其赤纬 $Dec^{\odot} \geqslant 90° - \varphi$，故当测者纬度 $\varphi \geqslant 90° - Dec^{\odot}$，$\varphi$ 与 $Dec^{\odot}$ 同名时，会发生极昼现象，φ 与 $Dec^{\odot}$ 异名时会发生极夜现象。例如，6 月 22 日，太阳赤纬 $Dec^{\odot} = 23°27'$N，在纬度 $\varphi \geqslant 90° - 23°27'\text{N} = 66°33'$N 的地区（北极圈以内的地区）会发生极昼现象，而在 $\varphi \geqslant 66°33'$S 的地区（南极圈以内）会发生极夜现象。

③测者位于任意纬度（$0° < \varphi < 90°$）

综上所述，测者纬度越高，不出没的天体越多，能见天体越少。对于有出没的天体，其在地平上的时间随着测者纬度和天体赤纬的不同而变化。当天体赤纬等于 0°时，各地所见该天体在地平上、下的时间均相等；当测者纬度与天体赤纬同名时，纬度越高，天体在地平上的时间越长；当测者纬度与天体赤纬异名时，纬度越高，天体在地平上的时间越短，此时，天体主要周日视运动现象如前所述，如表 2-4-3 所示。

3. 天体周日视运动引起天体坐标的变化

这里只讨论在周日视运动中，测者纬度一定、天体赤纬一定时，由天体时角 LHA 的变化所引起其地平坐标即天体高度 h 和方位 A 变化的规律。

(1)天体时角 LHA 的变化对其高度 h 变化的影响

由求高度的基本公式可知：

$$\sin h = \sin\varphi\sin Dec + \cos\varphi\cos Dec\cos LHA$$

微分上式,经整理得高度变化率公式:

$$\frac{dh}{dLHA} = -\cos\varphi\sin A \tag{2-4-13}$$

当天体中天时,其方位角 $A = 0°$或 $180°$,从上式可见,此时高度变化率为零。由此得出下述结论:

当天体中天时,其高度变化最慢,在中天附近,其高度变化缓慢。

上述结论是后续观测太阳中天高度求纬度的理论依据。

(2)天体时角 LHA 的变化对其方位 A 变化的影响

由求方位的基本公式可知:

$$\cot A = \tan Dec\cos\varphi\csc LHA - \sin\varphi\cot LHA$$

对上式微分,经整理得以下两个方位变化率公式:

$$\frac{dA}{dLHA} = -\cos Dec\cos X\sec h \tag{2-4-14}$$

$$\frac{dA}{dLHA} = -(\sin\varphi - \cos\varphi\cos A\tan h) \tag{2-4-15}$$

当天体中天时,其位置角 $X = 180°$或 $0°$,由式(2-4-14)可见,此时方位变化率最大。由此得出下述结论:

①当天体中天时,其方位变化最快,且与赤纬 Dec 和高度 h 有关,当 Dec 一定时,h 越高(测者纬度 φ 越接近天体赤纬 Dec),天体方位变化越快。

当天体真出没时($h_t = 0°$)和过东西圈时($A = 90°$或 $180°$),由式(2-4-15)可见,此时方位变化率均为 $-\sin\varphi$,可以进一步证明方位变化最慢时是天体介于真出没与东西圈之间,由此得出下述结论:

② 当天体介于真出没与东西圈之间时,其方位变化缓慢(也就是说天体介于真出与东圈之间时和西圈与真没之间时,其方位变化缓慢)。

结论①是后续太阳移线定位的理论依据,而结论②是后续观测低高度天体的罗方位求罗经差的理论依据。

二、太阳周年视运动

昼夜交替的现象表明了太阳的周日视运动,而一年四季的循环则表明了太阳赤纬、赤经的周期变化。若于某地夜间某一固定时刻观察星空,就会发现四季星空在逐渐地变化,但在每年同一季节星空是相同的。四季星空的循环改变说明太阳在星座间的移动,即太阳赤经的周期变化。如果注意观察太阳,就会发现其中天高度以及出没方位均以一年为周期在循环变化(产生了一年四季),即太阳赤纬的周期变化。太阳这种以一年为周期的运动称为太阳的周年视运动(solar annual apparent motion)。

1. 太阳周年视运动的成因

地球除自转外,每年(约 365.242 2 日)还绕太阳自西向东公转一周(如图 2-4-20 所示),由此而引起太阳每年相对地球自西向东运动一周的现象称为太阳周年视运动。如图 2-4-21 所示,当地球在位置 1 时,看到太阳在天球的♈点上,而后地球继续向东公转到位置 2,3,4,则

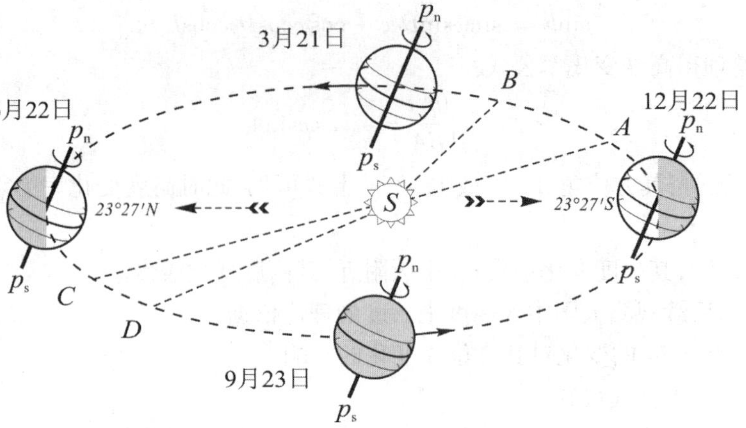

图 2-4-20　地球公转示意图

相对看到太阳在天球上向东运行到点♋,♎,♑;当地球公转一周再回到位置1 时,则看到太阳又回到♈点。由于人们感觉不到地球的公转,但是在公转的过程中能相对看到太阳在天球上沿过♈,♋,♎,♑四点的大圆绕地球相对运动一周。这种相对运动现象就是太阳周年视运动,其运动轨迹称为黄道。

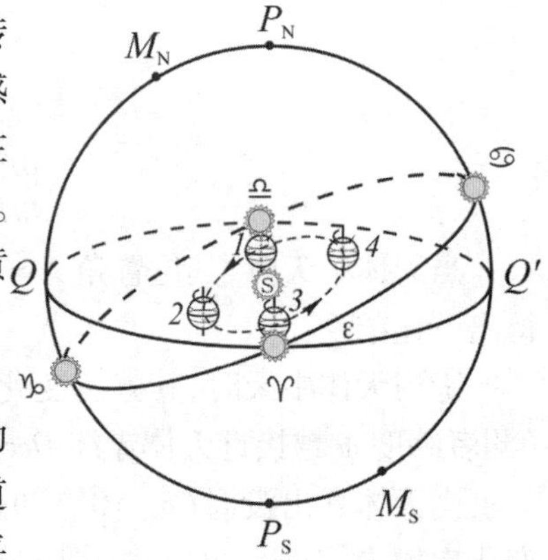

图 2-4-21　太阳周年视运动

(1)黄道(ecliptic)

地球公转轨道面与天球截得的大圆,即太阳周年视运动的轨迹。因为地球在公转的过程中,地轴始终与其公转轨道面(黄道面)成66°33′的夹角,如图 2-4-21 所示,所以黄道平面与天赤道平面的夹角 $\varepsilon=23°27'$,该角称为黄赤交角(obliquity of the ecliptic)。

(2)两分点

黄道与天赤道交于两个点,称两分点。太阳赤纬由 S 变为 N 所经过的一点称春分点♈(vernal equinox),另一点为秋分点♎(autumnal equinox),如图 2-4-21 所示。

在黄道上距两分点 90°的两个点,称两至点。太阳赤纬为北时所经过的一点称夏至点♋,另一点为冬至点♑,如图 2-4-21 所示。

2. 太阳周年视运动的规律

太阳沿黄道自西向东周年视运动一周,其赤纬、赤经也相应变化一周,因而产生了四季,以及四季星空循环变化的现象。

(1)运动规律

太阳在周年视运动期间,通过分点、至点的日期、坐标值及变化规律如表 2-4-4 所示。

(2)太阳周年视运动为不等速运动

地球绕太阳公转速度的不均匀性(太阳在周年视运动的全过程中为不等速运动),早已由开普勒定律所证明,其结果使得太阳从春分点运行到秋分点(180°)需要约 186 天,而由秋分点运行到春分点(180°)则需要约 179 天,两者相差约 7 天。在一年中,太阳赤经日变化量 $DRA^{\odot}$ 在 53′.8 ~66′.6 之间逐日变化。

表 2-4-4 太阳周年视运动规律

日期	分至点	赤经 *RA*	赤纬 *Dec*	北半球日照	说　明
3 月 21 日	春分♈	0°	0°	昼夜相等	北半球天文春季开始 太阳北赤纬开始逐渐增大
6 月 22 日	夏至♋	90°	23°27′N	昼长夜短	北半球天文夏季开始 太阳北赤纬开始逐渐减小
9 月 23 日	秋分♎	180°	0°	昼夜相等	北半球天文秋季开始 太阳南赤纬开始逐渐增大
12 月 22 日	冬至♑	270°	23°27′S	昼短夜长	北半球天文冬季开始 太阳南赤纬开始逐渐减小

3. 四季和四季星空划分

太阳赤纬周期性的变化，使地球产生了四季，即地球上的冷暖主要取决阳光的直射和斜射

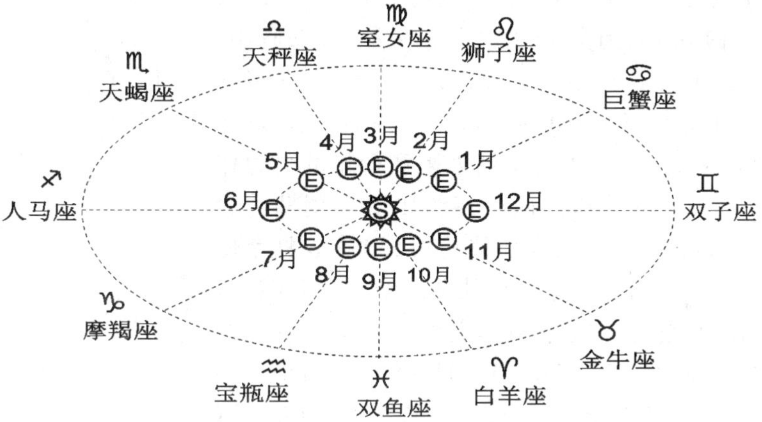

图 2-4-22 黄道十二宫

（与太阳赤纬有关），而不是地球距太阳的远近。每年 6 月 22 日前后（地球接近远日点 7 月 3 日），阳光直射北半球，并且日照时间长，所以北半球为夏季。12 月 22 日（地球接近近日点 1 月 4 日），北半球的阳光几乎是擦地而过，再加之日照时间短，所以北半球为冬季，如图 2-4-20 所示。恒星在天球上的位置基本不变，由于太阳沿黄道作周年视运动，相对背景为恒星，每运行 30°（约一个月）就经过一个星座，如图 2-4-22 所示。一年中太阳在黄道上经过 12 个星座，这 12 个星座称黄道十二宫。因此，太阳所在星座与太阳同时升、没，并被阳光所淹没而看不见。人们所能见到的星座是在天球上与太阳相对（赤经差 180°）的那部分星座。当太阳降没时，该部分星座正好升起，因为太阳在黄道十二宫内不停地移动，所以与它相对的星座也在不停地改变，这样，测者在同一地点、晚上的同一时刻、在不同的季节中所见到的星座则不一样。为便于识别航用恒星，将全天球星空划分为四个部分，称为四季星空，当太阳位于春分点时（太阳赤经 $RA^{\odot}=0°$），测者所见星空称为春季星空，它是以赤经 $RA^{\odot}=180°$ 为中心线展开的星空。同理，夏季星空、秋季星空和冬季星空分别是以赤经 270°，0°和 90°为中心线展开的星空。

4. 太阳视运动的轨迹是一条连续的球面螺旋线

由于太阳周日视运动和周年视运动是同时存在的,因此我们所见太阳视运动是这两种运动的合运动。太阳的周日视运动表现为昼夜的交替变化,其周年视运动表现为四季和四季星空的交替循环。不难看出,太阳视运动的轨迹是如图2-4-23所示的连续的球面螺旋线,其变化范围不超过23°27′N和23°27′S的赤纬平行圈,因此该两赤纬平行圈分别称为北回归线(或夏至线)和南回归线(或冬至线)。

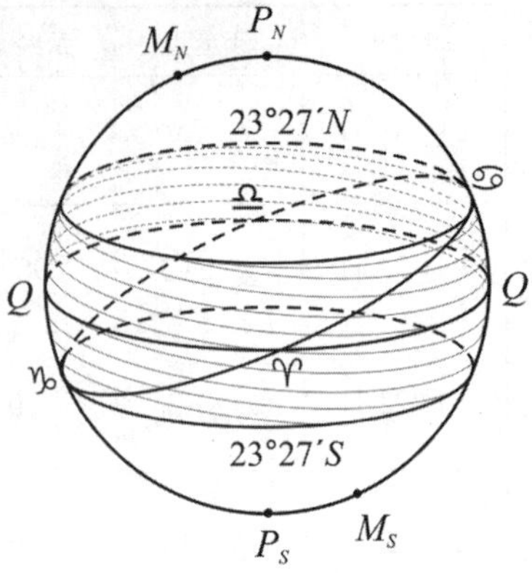

图 2-4-23 太阳视运动轨迹示意图

三、月亮视运动简介

月亮除了参与周日视运动外,还有它自身的运动。从地球上看到月亮的相对运动现象称之为月亮视运动。

月亮是地球的卫星,它自西向东绕地球公转,其运行的轨道是一个椭圆,该椭圆平面与天球截得的大圆称为白道,白道面与黄道面的平均交角约为5°09′,称为黄白交角(obliquity of the moon path)。白道与黄道交于两点,月亮在公转的过程中,由黄道南到黄道北所经过的一点称为升交点(ascending node),另一点为降交点(descending node)。月亮在绕地球运动中,除受地球的引力之外,还要受到太阳和行星的引力作用,从而使两交点每年沿黄道向西位移约19°21′,周期约为18.6年。在位移过程中,黄白交角始终约为5°09′,这样就使白道与赤道的交角发生变化,变化范围约为23°27′ ± 5°09′。当升交点与春分点重合时,白道在黄赤交角之外,月亮赤纬约在28°36′N ~ 28°36′S(23°27′ + 5°09′)之间变化。当升交点与秋分点重合时,白道在黄赤交角之内,月亮赤纬约在18°18′N ~ 18°18′S(23°27′ − 5°09′)之间变化。因此月亮赤纬最大值约在18° ~ 29°之间变化。

月亮每天绕地球自西向东运转约13°.2,如图2-4-24所示,设地球E在位置Ⅰ时,月亮M、太阳S和恒星★同时上中天。一天以后,地球自转一周,同时由位置Ⅰ公转到位置Ⅱ,此间,月亮绕地球自西向东公转约13°.2,因此,月亮以恒星为参考点绕地球运行一周的时间间隔约为27.32日,称为一个恒星月(sidereal month)。同理,当地球在位置Ⅱ时,恒星上中天,此时太阳相对恒星向东偏移了约1°(太阳平均赤经日变化量),因此,月亮以太阳为参考点绕地球运行一周的时间间隔约为29.53日,称为一个朔望月(lunar month)。综上所述,每天太阳中天时间比恒星推迟约4^{m}(1°),月亮中天时间比恒星推迟约53^{m}(13°.2),月亮中天时间比太阳推迟约49^{m}(13°.2 − 1° = 12°.2)。

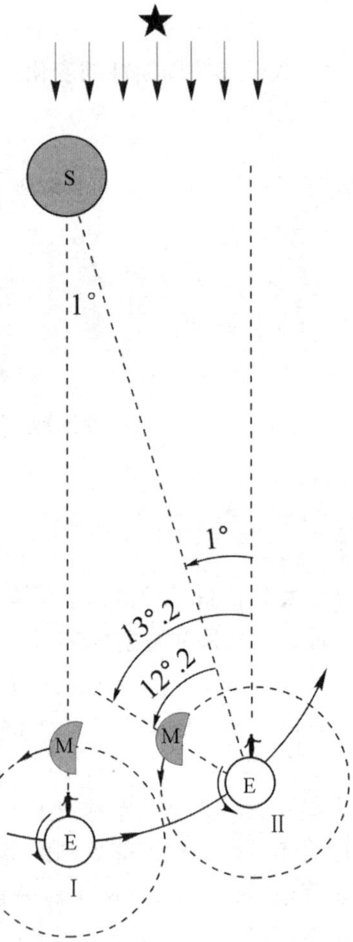

图 2-4-24 月亮视运动示意图

以月亮为参考点,地球自转一周的时间称为一个太阴日,而且月亮中天时间比太阳逐日推

迟约 49^m。

因为月亮本身不发光，它只能反射太阳的光辉，所以它朝着太阳的一侧始终是亮面。在绕地球运行的过程中，它的亮面以不同的角度朝向地球，这样，在一个朔望月中，从地球上看到月球亮面的形状（称月相，lunar phases）呈现圆缺规律性的变化。在图 2-4-25 中，图下部为月亮所处 8 个不同位置时，在地球上所见月相的变化规律。主要月相有以下四种。

新月（new moon，简称朔）：约在农历初一，月球与太阳在同一方向上，如图 2-4-25 中的位置 1，从地球上看不到月球的亮面，此时月亮与太阳一起出没。新月之后，月亮逐日向东偏离太阳。

上弦（first quarter）：约在农历初七、初八，月亮位于太阳的东边角距 90°左右，如图 2-4-25 中的位置 3 所示，中午月亮升起，下午月亮位于东天，这时白昼可同时看到太阳和月亮，日没时分月亮在中天附近。

满月（full moon，简称望）：约在农历十五，月亮到达图 2-4-25 中的位置 5，此时日月相对，月球的亮面正对地球，日没时分，明月东升，日出时分，明月西没。

下弦（last quarter）：约在农历廿二、廿三，月亮位于太阳的西边角距 90°左右，如图 2-4-25 中的位置 7 所示。日出时分，月亮位于中天附近，上午月亮位于西天，这时白昼同时可见太阳和月亮，中午时分，月亮西没，下弦过后将再次呈现朔月月相，如此不断循环，如表 2-4-5 所示。

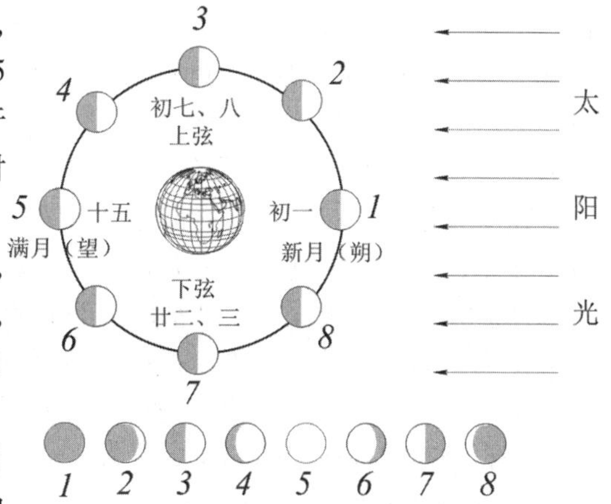

图 2-4-25 月相示意图

表 2-4-5 月亮出没规律表

月相	月出	中天	月没
新月	日出	中午	日没
上弦	中午	日没	子夜
满月	日没	子夜	日出
下弦	子夜	日出	中午

第三节 时间与天体位置

利用天文方法定位，首先要求得天文船位圆，即圆心和半径。圆心就是天体地理位置，它可由天体位置求得。由于天体按其各自的规律运动，天体位置则随时间在不断地变化，因此要说明天体位置必须同时指出时间，由此可见，时间与天体位置之间存在密切的关系。根据准确的观测天体的时间求天体位置就是本节要解决的问题。另外，时间系统是航海人员必须正确理解和熟练掌握的，因为它是保证船舶安全、经济运行的重要因素之一。

一、时间系统概述

时间和空间是物质存在的基本属性,任何物质运动都在时间和空间内发生,人类的一切活动都离不开时间和空间,所以说,时间和空间在科学上和日常生活中均是必不可少的。

时间的含义有两个,即时间间隔和时刻,它们既有区别又有联系。时间间隔是指客观物质运动过程所经历的时间历程,而时刻是指客观物质运动某一状态发生的瞬间,通常以离开时间坐标轴原点的距离来表示。

人们通过科学实践,相继选用了各种周期性变化过程作为时间的测量标准,即时间的计量单位。然而,无论采用什么计量单位,均应同时满足两个要求:第一,周期运动的稳定性(均匀性);第二,周期运动的复现性(重复性)。这就是说,只能用一种均匀的、具有连续重复周期的现象作为时间的计量单位。历史上,时间计量单位的发展反映了不断满足上述要求的过程。迄今为止,时间计量标准基本可分为三类:

①建立在地球自转基础上的世界时系统;

②建立在地球公转基础上由力学定律所确定的历书时系统;

③建立在原子能级跃迁频率基础上的原子时系统。

无论采用哪一种时间系统,均匀性是一个重要指标。当然,均匀性不可能是绝对的,它只是对满足一定精度要求而言的。在时间测量中,人们总是根据一定历史阶段内科学技术所能达到的最高水平来选择不同的时间测量标准,从而建立最佳的时间系统。

1. 世界时系统(universal time system)

世界时系统是建立在地球自转运动基础上的时间系统,也就是说,以地球自转周期作为时间的计量单位。

地球上的人们无法直接测量地球的自转周期,但是,可以选择地球以外的一点作为参考点,观测该点的周日视运动的周期来间接地测出地球自转的周期,从而得到时间的计量单位。选择不同的参考点,得到的时间计量单位也不同。

以春分点为参考点得到:恒星时(sidereal time);

以太阳为参考点得到:视时(apparent time);

以平太阳为参考点得到:平时(mean time)或世界时(universal time,*UT*,*GMT*)。

在相当长的一段时间内,人们是把世界时作为均匀的时间来使用的,即认为地球自转的速率是均匀的。随着观测资料年复一年的积累和精密时钟的出现,人们才从实测中证实地球自转的速率是不均匀的,并具有相当复杂的表现形式,其中包含周期性变化、长周期性变化、短周期性变化和不规则变化等各种因素,从而导致以地球的自转周期作为时间的计量单位也是不均匀的。另外,地球在自转的过程中还存在"扭动"现象,从而使地极产生移动,简称极移。极移使地球上各点的经纬度发生变化,导致世界各地天文台测得的世界时之间存在微小的误差。

尽管由于上述诸因素引起的时刻误差很小,但是随着科学的发展,人们对时间的精确性的要求也随之越来越高。1955 年国际天文学联合会决定自 1956 年起,对直接观测到的世界时做两项改正,因此,世界时 *UT* 又可分为以下三种。

①*UT*0:直接由天文观测得到的世界时。由于极移的影响,世界各地的天文台测得的 *UT*0 有微小的差别。

②*UT*1:*UT*0 经极移改正后得出的世界时。这是真正反映地球自转的统一时间,也是天文

航海所需要的世界时。

③$UT2$:$UT1$ 经过季节改正后得出的世界时。

$UT2$ 是 1972 年以前国际上公认的时间标准。但是,它仍然还受地球自转速率的长期变化和不规则变化的影响,所以 $UT2$ 还是不均匀的。

2. 原子时系统(atomic time system)

随着生产的发展和科学技术的进步,人们对时间精度的要求也越来越高,不仅要求准确,而且要求稳定和均匀,这已不再是世界时所能满足的了。于是人们把计量时间的标准从宏观世界转向了微观世界。

原子内部的运动比地球自转的稳定性要高得多。电子分布在对应不同能量的轨道上绕原子核旋转,当它们从一个轨道跃迁到另一个轨道(称能级跃迁)时会放出或吸收一定频率的电磁波,该波极为稳定。正是利用这一特性,人们制造了原子钟,从而使人们发现,原子标准可以作为均匀的时间计量单位。它容易复制,随时可得到,并且比世界时精确得多,因此,人们提出了原子时系统。原子时系统是建立在原子能级跃迁频率基础上的时间系统。

(1)原子时(atomic time, AT)

以铯(Cs)133 原子基态超精细能级跃迁的电磁振荡 9 192 631 770 周所经历的时间间隔定义为原子时 1^s 的长度。

原子时的起始历元为 1958 年 1 月 1 日零时(世界时 $UT2$)。由全世界大约 100 台原子钟,用各种方法进行比对,再由国际时间局(BIH)进行数据处理,求出统一的原子时,称为国际原子时(international atomic time, IAT)。

由于世界时是不均匀的,即它的秒长是不固定的,近些年来大致上是逐年变长,一年中原子时与世界时可差 1^s 左右。随着时间的推移,两者之间的差别将越来越大。近代科学技术对于时间计量的要求包括时刻和时间间隔这两个方面。例如,人们日常生活、天文导航、卫星导航和宇航飞行器跟踪等均需要知道建立在地球自转基础上的世界时时刻,而精密校频等物理学测量则要求均匀的时间间隔。这样就面临着一种困难的局面,即如何用同一计量单位,同时满足性质不同的两种要求。为解决这个矛盾,人们采用了一个协调方案,从而得到了协调世界时 UTC,该时间计量单位是世界时 $UT1$ 的时刻与原子时秒长折中协调的产物。

(2)协调世界时(coordinated universal time, UTC)

以原子时秒为时间计量单位,在时刻上与世界时 $UT1$ 保持在 $\pm 0^s.9$ 之内。

协调世界时满足上述条件是通过"跳秒"来实现的,由国际时间局(BIH)根据天文测时情况做出跳秒的决定,调整的时刻是在 12 月 31 日或 6 月 30 日最后 1^s。对原子时增加 1^s 称正跳秒,减少 1^s 称负跳秒。通常 $23^h59^m59^s$ 之后是次日的 $00^h00^m00^s$,而

正跳秒:$23^h59^m60^s$ 之后是次日的 $00^h00^m00^s$。这实质上是把原子时 AT 的时刻推迟 1^s。

负跳秒:$23^h59^m58^s$ 之后是次日的 $00^h00^m00^s$。这实质上是把原子时 AT 的时刻提前 1^s。

具体跳秒时间和方法可查阅英版《无线电信号表》第二卷或英版《航海通告》第Ⅵ部分。

协调世界时 UTC 从 1972 年 1 月 1 日世界时 00^h 开始实施。由于协调世界时 UTC 与世界时 $UT1$ 相差不超过 $\pm 0^s.9$,也就是说,协调世界时 UTC 是采用以世界时 $UT1$ 制约的原子时系统。它的体制仍沿用世界时的体制,因此 1972 年以后时间系统的更换对人们的生活、工作无任何明显的影响。

另外,人们除采用了世界时系统和原子时系统之外,还采用了建立在地球公转基础上的历

书时系统。历书时是一种由力学定律确定的均匀的时间系统。但是，由于观测误差较大，难于得到高精度的历书时，因而历书时只作为天文学的基本常数，它已超出了天文航海的范畴，本书不再做进一步介绍。时间系统如图 2-4-26 所示。

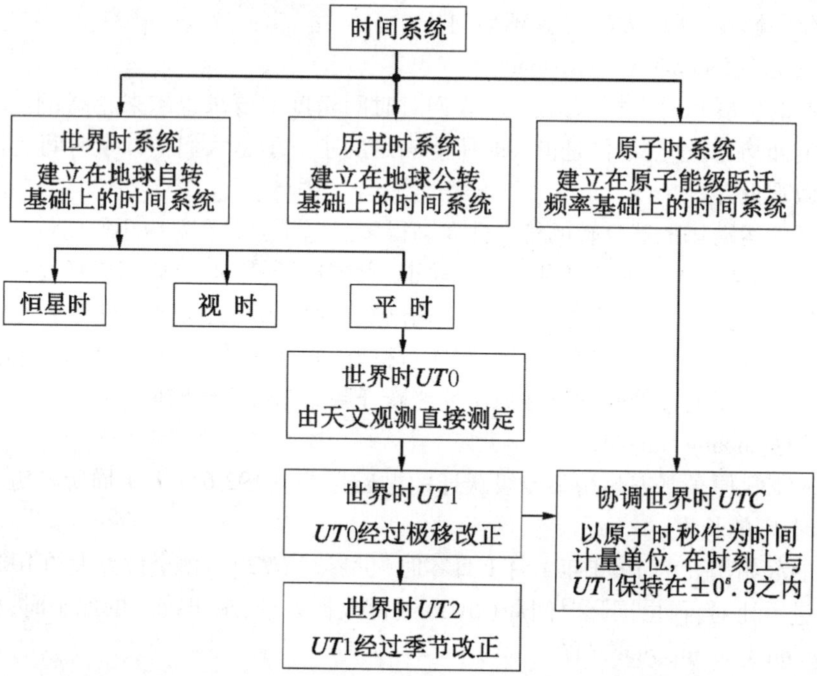

图 2-4-26　时间系统

除上述介绍的时间系统之外，由美国发射的导航星全球定位系统（GPS）采用了一个独立的时间系统作为导航定位的依据，称为 GPS 时间系统，简称 GPST。该系统规定的起点为 1980 年 1 月 6 日 *UTC* 的 00^h，GPS 主控站中的原子母钟定期调整成与 *UTC* 同步。

综上所述，天文航海主要涉及建立在地球自转基础上的世界时系统，在后续的章节中将逐一详细介绍。

二、恒星时（sidereal time）

恒星时是建立在地球自转运动基础上的时间系统，以春分点为参考点，以其周日视运动的周期作为时间的计量单位。

1. 恒星日（sidereal day）

在周日视运动中，春分点♈连续两次经过某地午圈所经历的时间间隔称为 1 恒星日，即 1 恒星日 = 天球旋转（360°）所经历的时间间隔。

1 恒星日可分为：

$$\left.\begin{aligned}1\text{ 恒星日} &= 24\text{ 恒星小时}(24^h)\\1\text{ 恒星小时} &= 60\text{ 恒星分钟}(60^m)\\1\text{ 恒星分钟} &= 60\text{ 恒星秒钟}(60^s)\end{aligned}\right\}\qquad(2\text{-}4\text{-}16)$$

在 1 恒星日中，春分点♈在同一个午圈上连续两次上中天，这期间春分点♈正好完成一整周 360°的周日视运动，所以时间与角度之间存在着如下时、度换算的关系：

$$24^h = 360°$$
$$1^h = 15°$$
$$1^m = 15'，则 1° = 4^m$$
$$1^s = 15'' = 0'.25，则 1' = 4^s$$

例 2-4-8：试将 $08^h13^m32^s$ 换算成角度单位，试将 $208°19'.5$ 换算成时间单位。

解：

08^h	$120°$
13^m	$3°15'$
32^s	$8'$
$08^h\ 13^m32^s$	$123°23'$

$208°$	13^h52^m
$19'.5$	1^m18^s
$208°19'.5$	$13^h53^m\ 18^s$

2. 恒星时（sidereal time）

由恒星日的定义可知，恒星时应是春分点♈经过某地午圈时起算的，而午圈随着测者所在地点的经度不同而不同，因此，恒星时具有地方性。

（1）地方恒星时（local sidereal time，*LST*）

在周日视运动中，春分点♈由某地午圈起，向西运行所经历的时间间隔称为地方恒星时。

显然，春分点♈上中天时，地方恒星时 $LST = 00^h$；下中天时 $LST = 12^h$。

（2）格林恒星时（Greenwich sidereal time，*GST*）

在周日视运动中，春分点♈由格林午圈起，向西运行所经历的时间间隔称为格林恒星时。显然，它是地方恒星时的一个特例。

春分点♈格林上中天时，格林恒星时 $GST = 00^h$；下中天时 $GST = 12^h$。由于恒星时具有地方性，在同一时刻，任意经度上的地方恒星时 *LST* 与格林恒星时 *GST* 存在如下“东大西小”的关系：

$$LST = GST \pm \lambda_{W}^{E} \qquad (2\text{-}4\text{-}17)$$

上述关系如图 2-4-27 所示，图中 Z_G 为格林天顶，Z_1 和 Z_2 分别为东、西经测者的天顶。

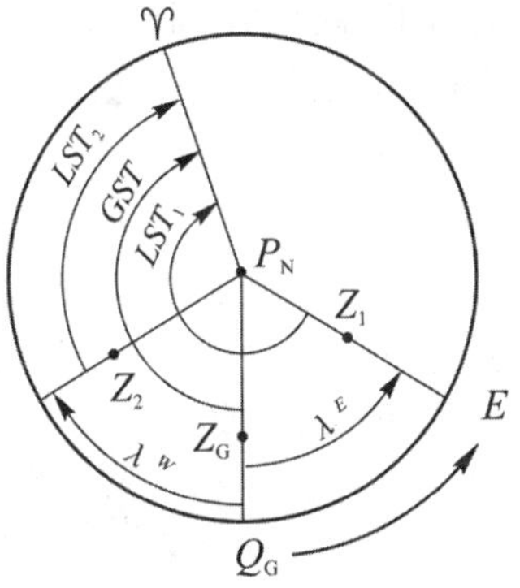

图 2-4-27　同一时刻不同经度上恒星时之间的关系

（3）恒星时与春分点时角的关系

我们已知，春分点时角是从午圈开始起算的，而恒星时也是从测者午圈开始起算的。由此可见，在同一时刻，任意经度上的春分点时角在数值上等于该时刻的恒星时。在天文航海中，恒星时是以春分点时角来表示的。恒星时是天文学上采用的时间计量单位，它不宜用于日常生活和工作中，这主要是恒星时与昼夜关系不固定的缘故。

三、视时

视时（apparent time）是建立在地球自转基础上的时间系统，它是以太阳⊙为参考点，以其周日视运动的周期作为时间的计量单位。

1. 视太阳日

在周日视运动中，太阳中心连续两次经过某地子圈所经历的时间间隔称为 1 视太阳日。视太阳日、视太阳小时、视太阳分钟、视太阳秒钟的关系如下：

1 视太阳日 =24 视太阳小时(24^h)

1 视太阳小时 =60 视太阳分钟(60^m)

1 视太阳分钟 =60 视太阳秒钟(60^s)

在1视太阳日中,太阳在同一子圈上连续两次下中天,这期间太阳正好完成一整周360°的周日视运动,所以视时与角度之间同样存在着如本节二中所述的时、度换算的关系,只是视时的时、分和秒的长短与恒星时的有所不同。

2. 视时(local apparent time,*LAT*)

由视太阳日的定义可知,视时是太阳中心经过某地子圈时起算的,而子圈随着测者的经度不同而不同。在周日视运动中,太阳中心由某地子圈起算,向西运行所经历的时间间隔称为视时 *LAT*。

显然,太阳上中天时 $LAT = 12^h$,下中天时 $LAT = 00^h$。由于太阳地方时角 $LHA^{\odot}$ 是从测者午圈起算的,而视时是从测者子圈起算的,因此同一时刻视时 *LAT* 与太阳圆周地方时角 $LHA^{\odot}$ 相差180°(12^h),即

$$LAT = LHA^{\odot} \pm 180° \begin{cases} LHA^{\odot} < 180° \\ LHA^{\odot} > 180° \end{cases} \tag{2-4-18}$$

3. 视太阳日作为时间计量单位的缺陷

视太阳日作为时间计量单位的缺陷是它的长度逐日不一致。如图2-4-28(a)所示,对某一测者 *Z* 来说,3月21日太阳⊙位于春分点♈,在某一瞬间,太阳⊙、春分点♈同时下中天,然后,天球带着太阳⊙和春分点♈一起向西作周日视运动。一天后,当春分点♈再次下中天时(天球旋转了360°),太阳⊙还没下中天(即还没到1视太阳日),如图2-4-28(b)所示。这是因为太阳在向西作周日视运动的同时,又沿黄道向东移动了一段弧距,其赤经相应变化了 $DRA^{\odot}$(太阳赤经日变化量),所以太阳⊙要连续两次下中天,则天球还要向西旋转 $DRA^{\odot}$,如图2-4-28(c)所示,因此

$$1\text{ 视太阳日} = \text{天球旋转}(360° + DRA^{\odot})\text{ 所经历的时间} \tag{2-4-19}$$

因为在一年中,太阳赤经日变化量 $DRA^{\odot}$ 最大约66′.6,最小约53′.8,所以最长和最短的视太阳日相差约51^s,并且在逐日变化。作为时间计量单位,长短必须固定,故视太阳日不宜作为时间的计量单位。

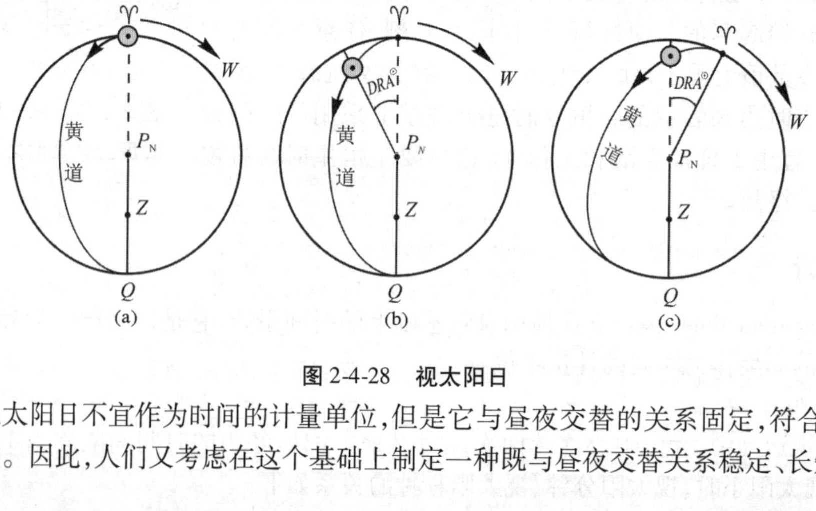

图2-4-28　视太阳日

虽然视太阳日不宜作为时间的计量单位,但是它与昼夜交替的关系固定,符合人们工作、休息的习惯。因此,人们又考虑在这个基础上制定一种既与昼夜交替关系稳定、长短又均匀的

时间计量单位,于是产生了平时。

四、平时

平时(mean time)是建立在地球自转运动基础上的时间系统,它是以平太阳⊕为参考点,以其周日视运动的周期作为时间的计量单位。

1. 平太阳⊕(mean sun)

平太阳⊕是一个假想的天体,它在天赤道上向东作匀速的周年视运动,其速度等于视太阳在黄道上运行的平均速度。

2. 平太阳日(mean solar day)

在周日视运动中,平太阳连续两次经过某地子圈所经历的时间间隔称为1平太阳日。平太阳日、平太阳小时、平太阳分钟、平太阳秒钟的关系如下:

1 平太阳日 =24 平太阳小时(24^h)

1 平太阳小时 =60 平太阳分钟(60^m)

1 平太阳分钟 =60 平太阳秒钟(60^s)

在1平太阳日中,平太阳在同一子圈上连续两次下中天。这期间,平太阳正好完成一整周(360°)周日视运动,所以平太阳日的时、分、秒与角度之间同样存在如本节二中所描述的固定时、度换算关系,只是它的时、分、秒的长短与恒星时和视时的均不相同。

由平太阳的定义可知,平太阳在天赤道上向东作等速的周年视运动,其速度等于太阳在黄道上运行的平均速度。太阳在黄道上连续两次经过春分点的时间间隔为1回归年,等于365.242 2平太阳日(该值每百年减少约$0^s.5$)。这期间,太阳赤经变化了360°,则每日太阳赤经的平均变化量就是平太阳在天赤道上向东作周年视运动的速度,即平太阳赤经日变化量:

$$DRA^{\oplus} = \frac{360^\circ}{365.242\ 2} = 59'.14 \tag{2-4-20}$$

或

$$DRA^{\oplus} = \frac{24^h}{365.242\ 2} = 3^m56^s.56 \tag{2-4-21}$$

在天文航海中,平太阳赤经日变化量$DRA^{\oplus}$可以认为是一个定值。因为平太阳有周年视运动,而春分点没有,所以1平太阳日比1恒星日长$3^m56^s.56 \approx 4^m$。

例如,对某一测者Z来说,在某日平太阳⊕正好位于春分点♈,在某一时刻平太阳⊕和春分点♈同时下中天,如图2-4-29(a)所示。天球带着平太阳⊕和春分点♈一起向西作周日视运动。1天后,当春分点♈再次下中天时(天球旋转了360°,即1恒星日),平太阳还没有下中天(不到1平太阳日),如图2-4-29(b)所示。这是因为平太阳⊕在向西作周日视运动的同时,又沿天赤道向东作周年视运动而移动了一段弧距$DRA^{\oplus}$,所以平太阳要连续两次下中天,则天球还要带着平太阳向西旋转$DRA^{\oplus}$角度,如图2-4-29(c)所示。因此

$$\begin{aligned} 1\text{ 平太阳日} &= \text{天球旋转}(360^\circ + DRA^{\oplus})\text{所经历的时间} \\ &= \text{天球旋转}(360^\circ + 59'.14)\text{所经历的时间} \\ &= 1\text{ 恒星日} + 3^m56^s.56 \end{aligned} \tag{2-4-22}$$

从上式可见,平太阳日比恒星日长了$3^m56^s.56 \approx 4^m$。因为平太阳在天球上没有标志,所以人们无法直接观测其周日视运动的周期,但是可以直接观测某颗恒星的周日视运动得到恒星日,利用式(2-4-22),则可得到平太阳日。从该式中可以看出,1平太阳日的长短基本固定(不

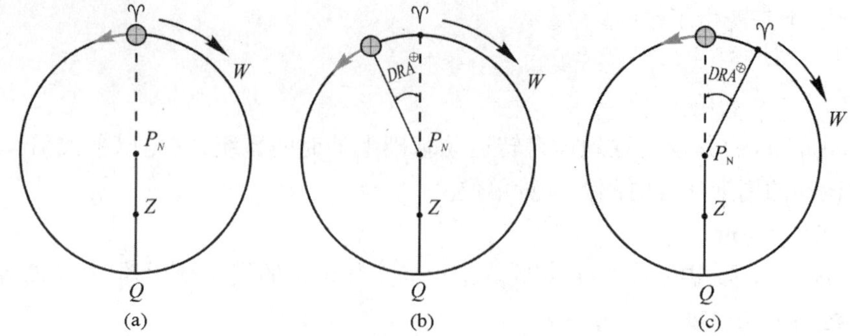

图 2-4-29　平太阳日

考虑地球自转的不均匀性)。

3. 平时(mean time)

定义了平太阳日之后则可定义平时,因为平太阳日是从子圈开始的,所以平时亦应从子圈起算,而子圈随着测者所在地点的经度不同而不同,因此,平时具有地方性。

(1)地方平时(local mean time,*LMT*)

在周日视运动中,平太阳⊕由某地子圈起,向西运行所经历的时间间隔称为地方平时 *LMT*,同时注明日期。

显然,平太阳⊕上中天时,地方平时 $LMT = 12^h$;下中天时地方平时 $LMT = 00^h$。由于平太阳地方时角 *LHA* 是从午圈开始起算的,则同一时刻,地方平时 *LMT* 与平太阳圆周地方时角 *LHA* 相差 180°(12^h),即

$$LMT = LHA^{\oplus} \pm 180° \begin{cases} LHA^{\oplus} < 180° \\ LHA^{\oplus} > 180° \end{cases} \quad (2\text{-}4\text{-}23)$$

平时为 00^h 的瞬间作为一天的起点,故指出平时的同时应标注日期,这就是人们通常采用的日期标志。恒星时 00^h 相对平时不固定,故恒星时没有日期,通常所说的某月某日恒星时某时,所指的日期是平时的日期。

由于平时具有地方性,因此在同一时刻,不同经度上的地方平时之间同样存在"东大西小"的关系,即

$$LMT_2 = LMT_1 + D\lambda \quad (2\text{-}4\text{-}24)$$

$$D\lambda = \lambda_2 - \lambda_1$$

式中:LMT_1 是测者 1 的经度 λ_1 所对应的地方平时;

LMT_2 是测者 2 的经度 λ_2 所对应的地方平时;

$D\lambda$ 是 λ_2 与 λ_1 的经差,计算时东经 λ^E 为"+",西经 λ^W 为"-",当求得的 $D\lambda$ 为"+"时,即为"E"经差,$D\lambda$ 为"-"时,即为"W"经差($D\lambda$ 可以大于 180°)。

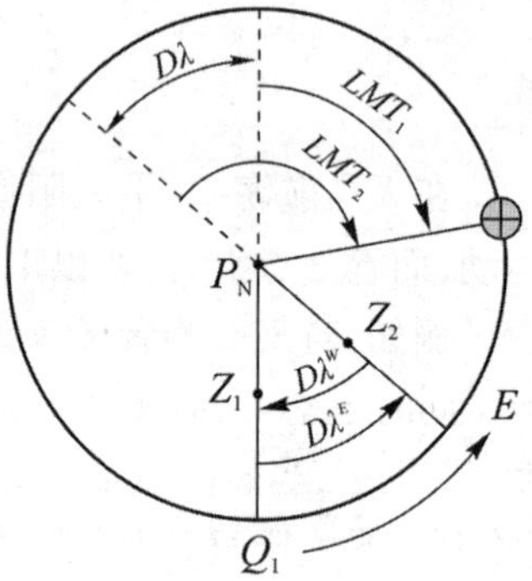

图 2-4-30　同一时刻不同经度上地方平时之间的关系

上式的关系如图 2-4-30 所示,图中 Z_1 是测者 1 的天顶,Z_2 是测者 2 的天顶,如果已知测者 1 的地方平时 LMT_1 求测者 2 的地方平时 LMT_2,则为东经差 $D\lambda^E = \lambda_2 - \lambda_1$;反之,已知测者 2 的地方平时 LMT_2,求测者1 的地方平时 LMT_1,则为西经差 $D\lambda^W = \lambda_1 - \lambda_2$。从式(2-4-24)还可以看出,在同一时刻,两地的地方平时的差值在数值上等于该两地的经差 $D\lambda$。

例 2-4-9:已知经度 $\lambda_1 122°07'.0E$ 的地方平时 $LMT_1 = 09^h51^m24^s$(5 月 8 日),求经度

$\lambda_2 120°00'.0E$ 的地方平时 LMT_2。

解：①求两地经差 $D\lambda = \lambda_2 - \lambda_1$，并将其化为时间单位；

②求 $LMT_2 = LMT_1 + D\lambda$。

λ_2^E	120－00.0	(＋)	LMT_1	09－51－24	8/5
－) λ_1^E	122－07.0	(＋)	$D\lambda$	－　08－28	
$D\lambda^W$	2－07.0	(－)	LMT_2	09－42－56	8/5
$D\lambda^W$	8^m28^s	(－)			

例 2-4-10：已知经度 $\lambda_A 94°15'.0W$ 的地方平时 $LMT_A 18^h20^m24^s$（7 月 18 日），求经度 $\lambda_B 128°43'.0E$ 的地方平时 LMT_B。

解：

λ_B^E	128－43.0	(＋)	LMT_A	18－20－24	18/7
－) λ_A^W	94－15.0	(－)	$D\lambda$	＋ 14－51－52	
$D\lambda^E$	222－58.0	(＋)	LMT_B	33－12－16	18/7
$D\lambda^E$	$14^h51^m52^s$	(＋)	LMT_B	09－12－16	19/7

（2）世界时（universal time，*UT*）又称格林平时（Greenwich mean time，*GMT*）

在周日视运动中，平太阳由格林子圈起，向西运行所经历的时间间隔称为世界时，同时须注明日期。显然，平太阳格林上中天时 $GMT = 12^h$，下中天时 $GMT = 00^h$。在同一时刻，任意经度 λ 上的地方平时 *LMT* 与世界时 *GMT* 存在如下"东大西小"的关系，即

$$LMT = GMT \pm \lambda_W^E \qquad (2\text{-}4\text{-}25)$$

上述关系如图 2-4-31 所示，图中 Z_G 为格林天顶，Z_1 为东经测者天顶，Z_2 为西经测者天顶。

例 2-4-11：已知世界时 $GMT = 02^h07^m10^s$（8 月 8 日），求经度 $\lambda 118°28'.0W$ 的地方平时 *LMT*。

解：①将经度化为时间单位：$\lambda^W = 118°28'.0 = 07^h53^m52^s$

②求 $LMT = GMT - \lambda^W$：

GMT	02－07－10	8/8
λ^W	07－53－52	
LMT	18－13－18	7/8

4. 时差（equation of time，*ET*）

对同一测者来说，在同一时刻，视时 *LAT* 与平时 *LMT* 之间的时间差称为时差，如图 2-4-32 所示。时差的定义式为：

$$ET = LAT - LMT = LHA^{\odot} - LHA^{\oplus} = RA^{\oplus} - RA^{\odot} \qquad (2\text{-}4\text{-}26)$$

式中：当 $LAT > LMT$ 时，*ET* 为"＋"，即在周日视运动中，太阳⊙在前，平太阳⊕在后；

当 $LAT < LMT$ 时，*ET* 为"－"，即在周日视运动中，平太阳⊕在前，太阳⊙在后；

当 $LAT = LMT$ 时，*ET* 为"0"，即在周日视运动中，平太阳⊕时圈与太阳⊙时圈重合。

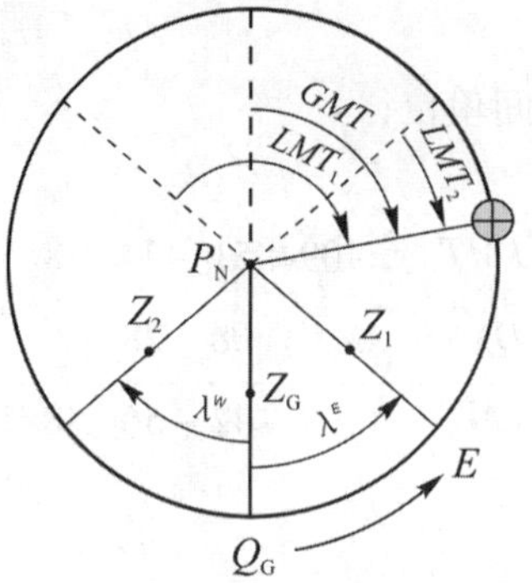

图 2-4-31　同一时刻世界时与地方平时之间的关系

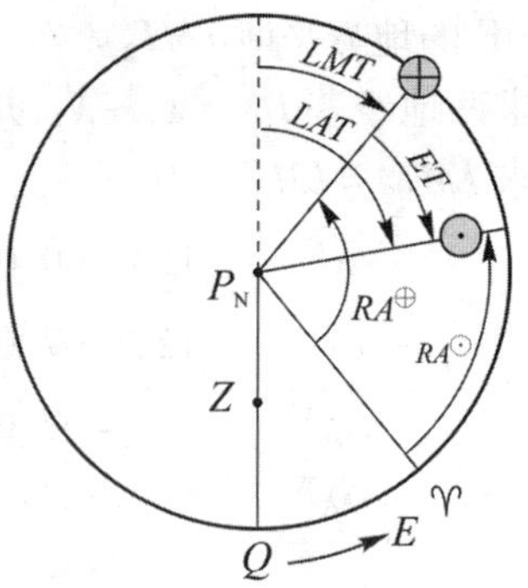

图 2-4-32　时差示意图

由于太阳与平太阳的赤经日变化量不一致，因而产生了时差。我们已知太阳周年视运动的速度是不均匀的，其赤经日变化量在 53′.8 ~ 66′.6 之间逐日变化，而平太阳周年视运动的速度是均匀的，其赤经日变化量为 59′.14。这样，在一年中太阳有时在平太阳的东边，有时在平太阳的西边，所以时差 ET 的值是逐日变化的，其值可以在当日《航海天文历》中查得。

在时差曲线图（如图 2-4-33 所示）中可见，一年中时差 ET 有四次为零，两次正极大值，两次负极大值。在 11 月 3 日前后，时差达最大值 $ET_{max} = +16^m24^s$，也就是说，一年中时差最大不超过 17^m。

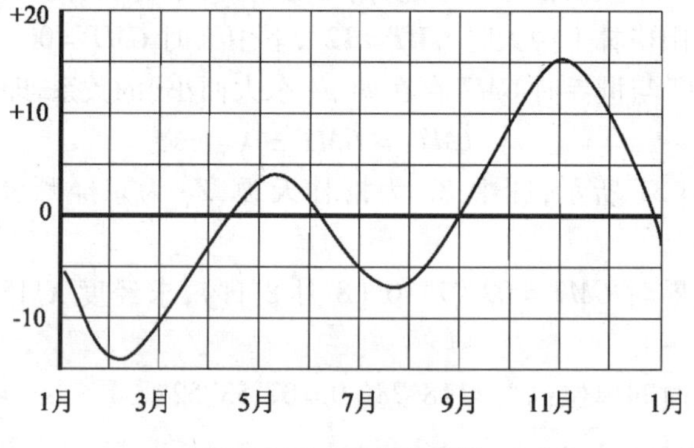

图 2-4-33　时差曲线图

综上所述，视时和平时两者的差值最大不超过 17^m，因此平时能与昼夜保持固定关系。因为平太阳日长短基本固定，所以平时是 1972 年以前国际上公认的时间计量单位。

五、区时

在同一时刻，不同经度上的地方平时是不相同的。在社会生活中，若各自使用本地的地方平时，将会给交通运输、文化交流带来不便；反之，若全世界采用同一时间，假定都采用世界时 GMT，那么在 $GMT = 06^h$ 时，0°经线附近的地区是黎明，其他地方同是 $GMT = 06^h$ 时刻，有的却是中午，有的已是黄昏，更有的是在子夜，这样也不方便。为了解决这个问题，1884 年国际天文学会议在平时的基础上提出了区时制的建议，因此产生了区时（zone time）。

1. 区时制（zone time system）

（1）时区划分

全球按经度划分为 24 个时区,如图 2-4-34 所示。以 0°经线为基准,向东、西各取经度 7°30′,共计经度 15°划为一个时区,称零时区,0°经线是该时区的中央经度线,又称时区中线。

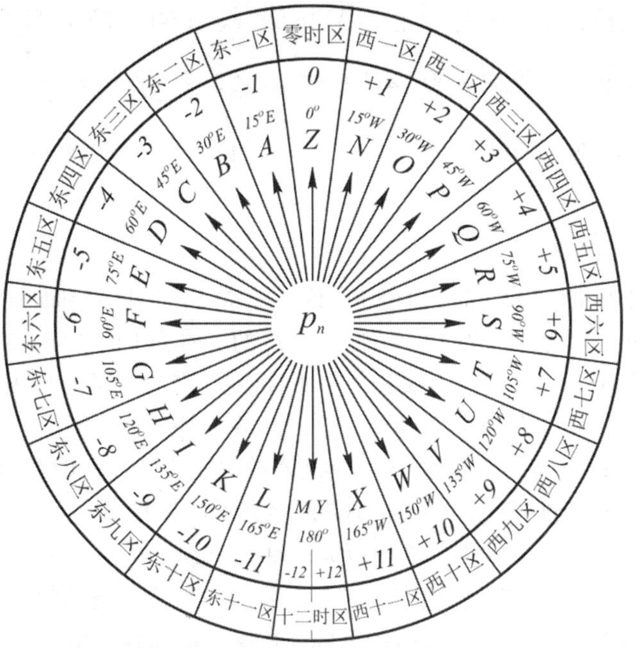

图 2-4-34 时区图

从零时区东、西边界开始向东、向西每隔经度 15°划分为一个时区,依次为东一时区至十二时区;同样,西时区也是从西一时区到十二时区。十二时区被 180°经度线分成两半,每半包括经度 7°30′,分别称为东十二时区和西十二时区,所以航海上往往又将全球划分为25 个时区。

相邻两时区中线经度相差 15°,零时区中线经度为 0°,东一时区中线经度为 15°E,东二时区中线经度为 30°E,以此类推。同理,西一时区中线经度为 15°W。180°经线是东、西十二时区共用的时区中线。

(2)区号(zone description,ZD)

时区的顺序号:零时区的区号为"0",以此为基准,东时区的区号依次为 -1, -2,⋯ -12,西时区的区号依次为 +1, +2,⋯ +12。从上可见,东时区的区号为" - ",西时区的区号为" + "。

区号还可以用大写英文字母表示,零时区的区号为"Z",东时区的区号依次为 $A \sim M$(J 除外),西时区的区号依次为 $N \sim Y$,例如,零时区的区号为"0"或"Z",东八时区的区号为" -8"或"H"。

由于相邻两时区的时区中线经度相差 $15° = 1^h$,时区中线经度在数值上正好等于该时区区号的小时数,即

$$\text{时区中线经度 } \lambda_{W}^{E} = ZD(\mp) \times 15° \quad (2\text{-}4\text{-}27)$$

已知时区中线经度,可求得该时区的区号;反之亦然。各时区的边界经度等于它的中线经度 ±7°30′,凡是经度离某一时区中线经度小于 7°30′的地方,均属于这个时区,因此测者所在时区的区号可以由测者经度计算出来,即

$$区号 = \frac{测者经度}{15°}\begin{cases}如果余数小于 7°30',商就是所在时区的区号;\\ 如果余数大于 7°30',商 +1 就是所在时区的区号。\end{cases}$$

例 2-4-12:求大连(λ121°39′E)和北京(λ116°28′E)所在时区的区号 *ZD*。

解:$\frac{121°39'}{15°} = 8\cdots$ 余 $1°39' < 7°30'$, $ZD = -8$,大连位于东八区;

$\frac{116°28'}{15°} = 7\cdots$ 余 $11°28' > 7°30'$, $ZD = -(7+1) = -8$,北京位于东八区。

2. 区时

(1)区时(zone time,*ZT*)

时区中线的地方平时作为该时区的区时,区时通常要注明区号和日期。

显然,零时区的区时就是世界时。例如,零时区的区时为 1 时 30 分 20 秒,可以写成 $ZT = 01^h30^m20^s(0)$ 或 $01^h30^m20^sZ$。在航海实际工作中,准确到分钟的区时均用 4 位数字表示,如东八区区时为 9 时 30 分,可以写成 *ZT*0930(−8),相邻两时区的中线经度相差 $15° = 1^h$,则相邻两时区的区时相差 1 h,区时同样存在"东大西小"的关系。因为区时就是时区中线的地方平时,所以式(2-4-24)同样适用于同一时刻、不同时区区时的换算,即

$$ZT_2 = ZT_1 + D\lambda,\ D\lambda = \lambda_{m_2} - \lambda_{m_1} \tag{2-4-28}$$

式中:λ_{m_2} 和 λ_{m_1} 是时区中线经度(在数值上等于区号的小时数)。计算时东经 λ^E 为"+",西经 λ^W 为"−",求得的 $D\lambda$ 有"±"。同一时刻不同时区区时的换算还可表示为:

$$ZT_2 = ZT_1 - DZD \quad , \quad DZD = ZD_2 - ZD_1 \tag{2-4-29}$$

式中:*DZD* 是两时区的区号差,区号是东时区为"−",西时区为"+",求得的 *DZD* 有"±"。

在船上,日常的工作、生活是根据船钟指示的时间(称船时)(ship's mean time,*SMT*)来安排的。船钟一般指示船舶所在时区的区时(特殊情况除外)。因为船时通常用准确到分钟的四位数表示,所以由船钟读取的船时 *SMT* 是近似区时 *ZT′*。

例 2-4-13:我国某船航行在西九区,拟与国内总公司通过卫通电话联系,要使公司在 5 月 8 日 *ZT*1000(−8)接到电话,试问船长应在船时(*SMT*)几点打电话?

解:由式(2-4-28),$D\lambda = \lambda_{m2} - \lambda_{m1} = (-9^h) - (+8^h) = -17^h$,则

$ZT_2 = ZT_1 + D\lambda = SMT$

ZT_1	1000	8/5
$D\lambda$	−17	
SMT	1700	7/5

因此,船长应在 5 月 7 日船时 1700 打电话。

(2)区时 *ZT* 与世界时 *GMT* 的关系

当 *ZT* = 0800(−8)时,此刻,*ZT* = 0700(−7),*ZT* = 0600(−6),…$GMT = 00^h$ 由此可见,同一时刻区时 *ZT* 与世界时 *GMT* 正好相差与区号相同的小时数,即

$$GMT = ZT + ZD \tag{2-4-30}$$

式中:东时区 *ZD* 为"−",西时区 *ZD* 为"+"。航海实际工作中常用上式求区时,则有

$$ZT = GMT - ZD \tag{2-4-31}$$

例如,东八区的区时与世界时的关系为:

$$ZT(-8) = GMT + 8^h$$

把船时代入式(2-4-30)中求得的世界时,称为近似世界时 GMT',即

$$GMT' = SMT(ZT') + ZD \tag{2-4-32}$$

船时 SMT 和近似世界时 GMT' 通常采用四位数表示。

例 2-4-14:5 月 2 日,已知船时 $SMT(ZT')$0618(−8),求近似世界时 GMT'。

解:

ZT'	0618	2/5
ZD	−8	
GMT'	2218	1/5

(3)区时 ZT 与地方平时 LMT 的关系

因为区时是时区中线的地方平时,所以式(2-4-24)同样适用于同一时刻,已知区时求地方平时的情况,即

$$LMT = ZT + D\lambda \quad , \quad D\lambda = \lambda - \lambda_m \tag{2-4-33}$$

式中:LMT——测者经度 λ 所对应的地方平时;

ZT——测者经度 λ 所在时区的中线经度 λ_m 所对应的地方平时,即区时;

$D\lambda$——λ 与 λ_m 的经差,计算时东经为"+",西经为"−",求得的 $D\lambda$ 有"±"。

在航海实际工作中,还会遇到已知地方平时 LMT 求区时 ZT,这样式(2-4-33)可以改写成:

$$ZT = LMT + D\lambda \quad , \quad D\lambda = \lambda_m - \lambda \tag{2-4-34}$$

例 2-4-15:已知经度 $\lambda 122°23'.0E$ 的地方平时 LMT $21^h05^m38^s$(8 月 6 日),求该经度所属时区的区时 ZT。

解:①求 $D\lambda = \lambda_m - \lambda$,并化为时间单位;

②求 $ZT = LMT + D\lambda$:

中线经度	λ_m^E	120 −00.0 (+)	地方平时	LMT	21 −05 −38 6/8
−) 测者经度	λ	122 −23.0 (+)	经　　差	$D\lambda$	− 09 −32
经　　差	$D\lambda$	2 −23.0 (−)	区　　时	ZT	20 −56 −06 6/8
	$D\lambda$	9^m32^s (−)			

3. 拨钟

船钟一般指示区时,由于相邻两时区的区时相差 1 h,并且具有"东大西小"的关系,当船舶驶入相邻时区时,船钟应拨快或拨慢 1 h:

船舶向东航行进入相邻时区时,应将船钟拨快 1 h;

船舶向西航行进入相邻时区时,应将船钟拨慢 1 h。

因为 180°经线是东、西十二时区共用的时区中线,该经线的地方平时是东、西十二时区共用的区时,所以船舶由东十二时区进入西十二时区或反之均不用拨钟,但日期相差一天(见日界线)。

船上具体什么时间拨钟,怎样拨钟,由船长决定。二副应根据船长的命令提前做出通知。一般拨钟在夜间进行,通常采用下述两种方法拨钟。例如,某船由东八区进入东九区或反之。

方法一

①拨快 1 h。通常由三副在 21 点将船钟拨快 1 h,《航海日志》中应记录:

2100　船钟拨快 1 h　$SMT = GMT + 0900$。

通常 1 h 的时间由 3 个航行班均摊,因此交接班时间应为:

三副与二副交接班船时 $SMT=2400+0040=0040(-9)$；

二副与大副交接班船时 $SMT=0400+0020=0420(-9)$；

大副与三副交接班船时 $SMT=0800(-9)$。

②拨慢 1 h。通常由三副在 21 点将船钟拨慢 1 h,《航海日志》中应记录：

2100　船钟拨慢 1 h　$SMT=GMT+0800$。

这时,3 个班交接班时间分别为:$SMT=2320(-8)$;$SMT=0340(-8)$;$SMT=0800(-8)$。

方法二

①分三班拨钟,每班拨快 20 min。《航海日志》中应记录：

三副:2100 船钟拨快 20 min　$SMT=GMT+0820$。

二副:0100 船钟拨快 20 min　$SMT=GMT+0840$。

大副:0500 船钟拨快 20 min　$SMT=GMT+0900$。

②分三班拨钟,每班拨慢 20 min。《航海日志》中应记录：

三副:2100 船钟拨慢 20 min　$SMT=GMT+0840$。

二副:0100 船钟拨慢 20 min　$SMT=GMT+0820$。

大副:0500 船钟拨慢 20 min　$SMT=GMT+0800$。

采用方法一拨钟,船钟始终指示区时,只是三副班在时间上有 1 h 的跳跃或重叠,这对事后的检查带来了方便,不利的是交接班的时间与正常的时间有所不同。

采用方法二拨钟,每班在时间上都有 20 min 的跳跃或重叠,从三副拨钟到大副拨钟这段时间里,船钟指示的时间不是整数区时,这对事后的检查带来一定的不便。

4. 日界线(date line)

日界线又称国际日期变更线。由于区时制的建立而产生了日界线。日界线原则上是 180°经线,考虑到行政区域而有若干曲折。

例 2-4-16:2014 年 1 月 1 日,$ZT0000(-12)$,在这同一时刻,求西十二时区的区时 ZT_2。

解：①求 $D\lambda=\lambda_2-\lambda_1=(-12^h)-(+12^h)=-24^h$。

②求 $ZT_2=ZT_1+D\lambda$：

ZT_1	0000	1/1 −14
$D\lambda$	−2400	
ZT_2	0000	31/12 −13

从上例可见,同一时刻东、西十二时区的区时相同,但是日期却相差 1 天。为了不使日期搞乱,当船舶穿过日界线时需要遵守以下规则：

船舶向东航行穿过日界线(由东十二时区进入西十二时区)日期减少 1 天(重复 1 天)；

船舶向西航行穿过日界线(由西十二时区进入东十二时区)日期增加 1 天(跳过 1 天),并记入《航海日志》,如图 2-4-35 所示。

日界线是地球上每一个新昼夜的起始线,同时也是终结线。地球上的年、月、日的交替均是从这条线开始。如居住在楚科奇半岛和堪察加半岛的居民是全世界最早迎接新年和新昼夜的人,而居住在与其相对的阿拉斯加的居民却要等一昼夜才能过新年。

5. 法定时(legal time)

由于提出了区时制,因此建议生活在相应时区的人们使用该理论时区的区时作为日常工作、生活的标准时(standard times)。但是各国在实施中,需要根据本国国情来决定本国的标准时。如我国横跨五个时区(东五到东九时区),采用东八时区的区时作为标准时称为“北京时间”。有些国家采用比理论区时快一小时的标准时,如法国、荷兰、比利时、西班牙都位于零时区,采用东一区的区时作为标准时。新加坡位于东七时区,采用东八时区的区时作为标准时等等。有些国家采用半时区的区时作为标准时,如伊朗(东3.5区)、阿富汗(东4.5区)、印度和斯里兰卡(东5.5区)、缅甸(东6.5区)等。

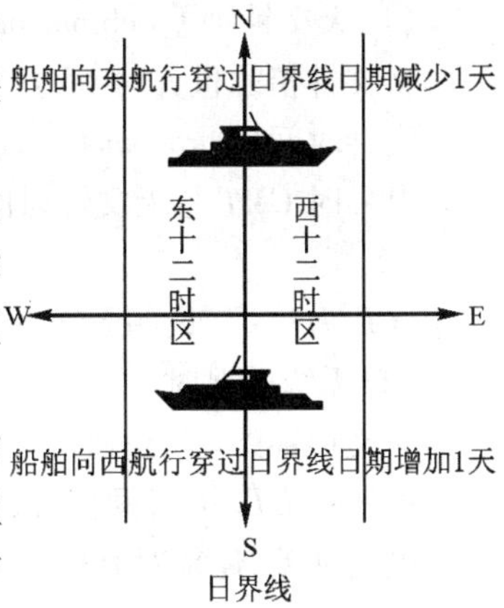

图 2-4-35 过日界线

目前,全世界多数国家都采用以区时为单位的标准时,并与世界时 *GMT* 的差值保持整小时数,这为国际交流带来方便。但极少数国家(地区)不用以区时为单位的标准时,而是以本国首都或适中地点的经度的地方平时作为该国的标准时,这些国家的标准时与世界时的差值就不是整小时数了。

另外,有些国家规定本国的标准时在夏季提前1 h或0.5 h,称为夏令时(summer time; daylight saving time),夏季过后又恢复原来的标准时。

世界各国根据本国国情由立法机关或行政当局以法令形式制定和颁布本国的标准时,故又称其为法定时。

综上所述,世界各国不是遵循单一的时间制度,仅凭某国所在的地理位置(或理论时区)还不足以说明它所采用的标准时,因此,在船舶开航之前,要查阅有关资料来确认目的港的标准时,作为拨钟的依据;否则,很可能造成不必要的损失。

关于世界各国标准时,可以查阅英版《无线电信号表》(ADMIRALTY LIST OF RADIO SIGNALS)第二卷中的法定时(legal time)部分或英版航海天文历 STANDARD TIMES 表。该表中列出了各国标准时。如果该地执行夏令时,则给出夏令时和执行夏令时的起讫时间。

一般来讲,船舶在大洋中航行,船钟指示所在时区的区时。当船舶航行在世界各国水域时,船钟是指示该地区的区时还是指示该国的标准时,由船长根据具体情况做出决定。

六、求测天世界时

天体位置随时间在不断地变化着,要确定观测时天体的准确位置,首先要求出观测天体时的准确世界时,即测天世界时。

1. 船上的计时器

船舶在海上航行有时需要知道不同的时间或时刻,如日常生活和工作需要知道 *UTC* 的时刻,同时要显示区时,而天文定位需要 *UT*1 的时刻,同时要显示世界时。在过去均采用机械时钟,误差较大,这样就出现了精确到秒钟的高档机械天文钟(指示世界时,显示 *UT*1 时刻)和精确到分钟的普通机械时钟即船钟(指示区时)。然而,在现代航海中,机械时钟已被淘汰,取而代之的是石英钟或石英子母钟。航海上通常的做法是母钟即船钟(指示区时)利用 *UTC* 时号进行校对,可以设定一台子钟指示世界时,利用授时台播发的 *UT*1 对时信号测定该钟的钟差,并记入钟差记录簿,供修正观测时间之用。

另外,船上的 GPS 导航仪显示的时间为 *UTC* 时刻,经有效定位之后显示的时间均可以用于计时。如果用显示 *UTC* 时刻的时钟来观测天体计时,会产生一定的误差($\pm 0^{s}.9$),在航海实际工作中,该误差可以忽略不计。用来观测天体定位计时的钟称为天文钟(chronometer)。

(1)天文钟钟差(chronometer error,CE)

天文钟指示世界时 GMT 为 UT1 的时刻。钟面刻度为 $1^h \sim 12^h$。从天文钟上读取的时间称为天文钟时间(Chronometer Time,CT)。尽管天文钟走时准确,但还是不可避免地会存在误差。世界时 GMT 与天文钟时间 CT 之差称为天文钟钟差,即

$$CE = GMT - CT \tag{2-4-35}$$

式中:CE 为"-",说明天文钟"快";CE 为"+",说明天文钟"慢"。

(2)无线电对时

天文钟钟差 CE 是通过无线电对时测定的。无线电对时信号基本可以分成两种类型:一种是世界时 UT1 的时间信号,可直接用于测定钟差;另一种是协调世界时的对时信号,若利用它来测定钟差,还须对其进行 DUT1 修正量的修正,即

$$UT1 = UTC + DUT1$$

为满足对世界时 UT1 用户的需要,一般授时台播发协调世界时 UTC 时间信号的同时还播发修正量 DUT1,这样,利用上式就可求得 UT1。我们从电视或收音机中看到或听到的时间信号均是协调世界时 UTC 的时间信号。

世界各国均设有专门播发无线电对时信号的授时台,它们的位置、呼号、工作频率、播发时间、信号性质以及播发方式(式样)可以从英版《无线电信号表》第二卷中查得。首先应确认时间信号是 UT1 还是 UTC,其次要了解播发方式,即播发无线电对时信号的式样。播发基本式样有平时式、科学式和新国际式。

船上无线电对时步骤如下:首先查阅资料,选择合适的授时台,提前几分钟打开收报机,驾驶员注意收听时间信号,同时注视天文钟秒针,一听到对时信号,立即记下天文钟的秒数,再记分数和小时数。为防止出错,多对几组时号,根据时号表示的世界时 UT1 和记下的天文钟时间,利用式(2-4-35)算出天文钟钟差 CE,并记入天文钟日差记录簿,如表 2-4-6 所示。

表 2-4-6 天文钟日差记录簿

××年		对时时刻		钟差	日差	授时台	温度(℃)	备注
月	日	世界时	天文钟时					
4	1	$03^h00^m00^s$	$02^h59^m40^s$	$+20^s$		陕西	20	
4	2	$03^h00^m00^s$	$02^h59^m36^s$	$+24^s$	$+4^s$	陕西	19	
4	3	$03^h00^m00^s$	$02^h59^m32^s$	$+28^s$	$+4^s$	陕西	22	
…	…	…	…	…	…	…	…	

2. 求测天时的世界时

已知观测天体时的钟差 CE,利用式(2-4-35)可求得世界时为:

$$GMT = CT + CE$$

由于天文钟不能随意搬动,因而观测天体时不能直接利用天文钟计时,需要借助秒表间接求得观测天体世界时。

船上通常采用的一种方法是:带着秒针归零的秒表去观测天体(使用航海六分仪,具体方法见本章第四节),当天体反射影像与水天线相切时,启动秒表,然后回到海图室看准天文钟按停秒表,记下停秒表时的天文钟时间 CT′和秒表上的秒数,即秒表读数 WT,则

观测天体世界时 GMT = 停秒表时的天文钟时间 CT' − 秒表读数 WT + 钟差 CE

即

$$GMT = CT' - WT + CE \qquad (2\text{-}4\text{-}36)$$

另一种方法是：先在海图室看准天文钟启动秒表，记下启动秒表时的天文钟时间 CT''，然后去观测天体，当天体的反射影像与水天线相切时，停秒表，记下秒表读数 WT，则

观测天体世界时 GMT = 启动秒表时的天文钟时间 CT'' + 秒表读数 WT + 钟差 CE

即

$$GMT = CT'' + WT + CE \qquad (2\text{-}4\text{-}37)$$

天文钟指示世界时，钟面刻度为 $1^h \sim 12^h$，在远离零时区的地方，如果从天文钟上读取的时间是 1^h，则存在判断世界时是凌晨 1^h 还是下午 1^h 以及当时的日期的问题。为解决这些问题，在求观测天体世界时之前，先要利用式(2-4-32)求出近似世界时 GMT'，即

$$GMT' = SMT(ZT') + ZD$$

根据近似世界时 GMT' 的整小时数和日期来判定观测天体世界时 GMT 的整小时数和日期。

例 2-4-17：2014 年 1 月 13 日，船时 SMT0538（−8）观测天体，停秒表天文钟时间 CT' $09^h35^m55^s$，秒表读数 $WT35^s$，天文钟钟差 $CE02^m30^s$（慢），求观测天体世界时 GMT。

例 2-4-18：2014 年 7 月 4 日，船时 SMT0806，推算船位 $\varphi_c 35°00'.0N$，$\lambda_c 123°01'.0E$，观测天体，停秒表天文钟时间 $CT'00^h08^m28^s$，秒表读数 $WT01^m05^s$，天文钟钟差 $CE01^m15^s$（快），求观测天体世界时 GMT。

解：

①求近似世界时 GMT'：

	例 2-4-17			例 2-4-18	
SMT	0538	13/1	SMT	0806	4/7
ZD	−8		ZD	−8	
GMT'	2138	12/1	GMT'	0006	4/7

②求测天世界时 GMT：

	例 2-4-17			例 2-4-18	
CT'	09−35−55		CT'	00−08−28	
WT	− 35		WT	− 01−05	
CE	+ 02−30		CE	− 01−15	
GMT	21−37−50	12/1	GMT	00−06−08	4/7

天文计算要求字迹清晰，格式整齐，这样要求一是不易出错，二是备查，因此计算时应注意：

①列竖式计算，上下时、分、秒要对齐；

②船时 SMT 和近似世界时 GMT' 用四位数表示；

③CT' 和 GMT 中的时(h)、分(m)、秒(s)可用“−”间隔开；

④测天世界时 GMT 的整小时数和日期应与近似世界时 GMT' 一致(或相近)。

七、求天体位置

天体位置随时间不断地变化,根据测天世界时和天体名称可以利用《航海天文历》查算出天体位置(天体格林时角 *GHA* 和赤纬 *Dec*),即可得到天体地理位置,从而求得天文船位圆的圆心。

目前,电子版求天体位置的方法已在航海上应用,是今后发展的趋势,具体内容见本章第七节。这里仅介绍纸质版航海天文历的应用。

《航海天文历》是天文航海的主要表册之一。它是根据天体视运动的规律而编制的,其中列出了未来一年内任意时刻航用天体的视位置以及与天文航海有关的数据。世界各主要航海国家均出版本国的《航海天文历》,其主要内容大同小异。这里将介绍英国、美国海军联合出版的《航海天文历》(NAUTICAL ALMANAC)。

外国的《航海天文历》的版本较多,其中有代表性的是英国、美国海军联合出版的《NAUTICAL ALMANAC》,该书列入英国海军出版物的编号为 NP314,一年出一版。

1.《航海天文历》的结构

英版《航海天文历》主要由"历书"和"时角、赤纬内插表"两部分组成,一年出一本。

(1)天体位置表:该表分左、右页两部分。

左页部分:列出三天的整小时世界时 *GMT* 所对应的春分点格林时角 ARIES *GHA*,金星(VENUS)、火星(MARS)、木星(JUPITER)和土星(SATURN)的格林时角 *GHA* 和赤纬 *Dec*,以及 57 颗常用恒星(STARS)的专名(Name)和它们的共轭赤经 *SHA* 和赤纬 *Dec*,在 57 颗恒星的最后列出 4 颗行星的共轭赤经 *SHA* 和中天时间(Mer. Pass.)。

右页部分:列出三天的太阳(SUN)、月亮(MOON)的格林时角 *GHA* 和赤纬 *Dec*,以及日出(Sunrise)、日没(Sunset)、月出(Moonrise)、月没(Moonset)和晨光昏影(Twilight)时间。在右页的右下角还列出了时差(Eqn. of time),太阳上中天(Sun Mer. Pass.)和月亮上(Upper)、下(Lower)中天时间,以及月龄(Age)和以图形表示的月相(Phase)。

(2)时角、赤纬内插表(INCREMENTS AND CORRECTION):因为天体位置表只列出整小时世界时所对应的天体坐标值,所以在实际使用时还要利用时角、赤纬内插表进行内插计算。

(3)恒星视位置表(STARS):该表按月份列出 173 颗航用恒星每月月中的共轭赤经和赤纬,查表引数是星名和观测月份。为使用方便,将常用的 57 颗航用恒星列在天体位置表的左页。

(4)北极星高度求纬度表和北极星方位角表 POLARIS(POLE STAR)TABLES。

(5)天体高度改正表(ALTITUDE CORRECTION TABLES)。

2. 名词解释

在编制历书和附表时采用了下述几个数据:

(1)时角基本变量——天体每小时时角变量的近似值,不同的天体采用的数值不尽相同:

太阳和行星	15°00′.00
月　　亮	14°19′.00
春 分 点	15°02′.46

(2)时角超差 v——天体每小时的时角实际变量超过时角基本变量的数值。4 颗航用行星的时角超差各不相同,但每日(平太阳日)变化甚小,所以每 3 天各给出一值,列在版面的底

行。可用它来代替3天中任意1 h的时角超差。金星的时角超差有“±”,其他3颗均为“+”。

因为太阳的时角基本变量取15°,它与太阳每小时时角的实际变化量不超过0′.3,编表处理后不超过0′.15,则忽略不计,所以太阳没有时角超差。

因为月亮的时角超差日变化量显著,则按小时给出,列在整小时月亮格林时角的右侧。

每日(平太阳日)春分点时角变化是等速的,则其每小时时角变量与时角基本变量相同,即(360° +59′.14)/24 =15°02′.45,所以没有时角超差。

(3)赤纬差数 d——天体每小时的赤纬变化量,有“±”。

太阳和行星的赤纬差数各不相同,但每日变化甚小,故每3天各给出一值,列在版面的底行。可用它来代替3天中任意1 h的赤纬差数。

月亮赤纬差数日变化量显著,故按小时给出,列在整小时月亮赤纬的右侧。

表中所列的赤纬差数 d 没有注明“±”,使用者需自行判断。若赤纬随时间的增加而增加,则 d 为“+”;若随时间的增加而减小,则 d 为“-”。

3. 利用《航海天文历》求太阳和行星的地方时角 *LHA* 和赤纬 *Dec*

天体地方时角 $LHA = GHA \pm \lambda_{W}^{E}$。按查《航海天文历》的步骤,求天体地方时角 *LHA* 的计算式可写成:

$$\begin{aligned} LHA &= \text{整小时世界时的格林时角}\ GHA' + \text{分、秒世界时的格林时角} \pm \lambda_{W}^{E} \\ &= GHA' + \frac{\text{时角基本变量} + \text{时角超差}\ v}{60'} \times \text{分、秒世界时} \pm \lambda_{W}^{E} \\ &= GHA' + \frac{\text{时角基本变量}}{60'} \times \text{分、秒世界时} + \frac{\text{时角超差}\ v}{60'} \times \text{分、秒世界时} \pm \lambda_{W}^{E} \\ &= GHA' + m.s + v' \pm \lambda_{W}^{E} \end{aligned} \tag{2-4-38}$$

式中:GHA'——整小时世界时的格林时角;

$m.s$——分、秒世界时的时角基本变量,取“+”;

v'——时角超差订正值,太阳时角超差取零,金星时角超差有“±”,其他3颗航用行星的时角超差均为“+”;

$\pm \lambda_{W}^{E}$——测者经度,东经取“+”,西经取“-”。

按查《航海天文历》的步骤,求天体赤纬 *Dec* 的计算式可写成:

$$\begin{aligned} Dec &= \text{整小时世界时的赤纬}\ Dec' + \frac{\text{赤纬差数}\ d}{60'} \times \text{分、秒世界时} \\ &= Dec' + d' \end{aligned} \tag{2-4-39}$$

式中:Dec'——整小时世界时的赤纬;

d'——赤纬差数订正值,有“±”,其符号与赤纬差数 d 的符号相同。

综上所述,查表计算步骤如下:

①在历书的天体位置表中,以观测日期和整小时世界时为引数,在相应天体的一栏中查得 GHA', v, Dec', d;

②在时角、赤纬内插表中,以分、秒世界时为引数,在相应天体的一栏中查得太阳、行星(或月亮)的 $m.s$;

③在上述同一页中,以 v 或 d 为引数,在 v 或 d 订正值一栏中查得订正值 v' 或 d'。

4. 利用《航海天文历》求恒星的地方时角 LHA 和赤纬 Dec

$LHA = GHA\,\Upsilon + SHA \pm \lambda_{W}^{E}$。

按查表步骤,求恒星地方时角的计算式可写成:

$$LHA = GHA\,\Upsilon' + SHA + m.s \pm \lambda_{W}^{E} \quad (2\text{-}4\text{-}40)$$

式中:$GHA\,\Upsilon'$——整小时世界时的春分点格林时角;

SHA ——天体共轭赤经;

m. s ——分、秒世界时的春分点时角基本变量;

$\pm\lambda_{W}^{E}$——测者的推算或选择经度,东经取"+",西经取"-"。

综上所述,查表计算步骤如下:

①在历书的天体位置表中,以观测日期和整小时世界时为引数,在春分点一栏中查得 $GHA\,\Upsilon'$;

②在历书的恒星视位置表中,以专名为引数,查得恒星的共轭赤经 SHA 和赤纬 Dec;

③在时角、赤纬内插表中,以分、秒世界时为引数,在 ARIES 一栏中查得春分点的 m. s。

为确保查表计算正确、清晰,应列竖式计算,上下对齐。

例 2-4-19:2014 年 10 月 19 日,船时 SMT0945,推算船位 $\varphi_c 23°12'.0S$,$\lambda_c 157°01'.0E$,观测太阳,停秒表天文钟时间 $CT'11^h45^m44^s$,秒表读数 $WT33^s$,钟差 $CE22^s$(快),求太阳的半圆地方时角 $LHA^{\odot}$ 和赤纬 $Dec^{\odot}$。

解:①求观测天体世界时 GMT

ZT	0945	19/10
ZD	-10	
GMT'	2345	18/10
CT'	11-45-44	
WT	- 33	
CE	- 22	
GMT	23-44-49	18/10

②利用英版《航海天文历》求太阳半圆地方时角 $LHA^{\odot}$ 和赤纬 $Dec^{\odot}$

GHA'	168-43.9	Dec'	9-51.2S	d +0.9
m. s	11-12.3	d'	+0.7	
$GHA^{\odot}$	179-56.2	Dec	9-51.9S	
λ_c^E	157-01.0	φ_c^S	23-12.0	
$LHA^{\odot}$	336-57.2 = 23-02.8E			

求行星的地方时角和赤纬查表计算步骤与太阳相同。

例 2-4-20:2014 年 10 月 18 日,船时 SMT1844,推算船位 $\varphi_c 35°15'.0N$,$\lambda_c 122°20'.5E$,观测天鹰座 α 星(河鼓二 Altair),停秒表天文钟时间 $CT'10^h43^m30^s$,秒表读数 $WT30^s$,钟差 $CE+25^s$,求天鹰座 α 星(河鼓二 Altair)的半圆地方时角 LHA 和赤纬 Dec。

解:

ZT	1844	18/10
ZD	− 8	
GMT'	1044	18/10

CT'	10 − 43 − 30	
WT	− 30	
CE	+ 25	
GMT	10 − 43 − 25	18/10

$GHA\ \Upsilon'$	176 − 49.1		
$m.s$	10 − 53.0		
SHA	62 − 07.3	Dec	8 − 54.8N
GHA	249 − 49.4		
λ_C^E	122 − 20.5	φ_c	35 − 15.0N
LHA	372 − 09.9 = 12 − 09.9W		

第四节　求天体真高度

利用天体来测定船位，必须得到天文船位圆的半径，也就是天体的真顶距，航海上常通过天体高度来得到这项船位圆要素。航海六分仪就是用来观测天体高度的测角仪器。掌握观测天体高度的方法和改正观测高度求真高度就是本节要解决的问题。

一、航海六分仪(marine sextant)

六分仪是从古代测角仪器不断发展而来的，它具有测量精度高、操作方便、结构简单、完全独立、重量轻等优点，故一个世纪以来一直作为航海天文定位的观测仪器。

1. 航海六分仪的结构、测角原理和测角读数

(1)六分仪的结构

六分仪的构件和名称如图 2-4-36 所示。

(2)六分仪的测角原理

六分仪的测角原理基于平面镜反射定理，即光线的入射角等于反射角，光线连续经过两个平面镜反射，光线入射方向与最后反射方向的夹角，等于两镜夹角的 2 倍(如图 2-4-37 所示)：

$$\angle 1 = \angle 2, \angle 3 = \angle 4, \angle HBA = \angle 3 + \angle 4 = 2\angle 3, \angle OAB = 2\angle 2$$

根据“三角形外角等于不相邻的两个内角之和”定理，在$\triangle ABO$ 中，

$$h = \angle HBA - \angle OAB = 2\angle 3 - 2\angle 2 = 2(\angle 3 - \angle 2)$$
$$= 2\omega(\angle 3 \text{ 为 } \triangle ABD \text{ 的外角})$$

由此可知，在海上从六分仪望远镜中看到天体 S 反射影像与水天线 H 相切时，天体高度 h 等于定镜和动镜夹角 ω 的 2 倍。在六分仪的制造中，按动镜 A 实际转动角度的 2 倍在六分仪刻度弧上刻注度数，因此从刻度弧上可直接读出天体高度 h 的角度值。

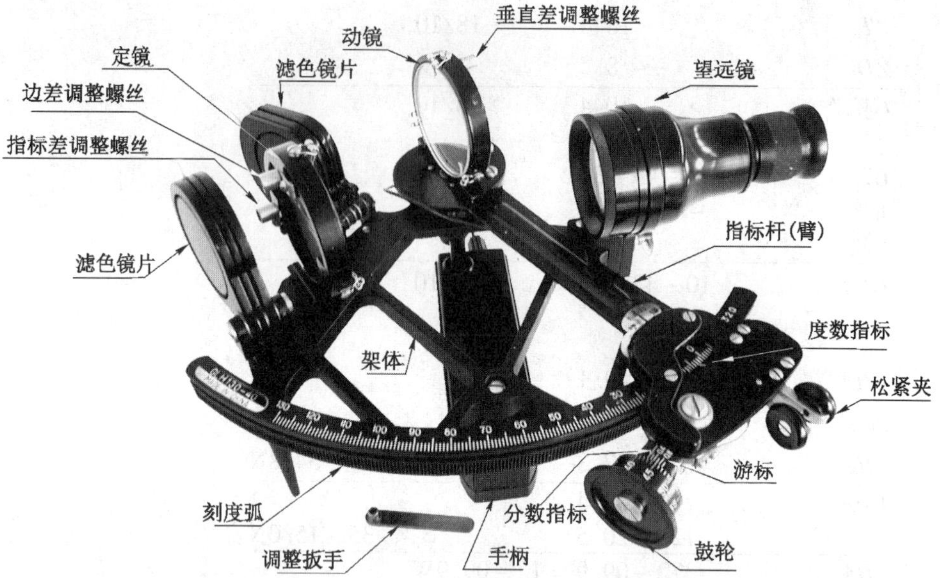

图 2-4-36　航海六分仪

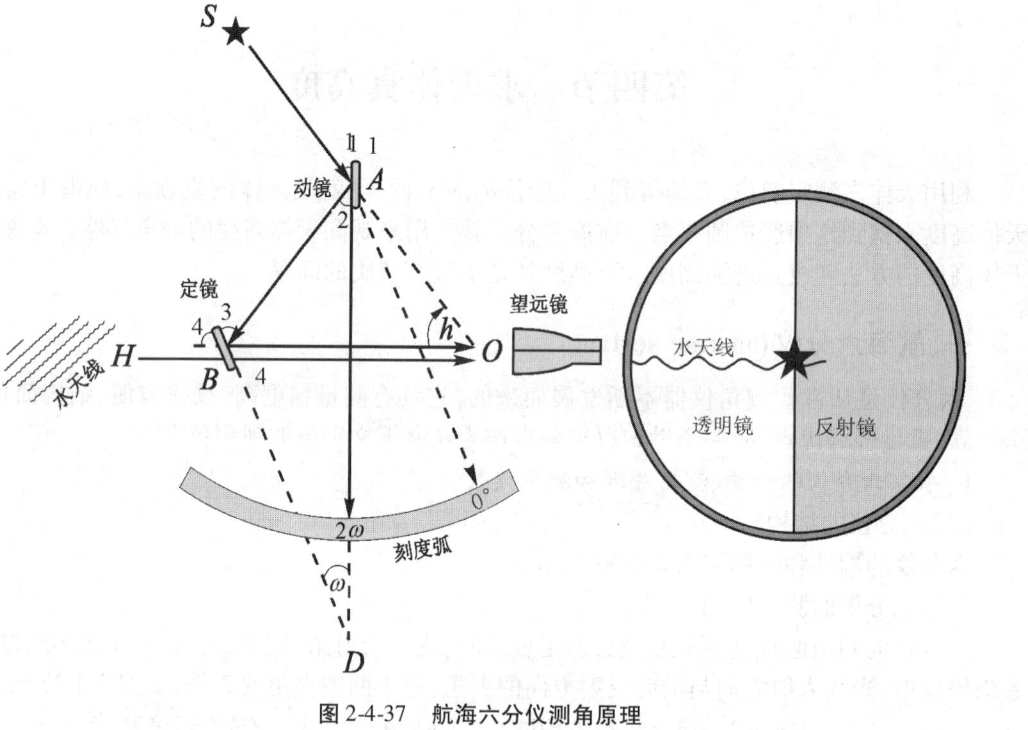

图 2-4-37　航海六分仪测角原理

(3)六分仪的测角读数

在六分仪的刻度弧上,从 0°向左到 130°一段弧长叫主弧,读数为正(+);从 0°向右到 5°一小段弧长叫余弧,读数为负(-)。六分仪测角读数分别可由刻度弧、鼓轮和游标三个部分相加读出。

①主弧测角读数

如图 2-4-38 所示,六分仪测角读数为:

从刻度弧读取 51°,从鼓轮读取 21′,从游标读取分的小数为 0′.6,则读数为 51°21′.6。

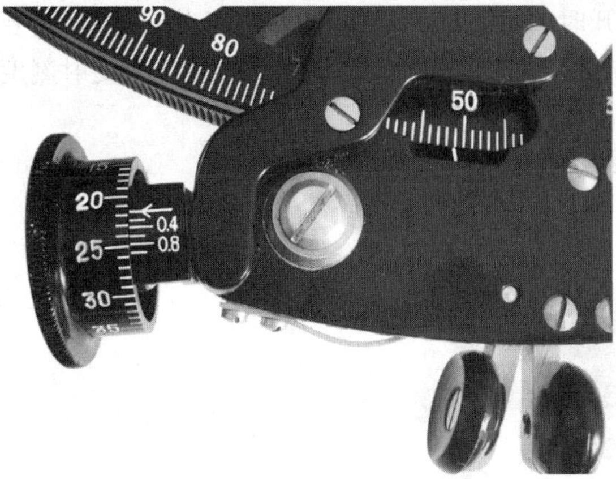

图 2-4-38　主弧测角读数

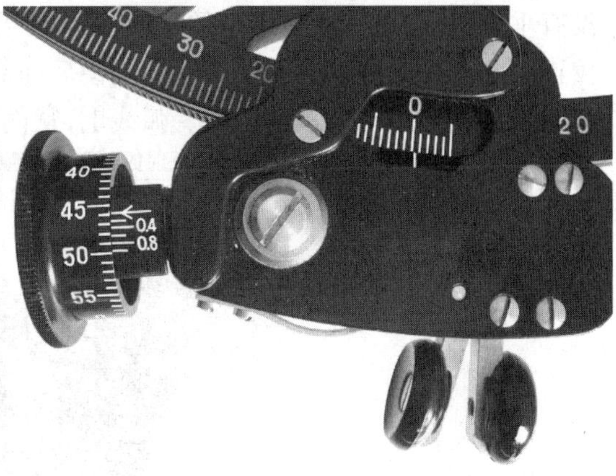

图 2-4-39　余弧测角读数

②余弧测角读数

余弧读数与主弧读数大体相同,由于机械构造上的原理,鼓轮倒转时从 60′,50′,40′,30′…由大向小反向变化,指标臂向右移动,因此,鼓轮倒转一周,指标臂向右移 1°,应用 60′减去从鼓轮和游标上读取的分和分的小数,其差才为正确读数,如图 2-4-39 所示,从鼓轮和游标读取的分数是 45′.8,则正确读数为 -(60′-45′.8) = -14′.2。

2. 航海六分仪的检查和校正

六分仪的测角误差主要有 6 个,其中 3 个为永久性误差,其余为可校正误差。

(1)永久性误差

永久性误差是由于制造工艺的缺陷而引起的系统误差。

①偏心差(centering error):是指标臂的转轴中心与刻度弧的中心不重合所引起的误差。

②棱性差(option error):是指动镜、定镜及滤光片前后镜表面互相不平行、各镜表面不平而引起的偏差。

③刻度差(worm and rack error):是刻度弧、鼓轮和游标的分划刻度不准所致的误差。

这三项系统误差统称为六分仪器差 s(如表 2-4-7 所示),出厂前已测定好,可以从六分仪箱盖内的六分仪鉴定书中,以测角为引数查取,供观测高度后修正。

表 2-4-7　六分仪器差表

测角	0°	10°	20°	30°	40°	50°	60°	70°	80°	90°	100°	110°	120°
器差	0	+10″	+5″	-3″	-3″	-5″	-10″	-12″	-10″	-5″	-5″	0	+10″

(2)可校正误差

准确的六分仪读数必须使六分仪保持下列状态:动镜和定镜与刻度弧平面要垂直,当指标臂指向 0°时,动镜和定镜要互相平行,因此每次使用六分仪之前,均应依次按以下三步校正来满足上述两条要求。

①垂直差,又称动镜差(perpendicularity)。

产生原因:动镜镜面不垂直于刻度弧平面。

检查与校正:将指标臂移至 35°左右,左手平握六分仪,刻度弧朝外,如图 2-4-40 所示,眼睛置于动镜后，如果从动镜中看到的反射刻度弧与直接看到的刻度弧成一连续的弧线时，表示没有垂直差；如果不成一连续的弧线而高低错开时，如图 2-4-41 所示，表明存在动镜差，需要校正。此时可用校正扳手慢慢转动动镜后面的校正螺丝，边看边转动校正扳手直到反射刻度弧与直接看到的刻度弧位于同一弧线上，从而消除了垂直差。

图 2-4-40　垂直差检查(无垂直差)

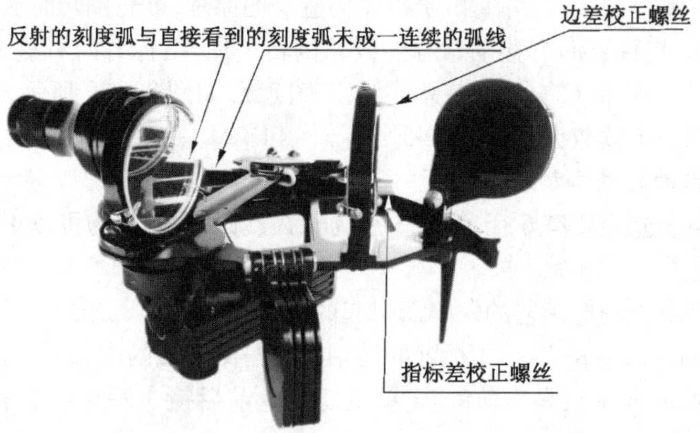

图 2-4-41　垂直差检查(有垂直差)

②边差，又称定镜差(side error)。

产生原因：定镜镜面不垂直于刻度弧平面。

检查与校正：加适当滤光片，将指标臂放在 0°左右，六分仪保持垂直对准太阳(或星体)，慢慢地正、反转动鼓轮，仔细观察太阳(或星体)和其反射影像是否有左右分开现象。如有如图 2-4-42(a)所示现象存在，说明存在边差，可用校正扳手调整定镜后远离架体的校正螺丝，使直接影像和反射影像左右不分开，直至如图 2-4-42(b)所示完全重合为止。

③指标差(index error, i)。

定义：刻度弧上的 0°与动、定两镜平行时的六分仪读数 m 之差称为指标差 i。指标差 i 与读数 m 的符号相反，即

$$i = 0° - m \tag{2-4-41}$$

产生原因：当动镜和定镜平行时，指标臂不指向 0°。

检查与校正：

a. 利用水天线测定指标差

指标臂放在0°,去掉滤光片,调好焦距。对准水线方向转动鼓轮,如图2-4-43(a)所示,使直射和反射水天线一高一低现象,严密相接成一直线,如图2-4-43(b)所示,此时六分仪读数为m,则

$$i = 0° - m$$

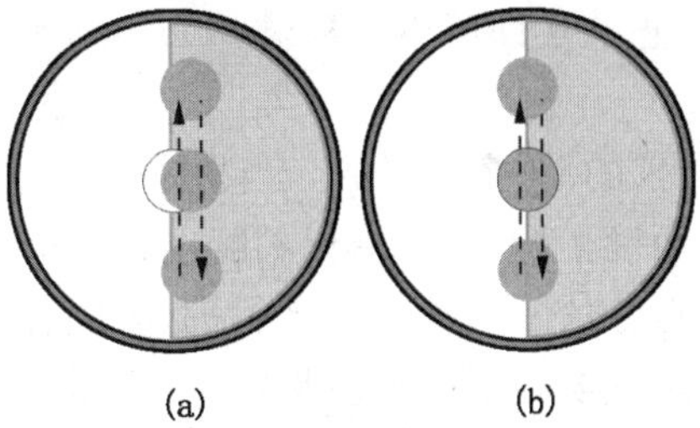

图2-4-42 边差检查与校正

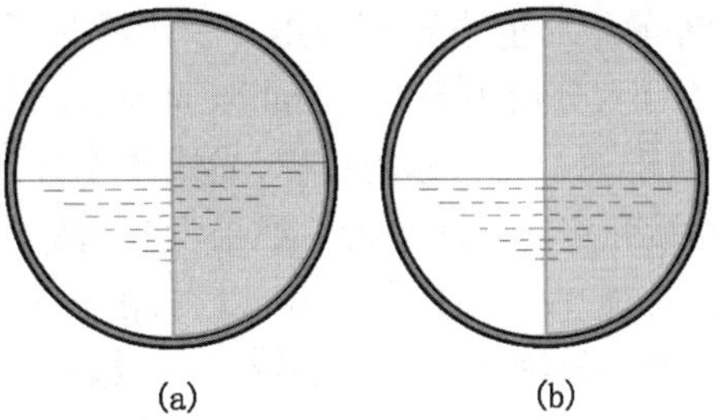

图2-4-43 利用水天线测定指标差

b. 利用星体测定指标差

观测星体高度时,可利用星体测定指标差。所选用的星体不宜太亮,这样能重合得准。为了便于观测,星体高度也不宜过高。测定方法与上述利用水天线测定指标差的方法基本相同。

c. 利用太阳测定指标差

因为测太阳影像较大,重合不易,所以一般采用实像、反射影像上下相切的方法。指标臂放在0°,选好滤光片对准太阳,转动鼓轮,上切一次,其读数为m_1,再下切一次,其读数为m_2,两次相切读数的平均值等于两像重合的读数m,即

$$m = \frac{m_1 + m_2}{2}$$

因此,指标差i为:

$$i = 0° - \frac{m_1 + m_2}{2} \tag{2-4-42}$$

用太阳测定指标差的优点是可以检验观测的质量。如图2-4-44所示,下切读数m_2与上切读数m_1之差等于太阳视半径的4倍,由观测求出太阳视半径为:

$$R^{\odot} = \frac{m_2 - m_1}{4} \tag{2-4-43}$$

这样,测定的太阳视半径$R^{\odot}$可与《航海天文历》中列出的当天太阳视半径值相比较。如果两者一致,说明观测可靠,所测指标差也是可靠的。如果两者相差超过0′.2,说明观测不可靠,故应重新测定指标差。

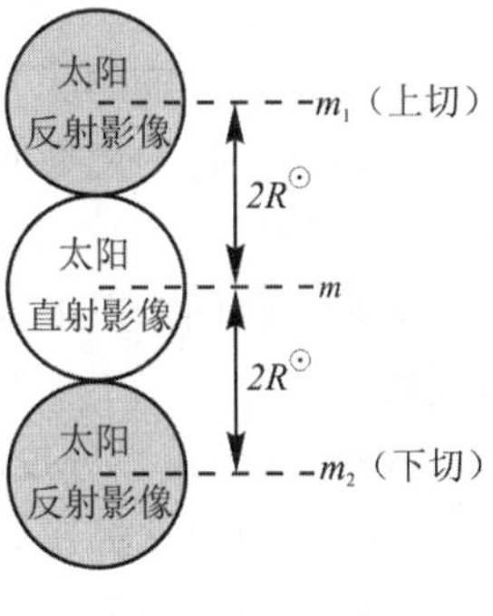

图2-4-44 观测太阳测定其视半径的原理图

例2-4-21:2014年3月21日,用太阳测指标差,测得上切读数$m_1 = -33'.5$,下切读数$m_2 = 31'.0$;由英版《航海天文历》查得当天的太阳视半径为16′.1,求指标差i,并检查指标差的观测质量。

解: $R^{\odot} = \dfrac{31'.0 - (-33'.5)}{4} = 16'.1$

$$i = 0° - \frac{(-33'.5) + (31'.0)}{2} = 1'.3$$

结果与《航海天文历》所列的当天太阳视半径值相同，说明所测得的指标差可靠。当指标差 i 超过 6′时，就应缩小它。方法是：将指标臂置于 0°00′.0 处，通过调整定镜后面接近架体的校正螺丝（如图 2-4-41 所示），使星体或水天线的直接影像和反射影像重合。调整指标差后，定镜的垂直性被破坏，因此，还得重新校正定镜的边差，再测定指标差，重复上述校正方法直至指标差的绝对值小于 6′为止。一般情况下，只要校正一次即可满足要求。

（3）六分仪视差 γ（parallax of sextant）

对于一个无穷远的物标，光线是平行到达六分仪的动、定两镜的。当物像和反射影像重合时，动镜和定镜必然平行。如果没有指标差，不但两镜平行，而且指标刻度也必然指向 0°。如果所测物标较近，在 1 n mile 以内，由于光线到达六分仪的两镜是不平行的，其间存在一个夹角，称为六分仪视差 γ。当物标无穷远时，视差为零；物标越近，视差越大。一般观测天体或水天线，不存在六分仪视差，只有被测物标与测者的距离小于 1 n mile 时，才考虑六分仪的视差，此时应该用所测物标来测定指标差，这样测得的指标差中已包含了视差，但是，这种用近物标测定的指标差不能作为观测天体时六分仪的指标差。

3. 使用航海六分仪观测天体的方法

（1）注意事项

①左手拿住六分仪的架体，将六分仪从仪器盒中取出，然后右手握住手柄。注意不应随意拿取六分仪的其他部位。

②使用滤光镜时，应按次序一片片地转动，不允许抓住整个滤光镜组一起转动。转动指标臂时，务必用左手指捏紧松紧夹，不允许转动指标臂时放松松紧夹，这样易造成蜗杆螺钉与刻度弧齿槽打磨受损，产生误差。

③使用望远镜之前应先调好焦距，使影像变得清晰，进行观测时，应两脚与肩等宽平行自然而立，不允许倚靠物体。

④观测太阳应加适当滤光片，以防伤害眼睛，当指标臂放在 0°，观测太阳可见直射和反射两个影像。如果只见到一个太阳，原因可能是：

动镜或定镜前的滤光片加得太厚，使反射或直射太阳影像被挡住。

动镜或定镜的镜面倾斜过大，造成反射太阳影像严重偏离，不能进入望远镜，此时应先检查校正六分仪。

如果看到两个以上太阳，原因可能是：滤光片间彼此不相平行；滤光镜位置移动或镜片质量问题。

⑤检查、校正六分仪动镜和定镜，测定指标差。

⑥在船上要选择避风、避震、避烟、视野开阔的位置观测，一般在驾驶台两侧或罗经甲板，观测天体要迅速而准确，水天线不清时，观测位置低些好；风浪大时，水天线呈锯齿形，观测位置高些好。

⑦应注意识别真假水天线，当太阳下方有云层、海上有薄雾或临近两种不同颜色海水交汇的海面时，在天边往往呈现一条或几条阴影和水天线相混淆，这时，可用双筒望远镜识别，所看到的最高、最远的一条水天线是真水天线。

⑧保管和使用六分仪，应注意防潮、防震、防暴晒、防碰撞等。

（2）太阳高度观测方法

我们所要观测的天体高度应是天体中心与视地平（水天线）在该天体垂直圈上所夹的一

段弧距。要测量这一段弧距,首先可见视地平(水天线)在望远镜视野中央的一点应该在垂直圈上,其次六分仪的刻度弧平面是在水天线的铅垂线上。如果上述两点没有完全满足,则所测高度将有误差。

由于太阳中心的位置很难确定,因此在航海实践中,都是采用使太阳下边或上边和水天线相切的方法。具体观测操作要领如下:

指标臂放在0°,加好滤光片,对准太阳保持垂直,左手捏紧指标杆的弹簧松紧夹,右手向下转动六分仪架体,转动期间保持太阳在视野中。接近水天线时,去掉定镜前滤光片或换淡色滤光片,以免看不见水天线。轻轻摆动六分仪,可见太阳影像移动的弧线,同时要稍微改变面对方向使望远镜中心对准圆弧最低点,如图2-4-45所示,然后,左手转动鼓轮,上午应将太阳下边与水天线重叠少许,下午则将太阳下边拉到水天线上方少许,最后,等待相切。观测过程可概括为:大摆找切线,小摆找切点,微摆等相切。中天时,由于太阳方位变化很快,需要直接测出太阳高度,当太阳下边与水天线相切时,即可得到观测瞬间太阳下边六分仪高度读数 h_s,并应记下相切时的准确世界时。

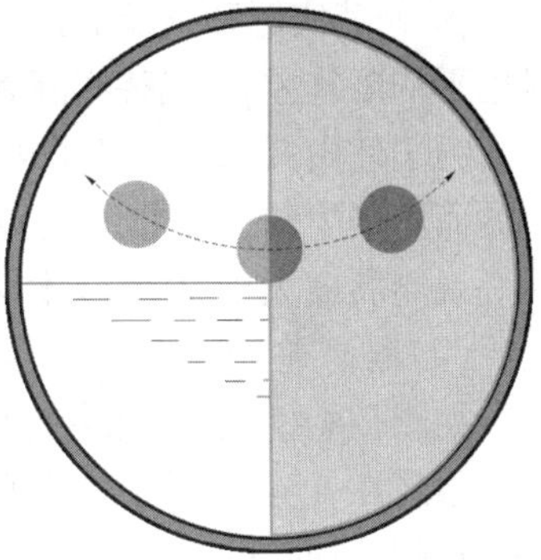

图 2-4-45　利用六分仪观测太阳下边沿高度视景图

(3)星体高度观测方法

观测程序与观测太阳基本相同。测星一般是在晨光昏影时进行,这时主要航用亮星已出现,水线清楚,容易观测。观测星体时,不必加滤光片,但要使星体中心亮点和水天线相切。还可预先利用计算机、表册和索星卡预算出星体的大致高度和方位,将六分仪指标臂调整到星体大致高度上,对准星体方位,在水天线附近仔细寻找,发现亮星后,观测其高度。也可反握六分仪,刻度弧向上,让水天线引向星体,然后再将六分仪正握测其高度,同样准确无误。

二、求天体真高度

根据天文航海定位原理,所需天体高度为天体中心的地心高度,在海上用六分仪观测天体的高度是在可见地平上的高度,即得到六分仪高度读数 h_s,经指标差 i 和器差 s 修正后为天体观测高度 $h_o = h_s + (i + s)$,再经过一系列改正后,才能得到天体地心真高度 h_t。

1. 影响观测高度的因素

(1)蒙气差(refraction,ρ)

由物理学知道,光线在传播中,通过密度不同的介质交界面时,将发生折射现象。如图2-4-46所示,来自天体 B 的光线穿过逐渐稠密的大气层时,向下折成一弧线,射向测者眼睛,使 A 点测者所见天体的方向,并不是它的真方向 AB,而是曲线末端的切线 AB'的视方向。因此,天体视方向与天体真方向的夹角 $\angle B'AB$ 称为蒙气差或折光差。蒙气差使天体比其实际高度抬高了一个角度,即地面观测高度 h'大于地面真高度 h_t',在求地面真高度时应从地面观测高度中减去蒙气差 $h_t' = h' - \rho$,故蒙气差订正值恒为"-"。

为了便于计算蒙气差,一般采用大气平均状态的蒙气差(气温 +10℃,气压 1.01×10^5 Pa),其经验公式为:

$$\rho = 1.002\cot[h' + (\frac{7.31}{h' + 4.4})] \qquad (2\text{-}4\text{-}44)$$

由式(2-4-44)可知：天体越高，蒙气差越小，同时用平均蒙气差 ρ_0 代替实际蒙气差的误差也小；天体越低，蒙气差越大，同时用平均蒙气差 ρ_0 代替实际蒙气差的误差也越大。

为了使由式(2-4-44)求得的平均蒙气差 ρ_0 来代替实际蒙气差而不产生较大误差，通常要避免观测高度小于15°的天体，最好观测高度大于30°的天体。

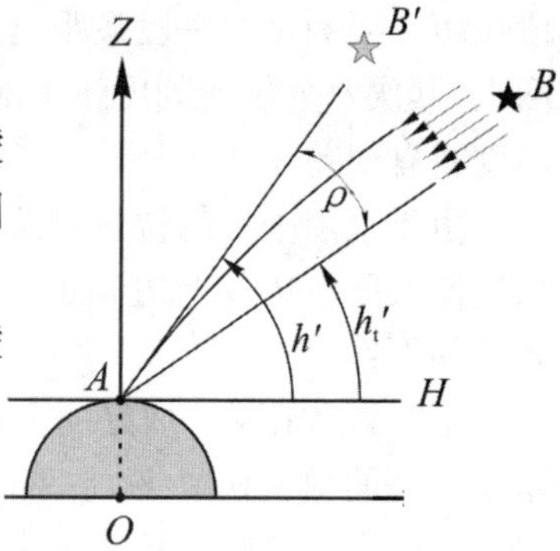

图 2-4-46　天体蒙气差示意图

(2)眼高差(dip, d)

如图2-4-47所示，测者位于 c 处，直线 cO 为测者铅垂线，测者的眼睛在 A 点观测天体 B 的高度，直线 $cA = e$ 为测者眼高，AH 为测者地面真地平。直线 AS 是在没有大气折射作用下测者所见地平的距离，由于地面蒙气差的作用，测者所见到的水天线在比 S 更远的 F 处，F 处的水天线是沿曲线 FA 射向测者，则测者沿曲线 AF 末端的切线 AM 的方向看到水天线(视地平)，直线 AM 即是水天线的视方向。水天线的视方向与测者地面真地平的夹角称为眼高差 d(又称海地平俯角)，由图2-4-47可见，眼高差 d 的存在使观测高度增加了。因此，在求地面真高度 h_t' 时应从观测高度 h_o 中减去眼高差 d，故眼高差订正值恒为"－"。眼高差计算公式为：

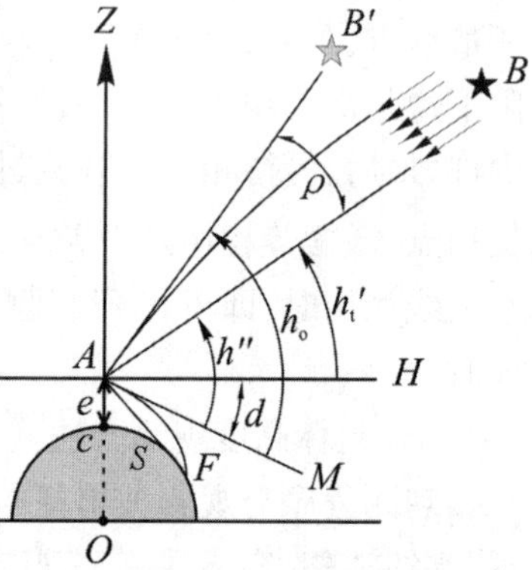

图 2-4-47　测者眼高差示意图

$$d = 1'.758\sqrt{e(\mathrm{m})} \qquad (2\text{-}4\text{-}45)$$

因为式(2-4-45)是根据在平均大气状态下的平均地面折射率得出的，所以用它来代替实际观测时的眼高差将会产生一定的误差，特别是气温与水温温差较大时，会产生不可忽视的误差，该误差属未定系统误差。因此，实际眼高差与表列眼高差[由式(2-4-45)求得]不一致，是引起天文船位线和天文船位系统误差的主要原因之一。

(3)视差(parallax, p)

天体的高度必须要归算到地心真高度，这样才能满足航海天文定位原理中对天体高度的要求。因此，观测到的天体地面真高度 h_t'，还必须改正为地心真高度。

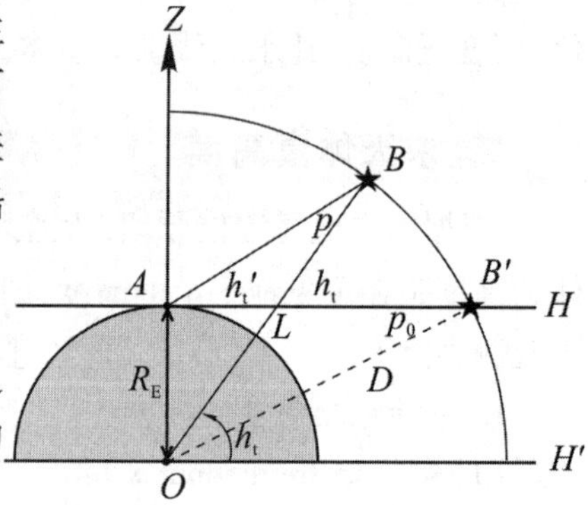

图 2-4-48　天体视差示意图

天体视差主要是由于天体离地球较近，光线到达地球表面测者和地心的光路不平行所致。如图2-4-48所示，O 为地心，R_E 为地球半径，OH' 为地心真地平，AH 为地面真地平，D 为天体到地心距离，则天体地面真高度 $\angle BAH$ 与地心真高度 $\angle BOH'$ 之差 p 称为视差。它也是地球半径 R_E 在天体中心处的张角。

因为 $AH \parallel OH'$，$h_t = \angle BOH' = \angle BLH$，又因为 h_t 为 $\triangle ABL$ 的外角，所以

$$h_t = h_t' + p$$

地面真高度 h_t' 加上视差 p 得地心真高度 h_t，所以视差订正值恒为"＋"。

$\triangle AOB$ 中，根据正弦定理：

$$\frac{R_E}{\sin p} = \frac{D}{\sin(90° + h_t')}, \quad \sin p = \frac{R_E}{D}\cos h_t' \tag{2-4-46}$$

式中：R_E 为常数，则视差大小取决于天体高度和距离 D。

天体距离越近，视差越大；反之，视差越小，对恒星来讲 $D \approx \infty$，$p = 0°$。

天体越高，视差越小，$h_t' = 90°$ 时，视差为零。

天体越低，视差越大，$h_t' = 0°$ 时，此时的视差称为地平视差 p_0。

由直角三角形 $AB'O$ 可知：

$$\sin p_0 = \frac{R_E}{D}, \quad \sin p = \sin p_0 \cos h_t'$$

因为 p 和 p_0 均为小角度，所以

$$p \approx p_0 \cos h_t' \tag{2-4-47}$$

天体到地球的距离不同，地平视差也不一样。经计算不同天体的最大地平视差值为：月亮 61′.5，金星 0′.6，火星 0′.4，太阳 0′.144，而恒星仅 0″.75，完全可以忽略不计。因此，在航海上只需对太阳、金星、火星和月亮进行高度视差改正。

(4) 半径差(Semi-diameter, SD)

因为《航海天文历》所列的天体坐标都是天体中心位置的坐标，所以天体的真高度也应是天体中心的真高度。但在观测太阳或月亮时，一般是它的下边（或上边）高度，这样，天体中心高度与所测下边（或上边）高度之差称为半径差 SD，所以半径差的订正值有“±”，如图 2-4-49 所示。其关系式为：

中心高度 $h^{\odot}$ = 上边高度 $h^{\overline{\odot}}$ − 半径差 SD = 下边高度 $h^{\underline{\odot}}$ + 半径差 SD

天体的视半径是随天体和地球之间距离而变化的，如当地球最靠近太阳时，SD 最大为 16′.3（12～1 月）；当地球距太阳最远时，SD 最小为 15′.8（6～7 月）。英版《航海天文历》中天体位置表的太阳栏内，列有三天一值的太阳视半径，可根据日期查取。

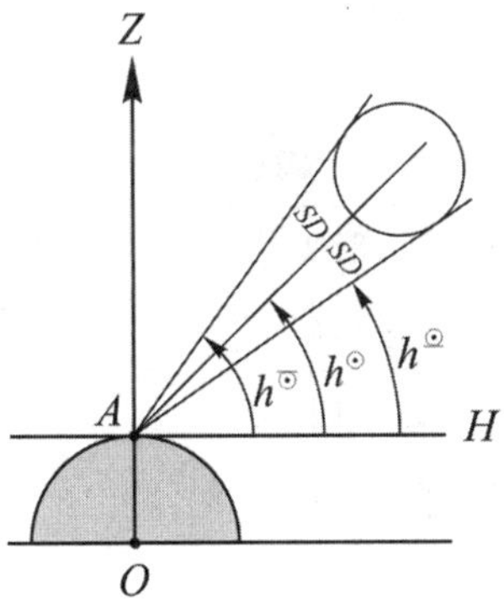

图 2-4-49 天体半径差示意图

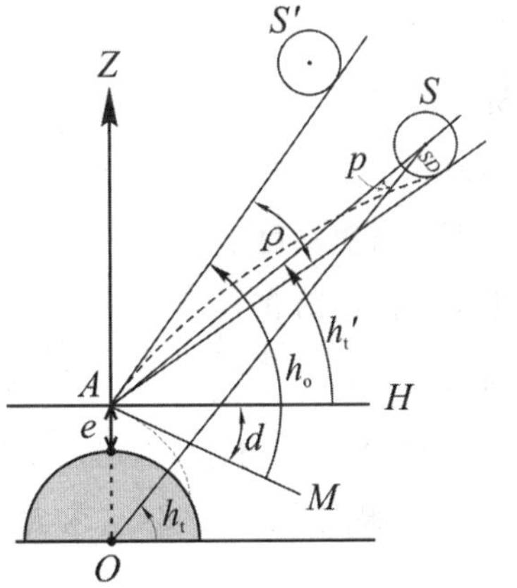

图 2-4-50 观测太阳高度改正示意图

三、天体观测高度的改正

1. 天体高度逐项改正

综上所述，在水天线上测得天体六分仪高度读数 h_s，经指标差 i 和器差 s 改正得出天体观测高度 h_o 后，还需经过眼高差 d、蒙气差 ρ、视差 p、半径差 SD 的改正，最终得出天体地心真高

度。以太阳为例，如图 2-4-50 所示，S 为太阳实际位置，S' 表示由于蒙气差的影响所看到的太阳视位置，求其真高度的公式可写成：

$$h_t = h_s + (i + s) - d - \rho + p \pm SD \tag{2-4-48}$$

2. 求太阳真高度

（1）观测太阳下边沿高度 $h_s^{\underline{\odot}}$ 求真高度 $h_t^{\odot}$ 的公式为：

$$h_t^{\odot} = h_s^{\underline{\odot}} + (i + s) - d - \rho + p + SD \tag{2-4-49}$$

按照英版《航海天文历》中高度改正的步骤，将上式改写成：

$$\begin{aligned} h_t^{\odot} &= h_s^{\underline{\odot}} + (i + s) + (-d) + (-\rho + p + SD) \\ &= h_s^{\underline{\odot}} + (i + s) + \text{《眼高差表》} + \text{《太阳下边沿改正表》} \\ &= h_s^{\underline{\odot}} + (i + s) + d + c \end{aligned}$$

（2）观测太阳上边高度 $h_s^{\overline{\odot}}$ 求太阳真高度 $h_t^{\odot}$ 的公式为：

$$h_t^{\odot} = h_s^{\overline{\odot}} + (i + s) - d - \rho + p - SD \tag{2-4-50}$$

按照英版《航海天文历》中高度改正的步骤，将上式改写成：

$$\begin{aligned} h_t^{\odot} &= h_s^{\overline{\odot}} + (i + s) + (-d) + (-\rho + p - SD) \\ &= h_s^{\overline{\odot}} + (i + s) + \text{《眼高差表》} + \text{《太阳上边沿改正表》} \\ &= h_s^{\overline{\odot}} + (i + s) + d + c \end{aligned}$$

①眼高差表 d：查表引数是测者眼高 e（单位：m 或 ft）。

②太阳下边沿和上边沿改正表（10 月 ~3 月为一列，4 月 ~9 月为另一列）：查表引数是修正了眼高差之后的天体观测高度，分别可以查得太阳下边沿和上边沿改正值。

例 2-4-22：2014 年 4 月 26 日，测得太阳下边六分仪高度读数 $h_s^{\underline{\odot}}$ 32°05′.4，指标差和器差为 −1′.2，测者眼高 e 为 8 m，求太阳真高度 $h_t^{\odot}$。

解：

六分仪高度	$h_s^{\underline{\odot}}$	32°05′.4
指标差和器差	$i+s$	− 1′.2
眼高差	d	− 5′.0
太阳下边观测高度	h'	31°59′.2
太阳下边高度改正	c	+ 14′.5
真高度	$h_t^{\odot}$	32°13′.7

例 2-4-23：2014 年 12 月 28 日，测得太阳上边六分仪高度读数 $h_s^{\overline{\odot}}$ 42°16′.5，指标差和器差为 +1′.2，测者眼高 e 为 18.8 m，求太阳真高度 $h_t^{\odot}$。

解：

六分仪高度	$h_t^{\overline{\odot}}$	42°16′.5
指标差和器差	$i+s$	+ 1′.2
眼高差	d	− 7′.6
太阳上边观测高度	h'	42°10′.0
太阳上边高度改正	c	− 17′.1
真高度	$h_t^{\odot}$	41°53′.0

3. 求星体真高度

由于恒星、木星、土星离地球很远，同时星体的观测高度是测星体中心与水天线相切，所以星体的高度改正可以忽略视差 p 和半径差 SD。金星、火星距地球较近，其视差不可忽略。

(1)求恒星、木星和土星真高度的计算公式：

$$h_t^* = h^* + (i+s) + d - \rho \tag{2-4-51}$$

按照英版《航海天文历》中高度改正的步骤，将上式改写成：

$$\begin{aligned} h_t^* &= h_s^* + (i+s) + (-d) + (-\rho) \\ &= h_s^* + (i+s) + \text{《眼高差表》} + \text{《蒙气差表》} \\ &= h_s^* + (i+s) + d + c \end{aligned}$$

(2)求金星和火星真高度的计算公式：

$$h_t^* = h_s^* + (i+s) + d - \rho + p \tag{2-4-52}$$

按照英版《航海天文历》中高度改正的步骤，将上式改写成：

$$\begin{aligned} h_t^* &= h_s^* + (i+s) + (-d) + (-\rho) + p \\ &= h_s^* + (i+s) + \text{《眼高差表》} + \text{《蒙气差表》} + \text{《行星附加改正表》} \\ &= h_s^* + (i+s) + d + c + c' \end{aligned}$$

①眼高差表 d：查表引数是测者眼高 e(单位：m 或 ft)。

②蒙气差表 c：查表引数是修正了眼高差之后的天体观测高度。

③行星附加改正表 c'：查表引数是行星名称和观测日期。

例 2-4-24：2014 年 7 月 6 日，测得织女一高度读数 h_s^* 17°26′.4，指标差和器差为 −1′.8，测者眼高 e 为 21 m，求织女一真高度 h_t^*。

解：

六分仪高度	h_s^*	17°26′.4
指标差和器差	$i+s$	− 1′.8
眼高差	d	− 8′.1
恒星观测高度	h'	17°16′.5
星体高度改正	c	− 3′.1
恒星真高度	h_t^*	17°13′.4

第五节　天文船位线

在本章前四节中,已求出了天文船位圆的圆心和半径,即求得了天文船位圆。根据天文船位圆求天文船位线是本节要解决的问题。

从理论上讲,在已知天文船位圆的圆心和半径的前提下,就可以在地球仪或墨卡托海图上直接画天文船位圆,用图解的方法求得天文观测船位,如图 2-4-51 所示。但是,这在实际操作中是行不通的,究其原因:

一是,如果在地球仪上直接画天文船位圆,根据海上定位精度的要求,在地球仪的表面上用肉眼能分辨的 1 mm 的长度至少应为1 n mile,这样,地球仪的直径 D 约为 6. 9 m。这样大的地球仪船上既不可能配备,也不可能在其上直接画天文船位圆。

二是,通常天文船位圆的半径很大,如天体的真高度为 30°,则天文船位圆的半径为 60° =3 600 n mile,航用海图根本容不下,如果使用小比例尺海图,除精度不能满足要求之外,天文船位圆在墨卡托海图上的投影已是一条复杂的“周变曲线”(非圆形)了。周变曲线用一般的作图方法根本无法实现。

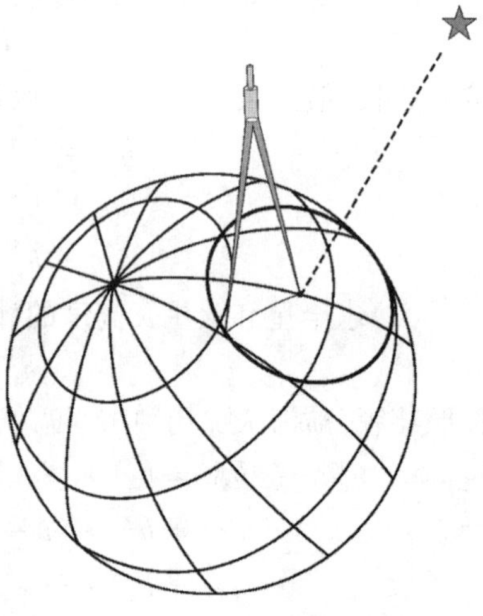

图 2-4-51　天文船位圆示意图

一、高度差法(又称截距法)

1875 年,法国航海家圣・希勒尔(St. Hilaire)提出的高度差法(altitude difference method)解决了天文船位圆作图的问题,即利用高度差法将画天文船位圆的问题转化为画天文船位线的问题。

1. *高度差法原理*

图 2-4-52 为地球及天球示意图。图中 c 为计算点(可以是推算船位,也可以是选择船位)。假如,当 c 点是推算船位(φ_c,λ_c)时,测得天体 B 的高度(经高度改正后可以求得其真高度 h_t),同时记下观测时间,从《航海天文历》中可查得天体 B 的格林时角 GHA 和赤纬 Dec,从而得到天体 B 的地理位置 b,以 b 为圆心,$\widehat{bk}=90°-h_t$ 为半径,在地球球面上可作一小圆,即天文船位圆。如前所述,天文船位圆的半径通常很大,而且船位一定在推算船位 c 附近的一小段天文船位圆曲线(Ⅰ－Ⅰ)上,所以没有必要把天文船位圆全部画出来,只要画出船位圆曲线Ⅰ－Ⅰ即可。然而,船位圆曲线Ⅰ－Ⅰ的曲率很小,可以用过 k 点(称截点)的切线Ⅱ－Ⅱ来代替(图 2-4-52 是夸张示意图,实际中$\widehat{kc}$与船位圆半径$\widehat{bk}$相比甚小),切线Ⅱ－Ⅱ即天文船位线,该线在墨卡托海图上用恒向线直线来代替,这样,画天文船位圆的问题就转化为画天文船位线的问题了。

求天文船位线的原理如下:

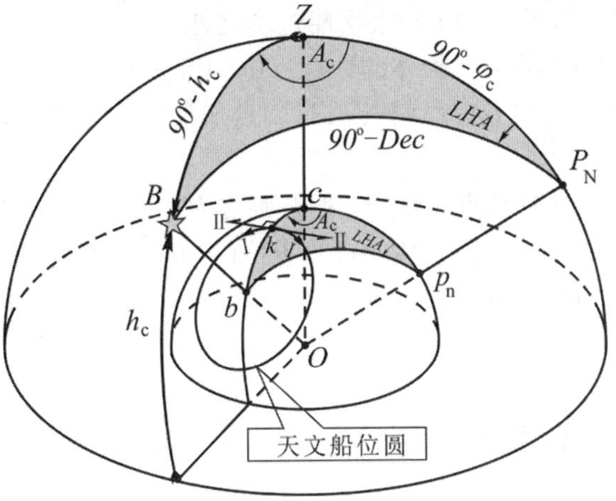

图 2-4-52 高度差法原理示意图

在图 2-4-52 中，Z_c 为计算点 $c(\varphi_c,\lambda_c)$ 的天顶，以 Z_c,B,P_N 为顶点，在天球上可得到天文三角形。在该三角形中，已知余纬 $\widehat{Z_cP_N}=90°-\varphi_c$、极距 $\widehat{BP_N}=90°-Dec$ 和地方时角 $LHA=GHA\pm\lambda_{c\,W}^{\;E}$（$GHA$ 和 Dec 可以根据观测时间从航海天文历中查得）。由解天文三角形的基本公式可以求出高度 h_c 和方位 A_c：

$$\sin h_c = \sin\varphi_c \sin Dec + \cos\varphi_c \cos Dec \cos LHA \tag{2-4-53}$$

$$\cot A_c = \cos\varphi_c \tan Dec \csc LHA - \sin\varphi_c \cot LHA \tag{2-4-54}$$

因为 h_c 和 A_c 是通过计算得到的，所以分别称为计算高度（h_c）和计算方位（A_c）。将图 2-4-52中的天文三角形 Z_cBP_N 投影到地面上得到球面三角形 cbp_n，称其为导航三角形，其间有如下关系：

$$\angle bcp_n = A_c$$

$$\widehat{kc}=\widehat{bc}-\widehat{bk}=(90°-h_c)-(90°-h_t)=h_t-h_c=Dh \tag{2-4-55}$$

式中：Dh 称为高度差（altitude difference）或截距（intercept），有“±”。

因为 Dh 是 $\widehat{bc}$弧上的一段，而 $\widehat{bc}$弧是天体垂直圈在地面上的投影，并且通过天文船位圆的圆心 b，所以过截点 k 所做的天文船位圆的切线Ⅱ－Ⅱ即天文船位线与高度差 Dh 垂直。因此，在墨卡托海图上只要过计算点 c 作天体的计算方位（A_c）线，在该线上以 c 为原点，截取 Dh，则可得到截点 k，过 k 点作计算方位线的垂线，即是天文船位线Ⅱ－Ⅱ。显然，要想画出天文船位线，必须要知道天文船位线的三要素：

①计算点 c；

②计算方位 A_c；

③高度差（截距）$Dh=h_t-h_c$。

计算点 c 可以是推算船位，也可以是选择船位；计算高度 h_c 和计算方位 A_c 可由式(2-4-53)和式(2-4-54)直接计算得到，求真高度 h_t 的计算方法见本章第四节。

2. 高度差法作图规则

已知天文船位线的三要素，就可以在墨卡托海图上画出天文船位线。由高度差法原理可知，计算点 c（又称作图点）的位置不同（在船位圆之内或之外），Dh 的符号也随之改变，而且在天体计算方位线上截取 Dh 的方向也不一样，可以归纳为下述三种作图方法：

（1）高度差 Dh 为"+"（计算点 c 在天文船位圆之外）

当 Dh 为"+"时，过计算点 c 作天体的计算方位（A_c）线，在该线上，以 c 为原点，朝向天体（沿天体计算方位的方向）截取 Dh，得截点 k，过 k 点作计算方位线的垂线，即天文船位线，如图 2-4-53(a) 所示。

（2）高度差 Dh 为"−"（计算点 c 在天文船位圆之内）

当 Dh 为"−"时，过计算点 c 作天体的计算方位（A_c）线，在该线上，以 c 为原点，背向天体（沿天体计算方位的反方向）截取 Dh，得截点 k，过 k 点作计算方位线的垂线，即天文船位线，如图 2-4-53(b) 所示。

（3）高度差 $Dh=0$（计算点 c 在天文船位圆之上）

当 $Dh=0$ 时，过计算点 c 作天体的计算方位（A_c）线，再过 c 点作计算方位线的垂线，即天文船位线，如图 2-4-53(c) 所示。

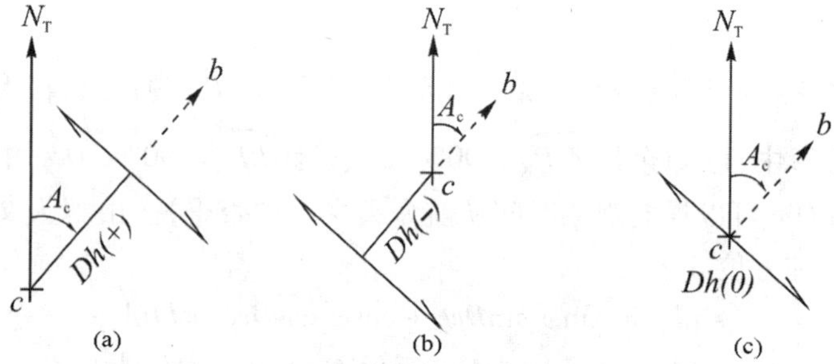

图 2-4-53　高度差法作图规则

例 2-4-25：以推算船位（φ_c，λ_c）为计算点，求得天体计算高度 h_c35°09′.6，计算方位 A_c090°，同时求得天体真高度 h_t35°12′.3，画天文船位线，如图 2-4-54(a) 所示。

例 2-4-26：以推算船位（φ_c，λ_c）为计算点，求得天体计算高度 h_c46°27′.5，计算方位 A_c225°，同时求得天体真高度 h_t46°25′.2，画天文船位线，如图 2-4-54(b) 所示。

例 2-4-27：在例 2-4-26 中，如果求得天体真高度 h_t46°27′.5，画天文船位线，如图 2-4-54(c) 所示。

解：	例 2-4-25	例 2-4-26	例 2-4-27
计算点	（φ_c，λ_c）	（φ_c，λ_c）	（φ_c，λ_c）
计算方位 A_c	090°	225°	225°
真高度 h_t	35−12.3	46−25.2	46−27.5
计算高度 h_c	35−09.6	46−27.5	46−27.5
高度差 Dh	+ 2.7	− 2.3	0.0

3. 高度差法的有限任意性

在计算一条天文船位线时，计算点分别可以采用推算船位或选择船位，而画出的是同一条天文船位线，这样做的依据就是高度差法的有限任意性。

（1）选择计算点的任意性

每观测一个天体，就可以得到一个天文船位圆，如果不考虑误差的话，真实船位 p 应在靠近推算船位附近的一小段天文船位圆的曲线上，如图 2-4-55 所示。在一般情况下，该段曲线的曲率很小，可用过截点的切线（在墨卡托海图上是恒向线直线）Ⅰ－Ⅰ代替，Ⅰ－Ⅰ即是天

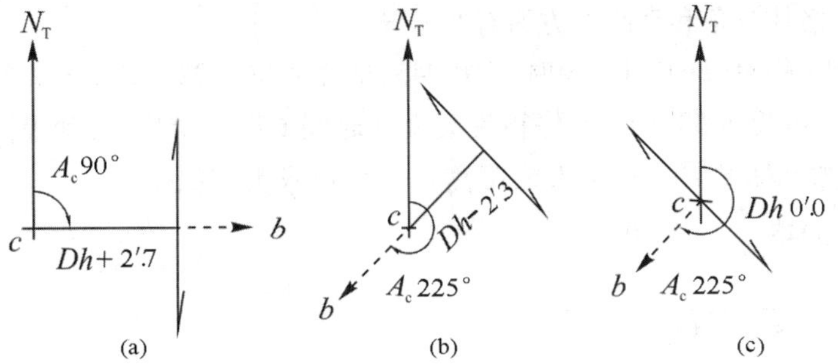

图 2-4-54 例题

文船位线。如果计算点分别采用推算船位 c 和选择船位 c_1，它们均位于真实船位 P 的附近，尽管在同一时刻，分别由 c 和 c_1 求得同一天体 B 的高度差不一样，但是计算方位几乎相等，因此，过各自的截点所做的天文船位线基本重合为一条，如图 2-4-55 中的 Ⅰ－Ⅰ船位线。由此可见，在一定的范围内，计算点可以任意选择，而求得的天文船位线却不失其精度，这就是高度差法选择计算点的任意性。

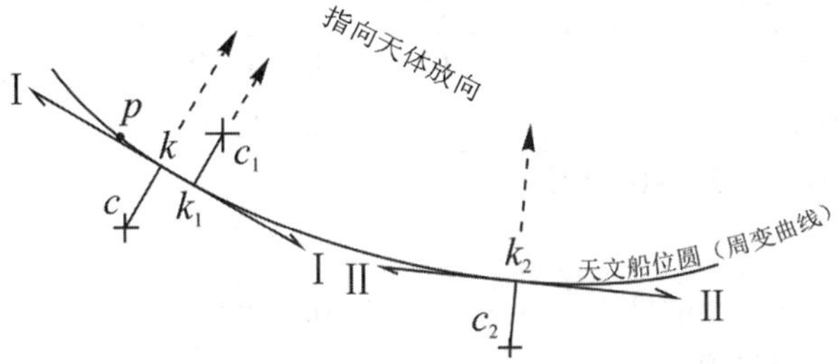

图 2-4-55 高度差法的有限任意性

(2) 选择计算点的有限性

如图 2-4-55 所示，如果选择的计算点 c_2 偏离真实船位太远，求得的船位线Ⅱ－Ⅱ与船位线Ⅰ－Ⅰ的计算方位相差较大，用船位线Ⅱ－Ⅱ代替船位线Ⅰ－Ⅰ就会产生较大的误差。因此，选择的计算点不能偏离真实船位太远，这就是高度差法的有限性。

(3) 选择计算点的有限任意性

综上所述，为使求得的天文船位线不失其精度，根据高度差法的有限任意性的原则，一般选择的计算点偏离真实船位不应超过 30 n mile。由于真实船位未知，在航海实践中是以推算船位为基准。

另外，为保证利用高度差法画出的天文船位线所必需的精度，应观测高度低于 70°的天体为宜。天体高度越高，天文船位圆的半径就越小，船位圆的曲率就越大，这时在墨卡托海图上用恒向线直线代替船位圆曲线所产生的误差（称为船位线曲率误差）也越大。

如果在求得观测船位之后发现计算点偏离观测船位大于 30 n mile，可把求得的观测船位作为新的计算点重新计算（迭代计算）和作图，这样做可以进一步提高观测船位的精度。

二、太阳、行星和恒星船位线

前几节已经把求一条天文船位线的全过程分段介绍过了，这里只是把前面分段阐述过的内容加以组合，从而得到一条完整的天文船位线的计算程序。太阳、行星和恒星的计算程序基本相同，只是在求格林时角和真高度方面有些差异。

例 2-4-28：2014 年 10 月 19 日，船时 *SMT*0945，推算船位 $\varphi_c 32°12'.0$ S，$\lambda_c 157°01'.0$E，观测太阳下边沿六分仪高度 $h_s 58°59'.0$，停秒表天文钟时间 $CT' 11^h45^m44^s$，秒表读数 $WT 33^s$，钟差 $CE 22^s$（快），指标差和器差 $i+s=+3'.6$，眼高 $e=21$ m，求太阳船位线。

ZT	0945	19/10	
ZD	−10		
GMT'	2345	18/10	
CT'	11−45−44		
WT	−	33	
CE	−	22	
GMT	23−44−49		18/10

$h_s^{\odot}$	58−59.0
$i+s$	+3.6
d	−8.1
c	+15.6
h_t	59−10.1
h_c	59−08.5
Dh	+1.6

GHA'	168−43.9	*Dec'*	9−51.2 S	d +0.9
m.s	11−12.3	d'	+0.7	
GHA	179−56.2	*Dec*	9−51.9 S	
λ_c^E	157−01.0	φ_c	32−12.0 S	
LHA	336−57.2 = 23−02.8E			

$$h_c=\arcsin(\sin 32°12'.0\ \sin 9°51'.9+\cos 32°12'.0\cos 9°51'.9\cos 23°02'.8)$$

$$A_c=\arccos\left(\frac{\sin 9°51'.9}{\cos 32°12'.0\cos h_c}-\tan 32°12'.0\tan h_c\right)$$

$h_c=59°08'.5$ $\quad A_c=131.2$ SE $=48°.8$

求行星的计算步骤基本同太阳船位线，只是在求 *GHA* 和 *Dec* 时需要再进行时角超差和赤纬差数的修正。

例 2-4-29：2014 年 10 月 18 日，船时 *SMT*1843，推算船位 $\varphi_c 35°15'.0$ N，$\lambda_c 122°20'.5$E，观测天鹰座 α 星（河鼓二 Altair）六分仪高度 $h_s 61°35'.0$，停秒表天文钟时间 $CT' 10^h43^m30^s$，秒表读数 $WT 30^s$，钟差 $CE+25^s$，指标差和器差 $i+s=-1'.8$，眼高 $e=17$ m，求河鼓二船位线。

解：

ZT	1843	18/10
ZD	−8	
GMT'	1043	18/10
CT'	10−43−30	
WT	− 30	
CE	+ 25	
GMT	10−43−25	18/10

h_s	61−35.0
$i+s$	−1.8
d	−7.3
c	−0.5
h_t	61−25.4
h_c	61−24.7
Dh	+0.7

$GHA\,\gamma'$	177 -49.1		
$m.s$	10 -53.0		
SHA	62 -07.3	Dec	8 -54.8N
GHA	249 -49.4		
λ_c^E	122 -20.5	φ_c	35 -15.0N
LHA	372 -09.9 = 12 -09.9W		

$h_c = \arcsin(\sin 35°15'.0\ \sin 8°29'.2 + \cos 35°15'.0 \cos 8°29'.2 \cos 12°09'.9)$

$A_c = \arccos\left(\dfrac{\sin 8°29'.2}{\cos 35°15'.0 \cosh_c} - \tan 35°15'.0 \tan h_c\right)$

$h_c = 61°24'.7$，$A_c = 154.2\text{NW} = 205°.8$

三、观测太阳中天高度求纬度

当太阳上中天时，其地方时角 $LHA = 0°$，方位为 0°或 180°，这时求得的太阳船位线可以认为是一条纬度线，即观测纬度 φ_o。此时天文三角形的三条边重合在一起，不必求计算高度和计算方位就可求得天文船位线。另外，由误差理论可以证明，这时系统误差和随机误差对观测纬度 φ_o 的影响最小，加之在航海实际工作中正午船位的重要性，因此更显出观测太阳中天高度求纬度的优越性了。

1. 观测太阳中天高度求纬度原理

当太阳上中天时，其地方时角 $LHA = 0°$，中天高度 $H = 90° - Z$（Z 为太阳中天顶距），因此，解算天文三角形的基本公式：

$$\sin h = \sin\varphi \sin Dec + \cos\varphi \cos Dec \cos LHA$$

可简化为

$$\sin H = \sin\varphi \sin Dec + \cos\varphi \cos Dec$$

即

$$\begin{aligned} \cos Z &= \cos(\varphi - Dec) \\ Z &= \varphi - Dec \\ \varphi &= Z + Dec \end{aligned} \tag{2-4-56}$$

上式为代数和，其符号确定规则如下：

①向北观测太阳中天高度 H，则 H 命名为 N，反之为 S；

②太阳中天顶距 Z 的名称与中天高度 H 的名称相反；

③当 Z 与 Dec 同名时，Z 与 Dec 相加，φ 与之同名，当 Z 与 Dec 异名时，Z 与 Dec 相减，大值减小值，φ 与大值同名。

上述规则如图 2-4-56 所示。

例 2-4-30：设太阳中天时向北测得太阳中天高度，经计算得到太阳中天真高度 H_t45°14'.2，已知太阳中天赤纬 Dec5°08'.4S，求观测纬度 φ_o。

例 2-4-31：设太阳中天时向南测得太阳中天高度，经计算得到太阳中天真高度 H_t50°38'.5，已知太阳中天赤纬 Dec10°13'.5S，求观测纬度 φ_o。

例 2-4-32：设太阳中天时向北测得太阳中天高度，经计算得到太阳中天真高度 H_t78°25'.4，

已知太阳中天赤纬 *Dec*23°19′.5N，求观测纬度 φ_o。

解：

	例 2-4-30	例 2-4-31	例 2-4-32
H_t	45 − 14.2N	50 − 38.5S	78 − 25.4N
Z	44 − 45.8S	39 − 21.5N	11 − 34.6S
Dec	05 − 08.4S	10 − 13.5S	23 − 19.5N
φ_o	49 − 54.2S	29 − 08.0N	11 − 44.9N

2. 预求太阳中天区时 *ZT*

利用式(2-4-56)求观测纬度，必须知道太阳中天高度和中天赤纬。太阳中天高度只有在太阳经过测者午圈的一瞬间进行观测才能得到，那么太阳什么时候经过测者午圈呢？或者说当区时几点时才能观测到太阳中天高度呢？这就要在测前求出太阳经过测者午圈的区时，即太阳中天区时。根据太阳中天区时观测的太阳高度才是太阳中天高度。另外，根据太阳中天区时求得的世界时在《航海天文历》中可查得太阳中天时的赤纬。这样就可利用式(2-4-56)求得观测纬度 φ_o。

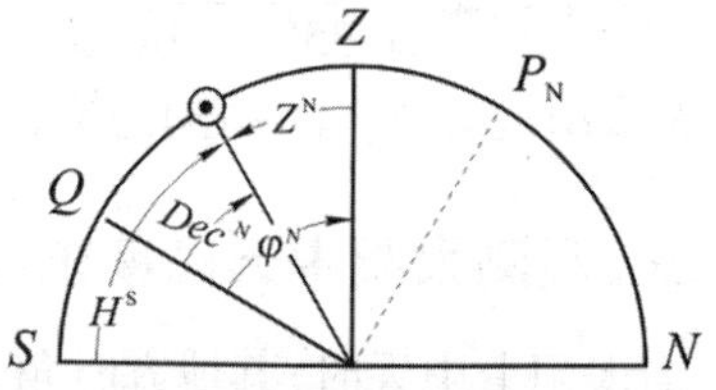

Z与Dec同名

$\varphi^N = Z^N + Dec^N$

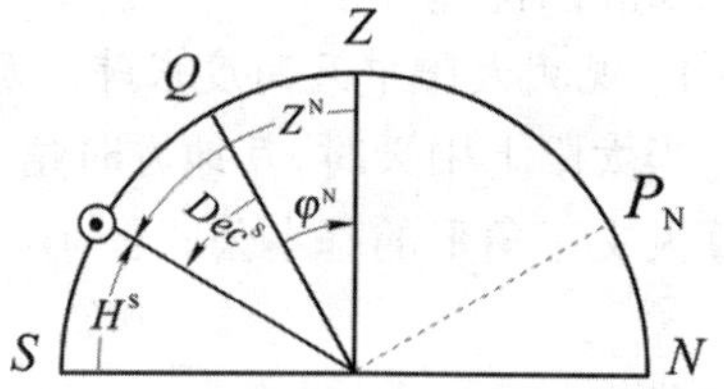

Z与Dec异名且Z>Dec

$\varphi^N = Z^N - Dec^S$

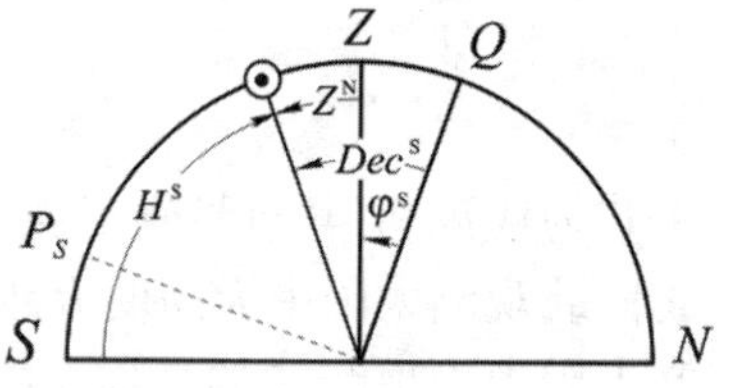

Z与Dec异名且Z<Dec

$\varphi^S = Dec^S - Z^N$

图 2-4-56　观测太阳中天高度求纬度原理图

根据式(2-4-34)可求得太阳中天区时的计算式为：

$$ZT = LMT + D\lambda$$

$$D\lambda = \lambda_m - \lambda_{1200} \qquad (2\text{-}4\text{-}57)$$

式中：*LMT*——太阳中天时测者的地方平时(未知)，可用按观测日期从《航海天文历》中查得的格林经线上太阳上中天的地方平时来代替；

$D\lambda$——太阳中天时时区中线经度与测者经度之差(未知)，可由所用区时的时区中线经度 λ_m 与区时 1200 时的推算经度 λ_{1200} 之差来代替，计算时东经 λ^E 为"+"，西经 λ^W 为"−"，求得的经差 $D\lambda$ 有"±"。

显然，利用式(2-4-57)预求的太阳中天区时存在误差。因为在中天前后数十秒钟之内太阳高度变化非常缓慢，所以由中天区时的误差引起所测太阳中天高度的误差很小，可以忽略不计(在较不利的条件下，该误差小于观测高度的标准差)。

3. 观测太阳中天高度求纬度的计算步骤

例 2-4-33：2014 年 10 月 20 日，计划航向 *CA*119°，航速 $v = 15$ kn，船时 *SMT* 1100(−8)，推算船位 φ_c35°25′.0 N，λ_c122°30′.0 E，预求太阳中天区时 *ZT*′。当太阳中天时，向南测得太阳下边沿中天六分仪高度 H_s44°11′.1，指标差和器差 $i + s = +2'.8$，眼高 $e = 11.3$ m，求观测纬

度 φ_o。

解:首先按航向、航程求出区时 *ZT*1200 的推算船位,然后预求中天区时,最后求观测纬度。

	*ZT*1200	φ_c	35 − 17.7N	
		λ_c	122 − 46.1E	
	λ_m		120 − 00.0	(+)
−)	λ_{1200}		122 − 46.1	(+)
	$D\lambda$		2 − 46.1	(−)
			− 11^m	

LMT	1145 20/10	
$D\lambda$	−11	
ZT′	1134 20/10	
ZD	− 8	
GMT′	0334 20/10	
Dec′	10 − 16.4S	*d* +0.9
d′	+ 0.5	
Dec	10 − 16.9S	

H_s	44 − 11.1S
$i+s$	+ 2.8
d	− 5.9
c	+ 15.3
H_t	44 − 23.3S
Z_t	45 − 36.7N
Dec	10 − 16.9S
φ_o	35 − 19.8N

另外,在航海实际工作中,太阳中天高度并不一定是太阳的最大高度。只有当太阳高度变化率为零时,才发生最大高度。如果测者纬度不变,天体赤纬不变,天体中天时其高度变化率为零(见本章第二节),此时天体中天高度就是其最大高度。但是在实际工作中,测者纬度和太阳赤纬都在变化。这样,影响太阳高度变化的原因:一是时角变化引起的高度变化量;二是赤纬变化引起的高度变化量;三是测者纬度变化引起的高度变化量。在这三种因素的综合影响下使得太阳中天时,其高度变化率不一定为零,即太阳中天高度不一定是最大高度。最大高度可能发生在中天前,也可能发生在中天后。因此,我们只能预求中天区时,按该时刻观测即可得到太阳中天高度,而不应该把太阳的最大高度当成中天高度来观测。

四、观测北极星高度求纬度

我们知道,仰极的高度等于测者的纬度。如果在仰极处有一颗较亮的恒星,只要观测该星的高度,就可得到测者纬度。事实上,没有一颗较亮的恒星恰好位于天北极或天南极。但是在天北极附近有 1 颗较亮的 2 等星:小熊星座 α(勾陈一),因为它靠近天北极,所以又称其为北极星。2014 年初,北极星的坐标为:赤经 *RA*42°35′.5,赤纬 *Dec*89°19′.7N。因为北极星的极距 $p<1°$,所以在周日视运动中它的方位和高度的变化量均很小。在北纬 0° ~ 60°的地区,所见北极星的方位变化最大不超过 2°。因为北极星的赤纬趋近 90°N,所以只要将北极星的真高度做一高度修正即可求得天北极的高度,即是测者的观测纬度。因此,位于北半球中、低纬海区

的测者观测北极星的高度，经过高度修正后可以求得测者纬度。

1. 观测北极星高度求纬度原理

图 2-4-57 是测者东西面天球示意图。B 为在周日视运动中某一时刻北极星的位置，小圆是北极星的周日平行圈，$\widehat{aBa'}$ 是该时刻北极星的高度平行圈。北极星真高度 $h_t = \widehat{MB}$，测者纬度 $\varphi = \widehat{NP_N}$（仰极高度），小量为 x，显然：

$$\varphi = h_t + x \qquad (2\text{-}4\text{-}58)$$

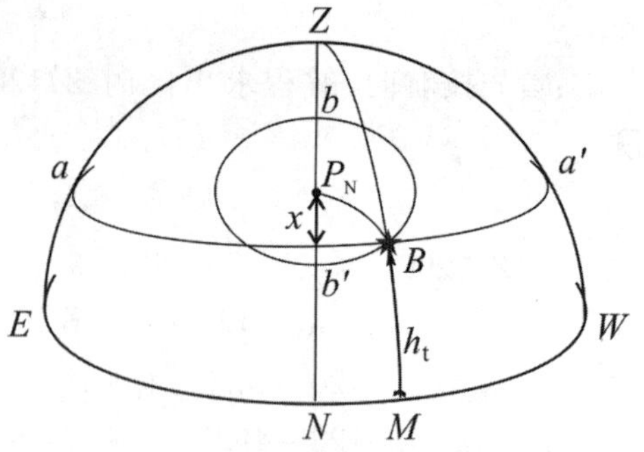

图 2-4-57　观测北极星高度求纬度原理图

从上可见，测者纬度 φ 与北极星真高度 h_t 只差一个小量 x，只要求得了 x，也就求得了 φ。因此，观测北极星高度求纬度的问题，实质上就是求小量 x 的问题。从图 2-4-57 中可见，当北极星上中天时（b 位置）或下中天时（b'位置），小量 x 达最大值（小于 1°），上中天时，x 为"－"，下中天时，x 为"＋"。

利用解球面窄三角形的第二近似式求得小量 x 为：

$$x = p'\cos LHA - \frac{p'^2}{2}\sin^2 LHA\tan\varphi\,\mathrm{arc}1' \qquad (2\text{-}4\text{-}59)$$

经过整理并简写成：

$$\varphi_o = h_t + a_0 + a_1 + a_2 \qquad (2\text{-}4\text{-}60)$$

式中：

$$\text{改正量 } a_0 = -p_0'\cos(LHA\,\Upsilon + SHA_0) \qquad (2\text{-}4\text{-}61)$$

$$\text{改正量 } a_1 = \frac{p_0'^2}{2}\sin^2(LHA\,\Upsilon + SHA_0)\tan\varphi\,\mathrm{arc}1' \qquad (2\text{-}4\text{-}62)$$

$$\text{改正量 } a_2 = p_0'\cos(LHA\,\Upsilon + SHA_0) - p'\cos(LHA\,\Upsilon + SHA) \qquad (2\text{-}4\text{-}63)$$

根据式(2-4-61)编成北极星高度求纬度第一改正量表，查表引数是春分点地方时角 $LHA\,\Upsilon$。

根据式(2-4-62)编成北极星高度求纬度第二改正量表，查表引数是春分点地方时角 $LHA\,\Upsilon$和测者纬度。

根据式(2-4-63)编成北极星高度求纬度第三改正量表，查表引数是春分点地方时角 $LHA\,\Upsilon$和观测日期。

上述三个改正量均列在《航海天文历》中。在中版《航海天文历》的"北极星高度求纬度"表中，改正量 a_0 和 a_2 有"±"，改正量 a_1 为"＋"。在英版《航海天文历》的"北极星高度求纬度"表中，为使改正量均为"＋"值，故在改正量中加了 1°，这样，只要把北极星的真高度和三个改正量全加起来，然后再减去 1°，便得到观测纬度，即

$$\varphi_o = h_t + a_0 + a_1 + a_2 - 1° \qquad (2\text{-}4\text{-}64)$$

2. 观测北极星高度求纬度计算步骤

例 2-4-34：2014 年 10 月 19 日，船时 SMT1843，推算船位 φ_c35°12′.0N，λ_c122°54′.0E，观测北极星六分仪高度 h_s35°22′.0，停秒表天文钟时间 CT' $10^h44^m10^s$，秒表读数 $WT48^s$，钟差 $CE01^m10^s$（快），指标差和器差 $i+s=+1'.0$，眼高 $e=12.5$ m，求北极星船位线。

解：

ZT	1843	19/10
ZD	−8	
GMT'	1043	19/10
CT'	10 −44 −10	
WT	− 48	
CE	− 1 −10	
GMT	10 −42 −12	19/10

h_s	35 −22.0
$i+s$	+ 1.0
d	− 6.2
c	− 1.4
h_t	35 −15.4
a_0	1 −00.0
a_1	0.5
a_2	0.9
	−1 −00.0
φ_0	35 −16.8N

GHA ♈′	177 −48.2
$m.s$	10 −34.7
GHA ♈	188 −22.9
λ_c^E	122 −54.0
LHA ♈	311 −16.9

因为北极星是 2 等星，所以观测难度较 1 等星大一些，但是计算方法较恒星船位线简单，因此，北极星是在北半球中、低纬海区航行的船舶测天定位的良好天体。

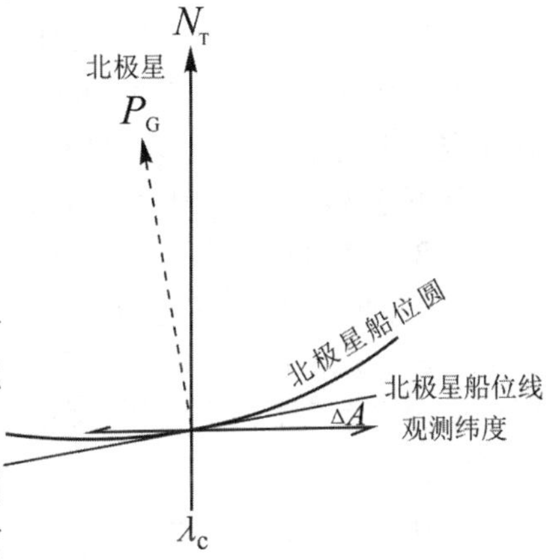

图 2-4-58 北极星船位线误差示意图

由上述方法求得的观测纬度，事实上是北极星船位圆（或船位线）与推算经度 λ_c 的交点的纬度（φ_o），显然，它与真正的北极星船位线存在一个方向误差 ΔA，如图2-4-58所示。测者纬度在 0°N ~ 60°N 之间时，该误差 $\Delta A < 2°$，可以忽略不计；当测者纬度大于 60°N 时，则可产生不可忽略的误差（中天除外）。另外，当测者纬度位于 0°N ~ 15°N 之间时，北极星的高度小于 15°，这时会产生不可忽视的蒙气差的误差（见本章第四节）。综上所述，在纬度 15°N ~ 60°N 的海域内可观测北极星高度求纬度。

第六节 观测天体定位

在航海实践中，至少需要两条或两条以上交角合适的、对应于同一时刻的船位线相交才能确定船舶所在的位置。海上测天定位主要包括白昼太阳移线定位和晨昏测星体定位。

一、观测太阳移线定位

白昼通常只能观测到太阳，在观测一次太阳求得一条太阳船位线之后，间隔一段合适时间再观测一次，求得另一条太阳船位线，然后进行移线定位，这种定位方法称为太阳移线定位。

1. 太阳移线定位的条件

由航迹推算可知,两次观测的时间间隔越短,转移船位线所带来的航向、航程的推算误差就越小;同时,由船位误差理论可知,两条船位线定位,两船位线的交角应在30°~90°范围之内,以趋近90°为最佳。如果太阳方位要变化到如此大小,一般又需较长时间,这是一对矛盾。

在一般情况下,如果两次观测的时间过短,尽管减小了推算误差,但是太阳方位变化太小,将使两条船位线交角小于30°;相反,如果两次观测的时间间隔过长,虽然太阳方位变化较大,可使两船位线的交角达90°,但是转移船位线的推算误差也随之增大。为兼顾这两方面的要求,两次观测的时间间隔一般为1 ~2 h ,太阳方位变化30°~50°,以不小于30°为宜。

2. 太阳移线定位的有利时机

由本章第二节可知,太阳在中天前后其方位变化较快,在较短的时间内,其方位变化就可超过30°,因此,太阳中天前后一段时间是观测太阳移线定位的有利时机。在航海实践中,常采用太阳中天前和中天时各观测一次,移线求出中天或正午船位。

在低纬海区内,当太阳中天高度很高(达88°左右)时,从日出到中天前和中天后至日没,太阳方位变化非常缓慢,有时太阳方位变化30°左右,往往就要等待4~5 h之久,从而使太阳移线定位失去意义;相反,在这种情况下,太阳中天前后十几分钟,甚至几分钟之内,太阳方位变化就可达30°以上。因此,就可在短时间内,测得2~3条太阳船位线求出观测船位。

例2-4-35:2014年10月20日,*ZT*1012,φ_c 35°28′.8N,λ_c 120°21′.6E,计划航向*CA*119°,航速$v=15'$,测得太阳下边沿六分仪高度h_s 39°14′.7,*CT′*02^h 12^m 55^s,*WT*33^s,*CE*22^s(快),$(i+s)=+2'.8$,$e=18.0$ m,求*ZT*1012的太阳船位线。船舶继续航行,预求中天区时*ZT*,中天时向南测得太阳下边沿六分仪高度H_s 44°15′.8,求中天观测船位。

解:

SMT	1012 20/10	h_s	39-14.7
ZD	-8	$i+s$	+2.8
GMT′	0212 20/10	d	-7.5
		c	+15.1
CT′	02-12-55	h_t	39-25′.1
WT	- 33	h_c	39-25.1
CE	- 22	*Dh*	0.0
GMT	02-12-00 20/10		

GHA′	213-46.9	*Dec′*	10-15′.5S	d+0.9
m.s	3-00.0	d'	+0.2	
GHA	216-46.9	*Dec*	10-15.7S	
λ_c	120-21.6E	φ_c	35-28.8N	
LHA	337-08.5			
	22-51.5E			

$h_c=\arcsin(\sin\varphi_c\sin Dec+\cos\varphi_c\cos Dec\cos LHA)=39°25'.1$

$A_c=\arccos(\frac{\sin Dec}{\cos\varphi_c\cosh_c}-\tan\varphi_c\tan h_c)=150°.4$

经过航迹推算,可知1200推算船位:

φ_c	35 - 15. 7N
λ_c	120 - 50. 5E

LMT	11 - 45 20/10	
$D\lambda^E$	-3	
ZT	11 - 42 20/10	
ZD	-8	
GMT'	03 - 42 20/10	
Dec'	10 - 16. 4S	*d* +0. 9
d'	+ 0. 6	
Dec	10 - 17. 0S	

h_s	44 - 15. 8S
$i+s$	+ 2. 8
d	- 7. 5
c	+15. 3
h_t	44 - 26. 4S
Z	45 - 33. 6N
Dec	10 - 17. 0S
φ_o	35 - 16. 6N

观测船位 *ZT*1142$\begin{cases}\varphi_o & 35-16.6N \\ \lambda_o & 120-43.0E\end{cases}$,如图2-4-59所示。

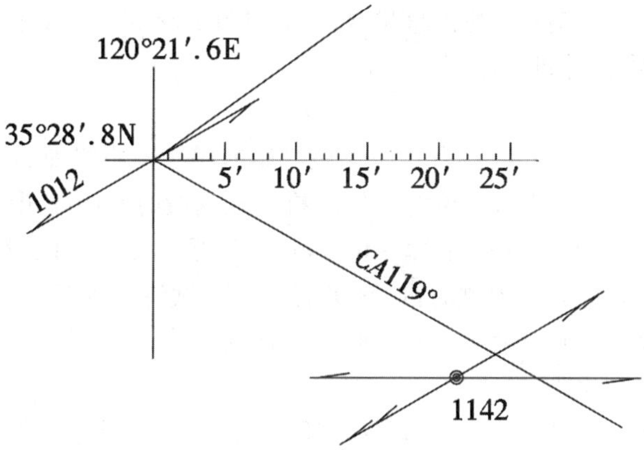

图2-4-59 例题作图

二、晨昏测星定位

测星定位是天文定位的重要方法,其优点是能在晨光昏影的短时间内求得观测船位,且推算误差的影响甚小,因此定位精度较高;其缺点一是测星的时间较短,在中、低纬海区一般只有20~40 min,二是晨光昏影时星光较暗,水天线也不如白天清晰,所以观测星体要比观测太阳难度大一些。

1. 测星时机

测星定位必须同时具备下述两个条件:一是有可供观测的星体,二是可见水天线。一天中只有在黎明(晨光)和黄昏(昏影)这两段时间内才可同时满足上述两个条件。

(1)晨光昏影

航海上一般把黎明和黄昏这两段时间统称为晨光昏影(morning and evening twilight)。晨光昏影期间的能见度,随着太阳在水天线下位置的变化而不同,为更确切地描述晨光昏影期间的能见度,又把晨光昏影分成三个阶段,如图2-4-60所示。

①民用晨光昏影

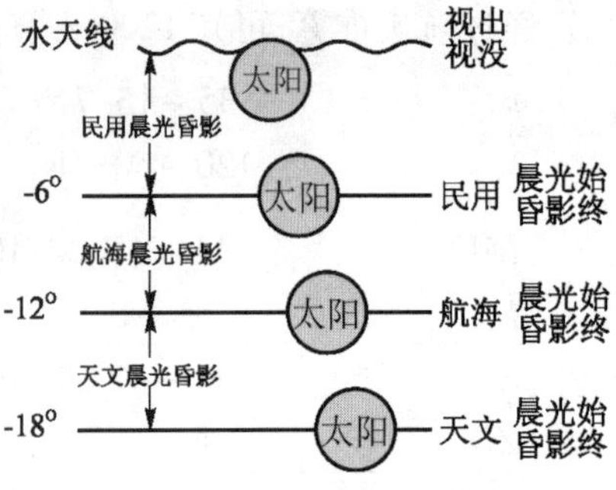

图 2-4-60　晨光昏影示意图

太阳上边沿与水天线相切时称太阳视出或视没。

太阳真高度 $h_t^{\odot}=-6°$时，称民用晨光始或民用昏影终。

太阳由民用晨光始（$h_t^{\odot}=-6°$）到视出所经历的时间称民用晨光；太阳由视没到民用昏影终（$h_t^{\odot}=-6°$）所经历的时间称民用昏影。

上述两段时间统称为民用晨光昏影。

②航海晨光昏影

太阳真高度 $h_t^{\odot}=-12°$时称航海晨光始或航海昏影终。

太阳真高度由 $-12°$至 $-6°$或由 $-6°$至 $-12°$所经历的时间间隔统称航海晨光昏影。

③天文晨光昏影

太阳真高度 $h_t^{\odot}=-18°$时称天文晨光始或天文昏影终。

太阳中心高度由 $-18°$至 $-12°$或由 $-12°$至 $-18°$所经历的时间间隔统称天文晨光昏影。

当太阳赤纬一定时，晨光昏影时间的长短，取决于测者的纬度，纬度越高，晨光昏影时间越长；纬度越低，晨光昏影时间越短。

（2）测星时机

根据测星定位的两个条件，只有在民用晨光始或民用昏影终前后一段时间内，即太阳真高度在 $-3°\sim-9°$之间，才是测星定位的良好时机。在这段时间内既可看到星体，又可看到水天线。这段时间在中低纬度一般只有 20 ~ 40 min，因此驾驶员要在该段时间内观测 3 颗或 3 颗以上的星体来定位，为把握住观测时机，测星前往往要做许多准备工作：预求测星区时、选星、检查、校正六分仪等，否则，就有可能在测星时间内测不完 3 颗星。

（3）预求测星区时 *ZT*

海上通常的做法是，早晨测星，利用 *ZT*0600 的推算船位预求民用晨光始区时；黄昏测星，则利用 *ZT*1800 的推算船位预求民用昏影终区时，根据所求区时提前几分钟开始观测即可。

$$ZT=LMT+D\lambda_{\mathrm{W}}^{\mathrm{E}} \tag{2-4-65}$$

$$D\lambda_{\mathrm{W}}^{\mathrm{E}}=\lambda_{\mathrm{m}}-\lambda_{1800}^{0600} \tag{2-4-66}$$

式中：*LMT*——晨光始或昏影终时测者的地方平时，可由《航海天文历》查出的格林经线上的晨光始或昏影终的地方平时来代替；

$D\lambda_{\mathrm{W}}^{\mathrm{E}}$——晨光始或昏影终时，测者经度与所在时区中线经度之差，可用 *ZT*0600 或 *ZT*1800 的推算经度与所用区时的时区中线经度之差来代替。

在《航海天文历》中，格林经线上晨光始或昏影终的地方平时 3 天给出一值，需要进行纬度内插。

（4）求日出或日没时的区时

船舶航行灯的开启和关闭、船旗的升降、甲板照明灯的开启和关闭等均根据太阳的视出或视没时的区时执行，并且要将其记入航海日志，因此航海人员还要经常求日出或日没时的区时 *ZT*，其计算公式同式（2-4-65），式中的地方平时 *LMT* 是日出或日没时测者的地方平时，可由《航海天文历》查出的格林经线上的日出和日没的地方平时来代替，经差与式（2-4-66）相同。

在英版《航海天文历》中，格林经线上日出和日没的地方平时每 3 天给出一值，需要进行纬度内插。

在中版《航海天文历》中,格林经线上日出和日没的地方平时每天给出一值,需要进行纬度和经度内插,一般当纬度低于60°时,经度内差可以忽略不计。

例 2-4-36:2014 年 10 月 20 日,$ZT1530$,φ_c 36°54′.0N,λ_c 122°45′.0E,$CA002°$,$v=10'$,预求民用昏影终区时(准确到分钟)。

解:①按航向、航速求得 $ZT1800$ 的推算船位

φ_c　37 -19.0N

λ_c　122 -46.1E

②求 ZT

以 φ_c35°N 从航海天文历中查得民用昏影终	T_T	1745	20/10
纬度内插	ΔT_φ	-2	
民用昏影终地方平时	T	1743	20/10
经差(120°E -122°46′.1E)	$D\lambda^E$	-11	
民用昏影终区时	ZT	1732	20/10

2. 选择观测天体的注意事项

由于测星时间比较短,为了不错失测星时机,应预先做好一切可以提前做好的事情,包括利用索星卡选出在晨光昏影期间适宜观测的星体的大概高度和方位,以便到时有的放矢地观测,也就是"选星"。为提高观测船位的精度,选星应注意以下几点。

(1)选择较明亮的星体

主要是 1 等星和部分 2 等星。

(2)选择高度在 15° ~70°之间的星体

当天体高度低于 15°时,用表册查取的平均蒙气差代替实际蒙气差将产生不可忽视的误差。当天体高度高于 70°时,会产生不可忽略的船位线曲率误差。

(3)所选星体之间的方位分布要合适

两星定位,为减小系统和随机误差的影响,两星之间的方位差角应在 30° ~150°之间,综合考虑取 30° ~90°为好,最好趋近 90°。

三星定位,三条船位线往往不能相交一点而形成一个三角形,称为船位误差三角形。如果三条船位线只含有相同的随机误差,则观测船位在三角形之内,靠近"短边、大角"。如果三条船位线只含有相同的系统误差,消除了系统误差的船位有可能在三角形之内,也有可能在三角形之外。这与三星分布的范围有关,三星分布范围小于 180°,船位在三角形之外、中标船位线的外侧、旁切圆的圆心上;三星分布范围在 180°以上,船位在三角形之内、内切圆的圆心上。

综合考虑,所测三星方位分布的范围要在 180°以上,相邻两星体之间的方位差角趋近 120°最有利,因为这时不论按系统误差还是按随机误差处理,观测船位均在船位误差三角形之内。

(4)选择两组星,以备在观测时及时替代观测不到的星体。

3. 利用索星卡认星和选星

(1)"TS-74"型索星卡

每套国产"TS-74"型索星卡包括 2 块星图底板、13 片透明的地平坐标网片、1 本使用说明书和 1 个塑料外套。索星卡可供纬度介于 0° ~ 60°的测者选星和认星之用。

①星图底板

两块星图底板中，一块是以天北极为中心(标有字母 N)的星空图，如图 2-4-61 所示，供北纬测者使用，另一块是以天南极为中心(标有字母 S)的星空图，供南纬测者使用。星图底板上印有 60 余颗恒星，其中包括全部 1 等星 ◎，主要的 2 等星 ⊙ 和部分 3 等星 ○。因为月亮和 4 颗航用行星在天球上的位置变化较大，所以只能根据它们在观测当时的赤经、赤纬，由使用者临时标绘上去。

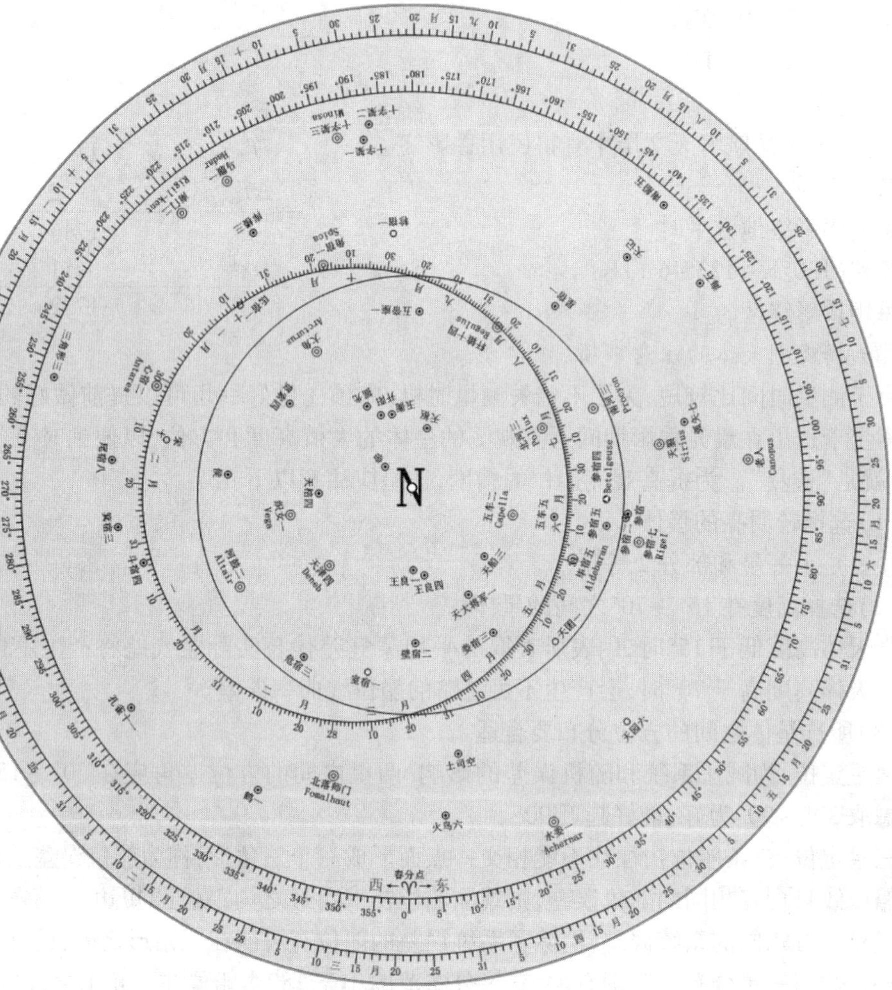

图 2-4-61 索星卡星图底板

星图底板上还印有天赤道(以 N 或 S 为中心的小圆)，其上相应的刻度，即平太阳日期标在底板的外圈，外圈内侧标有赤经，相当于春分点地方时角(方向不同)。

星图底板上还印有黄道(偏心小圆)，上面标有日期，表示太阳每天在天球上的大概位置。

②透明地平坐标网片

13 张透明地平坐标网片是分别按纬度 0°，5°，10°，…，60°绘制的一系列高度、方位曲线图网。地平坐标网的中心“+”表示测者天顶，如图 2-4-62 所示。每一张网片均是供北纬和南纬两用的，用于北纬时，将相应的纬度网片中 N 面朝上，套在北半球星图底板上。用于南纬时，将相应的纬度网片 S 面朝上，套在南半球星图底板上。

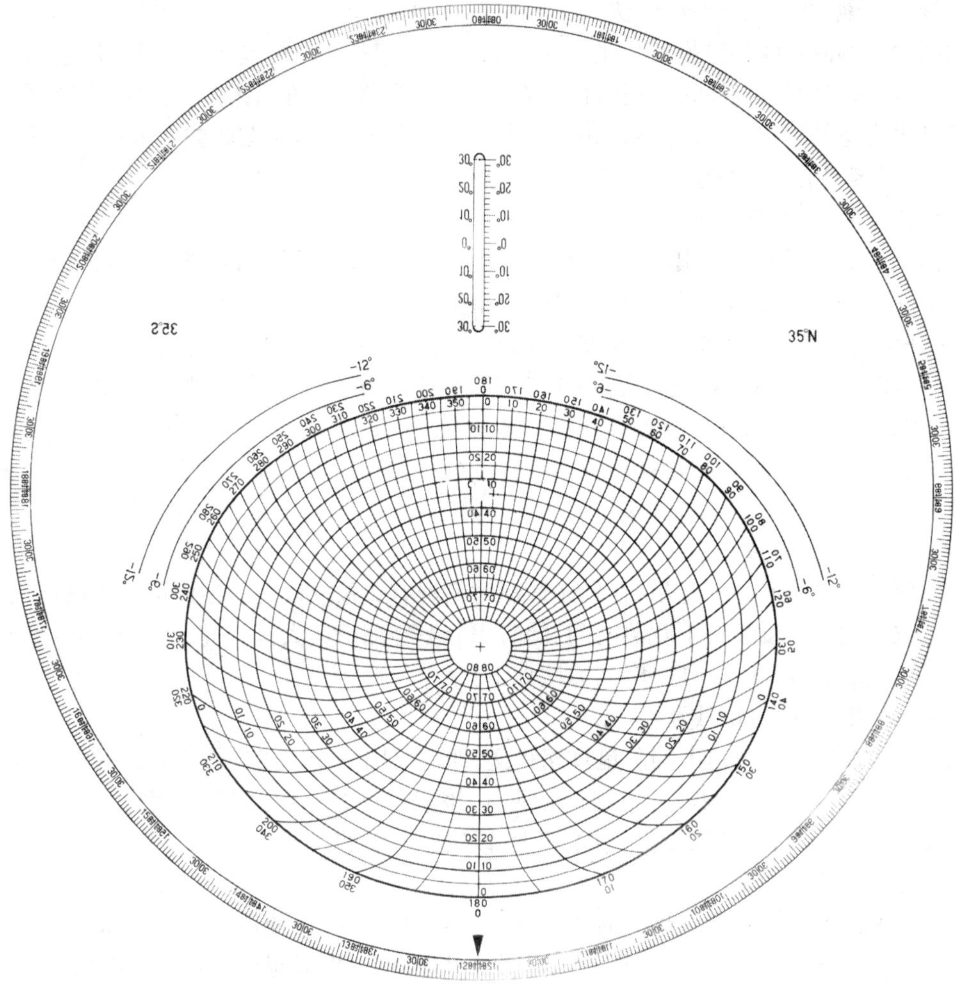

图 2-4-62　索星卡透明地平坐标网片

为使用方便，在网片上还印有 -6°和 -12°高度线，用于确定民用和航海晨光始或昏影终时的星空。

在网片的边缘上还印有地方平时的时间刻度。每一张透明网片上还开有中心线和赤道重合的长方形缺口，两侧标有南北 30°以内的赤纬刻度，用于标绘行星的位置。

(2)利用索星卡选星

为把握住测星时机，应提前将要观测的星体选择出来，这需要利用索星卡来完成，即在索星卡上确定观测时的星空，根据前述选星原则，选出一组星体，方法如下：

① -6°高度线法(-6°线法)

已知测星的良好时机是在民用晨光始或民用昏影终前后，该法就是确定此刻星空。根据测者纬度选择星图底板和相应的透明地平坐标网片，利用网片上的 -6°高度线与星图底板黄道上的测星日期相交，即得民用晨光始或昏影终时的星空。民用晨光始时测星，用东边的 -6°线与黄道上的测星日期相交；民用昏影终时测星，使用西边的 -6°线(从天顶“ + ”向天北极看去，左边是西 -6°线，右边是东 -6°线)与黄道上的测星日期相交。这时根据选测天体注意事项选出合适的一组星，并记下每颗星的大概高度和方位，届时按此数据可找到该星进行观测。

②春分点地方时角法（$LHA\ \Upsilon$法）

根据预求的测星时间求出相应的春分点地方时角 $LHA\ \Upsilon$，转动透明网片，使透明网片边缘上 12^h 的箭头对准底板外圈内侧的相应 $LHA\ \Upsilon$，即得测星时的星空。这时根据选测天体注意事项选出合适的一组星，并记下每颗星的大概高度和方位，届时按此数据可找到该星进行观测（英版索星卡只有此种方法）。

③地方平时法（LMT 法）

根据预求的测星时间求出相应的测者地方平时 LMT，在透明网片外圈找到该地方平时，使其对准底板外圈的观测日期，即得测星时的星空。这时根据选测天体注意事项选出合适的一组星，并记下每颗星的大概高度和方位，届时按此数据可找到该星进行观测。

如果观测行星，可从《航海天文历》中查得观测当时可见的行星，再根据观测时间从《航海天文历》中查得该行星的赤经和赤纬。转动透明网片使其边缘上 0^h 对准底板外圈内侧相应的赤经，根据赤纬在透明网片缺口处用专用笔将该行星标在星图底板上。这样就可用上述三种方法选星了。

（3）利用索星卡认星

有时航海人员没有事先选星，在晨光昏影时发现有 2 颗或以上的星体可供观测定位，这时可用六分仪观测其高度并记下观测时间，同时用分罗经测出其大概方位，然后利用索星卡辨认该星的星名，供查航海天文历时使用，方法如下：

①$-6°$高度线法（$-6°$线法）

利用$-6°$高度线与黄道上的测星日期相交，即得民用晨光始或昏影终时的星空，然后根据观测的高度 h 和方位 A 在网片上找到相应的点，该点附近的一颗星即是所测星体。如果测星时刻与民用晨光始或昏影终的时刻相差较大，该法有一定的误差。

②春分点地方时角法（$LHA\ \Upsilon$法）

根据观测时间求出春分点地方时角 $LHA\ \Upsilon$，转动透明网片，使透明网片边缘上 12^h的箭头对准底板外圈内侧的相应 $LHA\ \Upsilon$，即得测星时的星空，然后根据测得的 h 和 A 找到被测星体。

③地方平时法（LMT 法）

根据观测时间求出测者地方平时 LMT，在透明网片外圈找到该地方平时，使其对准底板外圈的观测日期，即得测星时的星空，然后根据所测得的 h 和 A 找到被测星体。

例 2-4-37：2014 年 10 月 20 日，ZT0533，φ_c35°50′.0N，λ_c121°44′.9E，观测两颗星：h_1 47°50′.1，罗经方位约 A_1 114°；h_2 37°10′.6，罗经方位约 A_2 195°，求该两星名称。

解：①求测星时的春分点地方时角：

ZT	0533	20/10
ZD	− 8	
GMT'	2133	19/10
$GHA\ \Upsilon'$	343 − 15.3	
$m.s$	8 − 16.4	
$GHA\ \Upsilon$	351 − 31.7	
λ_c	121 − 44.9E	
$LHA\ \Upsilon$	473 − 16.6 = 113 − 16.6	

②选择北星图底板和35°N透明片。将透明片外围的箭头指向底板内圈的113°处,利用高度和方位曲线可以查得这两颗星是轩辕十四和天狼星,如图2-4-63所示。

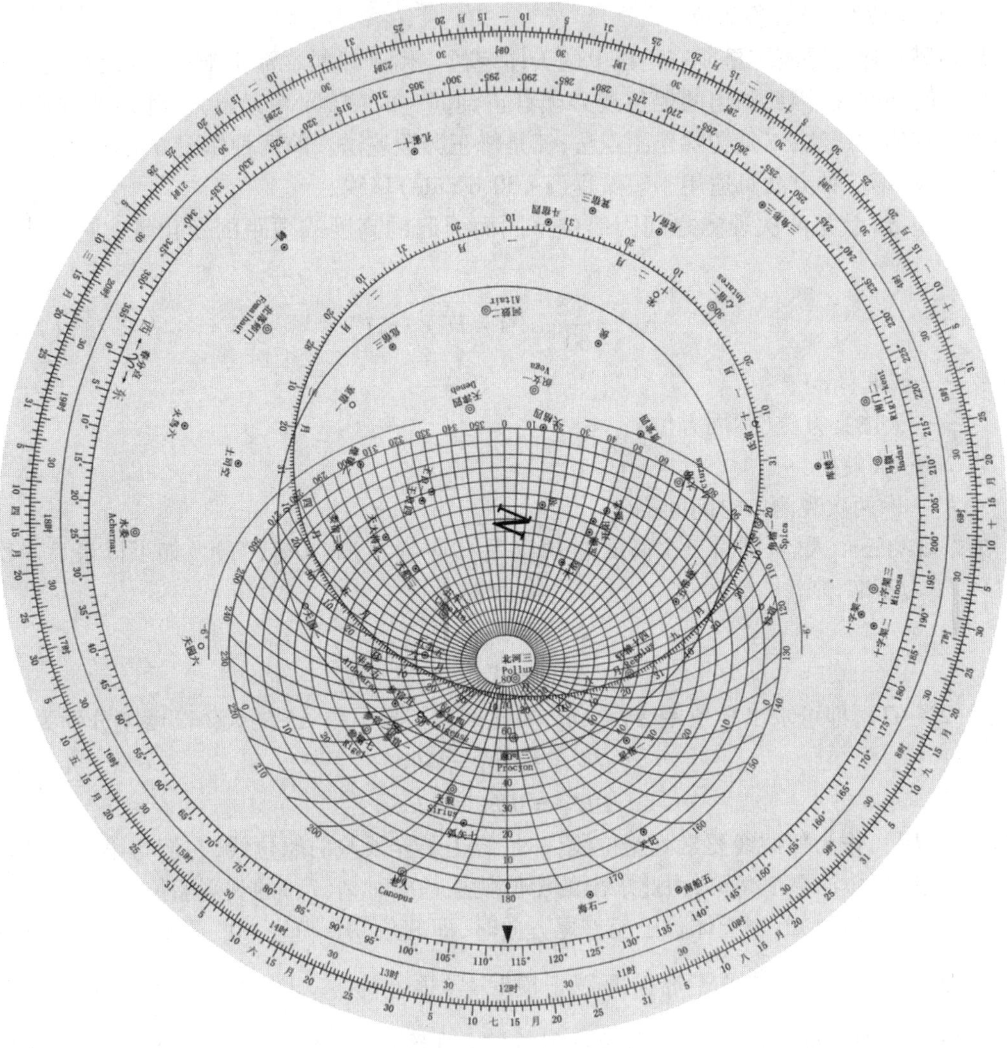

图2-4-63　例2-4-37认星图

4. 测星定位

(1)测前

①预求测星区时。

②选星。

③检查和校正六分仪。

(2)观测

①观测次序:一般应先测东方天空的星体。晨光先测较暗的星体,后测较亮的星体。

②让星体的中心与水天线相切。

③记下观测时间及相应的推算船位、观测高度、航向和航速。

(3)计算船位线要素

通过查取《航海天文历》和利用计算器求出各次观测的船位线要素。为加快计算速度，通常把所测的几颗星排在一起计算，一次翻表和计算完毕。

(4)画船位线，求观测船位

晨昏测星通常是测三星或三星以上的天体定位。由于船舶在海上航行，各次观测之间存在一定的时间间隔，因此画出的船位线必须订正到同一时刻(同一天顶)。处理的方法：一是常用的转移船位线法；二是转移作图点法；三是修正异顶差法。前两种作图方法适用于任意情况下的移线，第三种方法只适用于短航程($s<30$ n mile)移线。

异顶差 Δh 就是两次观测之间因船位不同而引起的高度或顶距的变化量。它可由下式求出：

$$\Delta h' = \frac{v}{60}\cos(A - TC)\cdot \Delta T^{m} \tag{2-4-67}$$

式中：v——航速(kn)；

A——天体真方位(圆周方位)；

TC——真航向；

ΔT^{m}——两次观测的时间间隔。

如果观测三个天体，则得三个高度差 $Dh_1(T_1)$，$Dh_2(T_2)$ 和 $Dh_3(T_3)$。如果以最后一次观测时刻 T_3 为基准，则

$$\begin{aligned}\Delta T_1 &= T_3 - T_1\\ \Delta T_2 &= T_3 - T_2\end{aligned} \tag{2-4-68}$$

代入式(2-4-67)，即可求出异顶差 Δh_1，Δh_2，因此修正了异顶差 Δh 的天体高度差分别为：

$$\begin{aligned}Dh'_1 &= Dh_1 + \Delta h_1\\ Dh'_2 &= Dh_2 + \Delta h_2\end{aligned} \tag{2-4-69}$$

以 Dh'_1 和 Dh'_2 作为船位线要素画船位线，即是修正了异顶差的船位线，它们与第三条船位线(Dh_3)构成一船位误差三角形，由此求出的船位就是基准时刻(T_3)的观测船位。

由式(2-4-67)可知：当天体位于船首尾方向时，即舷角$(A-TC)=0°$ 或 $180°$ 时，则异顶差 $\Delta h'=\frac{v}{60}\Delta T^{m}$ 为最大；天体位于船舶两舷正横时，异顶差为零。因此，只有当船舶航速较高($v>15$ kn)、观测时间间隔较长、天体又在船首尾方向附近时，才需进行异顶差的订正，否则可直接将船位当作平均观测时间的船位。

例 2-4-38：2014 年 10 月 21 日，ZT 0545，φ_c 35°17′.0N，λ_c 090°02′.0E，CA280°，$v=10'$，测得下列三星。

Polaris：CT' $11^{h}43^{m}07^{s}$，$WT20^{s}$，h_s35°40′.5；

Rigel：CT' $11^{h}44^{m}10^{s}$，$WT16^{s}$，h_s 34°42′.8；

Regulus：CT' $11^{h}45^{m}25^{s}$，$WT26^{s}$，h_s 49°35′.9。

$CE3^{s}$(慢)，e20.0 m，$(i+s)=-0'.8$，求 ZT0545 的观测船位。

解：

φ_c	35 - 17.0N	SMT		0545	21/10
λ_c	90 - 02.0E	ZD	-	06	
		GMT'		2345	20/10

ZT	11－43－07 20/10	CT'	11－44－10 20/10	CT'	11－45－25 20/10
WT	－ 20	WT	－ 16	WT	－ 26
CE	＋ 3	CE	＋ 3	CE	＋ 3
GMT	23－42－50 20/10	GMT	23－43－57 20/10	GMT	23－45－02 20/10
$GHA♈'$	014－19.4	$GHA♈'$	014－19.4	$GHA♈'$	014－19.4
$m.s$	10－44.3	$m.s$	11－01.1	$m.s$	11－17.3
$GHA♈$	025－03.7	$GHA♈$	025－20.5	$GHA♈$	026－36.7
λ_c^E	090－02.0	SHA	281－11.0	SHA	207－42.7
$LHA♈$	115－05.7	λ_c^E	090－02.0	λ_c^E	090－02.0
		LHA	036－33.5	LHA	323－21.4
					36－38.6E
		Dec	08－11.1S	Dec	11－53.6N

$$h_c = \arcsin(\sin\varphi_c \sin Dec + \cos\varphi_c \cos Dec \cos LHA)$$

$$A_c = \arccos\left(\frac{\sin Dec}{\cos\varphi_c \cos h_c} - \tan\varphi_c \tan h_c\right)$$

		h_c	34－31.6	h_c	49－27.6
		A_c	225°.7	A_c	116°.0

h_s	35－40.5	h_s	34－42.8	h_s	49－35.9
$i+s$	－ 0.8	$i+s$	－ 0.8	$i+s$	－ 0.8
d	－ 7.9	d	－ 7.9	d	－ 7.9
c	－ 1.3	c	－ 1.4	c	－ 0.8
h_t	35－30.5	h_t	34－32.7	h_t	49－26.4
－	01－00.0	h_c	34－31.6	h_c	49－27.6
a_0	46.9	Dh	＋ 1.1	Dh	－ 1.2
a_1	0.5				
a_2	0.3				
φ_o	35－18.2 N				

经作图得到 ZT0545 的观测船位为 φ_o 35°17′.7N，λ_o 090°00′.2E，如图 2-4-64 所示。

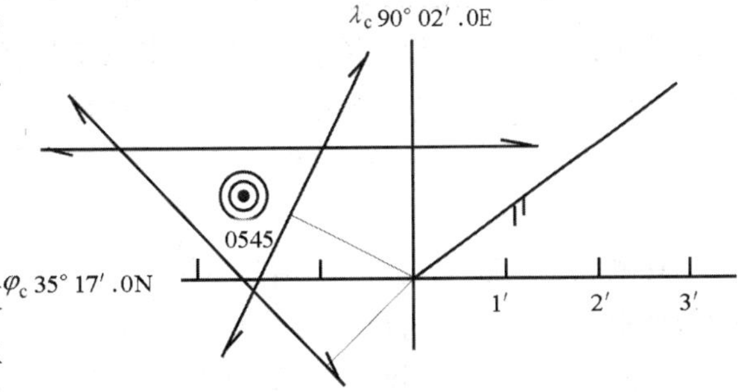

图 2-4-64　例 2-4-38 定位图示

三、天文船位误差

影响天文船位误差的主要因素是天文观测误差，在航海观测中，六分仪是航海上最经典和观测难度最大的观测仪器，它的操作必须要经过大量的实践，在不断地总结观测经验的基础上才能提高观测水平，因此，通常将其作为衡量航海人员素质能力的标准之一。

为提高观测精度，要求测者熟悉六分仪，正确检查调整和校正其误差，熟练掌握观测方法，正规观测等等。对于观测熟练的测者，其观测精度可以达到 ±1′.0。这是航海实践最基本的要求，否则，讨论天文船位误差将失去意义。

1. 天文船位线误差

天文船位线的误差包括系统误差和随机误差。

(1)系统误差 ε

①高度差法原理上的误差

高度差法原理上的误差是指方法本身所产生的误差，包括以下三项：

a. 船位线的方向误差：在墨卡托海图上用恒向线直线代替天体的大圆方位线所产生的误差；

b. 船位线的曲率误差：在墨卡托海图上用恒向线直线代替船位圆曲线所产生的误差；

c. 截点距离误差：由恒向线方位线代替大圆方位线截取截点而产生的截点距离误差。

上述误差在一般情况（中纬海区）下均可忽略。只有在高纬海区、天体高度较高、截距较大、天体接近东西方向时才考虑修正上述项误差。

② 蒙气差的误差 $\Delta\rho$

蒙气差的计算公式是经验公式，因此利用公式计算出的蒙气差与实际蒙气差会产生一定的误差，并与气温、气压有关。当天体的高度低于 15°时会产生不可忽略的误差。当天体的高度大于 15°并小于 30°时，蒙气差的误差 $\Delta\rho$ 约为 0′.2。当天体的高度大于 30°时，$\Delta\rho$ 小于 0′.1。为减小 $\Delta\rho$ 的影响，应观测高度大于 15°的天体，最好观测高度大于 30°的天体，此时蒙气差的误差可忽略不计。

③实际眼高差与表列眼高差不一致而产生的误差 Δd

眼高差的计算公式 $d=1.758\sqrt{e}$ 是经验公式，该公式是在平均大气状态下导出的，因此用它来代替实际眼高差会产生一定的误差 Δd，该误差属于未定系统误差，并与折光差、气温、水温有关。在大洋中，该误差可忽略不计；在沿海、海湾特别是气温与水温的温差相差很大时，可产生不可忽略的误差。这就是为什么沿海天文定位不准确的原因所在。

另外，观测时间的误差在最不利的情况下，每秒钟会产生 0′.25 的误差。作图误差因人而异。

综上所述，只要正确调整和校正六分仪误差、熟练掌握观测方法、正规观测等等，天文船位线的系统误差基本可以消除，但是实际眼高差与表列眼高差不一致而产生的误差，航海人员无法直接消除，在大洋中可忽略不计，但是在沿海、海湾，该误差是产生较大天文船位线系统误差的主要原因，属于未定系统误差 ε。

(2)随机误差 σ

观测高度的随机误差 σ_{h_t} 由各种因素综合影响所致，如观测时的海况、避风状况、水天线的清晰程度以及测者的观测水平等等。据资料分析，在中纬海区，对一个有经验的测者来说，白昼观测太阳的单一观测标准差约为 ±0′.7，晨昏测星约为 ±1′.2，平均单一观测标准差约为 ±1′.0。

计算高度的随机误差 σ_{h_c} 主要包括对计算结果进行“四舍五入”时所产生的凑整误差。每次凑整后所产生的最大凑整误差 α 等于近似数末位的 ±0.5 单位，即 α = ±0.5(末位)。经推

证可得到最大凑整误差 α 是凑整标准差 $\sigma_{凑}$ 的 $\sqrt{3}$ 倍，即

$$\sigma_{凑} = \pm \frac{\alpha}{\sqrt{3}} = \pm \frac{0.5(\text{末位})}{\sqrt{3}} = \pm 0.29(\text{末位}) \approx \pm 0.3(\text{末位}) \tag{2-4-70}$$

航海天文历中的格林时角和赤纬均保留分的小数点后一位，其最大凑整误差 $\alpha = 0'.05$，则凑整标准差为

$$\sigma_{凑} = \pm \frac{0'.05}{\sqrt{3}} \approx \pm 0'.03$$

由于天文定位要求准确到 $0'.1$，从上述计算结果可见，格林时角和赤纬保留分的小数点后一位所产生的凑整标准差为 $\pm 0'.03$，所以该项误差可忽略不计。

由误差传播定律得随机误差为：

$$\sigma = \pm \sqrt{\sigma_{h_t}^2 + \sigma_{h_c}^2} \tag{2-4-71}$$

(3)天文船位线误差的几何形式

由船位误差理论可知，可以用位置线梯度来表征观测误差与船位线误差之间的大小和方向的关系。如图 2-4-65 所示，以天体地理位置 b 为圆心，天体真顶距 $Z = 90° - h_t$ 为半径得到天文位置线 Ⅰ(Z)，利用高度差法绘出其切线即船位线为 Ⅰ(Dh)，如果观测高度含有误差 Δh(改正量)，则使位置线由 Ⅰ - Ⅰ 移动到 Ⅱ - Ⅱ。因此，由观测值的增量 Δh，引起位置线的位移量为 $kk' = \Delta h$。即：

观测值增量 $\Delta u = \Delta h$；天文位置线位移量 $\Delta n = \Delta h$。天文位置线的梯度模为：

$$g = \frac{\Delta u}{\Delta n} = \frac{\Delta h}{\Delta h} = 1, \quad \tau = \text{天体的计算方位 } A_c \tag{2-4-72}$$

位置线梯度的方向 τ 是指向由于观测值增加而引起位置线移动的方向。当天体观测高度增加 Δh 时，天文船位圆半径减小相应值，位置线由 Ⅰ - Ⅰ 移动到 Ⅱ - Ⅱ，所以天文位置线梯度的方向指向天体地理位置 b(或天体)的方向。

船位线误差与观测误差的关系可以用位置线梯度来描述，由式(2-4-72)得 $\Delta n = \frac{\Delta u}{g} = \Delta u$。观测值增量就是观测误差，即 Δu = 观测误差(随机误差 σ 或系统误差 ε)；位置线位移量就是船位线误差，即 $\Delta n = E$ 船位线误差。

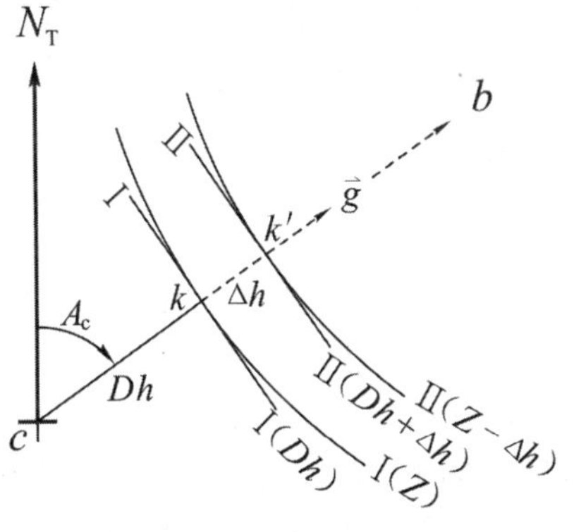

图 2-4-65 天文位置线梯度

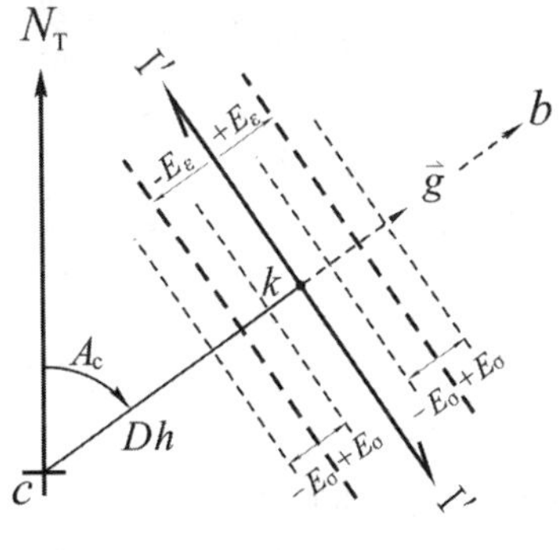

图 2-4-66 天文船位线误差

船位线系统误差 $E_\varepsilon = \varepsilon$(改正量)，符号为“+”或“-”，其梯度方向指向天体地理位置 b；船位线随机误差 $E_\sigma = \pm \sigma$，其表现形式为船位误差带 $\pm E_\sigma$，如图 2-4-66 所示。

2. 两天体定位及其船位误差

同时观测两天体，可得到两条天文船位线，其交点即是观测船位。由于两条船位线均含有误差，得到的观测船位也必定含有误差。因此，航海人员应尽量减小观测误差对观测船位的影响，同时正确分析所测船位误差的分布，做到"心中有数"，必要时，采取有利措施，保证船舶航行安全。

在航海实践中，通常是同一测者用同一架六分仪在相同条件下观测两颗恒星，两条船位线可以认为是等精度的。下面讨论在等精度条件下，船位误差的处理。

(1)两天文船位线定位船位系统误差

由船位误差理论可知，两条等精度船位线定位，且船位线系统误差的符号相同(简称同号系统误差)，由同号船位线系统误差引起的船位系统误差 δ 为

$$\delta = \frac{1}{\sin\theta}\sqrt{E_{\varepsilon_1}^2 + E_{\varepsilon_2}^2 - 2E_{\varepsilon_1}E_{\varepsilon_2}\cos\theta} \tag{2-4-73}$$

从上式可见，当船位线系统误差 E 一定时，两船位线交角 $\theta < 90°$，船位系统误差 δ 较小。

如果两条天文船位线系统误差相等，即 $E_{\varepsilon_1} = E_{\varepsilon_2} = E_\varepsilon$，则

$$\delta = E_\varepsilon \sec\frac{A_2 - A_1}{2} = E_\varepsilon \sec\frac{\Delta A}{2}$$

A_1 和 A_2 分别为两天体的计算方位，$\Delta A = A_2 - A_1$ 为两天体的方位差角，由图 2-4-67 可见，消除了系统误差的船位位于过两船位线的交点 p 所做的两天体平均方位 $\left(A_m = \frac{A_1 + A_2}{2}\right)$ 线上(图 2-4-67 中的Ⅲ－Ⅲ)。平均方位(A_m)线就是两天体方位差角(ΔA)的角平分线。

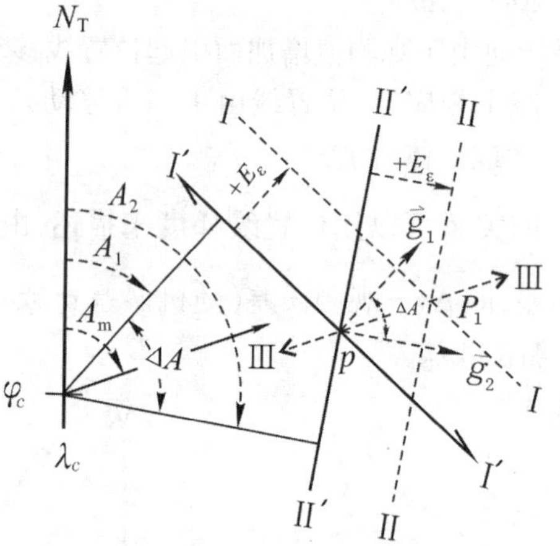

图 2-4-67　两天文船位线定位船位系统误差

综上所述，两条天文船位线定位，在等精度条件下，只考虑系统误差的影响：

① 观测条件一定时，两天体的方位差角 ΔA 小于 90°为好；

②消除了系统误差的船位位于过两船位线的交点 p 所做的两天体的平均方位线上，当两船位线系统误差 E_ε 同为" + "时，船位在平均方位的方向上；E_ε 同为" − "时，船位在平均方位的反方向上。过两船位线的交点 p 所做的两天体的平均方位线可以认为是一条消除了系统误差的船位线。

(2)两天文船位线定位船位随机误差

由船位误差理论可知，两条等精度船位线定位，船位随机误差可以用等精度标准差椭圆描述。$\pm E_\sigma$ 为船位线的随机误差，θ 为两船位线的交角，则等精度标准误差椭圆的长短半轴为：

$$a = \frac{\pm E_\sigma}{\sqrt{2}\sin\dfrac{\theta}{2}},\quad b = \frac{\pm E_\sigma}{\sqrt{2}\cos\dfrac{\theta}{2}},\quad \alpha = \frac{\theta}{2}$$

在等精度条件下，当 $\theta < 90°$时，a 为长轴，b 为短轴；$\theta > 90°$时相反，即 a、b 互为长短半轴，也就是说误差椭圆长半轴总是位于两船位线交角的锐角角平分线上（$\alpha = \dfrac{\theta}{2}$）。因此，在表述两条船位线定位船位误差椭圆几何图形时，θ 总是取两条船位线交角的锐角，这一点要引起足够的重视。当两天体的方位差角 ΔA 小于 90°时，长轴平行于 $A_m \pm 90°$的方向，当 ΔA 大于 90°时，长轴平行于 A_m 的方向。见图 2-4-68。

由于船位误差椭圆是等概率密度曲线，所以其能直观地描述出船位随机误差分布的方向，即在长轴方向上船位随机误差大，短轴方向上船位随机误差小。

已知误差椭圆面积为 $S = \dfrac{\pi E_\sigma^2}{\sin\Delta A}$，当真实船位落在误差椭圆内的概率一定时，椭圆的面积越小，则说明船位的精度越高。从误差椭圆面积的公式可见，在概率一定的前提下，ΔA 趋近 90°时，误差椭圆的面积最小，则船位精度最高。当 $\Delta A < 30°$或 $\Delta A > 150°$时，船位误差几何图形的面积急剧增大，即船位精度急剧下降。因此，两天体定位只考虑随机误差的影响，两天体的方位差角应在 30° ~ 150°之间，趋近 90°最好。

(3) 两天文船位线定位的观测注意事项及船位误差综合分析

综上所述，两天文船位线定位，船位误差与天文船位线的误差（观测误差）和两天体的方位差角 ΔA 有关。

①提高观测船位精度的观测注意事项

a. 提高观测精度：熟悉六分仪，正确调整测定和校正其误差，熟练掌握观测方法，正规观测等等，须经大量实践，并积累经验；

b. 尽量缩短连续两次观测的时间间隔：熟练掌握观测方法，提高观测速度；

c. 综合考虑：选测两天体方位差角的取值范围在 30° ~ 150°之间，取 30° ~ 90°为好，最好趋近 90°；

②正确分析观测船位误差的注意事项（见图 2-4-68）

a. 过两船位线的交点 p 所做的两天体平均方位线（方位差角的角平分线）既是消除了系统误差的船位线，亦是船位系统误差的方向；

b. 过两船位线的交点 p 所做的两条船位线交角的锐角角平分线方向上船位随机误差大；

c. 当两天体的方位差角 ΔA 小于 90°时，消除了系统误差船位的方向（平均 A_m 的方向）与船位随机误差大的方向（误差椭圆长轴方向）相互垂直；

d. 当两天体的方位差角 ΔA 大于 90°时，消除了系统误差船位的方向与船位随机误差大的方向为同一方向（两条船位线交角的锐角角平分线方向），船位线系统误差和随机误差引起的船位误差在该方向上产生叠加，航海人员要更加关注该方向的碍航物。

3. 三天体定位及其船位误差

同时观测三个天体（三颗恒星），可以得到三条天文船位线，由于存在误差，使得三条船位

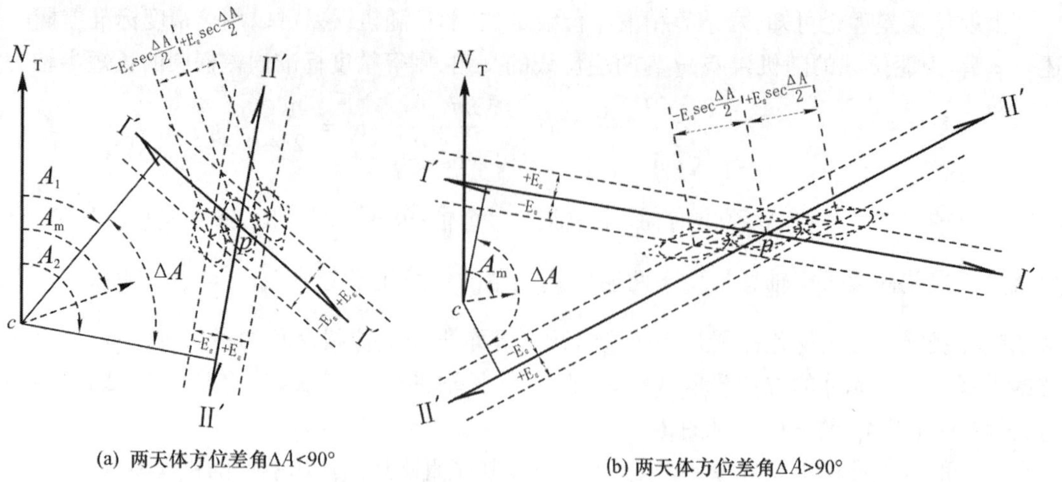

图 2-4-68　两条天文船位线定位船位误差示意图

线不可能相交于一点，而形成一个三角形，称为船位误差三角形。这就产生了根据该三角形如何确定观测船位和估计船位误差的问题。

(1)三天体定位船位系统误差三角形的处理

如果三条船位线均只含有相同的系统误差，这时构成的船位误差三角形称船位系统误差三角形(通常该误差三角形较大)。由两条船位线定位可知，过三角形的三个顶点(每两条船位线的交点)，分别可作三条平均方位线(两天体方位差角的角平分线)，每条平均方位线都可以看成是一条消除了系统误差的船位线，三条平均方位线的交点即是消除了系统误差的观测船位。这就是说，航海人员不必知道船位线系统误差的大小，就可将其抵消掉，而天文船位线的系统误差主要是未定系统误差，从这意义上讲，也应尽量观测三天体定位。

下面分别讨论三天体分布的范围大于 180°和小于 180°两种情况下如何确定消除了系统误差的观测船位。

①三天体分布范围大于 180°，船位系统误差三角形的处理方法

当三天体分布范围大于 180°时，过船位误差三角形的三个顶点可以分别做出三条“平均方位线(两天体方位差角的角平分线)”，其交点 p 即是消除了系统误差的船位，该点位于船位系统误差三角形内切圆的圆心上，见图 2-4-69(a)(图中由消除了系统误差的船位 p 判定船位线系统误差为“+”)。在航海实践中，可以利用圆规按上述规则直接确定消除了系统误差的船位。

②三天体分布范围小于 180°，船位系统误差三角形的处理方法

当三天体分布范围小于 180°时，过船位误差三角形的三个顶点可以分别做出三条“平均方位线(两天体方位差角的角平分线)”，其交点 p 即是消除了系统误差的船位，该点位于船位系统误差三角形之外，中标(中间物标)船位线的外侧，旁切圆的圆心上，见图 2-4-69(b)(图中由消除了系统误差的船位 p 判定船位线系统误差为“+”)。在航海实践中，可以利用圆规按上述规则直接确定消除了系统误差的船位。

(2)三天体定位船位随机误差三角形的处理

如果三条船位线均只含有相同的随机误差，这时构成的船位误差三角形称船位随机误差三角形(通常该三角形较小)。

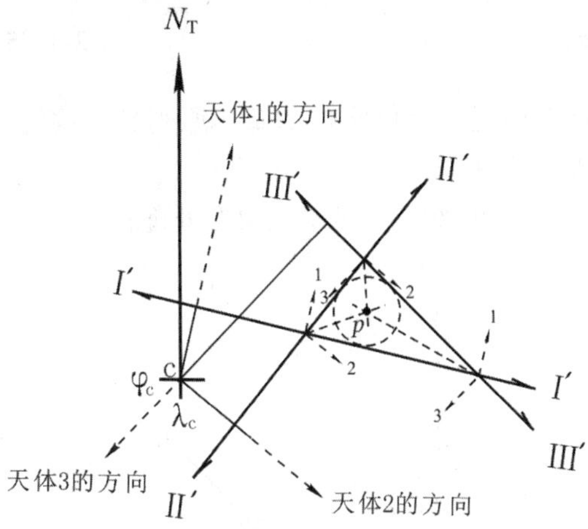

(a)三天体分布的范围大于180°

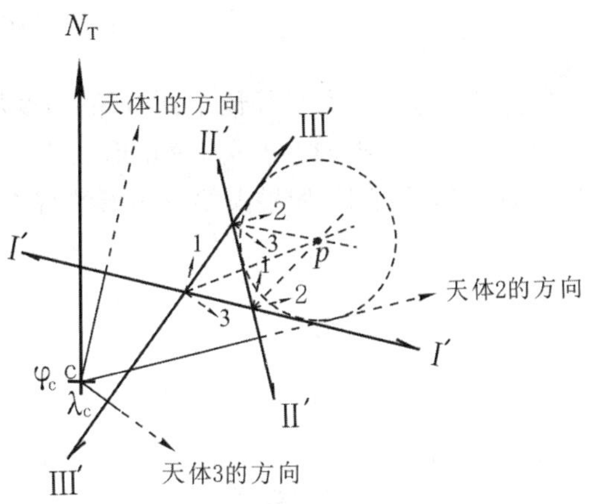

(b)三天体分布的范围小于180°

图 2-4-69 天文船位系统误差三角形的处理

① 三条等精度天文船位线求最概率船位

船位误差理论已经证明,三条等精度天文船位线定位,无论三天体如何分布,最概率船位一定位于船位误差三角形之内,而且距各边的距离与相应边长成比例。

$$d_1 : d_2 : d_3 = a : b : c$$

这就是边距比例法。在实际工作中,由于随机误差三角形较小,没有必要一定按上述比例关系求最概率船位,根据边距比例法的原则总结出用目视法在三角形内直接点出最概率船位的规则是:最概率船位在三角形之内“靠近短边、大角”。如图 2-4-70 所示。

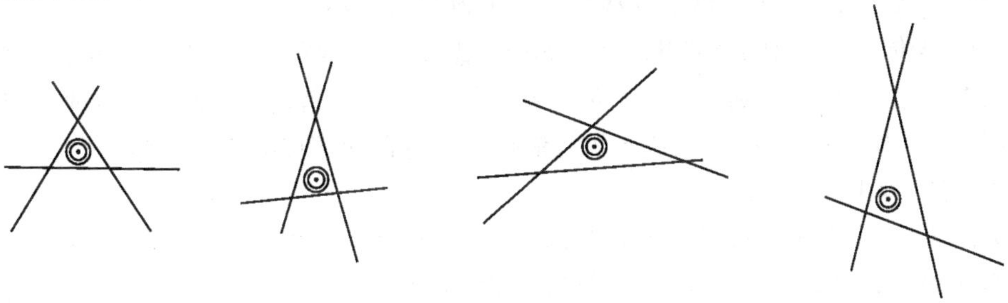

图 2-4-70 目视方法确定最概率船位

另外,最概率船位也可以用作图的方法求出,三条反中线(以三角形内角角平分线为对称轴,与中线对称的线)的交点即是最概率船位,还可以用解析法求出。

②三条等精度天文船位线定位最概率船位的误差

由误差存在的必然性可知,三天体定位求得的最概率船位也必然存在误差,描述该误差的误差圆的半径为:

$$M = \frac{\sqrt{3}E_\sigma}{\sqrt{\sin^2\theta_{2,3} + \sin^2\theta_{1,3} + \sin^2\theta_{1,2}}} \tag{2-4-74}$$

$\theta_{2,3}$、$\theta_{1,3}$、$\theta_{1,2}$分别为每两条船位线夹角(方位差角)。从上式可见,在船位线误差一定时,当三天体分布范围小于 180°(分布在同一侧),相邻两天体的方位差角趋近 60°最好;当三天体分布范围大于 180°(分布在 360°范围),相邻天体的方位差角趋近 120°最好,即三天体均匀分布,则

$$M = \frac{2}{\sqrt{3}}E_{\sigma} \qquad (2\text{-}4\text{-}75)$$

这时船位误差圆半径最小,即观测精度最高,这与前述三天体定位的基本原则是一致的。

(3)三天体定位船位误差三角形的综合处理(见图 2-4-71)

① 一般情况下,如果误差三角形的每边小于 2′～3′,可按随机误差三角形处理;

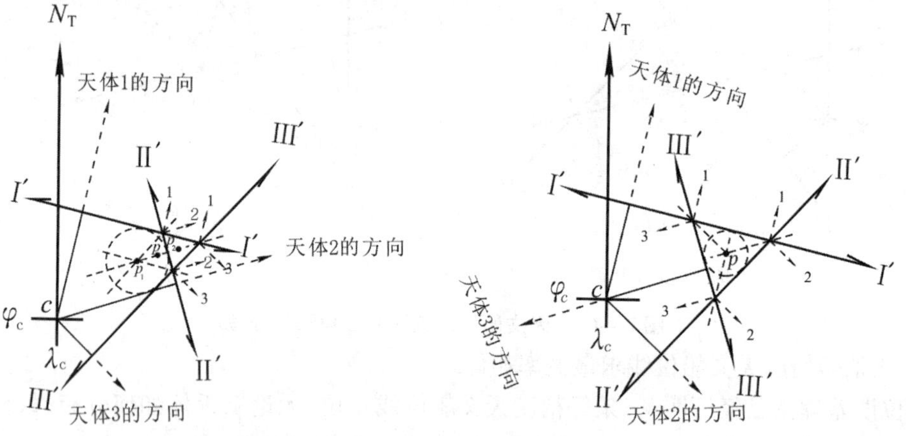

(a)相邻两天体的方位差角趋近60°　　(b)相邻两天体的方位差角趋近120°

图 2-4-71　船位误差三角形的综合处理

② 如果船位误差三角形较大,三天体分布的范围又在 180°以内,如图 2-4-71(a)所示,按系统误差三角形处理,观测船位在误差三角形之外 p_1 处,按随机误差三角形处理,观测船位在三角形之内 p_2 处,这时可取这两点连线的中点为观测船位 p;

③ 当三天体分布范围在 180°以上时,无论按系统误差还是按随机误差处理,观测船位均在船位误差三角形之内,特别是当三天体相互之间的方位差角均为 120°时,两种处理方法的结果是同一点(内切圆的圆心 p),该点的可信赖程度最高,如图 2-4-71(b)所示。

综上所述,得出如下结论:

三天体定位,应观测分布范围在 180°以上的三个天体,以相邻两天体之间的方位差角趋近 120°为最好。这就是三天体定位要遵循的基本原则之一。另外,在图 2-4-71 中,由消除了系统误差的船位 p,可以判定三条船位线的系统误差均为“－”。

注意:在航海实践中,航海人员在海图上只画出前述定位图中的实线部分,其他内容是航海人员应熟记的,在定位后,根据熟记的内容,对观测船位 p 的误差有一个正确的判断,做到心中有数。如有必要,根据当时的航行状况,做适当的航行调整,使船舶始终安全、经济地航行。

第七节　天文航海发展趋势

天文航海作为一种古老的航海技术,在人类航海活动中一直占据着相当重要的地位,但是近年来随着卫星定位技术的发展,天文航海越来越被忽视,船员对天文航海的应用越来越少,甚至在国际航运界出现了取消天文航海作为高级船员适任能力要求的呼声。天文航海究竟何去何从,值得我们深思。

一、STCW 公约对天文航海的要求

一直以来,STCW 公约对高级船员的适任能力要求里,都有对天文航海的要求,这种情况在我国船员适任证书考试被完全体现,高级船员在参加管理级考试中均有天文航海相关知识的内容,在船员评估考试中,也有涉及天文航海的相关内容。但在航海实际中,由于卫星导航具有简单、方便、准确的特点,天文航海逐步被人忽视,很多船员甚至不太会使用天文航海方法了,因此国际上也出现了要求取消天文航海的呼声。

针对一些国家提出的上述看法,在国际海事组织(IMO)船员培训和值班标准分委会(STW)会议上,多数国家表示反对这种看法,但对天文航海适任能力应进行简化的看法被大多数国家接受。

在 2009 年 STW 第 40 次会议上,美国的提案(STW 40/7/20)提出,所有航海人员必须保持天文航海的适任能力以应对 GPS 失效后的情况。该提案反对将天文航海完全从适任表格中删除,认为应将天文航海知识降到最基本的要求,即保留测太阳移线及恒星定位和测天体方位求罗经差的要求。中国的提案(STW 40/7/48)不同意简单地删除天文航海适任要求的做法,建议在充分考虑现代航海技术发展及天文航海的计算手段的改进情况,保留天文航海中利用太阳和恒星定位的适任要求,并提出天文航海计算软件化的建议。

STW 第 40 次会议经审议,决定根据美国和中国的提案,简化关于天文航海的适任能力要求,并相应修改了规则 B 部分的第 B-11/1 节,我国提案建议的将天文航海计算软件化的手段,被置于相应章节的 B 部分。

二、天文航海计算软件化

天文航海计算软件的应用与发展,也经历过几十年的发展过程,最早的天文计算机一般都采用专用机,完成简单的坐标转化、高度改正等功能,后来随着计算机技术的发展和天文历计算数学模型精度的提高,为长期电子航海天文历的计算提供了可能,出现了许多天文航海计算的 PC 机程序。这些程序在功能、使用方法等方面也不尽相同,各种程序之间主要在程序界面、计算精度、软件功能上各有不同,但目前好的天文计算软件大都包含以下几个计算模块:

①时间计算模块,用于确定测量时的世界时。

②天体位置计算模块,用于计算天体的赤道坐标。

③坐标转换模块,将天体赤道坐标转换为地平坐标。

④高度改正模块,完成六分仪读数到天体真高度的改正。

⑤定位模块,完成从位置线到船位的计算。

⑥天测罗经差模块,解决天体真方位计算并求取罗经差。

⑦作图模块,完成定位的可视化。

⑧星图显示模块,用于认星和选星。

三、DMU Celestial Navigator 软件简介

大连海事大学研制的天文航海计算软件 DMU Celestial Navigator 是针对 PC 机开发的通用软件,实现了天文航海的所用功能。其主要技术指标如下:

(1)电子航海天文历实现高精度航用天体的天体位置计算

太阳、月亮和金星、木星、火星、土星4颗行星及57颗航用恒星的位置精度能保证在未来4 000年间达到角秒级电子天文历如图2-4-72所示。

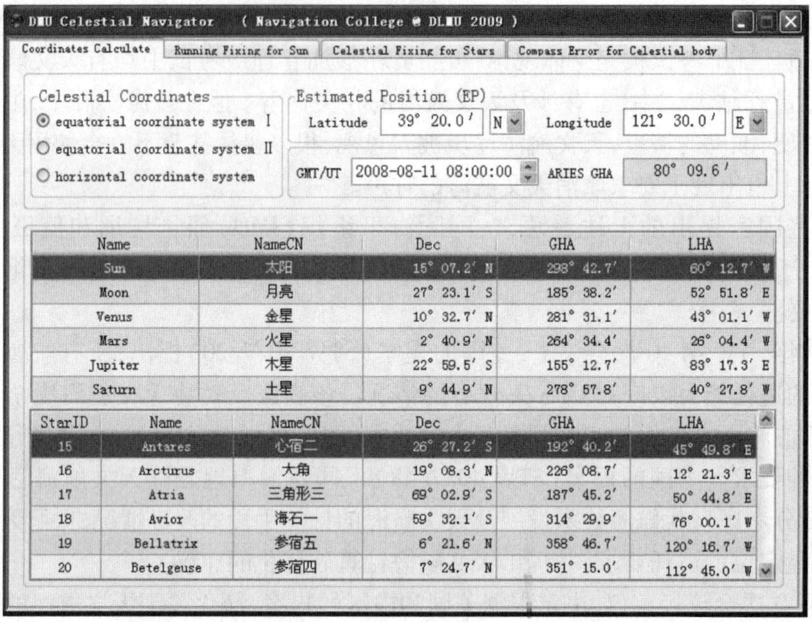

图2-4-72　电子天文历

(2)太阳移线定位的天文船位线及天文船位计算

按需输入推算船位(EP)的纬度、经度、眼高(d)、测天世界时(GMT/UT),经过六分仪指标差器差($i+s$)修正后的天体高度,实时计算绘制太阳船位线需要的高度差(intercept)、计算方位(A),计算太阳移线定位的天文船位(RF),绘制太阳移线定位示意图。

(3)航用行星、恒星的多星定位天文船位线及天文船位计算

按需输入推算船位(EP)的纬度、经度、眼高(d)、测天世界时(GMT/UT),经过六分仪指标差器差($i+s$)修正后的天体高度,实时计算绘制航用行星、恒星船位线需要的高度差(intercept)、计算方位(A),计算航用行星、恒星多星定位的天文船位(AF)。多星定位如图2-4-73所示。

(4)认星及选星

绘制航用行星、恒星多星定位示意图。实时真地平平面天球图索星、选星及相关航用行星、恒星的高度方位计算和显示,如图2-4-74所示。

(5)天测罗经差

利用太阳真出没、太阳低高度及航用行星、恒星做天测罗经差的相关计算。

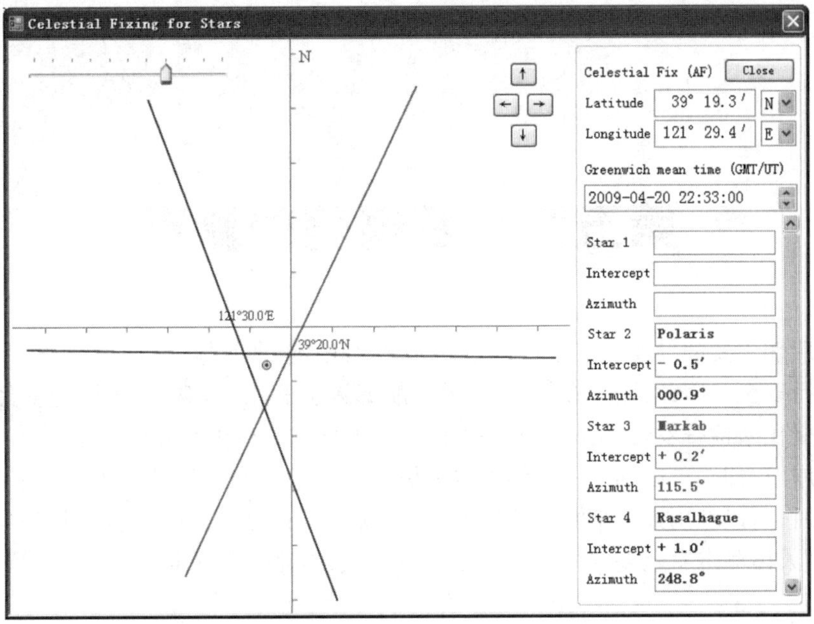

图 2-4-73 多星定位

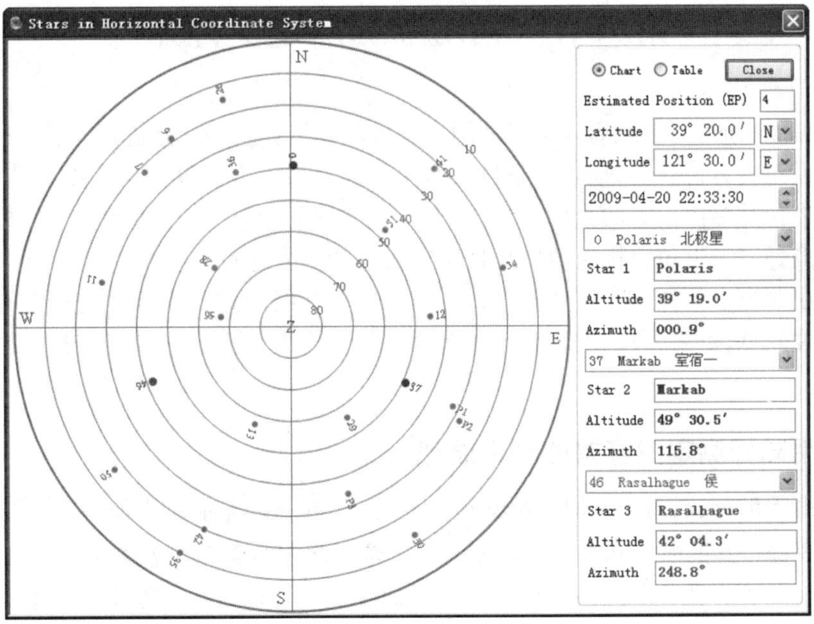

图 2-4-74 认星与选星

第五章　罗经差的测定

罗经是船舶主要的导航仪器之一，罗经工作是否稳定，即其指示向位误差的大小直接关系到船舶的航行安全。因此，船舶在航行中，要求航海人员利用一切机会来测定罗经差，通过观察罗经差的变化来检查罗经工作是否正常，同时对航向和方位做必要的修正。

船舶近岸航行时，可以利用专设的方位叠标或自然叠标来测定罗经差。当船舶航行在开阔的海面上时，可以利用天体来测定罗经差。本章将介绍在海上利用陆标测定罗经差的原理和方法，利用天体测定罗经差的原理和方法，以及基于准确船位测定罗经差的方法。

第一节　利用陆标测定罗经差

船舶沿岸航行时，要求航海人员应利用一切可能的机会观测陆标进行罗经差的测定，陆标可以是人工设定的方位叠标，也可以是自然方位叠标。人工方位叠标通常设在港口附近和狭水道地区。方位叠标由前后两个标志组成，离船近的称为前标，离船远的称为后标，两标志的连线为方位叠标线。方位叠标灵敏度是指船上测者能够发现前后叠标标志错开时，船舶偏离叠标线的最小距离。例如，船舶在海上航行，当驶离叠标线较远时叠标才呈现错开现象，这种叠标的灵敏度较低；反之，灵敏度较高。在航海实际工作中，应选择灵敏度较高的叠标测定罗经差。

一、利用陆标测定罗经差的基本原理

船舶在海上航行，航海人员时刻要知道由真北 N_T 起算的船舶的真航向 TC 和物标的真方位 TB，而由罗经得到的航向和方位是由罗北 N_C（陀罗北 N_G）起算的船舶的罗航向 CC（陀罗航向 GC）和物标的罗方位 CB（陀罗方位 GB）。从海图上还可以得到由磁北 N_M 起算的船舶的磁航向 MC 和物标的磁方位 MB。上述航向和方位是船首线 CL 和物标方位线分别与真北 N_T、罗北 N_C（陀罗北 N_G）和磁北 N_M 之间的夹角，如图 2-5-1 所示。

真北与罗北之间的夹角称为罗经差，$\Delta C = TB - CB = TC - CC$。

真北与陀罗北之间的夹角称为陀罗差，$\Delta G = TB - GB = TC - GC$。

真北与磁北之间的夹角称为磁差，$Var = TB - MB = TC - MC$。

磁北与罗北之间的夹角称为自差，$Dev = MB - CB = MC - CC$。

由上可得，$\Delta C = Var + Dev$。

航海上求罗经差的基本公式为：

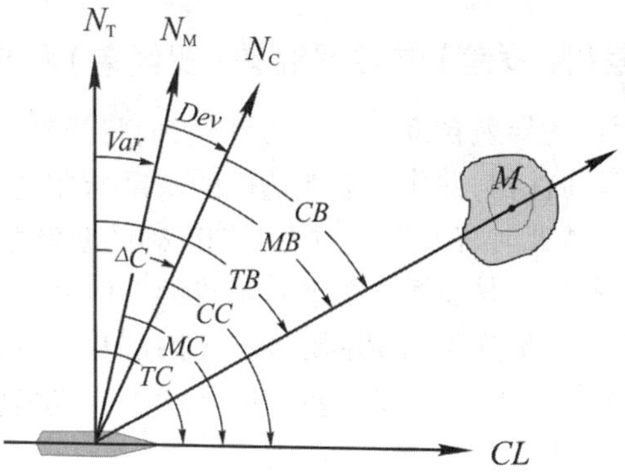

图 2-5-1　罗经差、磁差、自差示意图

$$\Delta C(\Delta G) = TB - CB(GB) \tag{2-5-1}$$

式中:罗北偏在真北的东边罗经差为正"+",偏在西边罗经差为负"-"。

二、利用叠标测定陀罗差 ΔG 或罗经差 ΔC

船舶沿岸航行时可以利用叠标测定陀罗差(罗经差),如图 2-5-2 所示,先在海图上量出叠标的真方位 TB(例如为 343°)即叠标线的方向,然后航海人员在船上用罗经上的方位圈观测叠标的方位(如图 2-5-3 中船舶的位置 A),当叠标串视(看叠标的两标志在一条线上)时,如图 2-5-3 中船舶的位置 B,测得叠标的陀罗方位 GB(例如 345°),将其代入式(2-5-1),求得陀罗差 $\Delta G = TB - GB = 343° - 345° = -2°$。

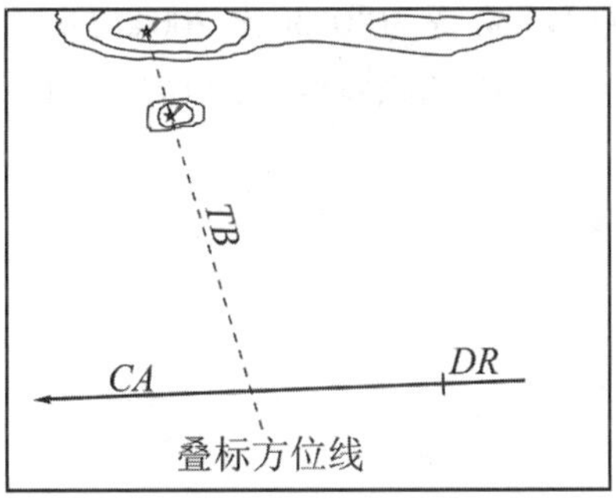

图 2-5-2　海图上叠标真方位示意图

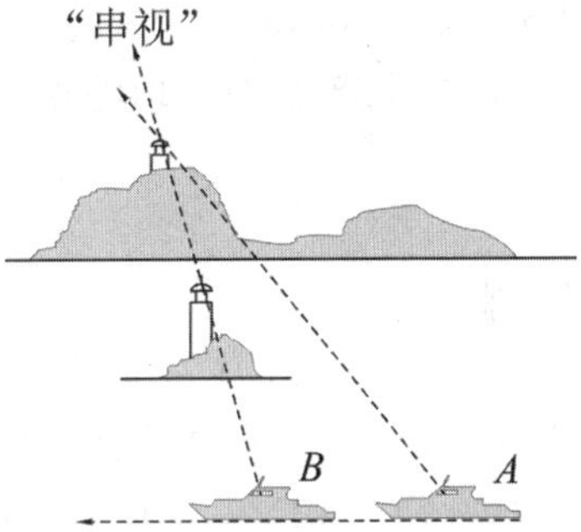

图 2-5-3　观测叠标罗方位示意图

利用叠标测定罗经差的步骤:

①根据观测时的船位在海图上找到叠标,并量出其真方位 TB;

②用目视确定看到的叠标就是海图上的叠标,即叠标的辨识;

③利用方位圈观测叠标中的远标(如图 2-5-3 中船舶的位置 A);

④随着船舶的航行直到看到前标与后标在一条线上(如图 2-5-3 中船舶的位置 B),即叠标串视时,测下叠标的罗方位 GB(或 CB);

⑤求罗经差 $\Delta G(\Delta C) = TB - GB(CB)$。

利用叠标测定罗经差的精度较高,但是人工叠标多设在港口附近和狭水道地区,使用上受到了一定的限制。当船舶航行在没用人工叠标的海区,航海人员可以根据看到的陆标自行选取自然叠标,重要的是自然叠标在海图上要有准确位置,同时要注意叠标的灵敏度,一般情况下,当叠标串视时,船与近标的距离控制在 3 ~5 倍前后标的距离范围之内。

三、已知陀螺罗经差(陀罗差)求磁罗经差(罗经差)和自差

在现代航海中,陀螺罗经的导航精度远高于磁罗经,而且导航定位均使用陀螺罗经,商船上的磁罗经仅作为应急设备而保留,并作为船舶适航的衡量标准之一。在航行中,由于陀螺罗经故障而采用磁罗经导航的情况时有发生。因为不知准确的罗经差就有可能发生危及航行安全的事故,所以掌握正确的罗经差是航海人员航行值班的工作之一。

在航海实际工作中,航海人员除了利用陆标和天体测定罗经差以外,还经常采用陀螺罗经航向与磁罗经航向的比对来求得罗经差和自差。这是航行值班驾驶员交接班时必做的一项工作。

在商船上,磁罗经安装在罗经甲板上,其航向不能方便地复示,而陀螺罗经指向精度较高,并且主陀螺罗经的航向可以利用分罗经在船舶的不同部位精确地复示出来,所以航海人员随时可以在船舶不同的位置方便地测定陀螺罗经差。这样已知陀螺罗经差,同时读取陀螺罗经航向和磁罗经航向,计算出真航向,从而求出罗经差和自差,方法如下:

①已知陀螺罗经差 ΔG(利用物标测定的陀螺罗经差);

②同时读取陀螺罗经航向 GC 和磁罗经航向 CC;

③求真航向 $TC = GC + \Delta G$;

④根据真航向和罗航向求罗经差 $\Delta C = TC - CC$;

⑤根据船位和海图上给出的磁差求出观测时的磁差 Var;

⑥求自差 $Dev = \Delta C - Var$。

例 2-5-1:2014 年 10 月 15 日,海图上的磁差 Var 数据为"0°30′E 2004(1′.5W)"。已知陀螺罗经差 ΔG 为 +2°,同时读取陀螺罗经航向 $GC = 120°$和磁罗经航向 $CC = 131°$,求罗经差 ΔC 和自差 Dev。

解:

①求真航向:

$TC = GC + \Delta G = 120° + 2° = 122°$。

②根据真航向和罗航向求罗经差:

$\Delta C = TC - CC = 122° - 131° = -9° = 9°\mathrm{W}$。

③求观测时的磁差:

$Var = 0°30'\mathrm{E} - 15' = 0°15'\mathrm{E}$。

④求自差:

$Dev = \Delta C - Var = -9° - 0°15' = -9°15' = 9°15'\mathrm{W}$。

四、自差的测定

磁罗经向位的精度,主要取决于自差的测定精度,在航海实践中,通常是由专业人员进行自差的校正、测定和自差表(或自差曲线)的编撰。磁罗经在使用的过程中受到外界多种因素的影响,使得自差发生变化,因此要定期校正,同时自差表要更新。不论由谁来校正自差,都需要航海人员操纵船舶加以配合。因为自差是航向的函数,所以在绘制自差表和自差曲线时需要在 N、NE、E、SE、S、SW、W、NW 八个方向点上测定自差。在航行中,如果有条件可以按照图 2-5-4 所示的航法测定八个方向点上的自差,即在八个航向中的每一个航向上均测定一次叠标

的罗方位 CB,用叠标的真方位 TB(在海图上量取)减去叠标的罗方位求出罗经差 ΔC,用罗经差减去查得的磁差 Var,求出该航向上的自差 Dev。

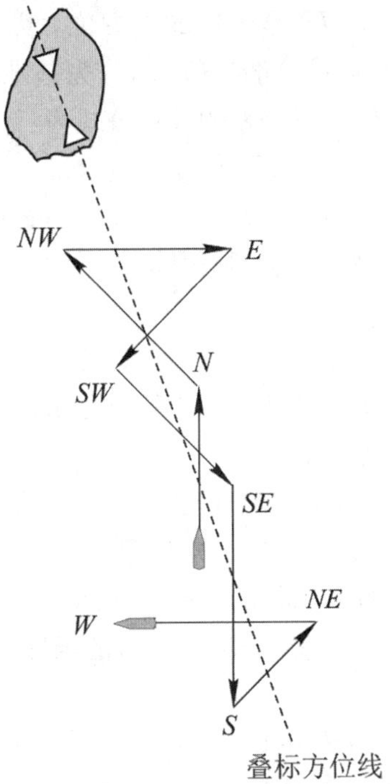

图 2-5-4 测定自差航法

在测试中,如果不知道被测物标的真方位以及磁差,可以采用八个航向上物标罗方位的算数平均值来代替物标的磁方位 $MB = \frac{1}{8}\sum_{i=1}^{8} CB_i$,从而求出八个航向上的自差如下:

$$Dev_i = MB - CB_i = \frac{1}{8}\sum_{i=1}^{8} CB_i - CB_i, i = 1,2,\cdots,8$$

将上述自差代入有关公式中(见航海仪器中罗经差的校正,这里不再赘述),可以求出任意航向上的自差,从而编制出自查表和绘出自差曲线供驾驶人员修正向位时使用。

第二节 观测天体求罗经差

船舶近岸航行时,可以利用专设的叠标或灵敏度较高的自然叠标来测定罗经差。然而,当船舶航行在开阔的海面上时,或者航行在无叠标的海区时,或者夜间航行时,则只有利用天体来测定罗经差了。本节将介绍观测天体求罗经差的原理和方法。

一、观测天体求罗经差的原理及注意事项

1. 观测天体求罗经差的原理

如前所述,罗经差 ΔC 可以根据叠标的真方位 TB 与其罗方位 CB 之差求得,即

$$\Delta C = TB - CB$$

观测天体求罗经差与上述利用陆标测定罗经差的原理基本相同,不同之处是观测的物标是天体。因此,CB 是天体的罗方位,TB 是天体的真方位。因为观测时的真实船位未知,所以无法求出天体的真方位,在海上是以推算船位(φ_c,λ_c)为基准求得天体的计算方位 A_c 来代替天体的真方位 TB。这样,观测天体求罗经差的计算公式为:

$$\Delta C = A_c - CB \tag{2-5-2}$$

$$\cot A_c = \cos\varphi_c \tan Dec \csc LHA - \sin\varphi_c \cot LHA \tag{2-5-3}$$

从上述公式可见,利用天体求罗经差与利用陆标求罗经差的区别主要是求真方位的方法有所不同。

2. 观测注意事项

由式(2-5-2)可见,为求得较准确的罗经差 ΔC,应尽量减小 A_c 和 CB 的误差。因此,观测天体求罗经差时应注意以下几个方面。

(1)利用推算船位求得的天体计算方位 A_c 代替天体真方位所产生的方位误差 ΔA

在观测天体求罗经差中,天体真方位是由推算船位求得的天体计算方位 A_c 来代替的,而在观测时测者的推算船位与当时真实船位的误差($\Delta\varphi$,$\Delta\lambda$)将会使计算方位 A_c 产生一个方位误差 ΔA,因此,A_c 是变量 φ_c 和 LHA($LHA = GHA + \lambda_c$)的函数。微分式(2-5-3),经整理得到 ΔA 与 $\Delta\varphi$ 和 $\Delta\lambda$ 的关系式为:

$$\Delta A = \tan h \sin A \Delta\varphi - \cos Dec \cos X \sec h \Delta\lambda \tag{2-5-4}$$

从上式可见,当推算船位与真实船位的误差 $\Delta\varphi$,$\Delta\lambda$ 一定时,用推算船位求得的计算方位 A_c 代替天体的真方位而产生的误差 ΔA 的大小主要取决于式中的 $\tan h$ 和 $\sec h$(sin,cos 函数的最大值为1),即取决于被测天体高度 h 的高或低,还可以看出 ΔA 与被测天体的方位 A 和赤纬 Dec 有关,由此得出如下结论:

①被测天体的高度越低,由 $\Delta\varphi$,$\Delta\lambda$ 引起的误差 ΔA 越小;

②当被测天体的方位 A 趋近 0°、赤纬 Dec 趋近 90°时,由 $\Delta\varphi$,$\Delta\lambda$ 引起的误差 ΔA 趋近零。

在实际观测中,推算船位与真实船位的误差($\Delta\varphi$,$\Delta\lambda$)是不可避免的,因此,用推算船位求得的计算方位 A_c 来代替天体的真方位而引起的方位误差 ΔA 也是不可避免的。但是,观测低高度天体的方位求罗经差可以减小该项误差(ΔA)。另外,北极星是北纬 35°以下海区在夜间测定罗经差的良好物标。因为它的赤纬接近 90°,方位接近 0°,所以 ΔA 趋于零。

(2)由于罗经面的倾斜而引起观测天体罗方位的误差 ΔB(简称倾斜误差)

利用罗经观测天体的罗方位时,应尽量保持罗经面的水平,否则测得物标的罗方位会产生一个误差,简称倾斜误差 ΔB。当罗经面的倾斜方向与天体方位垂直时,该误差(ΔB)最大(即测者面对天体,罗经面左右倾斜时产生的 ΔB 最大),如图 2-5-5 所示,罗经面水平时其对应的天顶为 Z,当罗经面倾斜 θ 角度后,其对应的天顶为 Z',此时天体 B 产生方位误差 dd_1 弧 = 倾斜误差 ΔB,在球面三角形 $Z'EB$ 中,由正弦定理得

$$\frac{\sin\Delta B}{\sin h} = \frac{\sin\theta}{\sin(90° - h')} = \frac{\sin\theta}{\cos h'}$$

$$\sin\Delta B = \sin\theta \frac{\sin h}{\cos h'}$$

由于 θ 和 ΔB 均为小角度,则 $h' \approx h$,上式改写为

$$\Delta B = \theta \tan h \qquad (2\text{-}5\text{-}5)$$

由式(2-5-5)可见:

①当倾斜角 θ 一定时,被测天体的高度 h 越低,倾斜误差 ΔB 越小;

②当被测天体的高度 h 一定时,倾斜角 θ 越小,倾斜误差 ΔB 越小。

为减小倾斜误差 ΔB,应观测低高度天体的罗方位来测定罗经差,并且在观测时应尽量保持罗经面的水平。

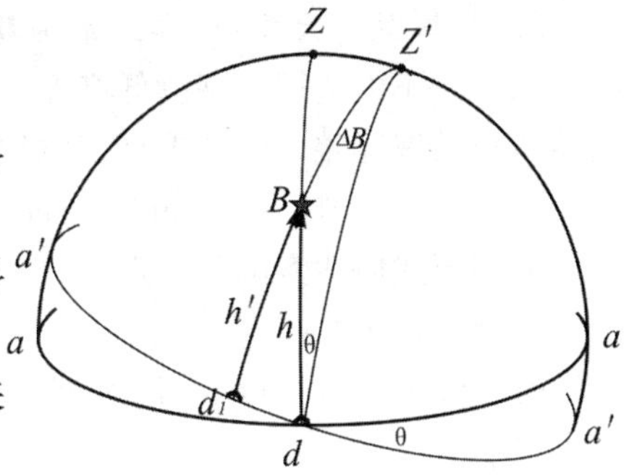

图 2-5-5 倾斜误差示意图

(3)观测注意事项

对有出没且在地平上经过东西圈的天体($Dec < 90° - \varphi$,$Dec < \varphi$ 且同名),当天体介于出没与东西圈之间时,其方位变化缓慢,这时是观测天体罗方位的良好时机。对于有出没,在地平上不经过东西圈的天体($Dec < 90° - \varphi$,Dec 与 φ 异名),其方位在出没时变化缓慢,这时也是观测天体罗方位的良好时机。

综上所述,观测天体方位求罗经差时应注意以下几点:

①应观测低高度天体的罗方位,其高度应低于 30°,最好低于 15°;

②观测时应尽量保持罗经面的水平;

③为避免粗差和减小随机误差的影响,一般应连续观测三次,取平均值作为对应于平均时间的罗方位,罗经读数读至 0°.5,观测时间准确到 1^m;

④观测时应测天体的中心方位。

3. 观测天体求罗经差的方法

目前,船上较常用的观测天体求罗经差的方法是:

①观测低高度太阳方位求罗经差(或观测低高度行星、恒星方位求罗经差);

②观测太阳真出没方位求罗经差;

③观测北极星方位求罗经差。

二、观测低高度太阳方位求罗经差

观测低高度太阳方位求罗经差是目前船舶在海上求罗经差普遍采用的方法,也是白昼观测天体求罗经差的主要方法。

1. 观测低高度太阳方位求罗经差的步骤

①观测低高度太阳($h^{\odot} < 30°$)罗方位 CB,同时记下观测时间。

②求观测时太阳的计算方位 A_c。

常用的求计算方位的计算方法有:

方法一,利用《航海天文历》和三角函数计算器求计算方位;

方法二,利用《太阳方位表》求计算方位;

方法三,利用《航海天文历》和 GPS 卫导仪求计算方位。

③求罗经差 $\Delta C = A_c - CB$。

从上可见,观测低高度太阳方位求罗经差主要涉及的问题是正确观测低高度太阳的罗方位和如何求取太阳计算方位 A_c。观测罗方位将在实验课中介绍,这里主要介绍如何求取计算方位。

2. 利用《航海天文历》和三角函数计算器求罗经差

该方法不但适用于观测低高度太阳方位求罗经差，而且还适用于观测低高度恒星方位和行星方位求罗经差。已知求计算方位的基本公式为：

$$\cot A_c = \cos\varphi_c \tan Dec \csc LHA - \sin\varphi_c \cot LHA \tag{2-5-6}$$

利用上式应注意以下几点：

①纬度恒为"+"。

②赤纬 Dec 与纬度 φ_c 同名时，赤纬 Dec 为"+"；赤纬 Dec 与纬度 φ_c 异名时，赤纬 Dec 为"-"。

③地方时角 LHA 和计算方位 A_c 均为半圆周法。

④计算方位 A_c 的第一名称与测者纬度同名，第二名称上午观测为"E"，下午观测为"W"。

目前，函数计算器种类繁多，从性能上可分为一般计算器和带有程序编制功能的计算器两种类型，具体使用方法参见计算器说明书。在 GPS 卫导仪和罗兰接收机中都有利用上式编制的计算功能，使用方法参见导航仪器说明书。

例 2-5-2：2014 年 10 月 20 日，船时 SMT1543，推算船位 φ_c34°23′.0S，λ_c122°50′.7E，测得低高度太阳罗方位 CB 280°，求罗经差 ΔC。

解：

ZT	1543	20/10
ZD	-8	
GMT	0743	20/10

GHA'	288-47.5		Dec'	10-20.0S	d +0.9
$m.s$	10-45.0		d'	+0.7	
GHA	299-32.5		Dec	10-20.7S	
λ_c^E	122-50.7		φ_c^N	34-23.0S	
LHA	422-23.2	=62-23.2W			

由式(2-5-6)得：

$$A_c = \operatorname{arccot}(\cos34°23'.0\tan10°20'.7\csc62°23'.2 - \sin34°23'.0\cot62°23'.2)$$

$$= 97°.1SW = 277°.1$$

A_c	277°.1
CB	280°.0
ΔC	-2°.9

3. 利用《太阳方位表》求罗经差

我国商船上目前使用的《太阳方位表》有中版和英版两种版本。两种版本排版格式基本相同，使用方法完全一样。因为两种版本造表所使用的原始数据不尽相同，所以计算的结果可能有微小的差别。使用《太阳方位表》求罗经差的方便之处是不必借助《航海天文历》即可求得太阳计算方位 A_c。

(1)《太阳方位表》的结构

该表共分两册，第一册包括纬度 0°～30°(英版称 Davis's Tables，戴氏表)，第二册包括纬度 30°～64°(英版称 Burdwood's Tables，柏氏表)，每册又分主表和附表。

①主表：分前后两个半册，前半册是赤纬与纬度同名，后半册是赤纬与纬度异名。查表引

数为：

a. 表列纬度 φ_T，表间距为 1°，列在页角；

b. 表列赤纬 Dec_T，表间距为 1°，共计 0° ~24°，列在每页第一行；

c. 表列视时 LAT_T，表间距为 4^m（中天前、后 1^h 之内表间距为 2^m），每页左列引数为上午（a. m.）视时，右列引数为下午（p. m.）视时（英版表中视时用罗马数字表示）。

以 φ_T，Dec_T，LAT_T 为引数，从表中查得太阳半圆方位 A_T，其第一名称与测者纬度同名，第二名称上午观测为"E"，下午观测为"W"。

②附表：附表主要是"太阳赤纬表"和"时差表"，它们均按 4 年中有 1 闰年的规律排列，所以每个附表中又分 4 个小表。查表引数是观测时的年、月、日，可查得世界时 12^h 的太阳赤纬 Dec 和时差 ET。使用附表一般不用内插。

（2）利用《太阳方位表》求罗经差的步骤

①观测太阳罗方位 CB，同时记下观测时间。

②根据观测日期从"太阳赤纬表"和"时差表"中查得太阳赤纬 Dec 和时差 ET。

③求观测时的视时 LAT：

$$LAT = LMT + ET = ZT + D\lambda + ET, \quad D\lambda = \lambda_c - \lambda_m \tag{2-5-7}$$

上式求得的视时 LAT 需要换算成上午（a. m.）视时或下午（p. m.）视时才可查表，即

$$LAT_{\text{p.m.}}^{\text{a.m.}} = \begin{cases} LAT & LAT \leqslant 12^h \\ LAT - 12^h & LAT > 12^h \end{cases}$$

④求计算方位 A_c：因为实际的 φ，Dec，LAT 不可能正好与表列 φ_T，Dec_T，LAT_T 相一致，所以在根据 φ_T，Dec_T，LAT_T 查得的表列方位 A_T 的基础上，还要进行赤纬、视时和纬度三项比例内插才能求得计算方位 A_c。

$$A_c = A_T + \Delta A_{Dec} + \Delta A_{LAT} + \Delta A_{\varphi} \tag{2-5-8}$$

式中：A_c 为半圆方位，第一名称与测者纬度同名，第二名称上午观测为"E"，下午观测为"W"。

⑤求罗经差：将 A_c 换算成圆周方位之后可求得罗经差 $\Delta C = A_c - CB$。

例 2-5-3：利用太阳方位表求例 2-5-2 中的太阳计算方位，并求罗经差。

解：因为测者纬度 φ_c34°23′.0S，所以使用《太阳方位表》第二册（或 Burdwood's Tables）。

①根据观测日期从"太阳赤纬表"和"时差表"中查取太阳赤纬 Dec 和时差 ET：

$Dec = 10°22'.0S \approx 10°.4S$（准确至 0°.1）

$ET = +15^m10^s \approx +15^m$（准确至 1^m）

②求视时 LAT：

	λ_c	122 -50.7	
-）	λ_m	120 -00.0	
	$D\lambda$	+2 -50.7 ≈ $+11^m$	
	ZT	15 -43	
	$D\lambda$	+ 11	
	ET	+ 15	
	LAT	16 -09	20/10
		4 -09p. m.	

③求计算方位和罗经差。已知 φ_c 34°23′.0S≈34°.4S, Dec≈10°.4S, LAT = 4^{h}09^{m}p.m.

A_T	97.5	
ΔA_{Dec}	−0.4	
ΔA_{LAT}	−0.2	
ΔA_{φ}	+0.2	
A_c	97.1 SW =	277.1
CB		280.0
ΔC		−2.9

三、观测太阳真出没方位求罗经差

在周日视运动中，当太阳的中心通过地心真地平时称为太阳的真出或真没，此刻太阳真高度 $h_t^{\odot}=0°$，这时观测太阳的罗方位既不需要记录观测时间也不必求太阳的地方时角，只需要根据推算纬度和当时的太阳赤纬就可以求得太阳真出没时的计算方位，从而可以相对简便地求出罗经差，因此，它是船上核验罗经差常用的方法之一。

1. 求太阳真出没计算方位 A_c

当太阳真出没时，其真高度 $h_t^{\odot}=0°$，此时天文三角形为球面直边三角形，如图 2-5-6，由球面直边三角形公式得：

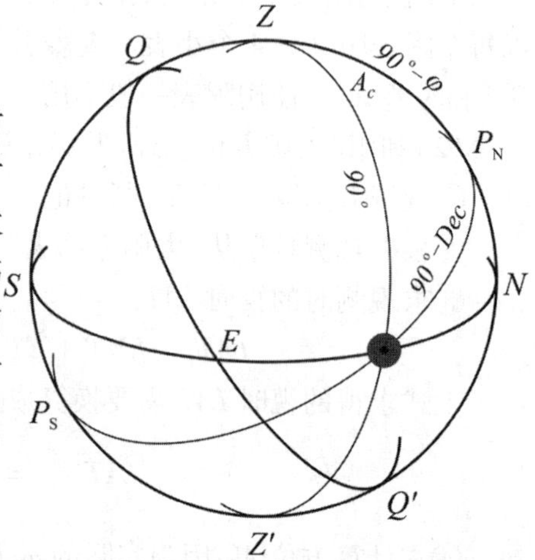

图 2-5-6　太阳真出没示意图

$$\cos A_c = \frac{\sin Dec}{\cos\varphi_c} \qquad (2\text{-}5\text{-}9)$$

从上式可见，只要已知推算纬度 φ_c 和太阳赤纬 Dec 即可求得太阳真出没时的计算方位 A_c。使用该式时应注意：

①纬度 φ_c 恒为“+”；

②赤纬 Dec 与纬度 φ_c 同名，赤纬 Dec 为“+”，异名为“−”；

③计算方位 A_c 为半圆方位，第一名称与纬度 φ_c 同名，第二名称真出为“E”，真没为“W”。

2. 观测太阳真出没时的罗方位

观测太阳真出没方位求罗经差，首先要观测到太阳真出没时的罗方位。只有当太阳真高度 $h_t^{\odot}=0°$时才可观测到太阳真出没的罗方位。那么，什么时候太阳真高度 $h_t^{\odot}=0°$？这是观测太阳真出没罗方位的关键。

设目视观测太阳真出没时的下边沿高度为 $h_o^{\underline{\odot}}$，则

$$h_t^{\odot} = h_o^{\underline{\odot}} - d - \rho + p + SD = 0°$$

如在式中取眼高 $e = 16$ m，则 $d = 7'$；取平均蒙气差 $\rho = 30'$；视差 p 很小，可忽略不计；取 $SD = 16'$（太阳平均视半径），得：

$$h_o^{\underline{\odot}} \approx 21' \approx \frac{2}{3}D\text{（太阳平均视直径 } D = 32'\text{）} \qquad (2\text{-}5\text{-}10)$$

也就是说，当用目视看到太阳下边沿视高度 $h_o^{\underline{\odot}}$ 约为 $\frac{2}{3}$ 太阳直径时，此刻观测的太阳罗方

位即是太阳真出没罗方位，如图 2-5-7 所示。显然，观测太阳真出没罗方位的时刻受到限制，必须在 $h_o^{\odot} \approx \frac{2}{3}D$ 时观测，而且观测时必须可见水天线。另外，太阳真出没时太阳介于出没与东西圈之间，其方位变化较慢，则观测方位精度较高。

3. 观测太阳真出没方位求罗经差的步骤

(1)当太阳下边沿目视高度约为三分之二太阳视直径时观测太阳罗方位(CB 或 GB)

(2)求太阳真出没时的计算方位 A_c

①利用《航海天文历》和三角函数计算器求 A_c

根据观测日期从《航海天文历》查得观测时整小时世界时所对应的太阳赤纬，根据式(2-5-9)利用三角函数计算器求得太阳真出没时的计算方位 A_c。

②利用《太阳方位表》求 A_c

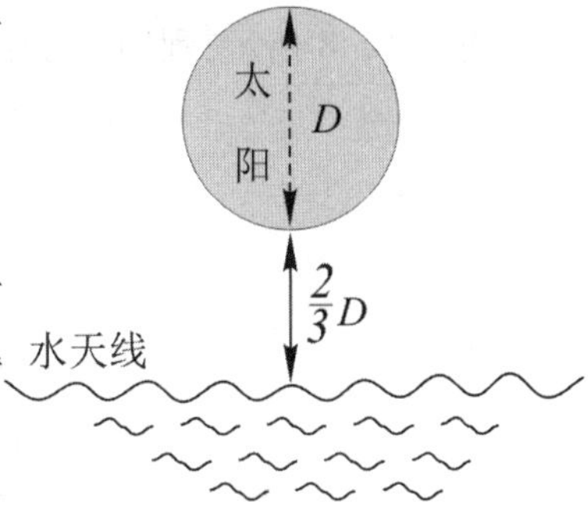

图 2-5-7 观测太阳真出没示意图

在英版和中版《太阳方位表》中均有利用式(2-5-9)编制的太阳真出没方位表，查表引数为纬度和赤纬。为节省表的篇幅，太阳真出没方位值(半圆方位)列在主表赤纬列的最后。查表时要进行赤纬和纬度两项比例内插。

$$A_c = A_T + \Delta A_{Dec} + \Delta A_{\varphi} \tag{2-5-11}$$

式中：A_c 为半圆方位，第一名称与测者纬度同名，第二名称真出为“E”，真没为“W”。

(3)求罗经差 ΔC(或 ΔG) $= A_c - CB$(或 GB)

例 2-5-4：2014 年 10 月 20 日，推算船位 $\varphi_c 34°45'.0$N，$\lambda_c 163°01'.0$E，测得太阳真没罗方位 $CB254°.5$，求罗经差 ΔC。

解：①利用计算器求太阳真出没方位：由《航海天文历》查得 10 月 20 日 GMT1200 的太阳赤纬 $Dec = 10°24'.5$S，则

$$A_c = \arccos \frac{\sin(-10°24'.5)}{\cos 34°45'.0} = 102°.7\text{NW} = 257°.3$$

$$\Delta C = 257°.3 - 254°.5 = +2°.8$$

②利用太阳方位表求太阳真出没方位：$\varphi_c 34°45'.0$ N≈34°.7N。由太阳赤纬表查得 10 月 20 日太阳赤纬 $Dec = 10°22'.0$ S≈10°.4S，则

A_T	102°.1	
ΔA_{Dec}	+0°.5	
ΔA_{φ}	+0°.1	
A	102°.7	NW = 257°.3
CB		254°.5
ΔC		+2°.8

四、观测北极星方位求罗经差

我们已知，北极星的赤纬趋近 90°N [89°19'.7N(2014 年)]，而且在北纬中、低纬海区所

见北极星在周日视运动中的方位角变化范围不超过 2°。由式(2-5-4)可知,当天体赤纬趋近 90°、方位趋近 0°时,由推算船位的误差而引起天体计算方位的误差 ΔA 趋于零。此外,北极星的高度近似等于测者纬度,相对较易识别,所以,北极星是北纬中、低纬海区夜间测定罗经差的良好物标。

1. 求北极星的计算方位 A_c

如图 2-5-8 所示,利用球面窄三角形公式可以求得北极星方位计算公式为:

$$A_c = (90° - Dec_0)\sin(LHA\ \Upsilon - RA_0)\sec\varphi \tag{2-5-12}$$

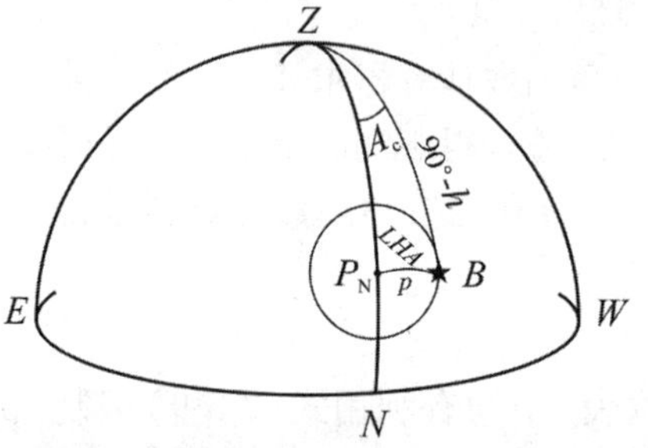

图 2-5-8 求北极星计算方位原理图

由式(2-5-12)编成"北极星方位角表"列在《航海天文历》中,查表引数为春分点地方时角 $LHA\ \Upsilon$ 和测者推算纬度 φ_c,查得北极星计算方位 A_c(不用内插)。注意,中版《航海天文历》给出的是北极星半圆方位,英版《航海天文历》给出的是北极星圆周方位。

2. 观测北极星方位求罗经差的步骤

(1)由于北极星是 2 等星,较不易观测,应尽可能连续观测 3 次取算术平均值,在观测北极星罗方位 CB 的同时记下观测时间和推算船位。

(2)根据观测时间,利用《航海天文历》求出 $LHA\ \Upsilon = GHA\ \Upsilon \pm \lambda_{cW}^{E}$。

(3)以 $LHA\ \Upsilon$ 和 φ_c 为引数从英版《北极星方位角表》直接查得北极星圆周方位 A_c。

(4)求罗经差 $\Delta C = A_c - CB$。

例 2-5-5:2014 年 10 月 20 日,船时 ZT2242,推算船位 φ_c15°45′.0N,λ_c65°10′.0E,测得北极星罗方位 CB1°.5,求罗经差 ΔC。

解:

ZT	2242	20/10
ZD	−4	
GMT'	1842	20/10
$GHA\ \Upsilon'$	299 − 07.1	
$m.s$	10 − 31.7	
$GHA\ \Upsilon$	309 − 38.8	
λ_c	65 − 10.0E	
$LHA\ \Upsilon$	14 − 48.8	
A_T	0.3	
−) CB	1.5	
ΔC	− 1.2	

第三节 基于准确船位测定罗经差的方法

导航星全球定位系统(GPS)可以在全球范围内全天候提供近乎连续的三维(纬度、经度和高度)高精度船位。这里将介绍根据观测时的GPS船位,并利用GPS卫导仪的航海计算功能,快速求出罗经差的方法。

一、基于GPS船位观测低高度天体的罗方位求罗经差

1. 利用GPS船位求罗经差的原理

由上一节可知,在观测天体求罗经差中,以求天体的计算方位最为烦琐,而且,推算船位的误差会引起天体计算方位产生一定的误差。如果利用GPS船位以及卫导仪的计算功能求罗经差,上述问题将会迎刃而解。

设测者观测天体罗方位时的船位为(φ_1,λ_1),该位置由GPS卫导仪直接给出。天体地理位置为(φ_2,λ_2),可由下式求出:

$$\left.\begin{aligned}\varphi_{S}^{N} &= Dec_{S}^{N}\\ \lambda_{W}^{E} &= \begin{cases}360^\circ - GHA & (GHA > 180^\circ)\\ GHA & (GHA < 180^\circ)\end{cases}\end{aligned}\right\} \qquad (2\text{-}5\text{-}13)$$

在GPS卫导仪中均有按 $\cot A_c = \cos\varphi_1 \tan\varphi_2 \csc D\lambda - \sin\varphi_1 \cot D\lambda$ 关系设计的求两点间大圆航向的功能。我们只要将天体地理位置(φ_2,λ_2)输入到卫导仪中,卫导仪则可随时自动显示当前船位(φ_1,λ_1)到天体地理位置(φ_2,λ_2)的大圆航向,即天体计算方位 A_c。由于GPS可以连续提供高精度的观测船位(φ_1,λ_1),由该船位求得的计算方位 A_c 可以代替天体真方位,由此产生的误差完全可以忽略不计。

2. 利用GPS船位求罗经差的步骤

①根据预计观测天体罗方位的世界时(以整小时最方便,即查天文历不用内插)查《航海天文历》预求出观测时天体的赤纬 *Dec* 和格林时角 *GHA*,利用式(2-5-13)求出天体地理位置(φ_2,λ_2)。

②将天体地理位置(视其为一转向点)输入到卫导仪中,卫导仪可时刻显示当前船位(φ_1,λ_1)到天体地理位置(φ_2,λ_2)的大圆航向,即天体计算方位(但不是观测时的天体计算方位)。

③到预计观测的时刻,用罗经测得天体罗方位 *CB* 的同时,读取GPS卫导仪显示的大圆航向,即是观测时的计算方位 A_c。注意,这里要尽量使测得的 *CB* 与读取的 A_c 在时刻上同步。

④求罗经差 $\Delta C = A_c - CB$。

上述方法是现代船舶观测天体求罗经差的最好方法,不用记忆求天体计算方位的公式和进行烦琐的计算就可以快速地求出天体的计算方位,而且计算精度高。

二、基于GPS船位观测单物标的罗方位求罗经差

在本章第一节中介绍了观测方位叠标求罗经差的方法,但是,因人工方位叠标设置有限而限制了该方法的使用,特别是船舶接近港口和进入狭水道,船舶的通航密度增大,航海人员主

要的工作是正确操纵船舶、保证航行安全而无暇顾及罗经差的测定,在远离港口的近岸海域又没有足够的人工方位叠标以供观测,这时,可以利用在海图上有准确位置的、显著的、单一陆标测定罗经差。这种方法必须借助 GPS 卫导仪和其船位。方法如前所述,只要将前述的天体地理位置改成被测物标的地理位置即可,从而打破了必须利用叠标测定罗经差的限制。这里应选测方位变化慢的、在海图上有准确位置的物标,并尽量使观测时刻与 GPS 船位时刻同步,以减小观测时刻与计算时刻不同步而引起的计算方位误差。

观测单物标罗方位求罗经差的步骤:

①选择在海图上有准确位置的、方位变化慢的显著物标,并量出其经纬度(φ_2, λ_2);

②将(φ_2, λ_2)输入到卫导仪中,卫导仪可时刻显示当前船位(φ_1, λ_1)到(φ_2, λ_2)的大圆航向;

③用罗经测得物标罗方位 CB 的同时,读取 GPS 卫导仪显示的大圆航向,即物标的计算方位 A_c,这里要尽量使测得的 CB 与读取的 A_c 在时刻上同步;

④求罗经差 $\Delta C = A_c - CB$。

第三篇 航路资料

第一章 潮汐与潮流

潮汐(tide)即海面周期性的升降运动,其中,海面上升的过程称为涨潮(flood tide),当海面升到最高时,称为高潮(high water, *HW*);海面下降的过程称为落潮(ebb tide),当海面降到最低时,称为低潮(low water, *LW*)。伴随着海水周期性的涨落现象,海水还同时产生周期性的水平方向流动,即潮流(tidal stream)。

潮汐与渔业、盐业、港口建筑以及海水动力利用有着十分密切的关系。潮汐与航海的关系也非常重要,将直接影响船舶航行计划的实施和航海安全,如需要通过浅水区,需预先依据潮汐资料计算出当地潮高,并正确调整货载和吃水差;为了保证船舶安全地行驶在计划航线上,需随时掌握当地潮汐与潮流资料,观测船位,调整航向,即使在港内也不容忽视潮汐、潮流对船舶安全的影响。在沿岸航行中,在船长的航行命令、公司的航行规章制度、国际机构等对航行值班驾驶员的指导性文件中,都将掌握当时和未来的潮汐和潮流列为确保航行安全的驾驶台工作的重要内容。

潮汐学有着丰富的内容,本章仅从航海实际应用出发,阐述潮汐的基本成因,潮汐术语和潮汐、潮流的计算方法等内容。

第一节 潮汐的基本成因和潮汐术语

地球表面上任一水质点除受到地心引力和地球自转惯性离心力的作用外,还要受到其他天体引潮力(tide-generating force)的作用。因为地球上某一固定点所受的地心引力和地球自转惯性离心力的大小和作用方向都是恒定的,所以地心引力和地球自转运动对潮汐不产生影响。潮汐产生的原动力是天体的引潮力,即天体的引力和地球—天体相对运动所需的惯性离心力的向量和,其中主要是月球的引潮力,其次是太阳的引潮力。目前,现代潮汐科学发展迅速,潮汐理论更为完善。本节根据航海实际需要,扼要地利用平衡潮理论(静力学理论)分析潮汐的基本成因,并对调和常数分析法做简单介绍。

平衡潮理论是牛顿创立的。所谓平衡潮,是指海水在引潮力和重力作用下达到平衡时的潮汐。为了使问题简化,平衡潮理论有两个假设:

①整个地球被等深的大洋所覆盖，所有自然地理因素对潮汐不起作用。

②海水没有摩擦力和惯性力，外力使海水在任何时候都处于平衡状态。

以下根据平衡潮理论讨论潮汐的基本成因。

一、月球的引潮力与潮汐的形成

1. 月球的引力

根据万有引力定律，若以 m_M 表示月球质量，以 m_E 表示地球质量，R 表示地月中心距离，则地球和月球之间的引力为：

$$f = k\frac{m_E \cdot m_M}{R^2} \tag{3-1-1}$$

式中：k——万有引力系数。

地球表面上至月球中心距离为 x 的单位质点 P 所受的引力为：

$$f_p = k\frac{m_M}{x^2} \tag{3-1-2}$$

即地球表面各点所受引力的大小和方向均不相同，其大小取决于该点至月球中心的距离，方向均指向月球中心，如图 3-1-1 所示。

2. 惯性离心力

月球绕地球的公转是在一个平衡引力系统下的运动，确切地说，这种运动是月球和地球绕着它们的公共质心（G）运动，如图 3-1-2 所示。根据 $m_E \approx 81.5m_M$，$R \approx 60.3r$（r 为地球半径），

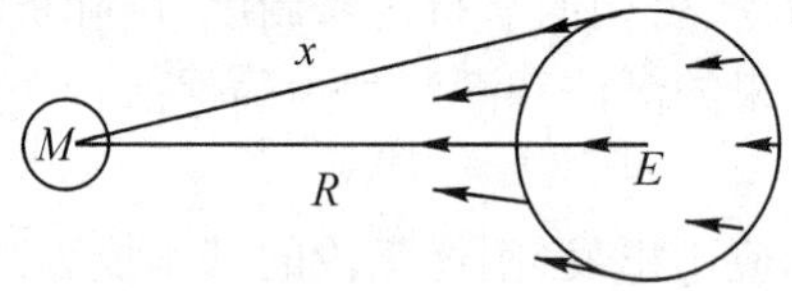

图 3-1-1　月球的引力

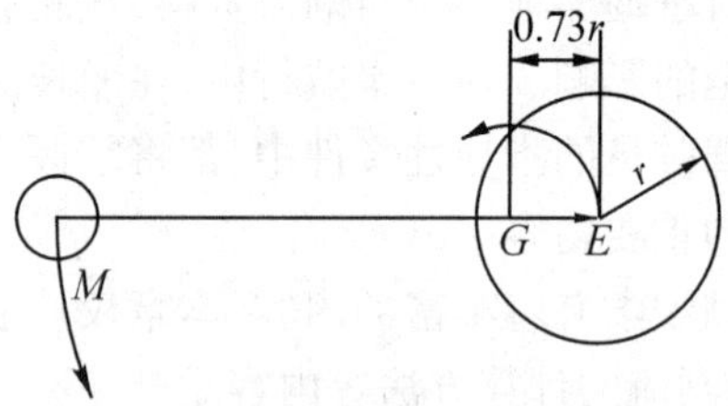

图 3-1-2　月—地系统的运动

可以推导出公共质心位于月球中心（M）和地球中心（E）的连线上，并且离地心 0.73r 处。因此，如果把月球和地球都看成一个质点，则地球和月球分别以 0.73r 和 $R-0.73r$ 为半径做圆周运动。地球质心所受到的惯性离心力应为 $m_E \times 0.73r \cdot \omega^2$（$\omega$ 为圆周运动的角速度），此惯性离心力必定等于月球引力 $f = k\frac{m_E \cdot m_M}{R^2}$，否则，月球引力就会把地球吸引过去。地球中心单位质量的惯性离心力与月球对其的引力（$k\frac{m_M}{R^2}$）大小相等、方向相反，方向背离月球，背离公共质心。但是，月球与地球实际上都不是质点，而是有一定尺寸的几何物体，因此月球与地球的相对运动不能简单地看作质点运动，而是绕公共质心做平动运动。所谓平动运动，是指运动物体内部任意一条固定的直线在运动中始终保持它的方向不变，平动运动的物体内任意一点的位移、速度和加速度都是与质心相同的。

如图 3-1-3 所示，取地球中心 E 和地球表面上的一点 A 进行说明。当地球中心位于 E_1

时，A 位于 A_1，月球位于 M_1 的方向；当 E 绕公共质心 G 转至 E_2 时，A 点转至 A_2，月球转至 M_2 的方向。由于在旋转过程中两点的连线时刻保持平行且相等，因此 A 不是绕公共质心 G 而是绕着自己的中心 G'旋转，并使得 EG 与 AG'时刻平行且相等，即 A 绕着与 E 不同的圆心但相同的半径转动，然后 E 从 E_2 到 E_3 再到 E_4 最后返回 E_1 位置，绕 G 旋转一周；A 从 A_2 到 A_3 再到 A_4 最后返回 A_1 位置，以与 E 相同的半径绕 G'旋转一周，即在地球绕着月—地系统的公共质心（G）作平动运动时，地球上各点以相同的半径（$0.73r$）绕着各自的中心旋转，且各点的旋转角速度和方向在每时每刻都相等。因此，地球表面任一单位水质点与质心 E 处单位质量一样受到一个相同的惯性离心力，大小相等，背离月球，互相平行。

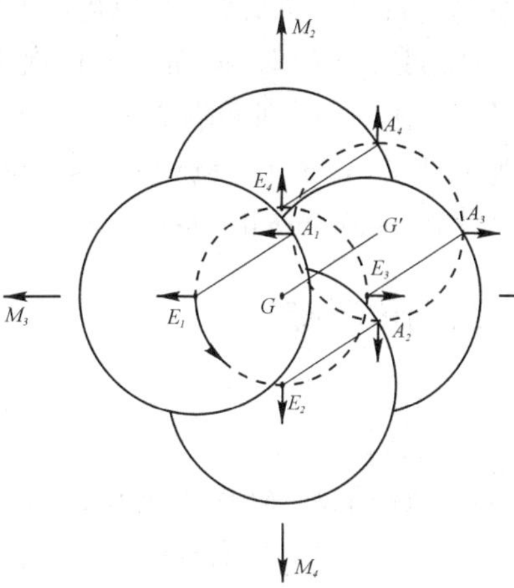

图 3-1-3 地球的平动运动

3. 月引潮力和月潮椭圆体

通过上述讨论，我们可知，地球上各点在任何时刻均同时受到月球引力和地球绕公共质心进行平动运动所产生的惯性离心力的作用，这两个力的矢量和即为月引潮力。

图 3-1-4 是地球上各点月引潮力的大小和方向的示意图。在地球中心，引力和惯性离心力大小相等，方向相反，处于力的平衡状态，引潮力等于零。但是，地球表面上各点的引力和惯性离心力不会相互抵消，从而产生了引潮力。虽然各点引潮力的大小和方向皆不相同，但对整个地球而言，仍处于一种平衡状态。然而，对地球表面上的水质点来说，将受到这种引潮力的作用而产生潮汐现象。

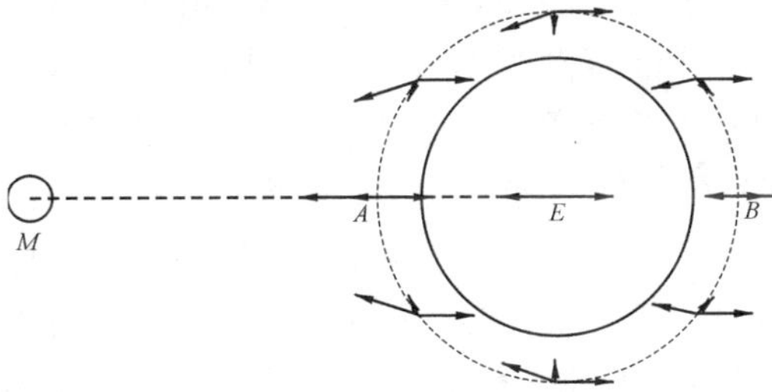

图 3-1-4 月引潮力

根据假设，整个地球表面被等深的海水所覆盖，则在引潮力的作用下，形成了长轴与月—地中心连线重合的椭圆体，称为月潮椭圆体，如图 3-1-5 所示，它上面所受引潮力指向球心的各点所组成的水圈称为照耀圈。

4. 潮汐的形成

图 3-1-5 是假定月球赤纬为零时的月潮椭圆体，P 为地极，A_1，A_2，A_3，A_4 分别表示地球表面上任意一点 A 随着地球自转中的 4 个位置。这个潮汐椭圆体的长轴在月、地中心的连线上。

当地球自转到 A_1 点时，月球在该点上中天，该地海面水位升到最高，产生该地当日第一次高潮；当地球自转至 A_2（第一次过照耀圈）点时，海面水位下降到最低，产生该地当日第一次低潮；当地球自转到

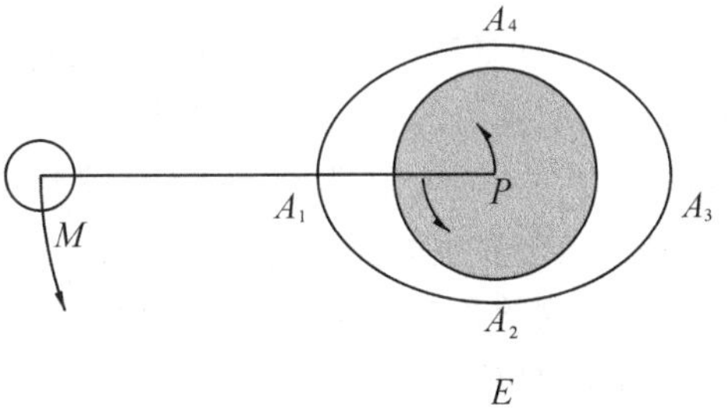

图 3-1-5 月潮椭圆体

A_3 点时，月球下中天，海面水位再次升到最高，即发生该地当日第二次高潮；当地球自转到 A_4（第二次过照耀圈）时，海面水位再次下降到最低，则发生该地当日第二次低潮。月球连续两次上（下）中天的时间间隔称为一个太阴日，约为 24 h 50 min。相邻两个高潮（低潮）的时间间隔（为 12 h 25 min）称为潮汐周期。可见，我们所讨论的潮汐是以半个太阴日为周期的，故称为半日潮（semi-diurnal tide）。

二、潮汐不等

1. 潮汐的周日不等

上面我们讨论了月赤纬等于零的情况下地面某点潮汐一日的变化，这样在一个太阴日中发生的两次高潮潮高（低潮潮高）及相邻的高、低潮的时间间隔均相等。

实际上，在同一太阴日中所发生的两次高潮或两次低潮的潮高以及相邻的高、低潮的时间间隔并不相等，这种现象称为潮汐周日不等（diurnal inequality of tide）。

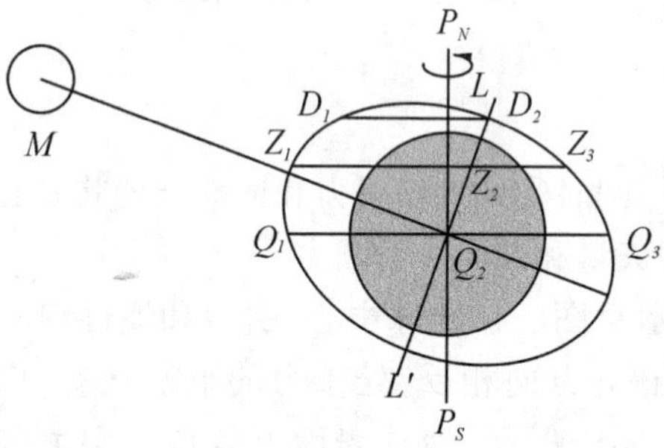

图 3-1-6　月赤纬不等于零时的潮汐椭圆体

图 3-1-6 是当月赤纬不等于零时的潮汐椭圆体，这时潮汐椭圆体的长轴与赤道平面的夹角等于当时的月球赤纬。当测者的纬度不为零时（如点 Z），由于地球自转的缘故，Z 点在 Z_1 处，发生第一次高潮，过一段时间后，处在 Z_2 位置时，发生第一次低潮。第二次高潮则发生在 Z_3 处，显然，同一太阴日中两次高潮（低潮）的潮高不等，而且 $Z_1Z_2 \neq Z_2Z_3$，即相邻的高、低潮时间间隔不等或涨落潮时不等。当月球赤纬增大时，这种潮汐周日不等现象更为显著。另外，如果纬度等于或大于 90°与月球的赤纬之差，则每天就只有一次高潮和一次低潮了，如图中的位于 D_1D_2 纬圈上的各点。但是，对于赤道上的测者情况就不同了，其在 Q_1 处经历高潮，在 Q_2 处经历低潮，在 Q_3 处经历第二次高潮。因为 Q_1 和 Q_3 是通过潮汐椭圆体中心的直线与椭圆面的两个交点，所以 Q_1 和 Q_3 处的潮高相等，即赤道上的测者经历的两次高潮的潮高相同。再者，因为 Q_2 和其地球另一侧的相对点都位于照耀圈上，所以赤道上的测者经历的两次低潮的潮高也相同。此外，因为 $Q_1Q_2 = Q_2Q_3$，所以赤道上的涨落潮时也相同，即赤道上无潮汐的周日不等现象。因此，当月球赤纬不等于零时，纬度不为零的地方存在潮汐的周日不等现象，月球的赤纬越高，这种现象越显著，某点的纬度越高，这种现象也越严重，纬度等于或大于 90°与月球赤纬之差的地方，一天只有一次高潮一次低潮。

2. 潮汐的半月不等

上面我们仅以月球引潮力为例说明了潮汐的成因及潮汐的周日不等。虽然太阳的引潮力是月球的引潮力的 1/2.17，但是同样会产生太阳潮汐椭圆体。由于太阳两次上（下）中天的时间间隔为一个视太阳日，约为 24 h，太阳潮的半日潮周期约为12 h。同样，当太阳的赤纬不等于零时，也会发生潮汐的周日不等现象。

太阳潮的存在增加了潮汐现象的复杂性，由于月球、太阳和地球在空间上周期性地改变着它们的相对位置，因此产生了潮汐半月不等现象。

图 3-1-7 是假设太阳和月球的赤纬均等于零的情况。当月球处在新月（月相●）或满月（月相 ○ ）时，太阳、月球潮汐椭圆体的长轴在同一个子午圈平面内，即太阳潮汐椭圆体与月

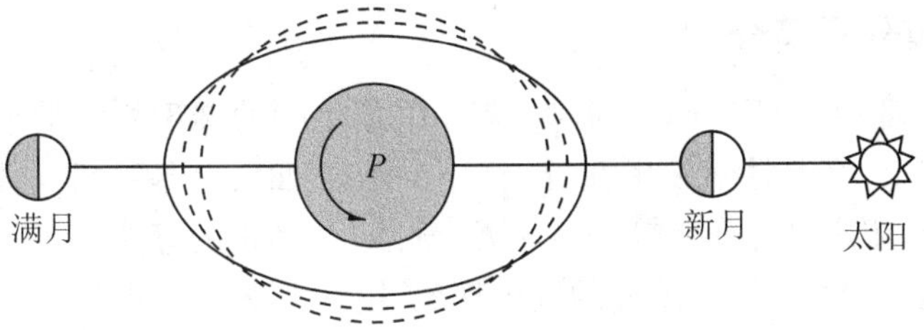

图 3-1-7　大潮的产生

球潮汐椭圆体的长轴方向一致，引潮力互相叠加，出现高潮最高、低潮最低的现象，称为大潮(spring tide)。

如图 3-1-8 所示，当月球在上弦(月相☽)或下弦(月相☾)时，太阳、月球潮汐椭圆体的长、短轴在同一个子午圈平面内，即太阳潮汐椭圆体与月球潮汐椭圆体的长轴方向相互垂直，因此引潮力互相抵消，出现了高潮最低、低潮最高的现象，称为小潮(neap tide)。

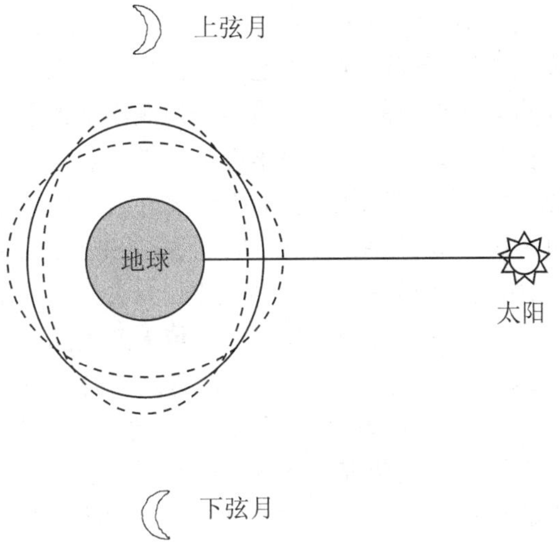

图 3-1-8　小潮的产生

可见，从朔(新月)、望(满月)到两弦，从两弦到朔、望，潮差在不断地变化着。具体来说，就是从新月到上弦潮差逐渐变小，从上弦到满月潮差逐渐变大，到满月时潮差与新月时一样又达到最大。从满月到下弦、从下弦到新月又产生同样的反复。显然，潮差是以半个朔望月(约14.5天)为周期而变化的，称为潮汐的半月不等(semi-menstrual inequality of tide)。

3. 潮汐的视差不等

由于月球是沿椭圆轨道绕地球转动的，地球在椭圆轨道的一个焦点上。当月球位于近地点时(距离约为 57 个地球半径)，其引潮力要比位于远地点(距离约为 63.7 个地球半径)时大 40%，这种由于地球和月球距离变化而产生的潮汐不等称为潮汐视差不等(parallax inequality of tide)，其周期为一个恒星月，约 27.3 天。太阳潮中也同样存在视差不等的现象，每年 1 月 3 日前后，地球离太阳最近，此点为近日点，此时日、地相距 1.471×10^8 km，而每年 7 月 4 日前后，地球离太阳最远，此点为远日点，此时日、地相距 1.521×10^8 km，近日点的引潮力比远日点的引潮力大 10%，其周期为一个回归年，约 365.24 天。

三、潮汐调和分析简介

上述对潮汐成因、潮汐不等问题的讨论都是根据牛顿的潮汐静力学理论在理想的假设条件下进行的。事实上,高潮并不发生在月上(下)中天之时,而是滞后一段时间(高潮间隙)。大潮也不发生在朔、望之日,而是滞后 1 ~ 3 天(潮龄)。各地的潮差不等,甚至相差非常悬殊,相距很近的两个地区却发生性质不同的潮汐现象,用静力学理论是无法解释这些现象的。

由于大陆对海洋的阻隔,阻碍了海水在引潮力的作用下形成理想的潮汐椭圆体,并且海洋深浅不一,海底崎岖不平,使海水的运动受到摩擦力的影响很大,加之由于海水黏滞性、惯性的影响,造成了潮汐"迟到"现象,也就是出现高潮间隙和潮龄的原因。

沿岸海区地理条件较大洋更加复杂,其水深变化大、海底地形复杂、岸线曲折,尤其是浅滩和狭窄海湾的存在等地理特点不仅能改变潮差,而且能改变潮汐性质。例如,我国"钱塘怒潮"就是由于漏斗状河口,越往上游深度越小,涌入的潮波形成相当大的潮差,加拿大东南芬地湾潮差最大可达 18 m,我国秦皇岛港的潮汐有别于渤海湾内的邻近港口,墨西哥湾中相距很近的两个地区出现性质完全不同的潮汐现象等,均是由于沿岸特殊的地理条件造成的。

由于潮汐静力学理论无法解释潮汐现象中这些实际问题,因此科学家们进一步研究提出了潮汐动力学理论来弥补静力学理论的不足。最早提出潮汐动力学理论的是法国天文学家拉普拉斯,他在牛顿后一个世纪,建立了潮汐动力学理论基础。

动力学理论认为,引潮力除了使海水发生"潮峰"之外,还造成周期与引潮力相同的潮汐波。该波又由强制波和自由波组成,强制波以月球在天空沿视轨道运动的速度为传播速度在地球表面移动,自由波则在引潮力因某种因素突然中断,失去平衡的水团在其惯性作用下继续进行涨落运动,直至所有波能被摩擦消耗殆尽,自由波传播速度随海水深度增大而增大。

动力学理论不仅考虑到引潮力造成的"潮峰",而且还考虑到潮汐波的存在,并在对强制波和自由波的分析中,又考虑到海洋形态(深度和宽度)、地球自转力和摩擦力诸因素的影响,因而能更为准确地解释海洋潮汐的复杂现象,但仍不能解释大洋中一切潮汐现象。

综合运用潮汐静力学的计算和潮汐动力学的分析来预报潮汐的方法,称为潮汐调和分析法(tidal harmonic analysis method)。

调和分析法运用了这样两个原理:

1. 强制波动原理

由周期性力的作用所引起的某系统的波动也将是周期性的,而且其周期与力的周期相同。

2. 波动合成原理

如果有几个力同时作用在某一系统上,则每个个别的力所引起的分波动可以分别地计算出来,而所有诸力作用的总结果则是所有分波的总和。

数学家们按各种不同周期变化着的力表示为许多简谐振荡的总和,把每一种力都视为由一个假想天体引起的,从而把十分复杂的不规则的潮汐振荡归结为很多正规的潮汐振荡总和。每种正规潮汐,称为分潮(tidal component)。每个分潮曲线又由两个因素确定:分潮振幅(tidal component amplitude),即潮差的一半,用 H 表示;分潮迟角(tidal component epoch),即假想天体上中天到该地分潮高潮的时间间隔,用 g 表示,H 和 g 称为调和常数(harmonic constants),如图 3-1-9 所示。

尽管涨落水位变化曲线是条复杂曲线,但是根据各地的调和常数并结合预报日期的天文条件，就可知各地未来诸分潮涨落曲线，而这些分潮曲线的叠加，即可得到总的潮汐涨落曲线（如图 3-1-10 所示），进而便可编制年度《潮汐表》预报潮汐。

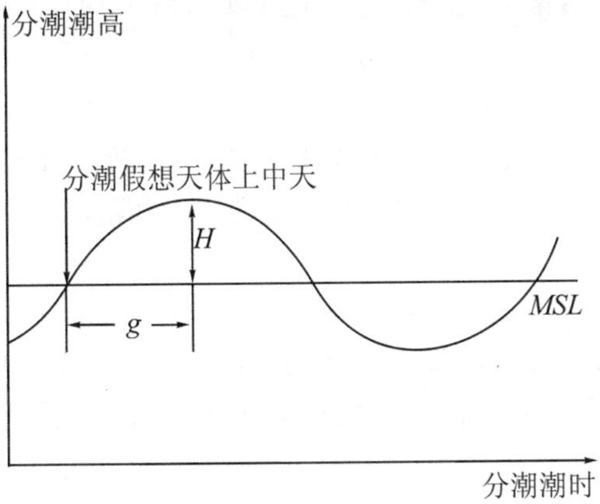

图 3-1-9　分潮

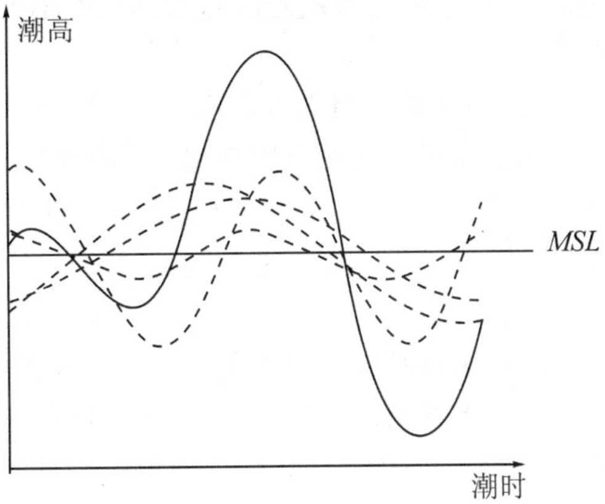

图 3-1-10　分潮的合成

大部分假想天体引起的分潮振幅很小或周期很长，在实用上可忽略不计，一般预报潮汐仅涉及下列 11 个分潮。

半日分潮：
- M_2→主要月球半日分潮
- S_2→主要太阳半日分潮
- N_2→主要月球椭率半日分潮
- K_2→月球和太阳合成半日分潮

日分潮：
- K_1→月球和太阳合成日分潮
- O_1→主要月球日分潮
- P_1→主要太阳日分潮
- Q_1→主要月球椭率日分潮

浅海分潮：
- M_4→月球浅海 1/4 日分潮
- MS_4→月球太阳浅海 1/4 日分潮
- M_6→月球浅海 1/6 日分潮

英版《潮汐表》(Admiralty Tide Tables)每卷在第三部分(Part Ⅲ)中列出了当年各港 4 个主要分潮(M_2,S_2,K_1,O_1)的调和常数，以便利用简化的调和常数法计算任意时刻的潮汐。

四、潮汐类型、潮汐术语

1. 潮汐类型

将月球和太阳合成日分潮 K_1 的振幅 H_{K1}和主要月球日分潮 O_1 的振幅 H_{O1}之和，与主要月球半日分潮 M_2 的振幅 H_{M2}的比值$\frac{H_{K1}+H_{O1}}{H_{M2}}$定义为潮型系数，其大小决定了潮汐的性质。根据潮汐性质可以将潮汐分为四种类型：

(1)正规半日潮

正规半日潮为潮型系数小于或等于0.5的潮汐。在一个太阴日内发生两次高潮和两次低潮,两次高潮和两次低潮的高度都相差不大,而涨落潮时也很接近。正规半日潮港如青岛港、巴拿马港等。

(2)不正规半日潮混合潮

不正规半日潮混合潮为潮型系数位于0.5和2.0之间或等于2.0的潮汐。它基本上还具有半日潮的特性,但在一个太阴日内相邻的高潮或低潮的潮位相差很大,涨潮时和落潮时也不等,如浙江镇海港、亚丁港等的潮汐。

(3)不正规日潮混合潮

不正规日潮混合潮为潮型系数位于2.0和4.0之间或等于4.0的潮汐。其在半个月中,日潮的天数不超过7天,其余天数为不正规半日潮,如鄂霍次克海的马都加和南海泰国湾等的潮汐。

(4)正规日潮

正规日潮为潮型系数大于4.0的潮汐,其在半个月中有连续1/2以上天数是日潮,而在其余日子则为半日潮。我国南海有许多地点(北部湾、红岛、德顺港等)潮汐涨落情况都属于正规日潮型。

2. *潮汐术语*

在论述潮汐成因、潮汐不等、调和分析等问题时已介绍了一些潮汐术语,为了便于掌握和实际运用潮汐计算方法,下面再介绍一些潮汐术语(如图3-1-11所示)。

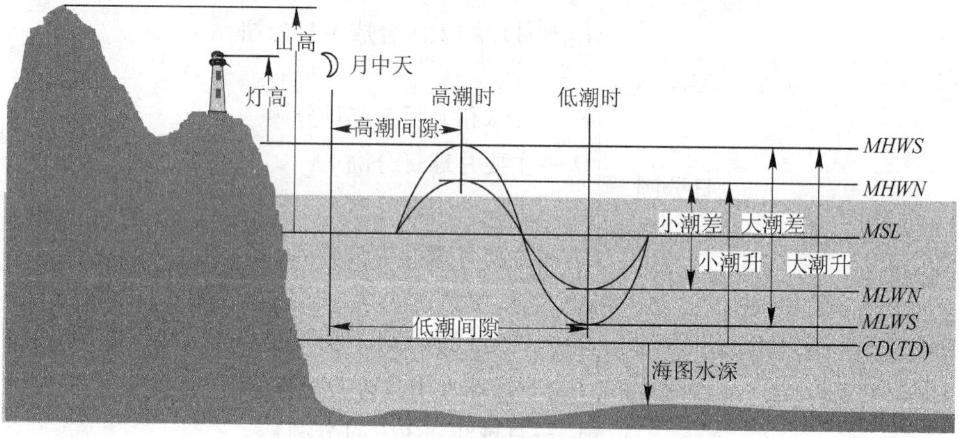

图3-1-11 潮汐术语图解

平均海面(Mean Sea Level, *MSL*):根据长期潮汐观测记录算得的某一时期内的海面平均高度。

海图深度基准面(chart datum, *CD*):计算海图水深的起算面。

潮高基准面(tidal datum, *TD*):潮高的起算面,一般为海图深度基准面。某地某时潮高加上当地海图水深即得该地该时的实际水深;反之,某时某地的实测水深减去潮高即得该时该地的海图水深,用于测深辨位。但是,有些港口的海图深度基准面与《潮汐表》采用的潮高基准面不尽一致,使用时应予订正才能将潮高应用到海图上,如图3-1-12所示:

$$\text{实际水深} = \text{海图水深} + \text{潮高} + (CD - TD) \tag{3-1-3}$$

海图水深 = 实际水深 - 潮高 - (*CD* - *TD*) (3-1-4)

式中:*CD*,*TD*——海图深度基准面和潮高基准面与平均海面之间的垂直距离。

例 3-1-1:某地某时潮高为 3. 0 m,该地海图水深 10 m,海图深度基准面在平均海面下2. 5 m,潮高基准面在平均海面下 1. 5 m,求当时当地的实际水深。

解:实际水深 = 海图水深 + 潮高 + (*CD* - *TD*)

= 10 + 3. 0 + (2. 5 - 1. 5) = 14(m)

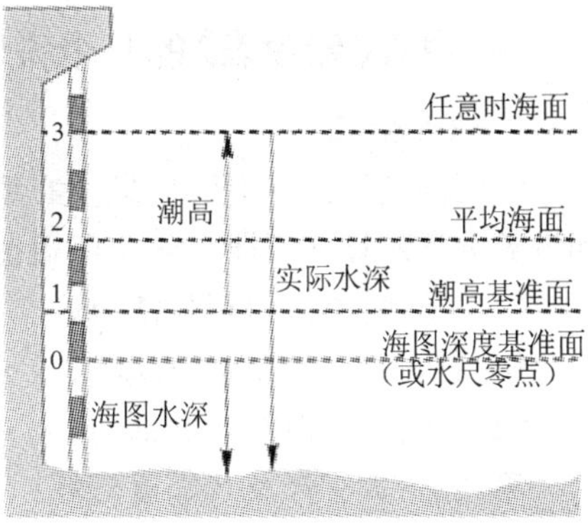

图 3-1-12 水深与潮高

涨潮时间(duration of rise):从低潮时到高潮时的时间间隔。

落潮时间(duration of fall):从高潮时到低潮时的时间间隔。

平潮(slack)与停潮(stand):当高潮发生后,海面有一段时间呈现停止升降的现象,称为平潮。当低潮发生后,海面也有一段时间呈现停止升降的现象,称为停潮。

潮差(tidal range):相邻高、低潮潮高之差。

大潮升(spring rise,*SR*):从潮高基准面到平均大潮高潮面的高度。

小潮升(neap rise,*NR*):从潮高基准面到平均小潮高潮面的高度。

回归潮 (tropic tide):当月球赤纬最大时(此时月球在北回归线或南回归线附近)的潮汐称为回归潮,此时,潮汐周日不等现象最显著。

分点潮 (equinoctial tide):当月球赤纬最小时的潮汐称为分点潮,此时潮汐周日不等现象最小。

高高潮(higher high water,*HHW*):在一个太阴日中发生的两次高潮中潮高较高的高潮。

低高潮(lower high water,*LHW*):在一个太阴日中发生的两次高潮中潮高较低的高潮。

高低潮(higher low water,*HLW*):在一个太阴日中发生的两次低潮中潮高较高的低潮。

低低潮(lower low water, *LLW*):在一个太阴日中发生的两次低潮中潮高较低的低潮。

潮龄(tidal age):由朔望至实际大潮发生的时间间隔称为潮龄,潮龄一般为 1 ~3 天。

平均高(低)潮间隙(mean high/low water interval,*MHWI/MLWI*):每天月中天时刻至高(低)潮时的时间间隔的长期平均值称为平均高(低)潮间隙。

第二节 中版《潮汐表》与潮汐推算

目前,我国出版《潮汐表》的单位主要有国家海洋局海洋信息中心和中国人民解放军海军司令部航海保证部。此外,中国海事局也出版部分港口的《潮汐表》,国家海洋局海洋信息中心还在中国海洋信息网站(www. coi. gov. cn)提供“我国主要港口潮汐预报(月报)”,有条件的使用者可通过网络获取相关的资料。本书仅对国家海洋局海洋信息中心出版的《潮汐表》进行介绍,其他《潮汐表》的使用可参考本书介绍的方法和各自《潮汐表》中的说明。

一、中版《潮汐表》的几个说明

1. 出版情况

我国国家海洋局海洋信息中心编制、海洋出版社出版的《潮汐表》共六册，其中中国沿岸和世界大洋水域各三册。各册覆盖范围如下：

第一册：鸭绿江口至长江口；

第二册：长江口至台湾海峡；

第三册：台湾海峡至北部湾；

第四册：太平洋及其邻近海域；

第五册：印度洋沿岸（含地中海）及欧洲水域；

第六册：大西洋沿岸及非洲东海岸。

《潮汐表》每年出版一次，下年度《潮汐表》均在本年度提前编好发行。根据实用情况，本书仅对中国沿岸三册《潮汐表》的使用做详细介绍，并以第四册为例简介世界大洋水域三册的使用方法（详细使用方法见原书说明）。

2. 主要内容

(1)主港潮汐预报表

这部分刊载了各主港的逐日高、低潮潮时和潮高预报以及我国部分港口的逐时潮高。

(2)潮流预报表

这部分刊载了部分海峡、港湾、航道以及渔场的潮流预报。

(3)差比数和潮信表

这部分用于以附港和主港差比数推算附港潮汐，用潮信资料概算潮汐。

还刊有《站位分布示意图》、《部分港口潮高订正值表》、《格林尼治月中天时刻表》、《东经120°月中天时刻表（北京标准时）》和《月赤纬表（世界时零时）》以及梯形图卡。

3. 注意事项

①我国沿海港口用北京标准时（东八区），外国诸港均在每页左下角注明所用标准时。

②潮高和水深：表中潮高基准面与海图深度基准面一致，某地某时潮高加上当地海图水深即得该地该时的实际水深。

③在正常情况下，中国沿岸三册《潮汐表》预报潮时的误差在20～30 min以内，潮高误差在20～30 cm以内。但在下列情况下误差较大：

a. 有寒潮、台风或其他天气急剧变化时，水位随之发生特殊变化，潮汐预报（主要是潮高）与实际出入较大。在山东高角以北及渤海，主要应注意冬季寒潮引起的“减水”，寒潮常使实际水位低于预报很多，个别强烈的寒潮可使实际水位低于预报1 m以上。夏、秋季受到台风侵袭的地区（尤其是闽、浙沿海）常常引起较大的“增水”，个别情况也有引起实际水位高于预报1 m以上的现象。长江口附近春季经常有气旋出现而引起大风，也能引起水位的较大变化。

b. 处在江河口的预报点，如营口、燕尾、吴淞、温州、海门、马尾等，每当汛期洪水下泄时，水位急涨，实际水位都会高出预报很多。

c. 南海的日潮混合潮港，如海口、海安、北海等，因高潮及低潮常常有一段较长的平潮时间，预报的潮时有些会与实际差1 h以上，但这对实际使用影响不大，所报时间的潮高仍与实际比较相符。

d. 潮流预报的站位分为两种情况，一种是往复流性质的站位，将逐日给出转流时间、最大流速时刻以及对应于最大流速时刻的流速；另一种是回转流性质的站位，将给出潮流回转一周（约一个潮汐周期）过程中的两个极大值和两个极小值以及与其对应的时刻。

应该指出的是，表中预报的只是海流中的潮流部分。在一般情况下，本表预报的潮流是海流中的主要成分，可以近似地视为实际海流。但是，在特殊天气情况下，表层海流受风的影响很大，使潮流规律不甚明显，这时表中的预报与实际海流有较大的差别，使用时应注意。

二、利用《潮汐表》推算潮汐

1. 求主港高、低潮的潮时和潮高

主港高、低潮的潮时及部分港口每小时潮高，可直接查《潮汐表》求得，但应注意船时和表列标准时是否一致。

2. 求附港的高（低）潮潮时和潮高

（1）名词解释

高（低）潮时差——主港与附港高（低）潮潮时之差。正号（+）表示附港高（低）潮潮时比主港高（低）潮潮时晚，负号（-）表示附港高（低）潮潮时比主港高（低）潮潮时早。

潮差比——对半日潮港来说，是指附港的平均潮差与主港的平均潮差之比；对日潮港来说，是指附港的回归潮大的潮差与主港的回归潮大的潮差之比。

改正值——使用潮差比由主港潮高计算附港潮高时，若附港基准面不是用主港基准面确定的，需要对附港潮高加以订正，使之变为从附港基准面起算，此订正数就是表列的改正值。

（2）应用差比数进行推算的公式

附港潮时的计算公式为：

附港高（低）潮时 = 主港高（低）潮时 + 高（低）潮时差　　(3-1-5)

第一册至第三册的计算公式为：

附港高（低）潮高 = [主港高（低）潮高 -（主港平均海面 + 主港季节改正值）] ×
潮差比 +（附港平均海面 + 附港季节改正值）　　(3-1-6)

当主、附港季节改正值不大时，可不必进行平均海面的季节改正，而直接用差比数栏中的改正值求得附港的潮高，即：

附港高（低）潮高 = 主港高（低）潮高 × 潮差比 + 改正值　　(3-1-7)

第四册至第六册的计算公式为：

附港高（低）潮高 = 主港高（低）潮高 × 潮差比 + 改正值 + 潮高季节改正值　　(3-1-8)

在利用公式求附港潮汐时，应先在"差比数和潮信表"中查取附港资料和其主港的名称（前三册在差比数与潮信表中按序查取），查出主港资料，从而计算附港潮汐。

（3）附港潮汐推算举例

例 3-1-2：求铜沙 2014 年 2 月 10 日潮汐。

解：从 2014 年第一册《潮汐表》的"差比数和潮信表"中查得铜沙（编号 5012）的主港是吴淞（编号 5006），高潮时差为 -0157，低潮时差为 -0221，潮差比 1.21，铜沙平均海面 260 cm，吴淞平均海面为 202 cm，根据主、附港编号和日期查得这两港的平均海面季节改正值均为 -25 cm，根据目录从"主港潮汐预报表"中可查出吴淞潮汐为 0350 87 cm，0956 241 cm，1727 86 cm，2228 200 cm，求铜沙（附港）潮汐计算格式如下：

		高潮时		低潮时	
主港吴淞 10/2 -2014 潮时		0956	2228	0350	1727
潮时差	+)	-0157	-0157	-0221	-0221
附港铜沙 10/2 -2014 潮时		0759	2031	0129	1506
		高潮潮高		低潮潮高	
主港吴淞 10/2 -2014 潮高		241	200	87	86
主港季节改正后的平均海面(202 -25)	-)	177	177	177	177
主港平均海面上的潮高		64	23	-90	-91
潮差比	×)	1.21	1.21	1.21	1.21
附港平均海面上的潮高		77	28	-109	-110
附港季节改正后的平均海面(260 -25)	+)	235	235	235	235
附港铜沙 10/2 -2014 潮高		312	263	126	125

例 3-1-3:求铜沙 2014 年 5 月 10 日潮汐。

解:同上例,从 2014 年第一册《潮汐表》的“差比数和潮信表”中查得铜沙(编号 5012)的主港是吴淞(编号 5006),高潮时差为 -0157,低潮时差为 -0221,潮差比 1.21,根据主、附港编号和日期查得这两港的平均海面季节改正值均为 1 cm。由于主、附港的平均海面季节改正都很小,不必进行此项改正,而查得改正值为 16,从“主港潮汐预报表”中可查出吴淞潮汐为 0354 132 cm,0915 278 cm,1636 101 cm,2202 286 cm,求铜沙潮汐格式如下:

		高潮时		低潮时	
主港吴淞 10/5 -2014 潮时		0915	2202	0354	1636
潮时差	+)	-0157	-0157	-0221	-0221
附港铜沙 10/5 -2014 潮时		0718	2005	0133	1415
		高潮潮高		低潮潮高	
主港吴淞 10/5 -2014 潮高		278	286	132	101
潮差比	×)	1.21	1.21	1.21	1.21
附港铜沙未改正的潮高		336	346	160	122
改正值	+)	16	16	16	16
附港铜沙 10/5 -2014 潮高		352	362	176	138

例 3-1-4:计算日本和歌山(Wakayama)2014 年 1 月 1 日的潮汐。

解:根据要求选用第四册《潮汐表》,从《地名索引》中查得 Wakayama 的编号是 654,按此编号从“附港资料(差比数表)”查得和歌山的主港是那霸(Naha No. 1069 p. 112);高潮时差为 -0044,低潮时差为 -0102,潮差比为 0.84,改正值为 0.1 m,潮高季节改正数可忽略不计。从“主港潮汐预报表”中查得那霸 1 月 1 日的潮汐为 0045 -19 cm,0720 188 cm,1253 59 cm,1841 209 cm,求和歌山的潮汐计算格式如下:

		高潮时		低潮时	
主港那霸 1/1-2014 潮时		0720	1841	0045	1253
潮时差	+)	-0044	-0044	-0102	-0102
附港和歌山 1/1-2014 潮时		0636	1757	2343	1151
					(31/12 -2013)

		高潮潮高		低潮潮高	
主港那霸 1/1-2014 潮高		188	209	-19	59
潮差比	×)	0.84	0.84	0.84	0.84
附港和歌山未改正的潮高		158	176	-16	50
改正数值	+)	10	10	10	10
附港和歌山未进行季节改正的潮高		168	186	-6	60
潮高的季节改正数		0	0	0	0
附港和歌山 1/1-2014 潮高		168	86	-6	60

即参考那霸2014年1月2日第一个潮汐为0130 -28 cm，和歌山2014年1月1日只有两个高潮一个低潮。

3. 利用潮信资料概算潮汐

潮信资料包括平均大(小)潮升、平均高(低)潮间隙和平均海面。利用潮信资料可以概算高(低)潮潮时和潮高。

①当地高(低)潮时 = 当地高(低)潮间隙 + 格林尼治月上或下中天时

当不知道格林尼治月上或下中天时间时，对于半日潮港，可用以下方法近似求取月中天时间：

上半月：月上中天时 = (农历日期 -1) ×0.8 +1200

月下中天时 = 月上中天时 ±1225

下半月：月上中天时 = (农历日期 -16) ×0.8

月下中天时 = 月上中天时 ±1225

②潮高估算

平均大潮高潮高 = 大潮升

平均大潮低潮高 = 2 × 平均海面 - 大潮升

平均小潮高潮高 = 小潮升

平均小潮低潮高 = 2 × 平均海面 - 小潮升

其他日的潮高可以根据大潮日至小潮日间隔约7.5天和所求日期与大(小)潮日期的关系内插求取：

$$\text{其他日高潮潮高} = \text{平均大潮高潮高} - \frac{\text{大潮升} - \text{小潮升}}{7.5} \times (\text{所求日与大潮日相隔天数})$$

其他日低潮潮高 = 2 × 平均海面 − 所求日高潮潮高

4. 求任意时的潮高和任意潮高的潮时

(1)用公式计算

在整个潮汐周期内，潮汐涨、落的速度是变化的。在高、低潮的附近，潮汐涨、落较缓慢，而在高、低潮的中间时刻，即接近平均海面时，其涨、落速度最快。

为求得相邻的高低潮间任意时刻的潮高，通常将潮汐的涨、落运动视为简谐运动，运动曲线近似于余弦曲线，如图 3-1-13 所示。可以看出，任意时水面与低潮面的潮高改正数 Δh 为：

$$\Delta h = \frac{1}{2}\text{潮差} - x$$

$$= \frac{1}{2}\text{潮差} \times (1 - \cos\theta) \qquad (3\text{-}1\text{-}9)$$

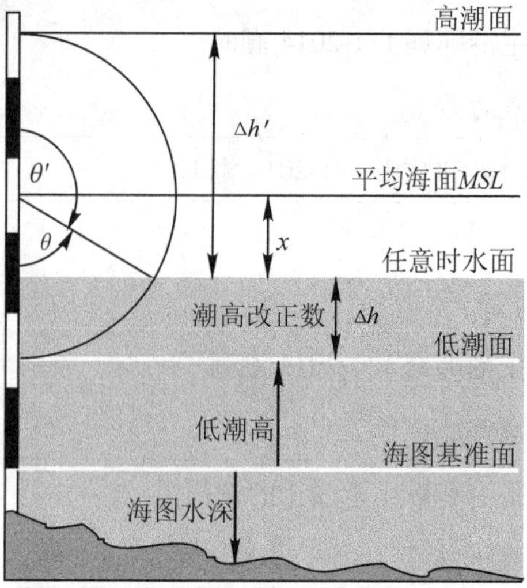

图 3-1-13　任意时潮高

式中：θ——任意时刻的相位角，由低潮时起算。因为从低潮到高潮相位变化 180°，所以

$$\theta = \frac{t}{T} \times 180° \qquad (3\text{-}1\text{-}10)$$

式中：T——落潮或涨潮的时间间隔；

t——任意时与低潮时的时间间隔。

由此可知：

$$\text{任意时潮高} = \text{低潮潮高} + \text{潮高改正数}$$

$$= \text{低潮潮高} + \text{潮差} \times \frac{1}{2}\left[1\text{-}\cos\left(\frac{t}{T} \times 180°\right)\right] \qquad (3\text{-}1\text{-}11)$$

同理：

$$\text{任意时潮高} = \text{高潮潮高} - \text{潮高改正数}$$

$$= \text{高潮潮高} - \text{潮差} \times \frac{1}{2}\left[1 - \cos\left(\frac{t'}{T} \times 180°\right)\right] \qquad (3\text{-}1\text{-}12)$$

式中：t'——任意时与高潮时的时间间隔。

例 3-1-5：求铜沙 2014 年 2 月 10 日 0500 的潮高和其后潮高大于 2.6 m 的最早时刻。

解：由例 3-1-2 得知铜沙该日潮汐为 0129 126 cm，0759 312 cm，1506 125 cm，2031 263 cm。显然，该日 0500 位于涨潮阶段，0500 的潮高为：

$$\text{潮高} = \text{低潮高} + \frac{1}{2}\text{潮差} \times (1 - \cos\theta)$$

$$= 126 + \frac{(312 - 126)}{2} \times \left[1\text{-}\cos\left(\frac{0500 - 0129}{0759 - 0129}\right) \times 180°\right]$$

$$= 126 + 93 \times (1 - \cos 97°.4) = 126 + 105.0$$

$$= 231.0\ \text{cm}$$

0500 后潮高大于 2.6 m 的最早时刻计算如下：

$$潮差 = 312 - 126 = 186\ (\text{cm})$$

$$潮高改正数 = 任意时潮高 - 低潮高 = 260 - 126 = 134\ (\text{cm})$$

因为 $$潮高改正数 = \frac{1}{2}潮差 \times (1 - \cos\theta)$$

则 $$\cos\theta = 1 - \frac{2 \times 潮高改正数}{潮差} = 1 - \frac{2 \times 134}{186} = -0.440\ 860\ 2$$

所以 $$\theta = 116^\circ.16$$

因为 $$\theta = \frac{t}{T} \times 180^\circ$$

所以 $$t = \frac{\theta}{180^\circ} \times T = \frac{116^\circ.16}{180^\circ} \times (0759 - 0129)$$

$$= 252(\text{min}) = 4\ \text{h}\ 12\ \text{min}$$

故所求时间 = 低潮时 + t = 0129 + 0412 = 0541，即该日 0500 后潮高达到 2.6 m 的最早时间为 0541。

(2)利用“等腰梯形图卡”求任意潮时及潮高

利用上述简谐运动的规律，我国潮汐工作者研制了“等腰梯形图卡”，这样可免去计算的麻烦。此“图卡”由三部分组成：

①主图。由左右两个等腰梯形构成。左侧指示潮时，右侧指示潮高。

②潮时尺。分两侧读数：涨潮时尺和落潮时尺，涨潮时应将涨潮时尺向上，落潮时应将落潮时尺向上，尺的两头可以相接，使时间相连续，以便查算跨日潮汐。

③潮高尺。分上、下两种刻度，上段大刻度 1 ~ 8 m，适用于一般潮高；下段小刻度 1 ~ 12 m，适用于潮高大于 8 m 或小于 1 m 者(小于 1 m 时，可将潮高扩大 10 倍，查后再缩小至 1/10)。有了某港的高(低)潮时及潮高就可以从图上直接读出任意时的潮高及任意潮高的潮时。

例 3-1-6：已知某港某日低潮时为 0200，低潮高为 1.0 m，高潮时为 0800，高潮高为4.0 m，求任意时的潮高及任意潮高的潮时。

解：如图 3-1-14 所示，因为该题所述是个涨潮过程，所以应使涨潮潮时尺向上，并且使右边读数 0800 和 0200 分别与主图左侧上、下两斜边相接，使潮高尺读数 4.0 m 和 1.0 m 分别与主图右侧上下两斜边相接(潮时尺、潮高尺均应与主图的垂线平行放置)，这时通过主图中的放射线即可查得：

0330 的潮高为 1.4 m，潮高为 1.5 m 的潮时是 0335；

0400 的潮高为 1.7 m，潮高为 2.0 m 的潮时是 0422；

0700 的潮高为 3.8 m，潮高为 2.5 m 的潮时是 0500。

例 3-1-7：已知某港某日低潮时为 1100，低潮高为 1.0 m，高潮时为 2130，高潮高为3.5 m，求任意时的潮高及任意潮高的潮时。

解：因该例的涨潮时间已超过 8 h，从主图上不能直接找出，此时可将潮时尺上每小时的长度缩小 1 倍(即将原有 1 h 的长度当成 2 h)后再与主图相接，如潮时尺上 1100 与主图下面的斜边相接，则潮时尺上的 1615 即为现在的 2130，潮时尺上的 1300 即为现在的 1500，查图后(查法同上例)可得：

1300 的潮高为 1.2 m，潮高为 1.1 m 的潮时是 1230；

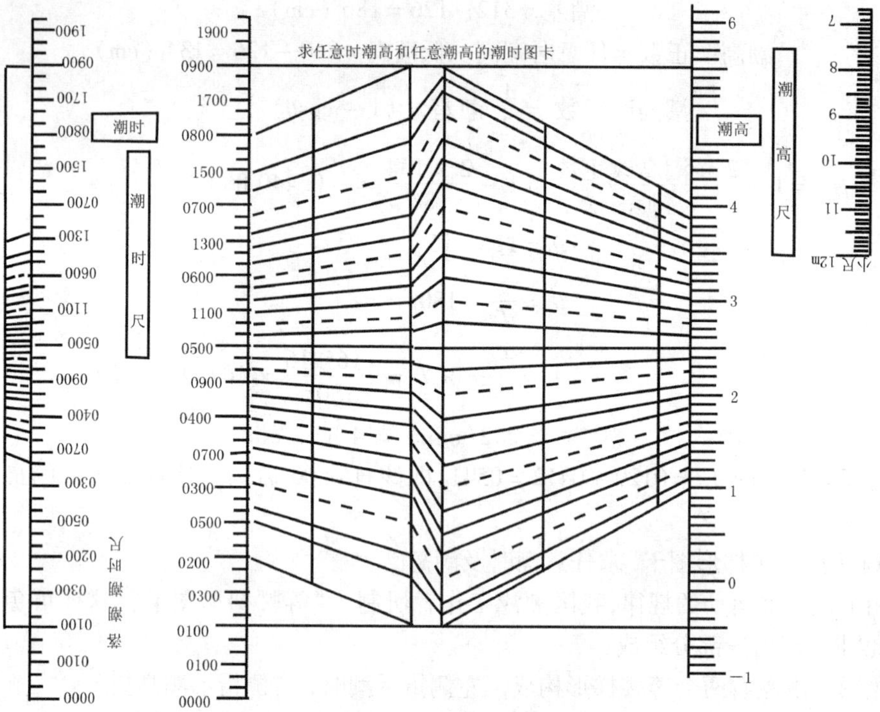

图 3-1-14　等腰梯形图卡

1600 的潮高为 2.2 m，潮高为 2.0 m 的潮时是 1530；

1930 的潮高为 3.3 m，潮高为 3.0 m 的潮时是 1820。

三、潮汐推算在航海上的应用

1. 过浅滩（最小安全潮高问题）与过横空障碍物（最大安全潮高问题）

在进出港航道、狭水道、岛礁区和某些沿岸水域，存在着一些浅水区。船舶（特别是大型船舶）航行到这些区域之前，首先要确定本船是否能够安全驶过。这由两个问题所决定，如图 3-1-15所示：一是船舶通过浅水区所要求的最小安全水深，即船舶的最大吃水和安全通过浅水所应有的富余水深之和；二是当时浅滩上的实际水深。为了船舶安全驶过浅水区，当时的实际水深必须大于或等于最小安全水深，即

$$海图水深 + 潮高 + (CD - TD) \geqslant 吃水 + 富余水深$$

这就要求潮高必须大于或等于最小安全值，该值便为最小安全潮高：

$$最小安全潮高 = 吃水 + 富余水深 - 海图水深 - (CD - TD) \tag{3-1-13}$$

在某些水道的上空，还建有横跨水道的桥梁或高空电缆等，这些建筑物构成了船舶航行的空中障碍。为了安全通过这些障碍物，必须仔细计算潮高。

如图 3-1-15 所示，中版海图上给出的平均大潮高潮面至高架桥和横空电缆底部最低点的垂直距离为净空高度，它与大潮升之和为潮高基准面以上的可利用高度，而潮高基准面以上相对于船舶航行所要求的安全高度为当时潮高、船舶水面以上的最大高度与为了保证安全通过所要求的安全余量三者之和。由于可利用空间对于某个上空障碍物是固定的量，为了船舶的安全通过，潮高就不能大于某值，这即是所谓的最大安全潮高。

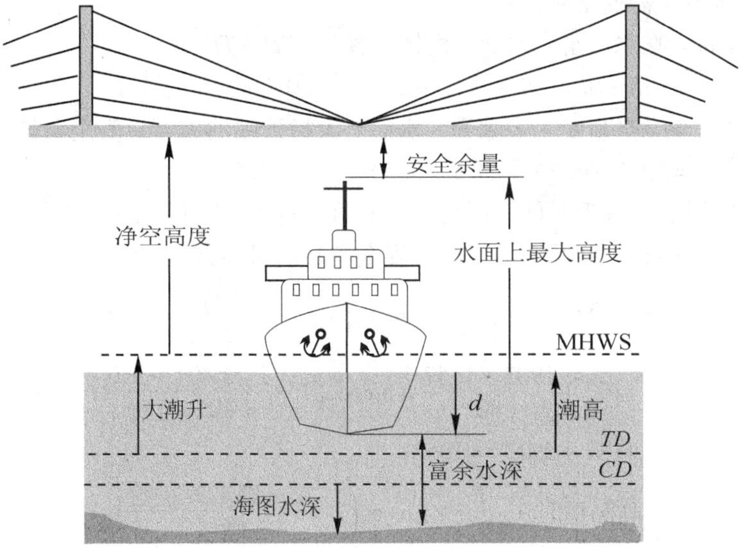

图 3-1-15 最小安全潮高与最大安全潮高

最大安全潮高 = 大潮升 + 净空高度 - 水面至船舶大桅顶端的高度 - 安全余量　(3-1-14)

如果净空高度起算面采用其他水面,则将式(3-1-14)中大潮升改为该起算面的高度进行计算即可。根据船舶本身情况和航道条件求得安全潮高后,便可根据《潮汐表》求得合适的通过浅滩或水面上空障碍物的时间,以便引导船舶安全通过。

但是,英版海图资料中净空高度为最高天文潮面(*HAT*)至高架桥和高空电缆最低点的垂直距离,计算时需要将式(3-1-14)中的大潮升替换为 *HAT* 的高度计算最大安全潮高,*HAT* 可以从英版潮汐表中查得。

例 3-1-8:某船吃水 8.3 m, 铜沙浅滩海图最小水深 7 m,若保留龙骨下富余水深 0.7 m,求 2014 年 2 月 10 日 0100 后可安全驶过铜沙浅滩的最早时刻。

解:①该船安全驶过铜沙所需最小安全潮高 = 吃水 + 富余水深 - 海图水深 = 8.3 + 0.7 - 7.0 = 2.0 m

②由例 3-1-2 可知,铜沙该日 0100 后的低、高潮情况是 0129 126 cm,0759 312 cm。

③ 0700 后潮高达到 2.0 m 的潮时为:

$$t = \text{低潮时} + \frac{T}{180^\circ} \times \arccos\left(1 - \frac{2 \times \text{潮高改正数}}{\text{潮差}}\right)$$

$$= 0129 + \frac{0759 - 0129}{180^\circ} \times \arccos\left(1 - \frac{2 \times (200 - 126)}{312 - 126}\right)$$

$$= 0129 + 0249 = 0418$$

即船舶可安全驶过浅滩的最早时刻为 0418。

例 3-1-9:某船满载,某日中午到达某水道,吃水为 9.5 m, 龙骨上最大高度为 28.5 ㈡m。该水道海图水深 8 m,潮高基准面在平均海面下 200 cm,海图深度基准面在平均海面下 220 cm,大潮升 4.5 m,水面上空有桥梁,其净空高度为 19.5 m,该日中午前潮汐为 1157 401 cm,1902 130 cm。如果要求富余水深为 0.7 m,大桅顶端至桥底部的安全余量为 1.5 m,求该船该日午后安全通过该水道的最早和最迟时间。

解：①通过水道所需安全潮高：

最小安全潮高 = 吃水 + 富余水深 - 海图水深 - ($CD - TD$)

= 9.5 + 0.7 - 8 - (2.2 - 2.0) = 2.0 (m)

最大安全潮高 = 净空高度 + 大潮升 - 水面至大桅顶端的高度 - 安全余量

= 19.5 + 4.5 - (28.5 - 9.5) - 1.5 = 3.5 (m)

②通过水道的最早、最迟时间。因为午后是落潮过程，所以最早通过时间是落潮至最大安全潮高的时间，最迟通过时间是落潮至最小安全潮高的时间，即

$$最早通过时间\ t_1 = 高潮潮时 + \frac{T}{180^\circ} \times \arccos\left(1 - \frac{2 \times 潮高改正数}{潮差}\right)$$

$$= 1157 + \frac{1902 - 1157}{180^\circ} \times \arccos\left(1 - \frac{2 \times (401 - 350)}{401 - 130}\right)$$

$$= 1157 + 2^{h}02^{m} = 1358$$

$$最迟通过时间\ t_2 = 高潮潮时 + \frac{T}{180^\circ} \times \arccos\left(1 - \frac{2 \times 潮高改正数}{潮差}\right)$$

$$= 1157 + \frac{1902 - 1157}{180^\circ} \times \arccos\left(1 - \frac{2 \times (401 - 200)}{401 - 130}\right)$$

$$= 1157 + 4^{h}41^{m} = 1638$$

2. 测深辨位

船舶在航行中，有时会利用测深进行船位的辨别，即用测深仪测出船底至海底的深度，按以下公式算出相应的海图水深，从而借助海图辨别出测深时船舶的位置。

$$海图水深 = 实测水深 + 吃水 - 潮高 - (CD - TD) \qquad (3\text{-}1\text{-}15)$$

例 3-1-10：某船吃水 9.8 m，2014 年 10 月 10 日 1200 佘山附近用回声测深仪测得水深为 20.1 m，求当时该处的海图水深。

解：从《潮汐表》中查得 2014 年 10 月 10 日 1200 前后佘山潮汐情况：

潮时	潮高
h m	cm
1143	449
1823	48

则　　1200 潮高 = 高潮潮高 - 潮高改正数

$$= 449 - \frac{449 - 48}{2} \times \left[1 - \cos\left(\frac{1200 - 1143}{1823 - 1143} \times 180^\circ\right)\right] = 447\ \text{cm}$$

$$= 4.47\ \text{m}$$

该处海图水深 = 测深仪读数 + 吃水 - 潮高 = 20.1 + 9.8 - 4.47 = 25.43 (m)。

3. 实际山高和灯高的求取

航海图书资料中的高程和灯高都是以一定的基准面起算的，由于潮汐的影响，海面实际高度与资料给出的值有所差异，必须经过修正才可用于航行计算中。

(1) 根据中版航海图书资料求取实际山高和灯高

中版航海图书资料中地面点高程的起算面是 1985 年国家高程基准，它与黄海平均海面基本一致，可用以下公式求取实际的山高：

$$实际山高 = 高程 + 平均海面 - 潮高 \tag{3-1-16}$$

中版航海图书资料中的灯高的起算面是平均大潮高潮面,实际灯高可用下式求取:

$$实际灯高 = 灯高 + 大潮升 - 潮高 \tag{3-1-17}$$

例 3-1-11:中版海图上有一小岛的高程为 65 m,小岛上有一灯塔的灯高为 75 m,已知某日 0800 该地潮高为 1.4 m,该地大潮升 450 m,平均海面 260 m,求 0800 海平面上小岛的实际高度和灯塔的实际灯高。

解:小岛的实际高度 =65 +2.6 -1.4 =66.2 (m);

实际灯高 =75 +4.5 -1.4 =78.1 (m)。

(2)根据英版航海图书资料求取实际山高和灯高

因为英版航海图书资料中的山高和灯高的起算面均为平均大潮高潮面,所以实际山高和灯高均可参照式(3-1-17)求取。

例 3-1-12:如果例 3-1-11 中小岛的高程和灯高来源于英版米制海图,则 0800 海平面上小岛的实际高度和灯塔的实际灯高各为多少?

解:小岛的实际高度 =65 +4.5 -1.4 =68.1 (m);

实际灯高 =75 +4.5 -1.4 =78.1 (m)。

其他物标、礁石和沉船的高度或其上水深的求取亦可根据其与不同基准面的关系结合潮汐进行。

第三节 英版《潮汐表》与潮汐推算

一、英版《潮汐表》的概况

1. 各卷《潮汐表》范围

英版《潮汐表》(Admiralty Tide Tables, ATT)共有四卷,编号为 NP201, NP202, NP203, NP204,每年出版,包括世界各主要港口的潮汐预报资料。各卷的范围为:

第一卷 英国和爱尔兰(包括欧洲水道各港)[UNITED KINDOM AND IRELAND(Including European Channel Ports)];

第二卷 欧洲(不包括英国和爱尔兰)、地中海和大西洋[EUROPE(Excluding United Kingdom and Ireland), MEDITERRANEAN SEA AND ATLANTIC OCEAN];

第三卷 印度洋和南中国海(包括潮流表)[INDIAN OCEAN AND SOUTH CHINA SEA (Including Tidal Stream Tables)];

第四卷 太平洋(包括潮流表)[PACIFIC OCEAN(Including Tidal Stream Tables)]。

各卷《潮汐表》所包括的海区界限,可查阅《潮汐表》内界限图。

2. 各卷的主要内容

各卷主要由三部分组成:

第一部分

主港潮汐预报(Part Ⅰ Tidal Predictions for Standard Ports)。预报主港每日高、低潮潮时和

潮高,潮高单位均采用 m。各港潮时均采用当地标准时,并在每页的左上角用“TIME ZONE ××××”注明。

第一卷还有一些主要港口的逐时潮高预报(Part Ia Hourly Height Predictions);第三、四卷还有潮流表(Part Ia Tidal Stream Tables),载有潮流日变化很大的重要海峡和水道的潮流资料,对于具有半日潮性质的潮流的地方,其潮流的推算可以参考主港印在海图上的潮流资料进行。

第二部分

用以预报附港潮汐的潮时差和潮高差(Part Ⅱ Time and Height Differences for Predicting the Tide at Secondary Ports)。表中列出主港(用黑体字印刷)和附港编号(No.)、潮时差(time differences)、潮高差(height differences),每两页的右下页还印有平均海面季节改正(seasonal changes in mean level),给出每个月第一天的季节改正值,如果推算潮汐的日期不是 1 号,须在相邻月份内插求取季节改正值;表后有注意事项(NOTES),以便用这些资料求取附港的潮时和潮高。

第三部分

调和常数(Part Ⅲ Harmonic Constants)。这部分提供了编号、地点、平均海面、四个主要分潮(M_2,S_2,K_1,O_1)的调和常数:振幅(H)和迟角(g),浅水改正(S. W. corrections)数据;每两页的右下页还提供了平均海面和调和常数的季节改正(seasonal changes in mean level and harmonic constants),以便利用简化的调和常数法预报潮汐。

第二至四卷其后还印有“关于潮流的调和常数”(Part Ⅲa Harmonic Constants for Tidal Streams),以便利用简化的调和常数法预报潮流。

3. 其他内容

(1)索引

①主港索引(Index to standard ports)。印于各卷最前页,按港名字母顺序排列,给出主港预报资料所在页数。港名前注有“*”号者,是指有该港每小时潮汐预报资料。

②地理索引(Geographical index)。印在各卷卷末,按主、附港名字母顺序排列,给出编号;如系附港,则给出编号,以便用此编号在第Ⅱ和第Ⅲ部分中查取该港的有关资料,其中主港名用黑体字印刷。

③求任意时潮高曲线图(For finding the height of the tide at times between high and low water)。这是根据潮汐涨落的运动近似为余弦曲线的原理制成的曲线图,分为两种。一种为专用曲线图,是与港口潮汐涨落性质符合的曲线图,在第一卷和第二卷除威尼斯外的欧洲水域主港和一些比较特殊的附港每港提供一张,主港曲线供求该主港和其附港任意潮时和潮高使用,特殊附港曲线供该附港单独使用。另一种为通用曲线,在第三、四卷中每卷各提供一张,供求该卷所有港口的任意潮时和潮高;第二卷也给出与第三、四卷相同的曲线图,供不能用专用曲线图的港口使用。通用曲线计算结果与我国《潮汐表》中的梯形图卡基本相同,可以互用。曲线图的详细情况和使用方法见本节第二部分。

(2)辅助用表(Supplementary tables)

表Ⅰ:米和英尺换算表(Conversion table:metres to feet)。

表Ⅱ:乘积表(Multiplication table),该表顶端引数为主(附)港的潮差(Range),左边引数是由任意潮时和潮高曲线图查得的系数(Factor)。乘积表所列数值为潮差与系数的乘积(即

潮高改正数 Δh），精确到小数点后一位，如要求更精确需自行计算。

表Ⅲ：英国以米为单位的海图基准面相对于法定基准面的高度（Height in metres of charts datum relative to ordnance datum in the United Kingdom）（注：仅第一卷有该表）。

表Ⅳ：英国以外国家以米为单位的海图基准面相对于陆地平面系统的高度（Height in metres of chart datum relative to the land levelling system in countries outside the United Kingdom）（注：仅第一、二卷有该表）。

表Ⅴ：潮面资料（Tidal levels），分为两部分。

第一部分为主港以米为单位的潮面表（Tidal levels in metres at standard ports）及相应解释，列出了各主港最低天文潮面（*LAT*）、平均大潮低潮面（*MLWS*）、平均小潮低潮面（*MLWN*）、平均海面（*MSL*）、平均小潮高潮面（*MHWN*）、平均大潮高潮面（*MHWS*）、最高天文潮面（*HAT*）等潮面在海图基准面上的高度（单位：m），以及负责观测和预报的主管国家机构、观测年份。该表中，当潮面高度为"＋"时，表示该潮面在海图基准面上；为"－"时表示在海图基准面下；为"0"时表示该面即海图基准面。由该表可以了解海图基准面（即表中潮高基准面）至平均海面的距离，还可以了解海图基准面与其他潮面的关系，从中可以看出该港海图基准面是否过高或过低，引起对当地海图水深可能会出现大于实际水深情况的注意。对于具有日潮或混合潮性质的主港，则用平均低低潮（*MLLW*）、平均高低潮（*MHLW*）、平均低高潮（*MLHW*）和平均高高潮（*MHHW*）潮面来表示。

第二部分为附港以米为单位的最高天文潮面高度表。

表Ⅵ：两周一次的浅水改正（Fortnightly shallow water correction）。

表Ⅶ：潮角和潮汐因子（Tidal angles and factors）。

表Ⅷ：轨道因素（Orbital elements）。

表Ⅵ～表Ⅷ在使用调和常数法预报潮汐时使用。

（3）改正资料

各卷《潮汐表》自付印之后的补遗和勘误等改正资料，均发布于《航海通告年度摘要》第1号通告之中。该通告为"英版潮汐表的补遗和勘误"（Admiralty tide tables—Addenda and corrigenda），并且亦应注意附在潮汐表中的勘误表。

各卷卷首还刊有前言（Preface）、目录（Contents）、绪论（Introduction）和用法说明（Instructions for the use of tables）等。

二、利用英版《潮汐表》进行潮汐推算

1. 主港潮汐

可从"主港索引"查得所求港潮汐预报资料在表中的页数，然后翻到此页，即可查到所求日的高、低潮潮时和潮高，还可查得第一卷部分主港的逐时潮高。如船时与表列区时不一致，则应进行改正。

2. 附港潮汐

（1）计算公式

$$\text{附港高(低)潮时} = \text{主港高(低)潮时} + \text{高(低)潮潮时差} \tag{3-1-18}$$

$$\text{附港潮高} = \text{主港潮高} - \text{主港平均海面季节改正} + \text{潮高差} + \text{附港平均海面季节改正} \tag{3-1-19}$$

计算时，首先在“地理索引”中查取附港的编号，根据编号在“用于预报附港潮汐的潮时差和潮高差表”中查取该附港的主港、潮时差、潮高差和主、附港的平均海面季节改正，然后根据得出的主港名称在“主港潮汐预报表”中查取主港相关的高(低)潮时和潮高，从而利用式(3-1-18)和式(3-1-19)求出附港的潮汐。计算时应注意全部四卷中的表列潮高差、第一卷各港和第二卷欧洲港口表列潮时差需经内插求取，潮高差内插时应注意所用的主港潮高是经过季节改正的潮高。

(2)计算举例

例 3-1-13：试求英国格拉斯哥(Glasgow)港2014年7月1日高(低)潮的潮时、潮高。

解：根据该港的位置，应使用英版《潮汐表》第一卷推算潮汐，具体步骤如下：

①从“地理索引”中查得 Glasgow 的编号为407，根据该编号在“用于预报附港潮汐的潮时差和潮高差”表中查得资料如下：

No.	Place	Lat. N.	Long. W.	Time differences High	Water	Low	Water	Height differences (in meters) MHWS	MHWN	MLWN	MLWS	M. L Z_0 m.
				Zone U. T. (G. M. T.)								
404	**GREENOCK** (see page 138)			**0000** and **1200**	**0600** and **1800**	**0000** and **1200**	**0600** and **1800**	**3.4**	**2.8**	**1.0**	**0.3**	
......												
407	Glasgow · · ·	55 51	4 16	0025	0015	0035	0105	+1.4	+1.1	+0.8	+0.4	2.92

SEASONAL CHANGES IN MEAN LEVEL

No	Jan.1	Feb.1	Mar.1	Apr.1	May 1	June 1	July 1	Aug.1	Sep.1	Oct.1	Nov.1	Dec.1	Jan.1
399–407	+0.2	+0.1	0.0	–0.1	–0.1	–0.1	–0.1	–0.1	0.0	0.0	+0.1	+0.2	+0.2

从资料中可以得出 Glasgow 的主港是 GREENOCK，编号为404，资料从第138页开始；如果主港高潮时为0000或1200，附港高潮时差为0025；如果主港高潮时0600或1800，附港高潮时差为0015；如果主港低潮时为0000或1200，附港低潮时差为0035；如果主港低潮时为0600或1800，附港低潮时差为0105；与主港高潮高3.4 m和2.8 m对应的附港高潮潮高差分别为1.4m和1.1 m；主港低潮高为1.0 m和0.3 m对应的附港低潮潮高差分别为0.8 m和0.4 m；附港平均海面高度为2.92 m，主、附港的平均海面季节改正均为 –0.1 m。

② 翻至第140页，查得 GREENOCK 港7月1日高、低潮资料如下：

	Time	m
	0220	3.5
1	0753	0.4
TU	1503	3.1
	2020	0.5

③根据主港资料，在“用于预报附港潮汐的潮时差和潮高差”表中内插求取潮时差和潮高差。内插方法是线性内插，对于较简单的情况可采用目视线性内插。

潮时差:因为当主港高潮发生在0000和1200时,附港的高潮时差为0025,当主港高潮发生在0600和1800时,附港的高潮时差为0015,所以主港高潮时为0220所对应的附港潮时差为:

$$潮时差 = (0025) + \frac{0220 - 0000}{0600 - 0000} \times [(0015) - (0025)] \approx 0021$$

主港高潮时为1503所对应的附港高潮时差为:

$$潮时差 = (0025) + \frac{1503 - 1200}{1800 - 1200} \times [(0015) - (0025)] \approx 0020$$

同理可求出主港低潮时0753和2020所对应的附港的低潮时差分别为0055和0053。

潮高差的求取方法和潮时差的求取方法一样,本题中主港高潮潮高[3.5 - (-0.1)] = 3.6 m和3.2 m对应的潮高差分别为1.5 m和1.3 m,主港低潮潮高0.5 m和0.6 m对应的潮高差分别为0.4 m和0.5 m。

④ 计算附港的高(低)潮高和潮时。可采用竖式计算格式,以下采用英版《潮汐表》的"潮汐预报表格"(该表格以正式出版物形式出版,书号为NP204)格式进行计算,表格式样和计算步骤如下:

TIDAL PREDICTION FORM

STANDARD PORT *GREENOCK* TIME/HEIGHT REQUIRED *ALL*

SECONDARY PORT *Glasgow* DATE *1st July 2014* TIME ZONE *UT(G.M.T.)*

	TIME		HEIGHT		
	HW	LW	HW	LW	RANGE
STANDARD PORT	1 0220 1503	2 0753 2029	3 3.5 3.1	4 0.4 0.5	5
Seasonal change	Standard port		6 −0.1	6 −0.1	
DIFFERENCES	7 0021 0020	8 0055 0053	9 1.5 1.3	10 0.4 0.5	
Seasonal change	Secondary port		11 −0.1	11 −0.1	
SECONDARY PORT	12 0241 1523	13 0848 2122	14 5.0 4.4	15 0.8 1.0	
Duration	16				

a. 将与求附港潮汐问题有关的主港的高潮时填入第1栏,低潮时填入第2栏;高潮潮高填入第3栏,低潮潮高填入第4栏。

b. 将主港和附港的平均海面季节改正分别填入第 6 栏和第 11 栏。

c. 将附港的各高潮潮时差、低潮潮时差、高潮潮高差和低潮潮高差按照与主港的各高潮时、低潮时、高潮潮高和低潮潮高的一一对应关系分别填入第 7、8、9、10 栏。

d. 将第 1 栏的主港高潮时和第 7 栏的附港高潮潮时差对应相加得附港的高潮时并填入第 12 栏；将第 2 栏的主港低潮时和第 8 栏的附港低潮潮时差对应相加得附港的低潮时并填入第 13 栏。

e. 将第 3 栏的主港高潮潮高减去第 6 栏的主港平均海面季节改正后和第 9 栏的附港高潮潮高差对应相加，然后再加上第 11 栏的附港的平均海面季节改正，得出附港的高潮潮高填入第 14 栏；采用同样的步骤可由第 4 栏的主港低潮潮高求出附港的低潮潮高填入第 15 栏。

f. 如果需要潮高差值和涨(落)潮时间，可将其求出，并将潮潮差值填入第 5 栏，将涨(落)潮时间填入第 16 栏。

计算结果如表格中所示。

例 3-1-14：求韩国釜山港(Busan)2014 年 10 月 1 日的高(低)潮高和潮时。

解：按与上例同样的步骤在英版《潮汐表》第四卷中查得附港釜山的潮汐资料如下：

				Time differences		Height differences (in meters)				M. L
No.	Place	Lat.	Long.	MHW	WLW	MHWS	MHWN	MLWN	MLWS	Z_0
		N.	W.	(**Zone** -0900)						m.
7280	CHANGJIANG APPROACHES (LUHUADAO)	(see page 126)				**4.3**	**3.3**	**2.0**	**0.9**	
……										
7566	Busan …	35 06	129 02	-0150	-0137	-3.1	-2.4	-1.6	-0.8	0.65

……

SEASONAL CHANGES IN MEAN LEVEL

No.	Jan. 1	Feb. 1	Mar. 1	Apr. 1	May 1	June 1	July 1	Aug. 1	Sep. 1	Oct. 1	Nov. 1	Dec. 1	Jan. 1
7280	-0.1	-0.2	-0.2	-0.1	0.0	0.0	0.0	+0.1	+0.2	+0.2	+0.1	0.0	-0.1
7534 ~ 7566	-0.1	-0.1	-0.1	-0.1	0.0	0.0	+0.1	+0.1	+0.1	+0.1	0.0	-0.1	-0.1

主港长江口(Luhuadao)潮汐资料如下：

	Time	m
	0122	3.7
1	0754	1.6
W	1420	4.0
	2104	2.1

内插求取附港潮高差如下：

由于主港高潮潮高 4.3 m 和 3.3 m 所对应的附港潮高差分别是 −3.1 m 和 −2.4 m，所以该日主港高潮潮高 3.5m 所对应的附港高潮潮高差为 −2.4 m，3.8 m 所对应的附港高潮潮高差为 −2.8m；由于主港低潮潮高 2.0 m 和 0.9 m 所对应的附港低潮潮高差分别是 −1.6 m 和 −0.8 m，所以该日主港低潮潮高 1.4 m 和 1.9 m 所对应的附港低潮潮高差分别为 −1.2 m 和 −1.7 m。

附港釜山的高（低）潮潮时和潮高计算如下：

TIDAL PREDICTION FORM

STANDARD PORT *CHANGJIANG APPROACHES(LUHUADAO)* TIME/HEIGHT REQUIRED *ALL*

SECONDARY PORT *Pusan* DATE *1st Oct 2014* TIME ZONE *−0900*

	TIME		HEIGHT		
Standard port	HW	LW	HW	LW	RANGE
STANDARD PORT	1 0122 1420	2 0754 2104	3 3.7 4.0	4 1.6 2.1	5
Seasonal change	Standard port		6 0.2	6 0.2	
DIFFERENCES	7 −0150 −0150	8 −0137 −0137	9 −2.4 −2.8	10 −1.3 −1.5	
Seasonal change	Secondary port		11 0.1	11 0.1	
SECONDARY PORT	12 2332(30/9) 1230	13 0617 1927	14 1.2 1.1	15 0.2 0.5	
Duration	16				

3. 求任意时的潮高和任意潮高的潮时

求任意时的潮高和任意潮高的潮时的方法除了前面介绍过的计算公式和梯形图卡外，利用英版《潮汐表》中提供的“求任意时潮高曲线图”也是一种方便的方法，特别是第一卷的曲线图针对不同主港和特别的附港给出，其精度也是较高的。以下利用实例解释该曲线图的使用方法。

例 3-1-15：求英国格拉斯哥（Glasgow）港 2014 年 7 月 1 日 0241 至 0848 间潮高为 3.0m 的时间和 0700 的潮高。

解：由于 Glasgow 的主港是 GREENOCK，所以利用 GREENOCK 的曲线图进行求解。该曲线图位于 GREENOCK 港资料的首页，如图 3-1-16 所示。曲线图的左边上、下横坐标是标示潮高的坐标轴，上边标高潮潮高，下边标低潮潮高；曲线图的右边是潮汐涨落曲线，其下是潮时坐标；潮汐涨落曲线的中线上的数字为求任意时潮高用的系数（factor）。第一卷各港的曲线图的涨落潮曲线共有两条,实线为大潮曲线,虚线为小潮曲线。大潮和小潮的潮差在图的右上方给出。在求任意潮高和潮时时,如果当时潮差等于或接近大潮潮差,则利用大潮曲线;如果当时潮差等于或接近小潮潮差,则利用小潮曲线。其他情况在二曲线间内插,不要外推。并且用主港曲线求附港任意潮时和潮高潮汐需要内插时,需要用主港潮差确定内插点。

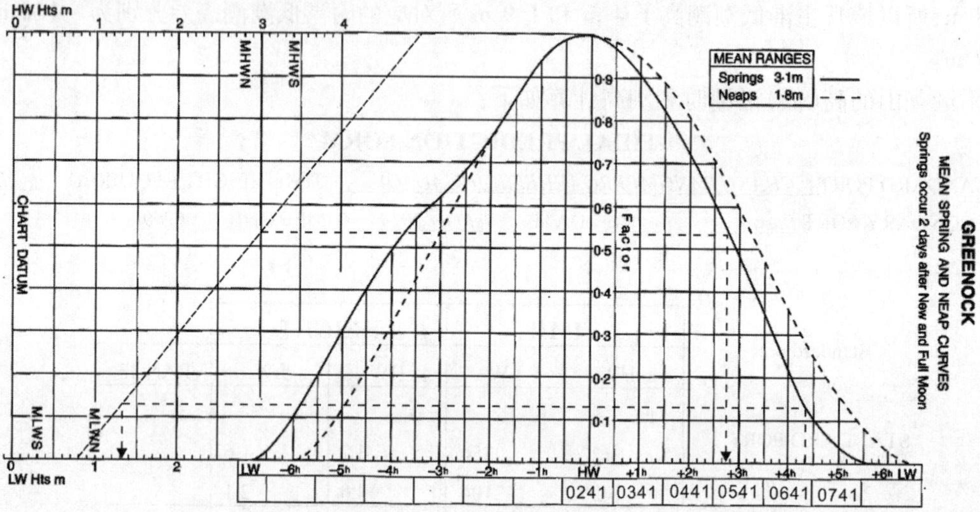

图 3-1-16　Glasgow 港求任意时潮高用曲线图

由例 3-1-13 中可以看出本题的两个问题是位于从 0241 至 0848 的落潮过程中,高、低潮高分别为 5.0 m 和 0.8 m。基于该高(低)潮潮时和潮高,计算步骤如下:

①在曲线图左边上横坐标 5.0 m 点和下横坐标 0.8 m 点间连一辅助线。在潮时坐标高潮(HW)下的方格内填入高潮时 0241,因是落潮,故再向右每间隔 1 h 的空格内填入相应时间至能将所求问题的时间包括在内为止。

②从图左部分上(或下)横坐标的 3.0 m 处向下(或向上)引一垂线交辅助线后水平向右引至与大潮曲线处(本例问题对应的主港潮差为 3.1 m, 而大、小潮曲线所代表的潮差分别为 3.1 m和 1.8 m),再由此处竖直向下引直线交潮时坐标轴于一点,此点便为潮高为 3.0 m 的潮时:0528。

③从潮时坐标 0700 向上引竖直线至大潮曲线,再从此点水平向左引直线交辅助线后向上(或向下)作竖直线交潮高坐标轴于一点,该点坐标便为 0700 的潮高:1.32 m。

此外,从横直线与潮汐曲线中线的交点可得出系数,0700 的系数为 0.13,用此系数乘以潮差(4.2 m)可得出潮高改正值(也可以在乘积表表Ⅱ中利用该系数和潮差作引数查出)为 0.55 m,该值和低潮高相加即为所求 0700 的潮高 1.35 m。

例 3-1-16:求韩国釜山港 2014 年 10 月 1 日 1000 的潮高。

解:该题应利用英版《潮汐表》第四卷提供的曲线图求解。该曲线图如图 3-1-17 所示,与第一卷曲线图不同点在于其不是给出大、小潮曲线,而是给出涨落潮时间为 5 h、6 h、7 h 的三条曲线,以适应不同港口使用。

从例 3-1-14 中可以得出 1000 位于 0617 ~ 1230 的涨潮过程中,0617 的潮高为 0.2 m,1230 的潮高为 1.1 m。参考上例中求潮高的方法(注意:由于是涨潮过程,标注潮时时,以高潮时为基准向左标注;由于涨潮时间为 6 h 13 min 应在 6 h 和 7 h 两曲线间做适当内插)可以求出

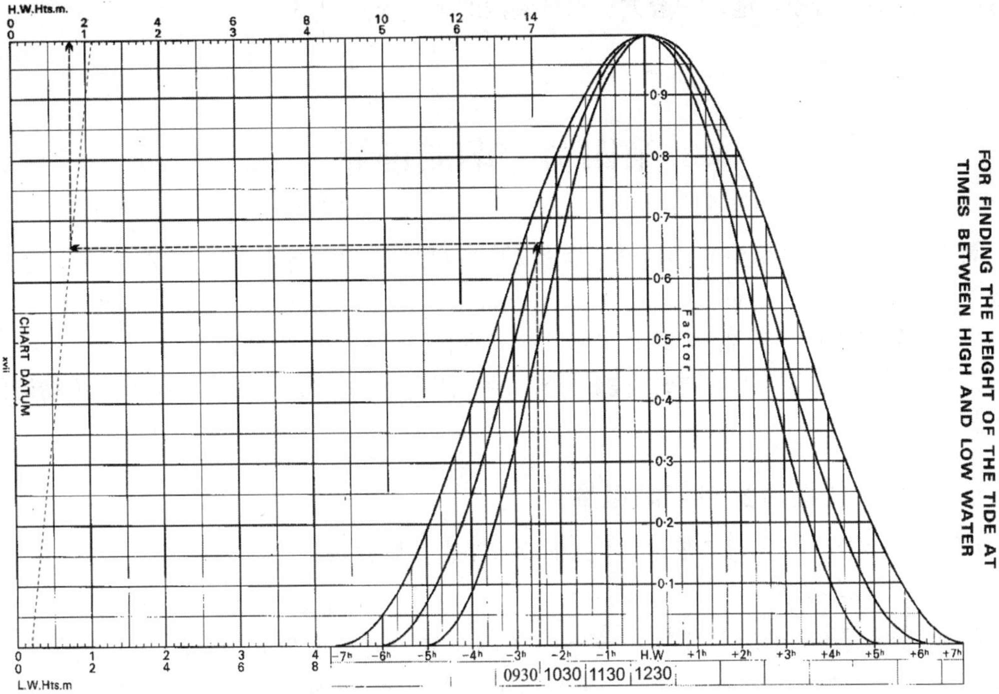

图 3-1-17　求任意时潮高用曲线图

1000 的潮高为 0.8 m。

通用曲线图只适合于涨(落)潮时为 5 h 至 7 h 之间且没有浅水改正的情况,如条件不满足,必须使用调和常数法求取,这一点在使用中应注意。

三、简化的调和常数潮汐推算法

使用调和常数推算潮汐,即利用事先通过实测和分析得出的各分潮的调和常数,求出各个分潮后再叠加,从而得出某时的潮汐。《潮汐表》的第Ⅲ部分即调和常数部分,提供了平均海面和 4 个主要分潮的调和常数,分潮振幅的平均值和分潮迟角。附表 7 提供了该 4 个主要分潮的节点因数和天文相角,并相对于其他分潮进行了修正,使得利用 4 个主要分潮求得的潮汐的精度得到很大提高。如果再将附表 6 提供的浅水改正和季节改正数据加以考虑,潮汐推算的精度将达到利用 36 个分潮进行推算的精度。

利用调和常数推算潮汐的方法即根据分潮叠加的数学公式进行解算,最适合于利用计算机编程,或利用计算器并结合一定的步骤和简化算法进行解算。《潮汐表》中介绍了这种算法并通过举例进行了说明。英国水道测量部开发了这种方法的计算机软件——基于微软视窗环境的简化调和常数潮汐计算程序(SHM FOR WINDOWS),其编号为 DP560。软件以光盘版形式出版发行,长期可用。使用时,操作者将潮汐表给出的调和常数按要求输入,即可以图形方式给出长达 7 天的连续潮汐,并可对结果打印输出。

利用调和常数推算潮汐的精度取决于所使用的分潮的数量,所取分潮越多计算越复杂,相反,计算就越简单,《潮汐表》所提供的调和常数只能达到 36 个分潮的精度,小于主港潮汐预报表所给的利用 100 多个分潮的精度,而且计算很复杂。所以,对于缺乏较先进计算手段的船舶，这种方法只适合于不能用一般方法求算潮汐的地点求潮汐用。

第四节　潮流推算

潮流（tidal stream）即海水周期性垂直运动的同时产生的海水周期性的水平方向的流动。潮流分为往复流（alternating current，rectilinear current）和回转流（rotary current）两种。往复流为受地形的影响而产生的涨、落潮流向相反或基本相反的潮流。回转流为在一个潮汐周期内，潮流流向随时间顺时针（或逆时针）变化 360°，流速也随时间变化的潮流。本节介绍潮流的推算问题。

一、海图上的潮流资料与潮流推算

海图上利用图式给出潮流资料，潮流推算基于这些图式进行。

1. *往复流潮流推算*

海图上，涨潮流的潮流图式为 ⫽⫽⫽ 3 kn →，落潮流的潮流图示为 3 kn →，其中箭矢的方向为流向，箭矢上的数字为流速数据。如果只给出一个数字，则为大潮日最大流速；如果给出两个数字，则较大的数字为大潮日最大流速，较小的数字为小潮日最大流速。基于这些数字和潮流与潮汐的变化同样的规律，可以求出每天的最大流速。一般认为大潮前后一两天内当日最大流速都与大潮日最大流速相同；小潮前后一两天内的当日最大流速都与小潮日最大流速相同；其他数天内的当日最大流速可以取大、小潮最大流速的平均值，近似计算公式为：

$$\begin{aligned}\text{平均最大流速} &= \frac{1}{2}(\text{大潮最大流速} + \text{小潮最大流速})\\ &\approx \frac{3}{4}\text{大潮最大流速}\\ &\approx \frac{3}{2}\text{小潮最大流速}\end{aligned} \tag{3-1-20}$$

在仅知道大潮最大流速时，一般取小潮最大流速为大潮最大流速的一半。

知道当日最大流速后，便可以根据潮流的变化规律求取具体时间的潮流流速。往复流流速随时间变化的规律是：在转流时流向不定，流速很小，可视为 0 kn；转流以后流速逐渐由小增大，到相邻两次转流时间的中间时刻，流速达到最大；以后又逐渐变小，至下次转流时间流速又降至 0 kn。我们可将流速的这种变化规律近似地以正弦函数曲线来描述，如图 3-1-18 所示。纵坐标为流速 v，横坐标为时间 t。设当天最大流速为 v_m，涨（落）潮流持续时间为 T，任意时 t 与它前面的转流时间间隔为 ΔT，任意时的流速为 v，则

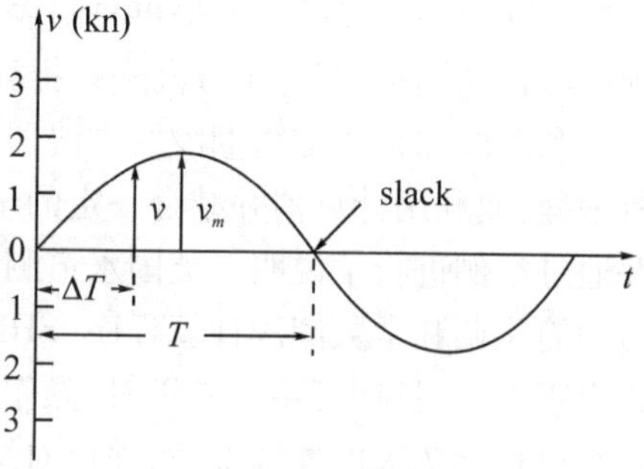

图 3-1-18　流速变化曲线

$$v = v_m \sin \frac{\Delta T}{T} 180° \tag{3-1-21}$$

可见,只要知道 v_m,T 和 ΔT,即可求得任意时的潮流流速。

例 3-1-17:中国沿海某地往复流图式为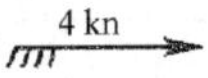,涨(落)潮时间 6 h,求该处农历初六涨潮流 1 h 30 min 的流速。

解:中国沿海农历上半月大潮日一般发生在初三,初六当日的最大流速为:

$$v_m = \frac{3}{4} \times 4 = 3\ (\text{kn})$$

涨潮流 1 h 30 min 的流速为:

$$v = v_m \sin \frac{\Delta T}{T} 180° = 3 \times \sin(\frac{90}{360} \times 180°) = 3 \times 0.707\ 106\ 781 \approx 2.1\ (\text{kn})$$

对于半日潮性质的地点,一天内流速的变化,可以认为涨潮流和落潮流的持续时间都约为 6 h。一般可以运用 1,2,3,3,2,1 的简谐运动规律来近似估算任意时潮流流速,其方法是:

转流后 1 h 内的平均流速是当日最大流速的 1/3;

转流后 1 ~2 h 内的平均流速是当日最大流速的 2/3;

转流后 2 ~3 h 内的平均流速等于当日最大流速;

转流后 3 ~4 h 内的平均流速等于当日最大流速;

转流后 4 ~5 h 内的平均流速是当日最大流速的 2/3;

转流后 5 ~6 h 内的平均流速是当日最大流速的 1/3。

转流时间并不都是在高潮时和低潮时,在某些海区,转流时间往往发生在高低潮后 3 ~4 h,因此必须查阅《航路指南》、《潮汐表》和海图等航海资料,掌握转流时间。

例 3-1-18:用以上近似方法求取上例的问题。

解:转流后 1 h 30 min 位于转流后 1 ~2 h 之间,流速为当日最大流速的 2/3,即为 2 kn。

2. 回转流潮流推算

在航用海图上,回转流的资料用两种方式给出:回转潮流图和回转潮流表。图 3-1-19 为黄海某处的回转流图,中心地名表示主港港名,最外圈数字表示不同时间:0 表示主港高潮时,1,2,3…表示主港高潮前第 1 h,2 h,3 h…;Ⅰ,Ⅱ,Ⅲ…表示主港高潮后第 1 h,2 h,3 h…;数字所对应的箭矢为该时的潮流情况,箭矢的方向即流向;箭矢顶部的数字表示流速,较大的数字是大潮流速,较小的数字是小潮流速。表 3-1-1 是回转潮流表的例子,回转潮流表的使用是为了海图的清晰,它一般印在海图标题栏或不影响船舶航行的位置,仅在潮流发生处用符号Ⓐ,Ⓑ…表示表列潮流发生的位置。

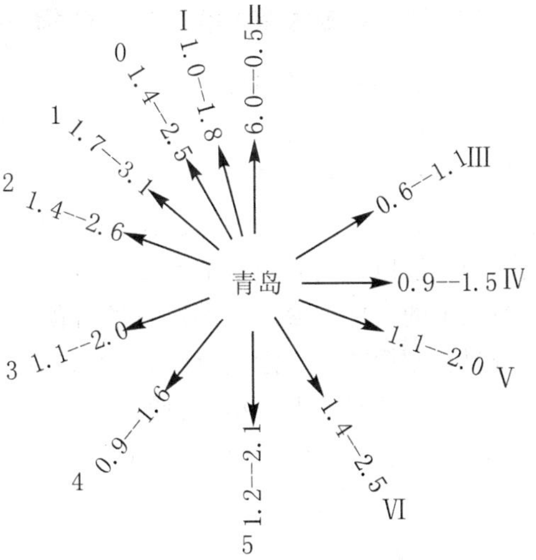

图 3-1-19 回转流图式

回转流的流向可以根据主港高潮时和实际航行时间的关系、图中箭矢代表的方向或表中给出的方向得出,如果时间不正好是图中或表中的时间,可以进行内插求取。回转流的流速,可以根据航行日期和大潮日、小潮日的关系,参考往复流中求取每日最大流速的规律,根据图中或表中给出的大潮流速和小潮流速求取。

表 3-1-1　回转流表

Hours		Ⓐ 51°20′.3N 1°34′.3E			Ⓑ 51°15′.0N 2°14′.0E		
		D_{trn}	Rate(kn) sp.	Rate(kn) np.	D_{trn}	Rate(kn) sp.	Rate(kn) np.
Before HW Dover	6	199°	2.0	1.2	248°	0.9	0.5
	5	204	2.6	1.5	236	1.6	0.8
	4	208	3.1	1.7	231	1.9	0.9
	3	213	2.8	1.5	225	1.7	0.7
	2	222	1.5	0.8	214	1.2	0.4
	1	357	0.8	0.5	166	0.5	0.2
HW		015	2.5	1.4	075	0.7	0.5
After HW Dover	1	023	3.2	1.8	058	1.5	0.8
	2	029	2.9	1.6	052	1.8	0.9
	3	044	2.2	1.3	045	1.7	0.8
	4	059	1.2	0.7	039	1.3	0.5
	5		Slack		006	0.5	0.2
	6	197	1.4	0.8	260	0.7	0.4

二、我国《潮汐表》的“潮流预报表”与潮流推算

1. *潮流预报表的内容*

我国《潮汐表》第一册至第三册中的“潮流预报表”给出了我国一些重要水道、港湾和渔场等的潮流资料。对于往复流性质的地点,逐日给出转流时间、最大流速时刻以及相应的最大流速;对于回转流性质的地点,给出潮流回转一周(大约一个潮汐周期)过程中的两个极大值和两个极小值以及与其对应的时刻和流向。第四册中的“潮流预报表”只刊载了日潮潮流较大的海区中的一些重要地点的逐日潮流预报,对于以半日潮潮流为主的海区,应利用海图上刊载的资料和专用的半日潮潮流图表,根据某一主港的潮汐预报推算临近水域的潮流。每册均在每一页预报资料的上方给出:预报位置,经纬度,流速资料中的“+”、“-”号所代表的具体流向,预报年度和该地的标准时。第四册还在每页的下方说明了预报值中是否包含海流。

2. *潮流推算方法*

(1)往复流

往复流流速可根据表中给出的数据,利用式(3-1-21)求取。

例 3-1-19:求成山角 2014 年 7 月 3 日 0800 的流向和流速。

解:从 2014 年我国《潮汐表》的“潮流预报表”中查得成山角 7 月 3 日的潮流资料为:

7 月			
	转流	最大流	
3	时分	时分	流速
TH	0013	0329	-1.9
	0641	0937	1.8
	1246	1548	-1.5
	1847	2148	1.7

资料中的“+”表示流向343°,“-”表示流向163°,流速单位为kn。

由于0800在0641和1246两次转流之间,0900的流向为“+”,即343°,又由于该方向最大流速为1.8 kn(发生在0937),故0800的流速为:

$$v = 1.8 \times \sin\left(\frac{0800 - 0641}{1246 - 0641} \times 180°\right) \approx 1.13\ (\mathrm{kn})$$

即0800的流向为343°,流速为1.13 kn。

根据以上原理,我国《潮汐表》第一册至第三册中编制了附表“求任意时刻潮流用表”,并提供了使用说明和具体实例。

(2)回转流

对于回转流,由于“潮流预报表”中给出了一个回转周期内的两次极大值和两次极小值的流向和流速,其他时间的流向和流速可在其间内插求取。

三、英版《潮汐表》中的“潮流表”与潮流推算

1. 英版《潮汐表》中的潮流表

英版《潮汐表》中仅针对某些重要而且潮流周日不等现象显著的区域编制潮流表。由于欧洲大部分水域的潮流和潮汐均具有半日潮性质,可以基于海图上的潮流资料并参照主港的潮汐资料推算潮流,因此英版《潮汐表》第一、二卷没有编制“潮流表”,仅在第三、四卷中对某些重要而且潮流周日不等现象显著的地方编制了“潮流表”。潮流表资料的具体编排与我国《潮汐表》第四册的“潮流预报表”的编排基本一样,所不同的是在表的开头给出了包括半日潮、日潮和混合潮等四种类型的典型潮流曲线,以便于对不同类型潮流的解释和理解。

除了潮流表外,英版《潮汐表》第二、三、四卷中还印有“关于潮流的调和常数”,供用简化的调和常数法推算潮流。

2. 潮流推算

由于“潮流表”中所预报的各地的潮流均不具备半日潮的特性,在根据其提供的资料推算潮汐时,应利用式(3-1-21)计算任意时的潮流。但应注意,如果预报数据中包括有海流的成分,计算时应在最大流速的取值中将海流减去后计算出任意时的潮流的大小,再与海流矢量合成求出当时的总流速和流向;对于不同类型的潮流特点也可采用参考书中给出的潮流曲线描绘所求日期潮流曲线的方式求取任意时间的潮流。

用“关于潮流的调和常数”推算潮流的方法与利用潮高的调和常数计算潮高的方法相似,即潮汐预报的简化的调和常数法,只要计算中将潮高的调和常数换为潮流的调和常数,将以米(m)为单位的平均海面作为以节(kn)为单位的海流(恒流),将以米(m)为单位的潮高作为以节(kn)为单位的潮流流速即可。有条件的船舶,也可以使用数字潮汐表进行潮流推算。

第五节　数字潮汐

随着潮汐潮流测量技术、计算机技术、信息处理技术和网络技术的发展，港口潮汐潮流的数字测量与数据采集、传输、预报以及和船舶航行参数结合指导航行的数字潮汐时代已经到来。目前，根据潮汐推算数据的获取方式，数字潮汐技术可以分为两大类。第一类为数字潮汐表，其是纸质版潮汐表的数字化和发展，将通过历史测量得出的调和常数和相关数据存入计算机，潮汐的推算由计算机完成，并结合船舶尺度参数解算船舶通过浅滩或高空障碍物的通过时机。第二类为海洋环境数据实测、采集、预报与发送系统，由于这种技术所得出的是基于包括气象要素、潮汐潮流的实际测量的即时数据，进行分析和建模并进行区域潮汐潮流的实报与预报，因此更符合船舶航行时的实际情况，精度更高。

一、数字潮汐表

数字潮汐表即基于调和常数完成潮汐推算，并将潮汐数据和船舶吃水与高度结合解算船舶安全通过浅滩、高空障碍物的计算机软件。目前，国际上这种软件有多种，其提供的数据的精度与所使用的调和常数的多少有关系。根据船舶使用的具体情况，以下仅对英国水道测量局出版的数字潮汐表进行介绍。

英国水道测量局出版的数字潮汐表有两种，一种供符合国际海上人命安全公约要求的船舶使用，另一种为网络版潮汐表，供需要这种资料用户使用。

1. 英版数字潮汐表——Admiralty TotalTide（完整潮汐）

（1）概况

TotalTide 是英国水道测量局出版的数字出版物（ADP：Admiralty Digital Publications）的一种，发行载体为光盘和网络。该数字潮汐表设计上主要适合于受国际海上人命安全公约约束的船舶使用。目前，国际上已经有 70 多个国家认可其在满足所规定的条件时可以替代纸质版《潮汐表》，替代纸质版的相关问题详见本书第三篇第三章第八节。

该《潮汐表》包括计算程序和将全球划分为 7 个数据区 7 000 多个港口潮汐和 3 000 多个地方的潮流的数据，每年更新。所使用的调和常数和计算方法与纸质版一样，预报精度也一样。7 个数据区如图 3-1-20 所示。

数据区 1 包括海域 1 ~ 4：欧洲、北部水域与地中海（Europe，Northern Waters and Mediterranean）；

数据区 2 即海域 5：印度洋北部与红海［Indian Ocean（northern part）and Red Sea］；

数据区 3 即海域 6：新加坡至日本（Singapore to Japan）；

数据区 4 即海域 7：澳大利亚、婆罗洲和菲律宾（Australia，Borneo and Philippines）；

数据区 5 即海域 8：太平洋（Pacific Ocean）；

数据区 6 即海域 9：北美东海岸和加勒比海［North America（east coast）and Caribbean］；

数据区 7 即海域 10：南大西洋和印度洋南部［South Atlantic and Indian Ocean（southern part）］。

使用者可以利用购买数据区授权的方式获取该《潮汐表》的一张包括推算软件和7个数据区数据的光盘,或从英国水道测量局网站下载完整内容后购买数据区授权的方式使用该潮汐表;购买的数据区可以根据需要选择,此后,如果需要其他数据区数据,仅购买授权扩充数据区即可。授权包括一个安装码和两个激活码(一个主激活码和一个备用激活码),即一个授权可以安装两台机器;激活码是为了控制所授权的数据区数据不能在其他机器上使用。

该数字《潮汐表》的改正每周一次,可以通过网络下载更新。如果没有条件进行网络更新,则可以使用更新光盘进行,更新光盘每半年出版一次。

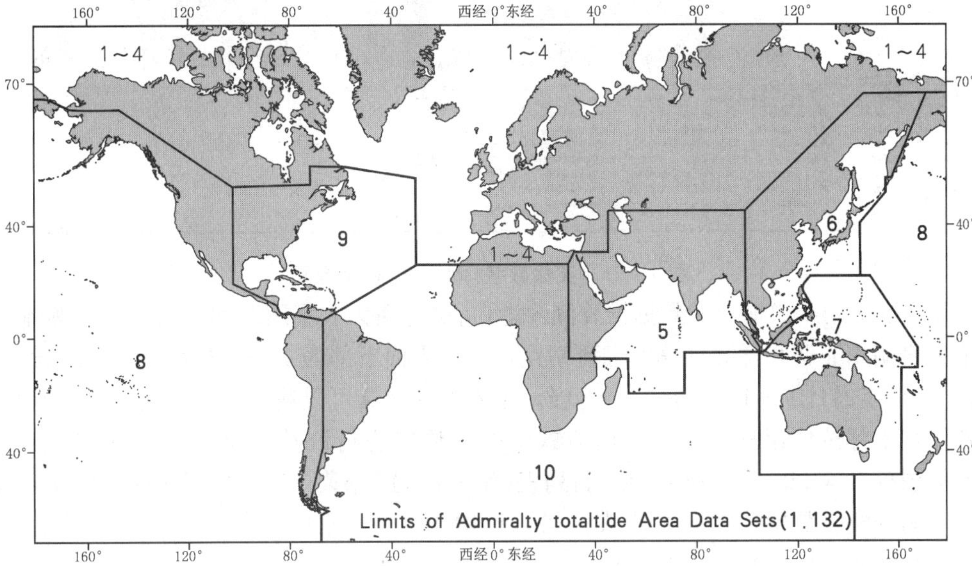

图3-1-20 光盘版潮汐表数据区

该数字《潮汐表》除了包含纸质版《潮汐表》的所有内容外,还可以利用使用者提供的调和常数进行潮汐预报;功能除了纸质版《潮汐表》的潮汐、潮流预报外,还包括过浅滩和横空障碍物的航行计算。

(2)使用方法

英版数字《潮汐表》提供用户交互查询的视窗程序界面,使用简单快捷。

① 潮汐表界面

英版数字《潮汐表》的界面分为四个操作区域(如图3-1-21所示)和状态栏:

a. 菜单与工具栏区给出了设置、使用潮汐表的菜单[文件(File)、编辑(Edit)、视图(View)、窗口(Windows)和帮助(Help)]和工具按钮(比例尺改变、显示选定区、推算时间控制、推算时间修改、文本查询框、地理位置查询组件等)。

b. 数据选择区(Filters)用于在所有购买的数据区中选择使用的数据区域,屏蔽掉不使用的区域。

c. 列表区(List View)列出所有可用的潮汐和潮流站点。

d. 海图显示区(Chart View)以图形方式给出潮汐和潮流站点。数据选择区的各项操作用鼠标左键点击、右键菜单控制实现。用鼠标左键点击列表区和海图显示区给出的站点的名称或符号即可进行潮汐和潮流的查询;其中,用不同颜色的方形标记表明各站点的性质;红色方块表示主港,蓝色方块表示附港,黄色方块表示非调和常数计算的附港,黄色方块上加一个

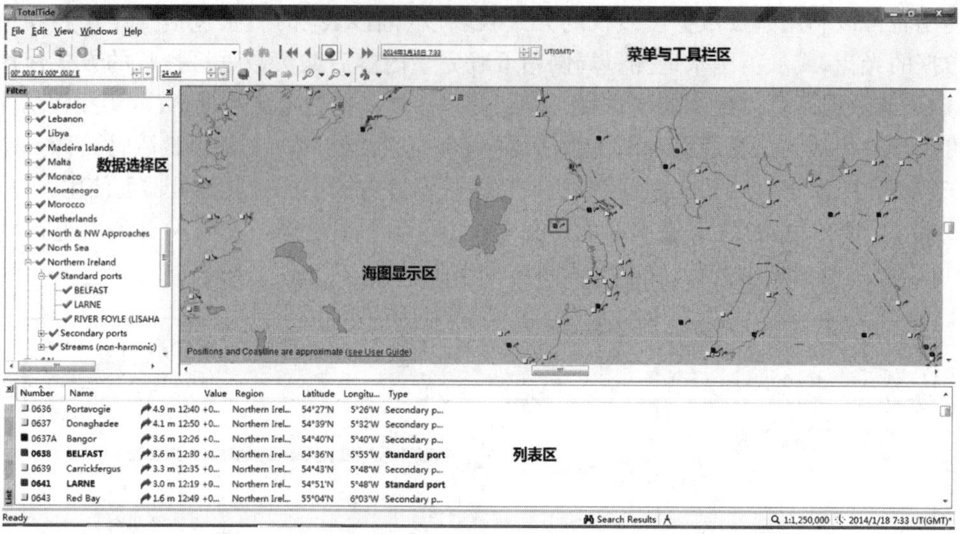

图 3-1-21 英版数字《潮汐表》程序界面

"U"字母表示使用用户输入的数据推算潮汐港口,黑色箭矢表示用调和常数计算的潮流站点,蓝色箭矢表明用非调和常数计算的潮流站点。在主界面下部的状态栏显示查询状态、经纬度、当前比例尺、当前日期和时间等信息。此外,主界面的布局可以通过在数据选择区或列表区的标题栏上点击并按住鼠标左键拖动的方式改变其位置进行调整,也可以通过窗口菜单中的"新数据选择(New Filter)"分菜单和"新列表(New List)"分菜单增加数据选择区和新列表区,以满足不同需要。数据选择区和列表区可以设置 10 个。利用视图菜单中的"工具栏(Toolbars)"分菜单可以调整工具栏的内容。

②数据更新与参数设置

为了获得正确的潮汐推算和航道航行安全计算结果,数据更新和基本参数的设置至关重要。

a. 数据更新:为了保证数据的正确性,潮汐表必须及时获得更新信息和数据。数据更新的信息可以通过帮助菜单中的"阅读最新通知(View Last Notification)"分菜单获取,当得到更新信息时,便可通过附带英版数字出版物升级软件进行联网数据更新。

b. 潮汐推算时间设置:潮汐表推算的时间可以通过视图菜单中的"选项(Options)"分菜单调出选项卡实现,该选项卡可以进行船舶、显示色板、时区、单位、区域、调入文件的选择。利用其中的时区选项即可设定时区,时区的设置可以选择三种情况,一是标准时,二是世界时,三是计算机系统时间;而且潮汐表使用者可以根据需要随时调出该选项卡进行设置调整。另外,使用者也可以利用菜单与工具栏区的时间控制栏输入推算时间,还可以使用推算时间调整按钮快速修改推算时间。

c. 船舶参数设置:利用与时区设置同样的操作方法调出选项卡,选择"船舶(Vessel)"选项即可输入本船大桅高度、吃水和龙骨下富余水深进行设置。

其他诸如显示色板、单位、区域和文件调入的设置按照相应选项卡上的操作说明和帮助进行。

③潮汐、潮流预报与航行计算

首先,利用数据选择区或拖动海图找到所要查询站点所在的海域,然后进行该海域所有港口和站位的潮汐或潮流预报。

潮汐和潮流预报的操作方法一样,有四种途径。一是在数据选择区或海图显示区或列表区中相应潮汐或潮流站名处点击鼠标右键,选择弹出菜单上的“属性(Properties)”,即可弹出潮汐预报或潮流预报的浮动窗;二是利用鼠标左键双击任何一个区中的站名,弹出潮汐预报或潮流预报的浮动窗;三是利用鼠标左键单击选定站名,再点选编辑菜单中的“属性(Properties)”也可弹出潮汐预报或潮流预报的浮动窗;四是在工具栏的查询工具条输入港站名称后点击查询按钮,即可在列表区显示站点名称,左键双击这个名称即可弹出潮汐预报或潮流预报的浮动窗。

航行计算功能的实现位于弹出的潮汐预报浮动窗,只要在参数设置中设置好船舶参数,在弹出的潮汐预报浮动窗中设置好所要计算的当地的基本数据,在潮汐预报浮动窗中便自动显示安全航行数据。

潮汐预报浮动窗(如图 3-1-22 所示)给出有关潮汐预报和航行计算的十项数据包括:

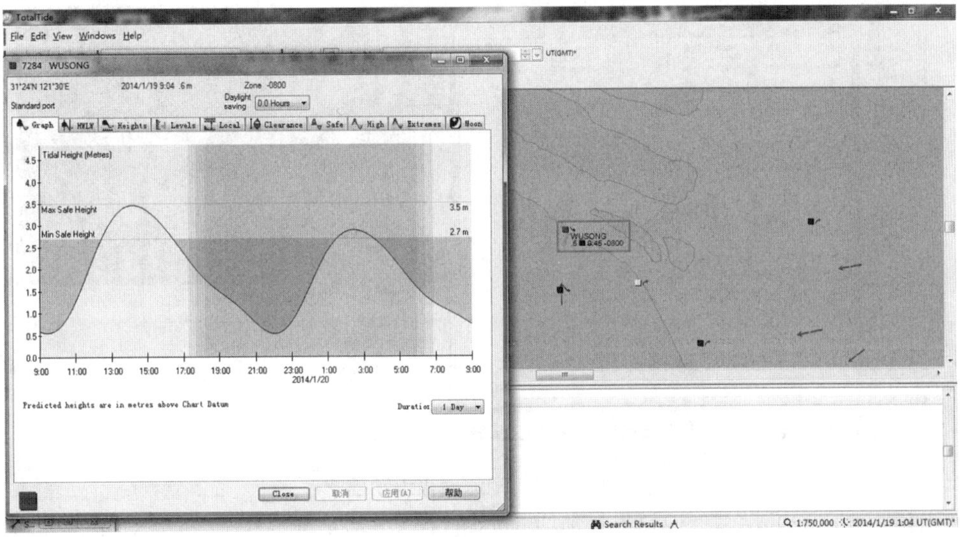

图 3-1-22 潮汐预报浮动窗

潮汐曲线(Graph)。选定站点的选定时间前后的潮汐变化曲线,背景图以深浅不同的阴影给出民用和航海用晨光时和昏影终的时刻以及昼夜的时间范围,曲线范围用阴影标示出最大安全潮高和最小安全潮高的数值与时间范围。

高、低潮潮高与潮时(HWLW)。列表给出连续 7 天的高、低潮潮时和潮高。

逐时潮高(Heights)。列表给出连续 7 天的逐时潮高,用不同深浅颜色数字给出安全潮高的范围。

潮面(Levels)。列出查询站点的不同的潮汐平面高度,包括:最高天文潮面、平均大潮高潮面、平均小潮高潮面、平均海面、平均小潮低潮面、平均大潮低潮面和最低天文潮面。有的站点也可能给出平均高高潮面和平均低低潮面,视潮汐性质而定。

当地安全潮高计算(Local)。在给出最高天文潮面和平均大潮高潮面数据的情况下,显示输入数据文本框,由使用者输入净空高度和最小水深供航海计算用,输入后即可显示最大和最小安全潮高数值。

安全潮高图解(Clearance)。用图示给出船舶安全通过浅滩和横空障碍物的安全潮高、富余水深、障碍物高度等数据。

安全通航时间(Safe)。列表给出潮汐预报当日及其后30天内可以保证航行安全的起始时间和持续时间。

指定潮高的潮时范围(High)。在使用者输入一个潮高值后,给出其后30天内潮高高于该输入值的开始时间和持续时间。

极端潮高(Extremes)。列表给出当年、每个月以及当月每日的最大高潮高和最小低潮高。

月相(Moon)。给出潮汐预报当月月相的日期和时间、当日预报时间太阳和月亮的方位和高度,以及此后7天内的天文现象:太阳和月亮的出、没方位,太阳中天高度、晨光始和昏影终时的方位等。

潮流预报浮动窗(如图3-1-23所示)给出潮流预报的四项资料:

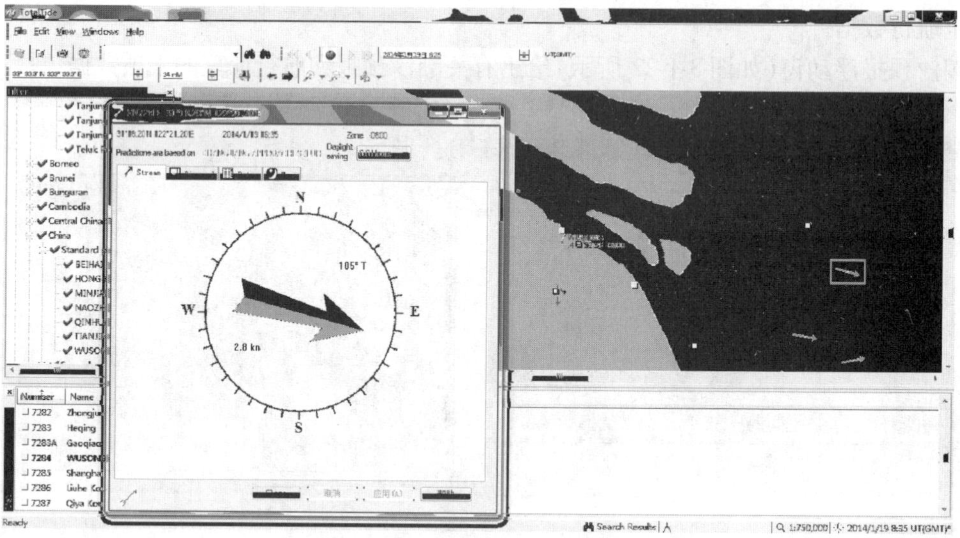

图3-1-23　潮流预报浮动窗

潮流预报图(Stream)。图示给出预报时间的流向和流速数据以及后续随时间的变化情况。

潮流推算表(Diagram)。给出一个潮汐周期内每小时的大潮流速和小潮流速数据。

逐时潮流预报表(Rates)。给出预报时间以及此后7天内的每小时流向和流速数据。

月相(Moon)。与潮汐预报浮动窗的月相数据相同。

2. 网络潮汐表(EasyTide)

网络版潮汐表是基于网络的潮汐预报程序,预报全球7 000多个港口的潮汐,供较小船舶使用。只要利用浏览器登录该潮汐表的网站 www.ukho.gov.uk/easytide,即可免费使用其基本功能:登录之日始连续7天的潮汐预报;如果支付少许费用,还可使用其先进功能,包括前后50年内的任意时间的潮汐、个人所需潮汐资料的港口清单的设定、某时间开始7天或14天的潮汐预报、大潮、小潮、月相等。

二、海洋环境数据实测、采集、预报与发送系统

随着船舶大型化,港口水深和船舶吃水之间、船舶尺度和航道可用幅度之间的矛盾越来越突出,传统的利用《潮汐表》确定潮汐和水流要素确定船舶进出港时机的方法在某些情况下限

制了船舶的载货量，并由于不能掌握实时的水深和水流要素造成船舶搁浅事故的概率增加。这种情况如果出现在大吨位的油轮或液化气船舶上，带来的不仅是经济损失，还会造成环境的破坏。基于这种情况，一些海运国家采用了通过实测数据支持船舶航行的方法。其中，应用较早、较为成熟的是美国国家海洋大气管理局（National Oceanic and Atmospheric Administration，NOAA）的海洋环境要素实报及预报系统（Physical Oceanographic Real-Time System，PORTS）。

1. 系统概况

美国海洋环境要素实报及预报系统是由美国国家海洋大气管理局（NOAA）国家海洋服务部（National Ocean Service，NOS）开发的公共信息采集和发布系统，其目的是向船长和船舶引航员提供准确实时的港口和航道水深、水流、风、浪、温度及盐度等数据，有效利用港口水深资源，提高航运效率，保证航行安全，保护港口环境。全球第一个 PORTS 系统于 1991 年在美国佛罗里达州西部港口城市坦帕建成并投入运行。由于坦帕港 PORTS 系统的成功及其所带来的经济和社会效益，美国相继在旧金山湾（San Francisco Bay）、纽约/新泽西港（New York / New Jersey Harbor）、休斯敦/加尔维斯敦（Houston / Galveston）、切萨皮克湾（Chesapeake Bay）、拿拉根赛特湾（Narragansett Bay）、苏酪克斯（Soo Locks）和洛杉矶/长滩（Los Angeles/Long Beach）等 23 个港口或港湾建立 PORTS 系统并投入运营。

PORTS 系统（如图 3-1-24 所示）由数据采集、数据处理和数据发布 3 个系统组成。

图 3-1-24　PORTS 系统

（1）数据采集系统

在港区选择控制点，布设声学多普勒流速剖面仪（Acoustic Doppler Current Profiler，ADCP）、水位计、风速仪、方向谱波浪仪和能见度感应仪等，通过遥测和无线传输技术，建立实时数据观测采集系统。现代水文仪器遥测技术和多通道数据无线传输技术的发展，为实时数据观测采集系统的建立提供了技术支持。

（2）数据处理系统

将采集到的实时数据进行分析和处理，建立港区潮汐运动模拟数学模型，考虑风应力和河流径流的影响，模拟港区水位和水流场。结合实时观测数据，对潮汐数学模型进行实时动态修正，给出港区实时气象水文要素特征值及潮汐现报和预报。

（3）数据发布系统

将数值模型与电子海图系统相集成，实现港口水位、水流现报和预报业务化。通过电台、电话和互联网发布气象水文要素特征值以及潮汐现报和预报结果。

系统的构成是根据需要确定，可大可小。小的系统只有一台水深测量仪和相应气象仪组成；大的系统由 50 多台仪器设备组成。

2. 系统的使用

目前，PORTS 系统的使用可以采用两种方式，语音电话和互联网。美国 23 个运行的 PORTS 系统和质量控制中心的语音电话号码可以从 PORTS 系统的网页中查到，该网页地址为

http://tidesandcurrents. noaa. gov/ports. html。语音电话简单快捷,但信息的详细程度会有一定的不足,适用于对某一项参数特别感兴趣的用户使用。如果要查取详细信息,应该利用互联网查寻。

利用互联网查寻 PORTS 数据。首先用浏览器登录 PORTS 系统主页,主页的左侧是目前运行的 23 个港口的系统的链接,左键点击需要查寻的港口即可进入系统,系统给出系统数据采集点分布图(以不同符号代表不同数据采集传感器的种类)和各种数据的查寻链接,基于这些链接即可查寻需要的数据。如图 3-1-25 是莫比尔湾 PORTS 系统的主页,左侧是数据采集符号说明、数据查寻的设定框和数据采集点的名称,点击相应的名称即可查寻该点数据,如图 3-1-26 所示为查寻到的水位数据,包括实测和预报数据;左侧为系统数据点分布图,图的下面是负责质量控制的连续运转实时监测系统(Continuous Operational Real-Time Monitoring System, CORMS)中心的网络链接和联系电话、获取信息的语音联系电话和实时信息总结的文本显示链接。

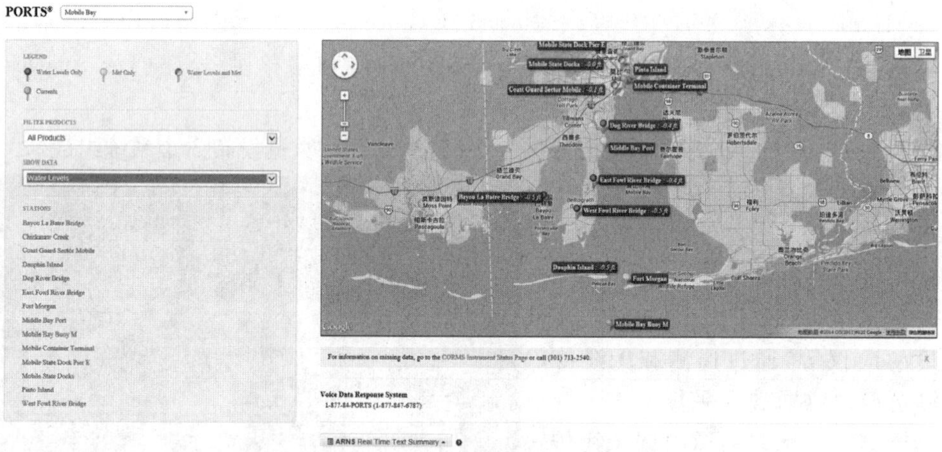

图 3-1-25　莫比尔湾 PORTS 系统主页

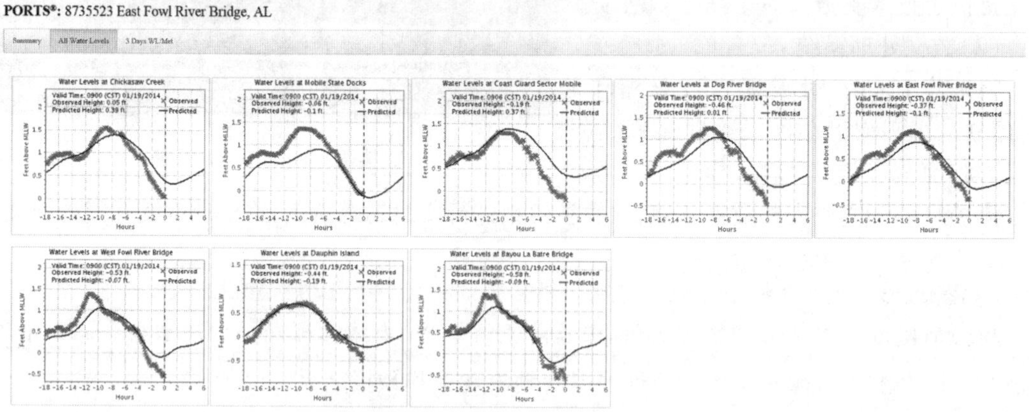

图 3-1-26　莫比尔湾 PORTS 系统提供的水面高度数据

第二章 航标与《航标表》

航标(aids to navigation)是助航标志的简称。它是以特定的标志、灯光、声响或无线电信号等,供船舶确定船位、航向,避离危险,使船舶沿航道或预定航线安全航行的助航设施。其主要作用是:

1. 指示航道

在岛岸明显处设置引导标志或在水上设立浮标、灯浮及灯船等,引导船舶沿航标所指示的航道航行。

2. 供船舶定位

利用设置在陆上的航标测定船位。

3. 标示危险区

标示航道附近的沉船、暗礁、浅滩及其他危险物,指引船舶避开这些危险物。

4. 供特殊需要

标示锚地、检疫锚地、测量作业区、禁区、渔区以及供船舶测定运动性能和罗经差等。

第一节 航标的分类

一、按设置地点分类

1. 沿海航标(coastal aids)

设在沿海和河口地段,引导船舶在沿海航行及进出海港、港湾和河口的航标,分为固定航标和水上浮动航标两种。

(1)固定航标

固定航标是设置在岛屿、礁石、海岸等上面的航标,包括:

①灯塔(lighthouse)

一般设置在显著的海岸、岬角、重要航道附近的陆地或岛屿上以及港湾入口处。它是一种比较高大而坚固并发出特定灯光的塔状建筑物,由基础、塔身、发光器三部分组成,如图 3-2-1所示。塔身具有显著的形状和颜色特征;塔的上部装有能发出特定灯光并且光力较强、射程较远的发光器。灯塔一般都有专人看管,工作可靠,海图上位置准确,是一种主要的航标。有的灯塔还附设有声响信号、雾号、无线电信号等。

②灯桩(light beacon)

图 3-2-1　灯塔

一般设置在航道附近的岛岸边及港口防波堤上。它是一种柱形或铁架结构的建筑物，如图 3-2-2(a)所示，其顶部也装有发光器，但灯光强度不及灯塔，一般无人看管。

③立标(beacon)

设置在浅水区、水中礁石上，是一种普通的杆状标(铁质或木质)，顶端有球形或三角形等标志，用以标示沙嘴尽头、浅滩及险礁的两端、水中礁石及航道中较小的障碍物；也有的设在岸上作为叠标或导标，用以引导船舶进出港口或测定船舶运动性能和罗经差，如图 3-2-2(b)所示。

(2)水上标志

水上标志是浮在水面上用锚或沉锤、锚链牢固地系

(a)　　(b)

图 3-2-2　灯桩和立标

留在预定点海床上的航标。水上助航标志除灯船及大型助航浮标外，其外部涂色，顶标、灯质等均依其用途有统一规定。水上标志包括：

①灯船(light vessel)

灯船一般设置在周围无显著陆标又不便建造灯塔的重要航道附近，以引导船舶进出港口、避险等。灯船是一种在甲板高处设有发光设备的特殊船舶。灯船具有能经受风浪袭击和顶住强流的坚实结构和牢固的锚泊设备，灯光射程亦较远，可靠性较好，有的灯船还有人看管。灯船的船身一般涂红色，船体两侧有醒目的船名或编号，桅上悬挂黑球，供白天识别用，如图 3-2-3 所示。

②浮标(buoy)

浮标一般设置在海港或沿海航道以及水下危险物附近，用以标示航道，指示沉船、暗礁、浅滩等危险物的位置。浮标是具有规定的形状、尺寸、颜色等的浮动标志，锚泊在指定位置，它可能装有发光器、声响设备、雷达反射器、规定的顶标等。浮标受海流和潮汐的影响，其实际位置

以锚碇为中心在一定范围内移动，遇大风浪可能移位或漂失，因此，一般不能用来定位。装有发光器的浮标称为灯浮标（light-buoy），如图 3-2-4 所示。

图 3-2-3　灯船

图 3-2-4　灯浮标

2. 内河航标（inland river aids）

内河航标是设置在江河、湖泊、水库航道上的助航标志，用以标示内河航道的方向、界限与碍航物等，为船舶航行指示安全的航道。

3. 船闸航标（lockage aids）

船闸航标是设置在船闸河段上的航标，用以标示船闸内外的停船位置，指出进出船闸的引领航道和节制闸前的危险水域，指引船舶安全迅速地通过船闸。

二、按技术装置分类

1. 发光航标

灯塔、灯船、灯浮、灯桩等可统称为灯标，以所显示的特定的光色、节奏、周期作为标志识别的特征，并将其用缩写标注在海图上该灯标符号的旁边。

2. 不发光航标

不发光航标包括立标、浮标等。

3. 声响航标

声响航标是指附设有雾警设备的航标，其功能是在雾、雪及其他能见度不良天气时发出特定的声响供航海人员导航用。

（1）雾钟（bell）

雾钟是一种最古老、简单的声响装置，常设在礁石或浅滩附近的灯浮或无人看守的灯船上，借助波浪起伏摇摆，自动打钟发声。雾钟的声音强弱决定于钟和波浪的大小，一般有效作用距离为 1 ~ 2 n mile。

（2）雾锣（gong）

雾锣用于有人看守的灯塔及灯船上，凡遇下雾或天气朦胧，从听到船舶发出雾号时起，每隔一定时间鸣锣，其有效作用距离同雾钟相似。

（3）雾哨（whistle）

雾哨一般装在浮标上，利用波浪的起伏吸进和压出空气，经气哨而发声，有效作用距离为

1 ~4 n mile。

(4)雾角(horn)或低音雾角(diaphone)

雾角一般安装在靠近港口的岸边或有发电设备的灯塔上,发声原理和普通电喇叭相似,能清晰地发送信号编码,以便船舶收听和识别,有效作用距离为 3 ~5 n mile。

(5)雾笛(siren)

雾笛多装在灯塔和灯船上,利用压缩空气经发声器而发声,声音清晰、洪亮,有效距离可达 3 ~10 n mile。

此外,还有爆响雾号(explosive fog signal, Explos.)、莫尔斯码语雾号(Morse code fog signals, Mo.)和雾炮(gun)等。

4. 无线电航标

无线电航标是无线电助航设施的总称,包括:

(1)无线电测向台(Radio Direction Finding Station, RG)

是设置于固定位置的测角装置,用以测定船舶所发射的无线电波的方位。

(2)全向无线电信标(Non-directional Radiobeacon, RC)

全向无线电信标是一种发射无方向性电波,供船舶测定方位的无线电信标。它在规定的时间内发射特定的电波信号,由船舶使用无线电测向仪测定电波来向,用以定位和导航。

(3)定向无线电信标(Directional Radiobeacon, RD)

定向无线电信标是一种引导船舶循直线航道航行的无线电信标,它交替发射两种电波,两种电波的方向角在航道轴线方向及其可航范围内有一定的重叠。当船舶听到两种信号声响合为一连续声响时,表明船舶是在其引导的航道上行驶;如仅听到一种信号,表明偏离航道。这种信标使用方便,船上可用通信接收机收听信号。

(4)旋转式无线电信标(Rotating Pattern Radiobeacon, RW)

旋转式无线电信标是一种具有"8"字形或心形发射特性图,在水平面上等速旋转的无线电航标。这种无线电航标是基于最弱信号接收原理而工作的。它是把"8"字形指向特性的电波从正北按顺时针方向每旋转 2°定时地发射出点信号,使用者用类似收音机的简单的接收机接收信号,计算信号到最弱点的短点数,即可得知与信标台的相对方位。

(5)雷达反射器(Radar Reflector)

雷达反射器是附装在航标、岬角、堤坝上的一种强反射体,具有一定的反射面积和将入射电波向原方向反射的特性,以增加雷达目标回波强度,使物标易于被雷达发现。

(6)雷达指向标(Ramark:radar beacon)

雷达指向标是一种设于固定位置,本身具有发射设备,定期发射具有一定频带的信号,使用者根据被雷达接收后显示在荧光屏上的径向亮线得知雷达指向标的方位。

(7)雷达应答标(Racon:radar responder beacon)

雷达应答标是一种设于固定位置,包括一整套接收、发射、天线和电源设备的装置。该装置收到从船舶雷达发射的电波,即把它转化成符号化的电波再发射出去,使用者即可根据雷达荧光屏上显示出的符号辉线确定雷达应答标的位置。

(8)罗兰(Loran:long range navigation)

罗兰是利用测时差求距离差的双曲线导航系统。现在应用中的是罗兰 C(Loran-C)系统,可以进行自动定位。

(9)DGPS 信标(DGPS Beacon)

差分技术的原理是在一个已知精确坐标固定点放置一台基准站 GPS 接收机接收 GPS 卫星信号并解算出系统的误差,再将误差修正参数传送至正在测量未知点坐标的移动站 GPS 接收机并消除该误差,从而使移动 GPS 定位数值的精度大大提高。信标技术是 DGPS 技术的一种。它是利用现有的航海无线电信标台,在其所发射的信号中加一个副载波调制,以发射差分修正信号,提供米级精度定位导航。

(10)AIS 航标

AIS 航标是船舶自动识别系统在航标上的应用,分为 AIS 实体航标和虚拟航标两种。AIS 实体航标是由安装在实体航标上的 AIS 设备,向船舶和 AIS 基站发送位置和本身状态等信息,船舶 AIS 接收机接收其信息后可以在电子海图显示与信息系统、雷达上显示航标位置,实现航标的自动识别和显示;其发出的自身状态信息可以指明航标是否移位,使船舶得到警示,增加了航行的安全程度。AIS 虚拟航标在其所标示的位置点没有实体 AIS 设备,而是由附近基站产生表明该位置点航标性质的信号,船舶接收信号后可在船舶的电子海图显示与信息系统上的该位置点显示航标的存在,从而达到导航目的。

第二节 国际海区水上助航标志制度

一、概述

海区水上助航标志制度具有国际性质,它直接影响海上船舶的航行安全。过去百余年间,世界各地海区水上助航标志比较混乱,给航海人员带来很大不便,甚至造成航行事故。因此,在国际范围内统一航标有着十分重要的意义。

国际上有关航标组织对海上统一浮标系统的研究,溯源自 1936 年日内瓦会议,曾接近于达成统一浮标系统的国际协议。在 1957 年国际航标协会(International Association of Lighthouse Authorities,IALA)成立后继续研究,1965 年该协会设立国际技术委员会专门考虑这个问题,1971 年后形成 A,B 两个系统。A 系统于 1974 年进行实地试验,后经修改,于 1975 年获得国际航标协会执委会通过,1976 年获得联合国政府间海事协商组织(International Governmental Maritime Consultative Organization,IMCO)批准,整整经历了 40 年。A 系统自 1977 年 4 月首先由英国航标当局实施以来,陆续在欧洲、非洲、大洋洲、亚洲的一些国家中付诸实施。B 系统已在 1980 年初完成,并被美洲及日本、韩国、菲律宾等国家和地区使用。1980 年 11 月在东京召开的第 10 届国际航标会议上,在 A,B 系统的基础上,经过商讨并同意采用新的综合制度的规则,确定了浮标制度区域的界限划分,并以附图加以说明,这是国际航标史上的一件大事。2006 年 5 月在上海召开的国际航标协会第 16 届大会上决定对国际浮标制度进行评价和必要的修订以适应航行环境和电子航标的发展。2010 年 3 月在开普敦召开的国际航标协会第 17 届大会上提出了修改后的国际航标制度。同年国际海事组织海上安全委员会采纳了该制度。

二、国际航标协会浮标制度

2010 年新修订的国际浮标制度全名为“国际航标协会浮标制度与其他航标(IALA Maritime Buoyage System and other aids to navigation)”,也称之为国际航标协会航标制度(The IALA Aids to Navigation system),由国际浮标制度与其他航标两部分组成;在有些文件中还保持原有名字即国际浮标制度。

1. 概述

(1)范围

本制度适用于所有固定的、漂浮的和电子的标志,用以指明:

①可航水道的中央线和边侧界限;

②天然危险物和其他障碍物,如沉船;

③初见的陆地、应驶的航向和对航行有重要意义的区域或特征;

④新危险物。

(2)标志的类型

本制度规定有六种类型的标志:侧面标志、方位标志、孤立危险物标志、安全水域标志、专用标志和其他标志,可以结合使用。

(3)标志的区别

航标可以用以下特征来进行识别:

①晚上,灯的光色和灯质或灯光加强;

②白天,标志的颜色、形状、顶标或灯的光色和灯质;

③利用实体标志所附带的电子(数字)符号;

④仅利用电子(数字)符号。

2. 侧面标志(lateral marks)

(1)侧面标志结合“浮标习惯走向”使用,分为左侧标和右侧标,通常用于界限明确的航道,指明应遵循航路的左侧和右侧界限。

(2)浮标习惯走向(direction of buoyage)

浮标习惯走向应该在适当的海图和航海文件中指明,可以是按以下两种方法之一规定的方向:

①航海员从海上驶近港口、河流、河口或其他水道时所采取的走向;

②由浮标管理当局或必要时与相邻国家协商所确定的方向。原则上应是环绕大片陆地的顺时针方向。

浮标的总走向通常在《航路指南》中说明,并根据需要在海图上用适当的符号标出。在英版海图上,浮标的习惯走向可能用洋红色箭矢符号标明。

(3)浮标制度区域

国际浮标制度区域分为 A 区域和 B 区域,两个区域侧面标志不同,各自的范围如图 3-2-5 所示。

(4)A 区域侧面标志

①侧面标志:侧面标志的特征见图 3-2-6 和表 3-2-1。

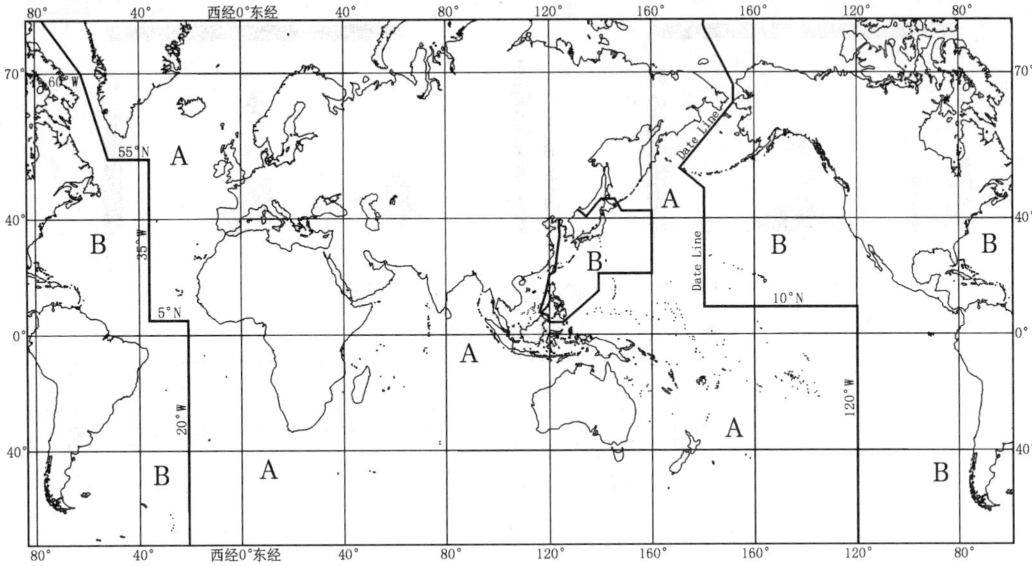

图 3-2-5 国际浮标制度 A 区域和 B 区域示意图

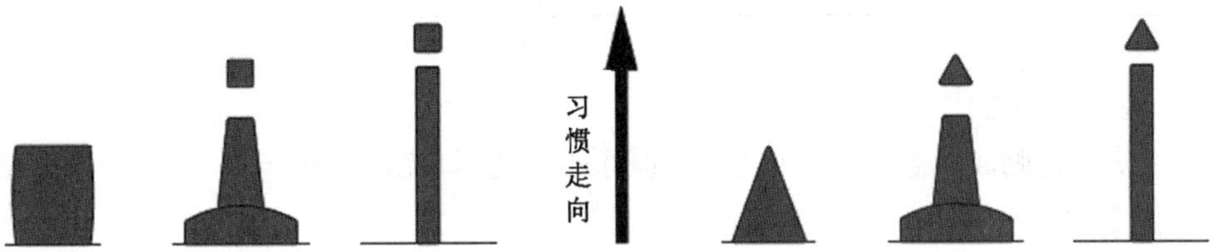

图 3-2-6 A 区域侧面标志示意图

表 3-2-1 A 区域侧面标志特征

特征		参数	
		左侧标	右侧标
颜色		红色	绿色
标志形状		罐形、柱形或杆形	圆锥形、柱形或杆形
顶标(如果有)		单个红色圆罐	单个绿色圆锥,锥尖向上
灯(如果安装)	灯质	红光,除[Fl(2+1)]外任选	绿光,除[Fl(2+1)]外任选

②推荐航道侧面标志:设立在水道的分岔处,用以指明按浮标习惯走向航行的推荐航道。其特征见图 3-2-7 和表 3-2-2。

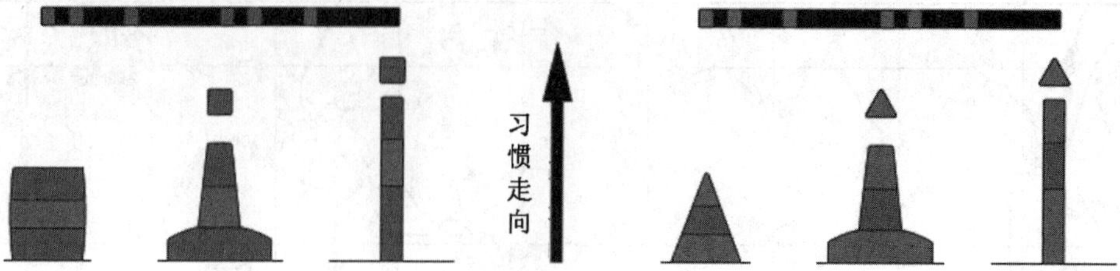

图 3-2-7　A 区域推荐航道侧面标志示意图

表 3-2-2　A 区域推荐航道侧面标志特征

特征		参数	
		推荐航道左侧标(航道在右侧)	推荐航道右侧标(航道在左侧)
颜色		红色,中间有一条宽阔的绿色横纹	绿色,中间有一条宽阔的红色横纹
标志形状		罐形、柱形或杆形	圆锥形、柱形或杆形
顶标(如果有)		单个红色圆罐	单个绿色圆锥,锥尖向上
灯(如果安装)	灯质	红光,Fl(2+1)	绿光,Fl(2+1)

(5)B 区域侧面标志

B 区域使用的侧面标志除标志的颜色、顶标的颜色、灯光的光色与 A 区域相反外,其余均与 A 区域标志相同。

(6)其他规定

①标志的编号:如果对航道两侧的标志用数字或字母进行编号,则应顺着浮标习惯走向进行;编号方法为红色标志用偶数、绿色标志用奇数,特别是在狭窄航道更应如此。

②标志的形状:标志形状应该为罐形或锥形,如果不采用这两种形状,只要实际可行应该加设顶标。

③同步性:灯的闪光方式可以选择为同时闪光、按顺序闪光或二者的综合使用。

对侧面标志特征的记忆可主要抓住形状和颜色的规律。A 区域标志的规律是:左红右绿、左罐右锥,即 A 区域左侧标的标志颜色、顶标颜色和光色均为红色,右侧标的均为绿色;左侧标形状和顶标均为罐形,右侧标形状和顶标均为锥形。B 区域侧面标志只将表示颜色的规律改为左绿右红即可。推荐航道侧面标志与侧面标志仅标志本身颜色和发光节奏不同,标志本身颜色是在同名的侧面标志的颜色中间有一条与异名侧面标志颜色相同的横纹,发光节奏为特定发光节奏混联闪 2 次加 1 次。

3. 方位标志 (cardinal marks)

(1)名称

方位标志结合罗经使用,为航海者指出何处是可航水域,它们分别设在以被标志点为基准的四个隅点方位所分成的四个象限(北、东、南和西)中,方位标志以其所在象限的名称命名。

(2)用途

①指明某个区域内最深的水域在该标名称的同名一侧。

②指明通过某危险物的安全一侧。

③引起对航道中的特征的注意，如弯道、河流汇合处、分支点或浅滩两端等。

(3)方位标志特征

方位标志的特征见图 3-2-8 和表 3-2-3。

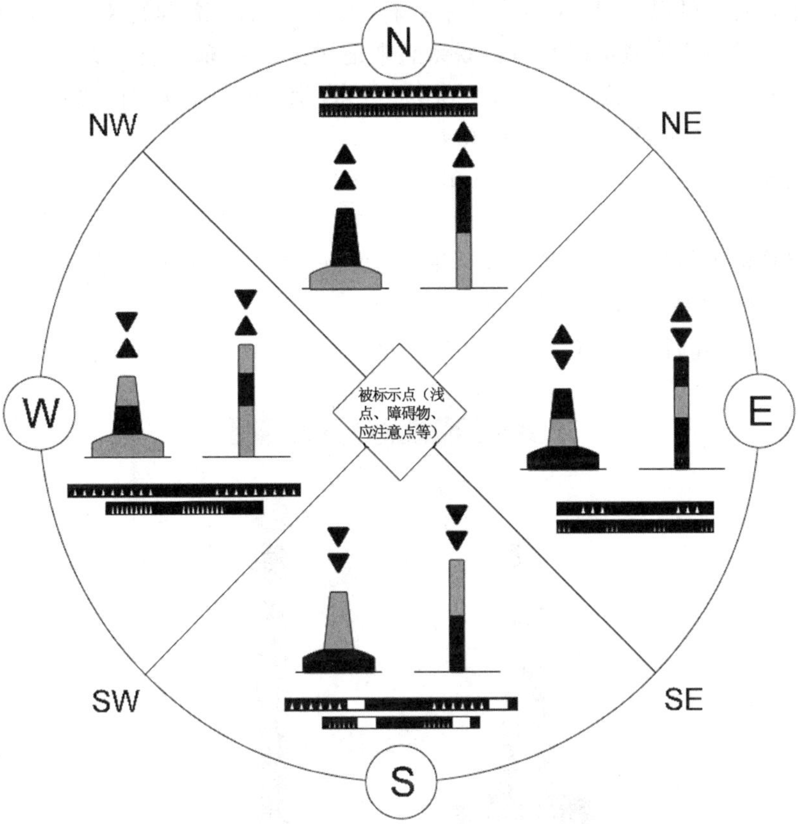

图 3-2-8　方位标志示意图

表 3-2-3　方位标志特征

特征		参数			
		北方位标	东方位标	南方位标	西方位标
顶标（只要实际可行就应安装）		上下两个黑色圆锥，锥尖均向上	上下两个黑色圆锥，锥底相对	上下两个黑色圆锥，锥尖均向下	上下两个黑色圆锥，锥尖相对
颜色		上黑下黄	黑色，中间有一条宽阔的黄色横纹	上黄下黑	黄色，中间有一条宽阔的黑色横纹
标志形状		柱形或杆形	柱形或杆形	柱形或杆形	柱形或杆形
灯（如果安装）	灯质	白光，VQ 或 Q	白光，VQ(3).5 s或 Q(3).10 s	白光，VQ(6)+LFl. 10 s 或 Q(6)+LFl. 15 s	白光，VQ(9).10 s 或 Q(9).15 s

为了区分方位标志与其他标志，可根据以下规律掌握方位标志的特征：

方位标志的主要特征为顶标、标志颜色、发光器的发光节奏。顶标的特征可以根据“上北下南、西酒杯东底对”的口诀进行记忆(北方位标的顶标的两个锥形尖端向上,南方位标的顶标的两个锥形的尖端向下;西方位标的顶标形似酒杯,东方位标的顶标的两个锥底相对)。借助顶标便可记住标志的颜色:顶标的尖端对应标志黑颜色的位置,锥底对应标志黄色的位置。方位标志发光器的闪光次数可以和时钟联系起来记忆:3 点 - 东,6 点 - 南,9 点 - 西,特殊之处在于南方位标在 6 次闪光后,还紧接 1 次长闪;东、南、西方位标的闪光周期,快闪分别为 10 s、15 s、15 s,甚快闪分别为 5 s、10 s、10 s。

4. 孤立危险物标志(isolated danger marks)

(1)定义

孤立危险物标志是竖立或系泊在周围有可航水域、范围有限的孤立危险物之上的标志。

(2)孤立危险物标志特征

孤立危险物标志的特征见图 3-2-9 和表 3-2-4。

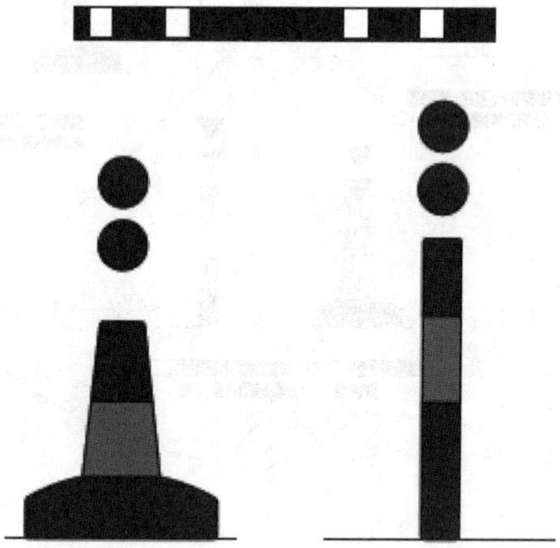

图 3-2-9 孤立危险物标志示意图

表 3-2-4 孤立危险物标志特征

特征		参数
标志形状		任选,但不要和侧面标志冲突,最好柱形或杆形
颜色		黑色,中间有一条或多条宽阔的红色横纹
顶标(只要实际可行就应安装)		上下两个黑球
灯(如果安装)	灯质	白光;Fl(2)

对于孤立危险物标志,可首先抓住其重要特征进行记忆:顶标和发光节奏,两个黑球与联闪 2 次。

5. 安全水域标志(safe water marks)

(1)定义

安全水域标志设立在安全水域的中心,用于指明在该标的四周均有可航水域,这种标志可用作中线、航道中央、航道入口、河入海口或初见陆地标志；其灯光特征可用于指明固定桥下最好的通过点。

(2)安全水域标志特征

安全水域标志的特征见图 3-2-10 和表 3-2-5。

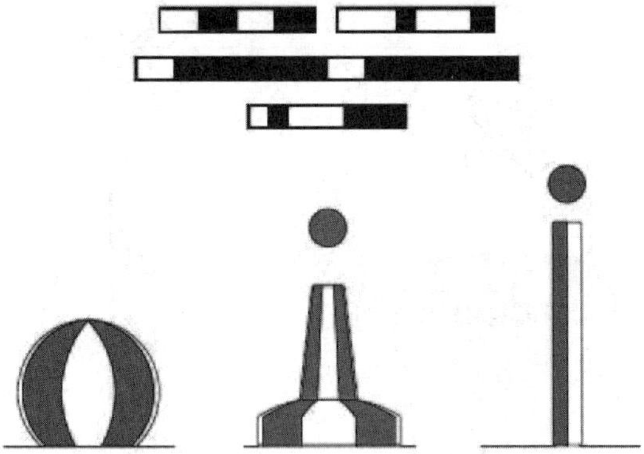

图 3-2-10 安全水域标志示意图

表 3-2-5 安全水域标志特征

特征		参数
标志形状		球形或带有球形顶标的柱形或杆形标志
颜色		红白相间竖纹
顶标(如果安装)		单个红球
灯(如果安装)	灯质	白光；Iso、Oc、LFl. 10 s、Mo(A) 均可

安全水域标志的记忆要明确其主要特征：白天的单个红球和红白相间的竖纹，即标志形状为球形或柱形、杆形上加单个红球顶标，标志颜色为红白相间竖纹。而单球和单亮对应可有助于记住晚间的发光节奏(除莫尔斯 A 外，其他发光节奏均是在一个周期内亮一次)。

6. 专用标志(special marks)

(1)定义

专用标志主要不是为助航目的，而是用来给航海者指出某一特殊区域或地貌，该特殊区域或地貌的性质可参考海图、航路指南或航海通告。例如：

①海洋资料探测系统(ODAS)标志；

②分道通航制标志(如使用常规航道标志可能引起混淆)；

③弃土(淤泥)场地标志；

④军事演习区域标志；

⑤电缆或管道线标志(包括排水管)；

⑥娱乐区域标志；

⑦锚地边界标志；

⑧诸如海上再生能源装置的结构标志；

⑨水产养殖标志。

专用标志可标注图形符号指出其用途。

(2)专用标志特征

专用标志特征见图 3-2-11 和表 3-2-6。

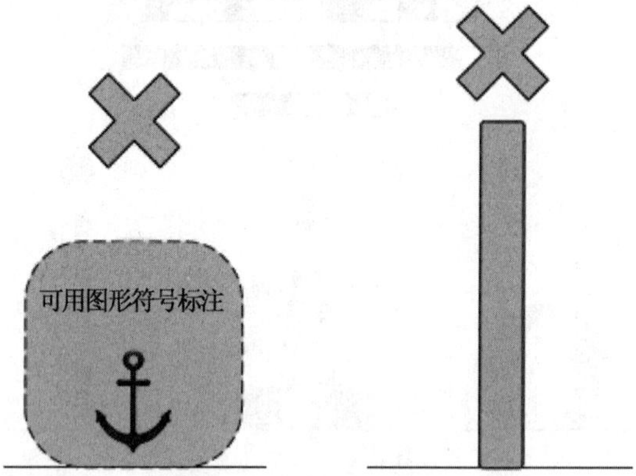

图 3-2-11　专用标志示意图

表 3-2-6　专用标志特征

特征		参数
颜色		黄色
标志形状		任选,但不得与侧面标志和安全水域标志所使用的形状相抵触
顶标(如果安装)		单个黄色"×"形
灯(如果安装)	灯质	黄光;除方位标志、孤立危险物标志和安全水域标志使用的发光节奏外任选
图形符号		可以由主管当局选定

对于专用标志特征,可主要根据黄色和"×"形这两点进行记忆。

7. 新危险物

(1)定义

新危险物是新发现的、没有在航海文件中说明的危险物。新危险物包括自然出现的障碍物,如沙滩、礁石,或人为的危险物,如沉船。

(2)新危险物标示法

①新危险物应该用侧面标志、方位标志、孤立危险物标志或应急沉船示位标(Emergency Wreck Marking Buoy,EWMB)来标示。如果主管当局认为该危险物对航行安全的影响特别严重,则其标志中至少有一个必须尽快地设置重复标志。

②如果用侧面标志标示该危险物,则灯质应为甚快闪或快闪。

③重复标志应在各方面与原标志相同。

④新危险物可以加装设雷达应答器来标示,发莫尔斯信号"D"。

⑤新危险物也可以使用电子手段标示，诸如自动识别系统航标（AIS as an AtoN）。

⑥虚拟航标可以单独使用，也可用附加在实体航标上使用。

⑦如果主管当局确认关于新危险物的信息已经有效播发或者危险物已经清除，标示新危险物的标志可以撤除。

（3）新危险物标志特征

新危险物标志起源于应急沉船示位标，在有些文献中依然称为应急沉船示位标。新危险物标志的特征见图 3-2-12 和表 3-2-7。

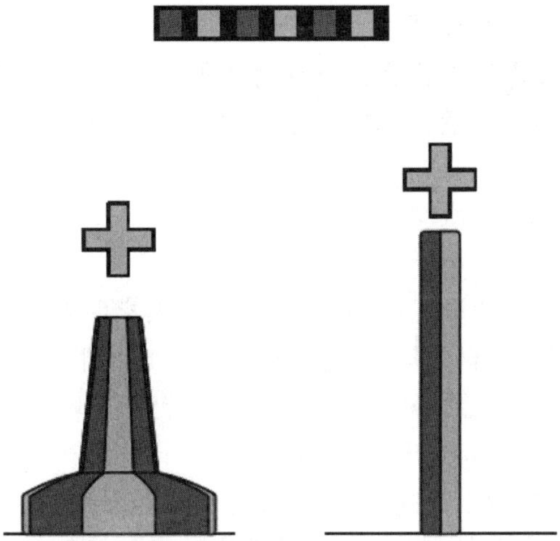

图 3-2-12　新危险物标志示意图

表 3-2-7　新危险物标志特征

特征		参数
颜色		等分的蓝、黄色竖纹（4 至 8 条）
标志形状		柱形或杆形
顶标（如果安装）		单个竖直黄色“+”字形
灯（如果安装）	灯质	蓝光和黄光各亮 1 s，期间灭 0.5 s，周期 3 s

8. 其他标志

国际航标协会航标制度在其他航标中对导标、光弧灯标、灯塔、立标、大型浮动航标、辅助标志和港口标志进行了相应的定义和特征说明，其中大部分特征没有明确其参数，而是明确由主管当局确定。以下仅对较为明确的规定进行综述。

（1）导标（Leading Lines/Ranges）

对形状和颜色提出了建议：可以为由主管当局确定的任意颜色和形状，以保证能够与附近的结构和背景显著区别，并且推荐形状为方形或三角形。

（2）光弧灯标（Sector Lights）

对于光弧灯标的作用和光色进行了明确。

①作用：光弧灯标可用于提供航道指向信息、应予避开的危险区的信息，也可用于指明转

向点、航道交叉点、碍航物或其他与船舶航行有关的物体。在某些情况下，可以使用单一的导灯。

②光色：如果用于标示航道边界，应遵循浮标区域的规定。

(3)灯塔和立标(Lighthouses and Beacons)

明确了灯塔和立标的光色为白光、红光或绿光。

(4)大型浮动航标(Major Floating Aids)

对大型浮动航标的定义、作用、形状与颜色进行了明确。

①定义：大型浮动航标包括：灯船、船型灯标和大型助航浮筒。

②作用：大型浮动航标一般设置在重要的位置，用于标示沿海船舶交通密集区的航道进口；其也可以作为其他诸如雷达应答器、AIS 航标等的支撑平台。

③形状与颜色：形状为上面带有灯塔架的船型或浮筒形状；颜色可适当选择，主要为红色。

(5)辅助标志(Auxiliary Marks)

明确了辅助标志的定义和设置要求。

①定义：前面没有提到的较小标志。

②设置要求：这类标志一般设置在航道外部，不用来指明航道边界或需要避离的障碍物；其还包括用于播送通航安全信息的标志；这类标志不应与用于导航的标志相冲突，并应在海图和航海资料中予以说明。假如浮标制度中规定的浮标已经足够，不应设置这类标志。

(6)港口标志(Port or Harbour Marks)

港口标志指的是地方性标志，制度的规定中对这类标志阐述了两方面的问题：

①航海者应该注意考虑依据地方性法规的地方性设标措施，在首次通过某区域时应该知晓地方性的标志设置。

②地方性标志可能包括但不限于防波堤、码头、桥梁、交通信号和娱乐休闲区域的标志，以及其他的由主管当局规定的河道、航道、运河、船闸和水道的标志。

第三节　中国水上助航标志

一、中国海区水上助航标志

我国在国际海上浮标制度(A 区域)的基础上，结合我国情况，在 1984 年制定了《中国海区水上助航标志》国家标准(GB4696—84)，并已于1985 年 8 月 1 日起付诸实施。1994 年根据航海需要制定了《中国海区灯船和大型浮标制式》国家标准(GB15395—94)。1999 年我国对海区助航标志进行了修订，形成了《中国海区水上助航标志》国家标准(GB4696—99)。2007 年国家海事局参照国际航标协会相关建议，结合我国海区的助航实际需求情况制定了《中国海区应急沉船示位标设置管理规则(试行)》和《中国海区可航行水域桥梁助航标志(试行)》标准，其中，桥梁助航标志 2009 年作为国家正式标准(GB24418—2009)实施。2013 年根据国际航标协会航标制度规则的变化，我国在广泛收集国内外相关资料、深入调研我国海区状况、结合我国水上助航标志特点及使用情况的基础上，对《中国海区水上助航标志》国家标准进行了又一次修订。以下根据实际情况介绍《中国海区水上助航标志》和《中国海区可航行水域桥梁助航标志》两个国家标准。

1. 中国海区水上助航标志

中国海区水上助航标志国家标准是在国际航标协会海上航标制度的基础上,结合我国实际情况制定的,基于这种情况,以下对中国标准相对于国际制度的不同点进行总结。

(1)适用的标志范围不同

中国国家标准依然规定了5类航标,不包括灯塔、扇形光灯标、导标、灯船和大型助航浮标。而国际航标制度将这些航标列为第6类航标。但是,中国标准将与浮标作用相同的水中固定标志和浮标同样对待,并对其明确定义:水中固定标志是设标点的高程在当地平均大潮高潮面以下,标志的基础或标身的一部分被平均大潮高潮面淹没的水中立标、灯桩等助航标志。此外,对于AIS航标虽然没有提出类别,但明确了两种AIS航标的定义。

①实体AIS航标(real AIS AtoN):设置在航标上的AIS装置;

②虚拟AIS航标(virtual AIS AtoN):由AIS基站通过21号报文播发的虚拟航标信息。

(2)侧面标志

①规定了侧面标志的发光节奏为4种:单闪、周期4 s,联闪两次、周期6 s,联闪三次、周期10 s,连续快闪;

②明确了推荐航道侧面标志的周期为3种:6 s、9 s和12 s。

(3)孤立危险物标志

明确了孤立危险物标志的发光周期为5 s。

(4)安全水域标志

安全水域标志的灯质比国际航标制度规定的灯质少1种,即没有明暗光(Oc);但明确了发光周期:等明暗的周期为4 s,莫尔斯(A)的周期为6 s。

(5)专用标志

①专用标志的用途更加明确,专用标志按用途划分,主要用于标示以下八类水域:

a. 锚地:船舶停泊及检疫锚地等;

b. 禁航区:军事演习区、禁航水域等;

c. 海上作业区:海洋资源探测、航道测量、水文测验、潜水、打捞、海洋开发、抛泥区、测速场、罗经校正场等;

d. 分道通航:分道通航区、分隔带等,当使用常规助航标志标示分道通航可能造成混淆时可使用;

e. 水中构筑物:海上风电场、电缆、管道、进水口、出水口等;

f. 娱乐区:体育训练区、海上娱乐场等;

g. 水产作业区:水产定置网作业区和养殖场等;

h. 横越区:船舶横越航道的区域等。

②明确了专用标志的标体上面的标记和灯质:专用标志应在标体明显处设置标示其用途的标记,并应在水上从任何水平方向观测时都能看到。标记与灯质详见表3-2-8。

③明确了特殊情况的应对办法:在特殊情况下,超出本标准所列专用标志的八种用途时,经航标管理机关批准,可另行确定标记和灯质。

(6)新危险物的标示方法

在新危险物标示方法中，国际航标制度中称之为的新危险物标志，中国制度中仍然称为应急沉船示位标。

表 3-2-8　专用标志的标体标记与灯质

用途种类	标　记		灯　质		
	颜色	图形标志	光色	闪光节奏	周期 s
锚地	黑		黄	莫尔斯信号“Q” – – • –	12
禁航区	黑			莫尔斯信号“P” • – – •	
海上作业区	红、白	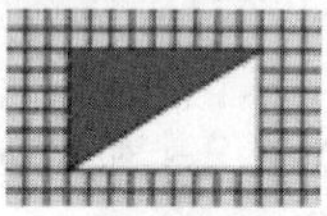		莫尔斯信号“O” – – –	
分道通航	黑	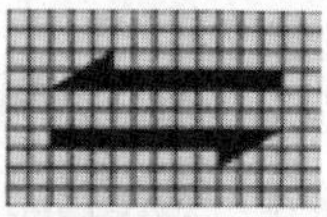		莫尔斯信号“K” – • –	
水中构筑物	黑	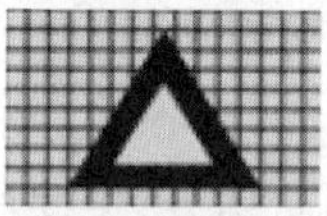		莫尔斯信号“C” – • – •	
娱乐区	红、白			莫尔斯信号“Y” – • – –	
水产作业区	黑	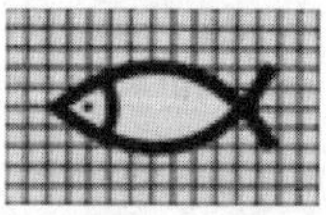		莫尔斯信号“F” • • – •	
横越区	黑、白	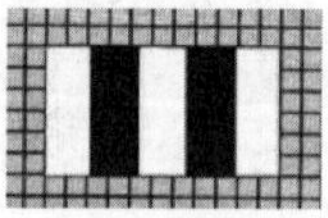		莫尔斯信号“Z” – – • •	
注：可用 15 s 作为备用周期					

(7)标志编号

中国海区水上助航标志制度对于标志的编号更加明确和具体,在该制度的附录C中有详细说明。

2. 中国海区可航行水域桥梁助航标志

《中国海区可航行水域桥梁助航标志》的全部技术内容为强制性标志。适用于在中国海区及港口、通海河口可航行水域的桥梁(包括跨越可航行水域的铁路、道路、管路和渡槽等固定建筑物)上所设置的助航标志。标准定义了可航行水域桥梁助航标志的种类、功能、形状、尺寸、颜色、灯质、编号、图例及设置原则;定义了桥梁助航标志是为保障桥梁和船舶航行安全,具有示位、警告危险、指示交通等功能,设置于桥梁上的视觉、音响和无线电航标。

(1)桥梁助航标志

桥梁助航标志包括视觉航标、音响航标和无线电航标。

①视觉航标

视觉航标包括双向通航桥孔中央标志、通航桥孔左侧标志、通航桥孔右侧标志、单向通航桥孔标志、桥孔禁航标志、桥墩警示标志。

a. 双向通航桥孔标志:设置在双向通航桥孔的桥桁上,标示桥孔下航道的中线。其形状、颜色和特征见图3-2-13和表3-2-9。

图 3-2-13 双向通航桥孔标志示意图

表 3-2-9 双向通航桥孔标志特征

特征		参数
日间标识	颜色	白色底,绿色箭头
	形状	正方形标牌,两平行上下箭头
夜间标识	灯质	绿光,定光
	形状	显形两平行上下箭头

b. 通航桥孔左侧、右侧标志:设置在通航桥孔桥桁上,标示桥孔下航道的左、右侧界限。其形状、颜色和特征见图3-2-14和表3-2-10。

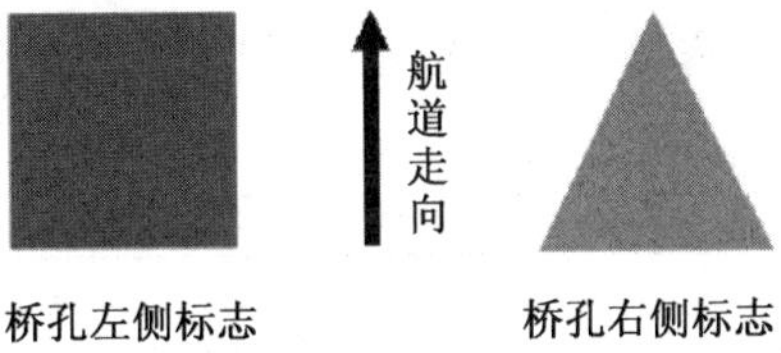

图 3-2-14 通航桥孔左侧、右侧标志示意图

表 3-2-10 通航桥孔左侧、右侧标志特征

特征		参数	
		左侧标	右侧标
日间标识	颜色	红色	绿色
	形状	实心正方形标牌	尖端向上的实心正三角形标牌
夜间标识	灯质	红光,单闪,周期 4 s	绿光,单闪,周期 4 s
		红光,联闪 2 次,周期 6 s	绿光,联闪 2 次,周期 6 s
		红光,联闪 3 次,周期 10 s	绿光,联闪 3 次,周期 10 s
		红光,连续快闪	绿光,连续快闪

c. 单向通航桥孔标志:设置在单向通航桥孔通航侧的桥桁上,标示桥孔下航道的中线,表示该桥孔为单向通航桥孔。标志的形状和特征见图 3-2-15 和表 3-2-11。

图 3-2-15 单向通航桥孔标志示意图

表 3-2-11 单向通航桥孔标志特征

特征		参数
日间标识	颜色	白色底,绿色箭头
	形状	正方形标牌,向上箭头
夜间标识	灯质	绿光,定光
	形状	显形向上箭头

d. 桥孔禁航标志:设置在桥桁上,表示禁止驶入。标志的形状和特征见图 3-2-16 和表 3-2-12。

表 3-2-12 桥孔禁航标志特征

特征		参数
日间标识	颜色	黄色底,红色交叉
	形状	正方形标牌,“×”形
夜间标识	灯质	红色,定光
	形状	“×”形

e. 桥墩警示标志:设置在通航桥孔桥墩或桥墩的防撞设施上,标示桥墩或桥墩防撞设施。标志的形状和特征见图 3-2-17 和表 3-2-13。

图 3-2-16　桥孔禁航标志示意图

图 3-2-17　桥墩警示标志示意图

表 3-2-13　桥墩警示标志特征

特征		参数
日间标识	颜色	黄色与红色相间
	形状	杆形
夜间标识	灯质	黄光,连续快闪
		黄光,连续甚快闪

②音响航标

可以用一座或多座雾号向航行者警告接近桥梁;如果在同一桥梁上的不同位置安装雾号,则它们的信号特征应相互区别。

③无线电航标

无线电航标可用来标示通航桥孔的航道中线,设置在通航桥孔中央位置或附近;应考虑无线电航标的技术局限,注意其回波信号不能遮蔽其他目标的回波。

(2)桥梁助航标志设置规则

①以下设置规则应与《中国海区水上助航标志》等标准配套执行,并结合桥区水域的通航环境和相关规定经综合安全评估后进行设置。

②双向通航桥孔应在桥梁两侧设置双向通航桥孔标志,通航桥孔左、右侧标志和桥墩警示标志;单向通航桥孔应在桥孔通航侧设置单向通航桥孔标志,通航桥孔左、右侧标志和桥墩警示标志,在禁止驶入一侧设置桥孔禁航标志。通航桥孔跨度较小时,且已经设置桥墩警示标志的,经过安全评估后,可不设通航桥孔左、右侧标志。

③桥梁建筑物颜色与视觉航标标牌颜色之间应有明显的反差。

④桥梁助航标志的安装不得影响桥孔的通航净空。

⑤通行 5 000 吨级及以上船舶的通航桥孔,其标牌的日间显形距离应不小于 1 n mile,夜间显形距离不小于 0.5 n mile;其他标牌的日间显形距离应不小于 0.5 n mile。

⑥通行 5 000 吨级及以上船舶的通航桥孔,其视觉航标灯光射程应不小于 3 n mile;其他通航桥孔的视觉航标灯光射程应不小于 1 n mile。

(3)海区可航行水域桥梁助航标志的编号

同一座桥梁上的桥梁助航标志应顺航道走向,自左向右进行连续编号;桥梁助航标志名称编制规则为:桥梁名称+阿拉伯数字编号。

二、中国内河助航标志制度

内河航标是船舶在内河航道安全航行的重要助航设施。内河航标的主要作用是标示内河航道的方向、界限与碍航物,揭示有关航道信息,为船舶航行指出安全、经济的航道。

1993 年我国制定的《内河助航标志》国家标准(GB5863—93),于 1994 年 9 月 1 日开始实施,适用于我国江河、湖泊、水库通航水域所配布的《内河助航标志》。个别特殊通航水域经批准后,可根据具体情况另行规定。

《内河助航标志制度》国家标准首先规定了河流左、右岸和左、右岸航标颜色的确定原则;其次明确了航行标志、信号标志和专用标志三大类十八种标志的功能与特征;最后规定了航标配部类别和原则。船舶内河航行时应详阅国家标准《内河助航标志》(GB5863—93),以明确内河标志的详细情况和相应的地方规定。

第四节 中国沿海《航标表》及英版《灯标和雾号表》

一、中国沿海《航标表》

1. 概况

(1)中国沿海《航标表》由中国人民解放军海军司令部航海保证部出版,按海区分为三册:

第一册 黄、渤海海区,编号为 G101;

第二册 东海海区,编号为 G102;

第三册 南海海区,编号为 G103。

除此之外,中国航海图书出版社出版了中国《航标表》。本书仅介绍海军司令部航海保证部出版的三册中国沿海《航标表》,其他各《航标表》可参见其说明。

(2)每册《航标表》由"航标表"、"罗经校正标、测速标表"、"无线电指向标及差分全球定位系统"和"船舶自动识别系统基站"四部分组成,卷首部分列有中、英文两种语言印刷的前言、改正记录表、目录、说明、航标灯质图解、《中国海区水上助航标志》国家标准简图和本卷航标索引图。改正记录表由"航海通告"期号和日期两栏组成,当责任驾驶员根据某期《航海通告》对《航标表》进行改正后,将改正日期填入该《航海通告》期号后面的日期一栏的横线上。

(3)凡使用《航标表》的单位,需及时根据《航海通告》有关内容对其进行改正。

2.《航标表》的主要内容

第一部分 《航标表》以编号、名称、位置、灯质、灯高、射程、构造、附记 8 栏列出各航标之详细情况。

①编号:一般按地理位置由北向南、由东向西、由海进港的顺序,将军用、民用航标统一连续编排。航标与其编号固定对应。若在两个相邻航标编号之间插入新的航标,则用带小数的

航标编号表示。

②名称:均以新版海图为准。凡射程在 15 n mile 以上的灯标,其名称用黑体字排印,名称下注“有”字样,是表明该标有人看守;无注明的,为无人看守。无人看守的航标可靠性较差。

③位置(经纬度):均为概位,只供航海人员参照海图时便于检查之用。

④灯质:以光质、光色、周期(明+灭)列出,光质有定、闪、快闪、甚快闪、明暗、等明暗、莫尔斯、互光等共 13 种,详细说明请参阅“航标灯质图解”。

⑤灯高:平均大潮高潮面至灯光中心的高度,以米表示。

⑥射程:通常指在晴天黑夜条件下,按照观察者眼高在海面上 5 m 所能看到灯塔(桩)灯光最大的距离,以海里表示。由于能见度影响,实际灯光射程可能会超过或达不到表上所列数字。

⑦构造:指灯标建筑物结构、颜色,便于日间辨认,所列数字为以米为单位的灯塔(桩)自地面至塔(桩)顶的高度。

⑧附记:记有航标种类、灯光光弧界限、雷达反射器、雾警设备、无线电信标及其他说明。

第二部分　罗经校正标、测速标表,以名称、位置、构造、附记四项内容编表。罗经校正标、测速标以场为单位,用前面相应注有“L”和“C”的偶数编排,奇数用作新插入的罗经校正场、测速场的编号。每个罗经校正场、测速场首页均有布标示意图。

第三部分　无线电指向标及差分全球定位系统,首先给出该册所覆盖海区该种航标和系统的分布图,然后给出每航标系统的编号、名称、位置、射程、频率、工作时间等资料。

3. 其他说明

①中国海区的灯船船身及灯架均涂红色,船身两舷写白色船名,灯质视需要确定。

有人看守的灯船漂离原位时,分别悬挂下列信号:

日间:在船首尾各悬挂黑球一个或红旗一面,并悬挂国际信号旗“PC”,表明“本船不在原位”。

夜间:在船首尾各悬挂红灯一盏。

当有人看守的灯船离开原位时,原来的灯光及雾号即停止工作。

②浮标和无人看守的灯船容易漂离原位或灯光熄灭,尤其在暴风雨后更容易发生上述现象,航行时应加注意。

4. 使用

①根据所查航标所在的海区,抽选相应册别的中国沿海《航标表》。

②如需查阅航标资料,可参考目录找到并查相应册第一部分的“航标索引图”,在灯标附近查得一红色数字,此数字为该灯标资料在《航标表》中的页数,然后翻到该页,根据灯标的名称查出该灯标的 8 栏细节。

③罗经场与测速场、无线电指向标和差分全球定位系统以及船舶自动识别系统基站资料的查询方法一样,首先根据目录获得该部分资料所在页数,翻至该页即可查出分布图和相应资料。

二、英版《灯标和雾号表》

1. 概况

英版《灯标和雾号表》(Admiralty List of Lights and Fog Signals)简称《灯标表》,缩写为

ALL,按不同地理区域共分为 12 卷,编号自 NP74 ~ NP85,代号为 A,B,C,D,E,F,G,H,J,K,L,M。

《灯标表》详细记载了全世界各种灯塔、灯桩、灯浮(主要是灯芯高度大于和等于 8 m 者)及雾号资料,作为海图资料的补充。各卷《灯标表》包括的地区界限图均印在每卷《灯标表》的封底及英版《航海图书总目录》中的灯标表索引图上。

每卷《灯标表》每年重新出版一次,旧版本即行作废。有关新版消息刊载在每季度末的那期周版《航海通告》中,每卷已改正到的日期可在封里和前言中查到,付印后的改正应根据英版《航海通告》(周版)第Ⅴ部分的改正资料进行。

注意:各卷《灯标表》在水道测量部、英版海图代销店和海图仓库存放时并不进行改正,因此收到后应根据《航海通告》第Ⅴ部分进行改正方能使用。

2. 主表的内容

《灯标表》中主表部分的内容共分 8 栏,以载明每个灯标细节和特征。

第一栏:灯标的编号(No.)。为《灯标表》的卷代号字母和数字编号,是依照国际海道测量组织决议确定的灯标的国际编号,无论什么时候涉及灯标的使用问题,都要引用这种由字母和数字组成的国际编号。

第二栏:位置、名称(Location,Name)。位置是以大写字印刷,凡射程等于或大于 15 n mile 的灯标名称用黑体字印刷,射程小于 15 n mile 者用正体字印刷;灯船名称用大写斜体字印刷,而所有其他灯浮名称则用小写斜体字印刷。

第三栏:纬度、经度(Lat.,Long.)均是概值。

第四栏:灯质和灯光强度(Characteristics and intensity)。灯光强度以坎德拉(candelas)为单位,用小写斜体数字给出。

第五栏:灯芯高度(Elevation),以 m 为单位。

第六栏:射程(Range),以 n mile 为单位,如等于或大于 15 n mile 者用黑体数字,小于 15 n mile 者用正体数字。表列射程为主管当局发布的数字,使用额定光力射程(Nominal range)的国家在"特殊说明(Special remark)"部分列出。

第七栏:结构的细节和以 m 为单位的塔(标)高(Structure height in metres)。提供有关灯标建筑物结构的说明,所列塔(标)高是指自地面起算的建筑物的高度。

第八栏:备注(Remarks)。注明灯光亮、灭(Phase)的时间分配、光弧(Sectors)、可见光弧、较小灯标(烛光较小的自动无人看守灯标)(Minor lights)。

射程、灯芯高度和塔(标)高的取整规则为五舍六入。

3. 其他内容

(1)改正方式(System of correction)与改正登记表(Notation of amendments)

改正方式与改正登记表印在《灯标表》的封里。改正方式说明《灯标表》改正资料的来源是英版《航海通告》,解释通告的格式、用语和符号,并简单介绍如何利用通告提供的资料对《灯标表》进行改正的问题。改正登记表与中国沿海《航标表》的改正记录表的编排和使用均一样。

(2)特殊说明(Special remarks)

各卷《灯标表》的"特殊说明"首先列出本卷中采用额定光力射程的国家和地区名称,未列出的国家则采用光力射程,然后针对本卷所包括的地区的和国家的有关灯标、雾号的特点加以必要的说明，有的还涉及某些特殊规定，使用时应予注意。

(3)地理能见距离表(Geographical Range Table)与光力射程图(Luminous Range Diagram)

地理能见距离表是根据地理能见距离公式编制的，利用眼高和物标的高度作引数可在表内查得物标的地理能见距离。

光力射程图可以用来求得不同能见度条件下灯光的可见距离。它的上边横坐标为额定光力射程，下边横坐标是以坎德拉(cd)为单位的灯光强度，左边纵坐标是不同能见度时的光力射程，单位为 n mile，图中画有各种能见度曲线，如图 3-2-18 所示。

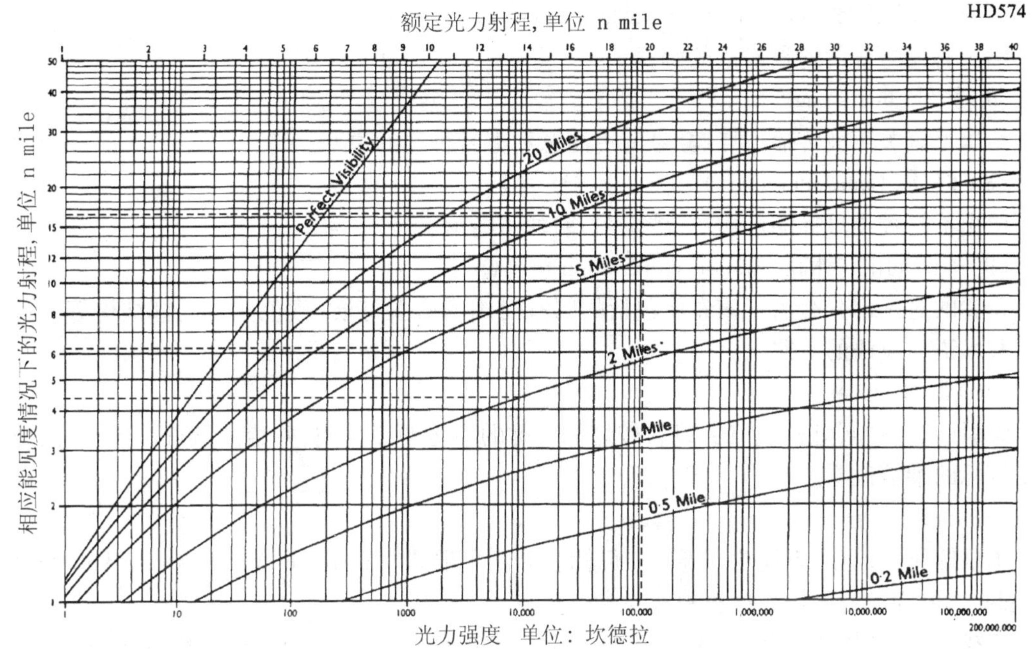

图 3-2-18 光力射程图

例 3-2-1：已知某灯标光力强度为 1 000 cd，当时气象能见度为 5 n mile，求该灯光的光力射程。

解：查该曲线图。由下边横坐标光力强度 1 000 cd 处垂直向上，找到能见度为 5 n mile 的曲线上一点，由此点水平向左，即可在左边纵坐标查得该能见度时的灯光光力射程，约为 6.2 n mile。

例 3-2-2：已知某灯标的额定光力射程为 14 n mile，求能见度为 2 n mile 时的灯光的光力射程。

解：由该曲线图上边横坐标 14 n mile 处，垂直向下与能见度为 2 n mile 的曲线相交一点，由此点水平向左，即能查得该能见度时灯光的光力射程约为 4.4 n mile。

此曲线图也可由当时灯光可见距离反求当时的气象能见度，但是所有上述计算的结果均为近似值，在取值时，一般取比实际查表结果小的值为宜。

例 3-2-3：雷达测得 Ponta de Tafe Cabinda 灯塔距离为 10 n mile 才见其灯光，从《灯标表》D 册中查得该灯塔的灯光强度为 112 200 cd，试求当时能见度约为多少？

解：雷达测得该灯塔距离为 10 n mile 才见灯光，即所求能见度时的灯光光力射程为 10 n mile。这样从左边纵坐标 10 n mile 处平行向中间与 112 200 cd 垂直向上的交点即为当时的能见度,约 4 n mile(在图中能见度曲线 2 n mile 和 5 n mile 之间,内插求得)。

(4)灯标表中所使用的缩写词(Abbreviations used in Admiralty list of lights)

给出《灯标表》中使用的缩写词的解释。

(5)灯标的解释(Explanation-lights)

对海空两用灯标(Aeromarine lights)、航空灯标(Aero lights)、对空障碍灯标(Obstruction lights)、白昼灯标(Daytime lights)、雾号灯标(Fog lights)、雾情探测灯标(Fog Detector lights)进行了解释和说明。

(6)灯标术语(Nomenclature of lights)

给出有关灯标的各种术语的解释。

(7)雾号(Fog signal)

给出了有关声波传播特点、雾号使用注意和雾号种类的说明。

(8) 灯质(Light characters)

给出不同种类灯标的灯质、灯质说明、缩写和图示。

(9)外国词汇与术语(Glossary of foreign terms)

每卷的这一部分给出了该卷所包括的国家使用的有关灯质、颜色、雾号、灯结构等方面的词汇和术语与英语的对照。

(10)索引(Index)

索引列在各卷《灯标表》的最后,按灯标名称的字母顺序排列,并给出该灯标的编号,便于查找灯标的细节说明。

4.《灯标表》查阅

①根据所在地点,查任意一卷的"灯标表分卷界限图"(Limits of Volumes of Admiralty List of Lights),可知航行区域灯标资料所在卷。

②找到该卷,翻到书末"索引"(Index)部分,根据灯标名称(Name)查得其编号(No.)。

③根据编号(No.)翻到所在页,便可阅读该灯标的细节。

④根据需要求取灯标在当时能见度下的光力射程。

例 3-2-4:某船 2014 年 5 月 1 日夜间航行在荷兰 Scheveningen 灯塔附近,气象能见距离为 5 n mile,测者眼高为 16 m,求该灯塔资料和该能见度下及能见度良好情况下该灯塔灯光的最大可见距离。

解:①根据地理区域查"灯标表分卷界限图",知"Scheveningen"灯船资料在 B 卷。

②由 B 卷"索引"中查到该灯塔的编号为 B0750,根据此编号在该卷中查得灯塔资料如下:

灯质:混联闪(2)、白光、周期 10 s;

灯高:49 m;

额定光力射程(参见该册"特殊说明"):29 n mile;

结构:褐色船体、塔高 30 m;

备注:灯光亮灭时间分配情况为 0.2 s、灭 2.3 s、亮 0.2 s、灭 7.3 s。

③查光力射程图(Luminous range diagram)。

由该图(如图 3-2-18 所示)上边额定光力射程 29 n mile 向下到能见度 5 n mile 曲线再向左得到该能见度时灯光的光力射程为 16.4 n mile。

④由地理能见距离表(Geographical Range Table)或用地理能见距离公式计算,可得该灯光的地理能见距离为 22.99 n mile。因为能见度为 5 n mile 时灯船灯光的光力射程为 16.4 n mile,所以该能见度下灯船灯光的最大可见距离为 16.4 n mile。又因为灯船的额定光力射程为 29 n mile,所以能见度良好时该灯船的最大可见距离为 22.99 n mile。

5. 英版数字化《灯标和雾号表》

(1)概况

英版数字化《灯标和雾号表》(Admiralty Digital List of Lights, ADLL)是英国水道测量局出版的数字出版物(ADP)的一种,发行载体为光盘和网络。该数字灯标表设计上主要适合受国际海上人命安全公约约束的船舶使用。目前,国际上已经有 70 多个国家认可其在满足所规定的条件时可以替代纸质版《灯标和雾号表》,替代纸质版的相关问题详见第三篇第三章第八节。

该灯标表包括计算程序和将全球划分为 9 个数据区 70 000 多个灯标的数据,所提供的数据除了纸质版灯标表的内容外,还可根据输入的眼高和气象能见度数据提供灯标的地理能见距离和该能见度下灯标最大可见距离。9 个数据区如图 3-2-19 所示。

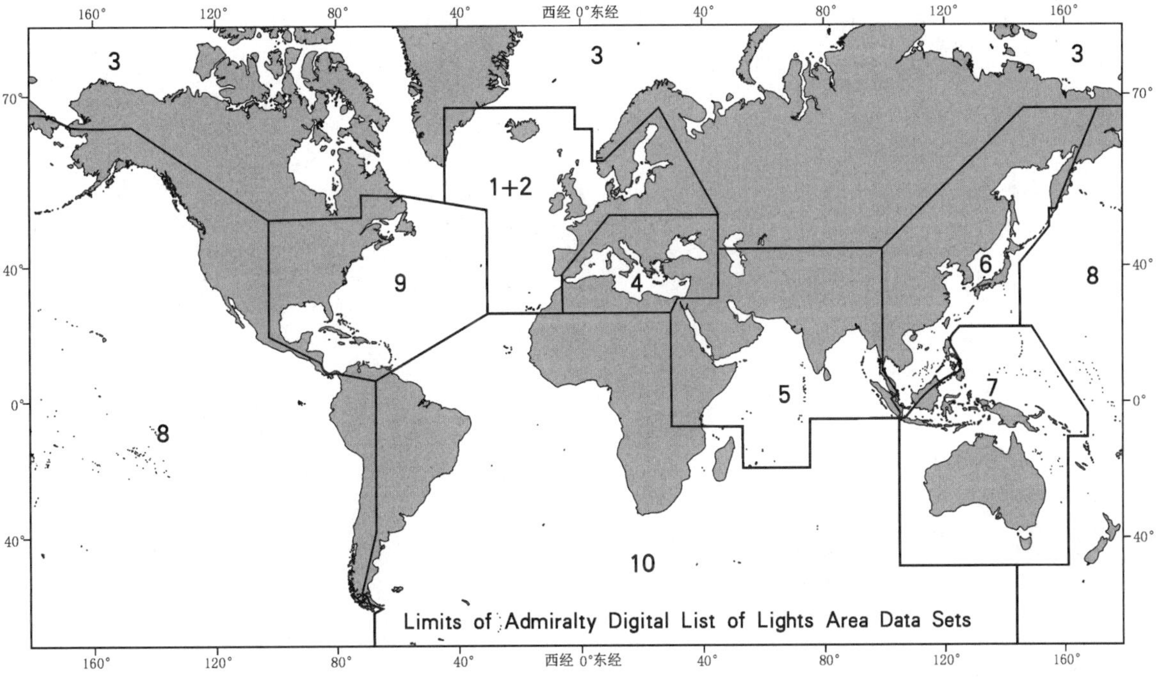

图 3-2-19 英版数字化《灯标和雾号表》分区图

数据区 1 包括海域 1 ~ 2:欧洲北部和波罗的海(Northern Europe & the Baltic);

数据区 2 即海域 3:北部水域(Northern Waters);

数据区 3 即海域 4:地中海与黑海(Mediterranean & Black Seas);

数据区 4 即海域 5:红海、波斯湾和印度洋北部[Red Sea, the Gulf & Indian Ocean (northern part)];

数据区 5 即海域 6:新加坡至鄂霍次克海和菲律宾西岸[Singapore to Sea of Okhotsk & Philippines (W coast)];

数据区 6 即海域 7:澳大利亚、婆罗洲和菲律宾东岸[Australia, Borneo and Philippines (E coast)];

数据区 7 即海域 8:太平洋、新西兰和南、北美洲西岸[Pacific Ocean , New Zealand, N & S America (W coast)]

数据区 8 即海域 9:北美东海岸和加勒比海[North America (east coast) and Caribbean];

数据区 9 即海域 10:南大西洋和印度洋南部[South Atlantic and Indian Ocean (southern part)]。

该灯标表的购买、安装和更新与数字版《潮汐表》相同。

(2)使用方法

数字化灯标表的程序界面和数字化潮汐表相同,同样分为菜单与工具栏区、数据选择区、列表区和海图显示区四个区域以及状态栏。使用方法基本一致,只要通过视图菜单的选项分菜单设置好眼高,在能见度工具栏中输入当时气象能见度,即可在给出的资料中查到地理能见距离和灯标的最大可见距离。查用方法参见数字潮汐表的使用和该灯标表的帮助。

第三章 航海图书资料

无论是在制订航行计划和设计航线时,还是在航行过程中,都应仔细地阅读和分析航海图书资料,以便制订适合于本船的航行计划,设计安全而经济的航线,确保船舶安全航行。

有关航海图书资料的配备,国际海事组织在《国际海上人命安全公约》中提出了相应的要求,2006 年国际海事组织海上安全委员会(MSC)以通函的方式进一步明确了船舶应配置的航海图书资料。诸多航海国家都对船舶配备航海图书资料提出了相应的规定。详细的图书资料配备可以查阅相应的公约、通函和规定。本书仅就航海学范围内的有关中、英版资料内容进行介绍。除了已经介绍过的《潮汐表》和《灯标表》外,本章对以下图书资料进行介绍:

1.《世界大洋航路》
2. 航路设计图和航路设计指南图
3.《航路指南》与《中国港口指南》
4.《进港指南》
5.《航海图书目录》
6.《无线电信号表》
7.《航海通告》、《航海通告累计表》与《航海通告年度摘要》
8.《航海员手册》
9.《里程表》

第一节 《世界大洋航路》、航路设计图与航路设计指南图

一、《世界大洋航路》

1. 概况

《世界大洋航路》(Ocean Passage for the World)是英国水道测量部出版的介绍世界主要大洋航线的书籍。该书现用版为 2004 年版(第五版)。该书出版后的重要改正内容在周版英版《航海通告》的第Ⅶ部分印出,有效的《航海通告》的清单在每三个月周版《航海通告》中刊出,而至年底仍有效的通告内容重印在英版《航海通告年度摘要》中。

使用该书时必须参阅周版英版《航海通告》第Ⅶ部分和《航海通告年度摘要》。

《世界大洋航路》可供拟定深海航线时参考。书中介绍了气象和其他影响航线拟定的因素和经常被选用的大量航线及这些航线的航程。

该书由两大部分共10章组成。第一部分由第1章至第7章组成,第1章是航线设计,第2章至第7章分别介绍各章所包括海域的气候条件和高速机动船推荐航线航行要点;第二部分由第8章至第10章组成,介绍常用帆船航线。

该书中机动船是指中等吃水(12 m)的下列两种类型的船舶:

(a)高速船或能保持15 kn以上海上速度的船舶;

(b)低速船或由于被拖带或损坏而不能满足高速船要求的船舶。

书中机动船推荐航线主要是为(a)类船舶所提供,虽然高速船在大多数情况下希望选取两港间最短航程航线,但是在某些情况下,这类船舶采用推荐航线能够很大程度地减轻船体损坏并省时省油。建议(b)类船舶在大多数情况下最好考虑书中推荐的帆船航路。

书中给出的航程的计算所采用的地球形状为国际旋转椭圆体,单位为n mile。航程的精度对于1 000 n mile以上的航线取整至10 n mile,1 000 n mile以下的航线取整至5 n mile。

该书还印有一些图表,包括:

①英版《航路指南》各卷海区范围索引图,位于书的封里;

②改正登记表印在书的副封里,用于登记根据英版《航海通告》第Ⅶ部分对该书进行改正的情况;

③基于1998年商船载重线规则的载重线地区及季节性区域图,位于书的副封底;

④航路设计图范围索引、灯标和雾号表索引、潮汐表索引、无线电信号表索引、数字化灯标表索引、世界气候图、波高图等位于第一章,书中有关机动船航线的各章有航线插图;

⑤帆船航线部分还有世界帆船航线图。

该书书末附有:

(1)附表

①表A 蒲福风级表;

②表B 西太平洋和印度洋季风表;

③表C 热带风暴表;

④表D 世界标准时区图;

⑤表E 欧洲和北非标准时区图。

(2)附录A 印度尼西亚群岛海上航路

介绍印度尼西亚对其东部群岛所规定的海上航路及其政府所制定的规则。

(3)地名词典

按字母顺序列出主要地名及其经纬度,其中除始发港和目的港的位置外,其他地方的位置均是概位,已作废的名称列在新名称后的括号内,位置后带星号(*)者是始发港或目的港。

(4)标题索引

按字母顺序列出有关标题所在章节,用于查取气候和注意事项等。

(5)航线索引

按字母顺序列出有关标题和航线始发港名,在每一始发港名下也按字母顺序列出各目的港名,其后是该内容所在章节,帆船航线的章节用斜体字印出。

在使用该书时应结合适当的海图和参阅《航路指南》、《灯标表》、《潮汐表》、《无线电信号表》、《里程表》、《航海通告》、《航海通告年度摘要》、《航海员手册》、5011 海图(英版海图图式及缩写)等。

2. 机动船航线

机动船航线是该书第一部分内容,也是主要内容,共 7 章。

第 1 章介绍航线设计知识(planning a passage):

①世界大洋航路(ocean passages for the world),包括世界大洋航路、航线、指南、始发港与目的港、航程、地名词典及索引等。

②海图与书表(charts and publications),包括航路设计图、大洋海图、大圆海图和图书(包括英版《航路指南》、英版《灯标表》、英版《潮汐表》、英版《潮流图集》、英版《无线电信号表》、英版《海上通信》、英版《里程表》、英版《航海通告》、英版《航海通告年度摘要》、《航海员手册》及 5011 海图等)、数字出版物(英国光栅扫描海图业务、英版完整潮汐、简化的调和常数潮汐预报方法、英版数字化灯标表)。

③自然条件(natural conditions),包括天气条件、季风、热带风暴、低气压、海浪与涌、异常波浪、洋流、冰、珊瑚礁水域、地磁异常等。

④航线设计(passage planning),包括航线选取、气象定线、载重线规则、近岸设计(诸如钻井平台、系泊浮筒、管线等)、分道通航制、群岛海上航路、避离区域、海上安全信息、全球航海警告系统、船舶报告系统、海域污染等。

第 2 章至第 7 章分别介绍北大西洋、南大西洋、墨西哥湾与加勒比海、地中海、印度洋、太平洋及其邻接海域等海区的大洋航线。各章内容及安排大致相同,每章开卷均介绍本海区有关的风和天气、涌浪、海流、冰及注意和警告等内容,然后再介绍推荐航线。

3. 帆船航线

帆船航线部分为第 8 章至第 10 章内容,分别给出北大西洋和地中海、印度洋、红海和东部群岛及太平洋海区的帆船航线。编排方式和机动船航线部分基本一致,供(b)类船舶和帆船参考采用。

4. 查阅方法

①根据始发港和到达港港名在"航线索引(Index of routes)"中查得该航线资料所在的章节。如果始发港和/或目的港的名称没在"航线索引"中列出,可找出在始发港和/或目的港附近而又在索引中列出的港口予以代替;在航线较长时,可对计划航线予以适当分段。在各章节的资料中通常注有"Diagram(×.×××)"字样,在阅读各章节的正文内容时,应参阅这些有关的插图(一般在资料介绍所在页及附近页)。由于查到的航线是适合于(a)类船舶的航线,对于(b)类船舶,这部分给出了应参考的帆船航路部分的章节编号。

②阅读第 1 章和本航线所涉及的各章的水文气象资料及插图 1.14 和插图 1.18,以便了解航行季节中航区内的水文气象条件和有关航海注意和警告。

③根据关键词在"标题索引(Index)"中查得具体资料所在章节。

④查阅《世界大洋航路》时,应与最新版每月航路设计图、有关《航路指南》及海图等资料一并阅读和分析。

⑤《世界大洋航路》及每月航路设计图(见本节之二)只是根据大洋的盛行风、流及航行经验推荐的大洋航线,船舶应根据本船条件和当时大洋气象情况做具体分析,以便设计出一条安全经济的航线。

例 3-3-1:某船某航次拟由上海(Shanghai)开往旧金山(San Francisco),利用《世界大洋航路》查阅该航线的有关资料。

查阅步骤:

①根据始发港和目的港名称的字母顺序查阅书末的“航线索引”,可查得该航线资料所在章节为7.282。

②根据章节编号7.282,翻到该书的第245页,得如下内容:“The shortest route is through Korean Strait to Tsugaru Kaikyo, thence by one of the following routes: San Francisco: 7.288.1 or 7.288.2 distance 5,400 miles.”表示从上海到旧金山最近航路为通过朝鲜海峡至津轻海峡后,再走7.288.1或7.288.2所描述的航路,航程是5 400 n mile。根据章节号7.288.1和7.288.2翻至资料所在页码(245页),可查得航线的详细描述,应参考的插图为7.287。

③根据插图编号7.287找到插图(246页),即可查到该航线的图示。

④根据航线穿过的海区,在第1章插图1.14(a,b)可查得航区的气候的基本情况;插图1.18(a,b,c,d)可查得航区波浪的基本情况。

⑤由于航线位于第7章,参考目录翻至该章开始部分,可查得该章所述海区的气象、海况和航行注意等资料。

⑥利用关键词:注意事项、北太平洋、应避开的区域,查得北太平洋需要避开的区域的资料的章节编号为7.38,根据该编号翻到第152页,即可得出所需详细资料。利用关键词:自然条件、流、北太平洋,查得北太平洋各洋流资料的章节编号为7.26,根据章节编号翻到149页,即可得出所需详细资料。其他资料诸如冰、涌、风和天气等可用同样的方法查取。

二、航路设计图

1. 概述

①英版航路设计图(Routeing charts)分北大西洋、南大西洋、印度洋、北太平洋、南太平洋5个海区,每月每海区1张,全年共计60张图。其图号分别为5124(1)~(12);5125(1)~(12);5126(1)~(12);5127(1)~(12);5128(1)~(12)。它是拟定大洋航线的主要参考图,可与《世界大洋航路》配合使用,以便拟定安全经济的大洋航线。

②该图是以墨卡托投影原理制成的,它可以作为大洋总图使用。

③航路设计图主要提供了推荐航线、航程、风力、风向、洋流、冰区界限、国际载重线区域界限和气象附图等资料,以此作为拟定该图所表示月份的航线的参考。

④资料的主要来源是每月气象图、大洋流图,其他资料由气象局提供。

2. 资料说明

(1)推荐航线(Shipping routes)

连接港口之间的浅绿色直线或凸向近极的曲线为推荐航线,直线表示恒向线航线,曲线表示大圆航线,箭矢指明航行方向,如果是双向箭矢表示航线为双向航线,否则为单向航线;航线上的数字表示以n mile为单位的航程(详细资料参见《世界大洋航路》和《里程表》)。

(2)洋流(Ocean currents)

用深蓝色箭矢表示该月表层洋流的主要流向,并以不同的箭矢表示该方向洋流持续的百分率。箭矢尾端的数字表示以kn为单位的平均流速。观测资料不足之处,用……→表示可能的流向,在那些地方的洋流一般较弱。

(3)风花(Wind roses)

用红色圆圈和许多不同方向的红色箭矢组成“风花”,用以表示当地盛行风的各种数据。箭杆的长度表示该方向风的百分比频率(频率比例尺一般2 in为100%,具体比例可见图中关于风花的注释),箭杆的粗细表示风级,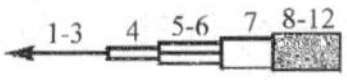

。这样,便可得知风花处该月最盛行的风向,即最长箭杆的方向。该处附近海面可能遭遇的最强风力,即最粗箭杆所代表的风力。

风花中心一般有三行数字,上面的数字为该月该处资料的观测次数,中间的数字为不定风(不能在风花中画出)次数在全部观测数中所占的百分数,下面的数字是无风的百分数,观测次数小于100的区域不给任何数据。

(4)冰区界限(Maximum limit of pack ice)

图中在高纬度上用不同形状的浅蓝色线表示流冰群的最小、平均及最大界限和冰山的平均最大界限,其资料由气象局提供,最大界限采自美国资料。

(5)国际载重线区域界限(Limits of load line zones)

依据1998年国际载重线公约,用不同颜色标明各载重线适航的区域界限,有关详情可参考该公约区带、区域和季节期图或英版海图D6083。

(6)插图资料

每张航路设计图空白处均印有4张附图,内容如下:

①气温气压图(Mean air temperature and air pressure)

图上绿色等温线是指海面月平均气温(°F),红色的等压线是指平均气压(hPa)。

②雾与低能见度图(Fog and low visibility)

图上的红线和绿线分别表示出现能见度低于0.5 n mile和5 n mile的等百分率曲线,可用以了解航行海域出现雾的可能性。

③露点温度和海水温度图(Dew point temperature and mean sea temperature)

图中以红线和绿线分别绘出露点温度(°F)和海水表层温度(°F)的等温线,可用以了解生成雾的可能性。

④大风和热带气旋路径图(Winds of Beaufort force and higher and some selected tracks of tropical storms)

图上红线绘出的热带气旋路径是依据该月多年实际情况选定的,绿线是指出现7级和7级以上大风的等百分率曲线。

三、航路设计指南图

1. 概况

英版航路设计指南图(Admiralty routeing guides)针对世界主要航区出版,给出包括船舶交通管理在内的制订所覆盖海区航次计划的重要参考资料。该图目前有4张:英吉利海峡和北海(图号5500)、苏伊士湾(图号5501)、马六甲和新加坡海峡(图号5502)、波罗的海(图号5503)。该海图应结合航用海图使用。

2. 资料说明

该海图除给出航区的分道通航和航线资料外,还提供大量的文字和图示资料,内容包括:

(1)标题栏资料

在该图的标题栏中,主要给出以下资料:

①航海通告(Notices to Mariners):说明为了安全应根据航海通告对本海图进行改正。

②主要缩写(Main abbreviations):给出图中所用到的主要缩写的解释。

③规则与建议(Regulations and recommendations):说明对《国际海上避碰规则》的引用和图中的建议是基于国际海事组织批准的航行规则以及有关注意事项而提出的。

④船舶应配备的航海图书资料(Carriages of charts and publications):给出了船舶应配备的航海图书资料的说明和清单。

⑤海图索引图(Admiralty charts):标明本海区各部分所使用的英版海图。

⑥里程表(Distance table):给出本海区各重要地点间的航程。

⑦本图所使用的主要海图图式(Key to symbols on the routeing guide):对使用的一些主要海图图示进行了说明。

(2)重点说明资料

①使用本指南图制订航次计划(Passage planning using this guide):包括航次计划的基本原理、交通状况评估,计划的制订、执行与监控程序。

②航线确定—— 一般规则与建议(Routeing:general rules and recommendations):给出设计航线时应考虑的避碰规则条款、注意事项和建议。

③航线确定——特殊规则与建议(Routeing:special rules and recommendations):说明设计航线时应考虑的一些特殊规则条款和建议。

④特种船舶的航次计划(Passage planning:special classes of vessel):说明深吃水船舶、帆船和船长小于12 m的船舶等在制订航次计划时应考虑的问题。

⑤本海域航行的特别危险(Special hazards when navigating in ...):说明在本海域航行需注意的特别危险情况,诸如沙波、武装抢劫与海盗等。

⑥无线电报告和船舶交通管理(Radio reporting and Vessel Traffic Services):介绍本海区船舶报告制度和船舶交通管理的情况。

⑦海上无线电服务(Maritime radio services):介绍海岸无线电台和GMDSS的基本情况,给出所覆盖海域的海岸无线电台、航海电传和无线电航海警告的发布台。

⑧航标(Aids to navigation):介绍所覆盖海区的助航设施的情况。

⑨引航服务(Pilot services):介绍所覆盖海区的引航情况。

⑩潮汐资料(Tidal information):图示说明所覆盖海区的潮汐情况。

⑪备忘录(Memorandum):列出航次计划应考虑的诸项问题。

(3)建议与注意事项

在海区重要地点用洋红色文本框给出建议和注意事项,重要航段或航区用附图方式专门说明。

第二节 《航路指南》和《进港指南》

一、中版《航路指南》

1. 概况

中版《航路指南》由中国人民解放军海军司令部航海保证部出版，共有20余卷，内容涉及中国沿海、亚洲及太平洋水域，其中《中国航路指南》介绍中国沿海的情况，而且内容也在不断更新。本书仅介绍这3卷内容，其他各卷《航路指南》的使用方法基本相同。

《中国航路指南》出版周期3～5年，每两年出版一次补篇。各卷所涉及的范围如下：

第一卷　编号A101，内容从鸭绿江口至长江口北角，包括渤海、黄海及沿海岛屿。

第二卷　编号A102，内容从长江口北角至闽粤交界处的诏安湾的我国东海海区，包括舟山群岛、台湾岛、钓鱼岛及赤尾屿等沿海群岛和岛屿。

第三卷　编号A103，内容从闽粤交界处的诏安湾至北仑河口的我国南海海区，包括海南岛、南海诸岛、黄岩岛和沿岸岛屿。

2.《中国航路指南》的主要内容

(1)卷首说明

《中国航路指南》的卷首部分包括前言、说明、索引图和目录等几项内容。前言介绍了资料来源和更新情况；说明部分叙述了有关航向，方位，水深，长度单位，温度，高度及风、浪、涌的方向和港口、航道左右侧划分等的规定及使用《中国航路指南》时应注意的问题；索引图为该卷每章所包括海区的范围和海图索引；目录给出了具体内容所在的页码。

(2)正文内容

《中国航路指南》每卷内容的编排基本相同。第一章为总论，介绍本卷所包括海区的自然地貌、水文气象、航路、港湾锚地和航标等情况。从第二章开始分区顺岸详细介绍有关航海资料，包括概况、水文气象、助航标志、碍航物、水道航法和港湾锚地等，其中包括一些可贵的航行经验；在详细资料介绍前均首先给出所应参考的海图图号；正文中还附有大量的有关水深、底质、水文气象和航线等的插图和对景图，最后给出几个附录，介绍有关航行安全、船舶管理、海关关于船舶及货物的进出口管理、船舶污染海域管理和危险货物监督管理等的法规和条例。

3. 使用

①根据航区，抽选相应卷别的《航路指南》。

②如需查找整个海区的总的情况和航线情况，可根据目录在第一章内查得具体资料所在页码，即可查得相关资料。

③如需了解某具体位置的水文气象、航法和航行注意等情况，可根据地理位置在卷首部分的本卷航路指南索引图中查得该海区所在章节，再根据该章节编号查阅本卷目录，可知该章节所在的页码，翻至该页即可查阅有关内容(也可根据具体地理位置直接查取目录)。

④阅读《航路指南》时，应对照有关海图进行研究。

二、《中国港口指南》

1. 概况

《中国港口指南》由中国人民解放军海军司令部航海保证部不定期出版，主要记述中国沿海主要港口的情况，是船舶进出港航行、停泊、作业、办理手续、申请服务等需要参考的基本航海资料。

《中国港口指南》共分三册，出版周期 2 ~3 年。各册情况如下：

第一册　编号 C103，介绍黄、渤海海区港口；

第二册　编号 C104，介绍东海海区港口（含长江下游主要港口）；

第三册　编号 C105，介绍南海海区港口（含珠江水系部分港口）。

2.《中国港口指南》的主要内容

（1）卷首说明

《中国港口指南》的卷首部分包括前言、说明、目录等几项内容。前言介绍了该指南的主要内容和资料来源及更新情况；说明部分叙述了有关航向、方位、水深、距离、高程，以及风、浪、涌的方向及山峰、岛屿、港口、航道左右侧划分等的规定和单位选用等；目录给出了具体内容所在页码。

（2）正文内容

《中国港口指南》每册内容均由三章组成。第一章为总述，主要介绍海区概况、灾害性天气、航标、引航、进出港口检查、港口信号、海难救助、避风锚地、航路里程等。第二章为港口，是该书的主体内容，具体介绍该册所包括港口情况，包括概况、水文气象、航行条件、航行与泊位限制、进出港航法、引航、锚地与禁航区、通信联络、港口设备、港口服务及有关机构等。在本章开始处给出港口索引图，在每个港口资料中给出港口与航道示意图，有助于资料的读取。第三章是规章，介绍海区有关航行规定和港口规章等。

3. 使用

（1）根据港口的位置选用相应册别的《中国港口指南》。

（2）根据目录查取所需要的有关内容，阅读具体内容时应参照港口与航道示意图，并与有关海图对照，便于理解和领会。

三、英版《航路指南》

1. 概述

英版《航路指南》（Admiralty Sailing Directions）由英国水道测量局出版，包括世界各海区，共有 70 余卷，编号为 NP1 ~ NP72。各卷英版《航路指南》所包括的地区范围，可查阅英版《海图及其他水道图书总目录》中的《航路指南》索引图，也可查阅《世界大洋航路》或《航海员手册》中的索引图。

英版《航路指南》现在有两种版本，一种为以前约十几年再版一次的老版，出版后三年发行一补篇对原书进行改正，新补篇出版后原补篇作废；另一种称之为连续修正版（Continuous revision），三年后再版不发行补篇。目前，老版的方式已经几乎取消，以后均为连续修正版。无论哪种出版方式，各卷出版后至新版或新补篇间的改正资料发布于英版周版《航海通告》（Admiralty Notices to Mariners）的第Ⅳ部分中；月末仍然有效的改正通告清单列在月末版航海通告中,每年1月1日仍有效的仅对《航路指南》进行改正的通告汇编在英版《航海通告年度摘要》(Annual Summary of Admiralty Notices to Mariners)中。关于《航路指南》及其补篇的再版消息,均公布于《航海通告》中。

阅读英版《航路指南》时,应注意分析对待每卷的"总论"中有关沿岸国家的政治、历史、经济、地理等的说明。

2. 卷首说明部分

一般包括下列内容:

(1)更新说明与改正登记表(Directions for Updating this Volume ,Record of Amendments):对该卷航路指南的版本情况、更新问题进行解释,提供改正登记表以记录改正情况:应改正的航海通告的期号。

(2)目录(Contents):给出本卷各章内容所在页数。

(3)前言(Preface):主要是说明该卷版本的编者和资料来源。

(4)英版航路指南的目的(Purpose of Admiralty Sailing Directions):指出"英版《航路指南》适合于150总吨及以上的船舶使用,其补充了海图上的航海资料,它载有在海图上和其他航海资料中没有的,但是安全航行所必需的参考资料。在阅读《航路指南》时,必须结合书中所引用的海图。"强调指出:"只有在根据航海通告第Ⅳ部分改正后才能使用本书。"

(5)说明与图表

①报告与反馈,包括:发现一些新的危险物和不同情况时如何报告以及为了提高指南的精度的反馈资料的提取等内容。

②相关的其他英版资料:介绍了其他英版资料及其内容。

③总论:说明了与航海有关的重要问题和用于本书的计量单位和术语。

④缩写词:给出正文中使用的缩写词的解释。

⑤词汇表(Glossary):是本卷或与本卷有关的海图中的地方性地理名称、词汇对照表。

⑥每章范围索引图(Chapter Index Diagram):给出本卷各章所包括的地区范围和参考的较小比例尺海图。

3. 主要内容

①各卷第一章是本卷所述地区的总体介绍,各卷均包括以下三部分:

A部分—— 一般航海知识和规则(Navigation and Regulations)

内容有:本卷范围(Limits of Volume)、航路与航海危险(Routes and Navigational Hazards)、航海注意(Navigational Note)、无线电服务(Radio Services)、扫海区(Swept Areas)、浮标制度(Buoyage)、引航制度(Pilotage)、油污染(Oil Pollution)、规则(Regulation)、边防(Coastguard)、信号(Signals)、海难救助(Distress and Rescue)、分道通航制(Traffic Separation Shemes)、检疫和海关规定(Quarantine and Customs Regulations)等。

B部分——国家与港口(States and Ports)

内容有:各国的一般情况(General Remark)、历史(History)、政府(Government)、人口和居民(Population and Inhabitants)、语言(Languages)、物产、工业和贸易(Products、Industries and Trade)、币制、度量衡(Currency、Weight and Measures)、节假日(Public Holidays)、运输和交通(Transport and Communications)、港口(Ports)、健康(Health)、修理(Repairs)、服务设施与供应(Facilities and Supplies)、灭鼠(De-ratting)等。

C 部分——自然条件(Natural Conditions)

内容有:海底的地形(Topography of the Sea Bed)、地磁异常(Magnetic Anomalies)、海浪和涌(Sea and Swell)、海流(Current)、海平面改正(Change in Sea Level)、潮流(Tidal Stream)、气候与天气(Climate and Weather)、气候表(Climate Table)、换算表(Conversion Tables)等。

②第二章及以后各章,一般是分区顺岸分别叙述航海有关说明,个别卷的第二章为该卷所包括海区的总的航线介绍。每章开始有本章各节包括区域的索引图及相关海图,每章的标题指出本章所描述的地区;在所述每个地名的首行还注明所述地区的航用海图图号,便于找出海图对照阅读。

各章航海说明的主要内容有:总论(General Remark)、地理情况(Aspect)、危险物(Dangers)、灯标(Lights)、立标(Beacon)、浮标(Buoy)、锚地(Anchorages)、禁止抛锚区(Prohibited Anchorage)、潮流(Tidal Streams)、航法(Directions)、码头(Wharf)、突码头(Pier)、小码头(Jetty)、油船泊位(Tanker Berth)、登陆处(Landing Place)、水上飞机场(Seaplane Station)、港章(Harbour Regulations)、信号(Signals)、暴风信号(Storm Signals)、交通信号(Traffic Signals)、港口信号(Ports Signals)、引航(Pilots)及供应(Supplies)。

4.《航路指南》附录、索引

①各卷《航路指南》均有一些附录(Appendix),包括一些对本卷所包括国家和地区的特殊规定、重要设施等的补充说明。

②各卷的末尾有该卷的索引(Index),按地理名称字母顺序排列,以便查阅。

5.《航路指南》的查阅

①《航路指南》所提供的资料用以补充海图资料的不足,因此,在拟定航线时,除参阅《世界大洋航路》、航路设计图等资料外,还应同时参阅《航路指南》的有关内容。

②使用时首先根据航区抽选相应卷别的英版《航路指南》。

③在阅读《航路指南》时,若对其内容和编排不很熟悉,应先了解其正文前的说明,善于使用目录和索引查找资料,并适当参考书中提供的索引图,特别是有的卷别的第二章为航线介绍,该章索引图对于航线的查取非常有帮助。

④如需了解该卷《航路指南》所述地区的总的情况,即可查阅第一章的目录,查找其所在页数,再按页数找到所需资料;亦可按所需内容名称查书末索引,得其所在章节号,再按章节号找到所需资料。

⑤如需了解沿岸及各港的有关航海说明时,则应利用书末索引,按地名查其所在章节号,再按章节号找到所需资料。

⑥阅读《航路指南》时,应查阅其最新补篇和与《航路指南》有关的航海通告。

⑦阅读《航路指南》时,应对照有关海图进行研究。

例 3-3-2:利用英版《航路指南》查取关于中国信号情况的总体介绍。

步骤如下:

① 利用英版《海图及其他水道图书总目录》查得关于中国海区的《航路指南》有 3 卷,为第 30 至 32 卷(NP30 ~ NP32),由于查找总的情况介绍,选用任一卷即可,选用第 30 卷。

② 在目录中第一章下面找到“Signals”资料在第 10 页。

③ 翻至第 10 页,在“Signals”小标题下可查到中国(China)信号的资料介绍。

利用书后索引按关键词“信号(signals)”也可查得资料所在的章节号为 1.53,从而查得所需资料。

例 3-3-3：某轮制订航次计划时，需要澳大利亚黑德兰港(Port Hedland)的资料。试在英版《航路指南》中查取所需资料。

步骤如下：

① 结合海图根据黑德兰港的位置查《海图及其他水道图书总目录》，得出应使用英版《航路指南》第 13 卷(NP13)。

② 在书末"索引"中按字母顺序查得黑德兰港资料所在的章节号为 5.319。其他关于该港的资料所在的章节号分别为：到港信息(Arrival information) 5.331，港湾与泊位(Basins and berths) 5.354，航法(Directions) 5.345，一般资料(General information) 5.319，港口(Harbor) 5.342，限制条件(Limiting conditions) 5.324，港口服务(Port services) 5.363。

③根据章节号在正文中即可查得黑德兰港详细资料：总体介绍在 215 ~ 216 页，限定条件在 216 页，到港信息在 216 ~ 217 页，港口资料在 217 ~ 218 页，进港航法在 218 ~ 220 页，港湾与泊位在 220 页，港口服务在 220 页。

根据关键词查得的章节号均是该项资料开始叙述的章节号。

四、进港指南

1. 概况

《进港指南》(Guide to Port Entry)由英国航运指南公司发行，每两年一版，新版本发行后，即宣布原版本作废。

目前，该书每版由四册组成，其中两册为港口资料正文(Text)，另两册为港图和系泊图(Plans)。一册正文配合一册港图和系泊图组成一套，由国家名称打头字母 A ~ K 为一套，L ~ Y 为另一套。该书是进入港口的重要指导书。伴随该书还附送有免费但有使用期限的光盘，内容和原书一样，用光盘所附带的 Acrobat reader 软件读取。

该书正文前有警告(Warning)、目录(Contents)、更新和修正(Updates and Amendments)、序言(Foreword)和更新光盘说明(Update CD)等。每册最后均有索引(Index)，该索引四册相同，可以检索正文、港图与系泊图所在的页数，港图和系泊图的页码以打头字母 P 表示。由于该书两年一版，在第二年用户可通过邮寄原书中所附登记卡(Registration Card)的方式，获取更新光盘。

2. 主要内容

该书按国家名称的第一个字母的顺序编排，正文中各国名除印在介绍该国港口内容有关页之外，还印在单数页的右上角，各国名后又以其主要港口名的字母先后顺序排列。

各港口资料主要提供下列内容：港口经纬度概值(写在港名之后)、港界(Port Limits)、进港应提交的文件单证(Documents)、引航制度(Pilotage)、锚地情况(Anchorages)、限制进港时间(Restrictions)、最大尺度(Max Size)、健康(Health)、无线电台(Radio)、高频无线电话(VHF)、雷达(Radar)、拖船(Tugs)、泊位(Berthing)、起重机械(Cranes)、散货装卸设备(Bulk Cargo Facilities)、特殊货物起运设备(Specialised Cargo-Handling Facilities)、桥梁(Bridges)、装卸工(Stevedores)、医疗(Medical)、油船(Tankers)、密度(盐度)[Density(Salinity)]、淡水(Fresh Water)、燃料(Fuel)、消防措施(Fire Precautions)、领事(Consuls)、修理(Repairs)、干船坞(Dry Docks)、验船师(Surveyors)、舷梯/甲板看守人(Gangway/Deck Watchman)、开关舱(Hatches)、

烟酒的海关允许量(Customs Allowance:Tobacco/Wine Spirits)、货物传送设备(Cargo Gear)、遣返回国(Repatriation)、航空港(Airport)、时制(Time)、节假日(Holiday)、警察/救护/火警(电话号码)(Police/Ambulance/Fire)、船岸电话(Telephones)、服务(Service)、登岸(Shore Leaves)、身份证(Identification Cards)、规章(Regulation)、装或卸燃料预计在泊位的延时(Delays)、发展(Developments)、船舶驾驶员报告(Ship's Officers Reports)、其他有关资料(General)、港口当局(Authority)、代理(Agent)。由于各港情况有异,因此上述内容不一定各港都有。

3. 查阅方法

①在阅读《进港指南》时,如对其内容及编排不很熟悉,应先了解其正文前警告、目录、序言。

②根据港口所属国家名称的第一个字母确定查阅 A ~ K 册或 L ~ Y 册。

③在正文一册后的索引(Index)中,依据港名可查得资料、港图与系泊图所在页数(如果索引中没有港图与系泊图的页数,则说明该港没有图示提供)。

④分别在正文册和港图与系泊图册根据索引的页数查得相关资料。

例 3-3-4:某船 2012 年 5 月 1 日航行于澳大利亚(Australia)的海点(Hay Point)港,试利用《进港指南》查取该港的资料。

步骤如下:

①根据国家名称选用 A ~ K 册查找资料。

②从索引中查得该港正文资料在第 184 页,港图在第 116 页。

③从正文一册的第 184 页可查得该港的资料介绍,在港图与系泊图册的第 116 页可查取相关港图。

第三节　英版《无线电信号表》

一、概述

英版《无线电信号表》(Admiralty List of Radio Signals, ALRS)共分 6 卷,书号 NP281 ~ NP286,除第四卷为 18 个月再版外,其他各卷每年再版。各卷主要内容如下:

第一卷(VOLUME 1)

该卷是关于海岸无线电台(国际通信)的资料,包括:全球海上公共通信站台、海上卫星服务的使用细节;船舶自动互救系统(AMVER)的船舶报告;海盗与武装抢劫报告程序;无线电医疗咨询、检疫报告、污染报告;外来人员走私举报;领海内使用无线电通信的规则和国际无线电通信规则的摘录;相关图表。

该卷按覆盖区域分为两册。第一册包括欧洲、非洲和亚洲(不包括远东地区);第二册包括大洋洲、南美洲、北美洲和远东地区。

第二卷(VOLUME 2)

该卷包括无线电助航标志(无线电测向台、雷达航标和船舶自动识别系统)、卫星导航系统(GPS、DGPS 和 GLONASS)、标准时、法定时、世界时、无线电时号和电子定位系统以及大量相关图表。

第三卷(VOLUME 3)

该卷包括无线电天气服务、海上安全信息(MSI)播发、全球范围的航海电传(NAVTEX)和安全网(SafetyNET)信息、水下及实弹射击警报以及大量相关图表。

该卷按覆盖区域分为两册。第一册包括欧洲、非洲和亚洲(不包括远东地区)。第二册包括大洋洲、南美洲、北美洲和远东地区。

第四卷(VOLUME 4)

该卷包括气象观测站一览表及相关图表。

第五卷(VOLUME 5)

该卷包括全球海上遇险与安全系统(GMDSS)及相关规则与资料。

第六卷(VOLUME 6)

该卷是关于引航服务、船舶交通管理(VTS)和港口业务的资料。

该卷按覆盖区域分为八册,第一册包括英国和除地中海、北极地区和波罗的海的欧洲各港;第二册包括欧洲的北极地区、波罗的海、冰岛和法罗依诸岛各港;第三册包括地中海、黑海和苏伊士运河各港;第四册包括印度次大陆、东南亚和大洋洲各港;第五册包括北美洲和格陵兰各港;第六册包括东北亚和俄罗斯太平洋沿岸各港;第七册包括中、南美洲和加勒比海各港;第八册包括除地中海、苏伊士运河外的非洲、红海和波斯湾各港。

英版《无线电信号表》虽然每卷内容不同,但是在编排上有很多相似之处,掌握这一点对使用该表很有帮助,现归纳如下:

1. 各卷均有的内容

(1)本卷改正指南(Directions for Updating This Volume):由三部分内容组成,第一部分为本卷所包括的最新资料的日期及使用中的改正说明,第二部分为改正登记表,用于登记已改正了的与本卷有关的航海通告的期号,第三部分为对《航海通告年度摘要》中与无线电信号表有关通告的说明。

(2)总论(General Information):是对使用的时间、方位、名称的拼写和地理位置以及所引用的法律与规则等的说明。

(3)词汇(Glossary):是对本卷正文内的缩写词、术语和定义的解释与说明,使用者在阅读正文时可参考。

此外还有目录(Contents)、前言(Preface)、数字版无线电信号表第六卷的介绍和注释与资料说明等。

2. 正文编排

正文编排上大都是同类资料前给出详细资料的编排格式及细节介绍(Introduction),书的最后给出专项索引。

英版《无线电信号表》出版后的改正应根据英版《航海通告》第Ⅵ部分进行。

鉴于各卷内容编排上的相似,以下仅对第二卷的主要内容和使用加以介绍,其他各卷可参照使用。

二、英版《无线电信号表》第二卷主要内容和使用方法

1. 主要内容

英版《无线电信号表》第二卷主要内容可分为无线电航标、卫星导航系统、无线电时号、电子定位系统和专项索引几大部分,按编排顺序介绍如下:

(1)无线电航标

①无线电航标地理区域索引(Index of Geographical Sections for Radio Aids to Navigation)

利用该索引可根据国家或地区名称的字母顺序查得该国家或地区的无线电测向台、雷达航标和 AIS 航标的国际编号,翻至该国家或地区该类航标资料的开头页,从而查得该国家或地区的航标的细节。

②无线电测向台(Radio Direction-Finding Stations)

这一部分首先是无线电测向台相关定义、说明、大圆改正量求取图和对所提供资料各项的解释,这些资料对于读懂并使用资料很有帮助;然后给出按国家或地区列出、按电台编号顺序编排的详细资料(Service details),包括类别、名称与识别信号、频率、发射、作用距离或功率、工作时间、地理位置,电台编号等。在每一个国家前给出该国家测向台的分布图,在一个国家的第一个编号之上还会印出国名。

③雷达航标(雷达应答标和雷达指向标)[Radar Beacons(Racons and Ramarks)]

这一部分与无线电信标部分的编排基本相同,首先是相关定义、说明和解释,然后详细资料。

资料内容包括类别、名称、周期、有效扇区、作用距离、识别信号、地理位置、编号及有关注释等。例如:

Station name	Position	Frequency	Sector	Range	Sweep	Morse	Flash	Station number
......								
Finland								
......								
Soumenlinna Church	60°08′.87N 24°59′.36E	3&10 cm	360°	15~18 n miles	120 s	M	1.0 n miles	58860

即国家为芬兰;名称为 Soumenlinna Church 后导灯;地理位置为 60°08′.87N,24°59′.36E;雷达航标频率 3 cm 和 10 cm 波段雷达均可用;弧度为 360°范围可用;作用距离为 15 ~ 18 n mile;扫描周期为慢扫雷达航标,扫完整个航海雷达频带需 120 s(快扫雷达航标不给出周期);识别信号为莫尔斯码“M”;雷达信号显示划长为 1.0 n mile;台站国际编号为 58860;下一行注释类附加信息,此处说明该雷达应答器与 Hamaja 前导灯的雷达应答器连成一线的方向为 007°。

④ 自动识别系统航标(AIS AtoN)

同样,首先给出相关说明、定义、介绍和解释,然后是详细资料。资料内容包括:航标台名称、位置、国际移动台识别码、服务情况、种类、发送信息种类。

此外,该部分资料为单面印刷,两页中的一张空白页留作改正用。

(2)卫星导航系统(Satellite Navigation Systems)

这一部分首先介绍差分 GPS 的起源和基本原理、欧洲基于罗兰 C 的差分 GPS 系统 Eurofix 的情况以及资料细节说明,然后给出了全球差分 GPS 信标的详细资料列表及分布图。

(3)标准时、法定时、世界时与无线电时号

①标准时(Standard Time)

这一部分介绍统一时间制度(Uniform Time System),包括海上保持区时制度(System of Time-Keeping at Sea by means of Time Zones)、国际日界线位置(International Date Line)、特定标准时名称(Standard Time Designators)和世界时区图(The World: Time Zone Chart)。

②法定时(Legal Time)

给出各国家或地区颁布的法定时一览表,冠以"-"号的是指法定时在世界时前,冠以"+"号的则是指法定时在世界时后。有些国家或地区因季节变化采用夏令时,表中给出其由标准时变为夏令时的生效细节,由标准时改变为夏令时一般是在表列开始执行日期的地方时0300前生效,而由夏令时改变到标准时是在表列终止执行日期的地方时2200后生效。表中星号(*)表示该国家或地区本年度预期不执行夏令时。

世界、欧洲和北非标准时区图除上述所给图外,亦可见英版5006号海图。

③世界时(Universal Time)

介绍协调世界时(UTC,Co-ordinated Universal Time),解释世界时(UT1 or UT, Universal Time)、格林尼治平时(GMT,Greenwich Mean Time)、国际原子时(TAI,International Atomic Time)、世界时与协调世界时之差(DUT1)以及时号的播发、播发世界时与协调世界时之差的国际无线电咨询委员会编码[DUT1 CCIR(International Radio Consultative Committee) CODE]、俄罗斯制式(Russian System)、跳秒(Leap Seconds),给出相关附表等。

④无线电时号(Radio Time Signals)

包括以下几方面内容:

a. 序言(Introduction),解释时号发射台服务资料细节中的各项内容,是读懂该部分资料细节的基础。

b. 详细资料(Service Details),按国家给出时号发射台名称、位置、频率、发射制式(用缩写表示)、功率、发射时间、时号类别、DUT1信号来源和精度等细节。

(4)电子定位系统(Electronic Position Fixing Systems)

介绍罗兰C系统的一般情况和现行工作状态(Current Operation Status),列表给出工作中的罗兰C台链资料(Loran-C:Chains in Operation),最后是罗兰C覆盖区域图。

(5)专项索引

本卷共有8个专项索引,供查取台站的资料使用。

①无线电测向台索引(Index of Radio Direction-Finding Stations)

利用该索引可根据无线电测向台的名称查得该测向台的编号,利用编号便可查得该台资料的细节。

②雷达航标索引(Index of Radar Beacons)

利用该索引可根据雷达航标的名称查得其编号,根据编号便可查得其资料的细节。

③AIS航标索引(Index of Automatic Identification System Aids to Navigation)

利用该索引可根据AIS航标的名称查得其资料所在页码,从而查得资料细节。

④差分GPS信标国家索引(Beacons Transmitting DGPS Corrections-Index of Countries)

利用该索引可以根据国家(或地区)名称查得该国家或地区差分GPS信标资料的起始页码,在该页一般有关于该国家或地区该项资料的说明。

⑤差分 GPS 信标索引(Index of Beacons Transmitting DGPS Corrections)

利用该索引可以根据信号标的名称查得该表资料所在的页码,从而读取资料。

⑥无线电时号的地理区域索引(Radio Time Signals-Index of Countries)

利用该索引可根据国家或地区的名称查得该国家或地区的时号发射台资料的开始页码,根据页码便可查到资料细节。

⑦时号发射台索引(Index of Stations Transmitting Time Signals)

利用该索引可根据时号发射台的名称查得资料所在页码,根据页码便可查得该台资料的细节。

⑧时号发射台呼号索引(Index of Call Signs of Stations Transmitting Time Signals)

利用该索引可根据收到的时号发射台的呼号查得台名和资料所在页码,根据页码便可查得该台资料的细节。

(6)国际莫尔斯码与惯用信号(International morse code conventional signals)

给出莫尔斯码结构的解释和 26 个字母、10 个数字及惯用信号的莫尔斯码。

2. 使用方法

①如果要了解英版《无线电信号表》各卷的内容,可阅读对英版《无线电信号表》的介绍部分,了解本卷内容编排,可参阅目录。

②如果要查阅某国家或地区的无线电航标、雷达航标和 AIS 航标的资料,可利用该部分的地理区域索引查得。

③如需要根据不同情况查某台、标的资料,应利用专项索引。

④电子定位系统的资料应根据目录查得。

⑤对资料中的专用术语或缩写不熟悉,可参阅缩写、术语和定义部分,对某部分的资料细节中有不熟悉的地方可参阅该部分开头的解释和说明。

三、英版《无线电信号表》第六卷主要内容和使用方法

英版《无线电信号表》第六卷是船舶港口业务、引航、船舶交通管理和船舶报告方面通信联系的主要参考书。该卷目前按不同海区分为 8 册出版,编排格式相同。

1. 主要内容

该卷主要内容按照国家、地区或船舶报告区域的字母顺序编排。每个国家或地区(区域)的开始部分为总体介绍(GENERAL NOTES),给出该国家或地区(区域)相关通信的总体说明;然后给出具体港口业务、船舶管理和船舶报告制的信息;最后给出海上超高频通信频率表和国际海事组织标准船舶报告系统的说明。

港口业务、船舶管理和船舶报告制信息的主要内容见表 3-3-1。

表 3-3-1　英版《无线电信号表》第六卷主要内容说明及实例

<table>
<tr><th>编号</th><th>内容</th><th>实例</th></tr>
<tr><td>1</td><td>名称：港口、船舶交通管理、船舶报告制的名称</td><td>ANYPORT</td></tr>
<tr><td>2</td><td>位置：港口、船舶交通管理、船舶报告制的位置地理坐标（概位）</td><td>55°25′N　5°36′W</td></tr>
<tr><td>3</td><td>位置编码：港口或码头的联合国地理位置编码</td><td>UNCTND LOCODE：GB CBT</td></tr>
<tr><td>4</td><td>附图：相关参考图</td><td>See Diagram ANYPORT</td></tr>
<tr><td>5</td><td>业务：给出业务名称，例如：引航、船舶交通管理、港口业务等</td><td>PILOTS AND PORT</td></tr>
<tr><td>6</td><td>业务细节：对所提供的业务进行详细说明</td><td>DESCRIPTION:
Pilot Station provides pilotage for the ports in the area</td></tr>
<tr><td>7</td><td>地点：一般为引航站或港口无线电站台的地点</td><td>LOCATION: Port Office, No 1 Terminal</td></tr>
<tr><td>8</td><td>区域：如果对于业务所覆盖的区域在业务细节部分没有说明，在该部分给出</td><td>AREA:
The compulsory Pilotage Area limits extend for 3 n miles from the harbour entrance</td></tr>
<tr><td>9</td><td>详细联系方法：包括通信频率、电话、电传、传真、电报、电子邮件和网络联系等</td><td>CONTACT DETAILS:
E-mail: info@anywhereport.co.uk
Website: www.anywhere.port.co.uk

Pilots
Call: Western Pilots
VHF Frequency: Ch 16

Hr Mr
VHF Frequency: Ch 16; 12 13
Telephone: +44(0)1234 567890
Fax: +44(0)1234 567891

Petrols, Oils & Lubricants (POL) Depot
VHF Frequency: Ch 16; 13</td></tr>
<tr><td>10</td><td>值班时间：通信站台的守听时间，除非另有说明，一般为世界时（UT）时间</td><td>HOURS: Hr Mr (Ch 16): Mon-Fri: 0900-1700</td></tr>
<tr><td>11</td><td>程序：引航、船舶交通管理（VTS）、港口业务的联系程序，通常包括业务是否为强制性的和有关的船舶</td><td>PROCEDURE:
(1) Participation in the VTS is mandatory for the following vessels:
(a) All foriegn vessels
(b)Vessels of 10 000 GT or more
(c) Vessels under 10 000 GT carrying dangerous cargoes
(d) Vessels of 100 GT or more and maximum boarding capacity of 30 people or more (total of passengers, crew and other people on board)

(2) Inbound vessels should report to Anyport VTS on VHF or by telephone, at least 1h before entering the entrance channel, stating the following information:
(a) Vessel's name and call sign
(b) Last port and next port (or anchorage)
(c) ETA at the following:
(i) No 1 Lt Bouy
(ii) Harbour entrance</td></tr>
<tr><td>12</td><td>报告点：船舶向 VTS、港口当局报告和其他规定的报告地点</td><td>REPORTING POINTS:
<table>
<tr><th>Point</th><th>Reporting Point Name</th><th>Position</th></tr>
<tr><td>K</td><td>Wear Spit</td><td>51°41′.69N 4°58′.73W</td></tr>
<tr><td>J</td><td>Milford Docks (when leaving Milford Docks)</td><td>51°42′.68N 5°02′.40W</td></tr>
<tr><td>H</td><td>Cunjic Lt buoy</td><td>51°41′.98N 5°02′.55W</td></tr>
<tr><td>G</td><td>Esso Lt buoy</td><td>51°41′.78N 5°05′.25W</td></tr>
<tr><td>D</td><td>West Channel (S. Ann's Lt buoy)</td><td>51°40′.21N 5°10′.17W</td></tr>
<tr><td>E</td><td>East Channel (Sheep Lt buoy)</td><td>51°40′.12N 5°06′.58W</td></tr>
</table></td></tr>
</table>

续表

13	信息广播：航行信息的定期广播的详细说明	**INFORMATION BROADCASTS:** (1) Weather forecasts for Milford Haven area on VHF Chs 12 and 14 at 0300 0900 1500 2100 approx from the Port Control. Prior to these broadcasts notification will be transmitted to all ships on VHF Ch 16. (2) Gale warnings on VHF Chs 12 and 14 on receipt from Cardiff Weather Centre. Prior to these broadcasts notification will be transmitted to all ships on VHF Ch 16. (3) Expected shipping movements within the port are given to vessels entering the port and prior to getting underway from a berth or anchorage, also on request. (4) Immediately after the local weather forecasts on VHF Channel 14, Navigation Warnings will be broadcast, also whether the last high or low water made prediction or not. (5) Height of tide, wind speed and direction, and barometric pressure on request.
14	说明：关于其他各种杂项的说明	**NOTE:** Pilotage is provided by the Anyport District Pilot Association

2. 使用方法

(1)查找国家、地区、船舶交通管理和船舶报告制的总体介绍，应使用卷首部分的目录清单(Contents List)查取；查取具体港口的信息，既可用卷首的目录清单查找，也可用书后索引查找。

(2)对资料中的专用术语、缩写、资料细节不熟悉，可参阅卷首的词汇和注释部分。

四、英版数字版《无线电信号表》

1. 概况

英版数字版《无线电信号表》包括第二卷和第六卷(Admiralty Digital Radio Signals Volume 2&6, ADRS2 and ADRS6)，是英国水道测量局出版的数字出版物(ADP)，发行载体为光盘和网络，主要适合受国际海上人命安全公约约束的船舶使用。目前，国际上已经有 70 多个国家认可其在满足所规定的条件时可以替代纸质版《无线电信号表》第二卷和第六卷，相关国际规定和替代问题见本章第八节。

数字版《无线电信号表》第二卷的内容和纸质版一致，通过数字编辑使得查取无线电航标、雷达航标、AIS 航标、差分全球定位系统信标和时间系统相关资料更加方便快捷。

数字版《无线电信号表》第六卷包括计算程序和将全球划分为 9 个数据区 3 600 个地点的港口作业、引航和船舶交通管理的通信联系资料的数据，9 个数据区除了第 1 和 2 两个数据区与数字版《灯标和雾号表》有稍微差别外，其他均一致，如图 3-3-1 所示，所提供的数据与纸质版的内容相同。

该数字版《无线电信号表》的购买、安装、更新与数字版《潮汐表》相同。

2. 使用方法

数字版《无线电信号表》的程序界面与数字版《潮汐表》和《灯标和雾号表》类似，使用方法也一致。详细使用方法可参照数字版《潮汐表》的使用方法或查阅本程序的帮助菜单，按说明操作。

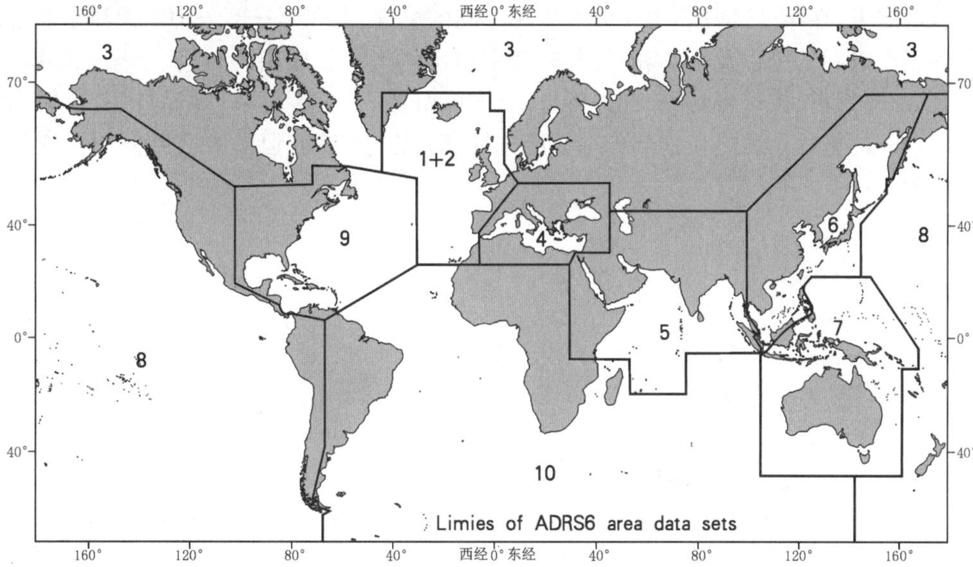

图 3-3-1 英版数字化《无线电信号表》第六卷数据分区图

第四节 里程表

一、中版《世界主要港口里程表》

1. 内容概述

我国《世界主要港口里程表》由人民交通出版社于 1975 年汇编出版。该表收集了世界各主要港口、岛屿、海峡、海角间里程及部分航路里程，单位为 n mile。

该表共分三部分：

(1)第一部分 中国沿海港口里程表和中国各主要港口至世界各主要港口间里程表

这部分表的排列顺序是：中国港口由北向南，其他港口则以中国港口为起点，由近及远顺序排列，首先是太平洋区域，其次是印度洋区域，最后是大西洋区域。

(2)第二部分 外国港口间里程表

这部分分为太平洋区域、印度洋区域、大西洋区域以及地中海、黑海、亚速海区域。

在各区域中，一般可直接查出该区域内各港口间的里程。如果两个港口不在同一区域时，其间的里程不能在表中直接查出，需借助"连接点"相加得出。另外，在一些地区内，为了避免重复，也借助于连接点。为了查阅方便，凡连接点至各港里程均用粗黑线表示。

当两港间因选择不同航线有不同里程时，相应里程后面以拉丁字母作注脚，然后可根据注脚在后面的注记中查出不同航线的说明。

(3)第三部分 航路里程选辑

这里选辑了部分常用航路，并用梯形表的形式表示其里程。选辑这部分航路里程的目的，是从航路的角度上来弥补里程表的不足，作为第一、第二部分的补充和参考。例如，由天津港至日本名古屋港，在第一部分表中仅能查出两港间的里程；但在第三部分中由天津至名古屋可以查得各经由点间的里程及其总和。例如，表中列出由天津至成山角灯塔、小黑山灯塔、马罗岛灯塔、草垣岛灯塔、佐多岬灯塔、都井岬灯塔、潮岬灯塔、大王岬灯塔、神岛灯塔，最后到名古屋之间各点间的里程。虽然在这部分中只能选择部分常用航路，但是对实际使用来说是很有参考价值的。

(4)附图

本表有3张附图：

①太平洋主要港口位置图；

②印度洋主要港口位置图；

③大西洋主要港口位置图。

2. 查阅举例及说明

(1)试查由大连至广州的里程

因为出发港和到达港均为中国港口，可在第一部分"中国沿海港口里程表"中直接查出：大连至黄埔为1 331 n mile，黄埔至广州为17 n mile，所以大连至广州的里程为1 348 n mile。

(2)试查由上海至温哥华港的里程

因出发港为中国港口，到达港为北美西岸加拿大的港口，可在第一部分的第二项表8"中国—北美、拉美西岸里程表"中查取，吴淞至温哥华的里程有四种，分别为：5044A，5155B，5908a，6493b(n mile)。可根据注脚在该表末尾找出这4条航线说明：

①经宗谷海峡和阿留申群岛北；

②经津轻海峡和阿留申群岛南：

a. 经(C6)和(G)

(C6)——西去航路，在165°W～157°E间，沿35°N纬线航行；

(G)—— 经关门海峡。

b. 经(S1)和(G)

(S1)——西去航路，在150°W～150°E间，沿30°N纬线航行；

(G)——经关门海峡。

其中"西去航路"是指由温哥华向上海航行。另外，自吴淞至上海里程为14 n mile，应与自吴淞至温哥华里程相加，以求得上海至温哥华两港间各航线的总里程。

(3)试查由南浦至卡拉奇(印度洋北岸)的里程

因出发港是外国(朝鲜)港口，可在第二部分的第一项表3"朝鲜—中南半岛沿岸、印度尼西亚(太平洋部分)、沙巴、沙捞越、菲律宾里程表"中先查出南浦至新加坡的里程为2 628 n mile，然后在第二部分的第二项表1"印度洋北岸里程表"中查出由新加坡至卡拉奇的里程为2 887 n mile，这样即得南浦至卡拉奇里程为5 515 n mile。

如对两个不同海区的"连接点"不熟悉，可先参考本表有关海区的附图，在附图中凡"连接点"均用红字标出。

(4)试查由鹿特丹至纽约的里程

为了避免重复，在一些地区内也借助于"连接点"。欲求由鹿特丹至纽约航线的里程，在附图(大西洋主要港口位置图)中可以看到在北海和波罗的海间的"连接点"为多佛尔，英吉利海峡与大西洋的"连接点"为比斯霍普岩，故应先从第二部分的第三项表6d"北欧(北海沿岸)

里程表”查出鹿特丹至多佛尔的里程为 132 n mile，再由表 6c“北欧（英吉利海峡沿岸）里程表”查出多佛尔至比斯霍普岩的里程为 314 n mile，然后再在表 7“西北欧—北美东岸、墨西哥湾里程表”查出比斯霍普岩至纽约的里程为 2934D，3007F，3044E（n mile），最后相加得鹿特丹至纽约的里程为 3380D，3453F，3490E（另需查注脚 D，F，E 的说明，以了解航线的概况）。

此外，中国人民解放军海军司令部航海保证部也出版了《世界主要港口里程表》，内容和使用方法同以上解释的里程表基本一致。

二、英版《里程表》

1. 概况

英版《里程表》（Admiralty Distance Tables）目前有三卷：

（1）第一卷：大西洋，书号 NP350（1），其中包括：北大西洋、南大西洋、西北欧、地中海、加勒比、墨西哥湾，现行版是 2011 年第二版。

（2）第二卷：印度洋，书号 NP350（2），其中包括：印度洋和从南非到新西兰的南部洋区、红海、波斯湾和东部群岛，现行版是 2008 年第三版。

（3）第三卷：太平洋，书号 NP350（3），太平洋与相邻海域。现行版为 2009 年第二版。

英版《里程表》的平时改正依据英版《航海通告》第Ⅳ部分进行。

2. 主要内容

（1）介绍（Introduction）

对该表相关问题进行解释和说明，内容包括航线的选取、出发点与到达点的位置、水深、航程单位、航线和航程、里程表的使用、海里与标准海里、恒向线航行计算和大圆航行计算。

（2）里程表（Tables）

首先给出使用该卷里程表的注意事项，然后分海区给出里程表。每海区里程表前首先给出该海区航行的重要注意事项和表内脚注的注解，然后列出里程表。

（3）连接里程表（Link Tables）

用于求取不同里程表间的航程和应用实例。首先说明连接里程表的作用，然后给出不同海区相连接的里程表。

（4）地名词典（Gazetteer）

给出地名及其在里程表中计算航程用的地理位置。

（5）索引图（Index Charts）

给出本卷每个里程表所覆盖的范围、航线和相连接的里程表的图示。

英版《里程表》的使用和中国《世界主要港口里程表》中外国港口间里程表类似。

第五节　航海图书目录

一、中版《航海图书目录》

1. 概述

中版《航海图书目录》为中国人民解放军海军司令部航海保证部出版的不定期出版物。其中汇集了其出版的世界海区航海图、中国沿海海区总图、航行图、港湾图以及各类航海图表，供国内外使用者查阅海军司令部航海保证部出版的各种航海图书资料。该目录的改正根据海军司令部航海保证部发布的周版《航海通告》进行。

2. 内容

中版《航海图书目录》主要有四大部分内容。

第一部分为海图，包括：

(1)海图图号索引，给出海军司令部航海保证部出版的全部海图的图号、图名、图幅和详细资料所在页码。

(2)分区索引图一，为世界海区海图分区索引图。

(3)分区索引图二，中国海区及附近海图分区索引图。

(4)1∶350 万全球航行图索引图。

(5)中国海区及其附近索引图，查询中国沿海及其附近总图。

(6)各海区海图分区索引图和渔业图索引图。

第二部分为航海书表示意图。

第三部分为海军司令部航海保证部航海图书供应站分布图和航海图书价格表。

第四部分为“航海通告改正登记表”，用以记录利用《航海通告》对每部分的改正情况。在内容的编排上，采用图文配合使用，查阅比较方便。

此外，在正文前列有对《航海图书目录》的说明和目录。

3. 说明

①图号后缀“＊”表示该图是诸分图或有附图。

②海图图号索引中的“图积”及图幅的纸张尺寸，其中“F”表示全开图，“1/2”表示对开图。

③索引图中由于比例尺原因难以表示出图幅范围的用“○”表示。

4. 应用

①根据“中国沿海及其附近”索引图按需要抽选中国沿海及其附近总图。对于世界海区，如果采用中版海图可以选用 1∶3 500 航行图作为总图进行航线初步设计用。

②抽选航用海图：首先根据两个分区索引图查取航线经过的各分区索引图编号，然后在各分区索引图中便可查得本航线所需要的海图图号，同时在其对页表中，可以找到这些海图的详细说明。

③抽选航海书表：在“航海书表示意图”中按航行海区找出本航线所需的《航路指南》《中

国港口指南》《航标表》等。

④查取中版航海图书供应站地点:根据“航海图书供应站分布图”,便可查知能够获取中版航海图书资料的地点。

⑤校验本船航海图书是否适用,作为添置航海图书资料的依据:在根据《航海通告》改正到最近之日的基础上,利用将本船航海图书和《航海图书目录》中所列的图书对照的方法可检验本船航海图书是否适用,并据此查出本船需添置的航海图书资料。

二、英版《海图及其他水道图书总目录》

1. 概况

英版《海图及其他水道图书总目录》(Catalogue of Admiralty Charts and Other Hydrographic Publications)包括由英国水道测量局出版的全部海图及其他航海图书。该目录编号为 NP131,每年 1 月修订再版。新版本发行后,上年度旧版本作废。

本年度该目录的改正,应根据其付印之日以后的周版《航海通告》(Admiralty Notices to Mariners)中相关改正通告进行,有时《航海图书总目录》中亦附有补遗和勘误表,这是为了改正付印中的遗漏或错误。

2. 主要内容

每年版本虽稍有改动,但基本为下述六方面内容。

(1)总论及其他

这部分主要包括:

①英版海图与图书(Admiralty Charts and Publications),包括目录介绍、产品与业务、版权通报、目录的编排、英版新图与出版物简介、用户反馈、英版海图与出版物的更新、销售和联系细节等。

②目录(Contents),列出每项内容所在页数。

③图书目录的改正说明与登记表(Directions for Updating This Volume),说明如何对该航海图书目录进行改正,改正登记表用于登记利用每期航海通告对目录进行改正的时间。

④英版海图分区索引图的界限图(Limits of Admiralty Charts Indexes),以字母和数字标出世界各海图索引分区,便于索查。

⑤英国水道测量局授权的海图代销点与分销商的地点分布图(Location of appointed Chart Agents/Distributors)。

⑥英国水道测量局授权的海图代销点和分销商一览表(Admiralty Authorized Chart Agents/Distributors)。

⑦适用于英版光栅扫描海图和电子航海图的设备和软件的制造商一览表(ARCS/ENS Compliant Equipment and Software Suppliers)。

⑧数字航海产品(Digital Nautical Products),介绍了英国水道测量局数字产品与服务和训练用产品等。

(2)航用海图(Navigational charts)

这部分内容主要供抽选航用海图之用,亦是该目录的主体部分,主要包括:

①索引图 AA 是比例尺很小的制订计划用海图索引图,索引图 A 是世界大洋总图的索引图,索引图 A1 是世界 1:3 500 000 或同等比例尺的海图索引图,索引图 A2 则是北大西洋、欧

洲水域和地中海小比例尺海图索引图。

②各分区海图索引图均刊印在 B ~ W 页的右页，左页为该分区内所有海图的细节说明，包括图号、图名、比例尺、出版年月、新版年月等。凡图号前注有“ * ”号者，表示该图中另包含一平面图(Plan)；注有“I”号者，表示该图为国际海图(International chart)；注有“⊙”号者，表示该图另有光栅扫描海图(ARCS)可供使用。

③英版海图图夹(Admiralty Chart Folios)印在“X”页，给出了英版海图图夹的范围。

(3)计划与专用海图(Planning and Thematic Charts)

主要包括下列海图：

①航路设计图(Routeing)、航路设计指南图(Routeing Guides)和海上保安用图(Maritime Security Charts)；

②心射投影海图(Gnomonic Charts)、英国训练用图(UK Practice & Exercises Charts)、空白定位图(Plotting Sheets)、世界范围各种不同用途图(World Miscellaneous Charts)、印有罗经花、经纬度图尺和中央纬度的空白定位图；

③气象用海图(Meteorological Charts)、磁差曲线图(Magnetic Variation Charts)、领海基线图(Territorial Sea Baseline Charts)、潮汐要素图表(Tidal Charts)、标绘图(Plotting Diagrams)、墨卡托投影空白定位图(Mercator Plotting Sheets)和教学用图(Introduction Charts)。

(4)英版航海图书(Admiralty Navigational Publications)

这部分包括下列图书：

①航路指南(Admiralty Sailing Directions)；

②灯标和雾号表(Admiralty List of Lights and Fog Signals)；

③潮汐用图书(Admiralty Tidal Publications)；

④无线电信号表(Admiralty List of Radio Signals)；

⑤参考图书(Reference)；

⑥英版航海年历局出版的天文类图书(Her Majesty's Nautical Almanac Office)。

(5)水道测量服务

这部分包括：

①英国水道测量局服务与产品(Admiralty Services and Products)，包括英版航海通告(Admiralty Notices to Mariners)、水道测量注意事项(Hydrographic Notes)、英国水道测量局小艇业务(Admiralty Leisure)、英国水道测量局收藏品(Admiralty Collection)、网络版潮汐表(Admiralty Easy Tide)、潮汐预报服务(Tidal Prediction Service)和海上法律服务(Law of the Sea)；

②外国水道组织(Foreign Hydrographic Offices)；

③广告(Advertisers)；

(6)海图图号索引(Numerical Index)

3. 主要用途

(1)抽选航用海图

①利用索引图 AA 查取本航线所需制订航行计划用海图，利用索引图 A 查取所需总图，利用索引图 A1 查取 1:3 500 000 的海图(如需要)，利用索引图 A2 查取北大西洋、欧洲水域和地中海小比例尺海图；

②查英版海图分区索引图的界限图，可知本航线将航经的分区索引图字母页；

③分别翻到本航线所需分区索引图字母页，查取所需航用海图的图号。

例 3-3-5：抽选拟于 2013 年 10 月 23 日由大连航行至鹿特丹（Rotterdam）的航用海图。

①利用索引图 AA、A、A1、A2 和专用海图部分查取本航线所需的制订计划用图、总图和小比例尺海图的区号和图号为 AA：4016，A：4052、4073、4072、4014；A1：4509、4508、4706、4703、4704、4302、4301、4103、4102、4140；A2：87、1104、2675、2182a；专用海图：5500、5501、5502。

②利用英版海图分区索引图的界限图，查得本航线海图应查阅索引图 K1、K、J3、I2、I1、I、H1、H2、F、E2、E1、E、B、B2。

③按航线顺序分别查阅上述各分区索引图字母页，得分区索引图号和航用海图图号为：K1：3695、3697、1255、1254、3480；K：1199、1759、1754、1761、1760、1968；J3：3489、94、3488、3482；I2：2869、1371、2403、3831、4042、4041、4040、4039、3947；I1：3946、3940、3945、1353、3921、3920、3919、2777、2917、827；I：813、709；H1：2738、（A1：4703 总图做参考，航行通过阿拉伯海，并抽选空白定位图）、2970、100、6；H2：3661、452、453、1925、143、157、158、159、2375、2374、333、2373、2133、3214、233；F：240、241、2578、2574、3400、183、3401、176；E2：2124、2123、2122；E1：2121、252、1910、1909、774、773；E：3578、142、91、89、3636、3635、3634、3633、1111、1104、20；B：2643、2647、2648、2656、2669；B2：2613、2451、1892、323、1872、110、122、207、208。

④为提高大洋航行定位精度，应抽选空白定位图，从目录中专用海图部分查出空白图位于 140～141 页，翻至该页查得该例所需空白图为 5340 或 D6323、D6324。

⑤抽选航路设计图（Routeing Charts），从目录中专用海图部分查出航路设计图位于 139 页，翻至该页查得该例所需航路设计图为 5127（10）、5126（11）、5124（11）。

⑥图号前注有“⊙”号者，表示该图另有光栅扫描海图（ARCS）可供使用，有条件可加以利用。

注意：

①在抽选航用海图之前应初步拟定航线，并绘画到总图上，作为抽选航用海图的依据；

②航用海图抽选原则是尽量抽选较大比例尺海图，同时视具体情况，抽选必需的航行参考图。

（2）抽选本航次所需的航海图书

根据航次命令，利用该书的英版航海图书（Publications）部分查选本航次所需有关航海图书，例如《航路指南》《灯标和雾号表》《潮汐表》等。

例 3-3-6：本船 2013 年 7 月 28 日由新加坡（Singapore）航行至安特卫普（Antwerp），试抽选该航线的《航路指南》《灯标和雾号表》和《潮汐表》。

①从航路指南部分的索引图中查得该航线需要的《航路指南》卷别为 NP44、NP38、NP3、NP64、NP49、NP45、NP67、NP22、NP27、NP28；

②从《灯标和雾号表》部分中的索引图“英版灯标表的分卷界限图（Limits of Volumes of Admiralty List of Lights）”中查得该航线所需《灯标和雾号表》的卷别为 F、E、D、A、B；

③从潮汐图书部分查得需《潮汐表》一、二、三卷。

（3）查验船上所存海图是否适用

①翻至该目录的最后“海图图号索引（Numerical Index）”，根据抽选的本船所存的海图图号，查得该图细节所在页数；

②翻到该图所在页数，细节分为图号（No.）、图名（Title of Chart or Plan）、比例尺（Nature

Scale)、出版日期(Date of Publication)、新版日期(New Edition),将本船航海图的出版日期、新版日期与本年度总目录该图号所在页的这两个日期比较,便可知本船图是否适用。

例 3-3-7:本船 2013 年 8 月 1 日从大连开往新加坡,需用图号为 2403 的海图,船上该号海图的出版日期是 Dec. 1983。翻开 2013 年总目录的最后的“海图图号索引”可知 2403 号图在 66 页。翻至 66 页,可知 2403 号图现行版(新版)出版时间为 May. 2011,可见本船所存 2403 号海图已不适用,应购买 2011 年 5 月新版同号图。

采用同样的方法,也可查验英版航海图书的可适用性。

(4)查阅海图代销店和获取航海通告的地点,从而配、添置航海图书资料和获取《航海通告》

在目录的第一部分“总论和其他”中,利用“英国水道测量局授权的海图代销点与分销商的地点分布图”和“英国水道测量局授权的海图代销点和分销商一览表”便可查到本航次沿途可购海图和图书的代理店地址。利用第五部分“英版航海通告”页,可查得获取《航海通告》的途径和方法。此外,当新船需配置航海图书资料时,可首先在目录中查得需要的航海资料清单,然后选择适当的代销店购置资料。

4. 英版数字版航海图书目录简介

数字版目录区分桌面版和网络版两种。无论是桌面版还是网络版都可以方便查取英国水道测量局出版的所有种类的海图和出版物,而且更新都很及时。查询方式包括图形查询和输入文字的查询。可以利用查询到的资料检验船舶资料的实用性;查询到的所需资料可以以个人清单的方式保存或打印,从而按清单购置图书资料或选用航行所需资料。但是,网络版目录没有按航线查询的功能,不能用作航线设计抽选海图使用。桌面版既可以在图形界面下设定航线查取航线所用的图书资料,也可以导入航线数据进行查询,并且对于使用电子海图显示与信息系统的用户,桌面版还可以自动查询出在电子航海图没有覆盖的水域的光栅航海图或纸质海图以弥补其空白。因此,对于航海者如果有条件,建议使用桌面版。

桌面版的获得和使用可以登录英国水道测量局数字版图书目录网站(http://www.ukho.gov.uk/ProductsandServices/ADCatalogue/Pages/Home.aspx)免费下载安装后按照其帮助文件操作;网络版图书目录利用浏览器进入该目录网站(https://www.ukho.gov.uk/onlinecatalogue/home.asp)访问即可。

第六节 航海员手册

一、概况

《航海员手册》(The Mariner's Handbook)是一本航海资料的综合性出版物,不仅说明了英国水道测量局出版的航海图书资料的内容和用法,而且给出了有关航海业务、国际规则与公约和气象等的综合性资料。有些资料是将原分散在各资料中的有关内容集中加以编印的。

该书书号为 NP100,1962 年首次出版,现在使用的是 2009 年第九版,其出版后的重要改正资料在英版《航海通告》第Ⅶ部分发布,年底仍然有效的通告在《航海通告年度摘要》重印。所以，使用该书时应同时参阅《航海通告》第Ⅶ部分和年度摘要的相应内容。

二、《航海员手册》的主要内容

现行版《航海员手册》全书共 13 章。

第一章：英国水道测量局、测量与海图制作（the UKHO、Surveying and Charting），对水道组织水道测量、数据与精度以及海图的制作方面的内容进行了详细的说明。

第二章：英版海图（Admiralty Charts），对英版海图的各种基准面的选取、种类、出版情况、精度进行了介绍，其中包括电子海图显示与信息系统相关业务，此外还对其他国家的海图出版情况进行了简介。

第三章：英版图书（Admiralty Publications），介绍了英版图书资料的基本情况、内容、使用与改正的情况。

第四章：英国水道测量局信息发布与接收（Promulgation of Information by and Rendering of Information to the UKHO），强调了信息的重要性，介绍了英国水道测量局信息发布的情况和对信息使用中问题的反馈与信息提供等方面的情况，其中包括航海警告、航海通告和气象服务等。

第五章：海洋（The sea），介绍了海洋与船舶航行有关的一些因素，包括潮汐、潮流、洋流、波浪、海底火山与地震、海啸、海水颜色和局部地磁异常等。

第六章：冰（Ice），介绍了海冰、陆冰、冰中航行与操纵方面的资料。

第七章：气象（Meteorology），介绍了航海气象、船舶气象定线和气象现象等方面的知识。

第八章：国际组织（International Organization），介绍了国际海事组织、国际海道测量组织和国际航标协会等的情况。

第九章：航行限制（Constraints on Navigation），阐述了对联合国海洋法公约、船舶定线、钻井平台、沿海可再生能源装置、海底管线、桥梁与横空电缆方面的问题。

第十章：海洋污染与环境保护（Maritime Pollution and Conservation），论述了国际防止船舶造成污染公约、海上污染与环境保护方面的问题。

第十一章：航行与航标（Navigation and Aids to Navigation），讲述了船舶航行、操纵与航标诸方面的知识，包括各种定位手段及其精度、船舶自动识别系统、远距离识别与跟踪、航标和富余水深等。

第十二章：军事活动（Military Operations），包括演习区、潜艇、水雷应对措施等。

第十三章：商业活动（Commercial Operations），介绍了海上商业活动，包括遇险与搜救、GMDSS 等。

在书的正文前印有改正记录表、各卷《航路指南》界限图、前言、目录（正文、插图和表）和缩写词。在书后有图书资料配备要求、国际海上避碰规则、国际航标协会海上浮标制度和船舰旗 4 个附录，以及词汇、索引和换算表。词汇是对英版海图和相关图书中使用的一些术语的解释。索引以有关内容的关键词字母顺序排列，给出该特定内容所在章节，用以查找特定内容所在页。换算表包括英尺、拓换算为米和米换算为英尺、拓的表。

三、《航海员手册》的使用

1. 相应的改正通告应登记在改正登记表中，应结合航海通告第Ⅶ部分相关改正一起使用。

2. 查找各章节的内容可根据目录进行，也可根据关键词在书后索引中查取资料所在章节。

3. 查取某项特定内容可根据关键词在书后索引查得资料所在章节后阅读。

第七节　航海通告

《航海通告》(Notice to Mariners)是用以通报涉及航行安全和改正航海图书的定期或不定期出版物。主要内容为：助航设备的变化情况，水中危险物和障碍物的发现、清除情况，水工建筑物的变化情况，各种界线、航行规章、航法以及保证航行安全的其他规定的变更情况，发布新版航海图书消息，刊登仍有效的无线电航海警告。它是改正海图、航路指南和其他航海图书的依据。通常每周出版一期，不同国家还出版每月、每季、每年的各种汇编、摘要。有些国家还每日发布对海图改正的通告。通告的内容按其生效情况可分为永久性通告、临时性通告和预告性通告三种。由英国水道测量局出版和美国国防制图局出版的《航海通告》发行较广。中国出版的《航海通告》使用较广的有两种版本，中英文对照版由中国航海图书出版社出版，主要对外使用，中文版由中国人民解放军海军司令部航海保证部出版，主要用于对内部使用的航海图书资料的改正，两个版本在内容编排上基本相同。中国海事局也发行《航海通告》，用于改正该局出版的航道与港泊图。《航海通告》的发行方式有传统的纸面印刷和数字化发行两大类。数字化发行即利用软盘、光盘、无线电传送、网络等手段进行通告的分发。数字化《航海通告》现已在不少船上使用，随着计算机和无线电通信技术的不断发展和在船舶上的日益广泛应用，这种《航海通告》的使用将会更加普及。

一、中版《航海通告》

中版《航海通告》的发布单位有两家，中国人民解放军海军司令部航海保证部和中国海事局，各自发布其图书资料的改正通告，以下仅介绍中国人民解放军海军司令部航海保证部的《航海通告》。

该种《航海通告》由中国人民解放军海军司令部航海保证部编制，中国航海图书出版社出版，每周出版一期，每年52期。

1. 内容

通告分四部分。

(1)说明、航海信息、图书信息：说明部分介绍通告内容、使用方法等；航海信息部分主要发布航海图书上未给出，但与船舶航行安全有关的信息；图书信息公布航海图书出版、改版、作废以及出版预告消息，并每月汇总一次当月图书消息，利用该信息可检验本船图书是否需要更新。

(2)索引、海图改正、临时通告。

①索引由“地理区域索引”和“关系海图索引”两部分组成，用以检索海图改正通告的项号。地理区域索引用地理位置检索通告项号，关系海图索引用海图图号检索需改正的通告项号。

②海图改正：列出相关改正海图的永久性通告。

③临时通告:临时通告单面印刷,所列海图图号为使用通告时参考。

(3)航行警告:内容仅为国际划分的 NAVAREA Ⅺ 区的范围有效的无线电航海警告。由两部分组成,前一部分重申以前发布而至今仍有效的航行警告的年份与号码,后一部分刊印当前一段时期内新的航海警告内容。

(4)航海书表改正:包括航路指南、港口指南和航标表等书表的改正通告,单面印刷。

2.使用中版《航海通告》的注意事项

(1)除每年52期通告外,每年年底补充发布"民用海图改正索引"给出了该年度海图应改正的通告的顺序列表,利用该索引可检验海图在本年度是否漏改。

(2)临时性通告每项通告号前注有"T"、标题后面均注有"(临)"字样。每月最后一期通告列出有效临时通告索引,每年年中和年底出版有效临时通告汇编,以供航海人员查找使用。

(3)《航海通告》中给出的位置是以最大比例尺的最新版海图为准,用经纬度或方位、距离表示。如在位置数据后面附以"(概位)"或"(疑存)"等字样,表示为概略位置或怀疑存在(危险物)。当用某物标作为方位、距离的起算点时,为便于寻找,其后亦注有经纬度,但均为概位。

(4)方位均系真方位,但所记灯光光弧或导标方位线等,系自海上视灯塔、灯柱的真方位。

(5)每一号码的航海通告一般由通告标题、改正内容、相关海图、相关航标表和资料来源组成。通告标题包括通告项号、标题和改正要素提示;相关海图是需要按本通告进行改正的海图图号(图号之后用小括号括起来的数码表示该号海图应改正本通告中的第几款内容,而中括号内的数码则是表示上次该图改正的通告号码);相关航标表仅在通告涉及航标表改正时列出该航标表书号、出版时间和有关航标编号。

例如2014年第3期58号通告:

58*. 东海 沙埕港－设置灯桩

加绘		★闪4s8.7m4M	(1)27°13′46″.0N、120°17′51″.4E
		★闪(3)10s9.1m4M	(2)27°14′07″.2N、120°20′39″.3E
		★闪4s9.4m4M	(3)27°14′20″.7N、120°21′14″.0E
变更	由:	★闪(4)12s43m10M	(4)27°09′08″.2N、120°26′18″.0E
	至:	★闪(4)12s53m10M	(5)27°09′08″.2N、120°26′18″.3E

海图 13911[2014－41] 13921(4、5)[2014－41]

航标表 G102/2013〔2848.3〕〔2840.2〕[2840.1] [2835]

资料来源 沪航标字(2013)26号(2593/2013)

即:2014年58号通告改正的相关位置为东海海域的沙埕港,改正内容为设置航标;分别在通告的(1)至(3)的3个位置设置了航标,航标为灯标,按通告给出的符号和灯质填入对应位置,(4)位置处的灯标变为(5)位置处,并灯高由43 m改为53 m;海图列表中13911号海图上一次改正通告为2014年41号通告,13921号海图仅改正通告内容中的(4)和(5)项、上一次改正通告是2014年41号通告;该通告影响到2013年版航标表第二册(G102)中的2848.3、2840.2、2840.1和2835号4个航标;该通告资料来源为上海航标处文件2013年26号,其内部编号为2013年2593号。

(6)通告号后面标有"＊"者表明该通告来源于原始资料,如上面58号通告资料来源为原始资料。

(7)中版《航海通告》的发行方在其网站上提供与书面印刷版同样格式和内容的通告供下载使用,还提供按不同条件进行通告查询功能查取通告,有条件的船舶可加以利用。

二、英版《航海通告》

1. 概述

英版《航海通告》(Admiralty Notices to Mariners,ANM)每周末出版一期。它汇集英国水道测量局发布的全部航海通告,提供对所有英版海图及其他航海图书的改正资料,并重印无线电航海警告及其他变化资料,还复印澳大利亚和新西兰的航海通告,以供改正英国复制的澳大利亚和新西兰海图用。

每期《航海通告》通常包括下列内容:

Ⅰ Explanatory Notes. Publications List (注释与图书清单)

Ⅱ Admiralty Notices to Mariners. Updates to Standard Navigational Charts(航海通告,海图的改正)

Ⅲ Reprints of NAVAREA I Radio Navigational Warnings (国际警告区 I 区无线电航海警告的重印)

Ⅳ Updates to Admiralty Sailing Directions(《航路指南》的改正)

Ⅴ Updates to Admiralty Lists of Lights and Fog Signals(《灯标和雾号表》的改正)

Ⅵ Updates to Admiralty Lists of Radio Signals(《无线电信号表》的改正)

Ⅶ Updates to Miscellaneous Admiralty Nautical Publications(其他英版航海图书的改正)

Ⅷ Updates to Admiralty Digital Products and Services (英版数字版产品与业务内容的更新)

书面印刷的英版《航海通告》可以从设于各港的代发单位索取。这些可获取英版《航海通告》的港口及代发单位的名称均列于英版《海图及其他水道图书总目录》中,英版《航海通告》和《航海通告年度摘要》(Annual Summary of Admiralty Notices to Mariners)的第 2 号通告有相关说明。

2. 各部分内容的说明

(1)注释与图书清单

每周《航海通告》该部分均包括关于网络版《航海通告》的说明、注释和图书出版与作废消息。网络版《航海通告》的说明对网络版通告的形式、内容和获取方法进行了详细说明。注释是关于每期通告的截止日期、通告内容和航海图书资料的改正等的说明。图书的出版与作废消息包括图书清单中的相关海图(Admiralty Charts Affected by the Publication List)、新图与新书(New Admiralty Charts and Publications)、新版图与新版书(New Editions of Admiralty Charts and Publications)、即将出版的海图(Admiralty Charts to Be Published)、作废的海图和图书(Admiralty Charts and Publications Permanently Withdrawn)(这种形式的作废图书给出其取代图书的编号)、废除的海图(Admiralty Charts Independently Withdrawn)(这种形式的废除海图没有取代的海图)。

对于出版消息,通告均列出各类新版海图图号、出版日期、标题与注释、比例尺、所在图夹的编号、该图在本年度《海图及其他水道图书总目录》中的页数和价格;如果一张图有光栅扫描海图版,则在图号前用代表这种电子海图的符号“⊙”标出。

在每月月末版(在下一月初出版)的一期《航海通告》中还包括:

临时性通告和预告月度汇编(IA Temporary and Preliminary Notices),首先列出本月取消的临时性通告和预告的清单,然后按26个地区顺序汇编列出至该月底仍有效的此类通告资料(包括通告编号、相关海图、位置与主题和图夹编号)。

在每季度末出版的一期《航海通告》中还包括:

季度版《航海图书一览表》(Current Hydrographic Publications),内容有:

《航路指南》及其补篇、《灯标和雾号表》、《无线电信号表》、《潮汐表》等图书现行版本一览表,以便了解最近航海图书的新版情况。

(2)航海通告、海图的改正

第Ⅱ部分是每周出版的《航海通告》的主要内容,大致包括:

① 3个索引,即地理索引、通告与图夹编号索引和相关海图索引。地理索引给出了每区域通告所在的页数;通告与图夹编号索引列出了每个通告所在的页数和该通告涉及的图夹的编号;相关海图索引列出本期有关改正海图的各通告与其相关的海图图号,以供登记与海图相关的通告号码用。

②与改正海图有关的永久性通告包括:通告编号、标题、影响到的图书的情况、资料说明与来源、通告正文,通告正文分海图列出每海图的改正内容:图号、该号海图应改正的上一通告的编号、海图基准面和改正项。其中,通告号码旁注有“ * ”者,是指该通告来源于原始资料。

例如:2014年第4期288号通告内容如下:

288 * GUATEMALA-West Coast-Quetzal-Puerto Quetzal SE and San José S-Lights.

Light List Vol. G, 2013/14, 3386.8, 3392

Source: MV UBC Sacramento

Chart 1946 (panel B, Quetzal) [*previous update* 1641/13] WGS-84 DATUM

Amend	light to, Q. Y .4.	13°55′·223N., 90°47′·270W.
Delete	★F. R. 15m3M	13°54′·924N., 90°49′·140W.

Chart 1946 (panel A, Approaches to Quetzal) [*previous update* 1641/13] WGS84 DATUM

Amend	light to, Q. Y	13°55′·22N., 90°47′·27W.
Delete	★F. R	13°54′·92N., 90°49′·14W.

即:288号通告资料为原始资料,通告涉及位置为危地马拉西岸格查尔海域,圣何塞东南、圣荷西南,改正涉及灯标问题。影响到的灯标表为2013/14版的G卷,灯标编号3386.8和3392;资料来源为“UBC Sacramento”轮。1946号海图B部分格查尔港,基准面为WGS84,上一个改正的通告为2013年1641号通告,这次改正内容为在修改第一个位置处的灯标的灯质为快闪黄光4 s(Q. Y .4);删除第二个位置处的灯标(★F. R. 15m3M);同图A部分,修正第三个位置处的灯标灯质为快闪黄光,删除第四个位置处的灯标(★F. R)。

③临时性通告和预告:临时性通告(Temporary Notices)和预告(Preliminary Notices)在通告号码后面分别用缩写(T)和(P)注明,这类通告列于永久性通告的后面,并且单面印刷,以利汇订成册,便于参考。

④改正字条与贴图。在该部分最后印有小块复印图,叫贴图(Blocks),一般用来根据该部分正文相关通告对较大比例尺海图进行贴改;还有改正字条(Notes),也要根据该部分相关通告贴到有关海图的指定位置上去。

(3)无线电航海警告的重印

①无线电航海警告概述

在某一国家水域发生的变迁,由于核实及汇编均需一定的时间,要数周乃至数月后才能编入《航海通告》,因此有必要用无线电航海警告的形式及时发布这些新的变迁消息。每周版《航海通告》第Ⅲ部分就是截至该期通告出版之日仍有效的这些无线电航海警告的编号及本周内发布的警告报文的复印。

无线电航海警告(Radio Navigational Warnings)多数属临时性质,有些警告的有效期可达数周,直至最后为《航海通告》所代替。

无线电航海警告可能包括下述内容:

a. 有关灯塔、灯船、雾号、无线电信标、定位系统及重要浮标的变迁或变更;

b. 在航路附近的石油勘探装置等的动态;

c. 在拥挤水域中标示电缆船和救捞工作船的浮标位置;

d. 海图上未标出的新发现的危险沉船;

e. 行动不便或不易操纵的拖带船和超大型船的动态;

f. 在拥挤水域中的漂雷;

g. 新近发现且其资料足够准确的弃船;

h. 区域广阔的海上军事演习等。

无线电航海警告所包括的资料仅仅用来帮助航海人员进行沿岸及港口之间的航行,直到港口为止。港口内的不太重要的资料,可能形成航海通告或由当地港口的地区性航海警告发布。

②无线电航海警告分类

无线电航海警告分为全球分区性警告、沿岸性警告和地区性警告三类。

a. 全球分区性警告(NAVAREA warnings)

为了世界水域的无线电航海警告的播发,国际海道测量组织(IHO)和国际海事组织(IMO)联合建立了世界范围航海警告业务(WWNWS:World Wide Navigational Warning Service),将全世界水域划分成21个航警区域(NAVAREAS)和1个局部区,每一区域内的无线电航海警告由指定国家、指定海岸电台负责发布。每一地区名称代号为NAVAREA I到NAVAREA XXI中的一个,局部区为波罗的海区,图3-3-2是全球航海警告分区的划分情况,图中每个区域所标注的国家负责该区的协调和警告发布。在《航海员手册》中概述了全球分区性警告和美国的远距离警告的情况,并附图绘出了各区域的划分界限等资料。除了全球分区性警告外,美国的远距离警告(Long Range Warnings)业务提供了HYDROLANT(大西洋区)和HYDROPAC(太平洋区)两个大区的警告。

b. 沿岸性警告(Coastal Warnings)

沿岸性警告是播发某特定沿岸水域重要的信息,并不限于主要航路。一般情况下,沿岸性警告多于全球分区性警告,且仅限于危险出现地点周围的水域。这种警告通常是全球分区性警告的补充。

世界各地的沿岸性警告由警告发布国播发,详细情况见英版《无线电信号表》第三卷。

c. 地区性警告(Local Warnings)

地区性警告是对沿岸性警告进行补充,通常特指近岸水域并由海岸警卫队、港口或引航当

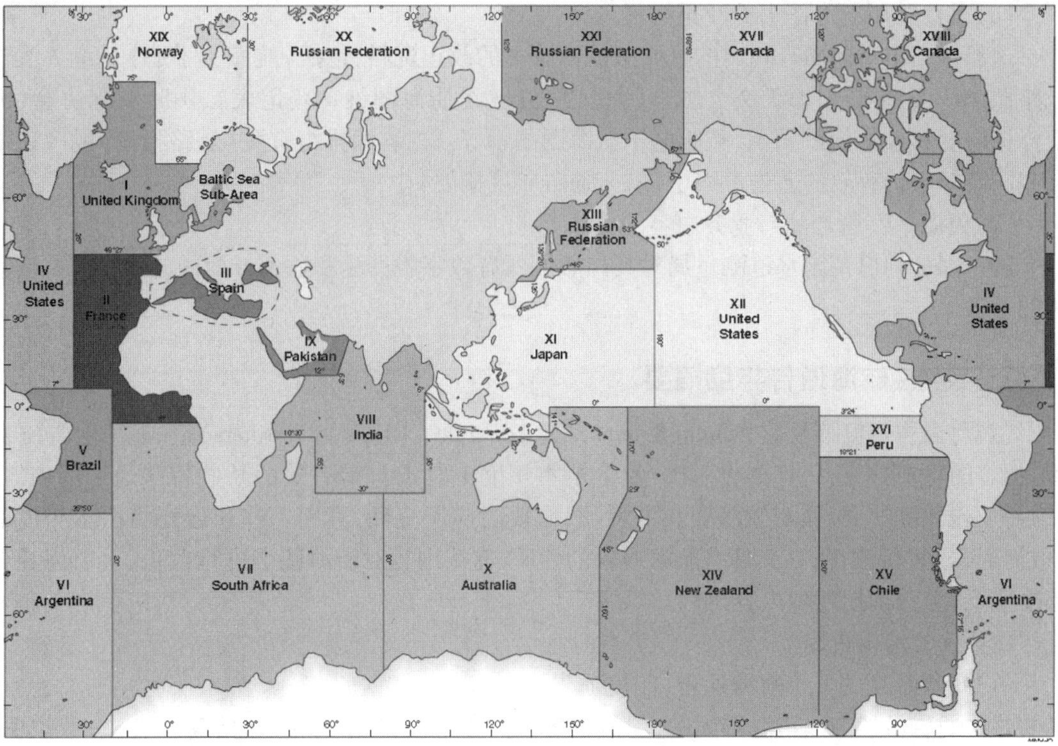

图 3-3-2　全球航海警告区划分

局发布。有关发布的细节见英版《无线电信号表》第三、六卷。

③《航海通告》第Ⅲ部分“国际航海警告Ⅰ区无线电航海警告的重印”

在每周版《航海通告》第Ⅲ部分开始是一个简要的说明,内容包括:

有关《航海警告》的详情可参阅《航海员手册》。本部分印载的是至本期出版之日仍有效的航海警告区Ⅰ区的警告内容。建议将复印内容逐期汇编成册。每条警告仅注明最适用的英版海图。

印载内容中首先列出至本期通告出版之日仍有效的所有警告的年份和号码,已撤销的警告号码不再列出。然后是新近发布的警告内容。警告的文字简明,可能在句中省略了仅起语法作用的文字,有些单词用缩写,阅读时应予注意。

此外,每年的第 1、13、26 和 39 期周版通告该部分还完整印出仍然有效的航海警告。

(4)对《航路指南》的改正

第Ⅳ部分中列出了对《航路指南》的改正资料,包括至本期周版通告刊印之日仍有效的关于《航路指南》改正的周版通告期号汇编,该汇编分航路指南书号(NP No.)、页数(Page)、标题(Title)、周版期号(Weekly Edition)4 栏。

该部分每个季度末还印有本季度仍有效的航路指南改正通告的清单,年末仍有效的通告在《航海通告年度摘要》中汇编印出。

(5)对《灯标和雾号表》和《无线电信号表》的改正资料

这两部分改正资料分别以与要改正的图书相同的编排格式印刷,并且,对《灯标和雾号表》的改正通告中用“ * ”号标明有改正的部分,用来贴改英版《灯标和雾号表》及《无线电信号表》。

(6)其他英版航海图书的改正资料

这部分列出对前面未列出的纸质版航海图书的改正资料,包括《航海员手册》、《世界大洋航路》、潮汐类图书、航海天文类图书、《里程表》、《纸质海图维护登记表》、国际航标协会《海上浮标制度》、英版海图图示、英版电子航海图图示等。内容编排与有关《航路指南》的改正部分相同。年底仍有效的通告汇编于《航海通告年度摘要》中。

(7)英版数字版产品与业务内容的更新

这一部分列出英国水道测量局对其出版的所有数字版产品和业务方面的升级、维护、变化等的通告。

三、英版《航海通告年度摘要》

《航海通告年度摘要》(Annual Summary of Admiralty Notices to Mariners)是《航海通告》(周版)内容的重要补充,每年再版一次,收集至本年度1月1日前有效的某些特殊通告的内容。《航海通告年度摘要》具有航海资料的性质,必要时应予查阅,其中一些通告还将由本年度的《航海通告》进行改正;它又具有航海通告的性质,有些内容对航海图书进行改正。《航海通告年度摘要》分为两册四项内容出版。

1. 第一册两项内容

(1)每年最初的几个航海通告(年度通告)

这些通告虽然与改正海图无关,但其内容是与航海安全有关的。如《潮汐表》一般说明、英版海图和图书的提供、海难与救助、炮火演习区、水雷布设与应对演习区、分道通航制、加拿大海图与图书规则、美国关于航行海图与图书的安全规则等,必要时应予阅读和了解。其中凡通告内容与上年有变化时,在书边用一黑线标出,以示醒目。

(2)临时通告和预告汇编

重印至本年1月1日前仍有效的所有临时性通告和预告的内容,通告按26个区域顺序排列,编有区域索引及通告的编号索引以便查阅。

2. 第二册两项内容

(1)《航路指南》有关通告汇编

一是现行版《航路指南》一览表,可用于检验船上《航路指南》的有效性;二是至本年1月1日仍有效的通告全部通告内容的重印,可作《航路指南》资料的补充,阅读《航路指南》时,除应参考补篇外还应查阅这部分内容。

(2)其他航海图书有关通告汇编

也是两个部分,内容编排与《航路指南》有关通告的汇编相同。

四、英版《航海通告累计表》

英版《航海通告累计表》(Cumulative List of Admiralty Notices to Mariners)编号为NP234,是英国水道测量局每半年(年初和年中)出版一期的表册。该表册由两部分组成。

第一部分是关于海图改正的情况,首先是英版海图,其次为重印的澳大利亚海图,最后是重印的新西兰海图。对于每一张海图,给出三栏信息:海图号(Chart No.)、海图现行版日期(Edition)和海图应改正的航海通告的顺序列表(Notices to Mariners),通告列表是按照先后顺序列出海图有关的至该表出版之日以前两年内的永久性航海通告的编号。

第二部分为航海图书部分，列出该表出版之日止现行版航海图书(《航路指南》《灯标和雾号表》《无线电信号表》和《潮汐表》等)的清单，包括编号(NP No.)、书名(Title)、出版日期(Edition)三栏内容。

该表不仅可以在一定程度上替代海图卡片、"本船航用海图图号表"(英版部分)和"本船航海图书登记表"(英版部分)，而且可供船舶驾驶员和主管部门查验海图和图书是否为最新版本和是否及时进行了改正。

五、英版数字化《航海通告》

目前，英版数字化《航海通告》的形式主要为网络版，此外还有光盘版。

网络版《航海通告》有两种方式提供使用，一种为全文下载方式(Notices to Mariners ON - LINE)，一种为查寻下载方式(Searchable Notices to Mariners)。目前，可以下载2000年1月1日后的航海通告。

(1)全文下载方式

全文下载方式提供的下载内容

①每日航海通告：为海图改正所用通告。

②周版《航海通告》(Weekly NMs)：内容除了书面印刷版内容外，还有每周《航海通告累计表》和航海通告编号索引，该索引用于公布每个编号通告的发布时间。使用时不仅可以全文下载，而且可以单独通告下载。

③《英版航海通告累计表》(Cumulative NM List)：内容与书面印刷版相同。

④《航海通告年度摘要》(Annual NMs)：内容与书面印刷版相同。

使用这种方式时，可通过英国水道测量局的网站(www. UKHO. gov. uk/msi、)进入，然后即可按上述内容相应的超级链接下载所需资料。

(2)查寻下载方式

这种下载方式可以下载的内容只是周版《航海通告》中关于海图改正的部分，包括永久性通告、预告和临时性通告。提供的查询项包括：

①根据海图图号查寻(Search for updates by chart number)：输入海图图号，即可查得与该海图有关的2000年1月1日后或海图出版之日以后的航海通告；

②根据海图图号和以前某航海通告的编号和年份查寻(Search for updates by Chart number from a specified NM number/Year only)：输入海图图号和通告号及年份，即可查得与该海图有关的从输入的通告编号以后的航海通告；

③根据海图图号和开始日期查询(Search NMs by Chart number from a specified date only)：输入海图图号和开始日期，即可查得与该海图有关的所选日期后所有航海通告；

④查寻单一通告(Search for individual notices to mariners by NM number and Year)：输入某通告的编号和年份，即可查得该通告；

⑤查寻某海图所有改正通告的清单(View update list by chart number)：输入海图图号，即可查得与该海图有关的2000年1月1日以后或海图出版之日以后的航海通告清单。

所查得的通告的正文、改正贴图和改正字条可单独阅读和下载。

使用这种方式时，可以通过英国水道测量局的查寻版航海通告网站(http://www. ukho. gov. uk/nmwebsearch/)的进入，然后即可根据需要按上述5项内容相应的超级链接下载资料。

英国水道测量局提供的光盘版的《航海通告》目前只是用于对英版电子海图的修改和更新用。

此外,对于数字版航海图书资料和电子海图显示与信息系统等的服务,英国水道测量局提供了电子航海者(e-Navigator)一站式服务。使用其数字产品的用户可利用互联网直接访问或E-mail索取的方式使用这种服务。

关于英版数字化《航海通告》的发展和变化情况可参阅英版《海图和其他水道图书总目录》、《航海通告》和英国水道测量局网站的有关说明。

第八节　电子版航海图书资料简介

随着电子技术、数字技术在航海上应用的不断普及,电子航海时代的到来,迎来了航海出版物的出版方式的大范围改革。除了讨论过的英版数字版《潮汐表》《无线电信号表》第二卷与第六卷和《灯标与雾号表》外,英版图书资料的大范围的电子化已经开始。船舶上数字版电子出版物起主导作用乃至代替纸质航海图书资料的时代已经临近。为了应对这种情况,本节对电子出版物替代纸质航海图书资料的问题和英版电子出版物的新发展进行介绍。

一、数字(电子)版出版物的使用

无论是数字出版物(Digital Publication:DP)还是电子版图书(e-NP),如果在船上配备都会使得查用航海图书资料更加便利、快捷和带来工作效率的提高,从而减轻驾驶员的工作强度。然而,这种情况的实现问题是数字(电子)版出版物能否替代纸质版航海图书资料。关于这一点取决于两个方面,即国际相关规定和船旗国政府的决定。

1.国际海事组织相关规定

目前,针对数字版和电子版航海图书资料,国际海事组织在两个文件中进行了规定。一个是国际海上人命安全公约,另一个是2006年6月1日海上安全委员会(MSC)和海洋环境保护委员会(MEPC)发布的通函(MSC.MEPC.2/Circ.2)。

(1)国际海上人命安全公约第V章关于航海图书资料规定要点包括:

①海图和航海出版物是特定目的的图和书,或者为制作这些图和书的数据库。这些图、书或数据库由政府或政府授权的水道测量局或相应政府机构官方发布,其目的为航海所用。电子海图显示与信息系统可以被接受为满足本条配备要求。

②所有船舶无论大小均应配备满足航次所需的制订航行计划、显示航线、标注与监控船位所需的海图和图书。

③如果部分或全部使用电子手段来满足制订航行计划、显示航线和标注与监控船位功能的需要,必须有备用配置。

④航次所需的海图和图书必须适当且改正至最新。

(2)海上安全委员会和海洋环境保护委员会的通函的相关要求要点包括:

①请成员国政府负责使得港口国检查官、国际船舶安全规则有关的公司和审核组织、国际船舶安全规则发证的机构、船舶经营者和所有相关方注意该通函。

②该通函的目的是以简洁的形式提出关于图书资料的配备要求。

③可以配备以诸如光盘的电子形式出版的出版物而取代纸质图书，可接受的这种形式的出版物必须由国际海事组织、政府或政府授权的机构发布以保证内容的正确性并防止盗版。

该通函还规定了应该配备的出版物和哪些出版物不能使用电子版形式。

2. 船旗国政府的决定

国际海事组织确定了数字版和电子版出版物替代纸质航海图书资料的条件，明确了相关定义。具体执行还要由各港口（船旗）国来决定，也即是港口国还要在国际规定的基础上明确相关问题。包括：

（1）资料的正确性和有效性的认可，即哪些机构出版的电子版和数字版出版物被认定为官方出版而接受为可以替代纸质航海图书资料的出版物，进而能够保证资料内容的正确性。

（2）运行这些出版物的硬件条件是什么，硬件配置如何认证。

（3）明确备有配置。

（4）以明文规定的方式以使得港口国检查官、国际船舶安全规则有关的公司和审核组织、国际船舶安全规则发证机构、船舶公司及相关方知晓这些规定，进而按规定操作。

目前世界上很多国家发布了相关规定，数字版和电子版航海图书资料使用将越来越普及。

二、英版电子版航海图书资料

自 2014 年，英国水道测量局开始了纸质版航海图书资料转换为电子版的工作，该电子版图书资料系列命名为英版电子航海图书资料（Admiralty e-Nautical Publications：e-NP）。所进行的转换即把纸质版图书资料转换为加密的可移植文档格式（Portable Document Format：PDF），初期发布的航海图书包括所有《航路指南》、《航海员手册》和天文表册的转换工作，同时发布了电子版航海图书读取软件（e-NP reader）。

该电子版系列航海图书可以通过从英国水道测量局经销店购买资料的 DVD 盘并同时取得授权码获得，或通过网络下载、通过代销店购买授权码的方式获得。购买的授权期限为一年，一个授权码可以安装 3 台计算机。该系列图书资料的改正包括：平时的改正资料可以通过网络下载、经销点拷贝方式获得；并且每一个季度发布一期改正用 DVD 盘。

目前，颁布文件认可英版电子版出版物的国家和相应的注意事项可以从英国水道测量局网站获得。

该电子版航海图书资料在使用上和一般的阅读电子书的软件类似。按照软件的说明安装后，进入软件的界面如图 3-3-3 所示。左侧为主要功能选择，包括书架（Book Shelf）、读书（View Book）和工具（Tools）；主界面上可以依据不同要求选择要阅读的电子图书的目录，其中总目录（All Publications）为所有图书的列表，收藏书目录（Favorites）为所选定的某些书的清单，近期阅读过的书目（Recent）为最近阅读过的五种书的清单。

利用鼠标点击任一清单即可进入显示该项下的书目列表，如图 3-3-4 所示为图书总目录界面。在该界面下显示所有电子版图书，船舶已经购买的书排在前面，并采用不同颜色和符号显示船舶购买图书的情况、哪些书已经过期或临近过期、哪些书已经购买但没装入等；还可以通过点击船舶已经购买的书上的五角星符号将该书选进收藏书目录。

在目录清单中用鼠标点击某一本书的书名即可进入阅读资料界面，如图 3-3-5 所示。其中原书内容显示在中间，右侧显示相应的改正通告。可以利用软件的工具按钮或者键盘相应

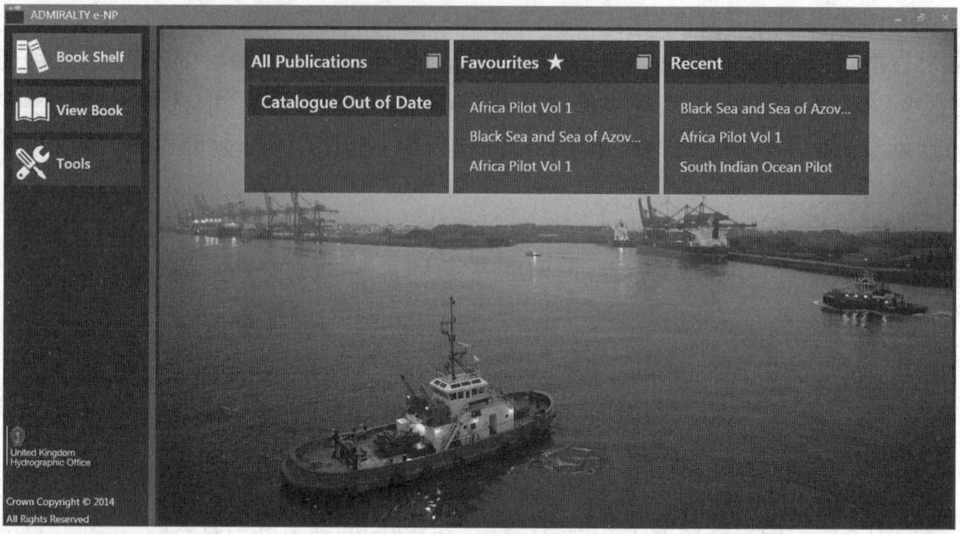

图 3-3-3 英国水道测量局电子版航海图书软件主界面

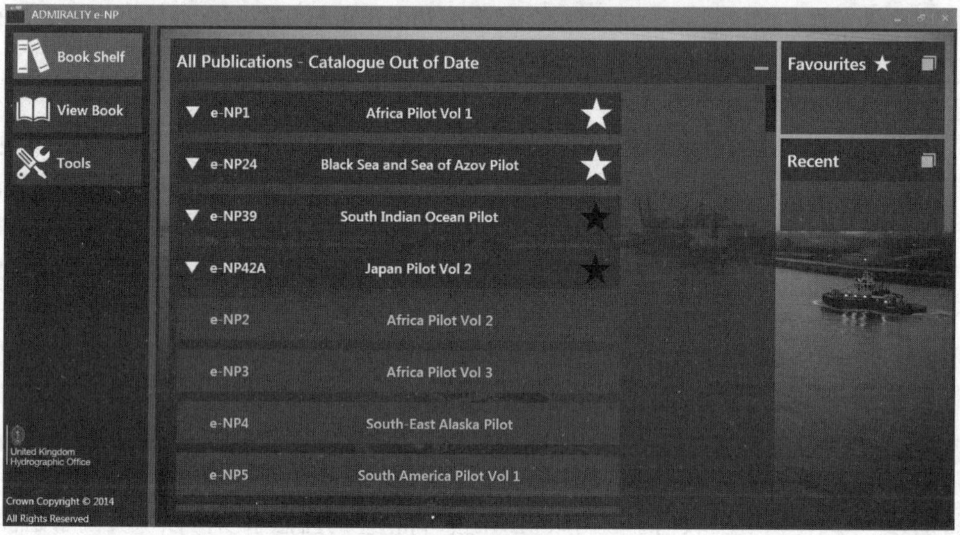

图 3-3-4 总目录界面

按键阅读不同的内容,包括上下翻页、翻至特定页、不同比例尺放大与缩小页面、旋转页面、内容快照、输入关键词查询相应内容和按照书签查阅内容等。其中书签功能即书的分层次结构目录,可以直接看相应章节内容。

该电子书的工具功能包含了使用该电子图书资料的设置,包括网络设置、更新的实现、移动介质上资料的读取以及“白天”“夜晚”“昏影”的不同颜色显示等。

英版电子版图书资料的详细安装、设置和使用参见其使用手册(e-NP, Admiralty e-Nautical Publications User Guide)。

ADMIRALTY e-NP
Book Shelf
View Book
Tools
United Kingdom Hydrographic Office
Crown Copyright © 2014
All Rights Reserved
e-NP24 - Black Sea and Sea of Azov Pilot
/ 326
100 %
ADMIRALTY SAILING DIRECTIONS
BLACK SEA AND SEA OF AZOV PILOT
Marmara Denizi, Black Sea and Sea of Azov with adjacent coasts of Turkey, Bulgaria, Romania, Ukraine, Russia and Georgia
FOURTH EDITION
2013
2013/04
Page: 92
Paragraph 2.185 1 lines 1-3 Replace by:
1 Pilotage is compulsory for all vessels over 1000 gt. Pilots board 9 cables NNE of the Town Quay. Pilotage is provided from Gemlik (Gemport).
Paragraph 2.186 1 and 2 Replace by:
1 Two anchorage areas are located 7 cables ENE and 1·3 miles W off Arnavut Burnu: the former is for
2012/01

图 3-3-5　阅读资料界面

第四章 海图与航海图书资料的改正与管理

海图和航海图书资料出版发行后，其描述的海区的事物总在不断变化，为了能表明变化了的情况，必须及时对它们进行改正。另外，为了有效地利用海图和航海图书资料，采用一定的方法对其进行有效的管理也是完全必要的。

第一节 海图的改正与管理

一、海图改正

海图的改正是根据《航海通告》和无线电航海警告进行的。考虑到远洋船上航海图书资料的配备情况，以下以英版海图的改正为基础进行讨论，其他国家出版的海图的改正方法与此大同小异，可参照使用。

1.《航海通告》的处理

英版《航海通告》是改正英版海图及其他航海资料的依据，因此必须尽可能及时地取得《航海通告》，以便及时进行海图等资料的改正工作。各期《航海通告》到船后，应立即进行处理，以便及早了解最近发生的变迁或变更，同时为着手对海图及其他航海图书资料的改正做好准备。其要点如下：

(1)船舶在到达某一港口前，应提前发报给代理，请其代为索取未曾收到的各期《航海通告》。在可以索取英版《航海通告》的港口可查阅英版《海图及其他水道图书总目录》。对于有条件下载《航海通告》的船舶应及时下载与本船航海图书资料有关的通告。如在某一港口停留时间较长，亦应注意索取在停留期间新发布的《航海通告》。

(2)各期《航海通告》送船后，应检查是否缺期，并在每期通告上注明送船日期及停留港名；对于下载的《航海通告》，应按照下载的通告顺序存储，并在文件存储目录或打印出来的通告上记录下载港名；做完以上工作后请船长过目。船长及负责驾驶员(二副)应将这些《航海通告》中的资料应用到以后的航线拟定及航行中去。

(3)使用电子海图显示与信息系统和数字版图书资料的船舶，应及时阅读通告的第Ⅷ部分，了解数字版资料的更新与调整信息，及时采取相应措施更新船舶系统数据。

(4)如果第Ⅶ部分涉及本船图书，应将通告号登记在相应的图书上，以便使用时阅读。下载版《航海通告》可以打印出来做同样处理，也可按图书顺序存储后做相应登记。

(5)将第Ⅴ、Ⅵ 部分拆下来(对于下载的《航海通告》可将有关部分打印出来)，将相应的改正通告分别插入相应的《无线电信号表》和《灯标和雾号表》中，以便抽空贴改。

(6)将第Ⅳ部分做与第Ⅶ部分同样的处理。

(7)将第Ⅲ部分拆下来，逐期加以汇订。同时根据最近一期《航海通告》中有效的航海警告号码表勾销已失效的警告。这种“航海警告汇编簿”在航行中应置于驾驶台备查。对于下载的《航海通告》可以按顺序保存在计算机中，以便备查。

在将《航海通告》第Ⅲ、Ⅴ、Ⅵ 三部分拆下来的过程中，应注意不要将改正海图用的贴图和改正字条失散。

(8)阅读第Ⅰ部分中的相应消息，了解图书出版情况，进行本船海图新版及作废的登记，同时制订本船图书购置计划，并修改英版《海图及其他水道图书总目录》。

(9)最后，进行海图卡片或英版《纸质海图维护登记表》的登记。

2. 海图卡片与英版《纸质海图维护登记表》

(1)海图卡片

海图卡片是船舶海图的档案卡，每张海图配备一张(如果一张不够使用可附加)，用于记载海图的图号、图名和出版发行资料，并留出大部分空间用于登记与该海图改正有关的航海通告的编号，如图 3-4-1 所示。

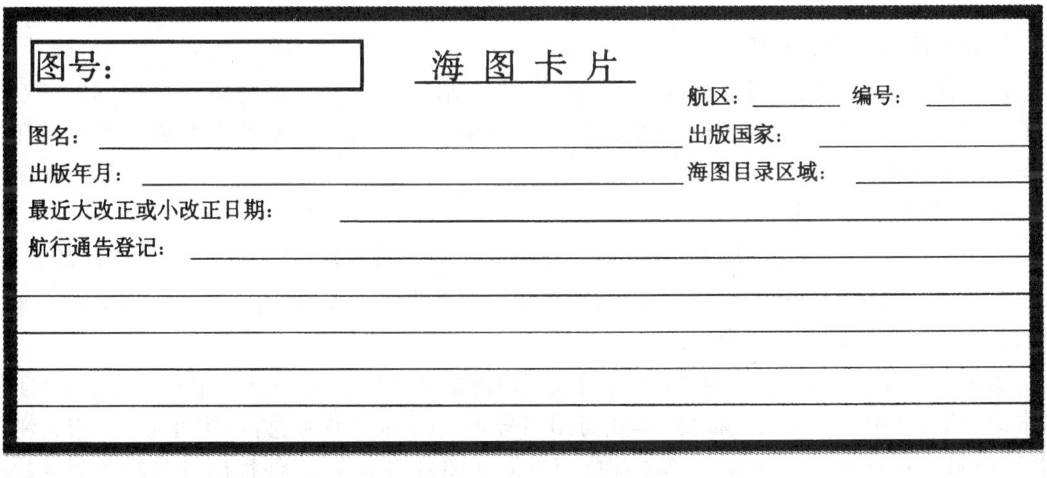

图 3-4-1　海图卡片实例

(2)英版《纸质海图维护登记表》

英版《纸质海图维护登记表》(Paper Chart Maintenance Record)，书号 NP133a，是供管理海图用的空白表格、活页式的出版物。

该出版物由两部分组成：第 1 部分为资料管理登记部分，第 2 部分为海图改正登记部分。

第 1 部分由两组表格组成：第 1 组表格用于登记海图图夹和《航海通告》的编号与接收日期。第 2 组表格登记新图和新版图的出版与接收情况，内容包括海图图号、图夹编号、宣布该海图出版的《航海通告》的编号和日期、海图收到日期、被替代的海图的编号、出版日期和接收日期之间发布的改正该海图的相关航海通告。

第 2 部分由三组表格组成:这三组表格编排相同,用于对不同海图的改正进行航海通告登记。第 1 组为航用海图,第 2 组为英国复制的澳大利亚和新西兰海图,第 3 组为其他海图。该部分表格的编排方式为:每页分成 14 个横栏,每栏登记 1 张海图,即每页可登记 14 张海图。每个海图栏又分 5 列,如表 3-4-1 所示。第 1 列内是按海图图号的顺序印出本张海图的图号;第 2 列登记海图所在的图夹号;第 3,4,5 列由数行组成,第 3 列顺序登记与本张海图相关的航海通告编号,第 4 列顺序登记与本张海图相关的航海警告编号,第 5 列顺序登记与本张海图相关的临时性通告和预告的编号。

表 3-4-1 海图改正通告登记部分的一栏

Chart No.	Folios Nos.	Notices to Mariners affecting chart	Navigational Warnings	Temporary and Preliminary Notices
2693				

3. 海图改正及注意事项

海图代销店一般负责将海图改正到供应当时最新的一期周版《航海通告》,但不负责对供应前的临时性通告和预告的改正,因此海图供应后的一切小改正以及所有的临时性通告和预告均应由海图使用者负责。

(1)海图改正的步骤

海图改正要求及时和准确,而且由于远洋船舶配备的海图数量较多,改正工作量甚大,因而还要求熟练和迅速。显然,没有合理的步骤就容易造成差错和返工,而达不到准确而迅速的目的。改正海图最好按下列步骤进行:

①先将收到的各期《航海通告》中有关改正海图的通告登记在海图卡片上或英版《纸质海图维护登记表》中。登记前应根据"本船海图图号表"在每期《航海通告》第Ⅱ部分"相关海图索引"(Index of charts affected)中将本船配有的海图图号勾出来,以便抽出有关的海图卡片或在英版《纸质海图维护登记表》中进行登记。

登记时应登记有关通告的年份和号码。

②改正每张海图时,根据该海图卡片上或《海图改正登记簿与图夹索引》中所登记的通告逐条进行。可利用该期《航海通告》第Ⅱ部分中的"通告和图夹编号索引"(Index of Notices and Chart Folios),查阅该通告所在页数,以便迅速找到该条通告。通告实例如下:

354* SCOTLAND - West Coast - Faslane Base - Light. Jetty.

Light List Vol. A, 2013/14, 4428.25

Source: HMNB Clyde

Chart 2000 (panel B, Faslane Base) [*previous update 39/14*] ETRS89 DATUM

Insert	★2F.G(vert)	*(a)* 56° 03′.680N, 4° 49′.360W.
	jetty, single firm line, joining:	*(a)* above
		56° 03′.688N, 4° 49′.345W.
		(shore)

Chart 2000 [*previous update 39/14*] ETRS89 DATUM

Insert	★2F.G(vert)	*(a)* 56° 03′.80N, 4° 49′.360W.
	jetty, single firm line, joining:	*(a)* above
		56° 03′.688N., 4° 49′ • 345W.
		(shore)

③阅读通告前应先查核该通告所改海图(Chart)列出的海图图号是否包括本海图,查核该海图的上一次改正[previous update . . .]的通告号码。

在上例354号通告中,应改正的各海图和应改正的通告号分别为:海图2000[上一改正2014年39号通告]。

④在改正前应先阅读通告的标题,特别是标题末尾通常说明通告的主题(此例是有关灯标和突堤码头),这对迅速了解通告内容和避免误解很有益处。

⑤改正时可先根据所给出的大致经、纬度在海图上找出参考点位置,然后再仔细阅读通告内容,将所需改正的内容或填入或删除等。填入位置要按通告所给出的经纬度、方位与距离等数据相互核对,务求准确无误。

⑥改正海图应用细尖红墨水钢笔进行,以示醒目。英版《航海通告》中符号和凡用斜体字印出的文字或缩写,原则上都要求填入海图。符号、文字或缩写的填入要严格按照海图图式的规定进行,字体端正,符号清晰正确,不致被人误解。填入的内容所占位置要足够小,且不可掩盖海图上的原有资料;符号在规定位置填不下时,可移至一边,并用箭头指明其准确位置;被删除的符号或缩写仅用一红线划掉原内容,这样既表示删除原内容,又使原内容仍完整可辨。

⑦在通告中如果有"伴随贴图"(the accompanying block)或者"伴随改正字条"(the accompanying note)字样,应将贴图或改正字条贴在通告指定的地方,同时进行贴图改正时应注意贴图的边线仅是为了印刷的方便,粘贴前应将贴图边线剪去再贴到相应海图正确位置上。由于变形,贴图不可能完全与海图吻合,粘贴时尽可能将影响航行的重要部位对齐。最好在未涂胶水前将贴图先在海图上对好位置并用铅笔在边框周围点几个点线做记号,再涂胶水于贴图上,找正贴齐。

⑧有的船舶购买专用的改正用描图,可利用其附在海图上进行刺透式改正;这种方法可以提高海图改正效率,如果有条件应加以利用。

⑨每条通告改正后,应在海图卡片上或《纸质海图维护登记表》中将这些通告号码勾掉,并在海图左下角"小改正"栏中按年份将所有已改正过的通告号码注明;临时性通告和预告用铅笔改正并另起一行注明。

⑩必须核对海图左下角"小改正"登记栏中的上次改正记录与通告中上次改正通告号码是否一致。如果不一致,则必须找出上一次应改通告,进行追索,直至衔接一致,并逐一进行改正。

(2)海图改正注意事项

①对本航次需用的海图改正应在航线拟定前结束,并交船长审阅。对航行有重要影响的改正应报告船长,作为拟定航线和制订航行计划时的参考。与本航次航行无关的海图,也要根据工作的轻重缓急,安排时间改正,以免长期积压不改,用时只好购买新图,造成不应有的浪费。

②凡涉及灯光光弧及导标方位等改正时,应注意通告中用方位标明的光弧界线及导标方位都是指从海上看灯标的方向;而其他一切用方向、距离来指明位置者,都是指从参考点出发的方向,两者方向恰好相反,不应混淆。

③凡通告中有下列文字时应予注意:"在即将出版(或已经出版)的××××号新版(或改版)海图上,已包括此项改正",因而该海图图号不再列入通告末尾的"有关海图"栏中,该海图卡片上或《纸质海图维护登记表》中对此通告亦未登记。当此新版图尚未买到而又必须沿用旧版图时,应对该海图补充登记,并进行改正。

④改正海图时应严肃认真,对航行安全负责。所有航海通告内容原则上都应按要求改正到有关海图上去。同一通告可先改大比例尺海图,后改小比例尺海图。对同一张海图上所需改正的各个通告,原则上还是自前至后地进行改正为妥;如采用自后向前地进行改正,则要预先将各通告看一遍,以防发生差错。

⑤应注意通告中的文字也会有差错,特别是方位、距离、经纬度等数据。倘若发现此种情况,要根据所给出的各种有关资料,反复核对,查实清楚后再进行改正。

(3)临时性通告和预告的改正

①临时性通告和预告因其内容是临时和未来的,故海图代销店不对这类通告进行改正。因此,使用者对此类通告的有效性要追查到该海图出版或新版或改版之日,并对至今仍有效的临时性通告和预告进行改正。

②临时性通告和预告一律用铅笔进行改正,在改正处应注明临时性通告或预告的号码与年份,然后在海图"小改正"记录处另起一行专门用以记录这类通告的号码。

③为了查阅方便,每周版《航海通告》第Ⅱ部分最后的临时性通告和预告,可以逐期按26个地区汇订。这种《临时性通告和预告汇编簿》仅保留至年底即可,因为《航海通告年度摘要》中重印至本年1月1日有效的全部临时性通告和预告的内容。

④利用每月月末那期周版《航海通告》中的《临时性通告和预告每月汇编》,可按地区查核此类通告是否继续有效。因此,在改正海图时,可根据此汇编查核改正在海图上的通告内容是否继续有效,如已失效应将通告勾销,并将海图上的改正擦去。

4. 无线电航海警告的接收及处理

(1)获取航海警告

航海警告对于保证船舶的安全生产非常重要,船舶应利用各种途径获取航海警告。目前,船舶获得航海警告的途径有以下几种:

①航海通告中的航海警告部分,该部分是关于无效航海警告取消和有效警告重印的内容,但由于不同国家航海通告中重印的航海警告都有区域性问题,例如英版通告重印全球航海警告区Ⅰ区的航海警告;中版航海通告中重印全球航海警告区Ⅺ区的航海警告,所以船舶应根据本船航区和得到的重印的航海警告的情况,用其他途径补齐航海警告。

②利用GMDSS中的国际安全网(SafetyNet)和航海电传(NAVTEX)业务接收航海警告。

③通过访问世界范围航海警告业务的各分区协调国航海警告发布网站获得区域性航海警告信息。各负责发布航海警告的网站可以通过国际海道测量组织的世界范围航海警告业务网站(http://www.iho.int/mtg_docs/com_wg/CPRNW/CPRNW_Misc/RNW_on_the_web.htm)中的相应链接进入。

④保持 VHF 16 频道连续守听。

(2)船舶应建立《无线电航海警告汇编簿》,将通过以上方法得到的航海警告按照区域和顺序汇编。并及时根据最新警告取消已撤销的航海警告。这种《航海警告汇编簿》以 1 年为限,次年另设,以免混乱。

(3)船舶开航前,应按所经地区查阅"汇编簿",阅读与本航次有关的内容并用铅笔改注在海图上;对于撤销的警告应予擦去。与船舶航行安全有关的重要警告内容应报告船长,作拟定航线及航行计划的参考。

(4)船舶在航行中要定时收听该地区的全球分区性、沿岸性和地区性航海警告,与航行有关的内容应根据船长指示改注在海图上,并同时更新"汇编簿"。

二、海图管理

1. 海图存放的要求

①海图存放处应保持干燥。海图一旦受潮后,应平压在玻璃板下阴干,以免变形。每张海图右下角均印有图幅尺寸,伸缩变形过大者不宜使用。

②海图在柜内平放时,图号应保持在右下角,便于抽选,海图折放时,背面图号应朝上。

③目前使用英版海图的数量较多,有的采用按图号顺序存放,有的则分区域或图夹存放。按图号顺序存放时,常用航线可抽出来单独存放;分区域存放时,每一区域中的海图要另编序号和目录,便于抽选和查找。

2. 建立海图卡片

每张航用海图都应建立一张海图卡片,用以反映海图的出版和改正情况,便于登记改正和查阅。全部海图卡片应按图号顺序存放在卡片箱内。海图卡片应妥善保管,卡片上的一切登记及勾销都要能正确和及时地反映出海图的新版和小改正情况。如果船上有英版《纸质海图维护登记表》,应将其中本船所有海图的图号用醒目标记标示,以用这一出版物来代替海图卡片,也可同时代替下面讨论的"本船航用海图图号表"与"本船海图新版及作废登记簿"。

3. 编制"本船航用海图图号表"

应自行打印一份"本船航用海图图号表",图号可按顺序列出,以反映本船实际备有的全部航用海图。中版、英版可分别单列;专用海图及图书表册可另列清单,以便掌握本船航海图书资料的情况。

4. 建立"本船海图新版及作废登记簿"

关于海图的新版及作废的登记(根据每期《航海通告》),目前有两种方式:一种是建立登记簿,每期逐行登记;另一种是登记在海图卡片上。前者登记简便,但查对时十分混乱;后者虽不易混乱,但登记比较费时,且查对时也有麻烦之处。最好设立"本船海图新版及作废登记簿",登记簿可与"本船航用海图图号表"合用,登记簿中各栏均用铅笔登记,当新版图到船后,可将原登记出版日期及类别擦去,填入新版类别及日期,这样不仅可以了解本船海图的现行版日期,而且还可一目了然地看出新版和永久作废图的消息,需要时及时购置,此登记簿可以长期使用。

英版海图的新版包括新图(NC)和新版图(NE)。各种新版图出版,旧版图即作废,需要时应予更新。更新时如果新图或新版图图号不变,则只记载出版日期和类别;如果某海图被不同图号的新版图代替时,该海图被称为永久作废(Permanently withdrawn),因而在登记时应注明"作废",并记录其替代图图号及新版类别及日期。

"本船海图新版及作废登记簿"可不包括本船未备用的海图的登记,对于可能对本船有用的新图,应改正在本年度的《航海图书总目录》中。

表3-4-2是"本船海图新版及作废登记簿"的格式及记录实例。

表3-4-2　本船海图新版及作废登记簿

图　号	出版日期及类别	新版类别及日期	永久作废	替代海图
⋮	⋮	⋮		
342	2011.10	2014.1NE		
⋮	⋮	⋮		
346	2012.7	2014.1NE		
⋮	⋮	⋮		
513	1997.6	2014.1NE		
⋮	⋮	⋮	√	1863
886	2006.10	2014.1NE		
⋮	⋮	⋮		
1496	1907.7	2214.1NE	√	1861
⋮	⋮	⋮		
1869	2006.10	2014.1NE		
⋮	⋮	⋮		
2151	2012.11	2014.1NE		
⋮	⋮	⋮		
2699	2007.10	2014.1NE		
⋮	⋮	⋮		
3546	2010.3	2008.1NE		
⋮	⋮	⋮		
4788	2008.7	2014.1NC		

注:①NC——新图;NE——新版图;

②表中的点线表示本船海图顺序图号;

③凡已永久作废海图,其新登记的新版年月均指替代海图的新版年月;

④上述列举的登记系根据2014年第4期英版《航海通告》进行的。

5.海图的配备与添置

配备与添置海图时,既要满足航行安全的需要,又要本着厉行节约的精神,反对浪费。

接收新船后,配备海图时,应考虑将本船预定航行区域的总图、航用海图及参考图配齐。配备港泊图时,不仅要考虑到船舶营运可能到达的港口,而且也要考虑到避风锚地等因素。海图常有新版,久备不用,易造成浪费。

远洋船舶还应备有足够数量的空白定位图,其纬度范围应包括大洋可航水域,同时,同一纬度范围的空白定位图应有必要的重复数量。

海图送船后,应检查该图是否是最新版、海图中的小改正是否改正到最近的有关通告,不合格的应予退回。

新图及新版图添置或更新后,应设立或更换海图卡片,卡片上的出版、新版或改版年月应按新图填写,同时应将新置图小改正栏中注明的第一个航海通告(即出版单位在新版图中纳入的最后一个通告)的年份及号码填入新卡片中,再登记自此通告后与此新置图有关的所有永久的或临时通告和预告号码。同时,凡经出版单位及海图代销机构改正的通告号码,应在卡片上画去,表示业已改正。

海图更新后,原"本船海图新版及作废登记簿"中的登记应予擦去,表示本船配有的该海图为最新版海图。

新图添置后,其图号应插入"本船海图图号表"及"本船海图新版及作废登记簿"中。

如果使用英版《纸质海图维护登记表》,亦要同样登记。

海图的使用、改正与管理,是航线拟定及安全航行的重要保证,因而是远洋船上二副工作的一项重要内容,工作重要而烦琐。因此,应以严肃认真的态度,建立科学而合理的管理制度,务求把这一工作做好。

第二节　航海图书的改正与管理

一、《灯标和雾号表》的改正与管理

1.《灯标和雾号表》的改正

①新版各册《灯标和雾号表》改正到付印之日,付印日期印在各册的扉页中。图书代销机构不负责任何改正。各册《灯标和雾号表》自付印后的一切改正资料均发布于《航海通告》第Ⅴ部分中。《航海通告》第Ⅴ部分的改正资料按 A ~ M 册的顺序单面印出,以便贴改。

②收到《航海通告》后,将第Ⅴ部分内容拆下来分别插入各册,以便抽空剪贴。应注意,改正资料是用来改正最新版本的,不要改贴到旧版《灯标和雾号表》上去。

③改正资料亦分 8 栏,格式和《灯标和雾号表》原资料一致。空白栏表示无改正。这部分改正资料与《航海通告》第Ⅱ部分内容可能是重复的,但较小的和临时性的改正资料只印在这一部分中。

④应按照灯标的国际编号,将剪下来的改正贴条贴在相应编号的灯标细节说明之上,各栏应予对齐且不要贴死,保留原说明资料仍可见。简单的改正内容亦可用红钢笔直接改注在原来的资料上。当有新的灯标增添时,应根据其编号顺序插入在有关灯标之间,注意不要将原上下灯标资料贴死。

⑤改正资料第 8 栏(Remarks)内的文字除改正本栏原内容外,也可能涉及该灯标目前的状态,如 Cancel(撤销),Extinguished(熄灭),Deleted(删除),Delete Remarks(删除备注),Delete Phase(删除灯光亮灭的说明),Substitute(代替),Amend(改正),Insert(填入),Destroyed(损坏),Remove From List(从《灯标和雾号表》中删除),Renumbered(重新编号),Replaced(重新设置)等。

⑥改正后,在《灯标和雾号表》的"改正登记表"中登记改正的日期。

2.《灯标和雾号表》的更新

英版《灯标和雾号表》各卷每年改版,新书再版及修订的消息可查阅《航海通告》季末版中有关水道图书的通告。在此通告中,列出了现行版各册《灯标和雾号表》的新版年份。本船可

编制一份“本船《灯标和雾号表》登记表”，将本船配有的各卷《灯标和雾号表》的新版年份用铅笔填明，如表3-4-3所示。利用它与最近季末版《灯标和雾号表》现行版情况进行查对，即可了解本船《灯标和雾号表》是否需要更新。新的《灯标和雾号表》送船后，表格中应重新填写本船《灯标和雾号表》的新版年份，此表可以长期使用。

表3-4-3　本船《灯标和雾号表》登记表

书　号	册	新版年份	书　号	册	新版年份
NP74	A	2013	NP80	G	2013
75	B	2013	81	H	2013
76	C	2013	82	J	2013
77	D	2013	83	K	2013
78	E	2013	84	L	2013
79	F	2013			

二、《航路指南》的改正与管理

1.《航路指南》的改正

(1)补篇(Supplements)及其处理

目前，仅有极少量的老版《航路指南》大约每隔3年发行一期补篇，汇集《航海通告》中有关《航路指南》的改正资料。每期新补篇发行，即宣布上期旧补篇作废。

补篇按本卷《航路指南》的页数(以黑体数字印在行间的中央)、行数(左行以L，右行以R并跟以行数)顺序列出改正资料。

补篇中常有“新旧名称对照表”，是地名及物标新、旧名称一览表，新名称业已在所有新版图书资料中采用。

收到各卷《航路指南》的最新补篇后，应夹在对应的卷中，并抽出原补篇作废，然后登记到“本船《航路指南》及补篇表”(见表3-4-4)中。还应将篇中的改正内容在《航路指南》的相应处作一记号，以便提醒读者注意该处应参阅最新补篇。如果是简单的改正，可用红笔在书中直接改注。

(2)《航路指南》改正通告及处理

新版《航路指南》版本间、老版《航路指南》版本与补篇间的改正资料均载于每周版的《航海通告》的第Ⅳ部分中，在《航海通告年度摘要》中，又将此类至本年1月1日前仍有效的通告全部重印。

《航海通告》到船后，应将通告号码注明在相应的补篇或原书(未发行补篇时)上(对于连续修正系列《航路指南》登记在原书上)，并登记到“本船《航路指南》及补篇一览表”中，以便参考。

2.《航路指南》的管理

为做好《航路指南》的管理工作，应建立“本船《航路指南》及补篇一览表”，如表3-4-4所示，用铅笔将本船所备有的《航路指南》的编号、书名、版别(出版年份)、补篇的期数/年份等填在表中，以便与每季末的周版《航海通告》中所刊印的各《航路指南》及其最新补篇的现行版别、年份、期数进行核对和及时更新、索取。新版的《航路指南》或补篇收到后，表中原有记录应予更新；通告号码/期号在《航海通告年度摘要》出版到船后也可擦去，此表可长期使用。同时，在阅读《航路指南》时，查阅此表，便可知道与本卷《航路指南》有关的最新补篇期数、通告期号，以便一并抽出阅析。

表 3-4-4 本船《航路指南》及补篇表

书号 NP. No.	书 名 Title	版别（年份） Edition	补篇号/年份 Supplement No.	备 注
1	Africa Pilot Vol. Ⅰ	16th(2012)		
2	Africa Pilot Vol. Ⅱ	16th(2011)		
3	Africa Pilot Vol. Ⅲ	16th(2013)		
4	South-East Alaska Pilot	7th(2010)		
⋮				
8	Pacific Coasts of Central America and United States Pilot	13th(2013)		
9	Antarctic Pilot	7th(2009)		
10	Arctic Pilot Vol. Ⅰ	8th(2010)		
⋮				
23	Bering Sea and Strait Pilot	7th(2009)		
24	Black Sea Pilot	4th(2013)		
25	British Columbia Pilot Vol. Ⅰ	15th(2013)		
⋮				
45	Mediterranean Pilot Vol. Ⅰ	14th(2011)		
⋮				
63	Persian Gulf Pilot	16th(2013)		
⋮				
65	St. Lawrence Pilot	17th(2012)		
⋮				
70	West Indies Pilot Vol. Ⅰ	5th(2011)		
71	West Indies Pilot Vol. Ⅱ	17th(2012)		
72	Southern Barents Sea and Beloye More Pilot	2nd(2010)		
⋮				
100	The Mariner's Handbook	9th(2009)	}	不是航路指南，为方便管理列于此表
⋮				
136	Ocean Passage for the World	5th(2004)		

三、其他航海资料的改正与管理

《航海图书总目录》的改正应根据其附有的补遗和勘误表、《航海通告》发布的航海图书新版与作废通告和季末版的航海图书一览表进行，并注意其再版消息，及时更新。

《潮汐表》的改正利用《航海通告》第Ⅶ部分相关通告进行，并且还应注意表本身所附的勘误表。

《无线电信号表》是利用《航海通告》第Ⅵ部分提供的单面印刷资料进行粘贴改正的，改正方法类似于《灯标和雾号表》的改正。

《世界大洋航路》和《航海员手册》的改正资料在《航海通告》的第Ⅶ部分，其改正方法与《航路指南》的改正相同。

有关海图图式的增补和改变消息，亦发布在《航海通告》第Ⅶ部分中，应将改变的内容改正到英版《海图图示》（NP5011）中去。

以上各图书的管理方法与《航路指南》和《灯标和雾号表》的管理方法类似。

第四篇　航线与航行方法

第一章　大洋航行与最佳航线

大洋航行(ocean navigation)是跨洋长距离航行。它的特点是离岸远,航行时间长,气象、海况变化大,灾害性天气较难避离,受洋流影响也较大;驾驶员对大洋海区的了解往往只能依赖航海图书资料的介绍与气象预报,因而对多变的大洋海区的熟悉程度是不够的,所有这些都是不利因素。但是,大洋航行也有其有利的一面,诸如大洋宽广、水较深、障碍物少、航线有较大的选择余地等。

大洋航行可选用以下几种航线:

1. 大圆航线(great circle route)

即基本沿着两点间大圆弧航行的航线。这是两点间地理航程最短的航线,特别是在高纬度海区航向接近东西,横跨经差较大时,大圆航程比恒向线航程要短达数百海里。但是,由于大圆弧和所有子午线相交角度不等,如果严格沿大圆弧航行,则必须不断改变航向。

2. 恒向线航线(rhumb line route)

即沿两点间恒向线航行的航线。这不是航程最短的航线,而是操纵方便的沿单一航向航行的航线。但在低纬度海区或航向接近南北时,它和大圆航线的航程相差甚小。

3. 等纬圈航线(parallel route)

即出发点与到达点位于同一纬度时沿等纬圈航行的航线,是恒向线航线的特例。

4. 混合航线(composite route)

为了避开高纬度海区恶劣的气象条件或岛礁危险区,要求航线不超过某限制纬度(limiting latitude),这种情况下所采用的大圆航线和限制纬度上的等纬圈航线相结合的最短距离航线即为混合航线。

大圆航线虽航程短,但如果其一直穿越风、流影响大的海区,则不仅影响船舶安全,而且降低营运效益;恒向线航线虽应用方便,但如果不视情况选用,也势必造成航行时间的延长。因此,船舶驾驶人员应认真对各种条件和因素进行综合分析,得出适合当时环境的最佳航线(optimum route)——在确保安全的前提下,船舶航行时间最短、最经济的航线,从而引导船舶安全又经济地从一个港口航行到另一个港口。恒向线航线的求算在第二篇中已论述,本章仅讨论大圆航线、混合航线的求算和大洋航线选择问题。

第一节 大圆航线与混合航线

一、大圆航线

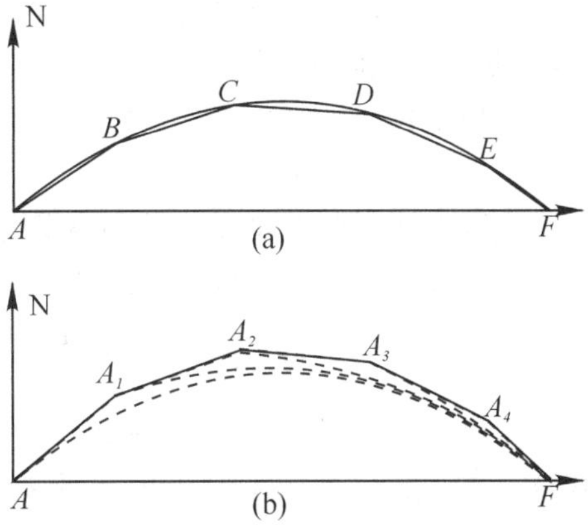

图 4-1-1 大圆航线示意图

大圆航线是跨洋航行时所采用的地理航程最短的航线。若将地球当作圆球体时，地面上两点间的距离，以连接两点的小于180°的大圆弧弧长为最短。但由于大圆弧与各子午线的交角，除赤道与子午线外，都不相等，因此，所谓沿大圆航线航行，实际上并不是船舶不断改变航向、严格沿着大圆弧航迹航行，而是将大圆弧分成若干小段，每一段仍然是沿恒向线航线航行。这样，就整个航线来说，只是基本上接近大圆航线。如图4-1-1所示，大圆航线可以取大圆弧内接分段恒向线，如图4-1-1(a)所示的AB，BC，CD…，也可以取大圆弧外切分段恒向线，如图4-1-1(b)所示的AA_1，A_1A_2，A_2A_3…

综上所述，大圆航线设计主要是解决两个问题：

第一，求分点(intermediate point of great circle)，即将整个大圆航线划分若干段。划分分点的原则，一般是取分点经度为整度，以一昼夜左右航程的距离(经差5°～10°)为一段来划分。这样，既可一昼夜改变一次航向，又基本上保持在大圆弧上航行，使用比较方便。

第二，求各分点间的恒向线航向与航程。

现将求算大圆航线的几种具体方法分述如下：

1. 大圆海图法

大圆海图(gnomonic chart)是根据日晷投影原理绘制，具有所有大圆弧在图上均绘成直线的特点，图4-1-2为北大西洋大圆海图的一部分，在图上，从诺福克到法国的布勒斯特的大圆航线即为直线，而恒向线为曲线。

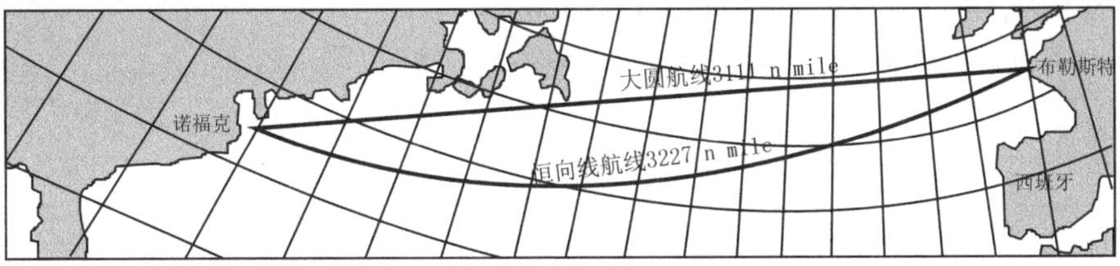

图 4-1-2 大圆航线与恒向线航线

利用大圆海图求算大圆航线，是利用大圆海图上大圆为直线这一特点实现的，具体方法如下：

①根据航行海区查《航海图书总目录》，抽选相应的大圆海图。

②根据以下原则选择大圆航线的起始点和到达点：起始点最好选择在能够利用灯塔、陆标

和雷达测得准确船位的地点；到达点附近最好不存在暗礁和其他障碍物等，并有从远处可看见的显著物标和有利于雷达观测的物标。

③将起始点和到达点按其坐标标在大圆海图上，用直线连接两点，即为大圆航线。

④在大圆航线上确定各分点：通常取整度经线与该线的交点为一分点，然后量出各分点的经、纬度。

⑤将各分点按其经、纬度移画到航用海图上去，并用直线连接相邻分点，便得折线状大圆航线，每段折线即为分点间恒向线航线。

⑥量出各段恒向线的航向和航程，并列表备航。

2. 大圆改正量法

当两点间距离不太远时，在航用海图上两点间的大圆方位和恒向线方位相差一个大圆改正量值。大圆改正量 ψ 可按下列公式计算：

$$\psi = \frac{1}{2}(\lambda_B - \lambda_A)\sin\frac{1}{2}(\varphi_A + \varphi_B) \tag{4-1-1}$$

实际工作中，可在航用海图上用恒向线接起始点、到达点，量出其恒向线航线 RLC，利用上式算出或从航海表中的“大圆改正量表”查得 ψ，于是

$$RLC_1 = RLC - \psi \tag{4-1-2}$$

如图 4-1-3 所示，RLC_1 为沿大圆弧切线航行时 A 点的大圆始航向，即第一段恒向线航向。航行约一昼夜之后，根据当时的准确观测船位，用大圆改正量法求出下一段的大圆切线航向，即得第二段恒向线航向。以此类推，直至到达点，亦可结合推算，在开航前求出整个折线状大圆航线。因为大圆改正量公式在出发点与到达点之间距离较远时会出现较大误差，所以这种方法只适用于距离较近的大圆航行。

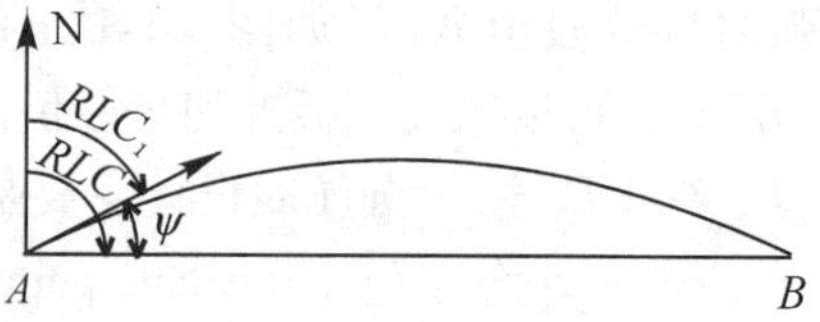

图 4-1-3 大圆航线要素与天文三角形要素的关系

3. 公式计算法

解算大圆航线的公式即球面三角公式，这类公式较多。可以利用计算机求解，亦可利用诸多导航仪和组合导航系统的辅助航线计算功能求解，尽管所利用的数学模型不尽相同，结果基本都一样。现仅简单介绍一下基本公式和求算举例。

(1)求大圆航向和航程公式(如图 4-1-4 所示)

$$\cos s = \sin\varphi_I \cdot \sin\varphi_F + \cos\varphi_I \cdot \cos\varphi_F \cdot \cos D\lambda \tag{4-1-3}$$

$$\tan C_I = \frac{\sin D\lambda}{\cos\varphi_I \cdot \tan\varphi_F - \sin\varphi_I \cdot \cos D\lambda} \tag{4-1-4}$$

$$\cos C_I = \frac{\sin\varphi_F - \sin\varphi_I \cos s}{\cos\varphi_I \sin s} \tag{4-1-5}$$

式中：C_I——大圆始航向(initial great circle course)；

s——大圆航程(great circle distance)。

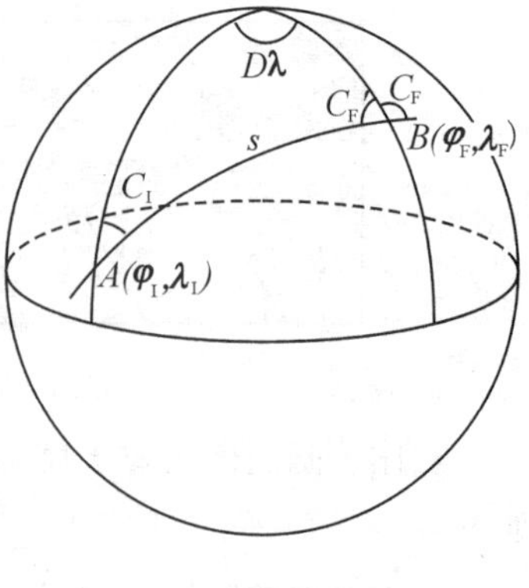

图 4-1-4 大圆航线解算示意图

由于经、纬度均有名称和符号，在利用以上公式求取航向和航程时，可适用以下规律：

①起始点纬度，无论南或北，一律取正值；到达点纬度，与

起始点纬度同名时取正值，与起始点纬度异名时取负值。

②经差无论东或西，一律取正值。

③若按上述取值解算的 cos$s$ 为正值，则航程 s 为小于 5 400 n mile（90°）的值；若 cos$s$ 为负值，则航程 s 为大于 5 400 n mile（90°）的值。

④按上述取值求取始航向时，求得的航向为用半圆周法表示的值（0° ~ 180°），其命名的第一个字母与起始点纬度同名，第二个字母与经差同名。如果求得的函数值为负，则航向取大于 90°、小于 180°的值（如果 cosC_I 为负值，直接求反三角函数即可；如果 tanC_I 为负值，则求出的 C_I 为负值，应加上 180°换算为大于 90°、小于 180°的值）。最后，将用半圆周法表示的航向换算为用圆周法表示即可。

若需求取终航向（final course）C_F，可按从到达点向起航点航行的情况，利用式（4-1-4）或式（4-1-5）求出 $C_F{}'$，然后将 $C_F{}'$加或减 180°即可。

例 4-1-1：某船拟由 32°02′.0S，115°10′.0E 到 06°39′.0N，79°30′.0E，求大圆始航向和大圆航程。

解：$D\lambda = 79°30'.0E - 115°10'.0E = 35°40'W$

$$\cos s = \sin(32°02') \times \sin(-6°39') + \cos(32°02') \times \cos(-6°39') \times \cos(35°40')$$
$$= 0.530\ 413 \times (-0.115\ 804) + 0.847\ 74 \times 0.993\ 272 \times 0.812\ 423$$
$$= 0.622\ 665$$

$$s = \arccos(0.622\ 665) = 51°.488\ 99 = 3\ 089.3\ (\text{n mile})$$

$$\tan C_I = \frac{\sin(35°40')}{\cos(32°02') \times \tan(-6°39') - \sin(32°02') \times \cos(35°40')}$$
$$= \frac{0.583\ 069}{0.847\ 740 \times (-0.116\ 588) - 0.530\ 413 \times 0.812\ 423}$$
$$= -1.100\ 637$$

$$C_I = \arctan(-1.100\ 637) = -47°.742\ 8 = 132°.257\ 2SW \approx 312°.3$$

或
$$C_I = \arccos\left(\frac{\sin\varphi_F - \sin\varphi_I \cos S}{\cos\varphi_I \sin S}\right)$$
$$= \arccos\left(\frac{-0.115\ 504 - 0.330\ 269}{0.663\ 347}\right) = 132°.257SW \approx 312°.3$$

（2）求大圆航线顶点坐标和分点坐标公式

大圆航线顶点（vertex）是大圆航线上纬度达到的最高点，在该点，大圆弧与子午线相交成直角，大圆航向为 090°或 270°。顶点坐标可按以下公式求取：

$$\cos\varphi_v = \cos\varphi_1 \sin C_I \tag{4-1-6}$$

$$\cot D\lambda_v = \sin\varphi_1 \tan C_I \tag{4-1-7}$$

$$\lambda_v = \lambda_I + D\lambda_v \tag{4-1-8}$$

式中：$D\lambda_v$——起始点至大圆航线顶点的经差；

φ_v——大圆航线顶点的纬度；

λ_v——大圆航线顶点的经度。

大圆航线各分点的坐标公式为：

$$\tan\varphi_i = \cos(\lambda_i - \lambda_v)\tan\varphi_v \tag{4-1-9}$$

在根据前面讨论的原则确定分点经度后，可利用该式求出分点纬度。在各分点求出后，便可利用航迹计算求出各分点间的恒向线航向和航程了。

在航海实际中,可主要利用计算机编程或用导航仪和组合导航系统的辅助计算功能解算大圆航线问题。

二、混合航线

大圆航线经过的海区纬度比较高,高纬度海区水文气象条件都比较恶劣,而且有些区域还有较复杂的岛礁等危险物,如北太平洋除有阿留申群岛阻隔外,冬季多风暴,夏季多雾,而北大西洋多冰山。因此,根据不同季节要求航线不超越某一纬度,把这一纬度称之为限制纬度。在这种情况下,航线便分为了三段,如图 4-1-5 所示:

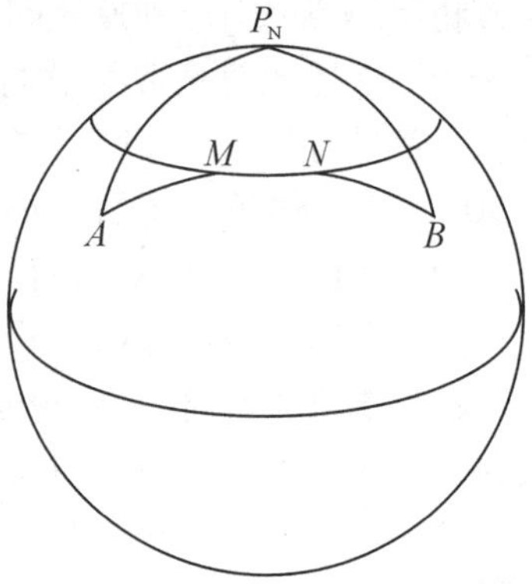

图 4-1-5　混合航线示意图

第一段,由起航点 A 到与限制纬度圈相切的点 M 的大圆航线;

第二段,由到达点 B 到与限制纬度圈相切的点 N 的大圆航线;

第三段,在限制纬度圈上由 M 点到 N 点沿等纬圈的恒向线航线。

这种航线由大圆航线和等纬圈航线相结合的混合航线,可采用以下方法求算。

1. 大圆海图法

利用大圆海图法求算混合航线的步骤如下:

①查阅、分析航海图书资料,确定限制纬度。

②在大圆海图上分别由起始点和到达点作限制纬度圈(等纬圈)的切线。从起始点到等纬圈的第一个切点为第一段大圆航线,从等纬圈的第二个切点至到达点为第二段大圆航线,两切点之间为等纬圈航线。

③利用大圆航线的求算方法求出两段大圆航线的分点坐标和各分点间的恒向线航向和航程,等纬圈航线的航向为 090°或 270°,航程可从航用海图上直接量出。

④将各段恒向线的航向和航程列表备航。

2. 公式计算法

在研究和分析航海资料的基础上确定限制纬度后,可利用以下公式求算混合航线,如图 4-1-6 所示。

第一段航线:

$$\cos D\lambda_I = \frac{\tan\varphi_I}{\tan\varphi_L} \qquad (4\text{-}1\text{-}10)$$

$$\sin C_I = \frac{\cos\varphi_L}{\cos\varphi_I} \qquad (4\text{-}1\text{-}11)$$

$$\cos s_1 = \frac{\sin\varphi_I}{\sin\varphi_L} \qquad (4\text{-}1\text{-}12)$$

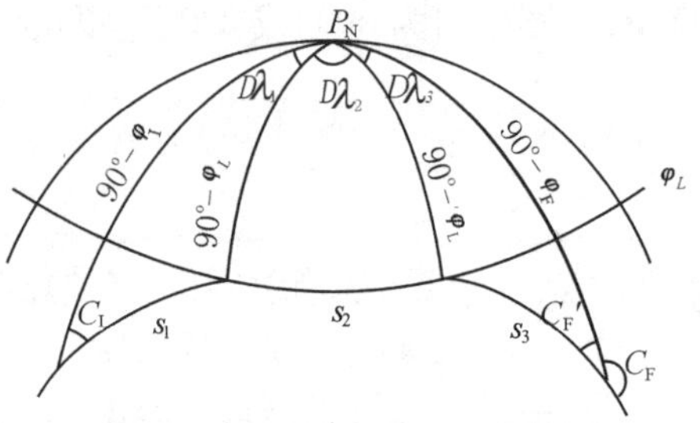

图 4-1-6　混合航线解算示意图

式中:φ_I——起始点纬度;

φ_L——限制纬度;

C_I——大圆始航向;

s_1——第一段大圆航线的航程。

第二段航线：

$$C = 090° \text{或} 270° \tag{4-1-13}$$

$$s_2 = D\lambda_2 \cdot \cos\varphi_L \tag{4-1-14}$$

式中：C——限制纬度圈恒向线航向；

$D\lambda_2$——限制纬度圈上两切点间的经差；

s_2——限制纬度圈上的恒向线航程。

第三段航线：

$$\cos D\lambda_3 = \frac{\tan\varphi_F}{\tan\varphi_L} \tag{4-1-15}$$

$$\cos s_3 = \frac{\sin\varphi_F}{\sin\varphi_L} \tag{4-1-16}$$

$$\sin C_F' = \frac{\cos\varphi_L}{\cos\varphi_F} \tag{4-1-17}$$

$$C_F = C_F' \pm 180° \tag{4-1-18}$$

式中：φ_F——到达点纬度；

s_3——限制纬度圈上第二个切点至到达点的大圆航程；

C_F——大圆终航向。

在进行解算时，应首先求出总经差以判定各段经差的名称，然后再依照前面大圆航线求算中的判断规律，确定各相关符号和名称，其中 C_F'可视作从到达点向第二切点航行的情况求出。

例 4-1-2：某船拟由 35°40′S，118°06′E 航行至 22°15′S，41°30′W，并取 60°S 为限制纬度，试求混合航线的航程、始航向和终航向。

解：①求取总经差 $D\lambda$：

$$D\lambda = 41°30'W - 118°06'E = 159°36'W$$

②求取始航向 C_I 和第一段航程 s_1：

$$\cos D\lambda_1 = \frac{\tan(35°40')}{\tan 60°} = \frac{0.717\ 691}{1.732\ 051} = 0.414\ 359$$

$$D\lambda_1 = \arccos(0.414\ 359) = 65°31'.3W$$

$$\sin C_I = \frac{\cos 60°}{\cos(35°40')} = \frac{0.5}{0.812\ 423} = 0.615\ 443\ 0$$

$$C_I = \arcsin(0.615\ 443\ 0) = 37°98' \approx 38°SW = 218°$$

$$\cos s_1 = \frac{\sin(35°40')}{\sin 60°} = \frac{0.583\ 069}{0.866\ 025} = 0.673\ 270$$

$$s_1 = \arccos(0.673\ 270) = 2\ 860.8\ (\text{n mile})$$

③求取终航向 C_F 和第三段航程 s_3：

$$\cos D\lambda_3 = \frac{\tan(22°15')}{\tan 60°} = \frac{0.409\ 111}{1.732\ 051} = 0.236\ 200$$

$$D\lambda_3 = \arccos(0.236\ 200) = 76°20'.3W$$

$$\sin C_F' = \frac{\cos 60°}{\cos(22°15')} = \frac{0.5}{0.925\ 541} = 0.540\ 225$$

$C_F' = \arcsin(0.540\ 225) = 32°.7SE = 147°.3$

$C_F = 147°.3 + 180° = 327°.3$

$$\cos s_3 = \frac{\sin(22°15')}{\sin 60°} = \frac{0.378\ 649}{0.866\ 025} = 0.437\ 226$$

$s_3 = \arccos(0.437\ 226) = 3\ 844.4$ (n mile)

④求取第二段(等纬圈航线)航程 s_2:

$D\lambda_2 = D\lambda - D\lambda_1 - D\lambda_3 = 159°36'W - 65°31'.3W - 76°20'.3W$

$= 17°44'.4W = 1\ 064'.4W$

$s_2 = 1\ 064'.4 \times \cos 60° = 532.2$ (n mile)

⑤求取总航程 s:

$s = s_1 + s_2 + s_3 = 2\ 860.8 + 532.2 + 3\ 844.4 = 7\ 237.4$ (n mile)。

与求算大圆航线一样,在航海实际中,可主要利用计算机编程或用导航仪和组合导航系统的辅助计算功能解算混合航线问题。

第二节　大洋航线的选择与航行注意事项

大洋航线有较大的选择性,为了选择最佳方案,必须充分研究长航线上复杂的水文气象资料,以及本船和他船的实际航行经验,充分了解航区的详细情况。

一、选择大洋航线应考虑的各种因素

1. 气象条件

查阅资料诸如《世界大洋航路》、航路设计图、《航路指南》、相关气候图等,综合中长期天气预报,仔细分析,充分考虑本航次中遭遇诸如盛行风、季风、热带气旋等大风和灾害性天气及雾的可能性,例如纬度30°~60°间盛行的西风带,北印度洋夏季的西南季风,北太平洋、北大西洋冬季气旋的强烈活动,西北太平洋夏季热带气旋的频繁出现,大西洋的纽芬兰、英吉利海峡附近和太平洋的北海道东南岸、千岛群岛、阿留申群岛及美洲西海岸的夏季浓雾区等。

2. 海况

这里着重研究海流、海浪、流冰和冰山对航行的影响。

(1)海流

大洋环流与盛行风带有密切关系。各大洋的环流可查阅有关的环流图。

近海海流主要受季风影响,在北半球,风生流的流向,在表层比风的去向偏右45°,在深层流向更偏右,而流速变小。南半球的风生流的偏向,与北半球的情形相反。

(2)海浪

海浪对航行的影响,主要是威胁船舶的安全,大大降低船速。应根据航行海区的一般规律和可能遭遇大风浪的情况,合理地装载和绑扎货物。海浪也影响到船员的生活和工作。

风的吹送时间和风力与海浪有一定的关系,可根据如表4-1-1所示的数据进行估算。

表 4-1-1 风的吹送时间和海浪的关系

吹送时间(h) / 波浪情况 / 风力(级)	6			12			24			48		
	波高(m)	波长(m)	周期(s)	波高(m)	波长(m)	周期(s)	波高(m)	波长(m)	周期(s)	波高(m)	波长(m)	周期(s)
5	1.0	45	5.0	1.5	55	6.0	1.5	85	7.5	2.5	115	8.5
6	1.5	55	6.0	2.0	85	7.0	2.5	110	8.5	3.0	160	10.0
7	2.0	75	7.0	2.5	110	8.5	3.5	160	10.0	4.5	225	12.0
8	2.8	100	8.0	3.5	150	9.5	4.5	200	11.5	6.5	305	14.0
9	4.0	140	10.0	5.0	190	11.0	6.5	280	13.0	8.8	400	16.0

实践证明,逆风时的减速作用,要大大超过顺风顺浪时的增速作用。波浪只是在波长较短时,顺浪才有增速作用,否则,波浪很高,即使顺浪也会降低船速。因此,避开逆风逆浪比利用顺风顺浪显得更为重要。

(3)流冰和冰山

根据航行时间,注意航次可能遇到的冰情。冰山多见于大西洋纽芬兰附近,对北大西洋航线影响较大。

近年来,随着气象学和海洋学的发展,天气预报与海浪、海流和海冰等海况预报技术不断提高,为气象定线的广泛使用提供了可靠的保障。

3. 障碍物

大洋航行时,必须对岛、礁等危险障碍物予以充分的注意,留有足够的安全距离。

4. 定位与避让条件

选择航线时,应充分考虑利用各种方法定位的可能性。接近陆地时,应选有显著物标或等深线有明显特征的水域,注意避让条件,特别是能见度不良时更应尽可能避免航线通过渔区和拥挤水域。

5. 本船条件

在选择大洋航线时,必须充分考虑本船条件,例如本船的船型、航行性能、船速、续航能力等,对船员的适航能力和熟练程度,以及货载情况等做到心中有数。

(1)本船结构强度

老船应考虑因船壳锈蚀而容易在大风浪中被冲击漏水,新船亦应注意预防。

(2)吃水

空船吃水浅,受风面积大,不利于充分发挥车效和舵效;满载时,则易严重上浪而损伤船体。

(3)航速

大洋航行中,航速是选择航线的一个重要因素。低速船在大风浪中顶风航行,航程进展小,横风航行又偏移很大,舵效较差。

(4)吨位

一般情况下船舶吨位大,抗风能力也大,船型不同,抗风浪性能也不同,但是,吨位大小不一定是主要因素,重要的问题是措施应该得当。

(5)客货载情况

要考虑货载多少，是散装货还是杂货，是否有危险品，以及封舱、衬垫和绑扎情况，有否甲板货，稳性情况如何等。客船一般应选择风浪小的航线。

(6)船员

要考虑船员的技术水平、熟练程度和应付紧迫局面的能力。在其他条件一定的情况下，船长的经验和船员集体的应变能力是选择航线应当考虑的一个重要因素。

6. 推荐航线(recommended route)与分道通航

一般应尽量采用《世界大洋航路》和航路设计图中的推荐航线。在有分道通航制的区域，应遵守分道通航的规定。

对于上述各种因素的利弊，应当充分加以权衡。总之，选择大洋航线的主要出发点，首先应当保证安全，其次是节约航行时间。即使是选择大圆航线或混合航线，也只有符合了安全和缩短航行时间的要求，才有实际意义。

二、大洋航线选择举例

1. 北太平洋航线

(1)气象

北太平洋的风有由北太平洋高压、阿留申低压、赤道低压这三个恒定气压带形成的风，由于季节的变化在大陆产生的气旋和反气旋形成的风。

在30°N～60°N一带的西风带，从12月至翌年2月最显著，在180°经线以东平均风力为5～6级，在180°经线以西的平均风力可达6～7级，3月起风力逐渐减弱，夏季海面基本平稳。冬季经常有从大陆来的温带低气压通过，加上原有的偏西大风，几乎每天都有大风。

大致从5°N～25°N，150°E到距加利福尼亚海岸约200 n mile的海域，受东北信风带影响，东部风向为东北，西部为偏东，风力一般可达4～5级，在夏威夷群岛附近常达6级或6级以上。

航行中的天气预报，在西太平洋可收听日本台，在东太平洋可收听旧金山台，在170°E到160°W间可收听阿拉斯加台和火奴鲁鲁台。但因观测资料少，往往不太准确，因此要重视本船测得的气压变化资料和当地的天气和海面实际情况。

冬季在北太平洋航行，观测天体定位机会较少，应充分发挥无线电助航仪器的作用。

(2)海流

在30°N～47°N，130°E～150°W区域内，有按顺时针方向回转的北太平洋环流。环流的北部为东流，从日本一直向东到加拿大哥伦比亚省沿岸，后折向东南至南，再折向西南。环流的南部为西流，横断太平洋一直到菲律宾东岸，其中大部分折向西北至北，称黑潮(black stream)，经台湾省东部转向东北，再通过琉球西岸，日本南岸折向太平洋。在日本附近，黑潮的流程每天可达20～60 n mile。

(3)航线举例

北太平洋的航线选择，主要由气象条件决定，因此在不同季节，航线选择也有不同，东行和西行航线有很大区别。北太平洋35°N以北海区，大部分划为冬季季节航区，应予注意。

下面以横滨至温哥华航线为例，加以扼要说明(如图4-1-7所示)。

①东行航线

从34°40′N，140°00′E处取大圆航线至44°40′N，163°40′E，然后取恒向线航线至49°00′N，

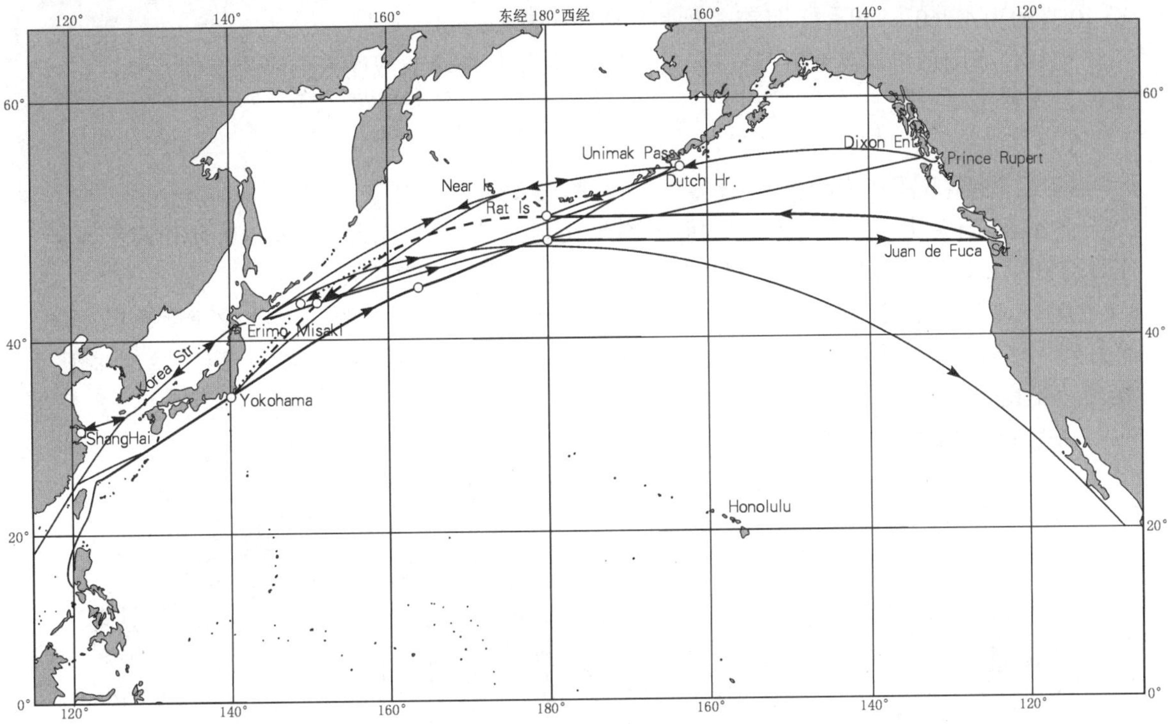

图 4-1-7 北太平洋航线示例

180°00′,再取恒向线航线至胡安—德富卡海峡(Juan de Fuca Str.)入口,最后进海峡并航至温哥华,航程约 4 300 n mile。

这条航线基本上为顺流。在海峡入口处的维尔岬角附近有灯塔,物标易识别,并有无线电信标可供利用。

②西行航线

从温哥华航行出海峡后,通过以下各航路点(way point)取恒向线航行至 180°经线:

49°30′N,130°00′W	50°10′N,135°00′W
50°35′N,140°00′W	50°45′N,145°00′W
50°50′N,150°00′W	50°50′N,160°00′W
50°40′N,165°00′W	50°30′N,170°00′W
50°30′N,175°00′W	50°30′N,180°00′W

从 180° 经线开始,不同季节航线有所变化,有下列两条季节航线可供选择(各段航线均为恒向线):

4 月至 10 月	11 月至翌年 3 月
50°00′N,175°00′E	50°30′N,175°00′E
49°15′N,170°00′E	50°10′N,170°00′E
48°20′N,165°00′E	49°30′N,165°00′E
47°10′N,160°00′E	48°20′N,160°00′E
45°20′N,155°00′E	46°30′N,155°00′E
44°00′N,152°00′E	44°00′N,150°00′E

至此后,均沿恒向线航行至 Inubo Saki 或 Kinkansan To 沿岸,再航行至目的港。航程:4 月

至10月约为4 260 n mile,11月至翌年3月约为4 280 n mile。

航线位于阿留申群岛南方,且一般是西风带的北部,整个航线受西向顺流影响。

2. 北印度洋航线

(1)气象

印度洋主要受季风影响。

冬季,亚洲大陆冷高压向赤道低压带移动,形成东北季风,东北季风从10月开始至翌年4月,其中12月和1月为最盛期,风力达4~5级,这时北印度洋的天气良好。

夏季,亚洲大陆受强烈日照,产生宽广的低压区,形成从海洋吹向大陆的西南季风。从5月到9月为西南季风期,7月达最盛期,阿拉伯海西部风力最强,平均达6~7级,这时多雨,能见度不良。

(2)海流(如图4-1-8所示)

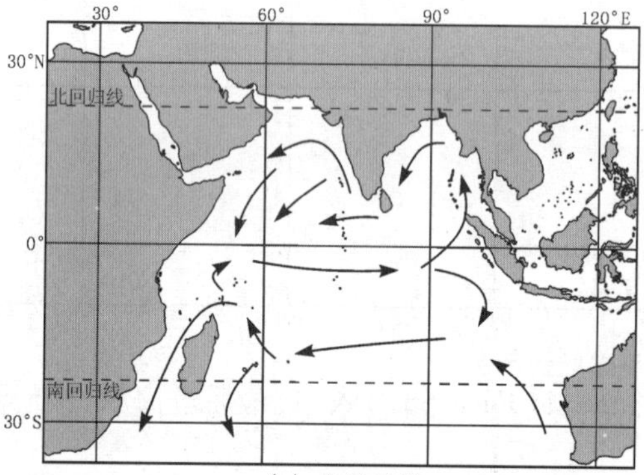

(a) 冬季洋流

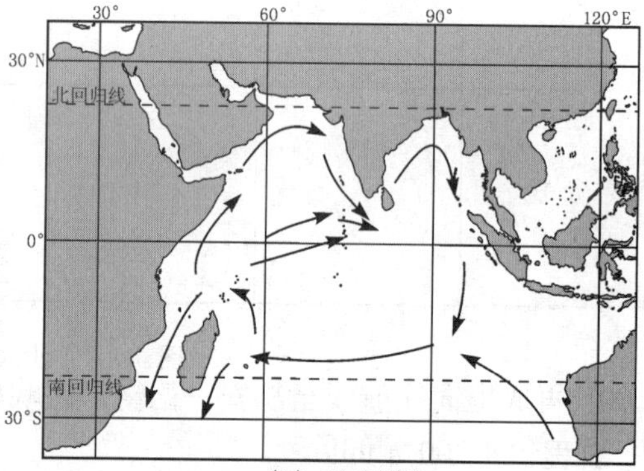

(b) 夏季洋流

图4-1-8　印度洋海流

北印度洋的海流主要是季风海流,与赤道逆流和南赤道海流形成环流。

冬季,从12月开始形成逆时针方向的东北季风流。近岸为西南西流或西南流,远岸主要为偏西流,靠近非洲沿岸左转变成南流,以后与赤道逆流连在一起。2月以后在孟加拉湾和阿拉伯海北部,产生沿海岸顺时针方向的回流,如图4-1-8(a)所示。

夏季形成西南季风海流。在北印度洋主要是偏东流,在阿拉伯海和孟加拉湾是东北流、东北东流或东南流,在沿岸为顺时针方向流,所以夏季的北印度洋形成南赤道海流和西南季风海流的顺时针方向大环流,如图4-1-8(b)所示。

(3)航线举例

以科伦坡至亚丁航线为例(如图4-1-9所示),10月至次年4月往返可取同一航线,即科伦坡至八度海峡,再至索科特拉岛(Suqutrā)南面,最后从Raas Caseyr和Abdal Kūrī之间穿过,直航亚丁,全程约2 080 n mile。

从5月至9月,由于受西南季风的影响,科伦坡至亚丁的航线应根据船舶的速度和抗风浪性能确定。具体如下:

①速度快的大船可通过八度海峡,然后至10°00′N,60°00′E,再至13°00′N,55°00′E,最后从Suqutrā北面通过至亚丁,航程约2 130 n mile。

②一般船舶可沿7°30′N纬线通过八度海峡,至8°00′N,60°00′E,然后,或者至8°00′N,52°40′E,绕过Raas Caseyr至亚丁,或者至13°00′N,55°00′E,再从Suqutrā岛的北面至亚丁。

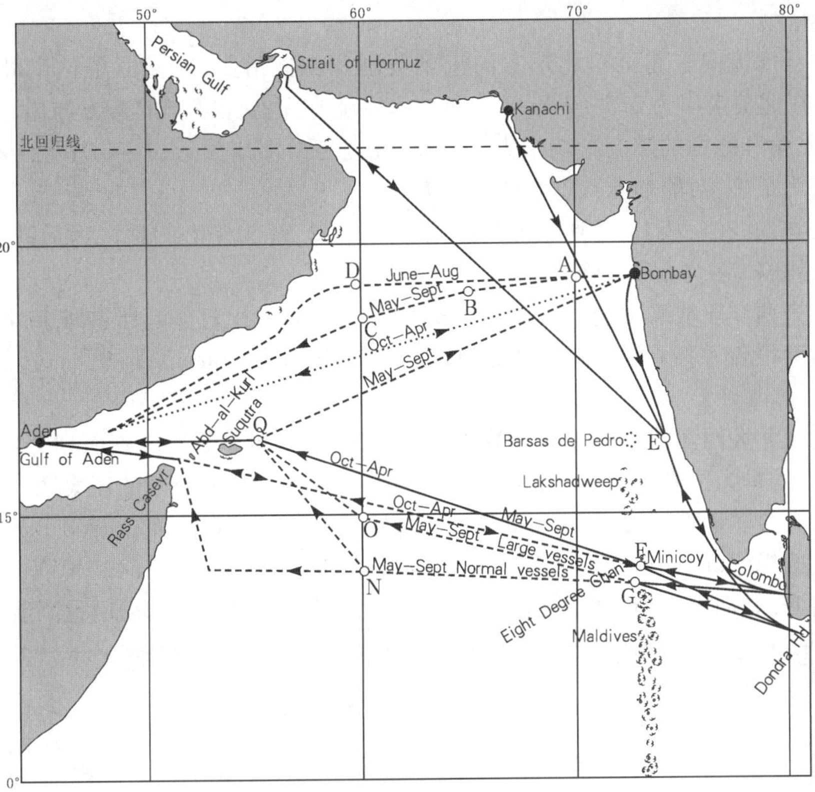

图 4-1-9 印度洋航线示例

航程:经 Suqutrā 岛南面约为 2 260 n mile,经 Suqutrā 岛北面约为 2 200 n mile。

③低速船也可选择以下两航线之一:一条为通过八度海峡,然后至 6°00′N,67°00′E,再至 6°00′N,60°00′E,再至 8°00′N,52°40′E,最后绕过 Raas Caseyr 至亚丁;另一条为在日出至中午时间内可以测到标志着 Kaashidoo 航道进口的北边的小岛 Olivelifuri 时选用的航线,先通过 Kaashidoo 航道,然后至 4°44′N,60°00′E,再至 8°00′N,52°40′E, 最后绕过 Raas Caseyr 至亚丁。

④小船航线为通过一度半海峡,然后至 2°00′N,60°00′E, 再至 8°00′N,52°40′E, 最后绕过 Raas Caseyr 至亚丁。

亚丁至科伦坡的航线为:从亚丁至 13°00′N,55°00′E 后,穿过 Suqutrā 岛的北面,然后通过八度海峡至科伦坡,航程约 2 110 n mile。

标志着八度海峡的米尼科伊岛灯塔的南方水很深,易识别,北方有暗礁。夏季在 Suqutrā 东部有很强的偏东流,有时很不稳定,且能见度不佳,不宜靠近。

3. 北大西洋航线

(1)气象

北大西洋的低压区常年在冰岛、格陵兰和加勒比海附近,高压区在亚速尔群岛的南方。因此,中纬度高压区和赤道低压带之间,常年刮热带偏东风,中纬度高压区以北是西风带。

北大西洋的低气压,一般由纽芬兰南面向东北东方向通过苏格兰北部,有时向英吉利海峡方向袭去。冬季发生的低气压,往往都异常猛烈,航行非常困难。

在 40°N 以北海域,由于墨西哥暖流和拉布拉多寒流的汇合,长年有雾,特别是在 7 月,纽芬兰以东常有浓雾。

(2)海况

北大西洋海流向东北至东北东方向流到英国和挪威沿岸,在佛罗里达半岛附近流速为1.3~4 kn,在北美沿岸为0.5~2 kn。拉布拉多寒流在纽芬兰海岸的东方与墨西哥湾暖流汇合,对雾的发生和冰山的漂流影响很大。因此,在纽芬兰海岸附近,4~6月经常有冰山出现,其中以5月为最多,对船舶航行安全威胁极大。

北大西洋的波浪,从12月到翌年1月,以55°N,22°W为中心的地区为最甚,波高4 m的出现率可达40%,多为SW~NW向。

鉴于北大西洋航线水文气象条件比较复杂,历史上曾发生过多起严重海事,目前该海区建立了商船自动报告系统(Automated Merchant Vessel Report System),航行时应注意研究有关资料。

由于横越北大西洋的船舶数量日益增多,考虑到冰况和季节的区别而划分的往返推荐航线,其主要目的是为了避开渔船和冰山,防止碰撞,避免形成船舶航行的密集区。为此,连接欧美之间的北大西洋推荐航线,其东行和西行的标准转向点位置以大滩(Grand Bank)为中心,具体可做如下选择(如图4-1-10所示):主要航线为通过滩南转向点BS(42°30′N,50°00′W),从北美各港与BS转向点间为恒向线航线,BS转向点与欧洲各港间基本采用大圆航线。

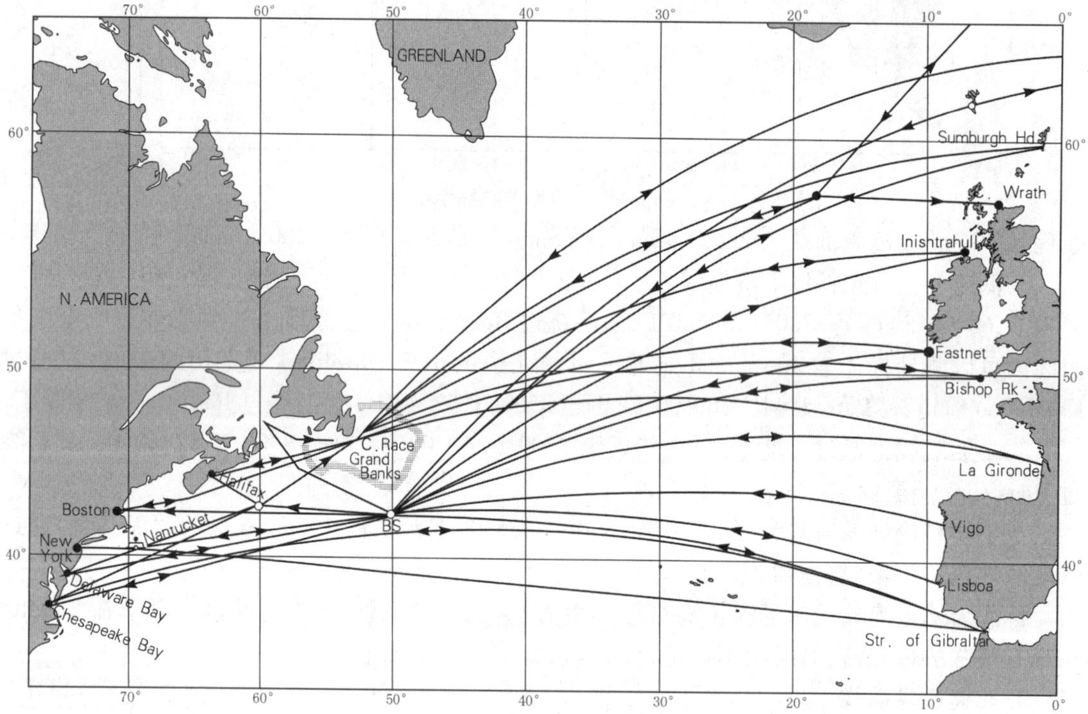

图4-1-10 北美—欧洲航线示例

(3)航线

5~11月之间,比斯开湾及以北港口与北美港口间也可选择Cape Race以南20 n mile作为转向点,同样,从北美各港与该转向点间为恒向线航线,该转向点与欧洲各港间基本采用大圆航线。

以上航线往返均可。

《国际海上人命安全公约》对类似的推荐航线亦予以肯定,要求横越北大西洋的船舶予以

以上航线往返均可。

《国际海上人命安全公约》对类似的推荐航线亦予以肯定,要求横越北大西洋的船舶予以采用,变更常规航线时应事先通告。

三、气象定线概述

在大洋航行中为选择最佳航线,除了研究了解固定的航海环境外,还应分析掌握海洋水文气象条件对航区和本船的影响。多年来,人们通过具体的航海实践,对此早有注意,并总结了选定航线的丰富经验。各种航路图以及《世界大洋航路》所推荐的航线,就是以气候学资料为基础而制定的。

在热带,当没有风暴时,大洋天气和波浪情况是比较稳定的,因而使用推荐航线的效果也是较好的。这种推荐航线,确切地说,应称为"气候航线"(climate routeing)。

随着天气与海况预报技术和船舶通信导航设备的不断发展与完善,以及缩短船舶营运周期的需要,根据具体气象条件制定最佳航线的工作获得迅速的发展,气象定线得到了越来越广泛的应用。岸上气象咨询开辟了大洋航线设计的新纪元,例如,在热带以外的地区,在某些时候,实际的天气情况与气候学的平均统计资料会有较大的出入,因此国际上已有一些专门机构提供针对北大西洋、北太平洋及印度洋的气象定线(weather routeing)服务,即岸上气象咨询机构根据大洋气候资料、气象和海况预报,结合船舶的各种条件,通过计算,为船舶优选大洋航线,并在航行过程中继续给出航线的修正指导,对于保证航行安全和缩短航行时间的效果是较好的。

有关的统计数字表明,大约 300 h 的跨洋航行,采用气象定线,平均可节省航行时间 5 h,相当于总航行时间的 1.6%。以太平洋的部分航线为例,节省航行时间的平均统计数据如表 4-1-2 所示。

表 4-1-2 气象定线节省航行时间统计资料

航　　线	采用大圆航线节省时间(h)	采用气象定线再节省时间(h)
巴拿马—日本	10.5	7.7
日本—巴拿马	7.3	5.1
北美、太平洋沿岸—日本	3.6	2.4
日本—北美、太平洋沿岸	4.8	2.8
澳大利亚、新西兰—巴拿马	5.1	3.2
巴拿马—澳大利亚、新西兰	8.4	6.1

采用气象定线在节省燃料和减少船、货的损失方面,也收到了显著的效果。

采用气象定线,要求用无线电传真机及时接收地面分析图、24 h 和 48 h 的地面预报图,以及 72 h 和 96 h 的 500 hPa 高空图,同时应具备航行海域的风浪预报图和海流图,分析地面和高空预报,以掌握长期的风暴动态和海况。

由岸上的专门机构负责向接受导航的船舶提供航线指导是气象定线的主要方式,其一般步骤如下:

①出航前,船长或船公司向气象定线公司提出定线申请,并报告以下内容:

a. 船舶名称、呼号、航速和所属公司或本航次受雇公司的名称、地址等;

b. 预计起航时间;

c. 出发港和目的港(如果中途有挂靠港,需说明港名和预计停靠时间);

d. 装载情况(装货量、甲板货物情况和稳性等);

e. 船舶吃水与干舷;

f. 其他要求与说明。

气象定线公司收到船舶的申请后,结合气象预报资料,通过计算机及时分析处理,为船舶提出推荐航线和开航后未来5天的天气形势、风浪、海雾、海流等情况,同时根据各种类型船舶航速曲线的特点和货载安全的需要,向被导航船舶提供导航指导意见。

②船舶收到定线公司的定线咨询报后,应在仔细分析的基础上确定本船的计划航线。

③航行中,船舶和气象定线公司应密切配合。一般情况下,船舶每两天把中午船位、航向、航速、风向、风级、海况等电告定线公司;定线公司也每两天发一次跟踪导航的指导电报。如果船舶因非天气原因发生故障或减速或船舶自行改变航线,应速电告定线公司;如遇复杂的天气情况,双方加发电报联系协调。

④航行结束时,船长应尽快电告定线公司实际到达时间;定线公司将及时做出航次总结并发给船公司,副本送船长。

在气象定线过程中,通信手段是非常重要的,有时一般的通信手段难以满足要求,多采用卫星通信。自动气象定线系统,可谓是通信系统与大型电子计算机的结合。

应当指出,气象定线的岸上机构,仅是咨询性质的。接受气象定线服务,并不解脱驾驶员使用其他必要办法完善计划航线的责任。

根据充分的海洋、气象预报资料,由船长、驾驶员自行分析并做出正确的判断,亦可局部进行气象定线。为此,要求驾驶员具有必要的海洋气象基础知识与相当的分析和判断能力。

岸导和自导相比,当然岸导具有较高的准确性,这主要取决于资料的来源和分析处理手段。船舶请求气象定线服务,是要付一定费用的。但是,从现有实践的统计资料证明,交付气象定线服务费用同节省航行时间和减少货损相比,仍以采用气象定线服务为有利。

四、大洋航行注意事项

在大洋航行中,正确选定航线,采用最佳方案是很重要的。但是,为了补充航线选定方案中的不足及根据变化的情况不断修正航线,在航行中采取及时、正确的航海措施,也是保证航行安全不可缺少的重要环节,其中包括:

1. 认真推算

在大洋航行中,取得观测船位一般说来不如沿海航行那么容易,而推算船位是在任何时候获取船位的最基本方法,进行天文定位、无线电定位,包括比较现代化的卫星定位,都必须以推算船位做参考,因此绝不可忽视推算船位。

为了尽可能提高推算的准确度,要十分重视推算航程和航向的准确度,为此,应坚持使用计程仪,并切实掌握计程仪改正率。虽然通过主机转数可以粗略估算航程,但因此而忽视计程仪是不允许的。要重视罗经工作状况,改向或长时间在同一航向上航行,要注意每隔1~2 h进行磁罗经和陀螺罗经对比,以利随时发现问题,采取正确措施;每天早晚利用太阳出没或低高度各测一次罗经差,并将测定结果记入罗经误差记录簿。应根据各地地磁的变化,计算罗经差,当船舶跨越赤道后,应对罗经的工作情况进行检查,以确定自差有无较大变化。

由于航行时间长,更要特别注意正确计算风流压差,以保证推算的准确度。对于装有自动化导航系统的船舶,亦应注意对系统的正常工作加以必要的监视,以确保安全。

2. 充分利用一切机会观测船位

在航行中应充分利用一切机会进行天文定位和无线电定位。正常情况下,每昼夜至少测定 3 个天文船位(晨、昏天文船位和上午或下午太阳位置线间或其与中天纬度间的移线船位各一个),远距离无线电定位每 2 h 一次,如装有卫导仪应及时定位。定位后,均应注意分析产生船位差的原因,作为继续进行航迹推算的参考。如果只能获得单一位置线,也应加以应用,作为分析船位误差的参考。

转向时,应尽可能求得观测船位,而根据推算船位转向时,必须对推算船位的准确度做到心中有数。

3. 注意接近海岸的安全

远航接近海岸时,由于可能存在较大的推算误差,要特别注意仔细识别物标,正确定位,确保航行安全。除应选择显著物标作为接岸点外,必须仔细了解接岸区的地形特点、水深变化规律、水中障碍物位置、水流情况、助航设施等。

接近海岸时,应提前开启雷达,加强瞭望,反复确认物标,直至对船位确信无疑,方可继续航行。绝不可粗枝大叶,贸然行事。

4. 注意收听天气预报、接收气象传真

大洋航行气象多变,灾害性天气时有出现,因此,必须按时收听有关气象台站的气象报告和接收传真图,结合本船的气象观测资料进行分析判断,如有灾害性天气,应采取必要的避离和预防措施。

5. 按时接收航海警告

由于大洋航行一般持续时间较长,应特别注意接收无线电航海警告,并及时进行必要的图书资料改正工作。

6. 及时拨钟

在大洋航行中,为了维持正常的作息时间,并使船时与所航行海区的区时一致,应及时按时区拨钟,通过日界线时变更日期,并记入航海日志。

7. 必要时选用适当航速

大洋航行由于可能遭遇灾害性天气等意外原因,有时会延长航行时间,造成燃料储存短缺,因此,船舶除应有额外燃油储备(一般不少于 2 天的耗油量)外,航行中应选择适当航速,以保证续航至中途港或目的港。

为了考虑船舶燃料消耗问题,应了解耗油量与航速 v(kn)、船舶排水量 D(t)和航程 s(n mile)之间的关系。

船舶航行单位时间耗油量 Q(t)与船舶排水量和航速的关系为:

$$Q \propto D^{\frac{2}{3}} \cdot v^3 \tag{4-1-19}$$

船舶航行耗油量 F(t)与航速和航程关系式为:

$$F \propto v^2 \cdot s \tag{4-1-20}$$

例 4-1-3:某船以 18 kn 航行 1 000 n mile,需燃油 100 t。现仅存燃油 80 t,但至中途港尚有 1 200 n mile 航程。为使船舶能在不增加燃料的情况下续航至中途港,试求适当航速。

解:设应驶的适当航速为 x(kn),于是

$$(18^2 \times 1\,000):(x^2 \times 1\,200) = 100:80$$

$$x=\sqrt{\frac{18^2\times1\ 000\times80}{100\times1\ 200}}\approx15\ (\text{kn})$$

即此时应选用约15 kn航速可维持1 200 n mile航程，到达中途港。

例4-1-4：某船排水量10 000 t，以15 kn航速航行1天，燃油消耗28 t，试求：

①航速增加1 kn，1天燃油消耗增加多少？

②加载2 000 t货后，以14 kn航速航行，1天燃油消耗多少？

解：①设一天耗油增加x(t)，根据每小时耗油公式得：

$$(10\ 000^{\frac{2}{3}}\times15^3):(10\ 000^{\frac{2}{3}}\times16^3)=28:(28+x)$$

$$x=\frac{10\ 000^{\frac{2}{3}}\times16^3\times28}{10\ 000^{\frac{2}{3}}\times15^3}-28=33.98-28=5.98\ (\text{t})$$

即航速增加1 kn，一天燃油消耗增加5.98 t。

②设加载2 000 t货后，以14 kn速度航行一天耗油量为y(t)，根据每小时耗油公式得：

$$(10\ 000^{\frac{2}{3}}\times15^3):(12\ 000^{\frac{2}{3}}\times14^3)=28:y$$

$$y=\frac{12\ 000^{\frac{2}{3}}\times14^3\times28}{10\ 000^{\frac{2}{3}}\times15^3}=25.71\ (\text{t})$$

即加载2 000 t货后，以14 kn速度航行1天，耗油量为25.71 t。

8. 空白定位图的应用

大洋航行使用的航用海图，比例尺一般均较小。大洋航行在没有障碍物的情况下，为了提高推算和定位的准确度，应当选用适当比例尺的空白定位图(plotting chart)进行海图作业。

空白海图的特点是图上只有经纬线及其图尺，在纬线上标有纬度读数，而经线可由使用者自己根据需要用铅笔填写经度读数；南北纬可以通用，故其纬度图尺有正倒两个读数，在用于南纬时，仅需将海图上下倒置，选用相应的纬度读数；图上的向位圈也有相应的内外两圈，用于南纬时，应使用其内圈。

在大洋航行中，首先应根据航区纬度，利用《航海图书总目录》选用适当的空白海图，然后根据航区的经度确定适当的经度值，用铅笔填写在适当的经线处。当航线的纬度变化不大时，同一张空白海图可重复使用，只要相应地改填经度值即可。使用空白海图时，应将交班船位转移到航用海图上去，以便接班船员及时了解船舶周围海区情况。

第二章 沿岸航行

沿岸航行(coastal navigation),自然条件和交通条件等交通环境复杂,了解航行水域水文气象、地形和助航设施、交通管理规章等特点,事先选择一条安全、经济的航线,对确保船舶航行安全、提高营运效益等具有十分重要的意义。本章重点介绍沿岸航行的特点、航线选择方法以及沿岸航行的有关注意事项,定位、导航等方法集中在本篇第三章中介绍。

第一节 沿岸航行的特点与航线的选择

一、沿岸航行的特点

沿岸航行,航线附近的危险物、障碍物较多,水深有时较浅,必须谨慎对待。当然,可以用以定位导航的自然和人工物标也较多,可经常利用雷达等定位导航,并可根据所获得的较为准确的观测船位,来核对推算船位的准确性。沿岸海区水流复杂,受潮流影响较大,来往船只和各类渔船比较密集,航行和避让都有较大的困难,尤其是能见度不良时,更需要谨慎小心。当然,沿岸海区内海图、《航路指南》、《潮汐表》、《灯标表》等航海资料比较完备,有利于驾驶员全面、深入了解航线所经海区内水文气象、助航设施、航海危险物、推荐航线和航法等资料。许多国家的沿岸繁忙水域都实施了分道通航制,以尽可能减小船舶碰撞危险。沿岸航行,交通环境复杂,许多情况下船舶回旋余地较小,航行中遇有紧迫局面时,船舶操纵困难。因此,沿岸航行,要求驾驶人员更加集中精力,谨慎驾驶,不可疏忽,以确保航行安全。

二、沿岸航线的选择

由于沿岸海区船舶通航历史较长,主要航区的测量资料比较详尽,许多地方在海图和航路指南等资料中均有推荐航线。但是,沿岸航行由于季节、往返航行和昼夜时间的不同,航线也不是固定不变的。在具体选定航线时,应进行以下三方面的工作。

1. 分析航次情况

应根据航次任务,主要考虑本船性能、客货载情况、船员技术状况和航程的长短等,做好准备。

2. 研究有关资料

根据航行季节和航次任务的一般要求,仔细阅读和分析天气预报,详细研究海图、航路指南、航标表和潮汐潮流表等有关航海图书资料,了解本航次的气象特点,掌握海区内风流、能见度、障碍物和导航定位物标等情况,特别是可能遇到的灾害性天气和避风港等。要注意根据航海通告和航海警告对有关图书资料进行仔细改正。对本航次中可能遇到的困难,做到心中有数并做好必要的安排和预防措施。必要时要结合装卸和泊位情况以及航线和进出港的航行条件,确定开航时间。

3. 预画航线

根据安全和经济的原则,充分考虑下列各点,慎重确定和预画航线。

(1)尽可能采用推荐航线

在没有特殊原因的情况下,应尽可能采用海图和航路指南中的推荐航线,包括采用分道通航航路。在IMO采纳的分道通航制区域或其附近航行的船舶,必须遵守船舶定线制和《国际海上避碰规则》第十条的有关规定。不使用分道通航制的船舶应尽可能远离该区域,使用分道通航制的船舶,拟定航线时应:

①将航线设计在相应的通航分道内,并尽可能从其端部与该分道内交通流总流向成尽可能小的角度进入或离开。

②所选航线尽量与分道内船舶总流向相一致,并注意让开分隔带和分隔线,双向航路内的航线应尽量靠近航道的右侧。

③谨慎使用深水航路。深水航路是考虑到船舶吃水、水域内的水深,为有必要利用这种航路的船舶提供的,可不考虑这些因素的船舶应尽可能将其航线设计在深水航路以外。

④选择双向推荐航线时,应将航线确定在推荐航线的右侧,以尽可能避免航行中与来船构成对遇和不协调避让局面。

(2)确定最小安全富余水深(Minimum Safe Under Keel Clearance)

一个谨慎的驾驶员,应适当考虑各种导致龙骨下水深减小的因素,确保航行期间船舶始终保持足够的富余水深。确定最小安全富余水深时应充分考虑以下因素:

①气象条件和海况;

②海图水深的不确定性;

③船舶吃水的不确定性,包括水尺测量精度、油水消耗引起吃水变化及其导致的船舶吃水或吃水差变化所造成的吃水误差;

④负潮高;

⑤船体下沉与纵倾变化(Squat),当水深小于1.5倍的吃水时会出现这种现象,船体下沉值应该取下列数值中的最大值:本船操纵指标所列值、船速(kn)平方的百分之一(m)、吃水的百分之十、按船速每5 kn取0.3 m确定;

⑥海图测量以来可能产生的水深变化;

⑦海底易变区;

⑧近海海底电缆等可能减小的水深(有时水深能减小2 m);

⑨近海水深和潮汐预报误差;

⑩高气压可能导致多达数厘米的减水。

为了保证船舶安全航行,同时考虑到经济性,世界上许多航运组织、港口国主管机构或航运企业均给出了有关船舶航行富余水深的规定或建议。诸如欧洲引航协会、国际独立油轮船东协会和我国中海发展股份有限公司等对不同水域的最小安全富余水深规定如下:沿岸开阔水域富余水深取船舶最大吃水的20%,港外水道取船舶最大吃水的15%,港内水道取船舶最大吃水的10%。

结合近年来的研究，综合考虑海况、天气、船舶速度和吨位等因素，船舶在沿岸水域航行时，富余水深应尽可能取船舶最大吃水的40%，最小不低于最大吃水的20%；如果水深条件允许，船舶应保持在水深大于两倍本船吃水的水域航行。

(3)确定适当的离岸距离

离岸距离是沿岸航行的重要因素，通常在《航路指南》等资料中都有记载。但是适当的离岸距离并不是固定不变的，而应根据船舶操纵性能的好坏、船舶吃水的大小、航程的长短、测定船位的难易、海图测绘精度的高低、能见度的好坏、风流影响的大小、航行船只的密集程度以及本船驾驶员技术水平等情况加以确定，应为避让和转向留有足够的余地。

在能见度良好的情况下，距陡峭无危险的海岸，如果水深允许，可在2 n mile以外通过，这样可以保证清楚辨认岸上物标。夜间航行，如定位条件不好或能见度不良，应在离岸10 n mile以外航行，以策安全。

在定位条件不好的沿岸海区航行，采取与岸线平行的航线是有利于安全的。在夜间，特别是在可能遇到吹拢风或向岸流影响时，应把航线再平行向外海调整，增大离岸距离，确保航行安全。

为了有利于避让，航线应尽可能避开船舶的交汇点和渔船作业区。例如，我国黄海佘山以北、34°N以南海区，每年秋季有大量渔船在此集中作业，以绕航为宜。

(4)确定避离危险物的安全距离

沿岸航行，航线距其附近的暗礁、沉船、浅滩、渔栅等危险物的安全距离，应综合考虑下列因素后确定：

①从最后一个实测船位至危险物的航程和所需的航行时间：在一般情况下，这段航程越远、航行时间越久，通过时的概率航迹区(probable track area)距该危险物的距离越近，航线距危险物的距离也就应越大些；

②危险物附近海图测量的精度，通过粗测区比通过精测区的距离应远些；

③危险物附近有无显著的可供定位和避险的物标；

④通过时的能见度情况，白天还是夜晚；

⑤风流对航行的影响等。

通常，能见度良好的情况下，航线与附近有显著物标可供定位和避险的精测危险物之间的距离，应至少保持1 n mile。

为了确保船舶航行安全，拟定沿岸航线时，考虑到海图上有关水深和底质的限制，最好还应该避开：

①周围水深较浅、水深变化不规则的水深空白区；

②连续的长礁脉及其边缘附近；

③孤立的岩礁以及水深明显比周围浅的点滩；

④未经精确测量的岩礁和岛屿之间的狭窄水域；

⑤珊瑚礁附近未经系统的扫海测量，水深浅于100 m的水域。

(5)选择适当的转向点

沿岸航行，关键的转向点附近多数都有明显的天然或人工标志，如灯塔、立标、岛屿和山头等，应尽量选用转向一侧正横附近的显著物标作为转向物标，避免用平坦的岬角或浮标转向。

绕岛屿或岬角航行,不一定都采用正横转向,因为这样转向绕航,船与绕航物标的距离会越来越近。若连续三次正横转向 30°,则最后距绕航物标的距离约为原先的 2/3。最好采用定距绕航的办法:先在海图上画出航线,标出几个转向点,然后用雷达观测距离,使船保持在计划航线上航行。还应根据本船吃水,设定适当的避险警戒线。

此外,选定沿岸航线,还应注意绕航问题。在能见度不良时,为了安全通过危险物,或者为了避开逆流或利用顺流,可以绕航。须知,绕航甚至离开危险物的距离增加很大时,增加的航程是很有限的,但船舶航行安全却会得到更大的保证。

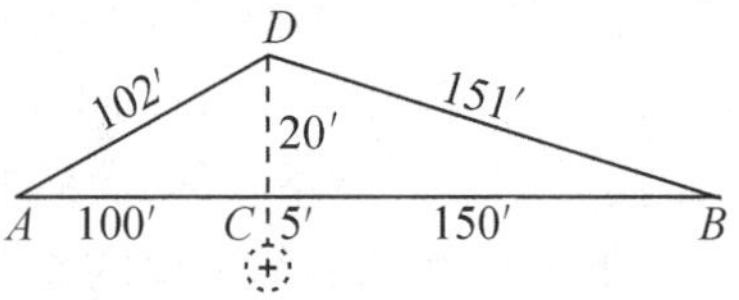

图 4-2-1　绕航避险

如图 4-2-1 所示,从 A 到 B 直航时航程为 250 n mile。为了避离危险物 C 更远些,设 DC 为 25 n mile,则绕航后的全程只不过 $AD + DB = 253$ n mile,航程增加约 3 n mile,绕航渔区的情形也是这样。

第二节　沿岸航行的注意事项

一、善于利用资料缩略图判断水深资料的可靠性

航海人员在利用海图设计航线前,应充分了解用于绘制海图水深和等深线的测量资料的可信赖程度。不是所有的航海测量都是按照现代的标准进行的,有些区域甚至都没有进行过系统的测量。实际上,有些水域特别是沿岸水域,从来没有按照某一标准系统测量过。虽然这些海域的海图都是根据所能获取的最佳测量资料编制的,但是有可能存在有碍航行的浅水区域。为更好地帮助航海人员评估海图水深资料的可靠性,海图标题栏下方一般都给出关于编图原始资料的说明,并尽可能以资料缩略图(Source Diagram)的形式给出原始的水文测量资料来源信息。

资料采用缩略图提供各种原始资料的范围、测绘日期、测绘比例尺和测绘部门等信息。这些信息体现了海图编制资料的质量,可用于评估根据该资料所编制海区的海底信息的可信赖程度。不充分的原始资料信息以文字的形式加以说明。

船舶在设计航线或航行时,应充分利用这些资料判定海图数据的可信赖程度,并充分注意:

(1)20 m 等深线以外的水域,在测绘当时没有引起足够注意的浅滩,可能存在实际水深小于图注水深的情况。

(2)在近期没有进行测量或者多孤立尖礁或浅滩的海区航行,需要格外谨慎。

(3)深吃水船舶在未进行系统测量或据报浅滩众多 200 m 等深线内的近海水域航行时,必须特别谨慎,保留足够的富余水深。

(4)在 20 m 等深线以内,应假定存在尚未探测到的一些碍航物。通常吃水的船舶,如果没有事先采取必要的防范措施以避开潜在的危险物,不能贸然进入 20 m 等深线以内的水域。

(5)船舶航行时应远离海图上标注有“据报”、“疑存”字样的水域。

二、认真推算,勤测船位

为了提高推算和定位的精度,应尽可能采用资料比较详尽的新版大比例尺海图,并注意及时根据航海通告将每张海图改正到最新。

航迹推算要认真、连续进行。注意充分使用风、流资料确定风流压差,并尽可能用观测的方法进行测校。在沿岸水流影响显著地区航行,应每小时确定推算船位一次;在其他地区航行时,一般情况下,每 2 h 或 4 h 确定推算船位一次。不能以为沿岸航行定位方便而忽视推算,甚至中断推算,尤其是那些专门从事沿海地区海上运输,且导航设备较差的中、小型船舶更应注意,以免一旦能见度恶化给船舶航行安全造成威胁。

应充分利用沿岸众多的导航物标测定船位。物标在视界之内时,应尽量使用目测定位。雷达、卫导仪和测深仪等助航仪器,均应保持良好的工作状态。在重要航区,应采用多种办法定位,以排除单一定位方法可能存在的缺陷。如果由于条件限制,必要时可采用诸如方位距离、方位测深等联合定位。一般情况下,船速在 15 kn 以下时,每 30 min 定位一次;接近危险物地区或船速在 15 kn 以上时,均应适当缩短定位时间间隔。在能见度不良的情况下,应充分使用雷达等进行定位导航。

通过一系列的观测船位,系统地分析船舶偏离计划航线的情况和原因,计算实际航速。有充分把握时,可转移推算点,以修正航迹推算。使用转移船位线时,应特别注意推算的准确性。

三、加强瞭望,及时准确转向

沿岸航行中的许多海事,特别是碰撞事故,大部分是由于疏忽瞭望而引起的。因此,首先要有对待瞭望的正确认识、严谨的态度。瞭望的内容,应包括视界内的任何微小的异常现象,如海面的漂浮物、平静海面的异常浪花、海水的颜色变化等,应及时发现,查明原因,必要时予以避离。夜航时,应特别注意保持“夜眼”,尽量减少在海图室内的逗留时间。

能见度不良或在渔船和其他来往船只密集的海区,应使用雷达等配合瞭望,密切观察他船动向。目前,世界上不少交通密集的水域都设有岸基雷达站和 VTS 中心。用 VHF 进行通信联系,以获得周围船舶动态信息,是一种有效的瞭望手段,应充分加以利用。船舶自动识别系统(Automatic Identification System,AIS)极大地增强了船舶的识别能力,装载 AIS 设备的船舶可通过 AIS 所提供的信息,准确、快捷地相互识别。

沿岸航行转向比较频繁,必须把握转向时机,准确地将船舶转到新的计划航线上。通常,转向前应当测得准确船位,推算出预计到达转向点的时间,计算好新航向上的罗航向,届时考虑旋回圈用小舵角逐渐转向。如果船至转向物标的横距比预定的距离过大或过小,可适当提前或延后转向,以使船转向后驶在计划航线上。重要的转向点,往往也是船舶的交会点,转向时应特别注意避让,加强瞭望,谨慎驾驶。转向后应在海图上和航海日志中记下转向时间、计程仪读数和船位。条件许可时应及时测定船位,以校验转向后船舶是否行驶在计划航线上。

四、按时收听航海警告和天气预报

沿岸水域灯塔、灯船、雾号、定位系统、重要浮标以及海上石油勘探装置等经常发生变迁或变更,这些新的变迁多数属临时性质,一般以无线电航海警告的形式发布。那些永久性的变迁,由于核实及汇编均需一定时间,要数周乃至数月后才能编入《航海通告》,其中有些也必须以无线电航海警告的形式及时发布。因此，船舶在航行中要定时收听该地区的航海警告，与航行安全有关的内容应根据船长指示及时用铅笔改注在海图上，以确保沿岸航行安全。

此外，还应注意接收有关气象台站的气象预报或气象传真图，如果发现船舶航行的前方有灾害性天气，应及时果断地采取安全措施，做好各项准备工作，必要时，应选择有利的避风锚地抛锚或绕航避离。

五、准确识别岸形和物标

沿岸航行或大洋航行接近目的港时，正确识别岸形和物标是准确测定船位、保证船舶航行安全的前提。实践证明，许多海事是由于对岸形和物标识别的错误引起的。即使充分使用了对景图等有关的航海资料，亦不能完全避免识别错误，特别是浮标，在大风之后，常有移位或漂失的情况；有时灯浮也会灯光熄灭，应当注意识别，不可主观臆断。只有对物标确认无疑，方可用以定位和导航。对于灯塔，也不要盲目信赖，消极等待发现灯光，有时灯光可能被云雾遮住，或因船位偏离而不能及时发现灯光。因此，仔细分析、反复辨认和判断物标识别情况是完全必要的。常见的判断方法有：

1. 参考概率船位区判断

如图 4-2-2 所示，船在推算船位 F 点，发现岸上的一个物标，其外形与海图上的 A 和 B 物标相似，这时首先必须辨认 A 和 B 哪一个是所发现的物标。因此，在推算船位 F 点附近画出概率船位区，并在图上分别自两物标画出所测得的方位位置线，结果是从图上物标 A 画出的方位位置线通过概率船位区。显然可以确定，图上的 A 是所发现的物标。推算精度越高，这种识别方法的效果会越好。如果概率船位区位于两条方位位置线的中间，那就难以判断了。

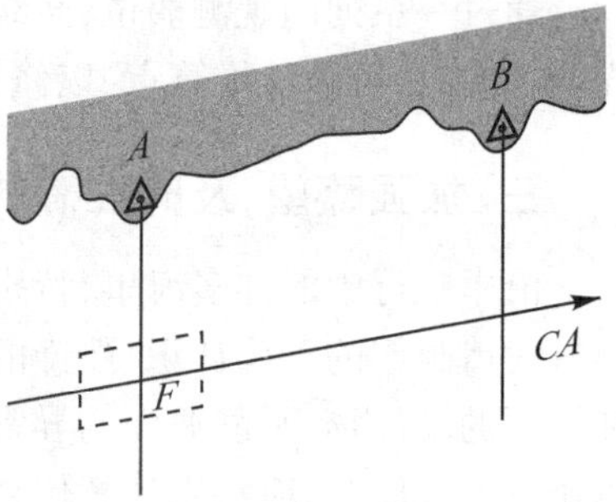

图 4-2-2　参考概率船位识别物标

如果在视界内只有一个物标可供观测，由于这时造成的物标识别错误没有其他办法帮助发现，并在随后的航行定位中会继续被误用，这是最危险的。在这种情况下，务必防止粗心、盲目自信，要注意分析，并尽可能获得其他的校验办法，在确有把握之前，不能轻易转移船位。

2. 根据船位的分布判断

(1) 两方位定位

当船舶沿计划航线保向保速航行而连续利用两物标方位定位时，如果错误识别了物标，将因此而得出错误船位，并按一定规律分布。如果连续观测定位，所得船位点不是沿直线分布，而是出现曲线分布，且各船位之间的距离也不与观测时间间隔或航程成比例，即可判定识别物标存在错误。图 4-2-3 就是当误以 B' 为 B 进行观测，而从 B 画方位线时错误船位点的分布曲线情形。当然，罗经差有误差时也会出现类似的情况，应当注意分析判别。

(2) 两距离定位

图 4-2-4 为船舶沿直线航行，当 A 物标识别正确，而误以 B' 为 B 时，两距离定位所得船位分布情况。如果在航行中连续多次采用两物标距离定位的船位分布呈曲线形，且各船位之间的距离与相应的航程不成比例或者出现两圆弧位置线无法相交的情况都表明物标识别有错

误。由于物标相对位置关系等因素,错误船位分布的曲线,可能是椭圆、抛物线或双曲线。

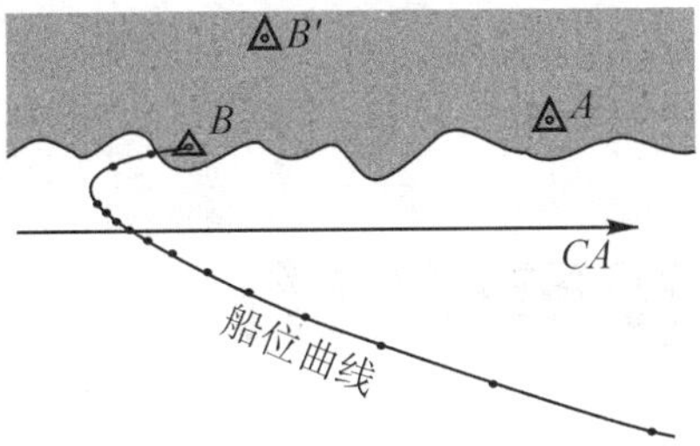

图 4-2-3 错误船位分布曲线(两方位定位)

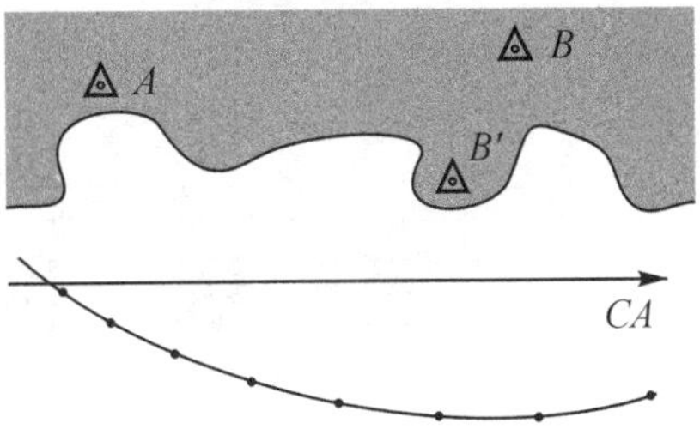

图 4-2-4 错误船位分布曲线(两距离定位)

六、充分合理地使用单一位置线

自海上接近海岸,有时无法测得可靠的观测船位,而只能测得一条船位线。如何充分合理地使用这条单一位置线,对沿岸航行安全具有十分重要的意义。

概括起来,一条单一的直线位置线,大体上可有与航线垂直、平行和相交成任意其他角度三种情形。在保证位置线具有相当精度的前提下,在理论上船位应当在该位置线的概率区内。因此,当位置线与航线垂直时,可用以判断推算船位超前或落后于实际船位的情况,但无法判断船舶左右偏离航线的情形;如果位置线与航线平行,虽然无法判断船位超前或落后的情况,但可用以分析船舶左右偏航的情形;如果该位置线与航线相交成任意其他角度,就只能在一定程度上缩小概率船位区。

此外,如果单一直线位置线是东西方向的,可用以判断船位的纬度;如果该位置线是南北方向的,可用以判断船位的经度,它们也是有价值的参考数据。在测量完整、水深变化显著的沿岸水域航行,可利用海图上的等深线作为单一位置线辅助导航。在航行中连续测深,进行吃水和潮高改正,将所测得的水深换算成相应的海图水深。当测得该等深线的深度时,即可根据该等深线与航线的交角情况,在一定程度上缩小概率船位区。拟定沿岸航线时,如使计划航线与等深线平行,航行中可通过测深,使船保持在该等深线的安全一侧航行。单一的方位、距离和叠标位置线等,还经常用于确定转向时机和避险等,沿岸航行时也应加以充分利用。

第三章　狭水道及运河航行

第一节　狭水道航行

港口、海峡、江河、岛礁区等,可统称为狭水道(narrow channel)。通常,狭水道内航道狭窄而弯曲,水深和水流变化较大,航海危险物较多,来往船只密集,航行比较困难。许多海事是由于在狭水道中航行或操纵措施不当引起的,因此狭水道航行(navigating in narrow channel)要求驾驶员必须了解狭水道的航行特点,掌握狭水道内各种导航、转向和避险等航行方法以及通过浅滩、岛礁区等的特殊方法,具有较高的驾驶水平,并不断注意积累和总结狭水道的航行经验。

一、狭水道航行的特点

就航海条件而论,狭水道航行一般具有下列特点:

1. 航道

由于受岸形限制,又有浅滩、礁石等航海危险物,航道往往狭窄而弯曲,没有足够的回旋余地。例如,我国天津进口主航道是人工疏浚的,宽度受限,长江南水道浅滩较多,黄浦江陆家嘴转向角大于110°等,这使船舶航行和操纵都非常复杂。因此,许多狭水道内,除天然和人工陆标可供定位、导航和避险外,还设有浮标指示航道或航海危险物。有些狭水道近年来实施了分道通航制,例如,英吉利海峡、马六甲海峡以及我国的长江南水道等,都为来往船只规定了通航分道,以利航行安全。

2. 水深和水流

除某些深水港外,大多数港口航道水深都有局限。江河入海口处的航道,往往由于水中从上游挟带大量泥沙,在河口水面变宽而流速变慢的地区沉积下来,形成浅滩。这种浅滩的位置,随季节和江河水势的差异而多变迁,因此航道水深经常改变,必须掌握最新的水深资料。由于航道狭窄,无论是两端均为较宽阔的水域,还是江河入海口的狭窄航道,受潮流影响均较显著。例如,日本内海的来岛海峡受潮流影响比较典型,约在海峡最窄处下游400 m的地方,形成最强流位置,在主流和生成涡流的回流之间,流线明显,浪花滚滚,流势湍急,给航行造成极大的困难。为了控制海峡交通和保证安全,在来岛海峡中段的中户岛、东口的大滨同时悬挂信号,表示中水道潮流,并规定顺流时通过中水道、逆流时通过西水道,航行时必须查阅有关资料,注意观察实际情况,以保证航行安全。

直而短的狭水道,潮流流向是沿水道轴线的方向。但在弯度大的水道,主流线往往与水道横交,航行中,流压差角较大,必须心中有数,加以修正,否则船舶会很明显地被压向下流方向。除潮流外,有些地方潮差也给航行造成很大的影响。例如,杭州湾地区,最大潮差竟达 8 m,船舶必须根据本船吃水,结合潮时潮高掌握通航时间。

3. 通航船舶

狭水道,特别是比较重要的狭水道,一般都是来往船只密集地区,有些地区大型渔船和其他类型船舶也较多。除应严格按规定航线航行外,必须认真瞭望,防止碰撞。在有超大型船舶通过的狭水道,要注意大船预告。例如,在马六甲海峡,大型深吃水油船通过之前,即会发出预告,以便其他船舶及时掌握大船动态,注意避让;否则,由于大船行动迟缓,又不能偏离深水航道,容易造成紧迫局面。

综上所述,在通过狭水道之前,必须仔细研究有关的航海图书资料,并及时进行改正。对各段航线的航向、航程和水道中的航海危险物、水流情况以及定位、导航、避险和转向物标等做到心中有数,有些要加以熟记;要事先选定时机,做好航行计划,明确在各段航行中应采取的航行方法和注意事项。在航行中,还必须结合本船冲程、旋回要素、锚和舵的性能,规定好适当的航速,备车备锚航行,以及应付能见度突然变坏而造成航行紧迫局面等各种可能发生的复杂情况。

二、过浅滩航行方法和注意事项

1. 最小安全水深的确定

有许多内河水系,特别是下游港口,经常有海船进出,上海港是典型的一例,而江河入海口航道上,往往有拦江沙滩,由于浅水的作用,会使船舶阻力增大、船速降低、舵效减小、吃水增加,造成航行和操纵上的困难。大船通过浅滩往往需要候潮,通过浅滩时,一般要求船首尾吃水正平,无横倾。通过浅滩时的最小安全水深,可由下式求得:

$$\text{最小安全水深} = \text{吃水(出发港)} - \text{油水消耗减少吃水} + \text{咸淡水差} + \text{横倾增加吃水} + \text{船体下沉} + \text{半波高} + \text{保留水深} \tag{4-3-1}$$

现对式(4-3-1)中各项分别扼要讨论如下:

(1)出发港吃水

通常,在受载时就应根据航行时间、油水消耗量、潮汐预报情况等预算船舶在出发港的最大吃水,合理受载,以期在通过浅滩时,既可达到船首尾吃水适当,又有足够的保留水深,争取尽早安全通过。

(2)油水消耗减少吃水

根据本船每天油水消耗量、每厘米吃水吨和航行天数,可按下式计算油水消耗减少吃水的厘米数:

$$\text{油水消耗减少吃水(cm)} = \frac{\text{每天油水消耗量} \times \text{航行天数}}{\text{每厘米吃水吨}} \tag{4-3-2}$$

(3)咸淡水差

船舶从一种密度的水域驶入另一种密度的水域,由于水密度的变化,其吃水将随之发生改变,其平均吃水的改变量 δd 为:

$$\delta d = \frac{\Delta}{100TPC}\left(\frac{\rho}{\rho_1} - \frac{\rho}{\rho_0}\right) \tag{4-3-3}$$

式中：δd——不同水密度的水域中平均吃水改变量(m)；

Δ——进入新水域前的排水量(t)；

TPC——该排水量下的标准海水密度时的每厘米吃水吨数(t/cm)；

ρ——标准海水密度($\rho = 1.025\ g/cm^3$)；

ρ_1——新水域的水密度；

ρ_0——原水域的水密度。

(4)横倾增加吃水

船舶在水深有限的狭水道中航行时，要考虑横倾会增加吃水的因素。如图 4-3-1 所示，横倾增加吃水可按下式近似算出：

$$\Delta T = \frac{B \cdot \theta}{2 \times 57.3} \approx \frac{B \cdot \theta}{120} \quad (4\text{-}3\text{-}4)$$

式中：ΔT——横倾增加吃水(m)；

B——船宽(m)。

使用时，可列成表 4-3-1 备查。

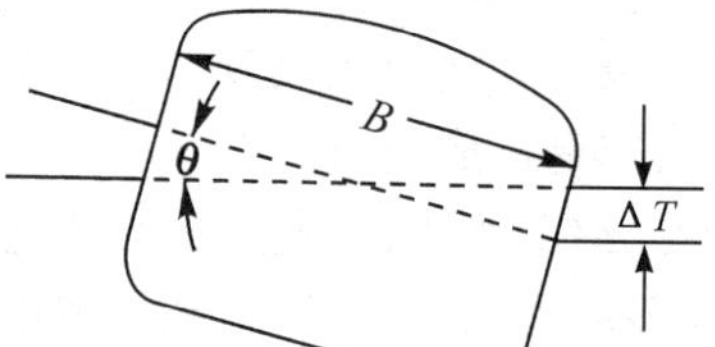

图 4-3-1 横倾增加吃水

表 4-3-1 横倾与吃水增加量对照表

船宽(m)	不同横倾角时的吃水增加量(m)					
	0°.5	1°.0	1°.5	2°.0	2°.5	3°.0
15	0.065	0.131	0.196	0.262	0.327	0.393
20	0.087	0.175	0.262	0.349	0.437	0.524
25	0.109	0.218	0.327	0.437	0.546	0.655
30	0.131	0.262	0.393	0.524	0.655	0.786
35	0.153	0.305	0.458	0.611	0.764	0.917

(5)船体下沉及纵倾变化

船舶行驶时，由于船舶周围水流流速变动，沿舷侧水流较船首尾快，使船体周围水压力发生变化，即船首尾部高、中间低，使船体大部分坐落于首波和尾波的波谷中，因此船舶如果保持其排水量，在新的水位下为了取得对应的平衡，就要比静止时多下沉一些，由此引起吃水差的变化。

浅水中船体下沉及纵倾变化，较之深水更为剧烈。船首上浮的时机较早，而且越是水浅，达到最大首倾和开始变为尾倾所需船速越低。在商船速度范围内，浅水中低速时就出现船体下沉，船速越快或是肥胖型的船，船体下沉及吃水差的变化就越大。据计算，一艘船宽27 m、吃水 11 m 的油船，航行在宽 90 m、水深 13 m 的封闭式航道内，当以 7 kn 航速航行时，其船体下沉量约为 0.5 m；如航速增加到 10 kn，则相应的船体下沉量将达到近 2 m；如该船航行在类似的非封闭式的疏浚水道，其周围水深为 6 m，则其相应的下沉量分别降至 0.4 m 和1 m。

(6)半波高

波浪有波峰和波谷，当船舶处于波谷时，相当于水深变浅，通常减小半个波高。过浅滩遇有波浪时，有必要考虑半波高，以免蹾底。

(7)保留水深

保留水深应视该浅滩处潮高预报误差、海图水深测量误差和底质确定。中版《潮汐表》预报潮高误差范围为20~30 cm。一般规定水深浅于31 m时,水深注至保留一位小数,第二位小数舍去;深于31 m时,注至整米,小数舍去。沙底、泥底或泥沙底与石底、岩石底等底质的,保留水深也有所不同。确定保留水深时,要注意留有充分余地,通常可取0.1~0.5 m的保留水深。

2. 最小安全富余水深(Minimum safe under keel clearance)

实际工作中,航运公司或港口主管部门等往往通过制订不同水域富余水深的最低要求来保证船舶在浅水区域的航行安全。

欧洲引航协会、阿姆斯特丹港、鹿特丹港、安特卫普港和我国中海发展股份有限公司等要求港外水道富余水深不小于船舶最大吃水的15%,港内水道富余水深不小于船舶最大吃水的10%;美国洛杉矶港和长滩港规定自安全水域标至防波堤之间的可航水域,富余水深不小于船舶吃水的10%;我国江苏海事局要求航行于沿海港口水域的船舶富余水深不小于船舶吃水的10%;上海海事局要求长江口深水航道试通航期间,富余水深不小于船舶吃水的12%;青岛港引航站要求10万吨级以上船舶富余水深不小于船舶吃水的10%。

船舶在浅水区域航行,应综合考虑本船情况、浅水区海图水深测量误差、潮汐预报误差和水文气象等确定合理的最小安全富余水深。港外水域一般不小于最大吃水的15%,港内水域不小于最大吃水的10%。富余水深的取值还应满足所在地国家或港口当局等的具体要求。

3. 过浅滩注意事项

(1)调整吃水

船舶到达浅滩以前,应及时调整船舶吃水,使其到达浅滩时刚好为平吃水,且无横倾。如当地水深允许,可将船调整至适当尾倾,以改善船舶操纵性能。值得注意的是,船舶由咸水水域进入淡水或半淡水水域,平均吃水增加,船舶浮心后移,导致吃水差增加。为此,要保证船舶在淡水或半淡水时为平吃水,则在咸水时应有适当的尾倾。例如,一艘长190 m、宽30.5 m、满载排水量5.53万吨的远洋货船,由标准海水水域进入标准淡水水域时,其吃水差将增加约0.12 m。

(2)候潮

过浅滩往往需要候潮。为了加速船舶周转,应在预先推算好潮汐之后,从受载港就合理受载,加速装货,尽早起航,采用适当航速航行,争取在高潮前到达浅滩。当航行时间稍有富余时,可在适当距离上减速航行,以避免短时间抛锚候潮的麻烦,提高经济效益。过浅滩的最佳时机通常选择在当地高潮前1 h,此时水面已上涨到一定的高度,有利于船舶安全通过浅滩。另外,船舶一旦搁浅,因尚未达到高潮,潮水还在上涨,船舶有可能自行脱浅。

(3)控制航速

浅水中的船体下沉和纵倾变化,较之深水更为剧烈,对船舶操纵影响较大,甚至产生擦碰海底的事故。船舶通过仅有少量富余水深的浅滩时,必须控制好航速。必要时,用拖船协助,停车淌航。

(4)掌握最新资料

拦江沙浅滩往往随季节和时间有所变化,应查阅最新资料。受风向的影响,有时潮水也会提前或推迟到达浅滩。大船通过浅滩前,可向有关部门查询当时的实际潮高和水深,以资核对。

(5)尽可能避免在浅水区会遇和追越

浅水区舵效较差,相距较近还会出现船吸现象,可提前通过 VHF 相互协调,使其中一船先过,另一船在浅滩外航道上慢车等候。万一两船在浅水区会遇,应各自靠航道右侧行驶,采用减速和变速对驶通过,应尽可能避免在浅水区追越。

三、导航方法

在狭水道中,由于航道狭窄,航行条件复杂,使用通常的定位方法,在定位精度特别是定位速度上都不足以保证安全,因此在狭水道中除天然物标外都设有必要的浮标、导标和叠标等,以提供充分的连续目测导航机会,满足狭水道导航的需要。

1. 浮标导航

在江河入海处,往往岸线低平,必须设置一系列的灯船、灯浮等来标示航道,指示危险,引导船舶安全进出港。某些海上雷区航道,由于离岸较远,导航准确度要求较高,也设置浮标导航,如长江南水道就是一个比较典型的用浮标导航的水道。

浮标导航方法,实际上就是逐个通过浮标的航行方法,因此要查阅有关航路指南和港章,熟悉浮标制度。航行前,应预画好航线,熟记相邻浮标之间的航向和航程,航行中,要认真逐一核对灯浮的形状、颜色、灯质、顶标和编号等。

浮标导航时,应在航道内靠本船右舷的一侧航行。通过浮标的距离按规定不宜过近,防止因风、流影响将船压上浮标。可能时,航行中要查看前后灯浮方位,掌握本船所用风流压差是否恰当。

用下列方法可检查本船是否行驶在航道内或计划航线上:

(1)查看前后浮标法

查看前后浮标,将前后浮标设想连成直线,能直观地判断本船是否行驶在航道内。如图 4-3-2 所示,A,B 是前后两个浮标,设置在航道南侧,北侧为可航水道,a,b,c 表示船的 3 个位置,a 位于前后标连线的南侧,说明本船已偏离航道进入浅水区,应立即左转离开此地,b 位于前后浮标连线上,说明已进入航道边线,也应左转离开连线位置,c 位于前后连线的北侧,说明本船在航道内。

(2)前标舷角变化法

如图 4-3-3 所示,船位于 A 浮标正横附近时测得前标 B 方位为 Q_1,航行中不断观测前标 B 的舷角,即可判断船舶偏航情况:如果航行中舷角不断增加,表明船舶在通过 B 标前将行驶在该标所标示的航道边界线的可航水域一侧;如果舷角不变,船舶将与 B 标碰撞;一旦舷角越来越小,船舶在通过 B 标前,就将偏离航道进入该标所标示的航道边界线的浅水区一侧。

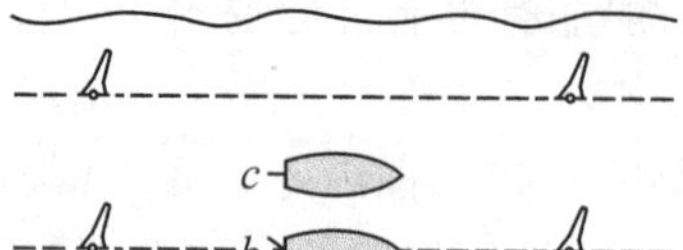

图 4-3-2 查看前后浮标法

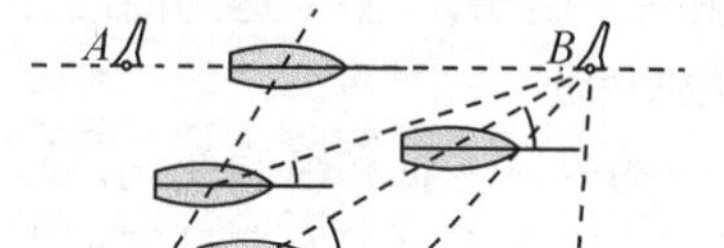

图 4-3-3 前标舷角变化法

值得注意的是，航行中前标舷角不断增加，固然表明船舶行驶在该标标示的航道边界线的可航水域一侧，但船舶也可能偏离航道而进入另一侧的浅水区域，为此，航行中应尽可能同时观测前方左右两个浮标的舷角，只有两个浮标的舷角都不断增加，才表明船舶行驶在它们所标示的航道内。

(3)舷角航程法

浮标导航目测正横距离，可用以判断船舶是否偏离计划航线。无风流情况下，除四点方位法外，还可使用舷角航程法。如图 4-3-4 所示 A，B 为两个浮标，其间距设为 6 n mile，船与 A 浮标正横时，测得 B 浮标的舷角 $Q=1°$，则船通过 B 浮标的正横距离，可按下式预算：

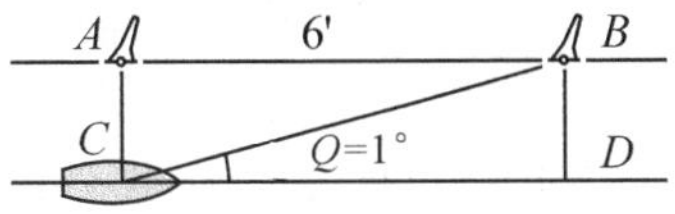

图 4-3-4　舷角航程法

$$BD = AB \times \frac{Q}{57.3} = 6 \times \frac{1}{57.3} = 0.1 \quad (\text{n mile})$$

浮标导航时，转向时机应视船舶性能、装载量、流的大小和方向以及船位偏离浮标的远近确定。正常情况下，选择在浮标正横时转向，顺流航行，应适当提前转向；顶流航行，应适当推迟转向，具体位置根据流的大小、船舶惯性、舵效等因素和当时实际情况确定。根据船位采取提前或推迟转向时，要注意勿使转向直航后船舶离浮标太近。通常，离浮标近，晚些转向；离浮标远，可早些转向。

江河口外的浮标或灯船，在大风浪之后有时会发生位移，灯光熄灭，严重者也会漂失，应不断根据前后两浮标间的航行时间计算出航速，用它推算到达下一个浮标的时间。如果估计应该看见的浮标看不见或位置不对，应立即采取措施，谨慎驾驶，必要时应立即停车或减速，同时尽可能利用各种手段反复校验船位，确认船位正确才可继续航行。如果发现浮标位移、漂失等情况，应及时向有关部门报告。此外，某些港口因冬季结冰，可能撤除浮标，或用其他标志代替，航行时应予注意。

在浮标导航中，要特别加强瞭望，注意避让，严格遵守有关的国际规则和地方规则。能见度不良时，要充分考虑昼夜、吃水、航道等条件，只有在避让和导航均有把握的前提下，才能继续航行。

2. 叠标导航

(1)方位叠标导航

在许多港口和狭水道地区，为了准确地引导船舶按照推荐航线安全航行，通常均设置方位叠标。方位叠标由前后两个标志组成，离船近的标志称为前标，离船远的标志称为后标。两标志连线向航道一侧的延长线，即为相应的方位叠标线。只要船舶准确地沿方位叠标所指示的推荐航线航行，就能保证行驶在安全航道上。船舶一旦偏离叠标线，前后标志就会相互错开，从而及时发现船舶偏离推荐航线，以便采取必要的措施。

①导航方法

方位叠标导航时，方位叠标线就是船舶的计划航线，航行中只要始终保持前后两叠标标志重叠，就能保证船舶航行在计划航线上。利用船首叠标导航时，如发现前标偏左，表明船舶偏右，应及时用小舵角操船左转；如前标偏右，表明船舶偏左，应及时用小舵角操船右转。利用船尾叠标导航时，如发现前标偏左，表明船舶偏右，此时应及时用小舵角操船右转；如前标偏右，表明船舶偏左，应及时用小舵角操船左转。

②方位叠标的灵敏度

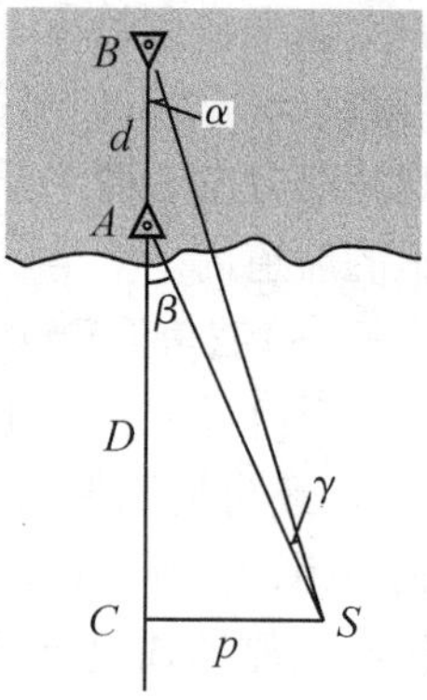

图 4-3-5　方位叠标导航

船上测者能够发现前后叠标标志错开时船舶偏离叠标线的最小距离称为方位叠标灵敏度。如果船偏离叠标线很远时,叠标才呈现错开现象,这种叠标的灵敏度是比较低的;反之,只要船舶稍微偏离叠标线,即能发现错开,这种叠标的灵敏度是较高的,使用灵敏度高的叠标导航,可增加导航准确度和安全性。

图 4-3-5 中,A 和 B 表示设在彼此相距 $AB=d$ 的两个叠标标志,C 表示在叠标线上的船位,距前标 A 的距离 $CA=D$。设船偏离叠标线至 S 点,$CS=p$,这时两标志错开,A,B 两标志在 S 处张角为 γ,则在其他条件一定的情况下,可用 p 与 D 和 d 的关系来表示叠标的灵敏度。因为 α,β,γ 都是小角度:

$$\gamma=\beta-\alpha\approx\frac{p}{D}-\frac{p}{D+d}$$

所以

$$p\approx\frac{D(D+d)}{d}\cdot\gamma$$

已知人眼目测可分辨 A,B 对船的张角 γ 的最小值约为 1′,于是可以发现船偏离叠标线的最小距离:

$$p\approx\frac{D(D+d)}{d}\cdot \mathrm{arc}1'$$

或

$$p(\mathrm{m})\approx\frac{1\,852D(D+d)}{3\,438d}\approx\frac{D(D+d)}{2d}\qquad(4\text{-}3\text{-}5)$$

p 值越小,叠标的灵敏度越高。从式(4-3-5)可知:在叠标标志之间的距离 d 一定的情况下,船距前标标志的距离 D 越近,叠标灵敏度越高。对于供校正罗经等专用的叠标,D 和 p 基本固定,则叠标灵敏度取决于两标志之间的距离 d,d 越大,灵敏度越高。此外,叠标的灵敏度还与标志的大小、形状和标志本身及背景的亮度有关。只有当两标志之间呈透光现象时,才有可能发现标志错开。

综上所述,选用方位叠标时一般应注意:

①在 $d/D\geqslant 1/3$ 时,便符合一般的导航要求;

②叠标标志越细长越好,良好的自然物标,如旗杆、烟囱、教堂尖顶或精测过的山峰等,亦可选作叠标标志用;

③标志本身和背景的亮度,应易于辨别。

当然,叠标过于灵敏,也不是所希望的,因为在容许的范围内,船稍微偏离航道轴线,亦不要求标志立即呈现错开。使用叠标导航时,应事先测定叠标方位,与海图上所标导航方位相比较,以免错认物标。

(2)雷达距离叠标导航

方位叠标线实质上是两物标方位差是等于零的等值线。同理,如果测得至两物标的距离差等于零的等值线,亦可作为导航叠标线使用。

如图 4-3-6 所示,A,B 为两个测距标志,当 $D_A=D_B$ 即 $D_A-D_B=0$ 时的等值线正好标示航道轴线。

实际导航时,用雷达的活动距标连续测定两标志的距离,只要保持 $D_A=D_B$,即两标志的回波同时保持在活动距标圈上,就可以准确而简便地使船保持在推荐航线上。保持活动距标圈始终与较近的一个标志的回波相切,若发现右侧标志的回波呈现在距标圈之外,则表明船已偏左,应向右调整航向;反之,若左侧标志的回波在距标圈之外,则说明船已偏右,应向左调整航向。

雷达距离叠标不受能见度限制,这是它突出的一个优点。这种叠标标志可设在岸上,必要时亦可设在水中,为了使回波易于发现和辨认,可在所设标志上加装雷达应答标。

距离叠标导航,两标志间的距离越大,叠标越灵敏;而船距标志连线 AB 的距离 R 越大,则灵敏度越低;当 $R=0$,即船在 AB 连线上时,距离叠标的灵敏度最高。

在弯曲航道上,为了便于转向,可设 3 个标志组成两组距离叠标,使转向前后的导航互相衔接起来,如图 4-3-7 所示。为了便于船舶对遇导航,在航道上可分别为东行和西行的船舶设置两组距离叠标,船舶利用叠标保持在各自的计划航线上,以利安全,如图 4-3-8 所示。

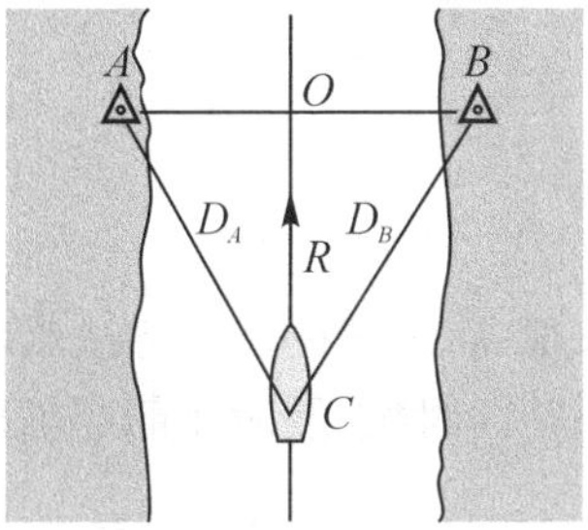

图 4-3-6 距离叠标导航

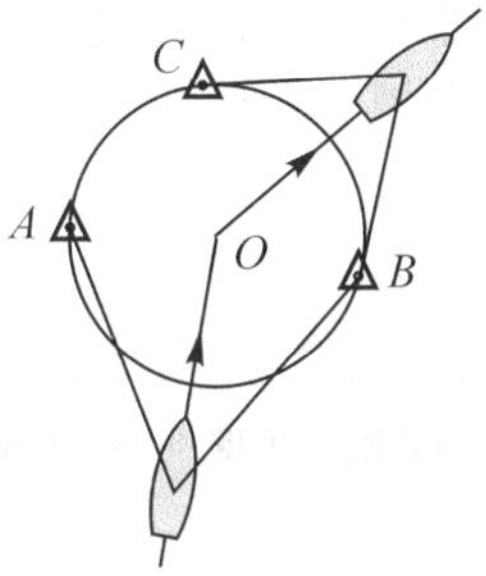

图 4-3-7 距离叠标转向

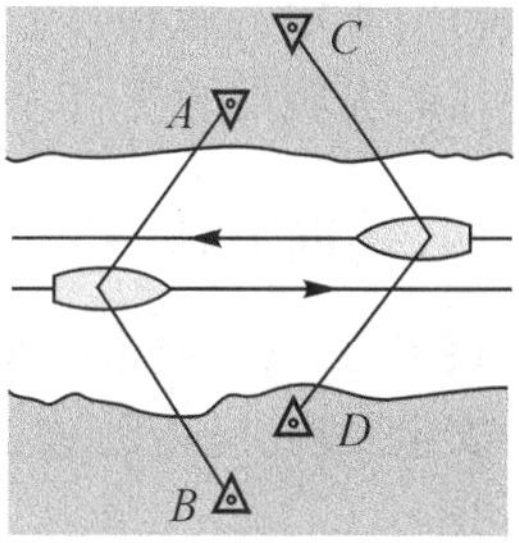

图 4-3-8 双向距离叠标导航

3. 导标方位导航

当在预定的航线上没有合适的叠标可用时,亦可在航线的前方或后方选择一个明显的物标作为导标来导航,这时,只要使船保持对该导标的方位不变,即可安全航行在该导标所指示的计划航线上。

导标方位导航时,应事先根据海图确定所选导标的真方位,然后结合本船罗经差,换算成相应的陀螺方位或罗方位。利用航线正前方导标方位导航,保持该导标实测方位始终等于事先设定的方位值,说明船舶航行在计划航线上。如果在航行中发现实测的方位不断增大,则说明船向左偏离了航线,应用右舵纠正;反之,如果发现方位不断变小,则表明船向右偏离了航线,应用左舵纠正。利用航线正后方的导标方位导航时,刚好与上述情形相反。

4. 平行线导航

当航线前后无合适的物标可供导航时,可借助雷达,利用航线两侧附近的物标进行平行线导航(Parallel Indexing)。

平行线导航,应事先结合海图,选取离航线较近、显著、海图位置准确的物标,并量取该物标至计划航线的最近距离。调整雷达到北向上相对运动显示方式,活动距标至相应的最近距离值,电子方位线与计划航线平行,再调整电子方位线扫描中心,使其刚好在物标同侧与活动距标圈相切,如图 4-3-9 所示。航行中,根据物标回波和电子方位线的相对位置关系调整航向,使物标回波始终沿该电子方位线做相应的移动,即可确保船舶顺利航行在计划航线上。普通雷达,利用平行方位标尺,也可达到类似的导航目的。但由于视差影响,其导航精度要低一些。

为了提高平行方位线导航精度,应尽可能选择船舶正横附近较近的导航物标,长航线应及时更新导航物标。具有 NAVMARK 功能的自动雷达标绘仪(ARPA),能捕获与跟踪一个或多个静止的孤立小物标,从而给航海者提供船舶的实际航迹向和航速。操纵船舶使所显示的航迹向和计划航向一致,并保持某物标最小接近距离等于海图上该物标至计划航线的最小距离,同样可方便地用来导航。

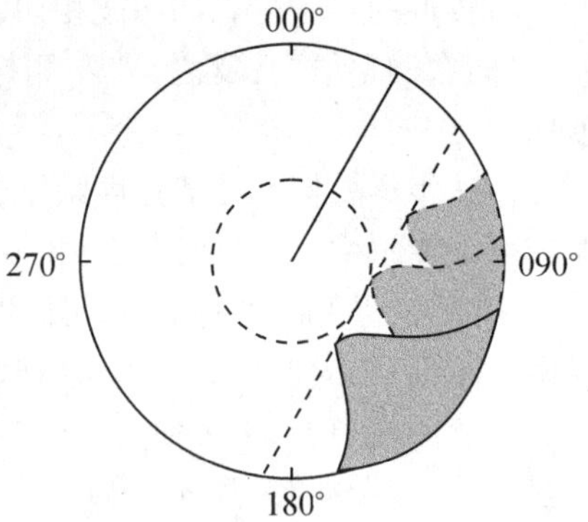

图 4-3-9 平行线导航

5. 使用 DGPS 与电子海图导航

目前,世界许多国家在本国沿海建立了 DGPS 台站,可达到米级精度,为狭水道导航提供了可能性。在准确使用坐标系修正量的基础上,DGPS 结合电子海图是狭水道航行中非常有效和可靠的先进导航方式,已被世界一些港口的引航员所使用,并取得了理想的效果。

四、转向方法

狭水道航行,航道狭窄弯曲,危险物众多,对船舶转向要求很高,一般的转向方法难以满足航行安全要求,应借助适当的标志,简便、直观而且迅速地把握转向时机,及时使船准确地转至新航线上。

1. 物标正横转向

利用转向点附近物标正横确定转向时机,简便、直观,在航海上被普遍采用。应尽可能选择转向同一侧的孤立、显著、准确的人工或自然标志作为转向物标。转向时,必须根据当时船舶偏航情况、水流的顺逆,结合船舶操纵性能,适当提前或推迟转向,准确把船转至新航线上。

2. 逐渐转向

在狭窄且弯度较大的航道中转向,常常不能一次旋回就转至新航线。为了保持船舶能在弯曲的航道中央航行,必须逐渐改变航向,称为逐渐转向法。

当弯道不太长时,可根据岸形采用小舵角,保持离岸或某物标一定距离连续转向。转向过程中,要根据船舶回转速率和航道情况不断变换舵角大小,变换车速的快慢,甚至停车和正舵,以操纵船舶逐渐转向,安全驶过弯道。

如图 4-3-10 所示,弯道较长时,应事先在海图上绘画计划航线,选择适当的导航和转向物标,分段逐渐转向。

分段逐渐转向时,进入弯道前应熟记各段的航向与航程、危险物分布、导航物标和导航与避险方法等。弯道内各处水深不一,水流大小和方向各不相同,要注意风流的影响,随时调整风流压差。

3. 导标方位转向

当新航线正前方或正后方有适当的导标时,可直接观测该导标方位来确定转向时机。这样,不论转向前船舶是否偏离计划航线,均能较为准确地将船舶转到新航线上,如图 4-3-11 所示。

新航线正前方或正后方的导标可用于判断转向时机,转向后,还可用它来导航。

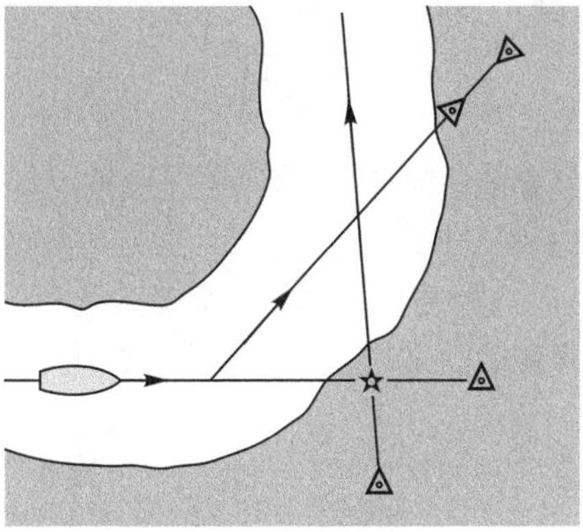

图 4-3-10　分段逐渐转向

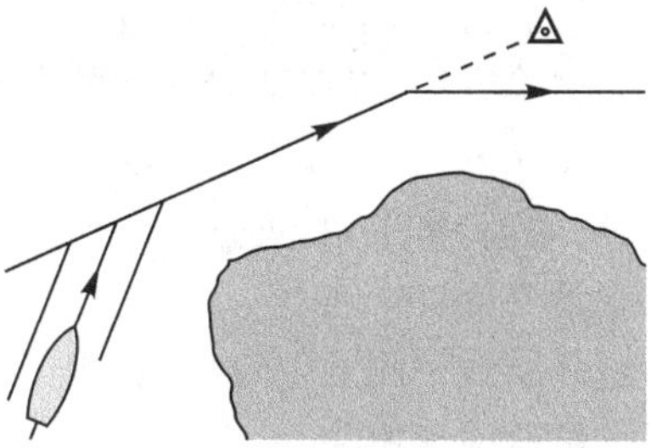

图 4-3-11　导标方位转向

4. 平行线转向

利用转向点附近某一孤立、显著的物标,可使用平行线转向法确定转向时机。如图 4-3-12 所示,转向前,按 CA_1 导航要求调整雷达电子方位线(EL_1),保持物标 M 的回波($a_1,a_2,a_3\cdots$)沿电子方位线 EL_1 移动,可引导船舶行驶在转向前的计划航线上。接近转向点时,按 CA_2 导航要求迅速调整电子方位线(EL_2),一旦物标 M 的回波抵达 EL_2(回波 a_4),即可判定船舶已抵达转向点。转向后保持物标回波沿 EL_2 移动($b_1,b_2,b_3\cdots$),可确保船舶行驶在新的计划航线上。

采用平行线转向法,物标的选择余地较大,转向前后还可使用平行线导航法导航。

5. 平行方位线转向

如果新航线两侧有危险物,又没有合适的导标用于使船准确地转到新航线上,而利用物标正横转向,一旦转向前船舶已偏离原航线,则转向后船舶很可能偏开新航线,进入两侧危险水域,为了避免上述情况,可采用平行方位线转向法。

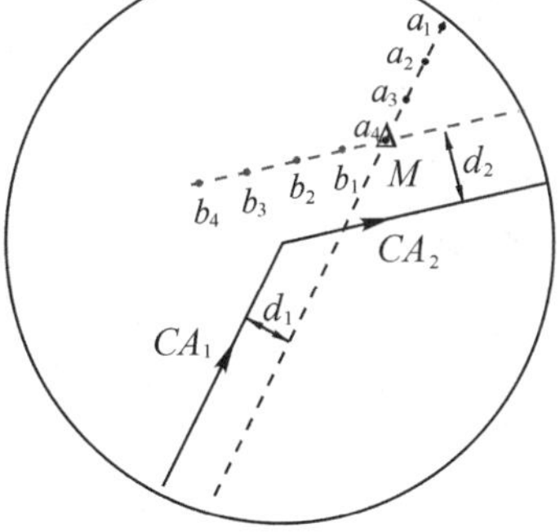

图 4-3-12　平行线转向

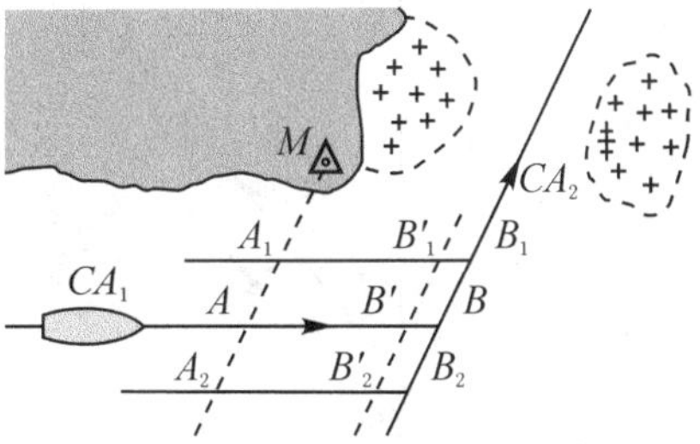

图 4-3-13　平行方位线转向

图 4-3-13 中 CA_1 和 CA_2 为转向前后两条计划航线。在转向点附近选择一明显物标 M,在海图上过 M 作新航线的平行线 MA,并求取相应的罗方位。根据航速计算出由 A 点航行到 B 点所需时间 T,航行中,当测得 M 的罗方位等于预先计算所得的罗方位时,即按下秒表,经过时间 T 后转向,即可转到新航线上。考虑到从驾驶员发令到船舶实际转到新航向上需要一定的时间 t,故应在经过时间 $T-t$ 后,即当船舶在 B'点时发出转向指令。

采用平行方位线转向法,无论转向前船舶是否偏离原航线,转向后都能使船舶准确地转到新航线上，从而安全避开新航线两侧的危险物。

五、避险方法

狭水道航行，由于航道附近危险物、浅滩众多，船舶除定时测定船位外，还应采取适当而简便有效的避险方法，以保证船舶行驶在安全水域。

为了船舶的安全，在水下危险物附近航行时，可以选择合适的物标作为避险物标，根据一定的方位、距离、水平角、垂直角和横距等相对关系来避险。常用的避险方法有：

1. 方位避险

为避开航线一侧的危险物，若所选避险物标与危险物的连线与计划航线平行或接近平行，可采用方位避险线避险。

采用方位避险线避险，应选择与危险物位于航线同一侧的显著物标作为避险物标，并根据避险物标、危险物和船舶之间的相对位置关系确定相应的避险方案：在海图上以危险物为圆心，最小安全距离 d 为半径画圆弧，再自避险物标 M 作靠近航线一侧的圆弧的切线，该切线即为方位避险线。量取避险线真方位 TB_0，即为相应的避险方位。如图 4-3-14(a)所示，若所选择的避险物标 M 与危险物同位于航线的右侧，且避险物标位于危险物的前方，航行中，只要保持实测 M 的真方位 $TB \geqslant TB_0$，即可安全地避开该危险物；若避险物标 M 与危险物同位于航线

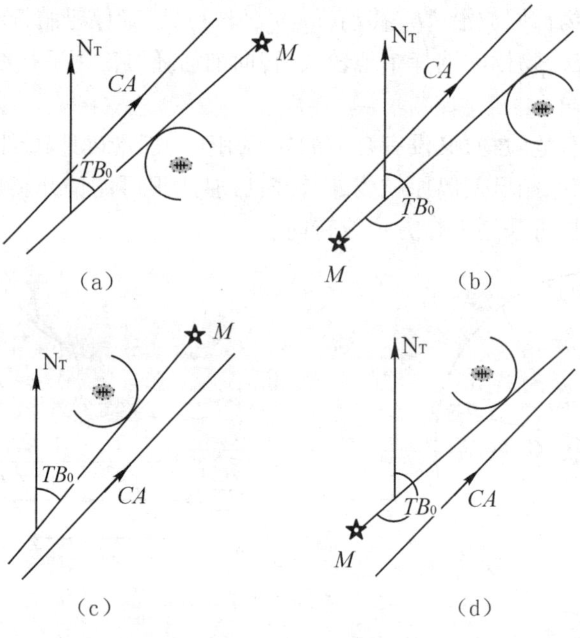

图 4-3-14　方位避险

的右侧，但避险物标在危险物的后方[如图 4-3-14(b)所示]，则应保持实测方位 $TB \leqslant TB_0$，方可安全避开该危险物。如果避险物标和危险物同位于航线左侧，避险方案刚好与上述相应情况相反，当避险物标位于危险物前方[如图 4-3-14(c)所示]时，为安全避开危险物，应保持实测方位 $TB \leqslant TB_0$；当避险物标位于危险物后方[如图 4-3-14(d)所示]时，应确保 $TB \geqslant TB_0$。

根据避险物标和危险物之间的相对位置关系，方位避险可分为如表 4-3-2 所示四种情况。

表 4-3-2 不同情况方位避险表

相对位置关系		避险要求	方位安全变化趋势
同在航线左侧	物标在危险物前方	$TB \leqslant TB_0$	TB 逐渐减小
	物标在危险物后方	$TB \geqslant TB_0$	TB 逐渐减小
同在航线右侧	物标在危险物前方	$TB \geqslant TB_0$	TB 逐渐增大
	物标在危险物后方	$TB \leqslant TB_0$	TB 逐渐增大

由表 4-3-2 可见,如物标位于危险物前方,且两者位于航线同一侧时,避险要求与物标方位安全变化是一致的(大于时增加,小于时减少),根据多次观测,这种方法不仅能迅速判断每次观测时船舶是否存在危险,而且可进一步预测船舶是否正逐渐接近危险物。当利用位于危险物后方的物标来避离危险时,由于避险要求与物标安全方位变化趋势相反(大于时减少,小于时增加),仅观测物标方位,只能判断观测时刻船舶是否存在危险,而无法正确预测未来趋势,因此应谨慎使用。

2. 距离避险

如图 4-3-15 所示,当所选避险物标和危险物的连线与计划航线垂直或接近垂直时,可采用距离避险线避险。

采用距离避险线避险,必须选择位于危险物同侧的避险物标。首先确定距危险物的最近距离 d,再进一步确定避险距离 D_0,航行中,保持船舶至该物标的距离 $D \geqslant D_0$,即可避离该避险物标附近的危险物。雷达导航时,调整雷达活动距标值至 D_0,只要避险物标的回波位于该活动距标圈以外,就可安全避开该危险物。

采用距离避险线避险时,避险物标和危险物应该位于航线的同一侧,否则,单凭一条距离避险线是无法安全避开危险物的。

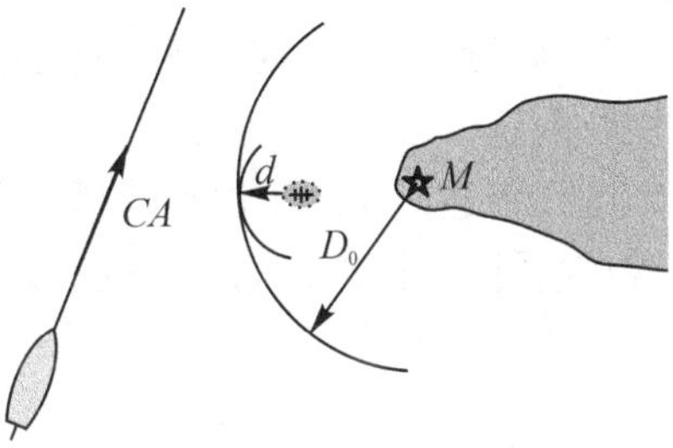

图 4-3-15 距离避险

3. 水平角避险

测量危险区域附近相距足够远的两个物标的水平角,可进行水平角避险。

如图 4-3-16 所示,D 为沿岸航海危险区域,M,N 为危险区附近两避险物标。在海图上过 M,N 作圆弧 MNX,并包含整个危险区 D。显然,航行中,只要保证用六分仪所测物标 M,N 的水平角 α 满足 $\alpha \leqslant \alpha_{max}$,就可安全避开该危险区。

4. 垂直角避险

如图 4-3-17 所示,利用危险物附近已知高度的高大、显著物标,可采用垂直角避险方法来避开航线附近的危险物。

图 4-3-17 中,物标 M 高度为 H,D_{min} 为船舶与物标 M 的最小安全距离。事先根据 H 和 D_{min} 求取最大垂直避险角 α_{max},航行中确保用六分仪所测物标 M 垂直角 α 满足 $\alpha \leqslant \alpha_{max}$,就可安全避离该危险区域。

海图上所标物标高程是指高程基准面以上的海拔高度。在有潮海区,应根据船舶通过危险物时当地的潮汐情况,将海图所标避险物标的高度换算为该物标当时的实际海拔高度,以确保船舶航行安全。

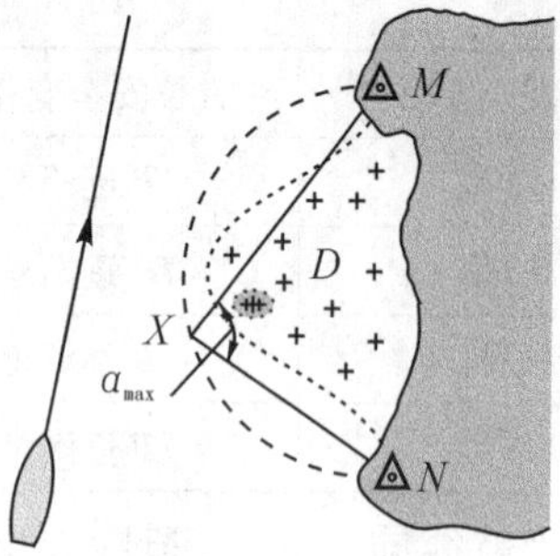

图 4-3-16　水平角避险

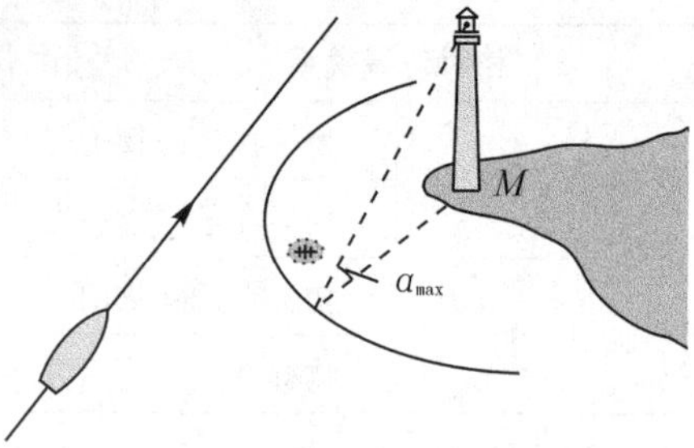

图 4-3-17　垂直角避险

与距离避险类似，采用水平角或垂直角避险线避险时，也必须选择位于航线同一侧的显著物标作为避险物标。

5. 平行线避险

利用航线附近物标可进行平行线导航，它们也同样可用于平行线避险。

平行线导航，要求船舶始终行驶在计划航线上。事实上，由于船舶在航行中避让操纵等影响，船舶往往不得不暂时偏离航线。如果事先根据海图确定出船舶最大偏航距离，从而进一步确定航行中船舶与所选物标之间的最大（最小）距离，再按平行线导航中所述方法设定相应的避险线，航行中保持避险物标的雷达回波始终位于该避险线安全一侧，即可确保船舶安全地通过航线附近的危险物。

选择雷达回波易于识别的孤立小物标作为避险物标，在确保航迹向的前提下，利用 ARPA 跟踪该物标，保持该物标的最近会遇距离（DCPA）始终大于或小于相应的避险距离，也可达到同样的避险目的。

六、江河航行特点和注意事项

有些大港位于内河深处，兼有海船通航，如上海港、黄埔港、南京港等，都有万吨级的大型海船进出，它们必须通过黄浦江、珠江和长江下游的江河水道。亚洲、欧洲、南美洲和北美洲的其他许多河港也有类似的情况。因此，要求海船驾驶员全面了解江河航行的特点和有关注意事项，以便能安全地进出内河港口。

1. 江河航行的特点

除一般狭水道航行特点外，江河航行还具有以下特点：

（1）航道特点

①航道狭窄、弯曲

江河航道与海上航道有很大的不同，航道一般均较狭窄，深度和宽度都受到较大限制。有时河面较宽，但实际上可航行的航道却很窄，尤其在枯水期更为明显。有的航道宽仅几十米，只能单向通航。航道多弯曲，航行中必须频繁转向或由沿江河的一侧岸边转而沿另一侧岸边航行。

②水流变化大

天然江河中，水流分布不均匀，流速、流向与季节、河道深度和宽度及走向有关。

洪水季节，在河道窄而河槽坡度大的地方，流速很大，而枯水期和河道较宽的地方，流速则较小，在河底和两岸附近流速最小，水面流速从两岸向最大水深处逐渐增大。在弯曲的航道中，凸岸流速较小，凹岸流速较大，流向一般与航道中央线平行，沿岸可能形成回流，流向与主航道流向相反，受潮流影响的河段，落潮比涨潮时流速大。

③航道变迁大

江河水位变化大，有的地方洪水期和枯水期的水位相差可达十余米。由于洪水的冲刷和泥沙的沉淀，岸形和航道的宽度、深度经常发生变化，甚至整个航道的位置发生变迁，不仅可能年年有变，而且有时一年数变。

江河航道河槽变迁和水位涨落都对通航能力有较大的影响。在有高架桥或有过江架空电缆的河流通航，还要了解江河最高水位时的净空高度，一般要求船的最高点与桥梁或架空电缆的最低点之间应有不小于 1.5 m 的富余高度。

(2)航标特点

根据江河航道的具体特点，有关当局一般都制定相应的助航标志制度，并设置专用的江河航标，以标示江河航道的方向、界限与碍航物等，为船舶航行指示安全的航道。

1993 年我国国家技术监督局颁布了新的国家标准《内河助航标志》(GB5863—1996)，并于 1994 年 9 月 1 日开始实施。该标准规定了内河助航标志的种类、功能、形状、颜色、灯质、图例及配布原则等。该标准适用于中华人民共和国各江河、湖泊、水库通航水域所配布的内河航标。规定了航行标志、信号标志和专用标志三大类 18 种内河航标，以满足船舶在内河安全航行的特殊需要。

(3)航行特点

海船驶入江河航道，由于在浅水中兴波阻力的增加，航速将会降低，浅水与深水比较，造成兴波阻力的浅水临界航速要比深水低得多。在浅水中，当达到船体阻力急剧增加的航速时，虽然再增加主机转速，但也不能按正常比例加快航速。这就是船舶从深水进入浅水时，航速会突然下降的原因。

在浅水区，由于通过船底的流速增加、水压减小，船舶吃水增加；船自海上驶入江河，由于水的密度发生变化，因此会相应地增加吃水，这样在浅水区航行，由于船底富余水深有限，有时会发生舵效降低或失灵的现象。在两舷侧水深不同的水域航行时，由于浅水侧船首前方水位抬高较难扩散，因此船首受水压力有向深水一侧偏转的现象，而在船中后，由于浅水侧流速大、水压小，对船后产生吸引作用，因此增加了船头找深水的偏转作用，且在江河狭水道亦容易发生船吸现象。

2. 江河航行注意事项

江河航行时，不宜对江河航行图过于信赖，必须获取最新的有关资料，加以研究补充，即使有引航员在船时，亦不能解脱船长、驾驶员应负的责任。

为保证航行安全，在江河航行时，首先要全面熟悉航道、航标、岸形、水深、水流、气象因素等航行条件，结合本船特点，确定航线。为了便于随时查阅核对，事先将航线、航向、等深线、重要物标等标绘在江河航用图册上，熟记各段航线的航向、航程、重要导航物标的特点等，对弯曲航道、浅滩、急流等困难航段，应特别注意。要遵守避碰规则和有关的地方规则，控制船速，加强瞭望，必要时备车备锚。利用浮标导航时，正横一个浮标后，力求及早发现下一个浮标，并警惕风流的影响，及时采取适当的措施，保持足够的距离通过，切勿使船压向浮标。

七、岛礁区航行特点和注意事项

岛礁区航行(navigating in rocky water)是指在沿岸岛屿之间的内水道和热带珊瑚岛附近水域的航行。我国舟山群岛和东南沿海、斯堪的纳维亚沿岸的岛区属于岛礁区。我国南海的南沙群岛、西沙群岛、中沙群岛和东沙群岛,以及澳大利亚东北海岸的珊瑚海,均属著名的珊瑚礁海区。

1. 岛礁区航行的特点

在沿岸岛屿之间的航道,通常狭窄,流急,危险物众多,但可供定位和导航的物标一般也比较多。珊瑚礁海区海流、潮流复杂,这些海区的测量很不充分,水深 100 m 内未经扫海的地区多有不明暗礁存在。此外,珊瑚礁区的水深变化很大,一般离礁 1 500 ~ 2 000 m 处的,水深有 800 m;离礁 3 000 m 处的,水深可达 1 000 m。有的上部露出水面的桌形珊瑚礁,距其 800 m 处,水深就有 800 m,但即使在 1 500 m 深的珊瑚礁区航行,水深也会突然变浅,可能发生触礁事故,船舶一旦在珊瑚礁区遇险搁浅,船底破损比一般触礁大,加上波浪冲击,破损不断扩大,难于救助,后果严重。

珊瑚礁大多在高潮时被淹没,低潮时露出,目测和雷达观测不易发现,又没有其他显著物标,因此,珊瑚礁区可供定位和导航的物标很少。珊瑚岛也大多比较低矮,即使有的环形礁长宽达数百海里,而其高度也只不过在高潮面上 2 ~ 3 m。长着茂密的椰树和红树林的珊瑚岛,在眼高 10 m、能见度良好时,可见距离达 14 n mile,没有树的小岛只有 6 n mile。白天,能见度良好情况下,珊瑚岛的雷达探测距离往往小于其目测能见距离。由于热带植物生长很快,小岛外形因而变化也很快,这也是珊瑚岛的一个特点。

白天,能见度良好时,浅水礁盘所在水天线附近天空常有反光。晴天该处水天线及其上空比别处明亮,若其上空有白云,云底呈青色。这种反光在面向太阳时不易看出,在背向太阳时比较明显,只要注意观察,距礁 10 n mile 左右便可发现。稍有风浪时,礁盘边缘即起白浪,上风方向望去特别明显,能见度良好时,距礁 4 ~ 5 n mile 即可见,夜间或能见度不良时,加大雷达增益,关闭海浪和雨雪干扰抑制,也常能从满屏的干扰回波中隐约辨出礁盘的轮廓,上风方向尤为明显。浅水礁盘上海水一般呈青绿色,礁盘边缘浅水区水呈浅蓝色,与周围海水颜色有所不同,大片的变色海区白天距离 3 ~ 4 n mile 即可见,船舶只要不接近变色海水就无危险。

2. 岛礁区航行注意事项

在沿岸岛屿之间航行,要仔细研究海图和有关航海资料,注意掌握水流和气象情况,正确使用各种人工或自然导标,叠标和转向、避险物标等。

在珊瑚礁区航行,应特别注意做好各种准备,选定一条安全、经济的航线,使用最新的大比例尺海图。测深点稀少时,应尽量将计划航线画在测深点上,航线离礁至少在 5 ~ 6 n mile 以上,不宜为了定位方便而过分接近岛屿或珊瑚礁。必须通过两礁间的水道时,应尽可能从两礁间最窄处的垂直平分线上通过,以确保航行安全。为了便于目视发现浅水礁盘的存在,应选择白天在礁盘的上风方向 2 ~ 3 n mile 处通过。

珊瑚礁区水下危险物较多,而陆标定位条件往往较差,航行时要加强瞭望,抓紧时间利用测天和无线电定位。利用天文定位时,要注意热带礁区因赤纬圈几乎和地平圈垂直,晨光昏影时间特别短,观测时一定要抓紧时间,接近礁岛时,应坚持测深和利用礁岛边缘定位。礁岛区海底崎岖,水深起伏很大,在水流颜色急剧变浅时,应减速直至倒车,仔细观测水色,以防触礁。

在沿岸岛屿和热带珊瑚礁之间航行时，除了利用狭水道通常的导航、转向和避险方法外，还可经常利用物标的“开门”“关门”来确定转向时机和避离危险等。如图 4-3-18 所示，船舶沿 CA_1 航行过程中，只要保持 A 岛和 B 岛西端闭视以及 E 角和 B 岛东端开视，即可避开航线两侧的危险物。A 岛东端和 B 岛上的灯塔串视，可用于导航。E 角和 G 岛“开门”，可用于确定由 CA_1 到 CA_2 这一转向时机。由 CA_2 到 CA_3 的转向时机，可利用 D 岛和 F 角“关门”来确定。船舶沿 CA_3 航行时，保持 D 岛北端和 B 岛南端开视，即可避开航线右侧的航海危险区。

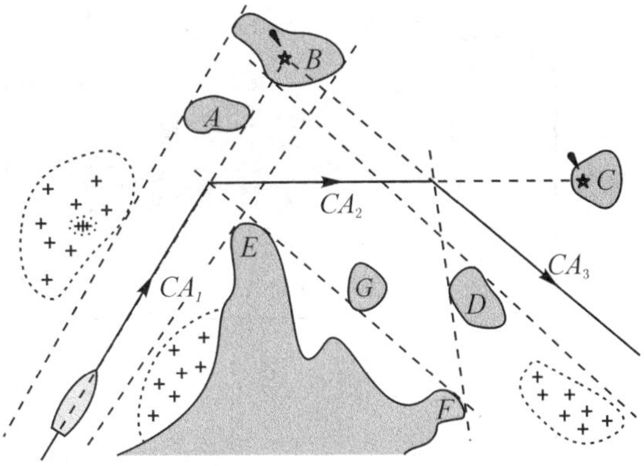

图 4-3-18 岛礁区导航

“开门”“关门”位置线是转向和避险应用中的一种方位叠标线，直观、准确、使用方便，且不依赖罗经，在岛礁区航行，应尽可能采用。值得注意的是，物标“开门”转向时，如后标开始时被前标遮蔽，对后标的识别要求就非常高，两标一旦“开门”，船舶就应立即转向。如果物标识别有误，或者因后标识别费时而延误了转向时机，都可能给航行安全造成严重影响，使用时要特别谨慎。

此外，航行前方单一物标不仅可用于方位导航，如能同时用雷达测定其距离，还可方便地用来确定转向时机。为充分发挥这一特点，岛礁区航行时，可采用“二次转向法”：先将转向点附近某物标置于航线正前方用来导航，接近到一定距离时，适当向该物标安全一侧转向，到该物标正横时再转至下一航向，而不采用该物标一次性正横转向法。采用二次转向法，直观、方便，有利于导航和避险，能大大减轻航海者的工作紧张程度，对航程的影响也非常小，可忽略不计。

第二节 运河航行

苏伊士运河、巴拿马运河和基尔运河是世界三大著名运河，在国际航运中占有重要地位。本节扼要介绍三大运河的基本情况及航行注意事项。

一、三大运河简介

1. 苏伊士运河(Suez Canal)概况

(1)简介

苏伊士运河(如图 4-3-19 所示)北起于地中海的塞得港(Port Said)，南止于红海北端苏伊士湾的苏伊士港 (Port of Suez)，是沟通红海和地中海的人工河道。它于 1859 年动工开挖，1869 年 11 月 17 日首次通航，1888 年对全世界所有国家的船舶开放。1979 年至 1982 年间，运河当局对运河进行了大规模的疏浚和加宽，使通过运河的船舶的吃水增加到 16.1 m。目前，

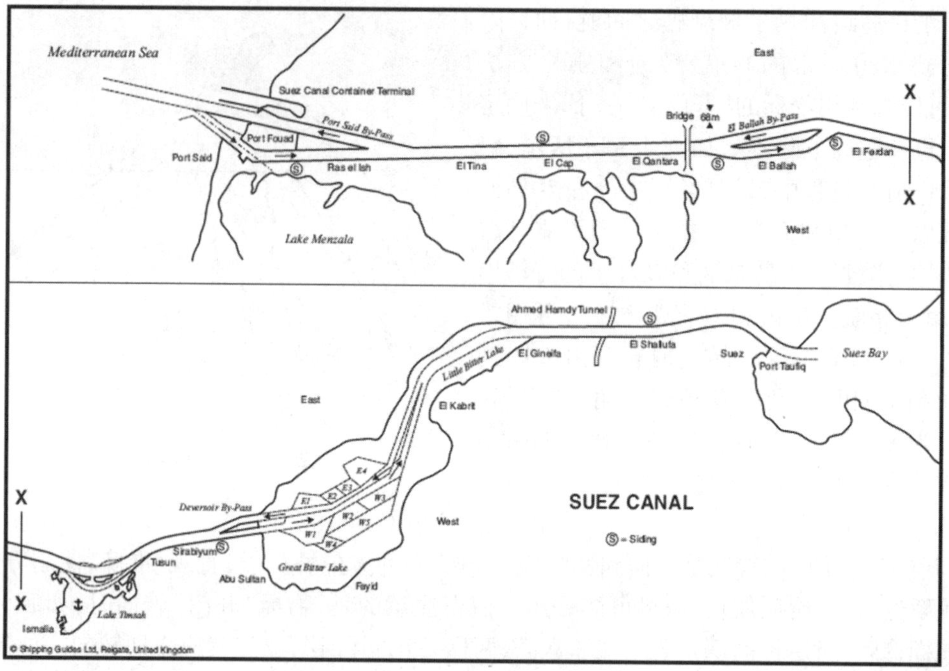

图 4-3-19　苏伊士运河示意图

除个别航段外，苏伊士航道中央水深维持在 24.0 m(78 ft 9 in)。苏伊士运河的开通，大大缩短了亚洲到欧洲的航程。

整个运河由两端进口航道、运河航道以及大苦湖(Great Bitter Lake)、小苦湖(Little Bitter Lake)、提姆萨湖(Timsah Lake)三个天然咸水湖组成。运河的大部分航段是单程航道(也称主体运河航道)。另外，还设有塞得港支航道(By Pass and Loops)、巴拉赫环形航道(Ballah)、提姆萨支航道(Timsah)、戴佛叟依支航道(Dversoir)和卡博利特支航道(Kabrit)五段双向航道。自塞得港灯塔(Bur Said High Light)或塞得港支航道(Bur Said By-pass)Km 3E 处至苏伊士港(Port of Suez)的 Km 162.15 处，苏伊士运河总长 162.15 km(87.5 n mile)。运河内所有弯道半径均在 5 000 m 及以上。

(2)限制尺度

船宽 49.98 m(164 ft)的船舶，可以在 18.9 m(62 ft)吃水时通过苏伊士运河。

船宽超过 49.98 m(164 ft)的载货船舶的最大允许船宽与船舶吃水以及编队的航速有关，自 1992 年 8 月 1 日起，北上和南下编队统一执行运河当局制定的“船宽和吃水”限制规定。通航船舶允许最大吃水随船宽的增加而逐渐减小：船宽 50.0 m(164 ft)的船舶，其最大吃水为 20.12 m(66 ft)；船宽增加到 77.49 m(254 ft 3 in)时，其最大吃水减小为 12.19 m(40 ft)。北上编队航速限制为 5.9～8.6 kn(11～16 km/h)，南下编队为 7.6 kn(14 km/h)。

船宽 64.00 m(210 ft)～77.49 m(254 ft 3 in)、吃水不超过 12.19 m(40 ft)的空载船舶，可以在风速不超过 10 kn 的情况下通航。船宽超过 77.49 m(254 ft 3 in)的空载船舶通过运河前，需要事先取得苏伊士运河当局的批准。

吃水在 15.2 m(50 ft)～20.12 m(66 ft)且符合“船宽和吃水”表规定的船舶首次在该最大吃水状态通过苏伊士运河时，必须事先在塞得港或苏伊士港进行试航。

对通过运河的船舶的船长无限制。

2. 巴拿马运河(Panama Canal)概况

(1)简介

巴拿马运河(如图4-3-20所示)于1881年正式开挖,直到1914年8月15日建成正式通航。巴拿马运河是呈东南—西北走向的船闸式运河。它东南起于太平洋东岸巴拿马湾的巴尔博亚港(Balboa),西北止于大西洋西岸加勒比海利蒙湾(Limon Bay)内的克里斯托巴尔港(Cristobal),全长为45.02 n mile (83.33 km)。

(2)限制尺度

巴拿马运河整个航道最小水深12.8 m(42 ft),允许最大吃水为12.04 m的船舶通过运河。首次通过巴拿马运河的船舶,如果吃水超过10.82 m,其船东、营运人或代理应在船舶装载前2周以上向运河当局提供通航规则所规定的详细信息和最大允许通航吃水的申请。

通常,总长在289.6 m及以下的商船可允许通过巴拿马运河,而客船和集装箱船的船长可增加到294.13 m。总长超过274.32 m的船舶首次通过运河前,应满足相关的检查要求。拖驳船队通过运河时,包含拖船长度在内的完整的拖驳船队组合体总长不能超过274.32 m。非自行推进的船舶通过运河时,包含拖船长度在内的船舶总长不能超过259.1 m。

允许最大船宽为32.31 m的船舶通过运河,但如事先作好安排,也允许船宽为32.61 m的船舶通过运河。允许通过运河的非自行推进船舶的最大宽度为30.5 m。

任何通过运河或靠泊Balboa港的船舶,水面以上最大高度不能超过57.91 m。按个案处理,Balboa港平均大潮低潮期间,高度达62.5 m的船舶也有可能允许通过运河。

允许通过巴拿马运河的船舶中,船长最大的船是散货船“San Juan Prospector”轮,船长296.6 m(宽32.3 m);船宽最大的船是“USS New Jersey”轮,船宽32.9 m(船长268.2 m);吨位最大一艘船是65 683总吨的“RMS Queen Elizabeth Ⅱ”轮,船长293.5 m,船宽32.0 m。

为确保船舶的操作性能,所有船舶在通过运河时,应有足够的载重以满足以下最小吃水限制:

船长	最小吃水	
	首吃水	尾吃水
≤129.54 m	调整吃水使得引航员能够在驾驶台中央看到船首楼方向的叠标	
>129.54 m	2.44 m	4.30 m
>144.80 m	5.50 m	6.10 m
>160.02 m	6.10 m	6.71 m
>176.80 m	6.71 m	7.32 m
>190.50 m	7.32 m	7.93 m

所有运河船闸和它们的进口闸坝都是成对并排设置的,船舶能同时相向或同向通过船闸。每个船闸浮坞长304.8 m,宽33.5 m,深12.3 m,加通船闸(Gatun Locks)为三级双闸室船闸,可使水位比大西洋水位升降25.9 m (85 ft);Pedro Miguel船闸为单级船闸,可使水位升降9.4 m(31 ft);Miraflores船闸为二级船闸,水位可升降16.5 m(54 ft)。

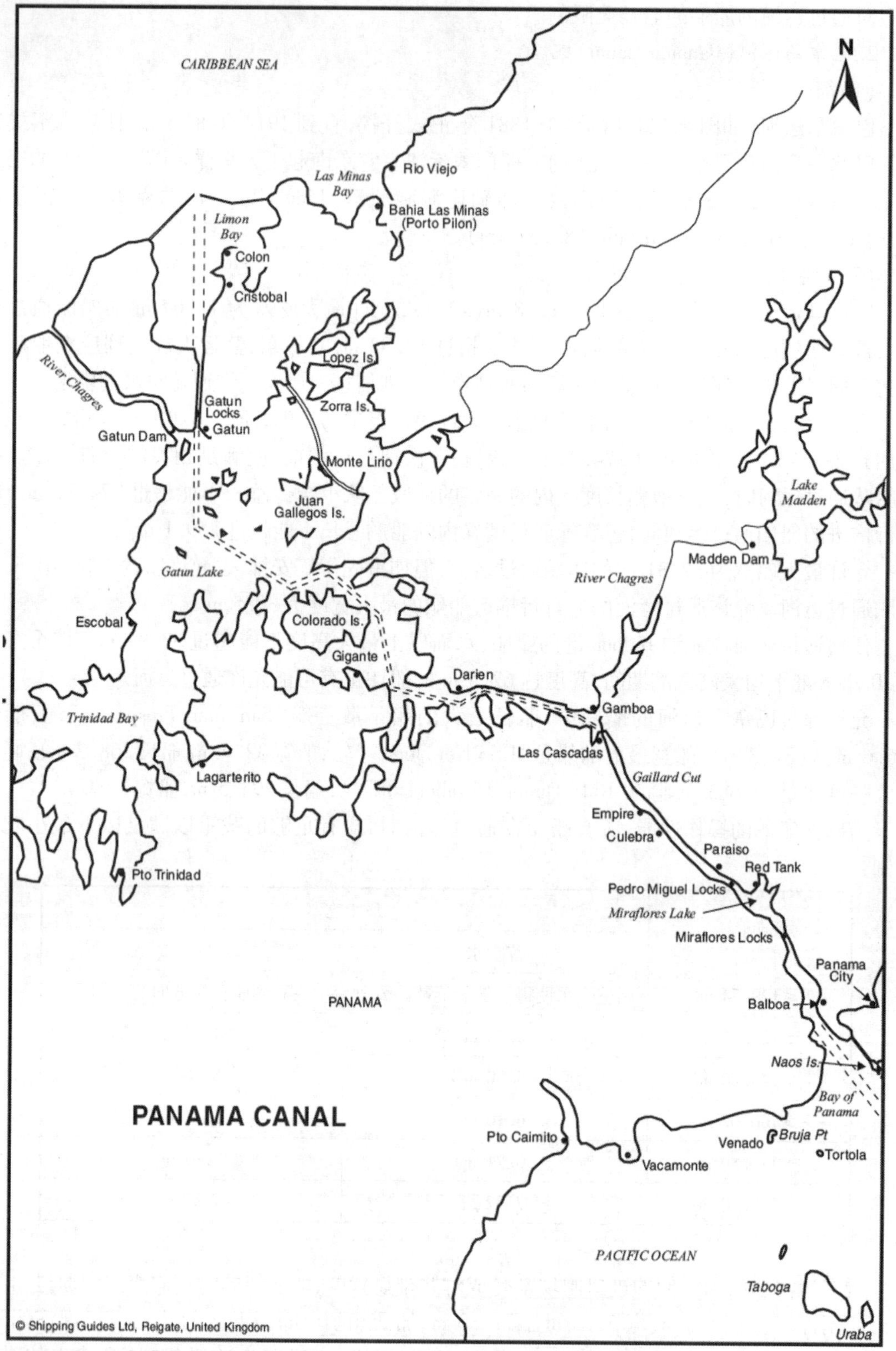

图 4-3-20　巴拿马运河示意图

运河内 24 h 通航，无须编队航行，夜航无须运河探照灯。船舶通过运河水域平均所需时间，包含等待时间在内，约为 24.5 h；运河两端两个信号台间距 36.7 n mile(68 km)，平均通航时间 10 ~ 12 h。船舶在运河内的航速受航道宽度等通航条件的限制：大西洋入口至 Gatun 船闸段水域及 14 号灯浮至太平洋入口段水域航速不超过 12 kn；在宽度为 304.8 m 的 Gatun 湖水道中，航速可达到 18 kn；而在 Miraflores 船闸至太平洋入口处的 14 号浮间，航速不能超过 6 kn。紧急情况下航速不受限制。

如船舶自大西洋一端入口，经运河驶往太平洋，将由加勒比海利蒙湾(Limon Bay)北部的东西防波堤间进口，航行约 6.5 n mile 后进入加通船闸(Gatun Locks)，水位升高 25.9 m (85 ft)，然后航行于长约 20 n mile 的加通湖水道，再经长约 7 n mile 的 Gaillard Cut 水道，驶入一级 Pedro Miguel 船闸，水位下降 9.4 m(31 ft)。继续往前航行，通过约 1 n mile 长的 Miraflores 湖水道，驶入二级 Miraflores 船闸，水位再次下降 16.5 m(54 ft)，至太平洋面水位，再往前航行约7 n mile，即是太平洋出口。

船舶通过运河期间，允许甲板上所装载的货物突出舷侧，但只能向一侧伸出船体，且伸出部分长度不超过 4.752 m；包含该部分货物在内的船舶最大宽度不能超过 25.9 m。

巴拿马运河各区段航道和船闸资料如表 4-3-3 所示。

表 4-3-3 巴拿马运河船闸资料表

运河区段	航道(船闸区域)长度		航道最小尺度	
	n mile	km	宽度(m)	水深(m)
防波堤至 Gatun 船闸	6.43	11.81	152.4	12.8
Gatun 船闸	1.04	1.93	-	-
Gatun 湖	20.70	38.36	198.1	13.7
Gaillard Cut 水道	6.97	12.92	152.4	随季节变化
Pedro Miguel 船闸	0.72	1.33	-	-
Miraflores 湖	0.85	1.58	228.6	13.7
Miraflores 船闸	0.90	1.67	-	-
Miraflores 船闸至太平洋入口	7.41	13.73	152.4	12.9
总　计	45.02	83.33		

3. 基尔运河(Kiel Canal)概况

(1)简介

基尔运河(如图 4-3-21 所示)位于德国北部，西起于易北(Elbe)河口的 Brunsbuttel 港(53°54′N, 9°08′E)，东止于基尔湾的 Holtenau 港(54°22′N, 10°09′E)，是连接北海(North Sea)和波罗的海(Baltic Sea)的一条重要航道。运河两端船闸间总长 53.3 n mile (98.7 km)，船舶通过运河，包括进出船闸，一般需要8 ~ 10 h。

(2)限制尺度

运河自 1895 年正式通航，后又几经加宽、挖深，运河内最浅水深维持在 11 m。原运河水面处宽 103 m，底部宽 44 m，加宽部分水面处宽 162 m，底部宽 90 m，岸边有由 Brunsbuttel 船闸

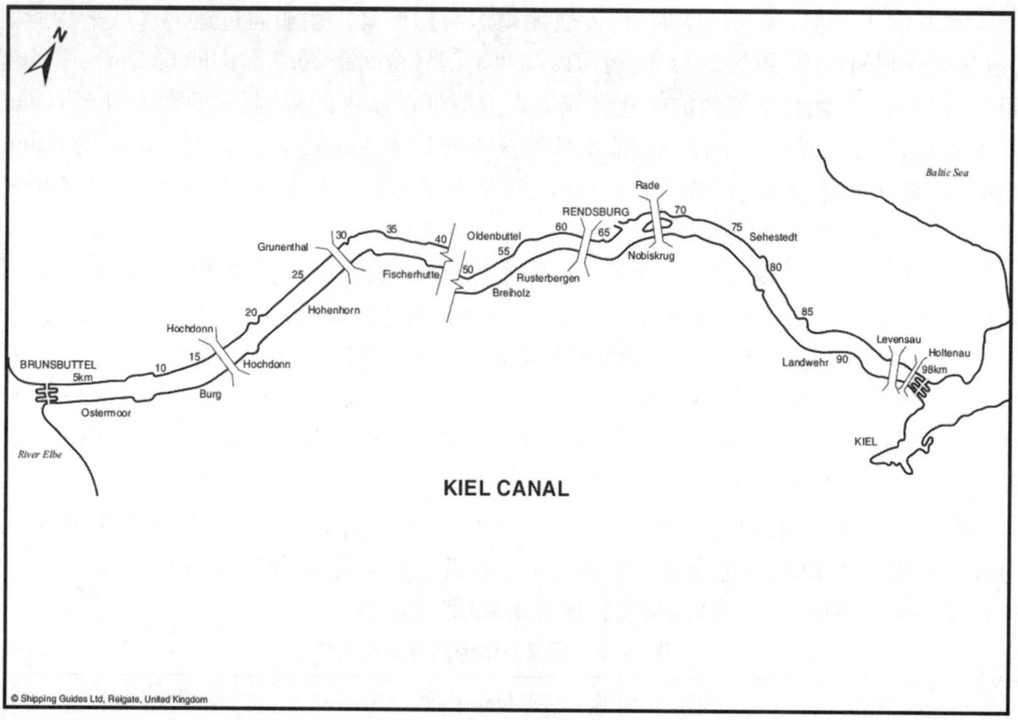

图 4-3-21 基尔运河示意图

处起算的公里牌,还有照明灯和信号灯,可日夜通航。

运河两端设有船闸,运河中为淡水,其水位与北海和波罗的海均不一致。运河允许长不超过 235 m、宽不大于 32.5 m、水面以上最大高度不超过 40 m 的船舶或拖带体和顶推体通行。船长不超过160 m、宽不大于 20 m 的船舶,允许通过的最大吃水为 9.5 m。船长和船宽超过上述限制的船舶,允许通过运河的最大吃水将随船舶尺度的增加而减小,并可根据当局所提供的表格计算确定。表 4-3-4 是该表的摘要。

表 4-3-4 基尔运河允许最大吃水表

船宽(m) 最大吃水(m) 船长(m)	不同船宽允许最大吃水(m)		
	20	27	32.5
160	9.5	9.5	8.9
196	9.4	8.5	7.8
235	8.3	7.4	7.0

二、苏伊士运河航行简介

1. 等待锚地(Waiting Anchorages)

(1)北入口锚地(Southern Approach Anchorages-Port of Said)

苏伊士运河北部等待锚地位于运河北端的地中海内,分别为北锚地(North Anchorage)、南锚地(South Anchorage)和转船锚地(Transhipment Anchorage),其中,北锚地又划分一区(Zone One)和二区(Zone Two)两个锚地。北锚地一区供吃水在 12.8 m(42 ft)以上的船舶锚泊，北锚地二区供超大型油轮（VLCC、ULCC）、车辆运输船（Car Carrier）、滚装船（Ro-Ro）、集装箱船（Container Ship）、散装船（Bulk Carriers）和吃水在 12.8 m（42 ft）以内的船舶锚泊。

（2）南入口锚地（Southern Approach Anchorages-Port of Suez）

苏伊士运河南部有两个港外等待锚地。所有吃水超过 11.6 m（38 ft）的等待引航员的北上深吃水船舶，包括等待运河引航员的大型油轮（VLCC）、散装船（Bulk Carrier）、第三和第四代集装箱船（Third and Fourth Generation Container Ship）、35 000 scgt 以上的载驳子母船（LASH）、液化石油气（LPG）船和液化天然气（LNG）船，应该在位于康利礁（Conry Rock）SSE 的深吃水船锚地（Deep-Draught Vessel Anchorage）内锚泊，其锚位（V1 ~ V9）由苏伊士运河当局指定。康利礁（Conry Rock）SSE 6.5 mile 处和 South Shoal 东南 3 mile 处有 A、B 两个转船锚地。所有其他等待引航员的北上船舶，应该在康利礁（Conry Rock）北面的主锚地（Main anchorage）内锚泊（锚位 1 ~ 29 号）。编号为 W1 ~ W14 的等待锚地位于 Newport Rock Channel 外航道以西区域，每个锚位的旋回半径均为 300 m。

没有运河当局的正式批准，所有在塞得港北锚地和南锚地、苏伊士航路、大苦湖锚地和提姆萨湖锚地内锚泊的船舶，不允许改变锚位、与他船并靠或进行任何货物装卸作业。

2. 文件（Documents）

通过运河的船舶必须出示以下文件：苏伊士运河特别吨位证书（Suez Canal Special Tonnage Certificate），船舶登记证书（Certificate of Registry），统计资料声明（Statistical Declaration），船舶证书与船型和货物料清单（An Extract from the Vessels Official Documunts and Information Concerning Her Type and Cargo），双层底柜及高柜下部使用情况申报单（Declartion Concerning the Use of the Vessels Double Bottom Tanks and the Lower Part of Tanks Higher in the Structure），船舶压载声明（Declaration Concerning Vessels in Ballast），适航状态声明（Declaration of State of Navigability），苏伊士运河通航规则第五章所述的危险货物声明（Declaration of Dangerous Cargo as Stated in Part V of Suez Canal Rules of Navigation），最新颁发的船级证书（The Last Classification Certificate Issued），舱容图（Capacity Plan），总布置图（General Arrangement Plan），液化石油气和液化天然气船的管系图（Piping Plan of LPG and LNG Vessels），运河灯证书（Canal Searchlight Certificate），4 份船员名单（Crew List）和旅客名单（Passenger List），国际防污染证书（IOPP Certificate of Compliance and Its Supplement for the Record of Construction and Equipment as Amended for Tankers），国际船舶和港口设施保安证书（I. S. P. S. Certificate）等。

船舶登记证书将被船舶代理带往陆地，并在船舶通过运河后送回。

3. 编队系统（Convoy System）

苏伊士运河不允许船舶在运河内单独航行，通过苏伊士运河的船舶需分别驶入苏伊士湾和塞得港外的等候编队锚地，以便集中编队（Convoy）航行。北上编队每天一次，南下编队（South Bound Convoy）每天两次。南下第一编队的船舶必须在大苦湖抛锚，等待北上编队通过后才能继续南下；南下第二编队船舶必须在巴拉赫西支航道处绑岸，等待北上编队通过后才能续航。

（1）北上编队（North Bound Convoys）

北上编队由 A，B 两组编队组成。A 组又分两个编队，A 组 1 队包括军舰、第三和第四代集装箱船舶、40 000 scgt 以上的载驳子母船、液化石油气和液化天然气船和装载化学品船舶；A 组2 队包括大型油轮、普通油船以及吃水超过 11.6 m（38 ft）或船长超过 289.7 m（95 ft）的重载散货船。该编队航速为 6 ~ 8 kn。在苏伊士锚地锚泊的货船和其他船舶组成 B 组，通航速度为 7 ~ 8.6 kn。

A 组 1 队和 2 队的船舶应该在 0100 前在锚地抛锚，并由代理申报已经做好通过运河的准备；在 0300 前抛锚并做好过运河准备工作的船舶，额外支付 3% 的运河税费，也可加入 A 组 2 队；在 0300 ~ 0330 之间抵达的船舶，额外支付 5% 的运河税费，也可加入 A 组 2 队。B 组编队必须于 0300 前在 Newport Rock Channel 南面的等待锚地抛锚并由代理申报已经做好通过运河的准备；在 0300 和 0400 之间抵达的船舶加入 B 组编队，需额外支付 3% 的运河税费；在 0400 和 0500 之间抵达的船舶加入 B 组编队，需额外支付 5% 的运河税费。如交通条件允许，第三组编队可在 0300 和 0430 之间尾随 A 组 1 队船舶进入运河。由集装箱船舶为先导的A 组 1 队于 0600 在 Km 160 处进入运河；A 组 2 队于 0700 跟随 1 队最后一艘船舶进入运河；B 组约于 1130 紧跟在 A 组 2 队最后一艘船舶后面进入运河。

北上编队通常经由 El Kabrit 东航道、大苦湖东航道、Deversoir 支航道、Timash 湖支航道、El Ballah 东航道、塞得港支航道和塞得港支航道入口航道连续通过苏伊士运河。

北上编队如果不得不在大苦湖区域停泊，则编队将在大苦湖东航道或航道东面的锚地内锚泊，或者在 El Kabrit 东航道的应急泊位系泊。

(2)南下编队(South Bound Convoys)

南下编队由 A，B，C 三组编队组成。塞得港内的船舶组成 A 组；在北锚地锚泊的第三、第四代集装箱船舶、空载大型油轮、吃水超过 12.8 m(42 ft)的船舶、液化天然气和液化石油气船舶以及 40 000 scgt 以上的载驳子母船为 B 组；南锚地内的船舶组成 C 组，该编队将在适当的时间经由塞得港西进口航道在 Km 17 处加入 B 组编队。南下编队通航速度为 7.6 kn，由集装箱船舶为先导的 B 组编队于适当的时间进入塞得港支航道，在 Km 17 处进入 A 组编队。

欲加入 A 组和 B 组南下编队(N1)的船舶，必须在 1900 前抵达锚地，额外支付 3% 的运河税费，在 1900 ~ 2100 之间到达的船舶可加入首批南下编队(N1)，额外支付 5% 的运河税费，在 2100 ~ 2210 之间到达的船舶也可加入正常的首批南下编队(N1)。

如果交通密度允许，有时将组织第二批南下编队(N2)。加入第二批南下编队(N2)的船舶，必须于 0300 前在塞得港锚地锚泊；如果交通量允许，0300 ~ 0400 之间到达的船舶额外支付 3% 的运河税费，可加入第二批南下编队(N2)；如果交通量允许，0400 ~ 0500 之间到达的船舶额外支付 5% 的运河税费，也可加入第二批南下编队(N2)。第二批南下编队(N2)于 0700 ~ 0900 之间离开塞得港，并且在 El Ballah 西航道系泊，直至北上编队的最后一艘船舶在 Km 61 处通过 El Ballah 东航道。

南下(N1)编队经由 El Ballah 东航道、Timsah 湖支航道和 Deversoir 西支航道(吃水超过 12.8 m 的船舶使用东支航道)直抵航道西面的大苦湖锚地，当北上编队的最后一艘船舶通过 El Kabrit 后，由军舰和 B 组船舶为先导的南下编队通过 El Kabrit 西航道。南下(N2)编队在 El Ballah 西航道系泊(可容纳 15 艘船舶系泊)，当北上编队的最后一艘船舶通过 Km 61 后继续南下。为安全起见，下列船舶不允许进入第二批南下编队(N2)：

①装载油船、载有《国际海运危险货物规则》A 类油品或闪点低于 23℃ 的类似产品的散装货船。

②液化石油气和液化天然气船舶或类似装载的船舶。

③装载散装化学品而没有双层底舱的船舶。

④装载具有放射性物品的船舶。

⑤装载危险废弃物的船舶。

⑥运载吨位超过单吊起重能力的货物的半潜式重型起重船舶。

⑦甲板货尺度超过最大允许范围的船舶。

⑧95 000 scgt 以上的船舶。

⑨军舰。

4. 引航(pilotage)

(1)一般规定(general information)

除了部分 300 scgt 以下的埃及船舶经苏伊士运河当局批准在运河内和/或其入口航道内作业时可免除强制引航外,进出运河水域、塞得港和苏伊士港,在运河水域、塞得港和苏伊士港内移动、移泊或操纵的其他任何船舶,无论吨位大小,苏伊士运河当局都对其实行强制引航。

船舶通过苏伊士运河的平均时间在 11~14 h 之间,包括系泊和锚泊的时间。船长应对发生在白天或夜间的,由于船舶航行或操作所直接或间接导致的任何种类的事故和所有的损失负责。

船舶应该在预计起航前 2 h 悬挂请求引航员的旗号,引领船舶通过苏伊士运河的引航员将在船舶悬挂引航旗号后 1.5 h 登船。收到信息或看到引航员正在登船途中,船舶必须做好引航员登船和及时进入运河的准备。在等待锚地锚泊的船舶应收短锚链,为引航艇提供安全靠离的避风处所,并按要求系妥引航梯。引航员登船时,现场应指派一名驾驶员值守。

(2)手续(procedures)

①试图通过苏伊士运河的船舶,如提前 4 天预约登记,并提供船名(name)、国籍(nationality)、船型(type of vessel)、通过运河当日的吃水(draught on day of transit)、苏伊士运河总吨(scgt)和载重吨(DWT)资料,可获得加入编队的优先权。从邻近港口出发的船舶应尽早做好相应的安排;取消预约或变更通过日期,必须提前 24 h 通知运河当局,否则将被罚款。

②船舶至少应提前 48 h 和 24 h 直接或通过代理向苏伊士运河当局的 Ismailia(SUQ)发送下列信息:船型、船名和国籍;苏伊士运河总吨、载重吨、吃水和船宽;是否计划通过运河或在港内停留,包括停留的时间;预计抵达塞得港或苏伊士港的时间;符合 IMO 国际海运危险货物规则规定的危险货物数量和等级。

③船舶应按下列要求使用 VHF(在 VHF 无法使用的情况下,通过 Ismailia(SUQ)向相应的港务局报告获取有关指导):从地中海进入的船舶在抵达苏伊士运河(塞得港支航道)进口灯浮前 15 n mile 处用 VHF16 频道向塞得港港务局报告;从红海进入的船舶在抵达苏伊士分隔带 No. 1 号灯浮前 5 n mile 处向苏伊士港港务局报告。Quseir 海岸无线电台(CRS)将指导船舶向苏伊士港港务局电告下列信息:船位(经、纬度)、船名、呼号(call sign)、苏伊士运河识别号(Suez Canal Identification Number, SCID)、苏伊士运河总吨和载重吨、吃水、装载或空载、货物种类以及影响航行安全的潜在缺陷。此外,初次通过苏伊士运河的船舶还应该申报以下内容:船舶建造日期(date of building)、是否有苏伊士运河吨位证书(如果有,还应注明签发日期)、呼号或苏伊士运河识别号(SCID)、总长(LOA)、船宽、主机类型(type of engines)以及是否通过运河或者只是在港内停泊。

④接近航道入口的船舶应向相应的港务局报告呼号。

⑤意欲在苏伊士运河内或其入口处进行操纵的船舶,或者想要进入或离开苏伊士港锚地

的船舶,如果船上没有引航员,应事先报告 Ismailia(SUQ)获得许可。

(3)引航员登船点(pilot boarding positions)

从地中海进入运河的船舶:大型油轮、第三和第四代集装箱船舶、35 000 scgt 以上的载驳子母船、液化石油气和液化天然气船以及其他任何吃水超过 12.8 m(42 ft)的船舶,引航员在北锚地一区(North Anchorage,Zone One)登船;吃水在 11.9 m(39 ft) ~ 12.8 m(42 ft)之间的船舶,引航员在北锚地二区(North Anchorage,Zone Two)登船;所有其他船舶,引航员在航道入口灯浮附近登船。

从红海进入的船舶:大型油轮、大型散货船、第三和第四代集装箱船舶、35 000 scgt 以上的载驳子母船、液化石油气和液化天然气船以及其他任何吃水超过 11.6 m(38 ft)的船舶,引航员在位于康利礁(Conry Rock)南面的等待锚地登船;吃水小于或等于 11.6 m 的船舶,引航员在康利礁(Conry Rock)北面的主锚地(Main Anchorage Area)登船。通过运河的船舶,在提姆萨湖(Timsah Lake)北入口航道西岸(Ismailia)更换引航员。

(4)恶劣气象条件下的引航员登船(foul weather pilot boarding procedure)

如果恶劣气象条件妨碍引航员在通常地点登船或离船,苏伊士运河港务局将授权船长在没有引航员引航的情况下按下列方式驾驶船舶:

①南下船舶。南下编队中驶入运河的船舶,船长自运河北部地中海内的等待锚地经由塞得港支入口航道自引至塞得港支航道 Km 0 处;南下编队中驶离运河的船舶,引航员在 Km 162 处离船。

②北上船舶。北上编队中驶入运河的船舶,船长经深吃水等待锚地或主等待锚地自引至运河入口处,运河引航员将在 Km 161 附近加入编队;北上编队中驶离运河的船舶,引航员在塞得港支航道 Km 3E 处离船。

(5)第二引航员(second pilot)

下列船舶必须额外雇用一名引航员:

①超过 80 000 scgt 的船舶;

②驾驶台前面视野不良的船舶;

③由于船速太低或其他原因需要分阶段通过运河的船舶;

④没有合适的舱室供引航员在停泊期间休息用的船舶;

⑤第三、第四代集装箱船舶以及 35 000 scgt 以上的载驳子母船;

⑥苏伊士运河当局认为有必要的船舶或任何船长要求雇用的船舶。

5.进入运河前的准备工作(preparations for entering the canal)

所有船舶进入苏伊士运河前,必须做好以下准备工作:

①收进舷梯和吊杆,救生艇转至舷内,降低前方所有影响视觉瞭望的吊杆;

②在驾驶台装有舵角指示器和主机转速指示器,引航员应能在其引航位置同时看到两个指示器;

③备好船首双锚;

④确保主机、罗经、操舵装置、车钟、舵角指示器、主机转速指示器、通信设备和雷达处于良好的工作状态;

⑤确认甲板载荷(如果有的话)不影响船舶稳性和妨碍视线;

⑥空载船舶按苏伊士运河当局指定的比例装载压载水;

⑦没有装设自动车钟记录仪并且能够清晰、永久性地记录每一次主机的操纵情况的船舶，应在机舱和驾驶台同时使用车钟记录簿记录所有的主机操纵情况；

⑧任何未能符合苏伊士运河航行规则（Suez Canal Authority Rules of Navigation）的船舶，运河当局可能会延误其加入编队的时间，并且/或对该船通过运河做出特殊安排，包括强制实行拖轮护航，甚至拒绝船舶进入运河。

6. 其他（others）

（1）系泊缆绳（mooring ropes）

每一船舶必须在甲板适当地点备妥至少 6 根状况良好、可浮于水面的柔性系泊缆绳（马尼拉绳、麻绳等），以便船舶在紧急情况下在运河内系泊。油船、液化天然气船、液化石油气船和装载易燃物品的船上，应绝对禁止使用操作过程中容易产生火花的纤维缆绳。

（2）带缆艇（mooring boats）

通过苏伊士运河的船舶，应根据其苏伊士运河总吨配备足够数量的带缆艇，并始终保持所有带缆艇处于待降落状态，以便需要时能迅速将缆绳运送到岸上的系缆桩。运河当局将为每一艘船舶指派 4 ~ 10 名带缆艇艇员，船方需为他们提供相应的遮蔽处所。船舶必须装备维护良好、起重能力 4 t 的起重装置，用于吊起带缆艇及其艇员。

（3）运河灯与照明（projector and lighting）

船舶通过苏伊士运河前，应备妥：

①运河灯。运河灯必须有船级社签发的检验证书，并得到运河当局的认可。液化石油气船、液化天然气船和自海上直接进入运河的船舶应自备运河灯，其他船舶可提前 4 天向当地有关部门申请租用。

②驾驶台两翼探照灯。驾驶台两侧翼台应备妥普通的探照灯，供夜间通过运河和系泊时使用。

③船顶灯。船舶应备妥足以照亮船舶周围直径 200 m 圆形水域的环照船顶灯。

三、巴拿马运河航行简介

1. 引航

包括 Balboa 港和 Puerto Cristobal 港在内的巴拿马运河全程实施强制引航。

船舶自太平洋进入巴拿马运河时，引航员将在 1 号和 2 号灯浮靠海一侧的商船锚地（merchant ship anchorage）登船；从大西洋进入运河时，引航员在 Mole 应答标北面的防波堤内登船，如船舶提出请求，也可在防波堤外登船。

前往巴拿马运河的船舶应至少提前 96 h 向运河当局的船舶交通管理部门报告（Traffic Management Unit）预计抵达时间（ETA）。如其后 ETA 变化达到或超过 1 h，必须在到达 Cristobal 前 12 h 向运河当局的船舶交通管理部门报告新的 ETA。

2. 船舶交通管理

①船舶通过巴拿马运河前，应该提前 96 h 向巴拿马运河当局的船舶交通管理部门（Traffic Management Unit）电告下列信息（按指定的字母顺序），如果回答是“不”、“没有”或“不适用”，应声明“NEGAT（否定）”：

a. ALFA 船舶的巴拿马运河识别号码。

b. BRAVO ETA 和通过运河的请求。

c. CHARLIE 抵达运河时吃水。

d. DELTA 船舶自上次通过巴拿马运河以来在船名、船籍国、船舶结构或液舱的用途的变更情况。

e. ECHO 是否在 Balboa 或 Cristobal 靠泊。如果需要靠泊，应说明原因。如果是为了货物、燃油或淡水作业，还需注明相应的数量。此外，还需说明是否有其他原因使船舶在抵达后不能马上通过运河，如果有，要说明具体的原因。

f. FOXTROT 甲板货物的种类和数量。

g. GOLF 船上所装载的爆炸品的细节。

h. HOTEL 装载爆炸品以外的包装危险品的细节。

i. INDIA 下列检疫和移民信息：是否申请无线电检疫；船舶抵达运河入口前 15 天内停靠的港口名称；传染病情况及其类型或类型不明；船舶离开上一停靠港以来人员死亡情况和死亡原因（如果知道）；登岸旅客数量以及登岸港口名称；任何偷渡人员的数量、偷渡港口以及每个偷渡人员的简要个人资料；船上任何动物的数量、种类和装船国家，是否要登陆；船上所装载的肉的原产国，是船舶物料还是所承运的货物；本航次船舶是否停靠过任何感染口蹄疫的国家的某个港口；说明船舶是否拥有在等待运河前 180 天内签发的有效的灭鼠证书（de-ratting certificate）或免予灭鼠证书（de-ratting exemption certificate）。

②装载易裂变物质的船舶应提前 30 天通知海上安全部门（Marine Safety Unit），以便获取允许通过运河的许可；载有放射性物品的船舶应提前 48 h 通知运河当局；装载危险品的船舶应至少在通过运河前 24 h 确认对船上所有危险品警报、安全和关闭装置进行了测试，所有装置工作状态良好。

③从太平洋进入巴拿马运河的船舶应在通过 Cabo Mala 所在的纬线时，向运河调度部门（Transit Operations Division）报告时间和船速；来自大西洋的船舶，如果 ETA 的变化达 1 h 或 1 h 以上或有其他相关信息，应在抵达 Cristobal 前 12 h 通知运河调度。

④进出大西洋或太平洋锚地的船舶应使用 VHF 12 频道和相应信号台的进港协调员（Port Entry Co-ordinator，PEC）取得联系。

⑤所有 300 总吨或以上的机动船；载乘 1 名或 1 名以上旅客的 100 总吨及以上的机动船；所有船长 26 ft 或以上的商业拖带船，做好通过运河的准备工作后，应通知运河当局的交通管理部门（Traffic Management Unit），并在 VHF 12 频道和 16 频道保持收听信息，直至运河引航员登船。在运河水域内的在航船舶，应在 VHF 13 频道保持收听信息，以便进行船—船间的通信。引航员在船时，VHF 13 频道只能由引航员或在引航员的指示下使用，仅供通报航行信息。

⑥在下列情况下，船舶应向交通管理部门做出相应的报告：发生任何可能导致延误或需要帮助的事故或事件；发现任何可能影响航行安全的缺陷；当能见度小于 1 000 ft，需要锚泊或系泊时。

3. 文件

巴拿马运河当局官员登船后，船方应立即提供下列文件：货物申报单（Panama Canal Form 4363），上次停靠港的结关单，船员名单（Panama Canal Form 1509），危险货物清单，船上武器和军火申报单（爆炸品申报项目除外），总布置图和机舱平面图，国籍登记证书，巴拿马运河吨位证书，过境或登岸旅客名单（Panama Canal Form 18 and 20），船舶资料和检疫申报（Panama Canal Form 4398），物料单。

四、基尔运河(Kiel Canal)航行简介

1. 引航规定

(1)下列船舶在基尔运河必须强制引航:

①装载散装气体、化学品、石油和石油产品的船舶;或者装载闪点在35℃以下的石油或石油产品但没有进行清洁、除气或灌注足够惰性气体的空载油船。

②总长大于45 m、船宽大于9.5 m、吃水大于3.1 m的船舶;或者船长大于55 m、船宽大于8.5 m、吃水大于3.1 m的其他船舶或组合体。

③总长大于65 m、宽度大于10 m、吃水大于3.1 m的拖船。

(2)申请引航员的船舶应该向引航员提供以下信息:

①船名及其国际编号;

②船舶总长、船宽;

③由于船舶货载可能导致的扩展宽度;

④船舶吃水;

⑤引航员登船点;

⑥预计离开时间;

⑦预计抵达引航地点的时间;

⑧目的地。

(3)申请KIEL-HOLTENAU PILOTS引航员的船舶,必须事先提供以下信息:

①船名、总长、船宽和总吨;

②引航员登船点;

③预计抵达或预计离开引航员登船点的时间;

④引航目的地;

⑤抵达或离开时的实际吃水;

⑥船舶抵达船闸前航行是否会中断;

⑦船舶是否免除强制引航;

⑧船舶在引航航段航行期间是否需要海上引航员。

2. 引航手续

(1)自Elbe河进入运河的船舶

自Elbe河进入运河的船舶,应该在通过Elbe灯浮时使用VHF 09频道向基尔运河引航站(Kiel Canal Pilot)提出引航申请,并至少在抵达Brunsbuttel航道前2 h提出引航申请。引航员在Brunsbuttel船闸外登船。

(2)从东面进入运河的船舶

船舶应该在抵达Kiel灯塔或Holtenau航道前12 h使用VHF 14和16频道向基尔灯塔运河引航站(Kiel Lighthouse Pilots)提出引航申请,来自Kieler Forde的船舶,应在抵达引航员登船点前2 h提出引航申请。

(3)在基尔运河内的船舶

西段(Km 1.2 ~ Km 55):预计离开该区域内港口或泊位前2 h使用VHF 09和13频道向基尔运河引航站(Kiel Canal Pilot)提出引航申请;

中段(Km 55 ~ Km 78):预计离开该 Rusterbergen 和 Konigsforde 区域内的港口或泊位前2 h 使用 VHF 73 频道向 Breiholz Pilot 提出引航申请;

东段(Km 78 ~ Km 98):预计离开 Konigsforde 和 Kiel-Holtenau 区域内的港口或泊位前 1 h 使用 VHF 12 频道向 Kiel-Holtenau Pilot 提出引航申请。

3. 运河舵工

吃水超过 6.1 m 和船舶总长或船宽超过限制规定的船舶,必须强制配备运河舵工,并提前 2 h 申请运河舵工。

五、运河航行注意事项

①要全面、仔细研究了解有关运河的规章和相应的通过运河申报程序,及时申报并提供证书、文件和设备。

②做好通过运河各项准备工作。运河航行有其共同点,但根据其自然条件与技术设施的不同,其规定也有所不同,因此,应有针对性地做好通过运河的各项准备工作。

③认真检查车、舵,使其处于良好工作状态,保证在通过运河的航行中船舶具有良好的机动性。这不仅对本船,而且对保证运河的正常交通秩序也极为重要。

④要认真熟悉运河航道、航标、岸形、允许吃水、净空高度、船闸以及通航规则和有关信号。

⑤运河航行过程中要加强值班,尽管引航员、船长在驾驶台,也不能认为可以解脱值班驾驶员应尽的全部值班职责。

⑥船长要以高度责任感,认真检查各部门通过运河的准备工作,提高应变机动能力。尽管运河航行均由引航员领航,但决不能因此而解脱船长对航行安全所应负的法律责任。

第四章　特殊条件下的航行

第一节　雾中航行

根据国际雾级的规定，凡能见距离在 4 km 以下者，称能见度不良(poor visibility)，包括因雾、降雨、下雪、霾等使能见度受到限制的情况在内。所谓雾中航行(navigating in fog)，是能见度不良情况下航行的一种习惯叫法。船舶在雾中航行，均应按章施放雾号和采取安全航速。特别是在近岸水域雾航，由于无法直接观察船舶周围的情况，定位、避让和船舶机动受到限制，航行变得更加困难和危险，要求驾驶人员发扬高度的负责精神和严谨的科学态度，以极大的注意力付出极为紧张的劳动，方能确保安全。

一、雾中航行的特点和注意事项

雾中航行，首要的特点就是能见度不良，视线受限制。由于能见度不良，不能及时发现附近物标、航标和周围船舶动向，给船舶定位、导航和避让等造成很大的困难。此外，雾中航行采用安全航速后，风流对船舶的影响加大，使推算航速和航程的准确性受到较大影响，降低了推算船位的精度，同时，也直接影响船舶在浅滩等危险区域的航行安全。

船舶进入雾航之前，应尽快完成下述各项准备工作：

①尽可能准确地测定船位，了解周围船舶动态；

②按章采取安全航速，施放雾号；

③开启雷达、VHF，并派出必要的瞭望人员；

④变自动操舵为人工操舵；

⑤及时报告船长，通知机舱备车；

⑥保持肃静，打开驾驶台门窗，关闭所有水密门窗，保证一切必要的听觉和视觉瞭望。

进入雾中航行，应及时适当地调整航线的离岸距离。如果按良好能见度设计的计划航线离岸距离为 2 ~ 3 n mile，在雾航中航线与海岸之间应有 3 ~ 4 n mile，甚至 5 n mile 以上，以保证船岸之间有足够的回旋余地。

雾中航行，值班驾驶员要认真做好航迹推算工作。为提高推算船位准确性，非不得已时不宜频繁改变航向、航速。沿岸航行时，测深是检查推算的重要办法之一。有时，某一等深线还可作为避险警戒线用。测深数据和时间，应记在海图上相应的推算船位附近，以供分析航迹推算情况和估计以后的趋势。对推算船位的准确度要有恰当的估计，必要时应画出并设法缩小概率船位区。一旦仪器发生故障,推算船位就成为唯一的船位根据。

应尽可能利用一切可获得的手段来定位和导航,尤其要充分地使用雷达。目前,雷达已成为雾航时不可缺少的助航设备,而且随着船用雷达技术性能的不断提高,它必将发挥越来越大的作用。

为了在雾航中能够熟练而有把握地使用雷达来导航和避让,要求值班驾驶员能够全面掌握雷达的技术特性,善于辨别各种干扰回波,并能迅速地识别影像和进行观测。利用雷达进行瞭望,应选择适当的距离挡:大洋航行可用 12 ~ 24 n mile 距离挡;沿岸航行可用 6 ~ 12 n mile 距离挡;狭水道航行应远近距离挡兼用,以 2 ~ 6 n mile 距离挡为主。当然,即使性能较好的雷达,也不如目视那样直观、可靠,因此不可盲目地依赖雷达,忽视目视瞭望。为了不影响值班驾驶员的瞭望和工作,雾航时可安排专人负责雷达观测和标绘。

雾中航行,应时刻掌握当时能见度状况下的实际能见距离。这可利用目视发现某一物标(例如发现相遇船)的同时用雷达测出其距离的办法求得。如是雷达不易发现的其他物标,可于目视发现时记下计程仪读数,正横时再记下计程仪读数,两次观测间的计程仪航程即大致相当于当时的实际能见距离。当然,雾中的能见距离会根据雾的浓度有所变化,不可能是固定不变的,应予注意。

注意倾听声号。雾中声号的作用是向船舶警告危险之所在。声音的作用距离随天气(风向、风力等)因素变化而变化,不能根据声音的大小判断距离的远近。声音在空气中并非直线传播,特别是在声源附近呈不规则现象。虽处声源附近,但在不同的位置上,有时会听不到声号,即有寂静区存在。当雾号站附近海上有雾而其周围无雾,雾警设备可能不工作,船舶就不能听到声号,这种情况尤其在夜间经常发生。此外,雾哨、雾钟仅在有风浪时才工作,且声音随风浪大小而变化。因此,雾中航行,不可单凭声音的大小或有无来判断船舶航行安全情况。总之,听见声号,应视船舶在危险区内,注意采取一切必要的避险措施。在应该听见的位置上而未听见声号,亦不应武断认定尚未进入危险区。

在沿高而陡的岸边 2 ~3 n mile 距离航行时,根据本船声号的回声,可粗略推算出船岸距离,即当开始施放声号时启动秒表,听见回声时停秒表。按声音的传播速度乘以秒表读数的 1/2,即得船岸的大概距离。实际应用时,可取下式概算离岸距离:

$$D = 0.09\,t \qquad (4\text{-}4\text{-}1)$$

式中:D——船岸距离(n mile);

t——本船发出声号到听到回声之间的秒表读数(s)。

认真加强瞭望,对雾航的安全关系极大,熟练的瞭望人员必须能及时发现船舶周围的任何微小的变化。例如:

风向风速稳定时,突然波浪减弱,则说明船舶可能已接近上风的海岸或浅水区;反之,若风浪突然增大,则说明上风沿岸可能有大的湾口。

航行条件没有变化,而风突然变小,则说明船舶可能已很接近高陡的岸边。

海水颜色和透明度发生变化,如果海水变得混浊,则说明船舶可能已接近泥底海岸或河口;在海上发现漂浮物,诸如海草、海藻等,这是接近海岸的迹象;如果海面发现渔具、垃圾和油迹等,则表明附近有船舶。

发现大量海鸟、海兽,也表明已接近陆地或冰山。

二、雾中定位与导航

在能见度不良的情况下，由于不能观测物标，陆标定位和天文定位都无法正常使用，但可根据海区条件进行无线电定位导航或测深辨位导航。

1. 无线电助航仪器在雾航中的作用

雾中航行，应结合海区定位、避让条件和仪器性能，充分利用雷达和其他各种无线电助航仪器定位、导航和避让。

大洋航行，可利用卫导、罗兰 C 等远程定位系统确定船位，雷达用于协助瞭望和避碰。

DGPS 能达到米级精度，当在 DGPS 作用范围内进行雾中航行时，可以充分利用 DGPS 定位和导航。在沿岸航行时，雷达不仅可用于协助瞭望和避碰，当海岸等在雷达作用距离之内时，还可用于定位和导航，这是雷达独有的优越性。

狭水道航行，雷达的定位、导航及避让作用更加明显。但是，应当指出，无论无线电航海仪器怎样可靠，均不可与目视导航的直观性相比。能见度良好时完全可以通过的狭窄水道，在能见度不良时，即使使用最理想的导航仪器，其误差对导航精度的影响也是不可忽视的。例如，在良好能见度时，在狭窄航道上依靠浮标和目视导标导航完全没有困难；但是，在能见度变坏时，依靠浮标安全导航的可能性便有待具体分析。这时，如果在雷达荧光屏上可以连续保持位于船首和船尾方向上的两个相邻浮标的回波，一般可以获得较高的导航准确度。但是若两个浮标相距较远，以致有时在荧光屏上只能保持一个浮标的回波，这时就只得靠该浮标的雷达方位进行导航，而准确度将大为降低。

如图 4-4-1 所示，为了安全导航，雷达观测方位的最大可能误差所引起的船位偏移必须小于航道宽度(B)的$\frac{1}{2}$，即 $p<\frac{B}{2}$，

因为
$$p \approx \frac{D \cdot \varepsilon_B}{57.3}$$

所以
$$\frac{D \cdot \varepsilon_B}{57.3} < \frac{B}{2} \qquad (4\text{-}4\text{-}2)$$

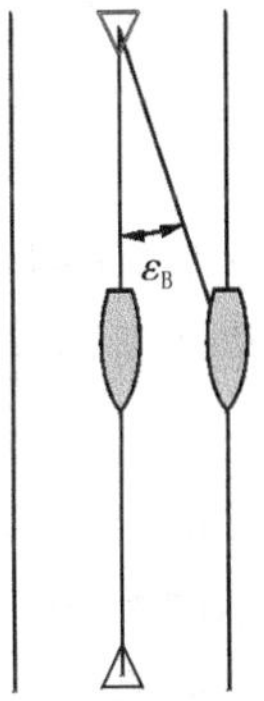

图 4-4-1 雷达方位导航误差

式中：D——船至浮标的距离(m)；

ε_B——浮标雷达方位的最大可能误差；

p——船舶偏离航线的距离(m)。

设航道宽度为 150 m，$D=2$ n mile，$\varepsilon_B=\pm 2°$，求得：

$$p=\frac{D \cdot \varepsilon_B}{57.3}=\frac{2\times 2\times 1\,852}{57.3}=129\ (\text{m})$$

而$\frac{B}{2}=75$ m，所以 $p>\frac{B}{2}$，不宜采用雷达方位导航。

在雾航中，各种定位方法可交叉使用，以利彼此核对。单一的方位或距离位置线，有时可起到很好的避险线的作用。雾航中应比能见度良好时更为经常地使用上述仪器定位，以起到检查推算船位的作用。要充分发挥雷达在定位、导航和避让中的重要作用，同时，还应充分利用 VHF 通报情况，协调避让措施。

2. 测深辨位和导航

利用测深仪进行测深辨位和导航是常用的雾航方法之一。在海图上推算船位附近沿航线

选定数个水深点,并量出各相邻两点之间的大致距离。根据本船当时的船速,计算出相应的各相邻两水深点间所需要的航行时间,作为确定测深时间的依据。如此连续测深,记下时间、计程仪读数和水深数据,并将测得的水深改正到相应于海图深度基准面的海图水深:

$$海图水深 = 测深仪测深值 + 吃水 - 潮高$$

然后按与海图相同的比例尺将计划航线和与各次测深时相应的推算船位画在透明纸上,并将改正潮高后的水深标注在相应的推算船位附近。将透明纸移到海图上计划航线附近,平行移动透明纸,并保持其上计划航线与海图上的计划航线相平行,直至透明纸上的各水深点与海图上相应的水深点大体一致时为止。这时,最后的一个水深点位置即为最后一次测深时的大概船位。

利用这种测深辨位方法的准确性,主要取决于计划航线上水深变化的情况。如果计划航线上水深变化明显而且均匀,则结果较为准确;反之,如果计划航线上水深变化不明显或存在急剧的不规则变化,则辨位准确度较差。

计划航线上的水深变化情况主要与计划航线和等深线的交角有关。当交角较大、两者相互垂直或接近垂直时,水深变化比较明显;当交角较小、两者平行或接近平行时,水深就很少发生变化。此外,测深辨位的准确性还取决于测深和潮高改正的准确性、海图水深点的位置和所标水深的准确性。

如航行区域有特殊水深,设法测得这种特殊水深的所在,也是辨位的一种好方法。当船接近特殊水深(点滩)区时,可去寻找该特殊水深点。一旦测得这样的水深,即得知船位之所在。例如,山东半岛东面有一条比较浅的脊背,而在成山角附近又有一条较深的深沟,均可在雾航时用以辨位导航。

如图 4-4-2 所示,当船从老铁山水道南下时,经过40 m等深线后,所测水深均在 30 m 左右,表示安全,继续向前航行,应提高警惕。

如果航行中测深大于 30 m 时,说明船可能已驶入成山角东北的深海沟内,离岸太近,应立即向左转向,离开深沟后再向东南航行。

如果在航行经过 40 m 等深线后不久即发现水深小于 27 m,则表明航线过于偏右,应立即向东转向,待驶入 30 m 水深后,再转向东南。

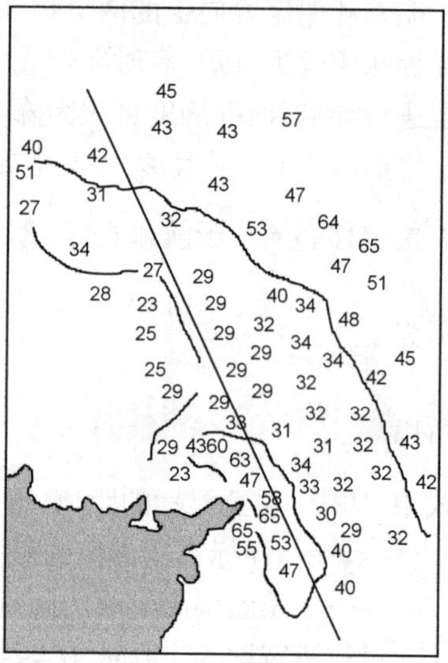

图 4-4-2　特殊水深点辨位

沿岸航行,当所选航线与等深线平行时,航行中可利用等深线来避离航线靠岸一侧的危险物。当航线和等深线垂直时,各条等深线与岸的距离可在海图上量出。因此,可根据所测得的水深来判断离岸距离。雾中航行,一般推算船位的误差较大,即概率船位区比较大。船舶在通过等深线前后利用测深仪测深,可缩小概率船位区。

3. 逐点航法

雾中航行,要求充分利用一切可获得的手段定位和导航,包括测深辨位和等深线的合理使用。为了确保船舶航行安全,如航线附近有适当的灯塔、浮标、雾号站等物标,而其周围危险物又较少,可采用逐点航法。

所谓逐点航法,就是将原来较长的直航线改为若干段短航线组成的曲折航线,各段航线的转向点选择在物标附近,从而由一个物标正对着下一个物标航行的方法。

逐点航法的优点是在不易测得船位的情况下,可以不断地控制和缩小推算误差。但其缺点是必须故意接近物标,能见度极差时也具有较大的危险性。为此,不可将转向点设计得距物标太近,只要在雷达作用距离内即可。

航行时,应根据航速和两个物标之间的距离,预算到达下一个物标的时间,注意瞭望,如到时不能发现物标,则应及时抛锚待航,绝不可盲目航行。

第二节 冰区航行

冰区航行(ice navigation)时船舶操纵和定位等都相当困难。

在我国北部沿海,例如渤海湾,在历史上的有些年份里发生过严重结冰,影响航行。随着我国远洋船队的迅速发展,航区不断扩大,要求对世界范围内的冰区情况、航行特点和规律有更多的了解,以确保航行安全。

一、冰区航行的特点

在冰区航行,往往不得不经常改变航向、航速,在许多情况下一般的计程仪无法正常使用;有时在高纬航区,特别是当船舶频繁变向、变速的情况下,罗经工作的可靠性也有较大的降低;在冰区,对风流压差的测定也将产生困难。因此,在冰区航行时,常无法正常准确地进行航迹推算。

由于结冰可能使岸形的雷达回波发生变化,水上标志被迫撤销,无线电波传播和大气折射异常,因此陆标定位、无线电助航仪器定位及天文定位都将产生困难。

有冰往往伴随有能见度降低的现象发生。此外,在冰区航行时,为了特别注意保证船体的安全,观察瞭望周围的航行环境和采取必要的操纵措施,会占去驾驶员很大的精力,因此,要求具有快速定位和计算的基本知识和技能。

二、接近冰区的预兆

流冰的区域很大,主要是随风漂流,也受潮流和海流的影响。流冰的移动速度约为风速的2%,在北半球,其移动方向在下风侧偏右30°~40°。

冰区航行,可使用雷达观测流冰接近的情况。雷达探测冰情的能力,取决于两者之间的距离、冰块的大小以及冰块反射面的倾斜角度。小块流冰和在平静海面上高度小于0.3 m的冰块,较难被雷达发现。有风浪时,海浪干扰回波与冰块的回波也不易辨别,不能因雷达探测不到冰情而错误地认为船舶周围没有险冰的存在。接近冰区边缘时,要保持连续的目视观测,并借助其他办法判断冰区的接近。

例如,晴天,蓝色的天空下,在远处水天线附近出现冰光(ice blink),犹如一条明亮的黄色光带,下方明亮,向上逐渐暗淡消失,其高度与船和浮冰间的距离有关;在阴天或有低云的情况下,黄色几乎看不见,转而在云层底部出现白色闪耀的冰光;在某些特定条件下,黄色和白色闪耀的冰光能同时出现。所有这些迹象都能用以断定该处有浮冰存在。

船舶远离陆地，周围波浪突然减弱，通常的大洋涌浪也逐渐减小，也能确认上风方向有浮冰存在。

发现零星碎冰，通常意味着将接近大片的浮冰。

浮冰边缘上方经常有浓雾出现，雾中发现局部出现小片白色浓雾，表明近处有浮冰存在。

在北冰洋远离陆地，突然出现海象、海豹和鸟类，表明船舶正逐渐接近浮冰区。

表层水温的变化，几乎不能用以判断是否接近浮冰区。然而，如果船舶不是处在某一主要的海洋寒流中，但表层水温下降至 1℃时，从安全角度考虑，应认为船舶距离浮冰边缘不超过 100 n mile 或 150 n mile；当表层水温降至 -0.5℃时，表明船舶距离最近的浮冰不超过 50 n mile。

冰山是流到海上的陆冰，除南北两极海区外，只是北大西洋的冰山对航行有较大的妨碍。冰山，通常高数十米，长百余米，有的表面平坦，也有的呈尖塔形。尖塔形冰山的吃水深度为水面高度的 1～2 倍，而其水上和水下部分的体积比例，视其对海水的比重确定。

设冰山的密度为 0.9 g/cm³，海水的密度为 1.03 g/cm³，冰山的全体积为 V，水上部分的体积为 $V_{上}$，水下部分体积则为 $V-V_{上}$（如图 4-4-3 所示），于是有：

$$0.9V = 1.03(V - V_{上})$$

即

$$V = 8V_{上}$$

由此可知，冰山水上和水下体积分别约为其总体积的 1/8 和 7/8。

雷达观测可以发现冰山，但是由于冰山形状、反射电磁波的性能等原因，小冰山也不易被发现。甚至长 200 m 以上、高 50～60 m 的较平坦冰山，有时在 3 n mile 内才被雷达发现。

晴朗的白天，眼高 20 m，目视观测可于 18 n mile 发现大冰山。夜间可于 1～2 n mile 望见冰山的暗影。

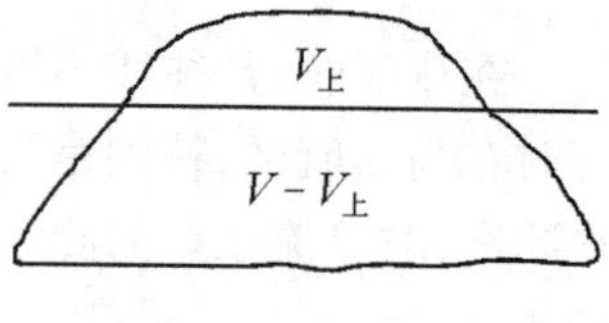

图 4-4-3　冰山示意图

远离陆地，海面有清风，但海浪突然消失，表明上风方向有较大的冰山存在。

发现冰片或碎冰，表明附近有冰山，并且可能位于上风方向。

船舶在宁静的夜晚以慢速航行，如能听到冰山崩解或冰块破裂坠海所发出的巨响，可判定附近有冰山存在。

听到本船汽笛等的回声，也说明附近可能有冰山存在。但有些冰山，受其形状的影响，可能不产生任何回声，而有时回声又可能是从附近雾堤传来的。

装有声呐的船舶，可使用声呐探测冰山的水下部分，接近时，应留心防止触底。

三、进入冰区前的各项准备工作

为了确保冰区航行安全，在进入冰区以前，应做好以下几方面的准备：

①认真分析有关冰情资料和所能接收到的冰情报告，以便及时避离冰山和浮冰，选择一条有利的冰区航路。冰区航行的可能性，要看冰量、冰质及本船条件确定。通常冰量在 3/5 以下、冰厚在 30 cm 以下时还可以航行。

②仔细检查主机和操舵系统，确保其能可靠工作，并能快速响应各自的操纵命令。船上助航设备和通信设备等同样应处于良好的工作状态，特别要确保雷达能正常工作。

③调整好船舶的吃水和吃水差。一般应尽可能增大吃水，并保持 1～1.5 m 尾倾，使螺旋桨尽可能地没入水中。这样，既能使船舶具有较好的破冰能力、提高稳性并保护螺旋桨和舵不

受损伤,又不会因为过大的尾倾而影响船舶的操纵性能。

④尽可能在进入冰区前,采取一切有效的定位方法测得准确的船位,作为冰区推算和定位的基础。

⑤船首、船尾和驾驶台应设置性能良好的探照灯,以便夜间航行时能及时探明冰情。

⑥准备好各种御寒和堵漏器材,关闭水密门窗。

四、冰区航行注意事项

①如有可能,应避免进入冰区航行,而选择其他的哪怕是航程更长的航线。一定要通过冰区时,尽是选择在冰量少、冰质弱的水域或在冰裂缝中航行。航行中可开启雷达及早发现冰中比较清爽的水域,以利前进。遇到冰山,应及早在下风保持适当距离避航。

②应尽量从冰区的下风方向接近冰区,并尽量选择在冰块凹陷处,用很慢的速度,保持船首柱正对冰区边缘,直角进入,以便减小冲击影响。一旦船首进入冰区后,应适当加速,以维持首向和控制船舶运动。

③根据冰量、冰质、本船的船型结构及实际强度,谨慎决定航速,特别是老旧船,更要慎重。冰区航行用过高的船速,往往导致船体的损伤;而船速过慢,船舶又有被冰围困的危险。通常采用 3 ~5 kn,即维持舵效的最低航速。当有破冰船引航时,航速将由破冰船指定。一般冰量为 4/10 时,可取 8 kn 航速,冰量每增加 1/10,航速减少 1 kn。当冰量达到 7/10 ~8/10 时,航速不应超过 5 kn。

④加强船首尾瞭望和雷达观测,以便及时发现浮冰、冰山,探明可航水道以及监视和预防碎冰损坏车、舵和船体。大风浪天气发现有碎冰集结时,应在下风航行。遇有冰山和碎冰互相接近运动时,应尽快避开,以防止被围困发生危险。

⑤抓住一切时机测定船位。冰区航行,航迹推算、陆标定位都十分困难,定位精度也受到很大的影响,因此,应利用各种无线电导航仪器等尽可能地测定准确的船位。

⑥破冰船引航时,应注意与破冰船或前船保持适当的距离,一般取 2 ~3 倍的船长。要密切注意破冰船的动态,加强相互间的联系,确保航行安全。

⑦尽量避免在冰区内抛锚,如果必须抛锚,应选择在冰层最薄处下锚,且锚链长度不得超过当地水深的 2 倍。

⑧船舶主机应做好随时全速倒车的准备,冰区倒车必须格外谨慎,倒车前,应使舵处于正舵位置。

⑨船舶一旦被密集浮冰阻挡无法前进,应在正舵的情况下慢速进车,将浮冰冲离船尾区域,再倒车后退。

五、冰情资料

为了有把握地进行冰区航行,事前充分分析有关的冰情资料,及时接收和分析当时的冰情报告,是非常必要的。冰情资料有许多种,例如:

①有关的《航路指南》;

②按月份出版的有关北极海区、西北大西洋和北太平洋的冰情图(Monthly Ice Charts);

③北半球冰区图册(Ice Atlas of the Northern Hemisphere);

④北大西洋引航图(Pilot Chart of the North Atlantic Ocean)、英版北大西洋航线每周冰情

报告以及北大西洋航路设计图(North Atlantic Routeing Charts)等。

从《世界大洋航路》中,亦可查找到有关的冰区推荐航路。

在《无线电信号表》第Ⅲ卷中载有“无线电航海警告和冰情报告”(Radio Navigational Warnings and Ice Reports-Service Details)的有关台站资料,可据以接收北大西洋的无线电冰情报告。

国际冰情监视(International Ice Patrol)是由美国海岸警卫队的船只和飞机在纽芬兰沿岸附近对流冰和冰山进行的监视。每年大约开始于2月末或3月初,持续到6月末,向船舶通报北大西洋航线纽芬兰大滩(Grand Banks)附近的冰山和流冰情况,在此季节每天两次向船舶播发冰情报告。冰情传真图每天由有关台站发布,必要时还发布特殊的冰情补充报告。

卫星照片可显示大冰山的动态。

英版《航海员手册》(The Mariner's Handbook)专门介绍了有关冰区航行的知识,其中包括冰情术语表(Glossary of Ice Terms),按英文字母顺序排列,并对每一条术语做了解释,可供阅读冰情资料和冰情报告时参考。此外,该手册对海冰、冰山、冰区操作、冰区导航等内容也做了初步的介绍。为了帮助理解冰情术语,正确使用冰情报告,《航海员手册》中还附有近40幅各种冰况的图片。

我国渤海湾沿岸的初冰出现于每年12月上、中旬,终冰在次年2月中、下旬或3月初。在此期间,沿岸固定冰宽度200~3 000 m,有的地方可达3 000~4 000 m,冰厚20~40 cm,最厚50 cm,堆积冰高度2~5 m,最高6 m。流冰通常在距岸5.4~10 n mile范围内,大体上沿10~15 m等深线分布,流冰厚10~30 cm。在河流入海口附近,因有淡水流出,冰情较严重,并有大量流冰,流冰速度一般为1 kn,最大可达3 kn。

天津航道局每年冬季发布冰凌预报,告知大沽、塘沽、新港等港口和海面的冰冻情况,共分三级,用代号表示:

代号(1)——航行无阻;

代号(2)——航行尚宜;

代号(3)——航行困难。

如遇特殊情况,另行通知。

六、冰中推算与定位

为了适应可航的进路情况和保证船体安全,冰区航行必须经常改变航向和航速,给航迹推算带来很大困难,而问题的实质是如何确定航向和航程,并使用特殊的海图作业方法进行推算。

较常用的推算方法是短时间间隔(一般为5 min)海图作业法,要求驾驶员每5 min记录一次航向和航速,然后每30 min或1 h绘算出总航向和航程,这样便得出每30 min~1 h的推算船位。为了便于使用,可制成记录表格,用以登记每次记录的时间、航向、航速和航程,也便于其他人员协助驾驶员填记。

使用表格进行绘算或计算时,须注意以下几点:

①每5 min有相同航向时,可归结一起绘算;

②遇有左右各差5°~10°的航向,可取平均航向;

③如有流压时,可将其矢量列入表内,视为一个航向对待。

冰区航行，航速难以用推进器转速或计程仪求取，而要通过实测来确定。通常可用目测，即根据舷侧 20 ~ 30 m 内浮冰通过船首、尾的时间和本船船长计算得出，如有适当的物标，也可用雷达测定航速。根据冰山或其他显著的标志，可测出相对于水的航速和航向。

冰区航行定位，必须注意海区特点，有陆标时，应尽量使用陆标定位和雷达定位，还应根据条件选用天文定位、无线电定位和卫星定位。由于冰区的异常折射和无线电波的异常传播等，对所求得的天文船位和无线电船位的准确度要有足够的估计，不可过分相信。在测深点较密的冰区航行时，亦可通过测深来辨别船位。

第三节　极区航行

极区的范围，不同的学者根据他们研究的学科的对象不同，各自有不同的解释。航海上，习惯将两极到 70°纬线之间的南极地区和北极地区统称为极区（polar regions），纬度 60° ~ 70°之间的区域称为副极地区（sub-polar regions）。北极地区（arctic region）实际上是一大片水域，四周被亚洲、欧洲和北美洲大陆所环抱，构成了地球四大洋之一的北冰洋（arctic ocean）。南极大陆及其附近岛屿和周围的海洋，习惯上统称为南极地区（antarctic region），四周被浩瀚的太平洋、大西洋和印度洋所包围。

极区的地理环境等与一般水域不同，对航海仪器的使用和船舶航行安全都造成了一定的影响。为了更好地了解极区及其航行条件，本节就极区环境、海图、罗经、定位等有关问题做简要的介绍。

一、极区环境

高寒，多暴风雪，一年只分冬、夏两个季节，极昼、极夜现象是南、北极地区的共同特点。此外，方向、经纬度、昼夜、日出、日没等术语在极区被赋予了新的含义。

在温带纬区（temperate latitudes），经线被认为是相互平行或接近平行的直线，但在极区，子午线由两极向周围辐射，位于北极（或南极）两侧的两个测者，可能彼此都在对方的北面（或南面）；在北极点，所有方向均为正南方向，而在南极点，所有方向均为正北方向。在高纬地区，方向随着测者的移动变化较快，物标的方位线不能再被认为是恒向线，而是两点间的大圆弧。子午线和时区在两极收敛，经线过度弯曲，致使经线和纬线不能用作航海的基准，地方时也失去了原有的意义。

极区太阳的出没和昼夜的变化与温带纬区不同。在两极，太阳每年出没一次。日出后，太阳慢慢地呈螺旋形上升，3 个月后高度最大（23°27′），然后其高度又逐渐减小，3 个月后出现日落。月亮每月升起一次，满月时可提供极区照明，但有时极光比月光还要明亮。行星于每个行星周期（金星 225 天，木星 12 年，土星 30 年）升降一次。在极区，每天 24 h 不再以昼夜的交替来衡量，“早晨”、“中午”等术语也失去了原有的意义。

当水面没有全部被冰覆盖时，极区经常有雾出现。极区还常出现低云云幕，日光在积雪表面和云幕间经多次反射扩散，使天空常常变为乳白色，对比度消失，以致无法识别地面和地平线。所有这些情况，加上冰区的特点，使航行更加困难。

二、海图

由于接近极区时投影变形急剧增大，因此高纬地区不能使用通常的墨卡托投影方法制作海图，而采用等角横圆柱投影（transverse mercator）、极射平面投影（stereographic projection）、心射投影（gnomonic）、方位等距投影（azimuthal equidistant）等投影方法。所有这些投影方法所制作的近极地区海图十分相似，以致无法用目视的方法加以识别。在这些海图上，绘画有专供度量方向用的格网线，图上距离和格网方向（grid direction）可按通常的方法确定。

无论采用何种方法制作极区海图，都能保持图上经、纬线的精度与其他海图一致。但由于极区自然条件恶劣，许多地区及水域未经系统测量，大部分极区海图是以空中照片为基础制作的，海图上测深、地貌和其他航海信息十分稀少，物标在海图上的地理位置也可能是不可靠的。随着人们越来越频繁地前往极区，海图和其他航海图书不断得到完善，对个别地区，可获得现代化的测量资料。尽管如此，这些地区的测量精度仍然比极区以外的地区差。为此，航海者应比其他任何时候更加切实地了解海图的精度，并始终保持足够的戒备，确保船舶航行安全。

三、罗经

陀螺罗经的指向力矩随纬度的升高而变小，在极区航行（polar navigation），需经常检查陀螺罗经工作的可靠性。通常，纬度在75°以下，陀螺罗经工作是可靠的；纬度超过75°，应经常利用测定天体方位的方法对罗经进行校核（约每4 h一次，纬度升高，相应时间间隔也随之缩短）；接近两极时，陀螺罗经将失去所有的水平力矩，一般认为，纬度达到约85°时，陀螺罗经便失去指向作用。

由于极区地磁水平分力大大减小，磁罗经指向能力减弱，而且由于地磁磁极连续不断地运动，在地磁磁极附近磁差日变化较大，最大每天变化达10°，因此，磁罗经在磁极附近对航海的作用非常小。如果船舶在低纬地区对磁罗经进行校正，并且在到达高纬地区时再次进行校正，则可在地磁磁极附近以外的极区使用。

极区航行，应尽量避免频繁地变向、变速，减小船舶对冰的冲击，以免产生较大的罗经误差，并经常校正陀螺罗经和磁罗经。如对罗经进行校验，应认真做好记录。

四、极区定位和导航

所谓极区航行，在一定意义上可以说是高纬航行加冰区航行，其地理位置和自然环境都给极区航行的定位和导航带来许多困难。

1. 陆标定位

极区有些地区虽然自然陆标较多，但是辨认和识别困难；沿海许多岬角和小海湾具有显著的彼此类似的特征。许多地貌长时间被厚厚的积雪或冰所覆盖，海岸很难显露出来，即使少数山头露出冰雪之外，其海图位置也不十分精确，导致陆标定位十分困难。北冰洋地区，在亚洲和欧洲北部近岸水域，夏季通航期内可用陆标定位；南极洲及其附近水域，由于该海区未经系统测量，陆地的绝大部分被冰雪覆盖，在其附近海域航行，基本上无法进行陆标定位。除了距离较近的物标外，其他物标的目视和雷达方位线，应按大圆处理，如果将它们绘画到墨卡托投影海图上，应进行大圆改正量的改正。

2. 天文定位

由于在极圈以内存在极昼或极夜现象，极圈以外的极区，夏季昼长夜短，冬季夜长昼短，加上极区大部分航海季节内，太阳被云层所遮蔽，观测太阳困难，给天文定位带来了较大的影响。

在极昼期间，通常只能测定太阳，用转移位置线的方法来进行天文定位。冰区无法进行准确的航迹推算，转移船位的精度较差。在极夜航行，由于无法看到水天线，若无气泡六分仪（Bubble Sextant）或带人工水平的六分仪，就无法进行天文定位。晨光昏影时，测定星体所获得的船位是最好的天文船位，但极区纬度较高，晨光昏影时间长，从日没至可看见星体的时间间隔也相应增加，测星定位比较困难。

此外，在极区有几周唯一可供观测的天体的高度可能不超过 10°，只能观测低高度天体来确定船位，加上极区天气变化剧烈，大气折射现象变化也很大，给观测天体高度的改正带来了较大的误差，因此，极区航行，天文定位比较困难，定位精度也受到较大的影响。

3. 无线电定位系统

如能充分合理地使用雷达，它将是确保极区航行安全的最有效的助航设备之一，但不能过分依赖雷达而忽视运用良好的船艺。

GPS、GLONASS 和 GALILEO 等全球卫星导航系统在极区能如同在其他地区一样获得令人满意的定位和导航效果，有条件时应充分加以利用。

4. 测深

极区航行，回声测深仪应连续工作，以探测接近浅水区的征兆。但极区许多地区水深变化非常突然，航海人员不能仅凭测深来获取接近浅水区的警告信息。

在有些测深完整的地区，可根据测深来判断船位和冰的偏移情况，船舶航行在这些区域时，应利用每次被迫停船的时机测定水深。

在流冰地区，由于船底流冰或船体噪声的影响，回声测深仪的扫描线可能消失，必要时，船舶应减速后再进行测深。

五、北极航线简介

北冰洋是联系大西洋和太平洋的便捷通道，北极航线的开通，对缩减航程，降低航运成本有着十分重要的意义。2013 年 8 月 15 日，中远集团所属“永盛”轮第 61 航次，从太仓港出发，经日本海、宗谷海峡、白令海峡，进入北极东北航道，9 月 10 日顺利抵达欧洲第一卸货港鹿特丹，实现了中国商船首次穿越北极东北航道的伟大创举。该航线全程 7 931 n mile，比自太仓出发经苏伊士运河至鹿特丹的常规航线的航程（10 711 n mile）缩短了 2 780 n mile，航线最高纬度达 77°54′.0N。

北极航线按照覆盖地理区域的不同，主要包括东北航道、西北航道、极点航线；如图 4-4-4 所示。

1. 东北航道（Northeast Passage）

目前国际社会关于东北航道的定义和起点、终点尚无统一定论，不过基本公认它是途经白令海峡、俄罗斯北极沿岸及北海连接大西洋和太平洋的海上航线。其中，俄罗斯政府在 1991 年实施的《北方海航道航路航行规章》中将位于苏联内海、领海（领水）或者毗连苏联北方沿海的专属经济区内的海运线，包括适宜船舶航行的冰区水域，其最西端是新地岛海峡（Novaya Zemlya straits）的西部入口和沿子午线北行绕过新地岛北端的热拉尼亚角（MysZhelaniya），东到白令海峡的 66°N、168°55′.6E（即普罗维杰尼亚湾）。的区域定义为北方海航道，又称北部航道。北部航道总航程为 2 200 ~ 2 900 n mile。

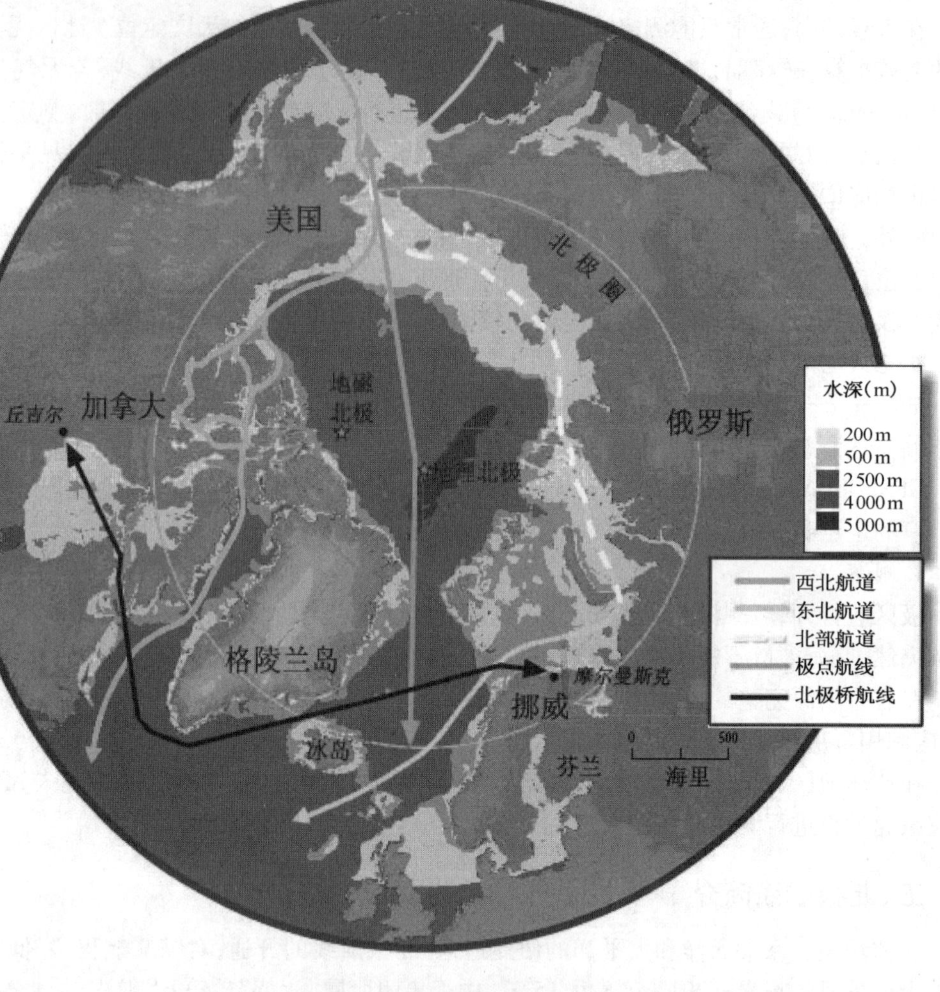

图 4-4-4　北极航线示意图

目前,北冰洋已开辟有从摩尔曼斯克经巴伦支海、喀拉海、拉普捷夫海、东西伯利亚海、楚科奇海、白令海峡至俄国远东港口的季节性海上航线;以及从摩尔曼斯克直达挪威的斯瓦尔巴群岛、冰岛的雷克雅未克和英国的伦敦等欧洲航线。北方海航道西部摩尔曼斯克港(Murmansk)至杜金卡港(Dudinka)间自 1978 年冬季以来常年保持通航。

2. 西北航道(Northwest Passage)

西北航道指的是东起加拿大北部巴芬岛以北,途经戴维斯海峡和巴芬湾,向西穿过加拿大北极群岛水域,到达美国阿拉斯加北面波弗特海,连接大西洋和太平洋的一条航道。

加拿大北极群岛水域岛屿众多,星罗过北棋布,在这 210 万 km^2 的地域大约有 36 000 个岛屿,是地球上地形最复杂的区域之一,因此,这一区域也是西北航道中对于船舶航行而言最为困难的一段航线。在人类对西北航道不断探索的过程中,逐渐形成了西北航道的 7 条路线,这 7 条路线的总体走向基本相同,仅仅因前人在探索西北航道时,受当时特定条件的限制而使得他们在加拿大北部群岛地区时采取的航线有所不同。

相比东北航道,西北通道的冰情要严重些,目前普通商船尚无法航行。

3. 极点航线(Polar Passage)

极点航线为从白令海峡出发,经过北冰洋中央区域直接进入挪威海或格陵兰海,从白令海峡至弗拉姆海峡的航程约为 2 100 海里。显然极点航线是连通太平洋和大西洋的最短航线。但是由于北冰洋中央海域常年被厚厚的冰盖所覆盖,短期内难以融化,无法供船舶通行,除非有强大动力的破冰船护航。

尽管北极航线是北欧、北美、俄罗斯与东亚地区航运的捷径,但目前最大缺点是通航期短,气候条件恶劣,巨大的冰盖、冰岛、冰山、浮冰和沿岸的固定冰阻碍了船舶的航行。除巴伦支海南部全年不冻外,俄罗斯、美国和加拿大北部沿海一年仅有几个月的时间能够通航。即使在短暂的通航期内,某些航段也必须靠破冰船开道方可航行。

第五章 船舶交通管理与船舶报告系统

世界上许多港口、狭水道等水域已建立了船舶交通管理系统、实施了船舶报告制度，船舶也相继装配了航行数据记录仪(Voyage Data Recorder, VDR)、船载自动识别系统(Automatic Identification System, AIS)和差分 GPS(Differential Global Positioning System, DGPS)等，以增强水域内船舶交通安全，保障交通畅通、保护水域环境。航海人员应积极主动地熟悉和适应这种发展需要，研究航海安全问题，了解现代船舶交通管理系统的设施和作用以及相关的法规和规定。

第一节 船舶交通管理

一、船舶交通管理系统

1. 现代船舶交通的特点

20 世纪 60 年代以来，世界经济与科学技术发展较快，作为经济发展支柱之一的船舶运输业迅速发展，从而加速了船舶交通的变化。主要反映在：

(1)船舶种类多样化。出现了油轮、散货船、集装箱船、滚装船等专用船舶，还出现了水翼船、地效船等运动性能新异的船舶。这些船舶的出现使得船舶性能差异加大，船舶行动的协调变得困难。

(2)船舶趋于大型化。超级油轮不断投入营运，其他种类的船舶，如散货船、集装箱船、滚装船等也趋于大型化。船舶的大型化带来了两个问题：首先是大型船舶本身的操纵难度增加，也就对航路、港湾等提出了新的要求，要为其航行安全提供良好的交通环境、特殊的措施和服务；其次是大型船舶与中小型船舶之间以及各自的航行性能之间的差异增大，因此，相互间的行动协调变得困难。

(3)船舶交通流量大大增大，使得港口和狭水道等水域变得拥挤，交通秩序时而紊乱，增大了有限水域内船舶的会遇次数，从而增加了船舶交通的危险度。

(4)船舶设备条件不断改善，世界范围水域内的导航系统日趋完善，航行服务项目不断增多。从定位系统方面看，基本上保证了世界的任何地点都能利用相应的定位系统进行导航定位。这些对保证船舶航行安全和提高营运效率起到积极作用。

(5)涉及船舶交通的法规不断增多。这些法规的实施对于整顿船舶交通秩序，维护船舶交通安全和水域安全具有非常重要的作用。

现代船舶交通的特点：船舶种类繁多、差异较大；交通流量大，尤其是繁忙水道和港湾，船舶交通拥挤；船舶交通事故频繁，所产生的危害给社会带来的影响增大。

2. 船舶交通管理

船舶交通管理（Vessel Traffic Management，VTM）就是通过采取某些措施，监控船舶交通状况，整顿船舶交通秩序，协助船舶航行。实施船舶交通管理的目的是通过监控、整顿，建立良好的交通秩序，减少海难事故，特别是减少船舶碰撞、搁浅、触礁这些船舶交通事故的发生，从而保证船舶安全、保护水域环境和社会环境，提高船舶交通的效率。船舶交通管理不是单纯地管制船舶航行，约束船舶行动，而是通过对管理水域内的船舶交通状态的掌握，提供航行环境信息，指导并支持船舶航行，从而达到交通管理的目的。因此，船舶交通管理可以说是一种积极意义上的服务，故国际上称其为船舶交通服务（Vessel Traffic Service，VTS）。

船舶交通安全对于社会发展极其重要。船舶交通由于其运量大、航程远、成本低等突出的优势，在内贸、外贸运输中占有重要的地位，是其他任何一种运输形式所不能替代的。从局部看，维持港口及其进出港航道、狭水道等交通要道的畅通，对保证船舶正常营运和港口的正常生产十分重要；从整体看，维持运输体系的正常运转，才能保证国民生产的正常进行和良好的经济秩序。此外，船舶海难事故的发生会造成严重的海洋污染，破坏生态及社会环境，破坏生物资源，从而造成巨大的社会经济损失。因此，实施船舶交通管理已不仅是航运界的要求，而且是整个社会的要求，故国际海事组织（IMO）提出“以合作推进安全、保安、环境友好、高效可持续的航运”的目标。多年来实施的船舶交通管理的经验和效果充分说明，通过一定形式的船舶交通管理与服务确实可以增强船舶交通安全，提高船舶交通效率。

3. 船舶交通管理的手段和对象

船舶交通管理主要利用法规约束和交通服务两种手段。

依法管理是必须遵循的原则。组织船舶交通，整顿船舶交通秩序，就会限制或影响到船舶的操纵航行自由。这显然涉及权利和义务的问题，而协调权利和义务就要依据法律。建立了船舶交通管理法规，既可使管理机关有法可依，也可使船舶有法可循。对于违反法规的行为，管理机关即可依法予以管理制裁。涉及船舶交通管理的国际性法规有《1972 年国际海上避碰规则》《船舶定线》《船舶报告制度》等。我国有关船舶交通管理法规有《中华人民共和国海上交通安全法》《中华人民共和国船舶交通管理系统安全监督管理规则》《中华人民共和国对外籍船舶管理规则》等。

交通服务是船舶交通管理的另一有效手段。服务的形式有信息服务、助航服务等。

船舶交通管理的管理方式有：交通法规管理、交通信息服务、交通监测和建议服务、交通咨询服务和交通组织管理等。无论采取何种方式进行船舶交通管理，都不免除船长对其船舶所拥有的权力和对船舶安全所应负的责任。

所有的船舶均应接受相应的交通管理法规的约束，即是船舶交通管理的对象。管理对象水域一般是交通量大、事故多发、航行困难（如狭水道）、环境敏感（如多雾）等水域。

4. 船舶交通管理系统的功能

船舶交通管理系统是实施船舶交通管理所必需的硬件系统，是广义的船舶交通服务系统的一个组成部分。广义的船舶交通服务系统是交通管理机关所建立的以增进船舶交通安全和提高交通效率以及保护环境为目的的综合性服务系统，它的范围从提供简单的信息到广泛管理一个港口或水道的交通。

船舶交通管理系统是船舶交通服务系统的重要组成部分,是完成船舶交通管理任务的主体,它的主要功能包括以下几项。

(1)数据收集(data collection)

为了实施水域内船舶管理或服务,应广泛地收集各种交通数据或信息,以便为船舶交通管理的正确决策提供依据,因此,要求收集的数据应尽可能全面、准确、实时。数据收集可包括:用适当的设备如水文气象传感器、雷达、VHF、AIS 等收集航道和交通状况的数据;在指定的海上安全和遇险频道上保持值班守听;接收船舶报告;获取有关船体、船机、设备或人员和有关运载危险或有害货物等船舶情况的报告。收集的数据可分两类:动态数据和静态数据。动态数据包括船舶的航向、航速、船位、CPA、TCPA 等有关船舶运动数据和有关的水文气象方面的数据;静态数据则包括有关船体、船机、配备的设备、人员和运载的货物等方面的数据及有关航道、助航设施的信息等。

(2)数据评估(data evaluation)

数据评估是根据由各种方式所收集到的信息、数据来判断管辖水域内的船舶有否违反国际的、国家的或当地港口的法规和规定的船舶行为,如船舶是否按分道通航制的规则航行,是否在港内超速航行,是否在规定的锚地抛锚等。

(3)信息服务(information service)

信息服务是在固定时间或在 VTS 中心认为必要的任何其他时间或应船舶请求,通过播送信息而提供的服务。信息服务是船舶交通管理系统实施船舶交通管理的主要形式。信息服务包括:播送有关船舶动态、能见度条件或他船意图的信息以协助所有船舶包括只能守听 VTS 预报的小船;与船舶交换有关安全的信息(航行通告、助航设施状况、气象与水文资料等);与船舶交换有关所处交通条件与情况的信息(如驶近船舶或被追越船舶的动态和意图);向船舶发布诸如操纵能力受限制的船舶、密集渔船群、小船、其他特殊作业的船舶等航行障碍的警告,并提供选择航线的有关信息等。

(4)航行协助服务(navigational assistance service)

航行协助服务简称助航服务,是应一艘船舶的请求或在 VTS 中心认为必要时提供的服务。也包括在困难的航行或气象环境下,或一旦出现故障或损坏时协助船舶。这项服务与信息服务同为船舶交通管理系统实施船舶交通管理的主要形式。

(5)交通组织服务(traffic organization service)

交通组织服务是船舶交通管理系统实施的比信息服务和助航服务层次更高的一种船舶交通管理措施。交通组织服务在一定程度上是对船舶交通进行调度指挥,即具有强制性质。使用 VTS 的船舶有义务接受 VTS 的交通组织服务。

(6)支持联合行动(support allied activities)

支持联合行动是与其他海上交通管理部门密切配合,特别是在通信联系、传达信息和现场指挥等方面,共同完成某项旨在保证航行安全、提高交通效率或保护水域环境免受污染的联合行动,并不是直接对船舶实施交通管理。它是船舶交通管理系统的一个辅助功能。

随着船舶交通的发展,实施交通管理的必要性已越来越得到社会的普遍认识。近几年来实施交通管理的港口和水域日益增多。从世界范围看,目前已建立了 200 多个船舶交通管理系统,更多的水域和港口实施了程度不同的交通管理。在我国,截至 2013 年底,已投入使用的 VTS 中心达 33 个,这对保证我国水域和港口的船舶交通管理起到重要的作用。

5. 航行在船舶交通管理区域的船舶应注意的问题

建立船舶交通管理系统的国家和地区，为了加强船舶交通管理，保障船舶交通安全，提高船舶交通效率，保护水域环境，都根据相应的法律、法规制定了相应的管理规则。我国在1998年1月1日开始实施的《中华人民共和国船舶交通管理系统安全监督管理规则》，明确规定了船舶报告和船舶交通管理的内容，具体如下：

(1)船舶在VTS区域内航行、停泊和作业时，必须按主管机关颁发的《VTS用户指南》所明确的报告程序和内容，通过甚高频无线电话或其他有效手段向VTS中心进行船舶动态报告。

(2)船舶在VTS区域内发生交通事故、污染事故或其他紧急情况时，应通过甚高频无线电话或其他一切有效手段立即向VTS中心报告。

(3)船舶发现助航标志异常、有碍航行安全的障碍物、漂流物或其他妨碍航行安全的异常情况时，应迅速向VTS中心报告。

(4)船舶与VTS中心在甚高频无线电话中所使用的语言应为汉语普通话或英语。

(5)在VTS区域内航行的船舶除应遵守《1972年国际海上避碰规则》和《中华人民共和国内河避碰规则》外，还应遵守主管机关颁布的有关航行、避让的特别规定。

(6)船舶在VTS区域内航行时，应以安全航速行驶，并应遵守交通运输部和主管机关的限速规定。

(7)船舶在VTS区域内应按规定锚泊，并应遵守锚泊秩序。

(8)任何船舶不得在航道、港池和其他禁锚区锚泊，紧急情况下锚泊必须立即报告VTS中心。

(9)船舶在锚地并靠或过驳时，必须符合交通运输部和主管机关的有关规定，并应及时通报VTS中心。

(10)VTS中心根据交通流量和通航环境情况及港口船舶动态计划实施交通组织。VTS中心有权根据交通组织的实际情况对航行计划予以调整、变更。

(11)船舶在VTS区域内航行、停泊和作业时，应在规定的甚高频通信频道上正常守听，并应接受VTS中心的询问。

(12)在VTS区域内航行的船舶和船队的队形及尺度等技术参数均应符合交通运输部和主管机关的有关规定。

因此，航行在VTS区域内的船舶应遵守有关规定，及时报告相关信息，服从交通管理，保证航行水域的交通安全。

二、船载自动识别系统

1. 概述

船载自动识别系统(AIS)是一种工作在海上VHF波段的船载自动广播系统。该系统可以连续地向其他船舶或岸台发射本船的静态信息(如海上移动识别码、呼号和船名、IMO编号、船长、船宽、船舶种类和定位天线的位置)、动态信息(如船舶位置、时间、航向、航速、船首向、航行状态和转向速率)和与航行有关的信息(如吃水、装载的危险货物种类、目的港和ETA、航行计划和在船人数)以及与安全有关的短信息(指船舶为了航行安全向周围船舶和岸台发出的广播信息或是点对点的通信消息)。

船载自动识别系统主要由数据接口、信息处理器、信息显示器和VHF接收机等部分组成。

AIS 旨在提高海上人命安全、航行安全以及保护海洋环境，其目的是帮助识别船舶、协助进行目标跟踪、简化和促进信息交换以及为避免碰撞提供额外的信息。因此，国际海事组织（IMO）已经决定自 2002 年 7 月 1 日起至 2008 年 7 月 1 日止，从事国际航行的 300 总吨及以上和从事国内航行的 500 总吨及以上的船舶应分段陆续强制安装船载自动识别系统，这无疑对提高海上人命安全、航行安全以及保护海洋环境有着极大的促进作用。AIS 促进了船—船及船—岸的关键识别信息和简洁航行安全信息的有效沟通，解决了船舶在避碰行动中难以识别、在搜救行动中效率低下、在交通管理上监控不力等困扰航行安全多年的难题，为船舶实施交通安全监控和航运管理提供了高效率的信息传输通道。

2. AIS 的作用

IMO 决议 MSC. 74（69）《关于通用船载自动识别系统（AIS）性能标准的建议》规定了 AIS 的性能标准，即 AIS 用于船舶避碰；AIS 是获取船舶及货物信息的工具；作为 VTS 工具，自动地向船舶和主管当局提供来自船舶的信息。就目前 AIS 研发和使用情况看，AIS 的作用主要有以下几项。

（1）AIS 在船舶航行避碰方面的应用

①AIS 在探测目标中的应用

长期以来，雷达在船舶航行避碰过程中是一种较为有效的助航设备，尤其在能见度不良时发挥了更大的作用，但是也有其局限性，如信息有限、难以在恶劣的海况下提高检测信息的可靠性、不能获取目标船的即时速度和船首向；当目标船航行于多岛礁、航道的弯头或大船的背后等遮蔽水域时，雷达将无法观测到这些目标。而 AIS 受恶劣天气的影响较雷达要小得多，可以发现进入雷达盲区的近距离小船，其作用距离远，不受海况干扰且信息量大；在居间障碍物的高度不影响无线电波传输的情况下，可使航行于遮蔽水域的船舶及早发现目标。在航海实践中，要注意 AIS 和雷达导航系统的优势互补，以提高水域中航行船舶的安全。

②AIS 在避碰信息交换中的应用

目前，船舶所配有的用于船舶避碰的助航设备提供的目标船信息过于简单，由此造成避碰决策困难或采取避碰行动不当等问题尤为突出。安装 AIS 的船舶，不仅可以获得雷达显示的信息，还可以获得包括船名、船舶识别码、转向点等信息，这些信息能够有效地避免船舶碰撞，此外，AIS 能够进行短信息通信，可以把有关的避碰信息发送给周围的船舶，以了解避让意图，进一步提高避让行动的有效性。但 AIS 不应作为唯一避碰装置使用，而应当与其他避碰方法结合，协助驾驶员判断是否存在碰撞危险。

（2）AIS 在 VTS 方面的应用

AIS 是 VTS 的重要工具，是现有 VTS 装备的补充。实时获取和处理水域中所有船舶的航行信息，是有效实施船舶管理和服务的基础。AIS 在 VTS 中应用的具体目标是船舶识别、跟踪船舶、信息交换等。

①船舶自动识别

大多数 VTS 中心都要求船舶在进入或接近其辖区时进行船舶报告，但这种船舶报告耗时长且需要船舶的积极配合，对于没有按要求报告的船舶，将会造成潜在的危险局面，也增加了 VTS 操作员的工作负担。因此，装配了 AIS 的 VTS 中心可接收 VTS 水域内所有船舶播发的 AIS 信息，并可向船舶播发信息（如航行警告、交通管理信息和港口管理信息），VTS 的 AIS 岸台与船舶的 AIS 移动台构成一个移动通信系统。显然，AIS 的作用是改变船舶识别安全性差和时间耗用多的弱点，使得极为重要的快速无线电通信变得方便快捷。

②跟踪船舶

AIS 的数据能被其他 AIS 台站或基地台、转发台接收。这样，装配了 AIS 的 VTS 中心可在最大范围内接收船舶标志和精确位置，起到了在雷达范围外监视目标的作用。AIS 结合 DGNSS 修正信号可获得优于雷达的位置精确度（精度达 10 m）。另外，AIS 能提供诸如船首向和转向率等，为 VTS 中心提早推算船舶运行轨迹提供了可能。不仅如此，VTS 能够接收到来自所在区域内以及临近水域船舶的 AIS 信息，从而将给船舶提供更精确的导航信息或建议。

③信息交换

VTS 中心可以通过 AIS 将计划好的航线、安全信息和与航行有关信息等传递给船舶，进一步地指导船舶的安全航行，提高了 VTS 对船舶及助航标志的监控能力，改善了 VHF 语言通信环境，增强了 VTS 信息服务功能。

在船舶报告制中沿岸主管机关要求船舶报告的内容主要都包括在 AIS 的静态和动态信息中。AIS 长距离通信和报告模式能够满足船舶报告制的要求，可以辅助主管机关履行对大区域船舶交通进行监视的职责。AIS 必将在船舶报告制中起到重要作用。

（3）AIS 在搜寻与救助方面的应用

当船舶按国际公约的强制要求安装了 AIS 设备后，沿海水域的海上搜寻和救助能力将有所提高。遇险船可通过 AIS 发送有关遇险信息（如船位、船名、呼号和类型等），如时间允许还可通过 AIS 的短信息功能发送更详尽的遇险信息（如遇险原因、自救情况、船舶情况、需要救助情况等），海事部门和 VTS 机构可以为执行搜寻与救助任务的船舶和直升机装配 AIS，这样就使得搜救协调中心能快速地找到距遇险地点最近的船舶，从而提高海上搜寻和救助工作的效率。在整个搜寻过程中，海上搜救协调中心也能够对所有参与的船只进行跟踪、导航与监控，有效地利用其资源并确保覆盖整个搜寻区域，高效、快速地实施海上搜寻和救助。

（4）AIS 在海岸监控方面的应用

船载自动识别系统可使海岸监控系统自动、可靠、快速地识别船舶，对船舶进行实时跟踪。随着信息时代的发展，AIS 网络再通过 Internet 可弥补目前监控信息不能共享的缺陷，实现对监控船舶的信息联网，更大程度地提高航行于管辖水域中船舶的监控和组织能力，在海上信息系统中发挥重要作用。

3. 使用 AIS 应注意的问题

AIS 是一种双向的识别系统，船舶正确输入相关的信息可使他船和 VTS 容易识别和监控，保证有效发挥 AIS 设备的作用。AIS 设备需要输入船舶的静态和动态数据。静态数据主要包括本船船舶证书中注明的船名、呼号、海上移动识别码（九位数字组成，简称 MMSI）、国际海事组织编号码（七位数字组成，简称 IMO 编号）、AIS 天线的位置（可知船长和船宽）和船舶种类等，这些相对固定的数据在安装 AIS 设备时即行输入；动态数据主要有航行状态、吃水、本航次目的港、预计抵达时间、设置报警的 CPA/TCPA 值、船员数等，在开航前，在船长授权的前提下，正确输入动态数据。船舶在输入上述相关的信息时均应特别注意，保证其正确无误。

此外，因汉语拼音与英语发音的区别，部分汉语拼音很难被外国人正确读出，如 HUI JIN QIAO（汇金桥）、ZHI HUI NV SHEN（智慧女神）等，船舶操作人员应了解本船可能被外国人误呼叫，并及时应答。

在使用过程中，尚应注意：无论是航行、抛锚还是靠码头，均应保持 AIS 的开机工作状态；

不能随意改变已输入的船舶静态数据,每个航次都要及时输入新的航次数据,正确地操作 AIS 设备。

第二节 船舶定线

一、概述

船舶定线是海上船舶交通管理的一个组成部分,对减少和避免海上交通事故、增强航行安全、提高航行效率、保障海上人命安全和加强海洋环境保护方面的积极作用越来越受到世界各国的关注。我国制定的“成山角船舶定线制和船舶报告制”是中国第一个获得 IMO 采纳的船舶定线制和船舶报告制,并已于 2000 年 12 月 1 日作为强制性要求对所有船舶适用。

《船舶定线》(Ships' Routeing)是国际海事组织(IMO)文件,是由岸基部门以法律规定或推荐形式指定船舶在海上某些区域航行时所遵循或采用的航线、航路或通航分道等。《船舶定线》是一种活页式出版物,现行版为 2013 年第十一版,以替换页或增页的形式发布,用以对资料进行改正。

要想了解 IMO 已采纳的分道通航制,可查阅 IMO 出版的《船舶定线》和英国水道测量局出版的《英版航海通告年度摘要》。要想了解未被 IMO 采纳的分道通航制,应查阅有关《英版航路指南》或其他有关航海资料。

《船舶定线》共有以下八部分内容:

第一部分　船舶定线的一般规定(Part A – General Provisions on Ships' Routeing);

第二部分　分道通航制(Part B – Traffic Separation Schemes);

第三部分　深水航路(Part C – Deep-Water Routes);

第四部分　避航区(Part D – Areas to Be Avoided);

第五部分　其他定线措施(Part E – Other Routeing Measures);

第六部分　有关航行的规则和建议(Part F – Associated Rules and Recommendations on Navigation);

第七部分　强制船舶报告制、船舶定线制和禁止抛锚区(Part G – Mandatory Ship Reporting Systems, Mandatory Routeing Systems and Mandatory No Anchoring Areas);

第八部分　采用、指定和替代的岛屿间航路(Part H – Adoption, Designation and Substitution of Archipelagic Sea Lanes)。

其中自第二部分开始印有国际海事组织采纳的世界各水域的各种定线制和规则等的详细资料,并附有图式,船舶航行至相关水域时可结合海图使用。

二、船舶定线的一般规定

本规定就船舶定线的目的、定义、程序与责任、方法、规划、设计标准、分道通航制的临时调整与中止、定线制的使用和海图上的表述方法等 9 个方面做出具体要求。

1. 目的(Objectives)

船舶定线的目的在于避免或减少由于在环境敏感水域及附近发生船舶碰撞或搁浅而对海洋环境产生污染或其他损害的危险，增进汇聚水域和通航密度大的水域及由于水域有限而船舶的活动自由受到约束、存在航行束缚、水深受限或气象条件不佳的区域的航行安全。

任何船舶定线制的确切目的，都将包括根据其想要缓和的特定危险环境确定。但可能包括下列诸目的中的一部分或全部：

(1)分隔相反的交通流以减少船舶对遇情况的发生。

(2)减少穿越船与航行在已建立的通航分道内的船舶之间发生碰撞的危险。

(3)简化船舶汇聚水域内交通流的形式。

(4)在沿海开发活动或勘探集中的水域内组织安全的交通流。

(5)在对所有船舶或对某些等级的船舶航行有危险的或不理想的区域中或其附近组织交通流。

(6)在距环境敏感水域安全距离上或附近组织安全的交通流。

(7)在水深不明或存在危险的水域为船舶提供指导，以减少搁浅的危险。

(8)指导船舶避开渔场或组织船舶通过渔场。

可见，船舶定线的作用在于组织交通，使紊乱的交通流变得较有秩序，使每艘船舶都各行其道，减少会遇次数，降低碰撞危险，增强船舶交通安全，因此，这是一种特别有效的宏观的船舶交通管理方法，是船舶交通管理所采用的主要手段之一。

2. 定义(Definitions)

对与船舶定线有关的术语进行了如下定义：

(1)定线制(Routeing System)

由以减少海难事故为目的的单航路或多航路系统或航路指定方式构成的任何航路体系。它包括：分道通航制、双向航路、推荐航线、避航区、禁锚区、沿岸通航带、环行道、警戒区和深水航路。

(2)强制定线制(Mandatory Routeing System)

IMO 根据《1974 年国际海上人命安全公约》第 V/8 条的要求通过的，强制要求所有船舶或载运特定货物的船舶使用的定线制。

(3)分道通航制(Traffic Separation Scheme)

通过适当方法建立通航分道，以分隔相反方向交通流的一种定线措施。

(4)分隔带或分隔线(Separation Zone or Line)

将相反方向或接近相反方向行驶的交通流的通航分道分隔开，或将通航分道与相邻海区分隔开，或将同向行驶的特殊类型船舶的指定通航分道分隔开的带或线。

(5)通航分道(Traffic Lane)

在规定界限内建立单向通航的一种区域。天然碍航物，包括那些组成分隔带的天然碍航物，均可组成该区域的边界。

(6)环行道(Roundabout)

由一个分隔点或圆形分隔带和一个规定了界限的环行通航分道组成的一种定线措施。环行道内的交通按逆时针方向围绕分隔点或分隔带环行而实行分隔。

(7)沿岸通航带(Inshore Traffic Zone)

由位于分道通航制的向岸一侧边界与其邻近海岸之间指定的水域构成的一种定线措施，

并根据修改后的《1972年国际海上避碰规则》第10条第4款的规定使用。

(8)双向航路(Two Way Route)

在规定的界限内建立双向通航,旨在为通过航行困难或危险水域内的船舶提供安全通道的一种航路。

(9)推荐航路(Recommended Route)

为方便船舶通过而设立的未规定宽度的一种航路,通常以中央浮标作为标志。

(10)推荐航线(Recommended Track)

已经过特别调查以尽可能保证无危险存在并建议船舶沿其航行的一种航路。

(11)深水航路(Deep Water Route)

在规定的界限内,海底及海图上所标志的水下障碍物已经精确测量并已清爽的一种航路。

(12)警戒区(Precautionary Area)

由一个具有规定界限的区域所组成的定线措施,在该区域内,船舶必须谨慎地驾驶,在警戒区内还可能推荐交通流方向。

(13)避航区(Area to Be Avoided)

由一个具有规定界限的区域所组成的定线措施,在该区域内,或是特别危险,或是对于避免海难事故特别重要,因而所有船舶或某些种类的船舶应该避开。

(14)禁锚区(No Anchoring Area)

由一个具有规定界限的区域所组成的定线措施,在该区域内,锚泊或是危险,或是可能对海洋环境造成无法接受的损害。除非是在对船舶或船上人员面临紧迫危险的情况下,否则所有船舶或特定类型船舶应避免在该禁锚区内锚泊。

(15)确定的交通流方向(Established Direction of Traffic Flow)

指示分道通航制中确定的交通运行方向的一种交通流图式。

(16)推荐的交通流方向(Recommended Direction of Traffic Flow)

在采用确定的交通流方向不可行或不必要的地方,指示推荐的交通运行方向的一种交通流图式。在图上用空心实线箭矢表示其方向。

3. 程序与责任(Procedures and Responsibilities)

阐明了与建立船舶定线制有关的国际海事组织的程序和职能、政府的责任和推荐与强制的实施事宜。

4. 方法(Methods)

结合图式,说明了可供选用的适合于不同水域的自然环境、交通条件、实际交通状态及其他因素的定线方法。

5. 规划(Planning)

对船舶定线制的规划提出了应遵守的原则。

6. 设计标准(Design Criteria)

对船舶定线的设计标准提出了原则性的要求,这些要求是定线规划原则的进一步补充并着重于技术方面的要求。

7. 临时调整与中止(Temporary Adjustments and Suspensions)

规定了当由于勘探设施的临时设定需对分道通航制作临时的调整和中止的具体做法,并利用实例图式予以说明。

8. 定线制的使用(Use of Routeing Systems)

对定线制的使用作了如下具体规定:

(1)除有特殊说明外,建议定线制为所有船舶使用,而且定线制可能对所有船舶、某些种类船舶或载有某些货物船舶或特定种类和数量燃油的船舶是强制的。

(2)定线制在不冻水域或不需要特殊操纵或不需要破冰船援助的薄冰水域内,任何时间、任何气象条件下均适用。

(3)牢记船舶航行需要适当的龙骨下富余水深,在决定使用定线制时必须考虑海图水深、最近一次测量后海底变化的可能性和气象与潮汐对水深的影响。

(4)在 IMO 采纳的分道通航制或其附近航行的船舶必须特别遵守《1972 年国际海上避碰规则》第 10 条的规定,以减少与另一船舶发生碰撞的潜在危险。该规则的其他条款在所有情况下均适用,特别是 B 部分第Ⅱ、Ⅲ节的规定。

(5)在各个方向交通流的汇聚区域,由于船舶可能需要穿越航路或转向另一航路,完全的通航分隔实际上是行不通的,因此要求在这种区域航行的船舶应十分谨慎,也应知晓一船沿一直航路航行这一事实并不给予该船任何特权或直航权。

(6)深水航路主要是为由于其吃水与相关水域的可用水深的关系使其需要使用这种航路的船舶提供的,不符合上述所考虑因素的过境通航船舶,只要可能,应避免使用深水航路。

(7)不使用与警戒区相连接的通航分道或深水航路的过境通航船舶或进出附近港口的船舶,只要可能,应当避开警戒区航行。

(8)在双向航路(包括深水双向航路)上,船舶应尽可能地靠右行驶。

(9)海图上标示的与定线制有关的箭矢仅表明为确定的或推荐的交通流的大致方向,船舶没有必要严格地沿其所指的方向航行。

(10)在《国际信号规则》中规定了信号"YG",其意为"你现在好像没有遵守分道通航制",以提醒船舶遵守分道通航制。

9. 海图上的表述方法(Representation on Charts)

给出由国际海道测量局推荐的用以指导在海图上表示定线制和相关措施的细节的图例、符号和注释,并对各自的应用做了说明。

三、航行在船舶定线制水域的船舶应注意的问题

船舶定线的主要形式和最常用的形式是分道通航制,因此,着重提出航行在分道通航制水域的船舶应注意的问题:

(1)保持 VHF 守听。若在分道通航制建有监测站或航海信息服务中心,航行在该水域的船舶就应保持 VHF 守听,以便获得关于本船航行情况、通航情况、航行警告等有关航行安全信息。

(2)遵守船舶动态报告制。在某些分道通航制水域,如多佛尔海峡、马六甲海峡等,有关主管当局要求船舶在指定地点向有关部门报告诸如船名、船舶呼号、船位、航向、航速、吃水、货物种类和性质、目的港等情况,以便有关部门对船舶实施动态安全管理。航行在该水域的船舶应遵守报告制的规定,及时准确地向有关部门报告。

(3)凡航行在被 IMO 采纳的分道通航制水域的深水航路中和航行在狭水道中的分道通航制水域的船舶,应遵守《1972 年国际海上避碰规则》第 10 条的规定。

(4)使用分道通航制的规定不是强制性的,允许船舶不使用分道通航制,但应在远离该水域边界线的宽阔水域中航行。

(5)在IMO所采纳的分道通航制水域中航行的船舶应严格遵守《1972年国际海上避碰规则》第10条的规定;反之,在未被IMO所采纳的分道通航制水域中航行时,则应遵守地方规则。

第三节　船舶报告系统

18世纪初由英国劳埃德首先在全球重要地点建立的用以收集船舶动态资料的通信网,成为最早的全球性船舶动态报告制度。自1930年起,有些船公司规定出海船舶必须定时向公司报告其船位、航向和航速。1958年,美国海岸警卫队发起建立的商船自动报告制改进了船舶搜寻和救助组织。现行的船舶报告系统是由IMO采用的,要求船舶通过无线电报告提供、搜集或交换信息,用于搜救、交通服务、天气预报和防止海上污染等。我国已于2001年6月1日起实施了中国船舶报告系统。为了规范船舶报告系统,IMO制定了船舶报告系统的一般原则、标准报告格式和程序,以供拟建船舶报告制的国家和地区及船舶参考。

一、船舶报告系统的目的

船舶报告系统(Vessel Reporting System,VRS)是通过无线电通信或其他手段提供、搜集和交换与船舶救助、交通管理、防污染和天气预报有关的信息的系统,是指海上航行船舶在一定区域内,以一定的通信程序和报告格式向船舶报告中心提供航行信息的系统。目前,主要有以船舶救助为主要目的的报告系统和以船舶交通管理为主要目的的报告系统。船载自动识别系统(AIS)作为信息源在船舶报告制中起到了重要作用。

为了实施海上交通管理或提供船舶交通服务,要求船舶在适当地点以适当时间间隔向VTS报告动态、本身的条件和情况等有关资料的制度,这一制度被称为船舶报告制度(系统)。

以救助为主要目的的船舶报告系统是:监视海难事故是否可能发生;提供避免海难事故发生的信息;在事故发生后,及时对遇难船舶实施搜救;保护船舶财产和船员的人命安全;防止船舶造成海洋污染。实施该种船舶报告系统应达到的目的是:减少从与船舶失去联系到未收到任何遇险信号的情况下开始搜救行动之间的间隔;能迅速查明可能要求提供援助的船舶;在遇险人员、船舶或其他航行器的位置不知或不明时,能确定一定范围的搜寻区域;提供紧急医疗援助或咨询。

船舶是否要利用以救助为主要目的的船舶报告系统,是由船舶来决定的。系统的加入和退出都比较简单,向船舶报告系统提交了航行计划就被视为加入,做出最终报告即被视为退出。船舶利用这一报告系统可以获得系统的岸基部门提供的重要航海信息。一旦遇到危险,船舶报告系统可以根据此前的报告确定船位所在,及时得到救助,从而可以减少损失,保证船员生命安全。

船舶报告系统一般是以较大海域为服务对象水域,对象船舶不予限定,服务是免费的。现在使用的系统有美国的船舶自动互救系统AMVER、印度的船位和信息报告系统INSPIRES、日本的 JAREP、韩国的 KOSREP、澳大利亚的 AUSREP、新西兰的 VOLUNTORY SHIP REPORTING SYSTEM、阿根廷的 SECOSENA、巴西的海上通信信息控制系统 SISCONTRAN、智利的 CHILREP 和我国的 CHISREP 等。目前已经达到至少 17 个国家使用该系统。不同的系统采用不同的报告格式、报告程序、报告手段,船舶在利用这些系统时应查阅《进港指南》和《无线电信号表》等有关资料。

以船舶交通管理为主要目的的报告系统一般隶属于船舶交通管理系统。主要目的是:收集管理水域内航行船舶的有关参数、航行计划、载货状态等信息,建立与船舶的联系,随时进行相应的信息服务和助航服务等。这种系统对实施交通管理十分必要,通过船舶报告能全面掌握整个水域交通的详细情况以及每艘船舶的数据和动态,从而达到船舶交通管理的目的。

船舶利用以救助为主要目的的船舶报告系统所要尽的义务是按照报告系统的规定程序、内容、方法、时间等准确无误地报告。在以船舶交通管理为主要目的的报告系统中,船舶报告对某些船舶是强制的,应该进行报告的船舶要严格按规定进行报告。

二、报告的种类、程序、内容及格式

IMO 的 A.598(15)号决议将船舶报告的种类归纳为八种,建议各国根据情况制定本国的报告系统。

1.船舶报告的种类、程序及主要内容

(1)航行计划报告(SP – Sailing Plan)

航行计划是船舶发送给船舶报告中心的第一份报文,当船舶在船舶报告区域内港口并准备加入船舶报告系统时,应在离港前或接近离港时发送的报告;或当船舶从非船舶报告区域进入船舶报告区域并准备加入船舶报告系统时,应在接近报告线或进入报告线后发送的报告。该报文既是船舶加入船舶报告系统的正式申请,也是船舶报告中心对船舶进行跟踪标绘的依据。

航行计划报告的内容一般包括船名、船舶呼号或船舶识别码、出发日期和时间(UTC)、出发地点、下一停靠港、航行计划(航法和重要转向点)、航速及预计到达时间(ETA)和到达日期等详细情况。

(2)船位报告(PR – Position Report)

船位报告是由船舶发出的表示船舶当时所在位置的报告。发送船位报告的目的:一是用于船舶报告中心更正跟踪的船位,二是表达船舶安全状态即船舶是否遇险。船位报告在航行计划报告后,但首次的报告时间和报告的时间间隔,按报告的要求确定。从目前实施的报告系统来看,首次报告一般在航行计划报告后 24 h 或 48 h 做出,此后每隔 24 h 或 48 h 发送。当船舶所处的航行环境恶劣或船长认为有必要时,可以缩短时间间隔。

船位报告的内容包括船名、船舶呼号或船舶识别码、日期和时间(UTC)、船位、航向和航速。

(3)变更报告(DR – Deviation Report)

变更报告是当船舶严重偏离了根据以前的报告所能推算的船位或由于其他原因使新的航行计划与原航行计划有较大变更时所发送的报告。船舶报告中心根据变更项目重新跟踪该船,以达到尽量减少误差的目的。影响船位误差的主要原因是航向和航速,当航向或航速有变化或船位有“严重偏离”时,应及时发送变更报告。

变更报告的内容包括船名、船舶呼号或船舶识别码、船位以及变更的项目。

(4)最终报告(FR - Final Report)

最终报告是船舶参加船舶报告系统发送的最后一份报告。它表示船舶已经驶离报告区域或终止参加该报告系统。船舶报告中心收到该报文后,将停止对该船舶的跟踪与标绘。

最终报告的内容包括船名、船舶呼号或船舶识别码、离开本系统覆盖区域或到港的日期和时间(UTC)等。

根据船舶报告系统和船舶报告要求的一般原则,报告应简单,基本信息应报告一次,但是,包括船名、船舶呼号或船舶识别码等基本信息必须反映在每次的报告中。

为搜救目的而建立的船舶报告系统只涉及上述四种报告,而当船舶报告系统还同时具有防污染目的时,则还应包括如下特殊报告。

(5)危险货物报告(DG - Dangerous Goods Report)

危险货物报告是当发生包装危险货物自离领海基线不超过 200 n mile 的海域中灭失或可能灭失的事件时,应及时做出的报告。

危险货物报告的内容包括船名、船舶呼号或船舶识别码、时间、船位、货载情况、船舶损失情况、污染物情况、天气情况等。

(6)有害物质报告(HS - Harmful Substances Report)

有害物质报告是当发生排放或可能排放油类(MARPOL 73/78 附则Ⅰ)或散装有毒液态物质(MARPOL 73/78 附则Ⅱ)的事件时应及时做出的报告。

有害物质报告的内容包括船名、船舶呼号或船舶识别码、时间、船位、航向、航速、航线信息、下次报告时间、货载情况、船舶损坏情况、货物散失情况、天气情况等。

(7)海洋污染物质报告(MP - Marine Pollutants Report)

海洋污染物质报告是当包装《国际海运危险货物规则》中认为是海洋污染物质(MARPOL 73/78 附则Ⅲ)的有害物质落入或可能落入水中时应及时做出的报告。

海洋污染物质报告的内容与危险货物报告大致相同。

(8)其他报告(Any Other Report)

其他报告是指按照报告系统的规定程序所必须做出的上述报告之外的任何其他报告,其内容视具体情况确定。

2. 船舶报告的项目及格式

船舶报告内容分必报项和任选项,必报项是指该类报告中必须完整表达的内容;任选项是在该报告中对某些信息的补充,但不做强制要求。船舶报告格式是指船舶报告在内容编排和内容表达等方面的要求。IMO 的《船舶报告系统的一般原则》提出了船舶报告应包括的项目及应使用的标准格式,其内容如表 4-5-1 所示。表中所列的一些项目是各种报告中均必须报告的,如系统名称、报告种类、船名等,有些项目可根据报告种类以及具体情况进行取舍,如船舶尺度数据在航行计划报告中报一次即可,在其他报告中可以省略。使用无线电报进行报告时,可使用表中最左一栏的单字符,表示项目名称。在某些国家,还可使用书面报告形式。报告所使用的语言有英语和当地语言。使用英语时,应尽可能使用 IMO 标准航海用语。

表 4-5-1　IMO 船舶报告标准格式

报告项目名称		表示的内容	要求的信息及其格式
电报	无线电话		
系统名称	系统名称	系统名称	船舶报告系统的名称如 AMVER,CHISREP
SP PR DR FR DG HS MP 其他报告则为全称	报告种类名称	报告的种类	根据报告种类选择相应的缩写或全名,对某些报告要用这种报告的全称
A	Ship(alfa)	船舶	船名、船舶呼号或船舶识别码,船旗国
B	Time(bravo)	日期和时间	6 位数字。前 2 位为日期,后 4 位为时间(时、分各 2 位)。当不使用协调世界时时加注使用的区时符号
C	Position(charlie)	船位	纬度:4 位数字加 N 或 S,精确到分; 经度:5 位数字加 E 或 W,精确到分
D	Position(delta)	船位	物标名称、方位、距离。方位用 3 位数字精确到度,距离单位为海里(n mile),后加注物标名称
E	Course(echo)	航向	真航向,3 位数字
F	Speed(foxtrot)	航速	3 位数字,前 2 位为小数点前数字,后 1 位为小数点后数字,单位为节(kn)
G	Departed(golf)	出发港	最后一挂靠港名称
H	Entry(hotel)	进入系统的日期、时间、位置	日期、时间表示方法同 B,位置表示方法同 C 或 D
I	Destination and ETA(india)	目的港及预计抵达时间	港名及日期、时间(表示方法同 B)
J	Pilot(juliet)	引航员情况	说明有无海上或港内引航员在船
K	Exit(kilo)	退出系统的时间、位置	要求同 H 船舶报告系统的名称如 AMVER,CHISREP
L	Route(lima)	航路信息	计划航线情况
M	Radio Communication (mike)	无线电通信	船舶电台全称及保护频率
N	Next Report (november)	下次报告时间	要求同 B
O	Draught(oscar)	当前的最大吃水	4 位数字,用米和分米表示

续表

报告项目名称		表示的内容	要求的信息及其格式
电报	无线电话		
P	Cargo(papa)	船载货物	货物情况及可能对人或环境有危害的危险货物,以及有害物品和气体的细节
Q	Defect,Damage,Deficiency,Limitation(quebec)	缺陷、损坏、不良、限制	缺陷、损坏、不良状态或其他缺陷、限制的细节
R	Pollution,Dangerous goods lost overboard(romeo)	危险货物、污染物散失船外的描述	描述散失于船外的污染物(油、化学品)或危险物种类的细节及地点。地点的表述同 C 或 D
S	Weather(sierra)	天气状况	当前天气和海况的简要细节
T	Agent(tango)	船舶代理或船东	船舶代理、船东的名称及特殊事项的细节
U	Size and Type(uniform)	船舶尺度、种类	船长、船宽、吨位、船舶种类等详细情况
V	Medic(victor)	医务人员	医生、护士等医务人员情况
W	Persons(whiskey)	在船人数	人数
X	Remark(x-ray)	其他事项	任何其他事项、信息

三、中国船舶报告系统

1.概述

CHISREP 是中国船舶报告系统的简称,是中国为履行《1974 年国际海上人命安全公约》、《1979 年国际海上搜寻与救助公约》等国际公约,保障海上人命和财产安全,由交通部批准在 1998 年建立并于 2001 年 6 月 1 日起实施的。它是全球海上遇险与安全系统(GMDSS)的一个重要的组成部分。其任务是及时、准确地提供船舶动态信息,保证航行船舶的安全,提高搜救效率,防止和控制船舶造成的海洋污染。中国船舶报告系统是采用一个具有先进的信息处理和网络通信功能的覆盖中国报告区域的船舶报告系统,由指挥端站(中国海上搜救中心)、中国船舶报告管理中心(上海海事局)、用户端站(大连、天津、青岛、上海、广州的搜救中心)、报告接收站(上海海岸电台)和船舶报告网络组成。该系统提供船舶及船舶报告信息的接收、发送、存储和数据分析处理;在紧急状态下,为搜救部门提供有效的辅助决策支持;为相关的用户或单位和船舶提供相应的信息服务。中国船舶报告系统在海上搜寻救助工作方面的作用是:监视船舶航行安全,及时处理情况不明阶段的船舶,制订辅助搜救方案和救助遇险船舶,制订搜寻方案和搜寻失踪船舶,提供辅助搜救信息,进行国际合作和实现海上交通安全的宏观管理。

(1)适用区域和对象

CHISREP 的报告区域为 9°N 以北,130°E 以西的海域,但不包括其他国家的领海和内水。适用船舶为所有抵达中国港口的外国籍船舶、航行于国际航线 300 总吨及以上的中国籍船舶,航行于中国沿海航线 1 600 总吨及以上的中国籍船舶强制参加,航行于中国沿海航线的300 总吨及以上的中国籍船舶自2005年1月1日起也强制参加。上述船舶中航程不足6 h的船舶及其他船舶自愿参加。

(2)加入方式

船舶可以通过下列方式加入CHISREP:

船舶进入CHISREP区域时,按照《CHISREP船长指南》规定的格式向中国船舶报告管理中心发送报告。

当船舶首次加入CHISREP区域时,可由船公司或其代理向中国船舶报告管理中心提供船舶基本概况表。

如果船舶的基本概况发生变化,船公司、代理或船舶应当将变化的情况及时向中国船舶报告管理中心报告。

当船舶加入CHISREP后,可通过下列方式发送报文:

①通过CHISREP指定的上海、广州、大连三个海岸电台发送船舶报告。

②如果船舶在中国沿海某一个港口,可以通过电传、传真或电子邮件的方式直接向中国船舶报告管理中心报告航行计划报告或最终报告。

③可通过Inmarsat-A,B,C,M地球站发往中国船舶报告管理中心。

④中国船舶报告管理中心也接收船公司或代理通过电子邮件或电传方式发送的集团报告。

⑤由于某种原因不能发送船位报告和最终报告的船舶,可通过他船或岸上的有关机构代为报告。

船舶通过CHISREP指定的海岸电台发送报告是免费的。

2. CHISREP的报告种类、格式和内容

CHISREP共有七种类型,每一种报告类型由若干个按规定次序排列的报告构成。报告以CHISREP加报告类型的识别字母开头,以报告项Z结尾。这七种报告又可分为一般报告(航行计划报告、船位报告、变更报告、最终报告)和特殊报告(危险货物报告、有害物质报告、海洋污染物质报告)两大类。

(1)航行计划报告(SP)

船舶在离开中国沿海港口或从国外进入CHISREP区域时,应向中国船舶报告管理中心发送航行计划报告,并应遵循以下规定:

①在进入CHISREP区域的划定界限前24 h至进入后2 h之内发送。

②在离开任何中国沿海港口前2 h之内发送。

(2)船位报告(PR)

为了使船舶报告管理中心掌握足够的船舶信息,船舶应按照规定的时间或约定的报告时间向CHISREP发送船位报告。第一份船位报告要求在最新航行计划报告后24 h内发出,以后每隔24 h或在每天约定的时间发送,但两个报告之间的时间间隔不应超过24 h,直到抵达中国沿海港口或驶离CHISREP区域界线。船位报告中的信息将被CHISREP用来更新该船的船舶动态。

如在船位报告发送前2 h发送变更报告(DR),那么下一份船位报告的发送时间应改为变更报告后24 h。预计抵达下一港或CHISREP分界线的时间应当在最后一次的船位报告中得到确认。船舶改变ETA,可在任何一份船位报告中更正。如船舶的航行时间小于24 h,可不发

船位报告,只要在开航时发航行计划报告并在抵港时发一份最终报告即可。

(3)变更报告(DR)

船舶发生下列情况时必须发送变更报告:

船舶改变其计划航线时;船舶的实际船位偏离计划航线超过 2 h 的航程时。

(4)最终报告(FR)

当船舶抵达中国沿海港口或驶离 CHISREP 区域界线前后 2 h 内,应发送最终报告。

危险货物报告(DG)、有害物质报告(HS)、海洋污染物质报告(MP)如前所述。

中国船舶报告(CHISREP)格式见附录八。

3. 船舶延误报告处理

船舶超过规定报告时间或约定报告时间 3 h,系统将自动对该船进行预报警,提醒工作人员检查中国船舶报告管理中心是否已收到船舶的报告,采取有效的通信手段与船舶进行联系,并在海岸电台通报表上列出该船舶,提醒其发送报文;延时超过 6 h 的船舶,将在海岸电台通报表中,对这些船舶进行呼叫;延时超过 12 h 的船舶,将对船舶所有人、经营人、代理人及可能见过该船或与该船联系过的其他船舶进行查询,核实该船是否安全;延时超过 18 h 的船舶,将在海岸电台通报表中,对这些船舶进行紧急呼叫,并在该船呼号后加 PANPAN;延时超过 24 h 的船舶,船舶报告管理中心制订搜救方案并报指挥端站(中国海上搜救中心),由指挥端站指定海上救助协调中心(RCC)进行搜寻救助,开始搜救行动。

第六章 航行计划、航海日志和电子海图显示与信息系统

第一节 航行计划

船舶营运生产是以航次为周期的。航次开始前要制订计划,安排生产;航次结束后必须统计数据资料,总结汇报(如航次报告等)。航次开始时间是上一航次的结束时间;航次结束时间是最后一票货离船或最后一位旅客离船时间。船舶的航次是连续计算的,航次的编号和起止时间必须在航海日志中详细记载。在航次结束前,船公司或租船人一般将以航次命令(Voyage Order)的形式提前下达下一航次的运输任务。

航行计划是指船舶在接受航次命令后,拟定的从一个港口航行到另一港口的过程中,有关航行安全保证的具体措施与对策。船舶应在接到航次命令后,结合实际,充分考虑本船的技术状态、货物情况、物料和燃油、淡水数量,以及航区的水文气象资料等因素,综合利用航海技术知识,制订好本航次的航行计划。船舶航行计划制订的好坏将直接影响到船舶和海上人命的安全以及海洋环境的保护。为此,国际海事组织(IMO)在 1999 年 11 月 25 日通过了 A. 893(21)号决议——航行计划指南。《海船船员适任考试和评估大纲》对船长和三副发证时也要求其通过海事局认可的航次计划和航线设计的评估考核。

一、航行计划

1. 航行计划的内容

航行计划(Sailing Plan)至少应包括从泊位到泊位的全部航程(包括引航员的登船位置)、预计航行的总时间、预计航线上的气象情况和海况、各转向点的经纬度、各段航线的航程和预计到达各转向点的时间、复杂航段的航法以及对航线附近的危险物的避险手段、特殊航区的注意事项等,具体如下:

(1)航海图书资料的准备与改正

应根据最新版的《海图及其他水道图书总目录》查取有关航海图书资料,主要有:

①航用海图,包括总图(大洋图)、航行图(含无线电定位位置线图)及港湾图等。

②参考图,包括航路设计图、大圆海图、空白定位图、洋流图及气候图等。

③航海图书出版物,包括《世界大洋航路》《航路指南》《灯标和雾号表》《进港指南》《无线

电信号表》《里程表》《潮汐表》等。

按照航海通告和航海警告提供的改正资料，将以上全部图书资料认真改正到使用之日。

(2)人员、淡水、燃油等的配备，装卸货计划的完成，各种助航仪器的准备和检修

船长对本船船员的适航状况要特别关心，对确定出航人员的素质和水平要做到心中有数。淡水、燃油的储备量应根据航线的长短提前做好添加。装卸货完成的情况直接影响到开航时间，应根据航次命令适时调整装卸货计划。

助航仪器的完备状态是执行航行计划的必要保证条件之一，要根据平时的工作记录进行必要的检修，必要时还应对磁罗经测定自差，编制新的自差表。

(3)研究有关航海图书资料，了解航区的详细情况

①查阅有关港口的航路指南、进港指南、港口介绍、港图、港章等，了解本航次所经港口的详细资料。

②查阅有关气候图、洋流图、航路设计图、气象预报、潮汐表、潮流图表等，了解航区航行季节的水文气象条件、可能遇到的灾害性天气及可以利用的风、流条件等。

③查阅《灯标和雾号表》、《无线电信号表》与海图等，了解航区助航设备的条件、制度和必要的图表等。

④查阅海图、航路指南和地方性规则等，了解近岸航区的危险区域、禁区、渔区、船舶交会点、分道通航制、推荐航线、海上交通安全法规、内河避碰规则等。

(4)确定航线

根据所查阅的海区信息和本船或他船的具体航行经验，结合本船的船型、吃水、性能、定位条件、船员素质和航线的气象条件等因素，在保证安全和经济的前提下，反复推敲，确定并预画航线，尤其要注意气象预报的风向、风速、波向、浪高、水流、大雨和暴风对预画航线的影响。超过 1 500 n mile 的长航线，应确定是否采用大圆航线、气象定线等。在某些航区的短航段，出于避风等考虑，还要决定是否采用气象定线或避风、避逆流等措施。

(5)开航时间、航行时间及通过重要航段或物标时机的确定

根据航次命令和出发港口的潮汐情况，确定准确的开航时间。综合各种因素，根据航线的概略航程和推算的实际航速，预算各段航线的航行时间、通过重要航区或转向点的时间，航行中应进行世界时和区时的换算，执行区时制，应事先在无线电信号表等资料中查明所属国政府规定的标准时、法定时或夏令时等。

当进出潮流较强的港口时应考虑潮时，如锚泊船进港或码头在港口纵深地段时，应考虑在时间上留有充分的余地。

挂靠中途港时，应将旅客上下，货物装卸，燃料、淡水和食物的补充等时间估算进去。

航行于特别困难的狭窄水道，应避免夜间通过，必须通过时，要特别加强值班，必要时，应对因减速或候潮所耽误的航行时间有思想准备。

对于暗礁、浅滩、孤立障碍物或渔船密集的海面，应尽可能设计绕航航线，这样增加航程不多，而明显有利于安全。

如前所述，通过障碍物多的海面，应事前计划好多种避险措施。热带气旋盛行的季节，还应做好避风航线准备。通过重要的转向点，应尽可能具有获得准确船位的条件。

总之，选择通过重要航段或物标的时机应考虑到距离危险物的远近、能否利用航标和陆标定位、来往船只的多少、潮流是否复杂、水深是否足够和能见度的好坏等。

(6)航行中重要水域或狭水道的航法研究

航行中的航法研究是航行计划的重要环节,应根据《世界大洋航路》《航路指南》《航海员手册》等资料和航用海图,确定重要水域或狭水道的具体航行方法(如导航与避险方法)。

(7)航行在某海区可能遭遇的海况及恶劣天气

根据航路设计图、气候图、洋流图、气象预报和传真图等了解航行将遭遇的海况和恶劣天气,制订航行措施(如改变计划航线和选择避风锚地等),做到心中有数,万无一失。

(8)抵达港口概况、通信、引航及航道特征等

抵达港口的信息对船舶安全顺利进港至关重要,应根据进港指南、无线电信号表和海图等了解港口有关信息,做到悉心准备,采取各种应对措施。

2. 拟定航行计划的步骤

(1)研究资料

在接到航次命令后,船长应督促二副仔细研究各种有关的航海图书资料,了解气象情况,选定航线。在总图上粗略画出航线和量出大致的航程。

二副应收集所有必要的资料,以便于对航行计划进行全面的估计。在收集信息之后,可能又会收到更新的信息,例如,航海通告和气象报告等,应及时将这些信息补充到计划中去。另外,应对覆盖航行水域或将通过的水域的海图按航海通告中的永久性或临时(预告)性通告内容进行改正。对航行计划进行初步拟定,需要下列资料信息:

①潮流(流速、流向)、潮汐(潮时、潮高);

②航次各阶段的船舶吃水;

③《航路指南》中的推荐和建议;

④航行标志(预定在雷达上或视觉可见到的目标);

⑤分道通航制和其他通航制度;

⑥无线电导航仪器的覆盖范围;

⑦影响航行水域的航海通告;

⑧影响航行水域的气候和气象信息;

⑨船舶的操纵性能等。

当所有信息收集完时,船长应对航行计划的情况做出全面估计,并与驾驶员进行商讨,以有利于船舶的安全航行。

(2)估算时间

根据概略的航程和航速,估算所需航行时间,初步确定进出港及通过重要航区和物标的时间。

(3)预画航线

在上述工作基础上,全面权衡,最后确定航线,并在航用海图上准确画出全程航线,求出准确航程和航行时间。

(4)考虑航行时间、航速与燃料装载量的关系

确定燃料装载量应考虑以下几个因素:

①航程、航速以及影响航速的水文气象条件等;

②本船的航海性能,如吃水差和船壳附生物的阻力等;

③主机之外的其他燃料及轮机长的意见;

④过去使用燃料的记录；

⑤航行途中有无燃料补给港口等。

无论在哪个航区航行，燃料总储备量的富余量不得少于船舶两天的耗油量。

(5)做好相关记录备查

航行计划须经船长审核批准后正式确认，但在航行中并不是一成不变的，还可根据当时的实际情况加以修改和补充。为了使航行计划能连续地监控船舶整个航次的营运，该计划应在形成后和实施中有确切的文字记录，最好配备正规的记录簿，执行过程中由驾驶员签字确认，以此作为PSC检查的证据之一。

3. 航行计划参考表格

(1)海图及图书资料一览表

①海图

编号	图号	图名	比例尺	出版日期	新版日期	最新改正	备　注

②图书资料

编号	书号	书　名	出版日期	最新改正	备　注

(2)航线表

编号	转向点位置（名称）	航用海图图号	相邻转向点间的航程	计划航向	航速	航行时间	转向时间		累计航程	剩余航程	备注
							标准时（区时）	世界时			

(3)途经主要港口的标准时和世界时关系表

港口名称及所属国家	标准时（或区时）	区号	世界时	备注

4. 拟定航行计划的注意事项

在拟定航行计划时，船长应根据航次任务及时通知各部门有关负责人做好各项开航准备工作；对预定的航次，船长和驾驶员应在研究有关资料后事先做好航行计划；大副、轮机长应在与船长协商后，预先确定并落实本航次所需各种燃物料、淡水以及备品的数量；船长应检查各种船舶证书和船员证件是否齐全、有无逾期，检查运输单证及港口文件是否齐全，保证船舶处于适航状态。

开航前，船长应充分并恰当地运用预定航线上所必需的、有效的以及最新改正的航海图书资料和其他航海出版物，保证拟定好从出发港到下一停靠港的预定航线，核实了航行计划后，将计划航线清楚地标绘在有关海图上，并且在航行期间供值班驾驶员随时使用，驾驶员在使用之前应认真核实每一个准备采取的航向。拟定航行计划的过程，就是船舶开航前的航海准备过程，必须认真、周密和仔细对待。应将航行计划细节记录在驾驶台记录簿中以便于参考。其他有关的重要资料，如高潮、低潮时间及日出、日没时间等也应记入记录簿。拟定航行计划时，力求措施适当、时间准确、切实可行。在执行中根据实际情况及时修改航行计划。开航前拟定的航行计划，在执行过程中会与实际情况有所出入，但是不能因为会变化就忽视拟定航行计划的重要性。

如果在航行中决定改变停靠港或因其他原因船舶需要大幅度偏离计划航线，船长应及早拟定好修正航线，并在海图上重新标示。

在执行过程中，值班驾驶员对船位或航行方式有任何怀疑，应立即报告船长，并在必要的情况下，采取对船舶安全有利的措施。

开航之前和进入限制水域或危险水域之前，应对航海仪器的状态进行检查，这种检查也应在整个航次中定期进行。

对于长航线，可以在有了航行计划的总轮廓之后，先把计划的前一段做具体些，然后，在航行过程中逐步充实计划的下一段内容。

对于新航线，特别是缺乏经验的新驾驶员，船长更应督促他们认真对待航行计划。除分管航线工作方面的驾驶员外，还应要求其他驾驶员仔细研究航行计划，以利在航行过程中工作的连续性和彼此互相协同配合。

定线的班轮，拟定航行计划当然要简单得多，但是亦应根据航行的季节和时间，做好应付非常情况的具体准备工作。

具有组合导航设备的船舶，拟定航行计划工作中的许多计算，均可通过系统的辅助功能进行。

二、航线设计

航线设计(Passage Planning)是航行计划的重要组成部分，是航行计划的具体实现。航线设计的原则是安全和经济。安全和经济是统一的，目的是提高经济效益。不安全的经济航线绝对不可取，而不经济的安全航线也是得不偿失的，在安全的前提下达到经济，经济必须安全。

1. 航线设计的内容

(1)在海图上绘画航线，并列出起始点、各转向点和到达点的经纬度或(和)以某物标的方位和距离表示。

(2)列出各点间的航向。

(3)标出各点间的计划航程、各点的累计航程和起讫港间的总航程。

(4)列出各点间的计划航行时间、各点的累计航行时间和起讫港间的总航行时间。

(5)预绘必要的警戒线于海图上。

(6)预绘重要的灯标、雷达目标等于海图上。

(7)预绘重要航区潮流于海图上。

(8)列出所需海图的图号。

(9)拟定中途遭遇强风的航路与避风锚地。

2. 航线设计应考虑的因素

(1)本船条件

①续航力

续航力是指本船在不靠岸不依靠补给的条件下能航行的距离。主要取决于:

a. 主机续航力;

b. 辅机续航力;

c. 润滑油料的续航力;

d. 淡水的续航力(生活及辅机锅炉冷却);

e. 食品的续航力。

②船级中的航区限制

船级可从船体入级证书中查到。不同的船级对船舶建造、稳性、救生设备及无线电设备都有不同的要求,不同船级的船舶受到不同的航行区域的限制。设计航线时不得将航线画于规定的距岸距离外。

③船员适任证书中的航区限制

不同种类的船员适任证书适用于不同的航区。

④保险条款中的航区限制

一般保险人不愿承保船舶驶入冰区所发生的风险,保单上皆有禁止船舶驶入规定地区的条款。若发生了战争或保险人预计将发生战争,保险人将向投保战争险者宣布战区,未投保战争特别附加险的船舶不得驶入指定的区域。

⑤船舶尺度

长度、宽度、最大高度,如巴拿马运河要求 $B < 32.3$ m。

⑥船舶装备

如未配有运河规定的一些装备,一般情况下不宜设计过运河航线。

⑦技术状态

老旧船或失修船或发生事故仅做临时性修理的船舶或船员的业务技术水平不够理想的船舶,应选择风浪小的航路。

⑧装载状况

满载与空载使船舶的吃水、稳性、受风面积和操纵性能均有所变化。船舶是否进行良好的封舱、货物的系固情况等,都是应考虑的因素。

⑨其他

图书资料、仪器设备、抗风能力等。

(2)气象水文条件

世界灾害性天气、大洋风带与季风、涌浪与异常涌浪、流、冰况等。

(3)水下障碍物、岸礁

①水下障碍物

水下障碍物是指水下的桩、柱、管、弃锚、水泥沉块及沉船残骸等,如标有“obstn”、水下沉船、水下渔业与水产设施、水下钢桩与水下井口等。

②未经精测的水域与疑存的浅点

③岸礁

(4)受限制区域

①有关当局公布的航行受限制区域

有关当局公布的禁航、禁锚、禁渔或作为其他方面限制的区域是影响航线设计的诸因素之一,这些区域多数位于领海中,但也有位于公海的。

a. 军事演习区(Military Practice Area)

(a)不得进入已经宣布为禁航区的军事演习区。

(b)不应进入固定的已在出版物刊载的军事演习区,如在演习时间外接近现场时,船长仍可临时决定驶入,但必须在演习时间之前驶离。

(c)航线可画在临时演习区或无界限的演习区内,但安全措施或注意事项中要注明此点,以提醒驾驶员加强瞭望和收听航行警告,待接近该区时再核算驶入、驶离时间是否在演习时间之外。

(d)临时的演习区,平时虽可开放,但也不宜在此捕捞、锚泊和疏浚,因为常有演习中未爆炸的炮弹、炸弹、火箭弹等发生爆炸而造成的船舶损伤事故。

b. 水下电缆与管道区(Submarine Cables and Pipelines)

除非极重要的水下电缆和管道外,一般是不宣布禁航的,如在海图上仅有水下电缆与管道的图式符号而无区域界限,也要避免在其附近锚泊或捕捞,遵照有关国际公约通常要求不得近于0.25 n mile。

c. 架空电缆与桥梁(Overhead Power Cable and Bridge)

航线通过架空电缆或桥梁时,必须注意船舶在水面上的高度和是否满足一定的富余高度。此外,须知纵倾引起的最大高度增减,不仅应核对船舶资料的准确性,而且应查阅资料确定架空电缆与桥梁的标注净空高度(Charted Vertical Clearance)的起算面。如果受潮水影响,还应据本船情况确定通过时间。

d. 倾倒区(Dumping Ground)

因为倾倒区的水深可能减浅过快,远离此区也可避免与垃圾船或倾倒船相遇。如属弹药倾倒区,则更不能进入。设计的航线一般皆不通过此类区域。

e. 雷区(Mine Field)

目前,世界上大多数雷区可以认为其危险程度并不大于通常的水下障碍物,但在设计航线时,应通过雷区中已开辟的航道,直至港口附近规定的锚地为止。20世纪50年代以来,战争中或恐怖分子布放的雷区有可能不声明其范围和日期,倘若航线不得不通过此类雷区,应避开习惯航线、船舶触雷多发水域和不足30 m的浅水水域,禁止使用回声测深仪。

f. 禁区(Prohibited Area)

禁锚和禁渔的禁区仍可通航,但禁航区既禁止通航也不允许抛锚与渔捞,未说明何种禁区的则以禁航区对待。禁区多数不讲明其用途,少数的可看出其用途,因此设计航线时应予以高度的重视。

g. 海上油田区(Oilfield)

海上油田区中的设施位置常变更,故应注意查阅航行通告和收听航行警告。在航线设计中,对海上油田设施的最外缘均应距离1.5 n mile以上;如海图上已标明该处油田区的界限,则应离开其界限500 m以外;如海图上已标明其外围的安全区(Safety Zone),应将航线绘画在安全区之外。

h. 历史性与危险性沉船禁区(Historic Wreck and Restricted Area)

除非迫不得已时,否则不应驶经此禁区。航经时应注意水深,最好远离之。

②有关公约规定的航行受限制区域

航行计划和航线设计必须遵循有关的国际公约与政府间协定的规定,因此在某种意义上其规定的区域也属航行受限制区域。

a. 分道通航制水域(Traffic Separation Scheme Area)

IMO 和各领海国制定的分道通航制水域均属于强制执行的,一般在海图上予以标示;而民间组织制定的分道通航制水域一般属自愿参加而无强制性,故海图上不予以标示。若在设计航线时决定进入分道通航制水域,则应注意以下几点:

(a)在航线设计时切勿随意将航线画入沿岸通航带内,除非起讫港或本船目的港与引航站在此沿岸通航带内。

(b)若设计的航线进出通航分道的端部或中段时,应与通航分道的船舶总流向形成尽可能小的角度,应避免在通航分道的端部将航线画成近直角右转进出通航分道的端部,更忌以接近直角左转进出其端部。如条件许可,转向点尽量设在通航分道的端部稍远的地方,这样可避免与大量进出通航分道的船舶交会或形成交会的态势。

(c)一般情况下,应将航线画于通航分道的中线上,但当两对驶的通航分道仅有一条分隔线之隔或只有一条狭窄分隔带相隔,则宜将航线置于距分隔线或分隔带稍远之处;反之,如通航分道的左侧有很宽的分隔带或有很好的航标显示其界限,而通航分道右侧的边缘仅有海图上的一条线也无航标显示其界限,宜将航线置于稍偏向左侧的分隔带。

(d)在绘画航线时,如需穿越通航分道,则应尽量以直角通过。选择在何处以直角穿过是很重要的。除了靠近目的港所在处外,一般可选择两对驶的通航分道之间有一条较宽敞的分隔带为宜,以利本船在分隔带中有条件等待时机直角通过前方的通航分道。但不宜选择通航分道的端部或附近、几条通航分道的汇合处、环行道或附近及水上交通频繁的警戒区,也勿斜穿过其通航分道与分隔带。

b. 深水航路(Deep Water Route)

IMO 采用的深水航路主要是供深吃水船使用或限于吃水船使用。当深吃水船或限于吃水船设计航线时,应将深水航路纳入航线中。一般吃水的船舶在选择航路时,可不采用深水航路,但当实际行驶中未发现有深吃水船或限于吃水船航经或不妨碍其行动时,也可随时驶入。对于某些深水航路也要依其规定航行。

c. 避航区(Area to Be Avoided)

IMO 现已规定了欧洲水域的西北部(英吉利海峡、多佛尔海峡等)、南(北)美洲水域的北部和中部(佛罗里达、加利福尼亚沿岸)及其他一些水域为避航区,分别针对不同的船舶对象。除此之外,也存在着有关国家政府自定的避航区(如自然保护区 Marine Nature Reserve Area),在设计航线时,要分清避航区的性质,安全避离。

d. 载重线季节区域(Loadline Seasonal Zones)

国际载重线公约规定了某指定区域与指定日期内应采用的最小干舷,即规定了船舶在某吃水条件下只许在某区域内航行。在设计航线时,需预先考虑到本船的吃水在驶经常规航路时是否会受到该公约有关规定的限制:

(a)处于两个载重线区域交界线上的出发港或抵达港,开航船所用的载重线应以该船驶向哪个区域为准,到港船所用的载重线应以该船从何区域驶来为准。

(b)处于两个载重线交替季节的出发港或抵达港,开航船应以实际开船日期为准,到港船应以实际到达日期为准。

(c)一个航次航行中经过两个季节的载重线区域,应以实际到此区域时扣除油水消耗或压载水泵出、注入及海上补给等所引起的吃水变更后的实际吃水为准。

e. 领海(Territorial Sea)

领海对航线设计一般没有影响,但仍需注意:无害通过是指不损害领海国的和平、良好秩序或安全的通过。"通过"是指不得随意停留或锚泊等,否则应向有关当局报告并得到准许。在两国关系紧张或当地局势不稳定时,若在航行中带有边航行边做大幅度改向或旋回以试验船舶性能、校正仪器等任务,则不宜将航线绘画在该国领海内,除非能得到有关当局的准许。

f. 内水(Internal Waters)

如不停靠某外国港口或港湾,一般不应将航线设计在该国内水范围内,除非为了缩短可观的航程或为了航经内水范围内的一条不可替代的水道,或为了临时性避风,或为了紧急救助遇险人员、船舶、飞机,但也需报告有关当局。

g. 渔业管辖区与专属经济区(Fisheries Jurisdiction Zone, Exclusive Economic Zone)

设计的航线如邻近渔业管辖区和专属经济区,应注意:

(a)如带有捕鱼任务的航行,要考虑是否为该国现行的关于渔业管辖的法规所允许。

(b)尽量避免驶入沿岸国在该区域所设立的海上工程设施与勘测活动区。

h. 排污区域(Sewage Area)

设计航线时,如带有边航行边排放或投弃污物于海中的任务,则应符合有关国际公约与当地政府的规定要求。

3. 航线设计的步骤

(1)选定计划航线

在分析和掌握航海资料的基础上,根据本船条件和航海经验,选定进出港航行、沿岸航行和大洋航行等的计划航线。

(2)初画航线

先在小比例尺总图上画出计划航线,求出概略航程。

(3)确定航速

在考虑水文气象条件下,估计船舶可能达到的实际速度。

(4)估算航行时间

根据概略航程和估计的实际速度,估算航行时间。

(5)检查修改

根据上述估算,检查初画航线并做必要的修改。

(6)预画航线并列出航线表

在大比例尺航用海图上,准确地画出进出港航线、沿岸航线和近海航线,在空白定位图上画出大洋航线,并准确量出计划航迹向和航程,列表备查。在备注栏中,主要填写该航段应注意的特殊水文气象情况、重要航行障碍物和该航区的航行注意事项,或记入该航段应该参阅的航海图书资料的名称和页数。在航线上,应标出进出港预计到达重要转向点的时间等。

第二节　航海日志

航海日志(Log Book)是船舶航行和停泊的法定工作记录文件。它记载着船舶航行和停泊时的条件和遇到的情况,以及船员为保证船舶安全所采取的一切措施。填写航海日志是值班驾驶员的重要职责之一。在值班期间,驾驶员应对船舶的航行或停泊活动保持完整的记录。

航海日志可以积累资料,它是反映船舶运输生产过程及其指标的最重要的原始记录和统计资料,也是分析总结经验时不可缺少的重要依据。发生海事时,航海日志是分析海事原因、做出符合实际的判断与处理的重要依据。因此,航海日志具有法律效力,是船舶重要的法定文件。

一、航海日志的主要内容

航海日志由封面、扉页、说明、正文等几部分组成。航海日志的封面通常包括航海日志、船名、始用日期和结束日期、船长签名和船舶公司名称等。航海日志的扉页包括船舶主要资料,如船名、呼号、船籍港、建造日期、船舶尺度、船舶性能资料、旋回圈等。航海日志的说明包括航海日志的填写内容及要求、常用名词的缩写代号及符号等。航海日志的正文包括左页和右页两部分。左页是主页,右页是记事栏(见附录)。

航海日志的填写内容主要包括在航行中凡与海图作业有关的内容及用以保证航行安全而进行的观测、计算结果和采取的措施,诸如海难、救助、人员的死亡、出生、航线的变更、主要船员职务的变化及消防、救生等演习与设备检查、停泊时的生产、其他有关活动等。

1. 左页填写的内容

左页分 4 个记录部分:航行记录部分,气象、海况记录部分,舱水测量记录部分和中午统计记录部分等。

(1)航行记录部分

航行记录部分主要内容有时间、航向、风流压差和航速等。除每班记录一次外,当航向、罗经改正量、风流压差值有变动时,应记录一次。如狭水道航行航向、航速变动频繁时,可记“×××水道航行,船长(或引航员)引航,航向、航速多变”。具体的记录项目和要求如下:

①时间:定速、转向和交班时的船时。

②罗经航向:陀螺罗经和标准罗经度数。

③罗经改正量:陀螺罗经和标准罗经的改正量。标准罗经分别记录磁差与自差,精确到 0°.1。

④真航向:罗经航向与罗经改正量之和。

⑤风流压差:风流压差值和符号。

⑥计划航迹向:当时的计划航向。

⑦计程仪读数:计程仪读数精确到 0.1 n mile。

⑧计程仪航(时)速:前 1 h 与本小时之间的计程仪航程值。

⑨实测航(时)速:根据实测船位算得的平均速度。

⑩推进器转速：推进器转速表示每分钟平均转数，于每班终了时或在转速变更时记录，如转速变换频繁时，可记“不定”。

航向均用三位数字表示，不足三位数字左边用零补齐。

(2)气象、海况记录部分

气象、海况记录部分主要内容有天气现象、能见度、气压、气温、风、云、浪等。无论何时，均应按实际情况填写。航行中每4 h记录一次，停泊中每日0800时，1200时和1600时各记录一次，必要时（如天气突变或遇台风等恶劣天气）应按船长指令增加观测和记录次数。具体的记录项目和要求如下：

①天气现象：天气现象符号，记录当时的天气现象。

②能见度：根据视距远近而记录等级，尤其应指出的是，能见度栏是指能见等级而不是能见距离，应分清能见度和能见距离之区别。能见度不良时，应采取相应的雾航措施，并在记事栏中加以记录。

③气压：订正后的海面标准大气压力(hPa)。

④气温：室外干湿球的摄氏温度。

⑤海水温度：海水摄氏温度。

⑥风：真风向、风级。

⑦云：云状、云量。

⑧波浪、涌浪：相应的浪向和等级。

以上均由值班驾驶员填写。

(3)其他部分

其他部分主要指舱水测量记录、中午统计记录和值班记录部分。

①舱水测量记录部分

正常情况下每日0800、1600由木匠各测量一次压载水舱及污水沟，必要时可增加测量次数；每日0800由木匠测量一次淡水舱（饮水柜），大副应及时将舱水测量数据填入航海日志。如进坞有水舱、污水井修理工程时，应在这栏记上“修理”，修理工程结束后应恢复正常记载。

②中午统计记录部分

每日中午由二副将中午的船位（实测和推算）和船位差（位移差）、天文钟时间和误差及昼夜航行时间、航程、平均航速、距上港累计航程和航时、距下港航程等填入航海日志，其中日出、日没时间由大副填写。实际航程是根据实测船位所得的航迹线上的实际里程。淡水的消耗量、添加量和现存量，无论航行、锚泊和停泊均由大副填写。燃油数据由轮机部提供，二副填写。

③值班记录部分

值班驾驶员和值班水手姓名，无论何时都应填写在值班栏里。

2. 右页填写的内容

无论航行、停泊或修理，凡左页不能包括但与航海有关的内容，均应记录在右页。有关船舶的动态、货物装卸情况、航行措施、前后吃水、船位、天气、海况等一切现象和动作，值班驾驶员均应按时间顺序逐行详细填写；交班时应紧接记录内容之后签字以示负责。

(1)记事栏填写

①到、离港前

a. 对影响航行安全的主要航行设备的校对与检查结果。

b. 装卸货开始和完毕时间及到离港时的船舶吃水。

c. 载货数量、类别,旅客人数,燃油、淡水、压载水存量,海水密度、船舶常数及初稳性高度。

d. 驾驶台备航情况。

e. 进出口办理手续的单位、人数、登离船时间及结果。

f. 引航员登离船时间、地点及姓名。

g. 指派瞭望人员时间及姓名。

②靠、离泊位

a. 系上第一根缆和靠妥泊位时间,开始解缆、单绑及解掉最后一根缆的时间,抛下第一只锚及锚抛妥或开始起锚及锚离底的时间。

b. 泊位名称、锚位、锚别、链长及水深、底质等。

c. 引航船船名及靠离泊时间,拖船船名、靠妥与解拖时间、主要动态等。

d. 备车、完车或定速时间。

③航行中

凡与海图作业有关的内容以及用于保证航行安全的观测、计算结果和所采取的措施,都应填写。

a. 船位:GPS 船位、天文船位、推算船位和交接班船位,用准确到分以下小数点一位的纬度和经度填写。陆标船位、雷达和无线电助航仪器等船位,应填其观测数据,若出现船位差,应填其数据及采取的措施。

b. 初见陆标时间、方位和距离,途经重要的岬角、灯塔或灯浮的时间和正横距离。

c. 进出通航分道的时间、航抵船位报告点的时间及途经重要航标的时间。

d. 定向或改变航向的时间、船位、航向和罗经改正量及计程仪读数。

e. 计程仪使用开始及结束的时间、地点及船位,归零时间和读数。

f. 起讫或改变使用风流压差的时间、船位及风向、风速、流向、流速的数据。

g. 发现对本船安全有影响的来船情况及避让中采取的重要措施和时间。

h. 气象、海况发生突变的时间、船位情况(上浪的部位和对船舶的影响)及按规章所采取的措施(如雾航措施)。

i. 开关及检查航行灯的时间,升降国旗及显示各种信号(号灯、号型)的时间。

j. 拨钟时间和数据,经过赤道、日界线时间及船位。

k. 货舱的检查和保管货物的措施,开关机械通风和自然通风的时间。

l. 防火、防盗的巡回检查结果,海盗活动过程和受伤人员及受损财产的记录,每班巡回检查情况。

m. 航道及航标变异,发现漂浮物和其他异常情况。

n. 发生海事的重要情节、船位,自救或救助他船(人)的经过、措施和结果。

o. 每班核对陀螺罗经、磁罗经航向的时间和结果。

p. 使用烟火探测器的时间及检查情况。

q. 船舶停航、绕航、滞航的原因及起讫时间。

r. 每天日出日没测罗经差,如可能用星体测罗经差或用陆标测罗经差,应记入在罗经差记录簿中。

s. 增派瞭头人员时间和姓名。

t. 进行应变演习的时间、地点和情况。

④停泊中

a. 0000 ~ 2400，按时间顺序如实地记载生产性和非生产性的情况。

b. 货物装卸开、停工时间，舱号及停工原因，各舱装卸(日报数)情况，每天 0800 的船舶水尺。装卸货进度，工人对装卸索具和舱内设备损坏情况。

c. 上下旅客开始和结束的时间或停止上下旅客的原因。

d. 并靠船的船名、舷侧，靠、离本船时间、来由。

e. 补给淡水、燃料、物料的时间及数量。

f. 清舱、洗舱、泵入或泵出压舱水的时间、舱号、数量及安全措施。

g. 船舶检验、水下部分检查，各种船舶证书的验发和验申、安全检查、货舱或货物检验、熏舱消毒的情况(船员离回船时间、消毒开始和结束的时间、使用的消毒剂及剂量)和结果。

h. 船舶主要部分及设备的预防检修措施，重要的临时性修理及明火作业时间和内容，船舶厂修时每天开工的主要项目及进度情况。

i. 进出坞及坞内作业情况(坞长姓名及上下船时间、坞门开启及关闭时间、通过坞门的时间、开始排水及充水时间、坐离墩时间和使用的拖船船名)。

j. 升降国旗时间，显示号灯、号型和信号旗、甲板照明灯、货舱照明灯的开关时间及气象情况，重要节日悬挂满旗的记载。

k. 系泊、移泊情况以及规定的巡回检查情况。

l. 三副、三管轮以上船员调动与登离船时间。

⑤锚泊中

a. 抛锚形式、锚抛妥时间、锚位、左(右)锚或双锚的链长、水深、底质。

b. 锚泊的原因。

c. 每个锚泊班应经常校测锚位，察看锚链受力情况，同时记载船首向。

d. 锚链松长和收短的情况及原因。

e. 转移锚位的时间及原因，转移后锚位、锚链受力情况。

f. 开始绞锚及锚离底的时间。

g. 发现船舶走锚时间及采取的应急措施。

h. 发现他船走锚的时间，危及本船安全时所采取的应急措施。

i. 显示号灯、号型、号旗起讫时间及升降国旗、开关甲板照明灯的时间。

j. 转流掉头及船首向稳定时间。

k. 天气突变条件下，调整锚链和增抛锚的情况。

l. 发生断链、搁浅等海事时的应急措施。

m. 交接班锚位(陆标方位、距离)及规定安全巡回检查的结果。

(2)重大事项栏填写

由船长、大副填写，记载船上非经常性及较重大事件。

①出生、死亡或途中因病离船，发生的海难事故、船员伤亡事故、船员严重失职和违纪现象。

②对救生、消防器材检查的时间和情况。

③应变演习的时间、地点及经过。

④到离港货物、存油、存水、船舶常数、压载水及旅客人数、船首尾吃水、海水密度。

⑤上下旅客时间及安全措施。

⑥重要结构的改装和修理。

⑦船舶换旗接收或移交、试航。

⑧船舶证书更换及重要签证。

⑨船长和主要船员调动及交接手续办理完毕的时间。

⑩航海日志填写中有严重错漏的更正。

航次结束后,船舶驾驶员应根据航海日志等填写航次报告。航次报告是船公司了解船舶本航次生产和营运好坏的最重要和最有价值的依据。航次报告的种类比较多,但主要包括航行和停泊两部分内容。航行部分包括进出港的机动航行和海上的定速航行;停泊部分包括系泊装卸和锚泊装卸。驾驶员应认真填写航海日志,这样才能及时准确地向船公司报送航次报告,以供研究决策。

二、航海日志的填写要求

①由值班驾驶员负责用不褪色的蓝黑或黑墨水笔填写,无论航行或停泊,均不得中断。填写的内容应词句准确、简明完整、字迹清楚端正,不得含糊其辞和随意更改,填写的内容应当能够完整地反映出航行和停泊的主要情况。必要时,事后可根据航海日志的填写情况重新画出当时的航迹和反映当时航行及生产的基本情况。

②按时间和页码顺序如实填写,不得留有空页和空格、中断填写或撕页、添页,所有缩写和符号,都应按统一规定使用。航海日志应填写直接测得和读取的原始数据,如罗航向、罗方位、计程仪读数及其改正量数值,而不填写改正后的数值。

左页记录部分和右页记事栏的记录应对得上,不应出现诸如左页气象记录有干湿温度相近,能见度低,而右页却没有采取雾航安全措施的现象。

③对填写中的错误(记错或漏写),可用红墨水笔将错误字句画一横线删去(被删字句应清楚可见),修改字句写在错漏字句的上面,改正人在其后加括号签字。修改处应经船长同意,必要时需经船长签字认可,不得用小刀或橡皮擦拭或修补,更不许整页撕掉。交班时,交班驾驶员应在本班填写内容之后签字。

④航行中遇有大风浪等灾害性天气时,到港后可将航海日志有关内容的正本送有关部门认定,作为日后处理可能发生的保险、海损业务的重要依据。

三、航海日志的管理要求

①航海日志作为反映船舶运输生产工作的原始记录和重要法定文件,要求做好填写和保管工作,船长对监督航海日志填写之正确和完整负全部责任。

②大副负责具体管理航海日志,如启用新本前应查核是否缺页,是否和轮机日志页数一致,将主要船舶资料经船长审查后填入新本扉页。航海日志用完后,存船两年再送船舶所有人保存5年方可销毁。

③大副应每天审阅航海日志的填写是否正确并签字。船长应经常检查并指导驾驶员正确填写航海日志,监督驾驶员的改错和补记,应主持将严重错漏的更正填写于重大事项记录栏。

船长除随时审阅和督导外,至少每星期(或每航次)做全面的审阅和签字。

④当发生海事时,应将航海日志连同有关海图交船长封存。在不得已弃船时,船长必须将航海日志及有关海图随身携带离船,妥善保存,以供海事调查之用。

第三节 电子海图显示与信息系统

航海图书资料,特别是海图,是船舶安全航行的基础,其使用贯穿于航行计划的制订和执行全过程。船舶开航前首先要准备航海图书资料,包括图书资料的补充和改正,然后研究航海图书资料,了解所要航行海区情况,以此为基础在海图上拟订航线并制订航行计划。航行过程中,船舶驾驶员要通过在海图上的定位,判定船舶航行状态,结合各种航海仪器提供的信息,及时采取适当的措施使船舶航行在计划航线上,并把航行数据记录在航海日志中。多年来,船舶驾驶员一直使用纸质海图和资料,利用三角板或平行尺及分规等完成这些工作,工作是比较繁重的。特别是近年来随着船舶的大型化、高速化、多样化和船舶交通量的增加,以及各种新型导航设备的应用,船舶驾驶员的工作负担越来越重。那么,是否可以让计算机完成驾驶员的部分工作,使其把主要精力放在航行监控和及时制定操船决策上来呢?这就是电子海图系统这项新技术为适应航海实践的需求而出现的原因。本节对这一将要改变航次计划制订、航行定位、航海日志记录方式的系统进行简单介绍。

一、电子海图与电子海图系统

1.电子海图及其种类

电子海图(Electronic Chart,EC)是以数字形式描述海域地理信息和航海信息为主的海图;其内容以海域要素为主,详细表示水深、碍航物、助航标志、港口设施、潮流、海流等要素,陆地着重表示沿海的航行目标和主要地貌、地物。电子海图可在屏幕上显示,所以也称为"屏幕海图"。由于电子海图没有显示之前只是以一定格式存储的数据,所以电子海图又称为电子海图数据。

电子海图按其数据格式分为光栅电子海图和矢量电子海图两大类。

(1)光栅电子海图(Raster Charts)

光栅电子海图是指以栅格形式表示的数字海图,是通过对纸质海图的光学扫描形成的数据信息文件(也就是通常所说的图像方式,如TIF、JPG等格式文件),是以像素点的排列反映出海图中的要素,一般情况下,如没有特殊处理,可以用图像软件打开,依靠眼睛识别航海要素。因此光栅电子海图可以看作是纸质海图的复制品,包括的信息(如岸线、水深等)与纸质海图一一对应。由于光栅电子海图从其制作原理决定了它在技术上和应用上的局限性,使用者不能对光栅电子海图进行查询式操作(如查询某一海图要素特征)、选择性显示或隐去某类海图要素等。因此,光栅电子海图常被称为"非智能化电子海图"。

(2)矢量电子海图(Vector Charts)

矢量电子海图是将数字化的海图信息分类存储的数据库,海域中的每个要素是以点、线、面等几何图元的形式存储在电子海图数据文件中,使用者可以选择性地查询、显示和使用数据,与其他船舶系统相结合提供诸如警戒区、危险区的自动报警等功能。因此,矢量电子海图常被称为“智能化电子海图”。

2. 电子海图系统

电子海图系统即电子海图和其应用环境(应用系统软件)组成的系统。由于人类长期使用纸质海图的习惯,使得航海实践中无论是电子海图数据或是电子海图系统都被称作电子海图,这可以认为是广义的称谓,但严格定义的电子海图就是电子海图数据。

通常,电子海图系统(如图4-6-1所示)由以下几个部分组成。

(1)计算机及其应用软件:计算机硬件包括中央处理器(CPU)、显示器、键盘或控制面板、轨迹球或鼠标、数据存储器、通信接口和与其他导航设备传感器的接口等;应用软件包括数据管理与操作、显示、导航、通信等功能模块。

(2)电子海图数据:包括光栅和矢量电子海图数据。

(3)导航传感器:包括GPS、雷达、罗经、测深仪、计程仪等。

(4)通信传感器:包括卫星通信、移动通信等。

(5)外部数据接收设备:如VDR、光盘、硬盘等。

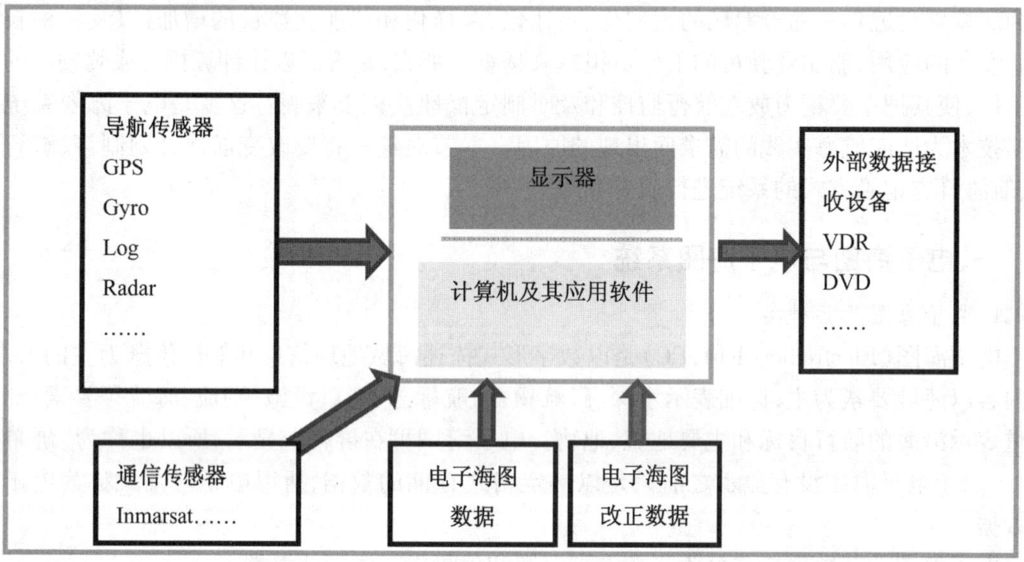

图4-6-1　电子海图系统

3. 电子海图与电子海图系统的标准化

电子海图的产生、应用与发展已经经过了几十年的历程,各种技术也已经走向成熟,各种电子海图系统在船上也已经应用。据不完全统计,目前世界上安装各类电子海图系统的商船、渔船、客船、游船及军舰在20万艘以上,但由于过去缺少相应的统一标准,已经船用的电子海图系统在功能及功能实现上并不相同,而且名称也有不同的提法,诸如“电子海图(Electronic Sea Chart)”、“电子海图显示系统(Electronic Chart Display System)”等。随着电子海图的逐步推广和普遍应用,如果没有相应的规范标准的约束,势必造成电子海图系统产业的混乱,最终将成为制约其前进的主要障碍。因此,许多国际组织一直致力于电子海图系统相关规范标准的制定工作,使得电子海图系统走向国际标准化。

(1)国际标准

与电子海图和电子海图系统有关的国际标准涉及海图数据、显示、功能、测试等诸方面。在电子海图生产、应用过程中执行的相关标准主要源自三个国际组织：国际海事组织（International Maritime Organization，IMO）、国际海道测量组织（International Hydrographic Organization，IHO）和国际电工委员会（International Electrotechnical Commission，IEC）。这些标准将符合要求的电子海图系统命名为电子海图显示与信息系统（Electronic Chart Display and Information System，ECDIS）。

①国际海事组织

国际海事组织制定了电子海图显示与信息系统的性能标准（Performance Standard for Electronic Chart Display and Information System）。该性能标准给出了 ECDIS 相关定义包括 ECDIS、电子航海图（ENC）、光栅航海图（RNC）、海图信息的提供、更新与显示、比例尺、其他航行信息的显示、显示模式和邻近区域的生成、颜色和符号、显示要求、航线设计、航行监控和航行记录、计算和精度、性能试验、故障报警和警示、备用配置、与其他设备连接、电源等内容。

②国际海道测量组织

IHO 关于 ECDIS 的标准主要涉及电子海图数据及显示。

a. S-52：电子海图的内容和 ECDIS 显示标准，该标准规范了 ECDIS 显示 ENC 信息时的方式，包括颜色、符号样式、线型等一系列问题，从而保证了不同厂商生产的 ECDIS 显示海图信息的方式、基本海图功能都是一致的，以利于航海人员的识图和使用。

b. S-57：关于数字化海道测量数据的传输标准，该标准描述了用于各国航道部门之间的数字化海道测量数据的交换以及向航海人员、ECDIS 的生产商发布这类数据的标准。

c. S-63：数据保护方案，该标准主要用于规范电子航海图数据的分发与服务，包括防盗版、防伪造、选择性存取、数据制作者一致性和原始设备制造商（OEM）一致性等条款，是安全结构与操作规程的推荐性标准，使用对象为数据发行机构（如国家海道测量部门）、ECDIS/ECS 设备制造厂商和最终用户。

d. S-61：光栅航海图产品规范，该标准为光栅航海图制作的主要标准，规范不定义任何基本的光栅数据结构，国家海道测量机构生产光栅航海图应选择相应的格式，要求光栅航海图应是官方纸质海图的图像文件，有足够的分辨率显示纸质海图上的信息。规范规定了元数据内容、更新内容和方法。

e. S-100：通用海洋测绘数据模型，是为了克服 S-57 标准的局限性，进一步扩充 S-57 的适用范围，更好地适应国际空间信息交换标准的发展，满足栅格海图、多媒体信息等信息交换的需要而提出的新的通用海洋数据测绘数据模型；是新一代 ENC 产品规范。S-100 主要包含 12 部分内容（概念模式语言、IHO 地理空间信息注册管理、通用要素模型、元数据、要素目录、坐标参照系统、空间模式、影像和栅格数据、图式描绘、编码、产品规范、S-100 维护程序），为用户开发和维护相关海道测量数据、产品和注册提供了相应的工具和结构框架，为海道测量数据的管理、处理、分析、存取、显示以及以数字或电子格式在不同用户、系统和位置之间的转换制订了方法和工具。

③国际电工委员会

国际电工委员会发布的 IEC 61174《海上导航和无线电通信设备及系统——电子海图显示与信息系统（ECDIS）——操作和性能要求、测试方法和要求的测试结果》明确了对 ECDIS 进行测试的方法和应该出现的测试结果；任何厂家生产的 ECDIS 系统必须按该标准经严格测试并达到标准要求的结果，才能被官方认可投入市场。换句话说，通过该标准的测试是 ECDIS 合法地成为船用设备的基础。通过了按照该标准测试的 ECDIS 便得到了型式认证，可以合法地成为船用设备。

(2)我国船载电子海图系统(ECS)的功能、性能和测试要求

中国海事局在 2010 年初印发了《国内航行船舶船载电子海图系统(ECS)功能、性能和测试要求(暂行)》，以下简称《要求》。

《要求》在参考相关国际标准的基础上，对船载电子海图系统(ECS)的功能、性能技术要求、相应的试验方法和要求的检验结果进行了规定。

《要求》指出：ECS 可作为中国国内航行船舶的主要导航手段。当 ECS 作为主要的导航手段时，为确保 ECS 失效时的航行安全，船舶应做出足够的备用配置。

《要求》将 ECS 分为 A，B，C 三类，其主要特性和区别如下：

"A"类 ECS，可作为国内航行船舶的主要导航手段，也可作为 ECDIS 设备的备用配置，但需符合 MSC. 232(82)附录 6 和 IEC 61174 的要求。

"B"类 ECS，可用于未要求配备"A"类 ECS 的国内航行船舶，并可作为其导航手段。

"C"类 ECS，适用于辅助导航，用于船位标绘和监视。

《要求》对三类 ECS 的最低性能标准和测试要求分别做出了详细规定。

(3)电子海图和电子海图系统的标准化

国际标准和国内规定对电子海图和电子海图系统进行了标准化，这就使得目前使用的电子海图和电子海图系统分为标准和非标准两大类，各自使用的范围不同，结果也不一样，在使用中必须特别重视这个问题。

①电子海图的标准化

IMO ECDIS 性能标准对矢量电子海图和光栅电子海图分别给出了明确定义。

a. 标准化矢量电子海图——电子航海图

电子航海图(Electronic Navigational Chart，ENC)：是内容、结构和格式均标准化的数据库，该数据库由政府或政府授权的海道测量机构或其他相关政府机构发布并符合 IHO 标准，供 ECDIS 使用。ENC 包含安全航行所需的所有海图信息，并可包含纸质海图上没有但可视为安全航行所需的补充信息(例如航路指南)。

b. 标准化的光栅电子海图——光栅航海图

光栅航海图(Raster Navigational Chart，RNC)：符合 IHO《光栅航海图产品规范》(S-61)的光栅电子海图，是由国家海道测量局或其授权出版的纸质海图通过数字复制而成的图像文件，可以是单一海图也可以是系列海图。

②电子海图系统的标准化

IMO 定义的标准电子海图系统即电子海图显示与信息系统(ECDIS)。

电子海图显示与信息系统(ECDIS)是一种航行信息系统，如果这个系统具有适当的备用配置，便能被接受为符合 1974 年 SOLAS 公约第 V 章第 19 条和 27 条关于改正至最新的海图的配备要求。该系统可有选择地显示系统电子航海图中的信息，以及从导航传感器获得的位置信息，以帮助航海人员进行航线设计和航行监控，并且能够按要求显示其他与航海相关的信息。

定义中所述的系统电子航海图(System Electronic Navigational Chart，SENC)是由电子航海

图内容及其改正数据无损转换为制造商的电子海图显示与信息系统的内部格式而形成的数据库。这个数据库被 ECDIS 直接用来显示电子海图以及完成其他航海功能，并且与最新的纸质海图等效，还可包含航海人员添加的信息和来自其他信息源的信息。

由此可以看出，没有电子航海图也就不存在电子海图显示与信息系统。那么，对于电子航海图没有覆盖的水域如何处理呢？有两种系统可供选择。

a. 光栅海图显示系统（Raster Chart Display System，RCDS）：光栅海图显示系统为一种航行信息系统，显示 RNC 信息和来自导航传感器的位置信息以帮助航海人员进行航线设计和航行监控，如有需要，还可显示其他关于航行的信息。与 ECDIS 类似，系统中操作的电子海图数据为系统光栅航海图（System Raster Navigational Chart Database，SRNC），即系统将 RNC 数据转换为系统所用格式的电子海图数据库，并包含用适当方式转换的改正信息。

IMO ECDIS 性能标准中明确提出 ECDIS 在相应水域可以工作在 RCDS 操作模式，即采用 RNC，这种现象被称为“双重燃料”。需要注意的是，当 ECDIS 处于 RCDS 模式时，必须与适当配置的纸质海图一起使用，即不能完全取代纸质海图。

b. 电子海图系统（Electronic Chart System，ECS）

这里所说的电子海图系统不是一般意义的电子海图系统，而是国际标准中所定义的电子海图系统，其定义为：电子海图系统是在显示屏上显示船舶位置、海图数据和电子海图数据库信息的航行信息系统。该系统不能满足国际海事组织关于 ECDIS 的全部要求，因而也不能满足 SOLAS 公约第 V 章关于海图的配备要求。目前，将经检验不符合 IMO 关于 ECDIS 相关国际标准的电子海图系统统一归为这一类。

需要注意的是，中国海事局关于船载电子海图系统的管理规定中，要求国内航行船舶安装的系统即为电子海图系统（ECS），并在《国内航行船舶船载电子海图系统（ECS）功能、性能和测试要求（暂行）》中给出了 ECS 的性能标准和测试要求，包括电子海图来源、系统功能、系统技术指标等。相比较而言，ECS 相关要求略低于 ECDIS，ECDIS 中一些必须具备的功能，在 ECS 中并不强制要求，例如临时标绘，因此 ECS 的使用范围也受到限制，仅适用于中国海事局制定的《国内航行船舶船载电子海图系统和自动识别系统设备管理规定》中的船舶。

4. 电子海图替代纸质海图

关于电子海图系统是否可以替代纸质海图的规定由国际海事组织国际海上人命安全公约的第 V 章的规定和相应的通函进行了明确。结合 SOLAS 公约的相关规定和上面总结出的结论，可以明确电子海图显示与信息系统替代纸质海图的结论为：通过型式认证的 ECDIS 使用改正至最新的官方 ENC（官方海道测量部门提供的符合 IHO S-57 标准，具体内容、显示方式、颜色和符号的使用等要符合 IHO S-52 规范）并配备适当的备用配置，可以取代纸质海图。

二、电子海图显示与信息系统

1. 电子海图显示与信息系统组成

ECDIS 的组成和一般的电子海图系统类似，主要包括硬件、软件、数据三部分，如图 4-6-2 所示；所不同的是硬件、使用数据以及功能方面的标准应根据国际标准进行设计和配置。

（1）系统硬件组成

ECDIS 硬件实质上是由一个具有高性能的内部和外部接口符合 S-52 标准要求的船用计算机系统和相应传感器组成的。各种硬件都要满足相应的规定，对于传感器而言，虽然国际标

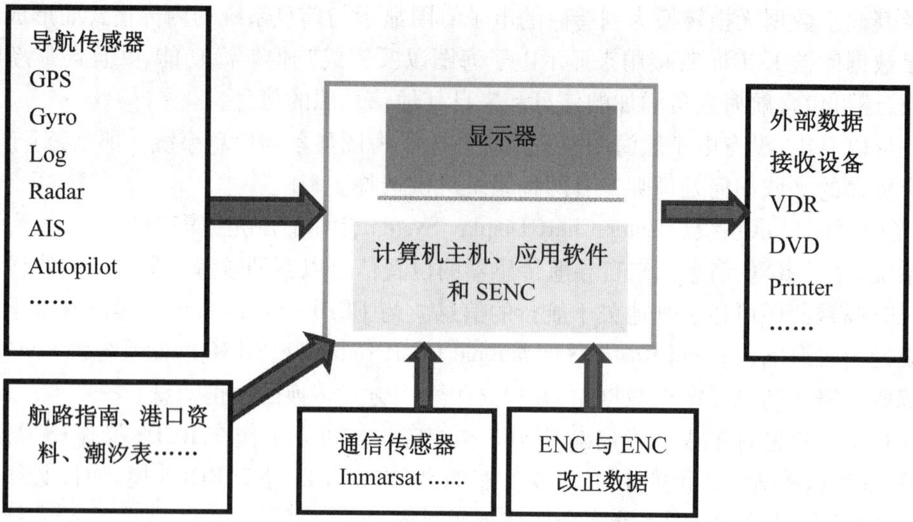

图 4-6-2　电子海图显示与信息系统

准中只是要求指向设备、定位设备和测深设备是强制安装的,但实际上,目前的 ECDIS 基本能与主要的船舶助航设备连接,如 GPS、陀螺罗经、计程仪、雷达、AIS、测深仪、风速风向仪、自动舵等。

(2)系统软件组成

ECDIS 软件是 ECDIS 系统的核心,一般包括以下基本功能模块:海图信息处理、海图显示、航线设计、传感器接口、航行监控、航行记录和航海问题的求解。

(3)系统数据

ECDIS 可以使用的数据包括基本数据、传感器数据、其他航海资料数据以及船员添加的数据。基本数据可以是电子航海图数据、一般的电子海图数据和光栅航海图数据。但是如果使用后两种基本数据,系统的本质即发生了变化,所以严格上来讲,电子海图显示与信息系统的基本数据为电子航海图数据,即按照 S-57 标准进行编码、按照 S-63 标准进行加密的矢量海图数据。

2. 电子海图显示与信息系统功能

ECDIS 功能主要包括:

(1)海图显示

依据 S-52 标准显示海图内容;在给定的投影方式下合成和显示海图(在使用墨卡托投影方式时,可适当选取海图的基准纬度,以减小海图的投影变形);以"正北向上"或其他方向显示海图;以"真运动"或其他运动方式显示海图;随机改变电子海图的比例尺(缩放显示及漫游);按需显示海图信息。

由于电子屏幕尺寸的局限性、SENC 信息的多样性、显示比例尺的缩放等,使得显示在电子屏幕上的信息可能会出现杂乱无章甚至无法辨别的状况,因此,将电子海图信息的显示进行了三种分类层次的控制,以方便航海人员对海图信息的筛选显示和查看。

①基础显示(Display Base)

基础显示是指不能从显示中去除的 SENC 信息层,是由那些不论何时、何地、何种情况下都要显示出来的信息所组成。应注意,这种显示并没有将所有与安全有关的信息都显示出来,因此不能满足航行安全的需要。

②标准显示(Standard Display)

标准显示是指在基础显示的前提下,再增加一些与航行安全有关的物标的显示。IMO ECDIS 性能标准规定,在 ECDIS 首次启动时应缺省选择标准显示设置。该显示模式下,航线设计和航行监控的数据可以由航海人员根据需要控制显示或不显示。

③其他信息(All Other Information)

其他信息是指根据航行监控需要,可以由航海人员控制显示或不显示的信息。

电子海图显示与信息系统的显示按照 S-52 规定的符号库进行。

(2)海图作业

在电子海图上进行计划航线设计(依照推荐航线进行手工设计或进行大圆航线计算);以灵活的方式计算任意两点间的距离和方位(如利用电子方位线、可变距标圈等方式);标绘船位、航迹和时间。

(3)海图改正

能够接受由官方 ENC 制作部门提供的正式改正数据以及由航海人员从纸质航海通告或无线电航行警告中提取的改正数据,实现 ENC 的自动和手动改正。

(4)定位及导航

能够同计程仪、陀螺罗经、GPS、测深仪、气象仪等设备连接,接收来自这些传感器的信息,并进行综合处理,求得最佳船位;能够进行各种陆标定位计算、航迹推算。

(5)航海信息咨询

获取电子海图上要素的详细描述信息以及整个航线上的航行条件信息,如潮汐、海流、气象等。

(6)雷达和 AIS 信息处理

将雷达图像、雷达跟踪目标信息、AIS 信息叠加显示在电子海图上,提供本船、本船周围的静态目标、本船周围的动态目标三者之间的位置关系。航海人员可据此判断碰撞态势,做出避碰决策。同时,还可以在电子海图上检测该避碰决策可行与否。

(7)航行监控

在船舶航行过程中,ECDIS 自动计算船舶偏离计划航线的距离,必要时给出报警和警示,实现航迹保持。ECDIS 还能自动检测到航行前方的暗礁、禁航区、浅滩等,实现避礁、防搁浅。

(8)航行记录

ECDIS 能够以 1 min 为间隔自动记录前 12 h 内所使用过的 ENC 单元及其来源、版本、日期、改正历史、船位、航速和航向等,一旦船舶发生事故,这些信息足以再现当时的航行情况;能够记录整个航次的船舶航迹和不超过 4 h 为间隔的时间标记。记录的信息不允许被操纵和改变。也就是说,ECDIS 具备类似“黑匣子”的功能。

3. 电子海图显示与信息系统的正确使用

ECDIS 虽然功能强大,但它只是一种助航仪器。如果使用不当,必将带来适得其反的结果,即先进的助航仪器却带来了航行的不安全。

(1)使用电子海图显示与信息系统的风险

使用电子海图显示与信息系统的风险来源于以下几个方面:

①海图数据误差

a. 海图数据本身的误差:海图数据的质量主要依赖于数据测量的精确性、数据制作的精确性、数据是否覆盖所有水域范围、数据是否完整以及是否及时更新等。目前电子海图数据主要来源于纸质海图,纸质海图的海道测量数据及其标示的位置可能由于测量技术和测量时间等导致与实际情况存在差异;从纸质海图到电子海图的转换过程中数据扫描可能有遗漏,如在海图之间出现缝隙或丢失数据,也有可能出现添加一些不必要的、冗余的、无关的信息;还有可能出现某个区域的两个数值矛盾。

b. 坐标系误差:在世界上许多地区,纸质海图是基于各种各样的当地坐标系绘制的,有些坐标系与 WGS-84 坐标系之间的转换是未知的或是不可靠的,根据该海图转化成的 ENC 将无法准确参照 WGS-84 坐标系。

c. 方位误差:主要指真北与陀罗北的误差。在 ECDIS 中,海图数据所依据的方位是以真北为基准测算的,而导航设备一般是以陀罗北为基准,如雷达等。方位误差的大小取决于罗经校正是否准确。

②船位误差

a. 定位精度:无论哪种定位手段都存在误差。

b. 定位设备天线位置:定位设备天线位置未相对于船舶坐标校正或校正不准确而产生的误差。

c. 坐标系不一致:定位系统所依据的坐标系与海图数据的坐标系不一致,导致显示在海图上的船位存在偏差。

d. 目标位置误差:与本船位置类似,目标的位置也存在一定的定位误差。

e. 数据延时:定位手段所提供的数据、他船 AIS 数据具有一定的延时,系统的刷新显示也需要一定的时间,这些原因造成非实时误差。

③设备故障与误差

a. 电子海图显示与信息系统本身的异常情况和硬件故障:系统异常可能影响到 ECDIS 的正常使用或使用者的航行决策;硬件故障导致 ECDIS 无法正常运行或者某些功能达不到相关标准的要求。

b. 外部设备(传感器)的故障和误差:包括性能下降、连接故障、突发故障和设备本身固有的误差。

④系统使用不当

如果航海人员对 ECDIS 的工作原理、数据产生机制缺乏必备的知识和经验,或者对某些特殊情况产生了误解,或者由于工作疏忽而没有进行必要的验证或分析,从而构成了盲目的接受或错误的决定。这一方面的问题包括:忽视海图超比例尺显示、忽视显示控制、参数设置不当、缺乏分析地接受显示船位、忽视假显示、不清楚不同的矢量稳定模式、航线检验结果的盲目信赖和操作错误。

(2)正确使用电子海图显示与信息系统

鉴于电子海图显示与信息系统使用中存在各种误差和风险,这就要求船舶驾驶员在任何时候都不要过分依赖系统来做决策,而是掌握系统使用的正确方法,利用系统保证船舶航行安全。

①系统配置与检验

首先要配备符合标准的通过型式认证的系统,其次要掌握各种传感器的接入、配置和校验方法并配备符合标准要求的电源，再者是要熟练掌握系统检测方法。

②海图数据的鉴别使用

应使用权威机构发行的电子航海图。如果使用了其他数据，要甄别其来源是否可靠和坐标系是否一致。商业公司制作和推广的电子海图，其海图数据多依赖于海道测量机构或授权，权威性和时效性较之于官方机构逊色。区分电子海图数据是否为官方 ENC，在购买数字产品时，注意检查发行机构是否为官方或由官方授权；在显示电子海图时，按 ECDIS 性能标准规定，如果不是官方的 ENC，则在显示器上会出现特定的警示信息。

如果 ECDIS 处于 RCDS 操作模式，即采用 RNC，应明确其在航线检验、航行监控等功能应用方面的局限性，应与适当比例尺的纸质海图结合使用。如果采用其他非官方数据，航海人员应明确其局限性和可能存在的风险，应以全套的纸质海图作为主要导航方式。

官方 ENC 也需要定期更新，可以通过改正光盘或登录国际互联网实现自动更新，也可以通过航海通告手动改正。

航海人员应特别注意临时性通告和预告的改正。因为有些 ENC 提供商并不提供临时性通告和预告的改正服务，这就需要航海人员通过手动改正的方式及时添加、撤销。此外，航海人员也可参阅系统的更新记录或者航海通告等检查 ECDIS 的更新情况。

③系统的正确设置

熟悉 ECDIS 的不同显示方式及特点。在不同水域、不同时间或使用不同的监控功能时选用合适的显示方式。

注意报警参数的正确输入和报警功能的合理使用。

航海人员在对相关参数进行设置时，应综合考虑航行环境、水文环境、本船状态和性能、航海人员技术水平和心理素质、其他特殊要求等多方面的信息，设定合理的参数，以有效运用 ECDIS 的报警与警示功能，应尽量避免由于参数设置不合适而引起的不当报警，甚至误报警。

在使用过程中，航海人员应经常检验参数的设置是否合理，特别在相关条件发生变化时，应及时调整参数的设置。例如，新的航次开始，船舶吃水发生变化，则安全等深线、安全水深的设置需要做出相应的修改；本船航速发生变化，则转向点提醒时间、穿越安全等深线的预警时间等参数也应做出调整。

航线偏航报警设置或防搁浅设置一般适用于港外航行，在进出港口时，航道的宽度有限，与定位精度、偏航报警阈值等不相称，所以要充分利用港口设置的各种导航标志。

④正确解读信息与提示

ECDIS 提供的信息种类繁多，航海人员只有熟悉其产生原理、运行机制、表现形式等，才能获取正确的信息，并据此做出正确的判断和决策。

a. 显示信息的明确性：清晰、无歧义地理解和判断相应显示信息的内容，例如，航行矢量线的稳定模式是对水还是对地。

b. 显示信息的对比参照性：要尽可能地利用系统功能，获得显示信息的对比判断信息。例如，根据辅助定位设备对主定位系统进行定位精度监测，以确保位置信息的可靠性。

c. 信息基准的一致性：为减少误差来源，确保各种类似信息是基于同一基准而言的，如 GPS 的坐标系与海图坐标系是否一致。

d. 信息的同步性：有些信息值（如本船船位）是随时间变化的，这就要求航海人员应明确所显示的信息在时间上的同步性，适当考虑 ECDIS 及各传感器自身工作周期的影响。

e. 报警与警示信息的解读：一般情况下，报警与警示给出的均是与航行安全或设备运行密切相关的信息，因此，航海人员应认真辨别报警与警示的真伪，采取行之有效的措施。

f. 未显示信息的解读：在 ECDIS 的运行过程中，有很多信息是没有显示出来的，而这些信息可能又是对航行安全有一定的影响，所以航海人员不应忽视这些未显示的信息。例如，在基础显示模式下，很多海图信息被屏蔽（不显示），仅从看到的海图物标，不能完全保证航行安全的识别；航行监控时，ECDIS 是依据 SENC 内可用的最大比例尺数据判断，而非显示的电子海图。

⑤保持良好的系统维护

系统维护是保证系统正常运行的基础，良好的系统维护包括系统软件维护和系统硬件维护。

a. 系统软件维护：航海人员应及时对软件进行升级更新。一方面，相关国际组织、机构在不断地修订 ECDIS 相关标准，修订现有要求或者增加新的要求；另一方面，各 ECDIS 产品在使用过程中可能发现存在一些缺陷或不足，这就要求 ECDIS 生产商需要不断对系统软件进行维护。因此航海人员需要对船上的 ECDIS 及时更新升级，以完善其功能，符合最新标准要求。要坚持专机专用，不能将设备挪作他用，否则容易影响设备的性能或感染计算机病毒。删除数据或文件都可能会影响 ECDIS 的运行，航海人员不得随意删除与航行安全有关的数据。

b. 系统硬件维护：驾驶台要保持合适的温度，要注意防尘、防潮。配备双套 ECDIS 的船舶，要定期转换使用，让每台设备都得到休整。长时间不使用时，要定期通电除潮。船方应根据生产商建议在船备有关键性备件，以便在 ECDIS 发生故障时用于更换，特别是当船舶航行在偏远水域时。ECDIS 需要备用配置，以在紧急情况下可以取代主系统执行各种功能直到安全抵达下一港口。如果 ECDIS 发生故障，备用配置应能及时接替其执行航行监控任务，确保完成航次剩余部分的安全航行。

4. 备用配置

备用配置即配备独立于原系统的配置，使得在主系统出现故障时能够保证接管剩余的航行过程。备用配置是电子海图显示与信息系统能否取代纸质海图的要素之一。关于备用配置，国际海事组织在电子海图显示与信息系统性能指标中给出了要求，而具体的配备由各航海国政府明确并以文件的方式公布。我国海事局也提出了我国沿海航行船舶的备用配置的要求与规定。

目前，国际上电子海图显示与信息系统的强制安装的时间表已经颁布。我国也做出了沿海船舶安装电子海图系统的规定。电子海图系统支持船舶航行的时代已经到来。

参考文献

[1] 郭禹. 航海学. 大连:大连海事大学出版社,2009.
[2] 吴兆麟. 海上交通工程. 大连:大连海事大学出版社,2004.
[3] 钱淡如. 航海学:上册. 北京:人民交通出版社,1993.
[4] 杨守仁. 航海学:下册. 北京:人民交通出版社,1992.
[5] 王永勤. 航海学:中册. 北京:人民交通出版社,1993.
[6] 戴冉,王越. 航海专业数学. 大连:大连海事大学出版社,2010.
[7] 东昉,刘正江. 数字航海. 大连:大连海事大学出版社,2010.
[8] 张吉平. 电子海图显示与信息系统. 大连:大连海事大学出版社,2014.
[9] 楼锡淳,朱鉴秋. 海图学概论. 北京:测绘出版社,1993.
[10] 谢钢. GPS 原理与接收机设计. 北京:电子工业出版社,2009.
[11] 王广运,郭秉义,李洪涛. 差分 GPS 定位技术与应用. 北京:电子工业出版社,1996.
[12] 宋文尧,张儒杰. 现代时间系统及参考坐标系. 北京:测绘出版社,1990.
[13] 苗永宽. 球面天文学. 北京:科学出版社,1983.
[14] Woolard E W,Clemence G M. 球面天文学. 北京:测绘出版社,1984.
[15] Royal Navy. The Admiralty Manual of Navigation Vol 1: the Principles of Navigation. London: the Nautical Institute, 2008.
[16] Royal Navy. The Admiralty Manual of Navigation Vol 2: Astro Navigation. London: the Nautical Institute, 2011.
[17] Mathaniel Bowditch. The American Practical Navigator. Ohio: DMAHTC,2002.
[18] US Navy Institute. Dutton's Nautical Navigation,16th Edition. Maryland: US Navy Institute, 2004.
[19] IMO,Ships' Routeing. 2013ed. London: IMO,2013.
[20] UKHO. Nautical almanac(2014):Commercial Edition. London: the United Kingdom Hydrographic Office, Taunton, 2013.
[21] 中国人民解放军海军司令部航海保证部. 航海天文历(2014). 南京:中国科学院紫金山天文台,2013.
[22] 中国人民解放军海军司令部航海保证部. 航海天文历附表. 南京:中国科学院紫金山天文台,2007.
[23] UKHO. Symbols and Abbreviations Used on Admiralty Paper Charts(Chart 5011). 5th ed: London: the United Kingdom Hydrographic Office, Taunton, 2011
[24] UKHO. Admiralty Guide to ENC Symbols used in ECDIS(NP5012). 1st ed. London: the U-

nited Kingdom Hydrographic Office, Taunton,2012.

[25] 中国人民解放军司令部航海保证部. 中国海图符号识别指南. 天津:中国航海图书出版社,2006.

[26] 中华人民共和国交通运输部航测标准化技术委员会. 中国海区可航行水域桥梁助航标志(GB24418 - 2009). 北京:中国标准出版社,2010.

[27] UHKO. The Mariner's Handbook. 9th ed. London: the United Kingdom Hydrographic Office, Taunton, 2009.

[28] IMO. STCW Covention and STCW Code 2011 ed. London: IMO, 2011.

[29] Shipping Guides Ltd. GUIDE TO PORT ENTRY2013/2014 ed. United Kingdom: Shipping Guides Ltd, 2012.